아르덴 대공세
1944

Ardennes 1944

앤터니 비버
Antony Beevor

이광준 옮김 | 권성욱 감수

히틀러의 마지막 도박과 제2차 세계대전의 종막

아르덴 대공세 1944

글항아리

일러두기

— 이 책은 앤터니 비버의 *Ardennes 1944*(2015, Penguin Books)를 완역한 것이다.

— 간단한 옮긴이 주와 저자 주는 본문 속 괄호에 넣었고, 감수자 주는 본문 하단에 배치했다.
　출처 주는 가독성을 위해 미주로 돌렸다.

애덤 비버에게

차례

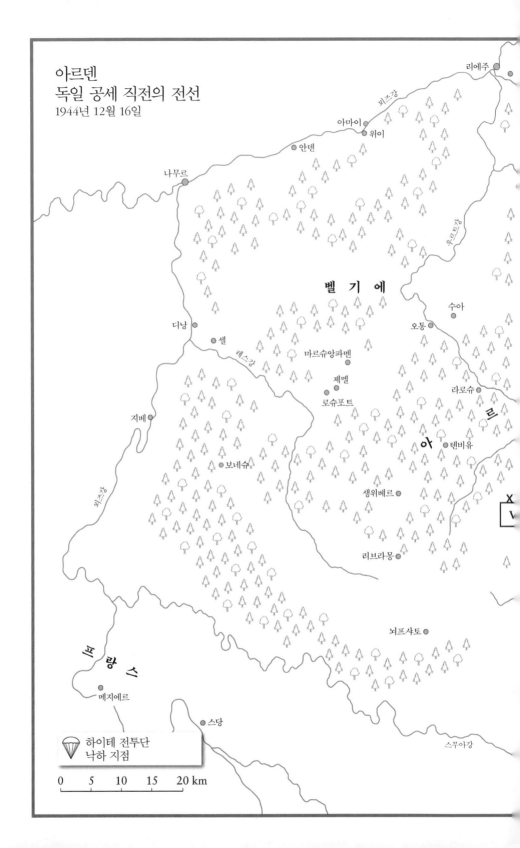

아르덴
독일 공세 직전의 전선
1944년 12월 16일

리에주
뫼즈강
아마이
위이
안덴
나무르
우르트강
벨 기 에
수아
오통
디낭
셀
레스강
마르슈앙파멘
라로슈
제멜
로슈포트
르
지베
아
텐비유
보네슈
생위베르
뫼즈강
리브라몽
뇌프샤토
프 랑 스
메지에르
스당
스무아강

하이테 전투단
낙하 지점

0   5   10   15   20 km

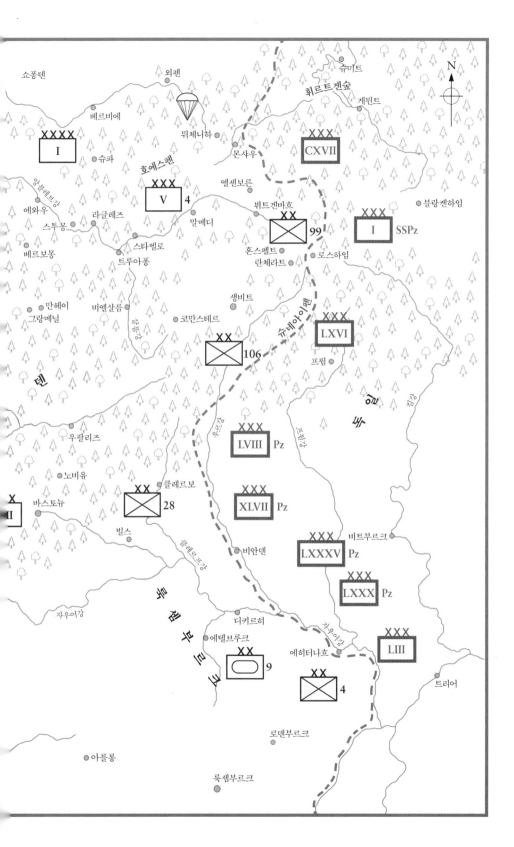

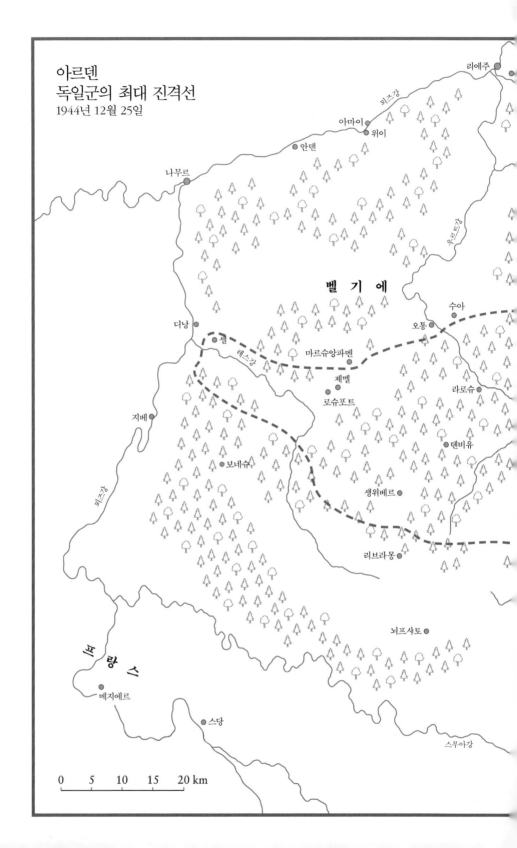

아르덴
독일군의 최대 진격선
1944년 12월 25일

리에주

뫼즈강

아마이
위이

안덴

나무르

우르트강

벨 기 에

수아

디낭
셀
오통

레스강
마르슈앙파멘

제멜
라로슈

로슈포트

지베

텐비유

보네슈

생위베르

리브라몽

뇌프샤토

프 랑 스

메지에르

스당

스무아강

0   5   10   15   20 km

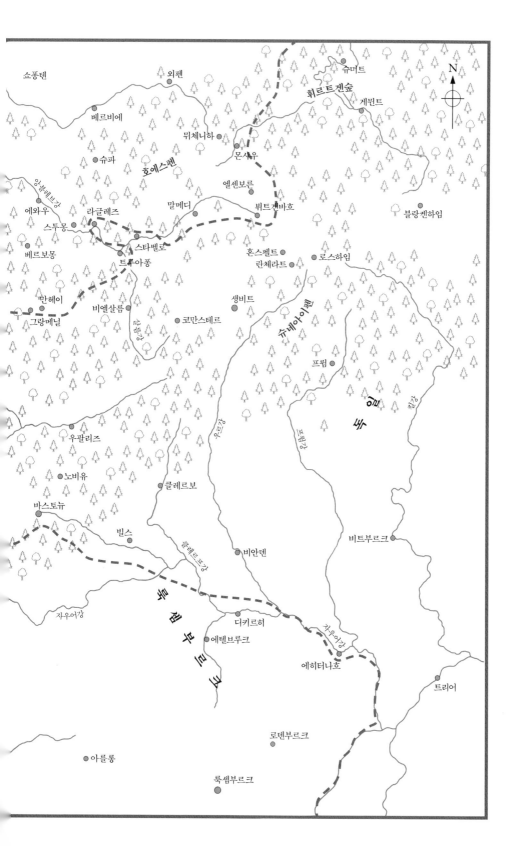

1

승리의 열기

1944년 8월 27일 아침 일찍 드와이트 D. 아이젠하워 장군은 얼마 전에 되찾은 파리를 둘러보기 위해 샤르트르*를 출발했다. "오늘은 일요일이라[1] 모두들 늦잠을 자고 있을 테니 조용히 다녀올 수 있겠군." 연합군 최고 사령관은 동행한 오마 브래들리 장군에게 이렇게 말했다. 하지만 "비공식적"[2]이기는 해도 두 장성이 남의 눈에 띄지 않게 프랑스 수도를 방문하는 일이 그리 쉽지는 않았다. 최고 사령관의 국방색 캐딜락은 장갑차 두 대의 호위를 받았고, 지프차에는 준장이 타고 길을 안내했다.

포르트 도를레앙에 다다랐을 때, 레너드 게로 소장의 명령에 따라 제38기병정찰대대에서 차출한 훨씬 큰 규모의 호위대가 기다리고 있었다. 아이젠하워의 오랜 친구인 레너드 게로 소장은 프랑스로 진군하는 내내 프랑스 제2기갑사단의 필리프 르클레르** 장군이 자신의 명령에 따르지 않는다는 이유로 화가 나 있었다.[3] 자신이 파리 군정장관이라고 생각하고 있는 게

● 　파리 서남쪽으로 90킬로미터 떨어진 외르강 연안의 상업도시.

로는 전날 개선문부터 노트르담까지 진행된 드골 장군의 개선 행진에 르클레르 부대더러 참가하는 대신 "파리와 주변 지역에 흩어져 있는 적의 잔당을 소탕하는 데 진력하라"라고 당부했다. 하지만 파리 탈환 작전 내내 게로의 지시를 한 귀로 흘렸던 르클레르는 당일 파리 북쪽 생드니 인근에서 독일군과 대치 중이던 휘하 부대 일부를 행사에 참가시켰다.

독일군이 퇴각하면서 움직일 수 있는 차량을 모두 가져가버렸기 때문에 파리의 거리는 텅 비어 있었다. 전력 공급도 시원치 않아 지하철 역시 제대로 운행할 수 없었다. '빛의 도시'라고 불리던 파리가 이제는 암시장에서 구할 수 있는 촛불 정도로 쇠락했다. "모조리 파괴해버려"[4]라는 히틀러의 명령이 행동에 옮겨지지 않은 덕분에 다행히 폐허로 변하지는 않았지만, 아름답던 건물들은 하나같이 침침하고 우중충해 보였다. 환희에 젖은 거리의 군중들은 미군이나 미군 차량을 볼 때마다 환호성을 질러댔다. 그러나 이들은 얼마 지나지 않아서 "독일 놈들보다 더 나쁜 놈들이야"[5]라는 불만을 터트리기 시작했다.

"조용히" 다녀가겠다고 말했지만, 아이젠하워에게는 다른 목적이 있었다. 루스벨트에게 인정받지 못하고 있던 프랑스 임시정부의 수반인 드골을 만나는 일이었다. 드골의 집권을 위해 미군이 프랑스에서 싸우는 것이 절대 아니라는 루스벨트의 언질을 받긴 했지만, 실용주의자인 아이젠하워는 크게 개의치 않았다. 전방에서 싸우려면 후방의 안정이 절대 필요했다. 그 일을 해

●● 드골 휘하 자유 프랑스군 주요 지휘관 중 한 사람이자 프랑스군을 대표하는 명장. 본명은 필리프 프랑수아 마리 콩트 드 오트클로크. 르클레르라는 이름은 자신의 망명 이후 독일군이 프랑스에 남은 가족에게 보복할지 모른다고 우려해 쓴 가명이었다. 명망 있는 생시르 육군사관학교를 졸업한 그는 1940년 5월 서부 전역 당시 제4사단 참모였으며 북부 프랑스에서 독일군의 폭격을 받고 부상을 입었다. 프랑스가 항복하자 중립국 스페인을 거쳐서 영국으로 탈출하여 자유 프랑스군에 가담했고 제2차 알알라메인 전투, 노르망디 상륙작전에 참전했다. 특히 파리 주둔군 사령관 디트리히 폰 콜티츠 장군과 회담하여 독일군의 파리 파괴를 막고 미군을 앞질러 연합군 중에서 제일 먼저 파리에 입성했다. 이 일은 프랑스인들에게 큰 자부심을 주었지만 한편으로 정치적 상징성이 큰 파리 입성을 빼앗았다는 이유로 미군과의 불화를 초래하기도 했다. 1944년 11월 23일 르클레르의 제2기갑사단은 남부 프랑스의 국경도시 스트라스부르에 입성하여 프랑스 전역에서 독일군을 완전히 몰아냈다. 전후 극동지구 프랑스군 사령관에 임명되어 일본 항복 조인식에 프랑스 대표로 참여했으며 프랑스령 인도차이나에 상륙한 뒤 호찌민의 베트민을 살육하여 "도살자"라는 별명을 얻기도 했다. 1947년 11월 28일 45세의 나이로 사망했다. 그의 이름은 1990년대 프랑스가 개발한 3세대 전차에도 붙여졌다.

낼 수 있는 사람은 드골뿐이었기에 기꺼이 드골을 도울 생각이었다.

드골이나 아이젠하워 두 사람 모두 점령지를 수복하면서 발생하는 혼란이 유언비어, 공포, 음모론, 부역자 색출 등과 엉켜서 걷잡을 수 없는 상태로 확산되는 것을 원치 않았다. 제4보병사단 방첩대 소속 병장•이었던 작가 J. D. 샐린저는 동료와 함께 드빌 호텔 근처에서 수상한 자를 체포했으나 성난 군중은 그를 끌고 가 이들이 보는 앞에서 때려죽였다. 전날 개선문부터 노트르담까지 진행된 드골의 개선 행진은 대성당 안에서 누군가 총을 난사하는 것으로 끝났다. 결국 이 사건은 드골로 하여금 레지스탕스로부터 무기를 빼앗고 프랑스 군대에 편입시켜야겠다는 결심을 하게 만들었다. 그는 그날 오후 군복 1만5000벌을 연합군 최고 사령부SHAEF(461쪽 용어해설 참조)에 요청했지만, 안타깝게도 프랑스인들의 평균 체격이 미국인보다 작았다. 이 때문에 프랑스인에게 맞는 작은 사이즈의 군복이 사령부에는 없었다.

드골과 두 미국 장군 간의 회담은 생도미니크가에 있는 국방부 건물에서 이루어졌다. 이곳은 1940년 비극적인 여름에 드골이 처음으로 잠깐 동안 행정을 맡았던 곳이기 때문에 그 연속성을 강조하기 위해 그곳으로 돌아왔다. 비시 정권의 치욕스런 흔적을 지우기 위한 드골의 계획은 간단명료했다. 바로 "프랑스 공화국은 결코 사라지지 않았다"는 것. 드골은 아이젠하워가 르클레르 사단을 파리에 남겨 치안을 맡겨주었으면 했지만, 아이젠하워가 이미 부대들이 이동을 시작해 곤란하다고 대꾸했다. 드골은 파리 시민들에게 "미군의 위용을 보여주면"6 다시는 독일군이 쳐들어오지 않을 것이고 시민들도 안심할 것이라며 부대를 일선으로 보낼 때 한두 개 사단만이라도 파리에서 시가 행진할 것을 제안했다. "자신의 입지를 다지기 위한" 드골의 이 제안이 다소 아이러니하다고 생각했지만, 아이젠하워는 브래들리에게 의견을 물었다. 브래들리는 "이틀 정도면 준비를 끝낼 수 있습니다"라고 대답했다. 아이젠하워는 드골 장군을 초청해서 브래들리와 함께 부대 사열을 받을 수

• 원문은 '하사'이지만 본문과 인덱스에 모두 '병장'으로 쓰여 있으며 위키백과에 1945년 4월에 하사가 되었다고 나와 있어 병장으로 수정했다.

있도록 조치하고, 자신은 멀찍이 비켜서 있겠다고 약속했다.

샤르트르로 돌아오는 길에 아이젠하워는 버나드 몽고메리 장군도 사열식에 초청했지만, 몽고메리는 사양했다. 이러한 세세한 배려들에도 불구하고 영국 신문들은 미국이 승리의 영광을 독차지할 속셈이라며 난리였다. 연합국 최고 사령부가 내리는 모든 결정이 몽고메리를 무시하는 것이며 결국은 영국 자체를 무시하는 셈이라는 영국 언론들의 강박증 때문에 연합국 간의 우호관계는 심각하게 손상되었다. 이 때문에 영국이 소외되고 있다는 여론이 확산되었다. 아이젠하워의 영국 측 부사령관인 아서 테더 공군 사령관은 "연합군 최고 사령부에서 들은 바에 따르면 이번 개선 행진이 결국 연합국 사이에 분열의 씨앗을 뿌릴지도 모른다"[7]라는 영국 언론들의 편견 어린 시선을 우려했다.

이튿날 저녁, 노먼 D. '더치' 코타 소장이 지휘하는 제28보병사단[8]이 빗속을 뚫고 베르사유에서 파리 중심부로 이동했다. 오마하 해변에서 뛰어난 리더십과 용맹을 떨쳤던 코타는 전임 사단장이 독일 저격병에 의해 전사하면서 교체된 지 2주밖에 지나지 않았다. 6월과 7월 두 달 동안 노르망디 촌구석에서의 전투는 교착상태였다. 그러나 8월 초 조지 S. 패튼의 제3군이 이를 돌파해 센강과 파리로 진격하자 사기가 크게 올랐다.

불로뉴의 숲에서는 코타의 장병들을 위한 환영 행사가 준비되었다. 장병들은 퍼레이드 전에 목욕까지 할 수 있었다. 이튿날 8월 29일 아침, 포슈가에서 개선문까지 그리고 이어서 샹젤리제가를 따라 개선 행진이 진행되었다. 국방색 유니폼을 입은 군인들이 철모를 쓰고, 착검한 소총을 어깨에 메고는 24열 종대의 전투 대형으로 넓은 길을 가득 메운 채 길게 늘어섰다. 군인들은 모두 어깨에 사단 배지를 달고 있었다. 이 배지는 펜실베이니아의 상징인 붉은 "키스톤"이었다. 독일군들은 형태가 양동이와 비슷하다며 "피를 담은 양동이"라고 부르기도 했다.

그날, 프랑스 시민들은 미군의 군복이 격식이 없다는 점과 한도 끝도 없이 이어지는 엄청난 양의 장비에 놀랐다. 저술가 장 갈티에부아시에르는 "기계의 군대"[9]라고 기록했다. 그날 아침, 샹젤리제에 모인 군중은 겨우 1개 보병사단이 이렇게 많은 차량을 보유하고 있다는 사실을 믿을 수 없었다. 셀수 없을 만큼 많은 지프차, 그중 어떤 차량들은 50구경(12.7mm) 기관총을 장착하고 있었고, 정찰용 차량도 많았다. 포병대에는 무한궤도 견인차가 끄는 155밀리 '롱톰' 곡사포, 수많은 공병, 10톤급의 트럭과 소형 트럭들로 구성된 지원부대, M-4 셔먼 전차와 구축전차 여러 대가 있었다. 1940년 프랑스 점령 당시 독일군의 주된 수송수단이었던 마차는 미군의 장비와 비교하면 그야말로 구닥다리였다.

사열대는 콩코르드 광장에 설치되었다. 공병들이 상륙용 주정을 뒤집어 놓고 프랑스 국기로 가려서 만든 것이었다. 수많은 성조기가 바람에 휘날렸다. 퍼레이드 맨 앞에서는 56인조 군악대가 사단 행진곡 「카키 빌」을 연주하고 있었다. 구경하던 프랑스인들은 몰랐겠지만, 모든 군인은 제28사단이 파리 북쪽의 독일군을 향해 진격하고 있음을 알고 있었다. "아마 역사상 가장 유례없는 공격 명령일 거야. 개선 행진을 하면서 전장으로 진격한다는 것을 누가 생각이나 하겠나."[10] 브래들리 장군은 나중에 보좌관에게 이렇게 말했다.

영국 해협의 해안에서는 캐나다 제1군이 르아브르 항구를 탈환하기 위해 공격에 나섰다. 영국 제2군은 동북쪽을 밀고 들어가 파드칼레에 진입한 뒤 독일군의 V로켓 기지를 향해 진격했다. 8월 30일과 31일, 영국 근위기갑사단의 전차병들은 녹초가 되었음에도, 프랑스 레지스탕스의 협조를 받아 무서운 폭풍우를 뚫고 아미앵을 탈환하고 솜강의 다리를 확보하는 데 성공했다. 이튿날 아침에는 예상치 못하게 독일 제5기갑군 사령관 하인리히 에버바흐 기갑병대장을 사로잡는 전과를 올렸다.* 영국군은 독일 제5기갑군과 제15군 사이를 뚫고 들어가 파드칼레를 탈환했다. 캐나다 왕립연대, 왕립해밀턴경보병연대, 에식스스코티시연대에 소속된 캐나다 병사들은 2년 전 공격했다가 혹독한 패배를 당했던 디에프를 향해 진격했다.

연합군의 승리는 더없이 만족스러웠다. 7월에 있었던 히틀러 암살 시도는, 1918년보다 더 분명하게 나치가 붕괴되기 시작하는 조짐으로 여겨졌지만, 실제로는 암살이 실패하면서 나치 지배 체제가 더욱 강화되었다. 연합군 최고 사령부의 G-2 정보부는 "8월의 전투로 서부의 독일군은 사실상 궤멸되었다"[11]는 성급한 전망을 내렸다. 런던의 전시 내각도 크리스마스 이전에 전쟁을 끝낼 수 있으리라 판단하고 12월 31일을 종전 목표일로 정해놓고 있었다. 처칠 한 사람만 독일이 끝까지 저항할 것을 우려했다. 독일과의 종전을 예상한 워싱턴은, 여전히 일본군과의 치열한 싸움이 벌어지고 있었던 태평양으로 점차 눈을 돌렸지만 미국 전시생산국은 벌써부터 포탄 생산을 포함한 군수 계약들을 취소하기 시작했다.

독일에서도 종전이 코앞으로 닥쳤다고 생각하는 사람이 많았다. 네덜란드 위트레흐트에 있던 독일 장교 프리츠 풀리데 중령은 자신의 일기장에 "서부 전선은 이미 끝났다. 적들은 이미 벨기에를 탈환하고 독일 국경으로 밀려오는 중이다. 루마니아, 불가리아, 슬로바키아, 핀란드는 평화조약을 체결하려 한다. 1918년 상황이 재연되고 있다"[12]라고 기록했다. "어떠한 대가를 치르더라도 우리는 무조건적인 평화를 원한다"[13]는 플래카드를 베를린 기차역에 내건 시위대도 있었다. 동부 전선에는 소련 붉은 군대가 바그라티온 작전으로 중부 집단군을 격파하면서 바르샤바 관문과 비스와강을 향하여 500킬로미터나 진격해 들어왔다. 불과 3개월 동안 독일 국방군은 동부 전선에서 58만9425명, 서부 전선에서 15만6726명의 병사를 잃었다.

바르샤바에서는 소련군의 진격에 용기를 얻은 폴란드 국내군이 무장봉기를 일으켰지만 실패했다. 폴란드 독립을 원치 않았던 스탈린은, 독일이 봉기를 진압하도록 냉혹하게 내버려두었기 때문이었다.•• 동프로이센의 라슈텐

• 1944년 8월 초 히틀러는 현지 지휘관들의 의견을 묵살한 채 노르망디에서 연합군 교두보를 분쇄할 요량으로 '뤼티히 작전Operation Lüttich'의 발동을 지시했다. 독일군은 4개 기갑사단을 주축으로 공세에 나섰으나 엄청난 희생만 낸 채 격퇴되었다. 오히려 B집단군 전체가 노르망디 남쪽 팔레즈에서 포위되어 그중 태반이 섬멸되었다. 특히 독일 전차들은 연합군의 막강한 공군력 앞에서 사냥감으로 전락했다. 아르덴 대공세에서 히틀러가 연합군의 공군력을 피하려고 일부러 악천후를 선택한 이유도 이때의 충격 때문이었다. 히틀러의 아집이 초래한 무모한 공세는 그동안 팽팽했던 서부 전선 전체가 무너지게 만들었고 라인강을 향한 연합군의 레이스가 시작되었다. 서부 기갑집단(제5기갑군) 사령관이었던 하인리히 에버바흐 대장은 잔존 부대를 거느리고 포위망을 탈출하던 중 8월 31일 아미앵에서 영국군에게 붙들렸고 1948년까지 포로 생활을 했다.

부르크(현재 폴란드 켕트신─옮긴이) 인근에 있는 히틀러의 사령부인 볼프샨체(늑대소굴)가 위협을 받고 있었고, 발칸반도에서도 독일군은 패전을 거듭했다. 연합군의 파리 탈환 이틀 전 소련군이 국경을 넘어오자, 루마니아는 추축국에서 탈퇴한다고 선언했다. 8월 30일에는 소련군이 부쿠레슈티에 진입하여, 플로에슈티 지역의 유전을 완전히 점령했다. 이로써 헝가리 평원으로 가는 길이 열렸다. 오스트리아를 지나 독일까지 뻗어 있는 다뉴브강은 마치 연합군을 인도하는 듯했다.[14]

8월 중순, 지중해 해안의 툴롱과 칸 사이에서 전개된 드래군 작전[***](용기병 작전)이 성공을 거둠과 동시에 패튼의 제3군은 노르망디에서 센강으로 진군하기 시작했다. 보급선이 끊길 것을 우려한 독일군은 프랑스 전역에서 후퇴하기 시작했다.[15] 레지스탕스의 보복을 걱정한 비시 정권의 부역자들도 달아났다. 개중에는 1000킬로미터나 떨어진 독일까지 도망간 사람도 있었다. 대서양쪽에 있던 독일 육군, 공군, 해군 그리고 비전투원들은 후퇴 도중에 프랑스 레지스탕스의 공격을 받을 우려가 있다는 이유로 "임시부대"를 편성하여 동쪽으로 이동하라는 명령을 받았다. 독일 국방군은 25만 명의 지원군을 수용하기 위해 디종 주변에 방어 거점을 구축하기 시작했다. 독일군 5만1000명은 대서양과 지중해 해안가에서 포위되었다. 이 병력을 구출해낼 가능성이 전혀 없음에도, 히틀러는 주요 항구들을 "요새"로 지정했다. 이처

[**] 서구와 폴란드 학자들은 스탈린이 눈엣가시와 같은 폴란드 민족주의자들을 독일군의 손으로 제거하게 만들기 위해 의도적으로 바르샤바의 위기를 방치했다고 주장하는 반면, 러시아 학자들은 바르샤바 봉기가 처음부터 소련군과의 사전 연계 없이 시작되었고 소련군은 그간의 싸움에 지친 데다 병참선의 한계로 바르샤바로 진격할 수 없었을 뿐이라고 일축한다. 어느 쪽이 진실이건, 근본적인 문제는 폴란드와 소련 사이의 불신감 그리고 스탈린의 영토적 야욕이었다. 스탈린은 이미 폴란드를 소련의 위성국으로 삼을 속셈이었고 런던의 폴란드 망명정부를 무시한 채 루블린에서 새로운 친소 위성정권을 세웠다. 또한 나중에 바르샤바를 점령한 소련군은 바르샤바 봉기에서 살아남은 폴란드 민족주의자들을 모조리 체포해 총살하거나 머나먼 시베리아의 유형지로 보냈다. 설령 바르샤바 봉기가 성공했다고 한들 스탈린이 바뀌지 않는 한 운명은 마찬가지였을 것이다. 스탈린의 완고한 태도 때문에 폴란드 문제는 끝까지 해결되지 못한 채 제2차 세계대전이 끝난 후 동서 냉전이 격화되는 단초가 된다.

[***] 연합군의 남부 프랑스 침공 작전. 1944년 8월 15일 남부 프랑스 코트다쥐르에 미 제7군과 자유프랑스군 B군이 상륙하여 마르세유와 툴롱 등 해안 항구도시들을 속속 탈환했다. 덕분에 프랑스 영토 대부분을 해방했지만 가장 중요한 독일 G집단군의 포위 섬멸에는 실패했다.

럼 현실을 제대로 파악하지 못하는 모습을 본 어떤 독일 장군은 가톨릭 신부가 접시에 돼지고기를 놓고 성수를 뿌리면서 "생선"이라고 우기는 것[16]과 다를 바 없다고 탄식했다.

히틀러는 7월 20일 암살 기도 이후 특유의 피해망상증이 절정으로 치달았다. 히틀러의 분노는 "작전 참모들이 그저 똑똑한 놈들의 모임[17]에 불과할 뿐이다"라고 질책하던 예전보다도 더욱 거세졌다. "최근 몇 년 동안, 러시아에서의 계획이 왜 실패했는지 이제야 알겠다. 반역자들 때문이야. 그런 놈들만 없었더라면 벌써 승리했을 거라고."[18] 히틀러는 7월 암살 음모자들에게 이를 갈았다. 그들이 반역죄를 범해서라기보다 독일 국민이 모두 한마음 한뜻으로 전쟁을 수행하고 있다는 이미지를 망치고, 제3제국의 동맹국에도 부정적인 영향을 미쳤기 때문이었다.

8월 31일, 상황 대책 회의에서 히틀러는 "앞으로 3개월 이내에 연합국 간의 갈등이 폭발할 것이다. 인류 역사를 보면 동맹이란 것은 어느 순간에는 늘 깨지기 마련이었지"[19]라고 단언했다. 선전부 장관(나치 체제하에서 언론을 통제하고 대중을 선동하는 일을 했던 관직—옮긴이) 요제프 괴벨스는 곧이어 베를린에서 열린 국무회의에서 총통의 생각을 다시 한번 강조했다. "연합국의 승리가 가까워지면서 정치적인 갈등도 높아질 것이 뻔합니다. 그렇게 되면 언젠가는 적들의 관계에 회복이 불가능할 정도의 균열이 생기게 될 겁니다."[20]

독일 공군 참모총장인 베르너 크라이페 항공대장은 8월 31일자 일기에 이렇게 썼다. "서부 전선이 무너졌다는 보고가 저녁에 올라오자, 밤새도록 명령과 지시를 내리고 전화 통화를 하느라 정신이 없었다."[21] 이튿날 아침, 국방군 총사령관 빌헬름 카이텔 원수는 공군 요원 5만 명을 육군으로 전출시키라는 명령을 내렸다. 9월 2일, 일기에는 "서부 전선의 붕괴가 시작되었음이 분명한데도, [국방군 작전 참모장인] 요들은 놀랄 만큼 침착했다. 핀란드가 추축국에서 탈퇴했다." 히틀러는 작전 회의에서 핀란드의 만네르헤임 원수를 비난했다. 또한 이런 중요한 시기에 헤르만 괴링 제국원수가 상황을 바꾸기 위해 아무런 노력도 하지 않는다며 분개했다. 심지어 공군의 비행대대 몇 개를 해체해 조종사들을 대공포부대로 보내버리는 게 좋겠다는 말도 했다.

소련의 붉은 군대가 동프로이센 국경까지 진군하자, 히틀러는 소련군이 자신을 잡기 위해 공수작전으로 침투하지 않을까 겁을 내어 볼프샨체를 요새화했다. 히틀러의 비서 트라우들 융게는 다음과 같이 기록했다. "경계 초소, 지뢰, 철조망, 경비타워 등 엄청난 시설과 장비가 증강되었다."[22]

히틀러는 자신의 경호부대를 맡아줄 믿을 만한 장교를 물색했다. 지난 7월 20일 암살 기도를 분쇄하기 위해 그로스도이칠란트 사단 경비대대를 이끌고 베를린으로 출동했다가 다시 야전사령부로 복귀를 요청한 오토 레머 대령을 불러들여 볼프샨체를 방어하기 위한 여단급 부대를 편성하라고 지시했다. 베를린 대대와 8개 포병중대를 거느린 헤르만 괴링 대공포연대를 중심으로 레머 여단의 규모는 점점 커졌다. 9월에는 드디어 "2~3개의 공수사단이 침공해도"[23] 볼프샨체를 방어할 수 있는 총통 경호여단●이 창설되었다. 이 부대는 레머가 "특별한 부대"라고 불렀듯이 무기와 장비를 최우선적으로 공급받았다. 또한 주로 그로스도이칠란트 사단에서 차출되긴 했지만, "일선 전투 경험이 많은" 정예 병사들로 충원되었다.

볼프샨체의 분위기는 침통하기 그지없었다. 동서 양 전선에서의 '피해 보고가 계속되면서'[24] 히틀러는 며칠씩이나 침대에 누워 전전긍긍했다. 동프로이센에서 징발한 로민텐의 호엔촐레른 사냥터에 머물고 있었던 괴링은 매우 화가 나 있었다. 노르망디에서 독일 공군이 패배한 이후 히틀러 주변의 라이

●　　총통 경호여단Führer-begleit-brigade: 1934년 독일의 국가원수가 된 히틀러의 경호는 처음에는 육군에서, 그 뒤에는 히틀러 직속의 제1SS 총통 경호 친위대 '아돌프 히틀러' 연대에서 맡았다. 그러나 1938년 10월 체코 슈테텐란트 병합 직전에 히틀러는 무장친위대의 세력을 확대할 요량으로 아돌프 히틀러 연대는 전선으로 출동시키고 그 대신 자신을 에스코트하기 위한 별도 부대를 만들 것을 지시했다. 최초 규모는 대대급이었으며 부대장을 처음 맡은 사람이 '사막의 여우' 에르빈 로멜이었다. 로멜이 히틀러와 개인적으로 가까워지고 출세를 보장받은 비결도 이 때문이었다. 독소전쟁 이후 총통경호대대는 4호 전차와 돌격포, 각종 중화기로 무장한 기계화보병대대가 되었다. 1944년 9월에는 여단으로, 전쟁 말기인 1945년 1월 26일에 오면 사단으로 확대되는 등 전력이 계속 증강되었다. 또한 단순히 히틀러 곁에만 있는 것이 아니라 아르덴 대공세 당시 제5기갑군 예비대로서 바스토뉴 전투에 참전했으며 이후 동부 전선에 보내졌다가 1945년 4월 독일 동부의 슈프렘베르크에서 전멸했다.

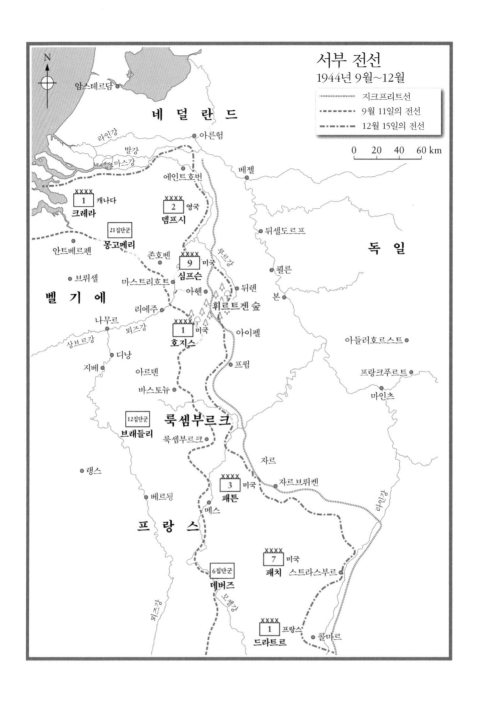

서부 전선
1944년 9월~12월

지크프리트선
9월 11일의 전선
12월 15일의 전선

0   20   40   60 km

암스테르담

네 덜 란 드

라인강
아른험
베젤

발강
마스강
에인트호번

1 캐나다
크레라

XXXX
2 영국
뎀프시

21집단군
몽고메리

뒤셀도르프

독 일

안트베르펜

존호번

XXXX
9 미국
심프슨

콸른

브뤼셀

마스트리흐트

본

벨 기 에

아헨
뒤렌

리에주

휘르트겐 숲

나무르

XXXX
1 미국
호지스

아이펠

아들러호르스트

상브르강

뫼즈강

디낭

아르덴

프륌

프랑크푸르트

지베

바스토뉴

마인츠

12집단군
브래들리

룩셈부르크

랭스

룩셈부르크

자르

베르됭

자르브뤼켄

XXXX
3 미국
패튼

메스

프 랑 스

라인강

XXXX
7 미국
패치 스트라스부르

6집단군
데버즈

뫼즈강

모젤강

XXXX
1 프랑스
드라트르

콜마르

벌들에게 — 특히 나중에 응보를 받긴 했지만, 교활하기 짝이 없는 마르틴 보르만 같은 — 밀리고 있었기 때문이었다. 다른 경쟁자인 하인리히 힘러 SS제국 지도자는 히틀러 암살 모의의 본부였던 보충군의 지휘권을 손에 넣었다. 괴벨스는 총력전 제국 전권대사가 되어 후방의 전시 지휘권을 장악했다. 그러나 보르만과 대관구 지휘자(괴벨스)는 자신의 권한을 제한하려는 어떠한 시도도 모조리 좌절시킬 수 있었다.

비록 많은 사람이 히틀러 암살 기도에 충격을 받았지만, 소련군이 동프로이센 국경까지 진군해오면서 국민들의 사기는 급속히 저하되었다.[25] 무장친위대는 특히 여성들일수록 전쟁이 빨리 끝나기만 바라고 있으며 히틀러에 대한 그들의 신뢰는 이미 바닥에 떨어져 있다고 보고했다. 눈치가 있는 사람들은 히틀러가 살아 있는 한 전쟁이 끝나기는 힘들다는 사실을 알고 있었다.

그해 여름의 성공에도 불구하고, 아니 그 성공 때문에 라이벌들은 연합국 최고 자리를 두고 다투고 있었다. "군사 지휘관이라기보다는 정치군인에 가까운"[26] 아이젠하워는 늘 영국과의 의견 일치를 강조하는 바람에 브래들리의 반감을 샀고, 패튼의 경멸을 받았다. 아이젠하워는 몽고메리와 영국을 달래는 데만 열중하는 것처럼 보였다. 1944년 후반부터 그 이듬해까지 연합군 관계에 악영향을 준 논쟁은 8월 19일에 처음 촉발되었다.

몽고메리는 연합군이 벨기에, 네덜란드를 거쳐 루르 산업 지역으로 진격할 때, 자신이 그 지휘를 맡아야 한다고 주장했다. 이 제안이 거부되자, 몽고메리는 코트니 호지스 장군이 이끄는 미 제1군의 지원을 받아 자신의 제21집단군을 이 지역에 진군시키려고 했다. 이렇게 하면 연합군은 런던을 공격했던 V로켓 발사 기지를 점령할 수 있고, 군수품 보급에 절대적으로 필요한 안트베르펜 항구를 점령할 수 있었다. 브래들리와 휘하 두 사람의 군 사령관, 패튼과 호지스는 안트베르펜이 반드시 확보되어야 한다는 점에는 동의했지만, 독일로 진격하는 지름길인 동쪽의 자르 지역으로 진격하길 원했다. 미군 장군들은 코브라 작전에서 세운 전공이나, 패튼의 제3군이 센강까지 진격하면서 거둔 여러 승리를 감안하면 자신들에게 우선권이 주어져야 한다고 생각했다. 하지만 아이젠하워는 북쪽의 영국군이나 중앙의 미군 중어느 한 나라의 군대만 진격한다면, 군사적인 면보다 정치적인 면에서 갈등이 생기지 않을까 우려했다. 어느 한쪽이 진격하는 동안 다른 한쪽이 보급문제로 주춤하는 상황이 생긴다면 미국이건 영국이건 언론이나 정치인들이가만있지 않을 것이 뻔했다.

9월 1일, 아이젠하워는 브래들리가 미 제12집단군의 지휘를 맡는다는,오래전부터 구상했던 내용을 발표했다. 엄밀히 따지자면 브래들리는 몽고메리의 부하였기 때문에 이 발표는 플리트가(영국 주요 언론사들이 모여 있던 거리—옮긴이)를 다시 한번 화나게 만들었다. 영국 언론들은 이제 아이젠하워가 프랑스로 와서 직접 지휘하기 때문에, 몽고메리에게 더 이상 지상군 사령관으로서의 실질적인 권한이 없어졌으므로 사실상 강등된 것이나 마찬가지라며 들끓었다. 이런 사태를 예견해왔던 런던은 무마 차원에서 몽고메리를육군 원수로 승진시켰다.(이론적으로는 4성 장군인 아이젠하워보다 한 계급 높았다.) 패튼은 "살아 있는 전설적 군인 몽고메리가 원수로 승진했습니다"[27]라는아이젠하워의 발언을 라디오로 듣고는 매우 역겨워했다. 다른 장군들이 이룬 업적에 대해서는 일언반구 언급이 없었다. 이튿날 브래들리의 사령부에서 열린 회의가 끝난 뒤 프랑스 돌파를 지휘했던 패튼은 이렇게 빈정거렸다."아이젠하워는 우리가 세운 공적에 대해서는 어떤 감사나 축하의 말 한마디도 하지 않았다." 이틀 후 패튼의 제3군이 뫼즈강에 도달했다.

어떻든 간에 미 제1군과 영국 제2군이 벨기에로 진격한 것이 전체 전쟁을 통틀어 가장 신속한 진군이었음은 분명했다. 벨기에 마을을 지나칠 때마다 주민들의 열렬한 환영만 없었더라면 더욱 빨랐을 것이다. 제30군단장 브라이언 호록스 중장은 "샴페인, 꽃다발, 군중, 트럭 위의 아가씨들 때문에 전쟁을 계속할 수 없을 정도였다"[28]고 했다. 미군들이 보기에도 프랑스보다는벨기에에서의 환영이 훨씬 더 뜨겁고 열렬했다. 9월 3일, 영국 근위기갑사단은 역사상 가장 열광적인 환영을 받으며 브뤼셀에 입성했다.

바로 이튿날, '핍' 로버츠 소장이 이끄는 제11기갑사단이 기습적으로 안트베르펜을 점령했다. 벨기에 레지스탕스의 도움을 받은 덕분에, 독일군이 시설과 장비를 파괴하기도 전에 점령할 수 있었다. 제159보병여단이 공원에 위치한 독일 사령부를 공격했다. 독일 수비군 사령관은 오후 8시가 되자 항복했다. 굶주린 주민들이 잡아먹어서 텅 빈 동물원 우리에는 항복한 독일군 6000명이 수용되었다. 마사 겔혼은 "포로들이 지푸라기 위에 앉아 창살 밖을 내다보고 있었다"[29]라고 회상했다. 안트베르펜 항구의 함락은 총통 사령부를 경악시켰다. 이듬해 발터 바를리몬트 포병대장이 심문을 받으면서 이렇게 증언했다. "미군이 이제 겨우 솜강을 건넜다고 생각했는데, 어느새 안트베르펜 코앞에 기갑사단 1~2개가 나타났다. 그렇게 빨리 돌파당할 줄은 몰랐기에 미처 아무런 대비도 못했다. 안트베르펜이 함락되었다는 소식은 정말 충격적이었다."[30]

미 제1군도 퇴각하는 독일군을 잡기 위해 빠르게 움직였다. 제2기갑사단 정찰대대는 다른 부대를 앞질러 진군해 적군의 퇴각로를 파악한 다음 경전차를 마을 어귀에 매복시켰다. "우리는 포격을 시작하기 전 미리 적 수송대를 공격하기 위한 가장 최적의 사거리를 확보했다. 파괴된 독일군 차량은 뒤따라오는 독일군들이 보지 못하도록 경전차로 끌어서 건물 뒤에 숨겼다. 밤새도록 반복했다."[31] 어느 미국 전차장의 계산에 따르면 이들은 8월 18일부터 9월 5일까지 563마일(약 900킬로미터)을 "정비 없이 주파했다."[32]

프랑스와 벨기에 국경 부근에 있던 브래들리의 부대는 몽스 근처에서 협공 작전을 펼쳐서 영국군보다 훨씬 더 큰 승리를 거두었다. 미군 제1보병사단이 포위망을 완성하기 직전 독일 3개 기갑사단에서 모인 차량화부대가 겨우 탈출에 성공했다. 독일군 제3, 제6강하엽병사단 낙하산병들은 무장 친위대들이 동료들을 남겨두고 자신들만 도망치는 모습을 보고 쓴웃음을 지었다. 노르망디 상륙 작전 이후 미군이 잡은 6개 사단의 패잔병들은 2만 5000명 이상이었다. 항복하기 전에도 그들은 이미 사격 표적에 불과했다. 제9보병사단 소속 포병은 이렇게 보고했다. "155밀리 포를 독일군에게 직사해서 엄청난 피해를 입혔습니다. 3명의 장군을 포함해서 6100명의 포로를 잡았습니다."[33]

하지만 벨기에 몽스 포켓 지역에서는 레지스탕스의 공격이 나치의 보복을 초래했다. 60명의 민간인이 죽고 많은 가옥이 불탔다. 프롱 드 랭데팡당스Front de l'Indépendance(독립 전선), 아르메 블랑슈Armée Blanche(백군), MN-BMouvement national belge(벨기에 국민운동)라는 단체에 소속되어 있는 아르메 세크레트Armée Secrète(비밀 군대) 등의 무장단체들이 미군과 긴밀히 협조하여 독일군 소탕 작전에 나섰다.(여기서 말하는 아르메 블랑슈, 즉 백군은 러시아 혁명 전쟁의 백군과는 아무런 연관이 없다. 제1차 세계대전 당시 독일군에 점령당한 벨기에 지식인들이 만든 비밀 단체로 하얀 옷을 입은 여자 귀신이 나타나면 독일 황제가 죽는다는 호엔촐레른 왕조의 전설에서 이름을 빌려왔다.—저자) 벨기에를 거쳐, 안전한 독일군의 베스트발, 소위 연합군이 말하는 지크프리트선까지 후퇴하는 동안 대규모 무장봉기가 일어나자 독일군 사령관은 화도 나고 겁도 났다. 하지만 독일군은 후퇴 과정에서 벨기에 청년들이 자신들을 공격하기 위해 모여든 것에 대한 복수를 잊지 않았고, 12월 하순 아르덴 대공세에서 톡톡히 되갚아준다.

9월 1일, 아르덴의 북쪽 로슈포르 근처의 제멜에서 모리스 델븐은 벨기에에서 철수하는 독일군을 기쁜 마음으로 지켜봤다. "퇴각 속도가 점점 빨라지고 무질서해진다. 전장에 있었던 보병과 해군, 공군, 포병 등이 한 트럭에 뒤죽박죽 섞여 있었다. 모두 더럽고 남루하기 짝이 없었다. 그들은 독일까지 얼마나 남았는지 몹시 궁금해 했다. 그때마다 우리는 일부러 아직 한참 멀었다며 과장해서 말해주곤 했다."[34]

이틀 후 친위부대가 제멜을 지나갔다. 머리에 붕대를 감은 병사도 있었다. "병사들은 모두 피곤에 찌든 채 군중들을 증오에 찬 눈으로 흘겨보았다."[35] 독일군은 건물을 불태우고 통신선을 끊어버리며 양이며 가축을 약탈하면서 퇴각했다. 아르덴 동쪽에 살면서 독일어를 할 줄 아는 농부들은 가족과 가축을 데리고 지크프리트선을 넘어 독일 영토 안으로 이주하라는 명령을 받았다. 농부들은 연합군의 폭격 뉴스에 겁을 내면서도 대부분 자신의 농장을 떠나지 않으려 했기 때문에 독일군이 완전히 떠날 때까지 가축들과 함께 아르덴 숲으로 숨어버렸다.

9월 5일, 젊은 레지스탕스들이 큰 전과를 올리자, 퇴각하던 독일군은 마르슈앙파멘에서 바스토뉴로 가는 4번 고속도로변에 있는 방드 마을 근처의 가옥 35채를 불태워버렸다. 그리고 아르덴 대공세로 돌아온 독일군은 크리스마스이브에 이보다 더 끔찍한 일도 저지르게 된다. 일반 시민들은 레지스탕스 공격에 대한 독일군의 보복에 완전히 겁을 먹었다. 9월 6일에는 이틀 전 레지스탕스의 습격에 대한 보복으로 독일군이 비송비유와 그 옆 마을의 가옥 22채에 불을 질렀다.

퇴각로 근처 마을 주민들은 벨기에, 영국, 미국 국기 등을 흔들며 해방군을 환영했다. 그러다가도 퇴각하는 독일군 분견대가 큰 길에 나타나면 얼른 몸을 숨겼다. 네덜란드 뒤쪽의 위트레흐트에 있던 프리츠 풀리데 중령은 "다수의 여성과 어린아이들을 포함해 네덜란드 나치당원들의 무리가 슬픔에 잠긴 채 네덜란드인들의 분노를 피해서 독일로 도망치는 중"[36]이라고 썼다. 네덜란드의 나치 친위대는 벨기에 국경을 넘어 헤흐텔에서 전투를 했다. 이들은 운하를 헤엄쳐 건너서 포위망을 빠져나가야 했는데, "부상당한 장교나 도주를 포기한 병사는 (옆에서 수수방관하고 있었던 영국군에게는 다소 불명예스러운 일이었지만) 대부분 벨기에인들에게 사살되었다." 네덜란드와 벨기에 주민들은 지난 4년간의 점령에 대한 원한으로 가득한 상태였다.

벨기에, 네덜란드에서의 독일군 방어선은 완전히 붕괴되었다. 독일군 제89보병군단이 "독일군에게는 어울리지도 않고 수치스러운 장면이다"[37]라고 일지에 썼을 정도로 후방 지역은 혼란스러웠고 공포로 물들어 있었다. 독일군 야전헌병수색대는 낙오병들을 찾아 임시 집결지에 보냈다. 낙오병들은 60명 단위로 재편성된 후 다시 일선으로 보내졌다. 리에주 근처에서도 1000여 명의 낙오병들이 권총을 뽑아든 장교에게 이끌려 일선으로 향했다. 탈영병으로 의심되는 자들은 군법 회의에 회부되었다. 만약 유죄로 밝혀지면 사형이 선고되거나 집행유예대대(집행유예대대라고 부르기는 하지만 사실은 죄수대대에 더 가까웠다)로 보내졌다. 탈영병이라고 자백하거나 민간인 옷을 입고 있던 자들은 그 자리에서 즉결처분되었다.

헌병들은 "OKW(국방군 총사령부) 헌병"이라고 새겨진 붉은 완장을 차고 특별한 신분증을 소지했다. 신분증에는 "이 사람은 불복종하는 자에게 총기를 사용할 수 있는 권한이 있음"이라고 적혔고 녹색으로 대각선이 그어져 있었다. 이들은 집중적인 세뇌를 받았다. 일주일에 한 번씩, 장교들이 "세계 정세를 비롯하여 천하무적 독일, 총통의 위대함, 지하공장의 우수함 등을 교육했다."[38]

발터 모델 원수는 '서부 전선 병사들에게 보내는 호소'에서 병사들에게 꿋꿋하게 버텨서 시간을 벌라고 요구했지만 소용이 없었다. 부득이 극단적인 방법을 써야 했다. 9월 2일 빌헬름 카이텔 원수는 "꾀병쟁이, 겁쟁이들은 장교를 막론하고"[39] 즉결처분하라는 명령을 내렸다. 모델은 북부 독일로의 침공을 막으려면 적어도 10개 보병사단과 5개 기갑사단이 필요하다고 주장했지만 그런 병력이 있을 리 없었다.

캐나다 군이 추격을 늦춘 덕분에, 영국 해협의 해안을 따라 퇴각하던 독일 제15군은 구스타프 폰 창겐 보병대장의 지휘하에 파드칼레에서 네덜란드 섬들을 거쳐 북부 벨기에까지 비교적 질서정연하게 이동했다. 그럼에도 연합군의 정보기관은 "네덜란드로 온다는 독일 지원군은 벨기에에서 패주하여 사기가 땅에 떨어진 제15군의 오합지졸 패잔병들에 불과하다"[40]고 오판했다.

안트베르펜의 함락은 독일군 총사령부에게는 엄청난 충격이었지만, 그 후 며칠 동안 영국 제2군이 셀드강 어귀를 완전히 장악하지 못하는 바람에 폰 창겐 장군은 그럭저럭 방어선을 구축할 수 있었다. 브레스컨스 포켓이라고도 불리는 셀드강 어귀 남쪽에 있는 폭이 20킬로미터에 달하는 보루와 북쪽에 있는 자위트베벌란트반도, 그리고 발헤런섬까지 포함하는 방어선이었다. 여기에 병력 8만2000명과 530문의 대포가 배치되었다. 이 대포들은 기뢰가 대거 매설된 강어귀로 침입하려던 영국 왕립해군의 모든 시도를 분쇄하는 데 큰 역할을 했다.

연합군 해군 사령관, 버트럼 램지 제독은 독일군이 셀드강 어귀를 쉽게 봉쇄할 수 있다는 사실을 연합군 최고 사령부와 몽고메리 장군에게 알렸다. 해군본부 위원회 제1군사위원 앤드루 커닝엄 제독도 접근로를 확보하지 못한다면 안트베르펜 항구는 "아무 소용이 없을 것"[41]이라고 경고했다. 나중에 호록스 군단장은 접근로 확보의 실패는 자신의 책임이라고 인정했다. 커닝엄은 "나폴레옹이라면 어떻게 해서든지 접근로를 확보했을 테지만, 호록스는 그러지 못했다"[42]고 썼다. 하지만 호록스 장군이나 제11기갑사단장 로버츠 장군의 잘못은 아니었다. 안이하게도 나중에 캐나다군이 잔당을 소탕하면 될 것이라며 강 어귀에 대해서는 신경도 쓰지 않았던 몽고메리의 책임이었다.

결국 이 엄청난 실수 때문에 연합군은 뒤에 혹독한 대가를 치르게 된다. 하지만 승리에 취했던 당시에는, 제1차 세계대전에도 참전했던 장군들이 1918년 9월에 그랬던 것처럼, 이번에도 1944년 9월에 이길 것이라 믿었다. 전쟁 역사학자 포레스트 포그의 말을 빌면, "언론에서는 '엿새 만에 210마일(약 340킬로미터)을 진격했다'느니 '네덜란드, 룩셈부르크, 자르브뤼켄, 브뤼셀, 안트베르펜을 탈환했다'느니[43] 하는 기사들을 대서특필하고 있었다. 정보부도 모든 전선에 대해 지나치게 낙관했다." 고급 장교들 역시 라인강을 단숨에 건널 생각만 하고 있었기 때문에 당연히 아이젠하워도 그렇게 판단할 수밖에 없었다. 하지만 몽고메리도 이런 환상에 취해 있었다. 여기에는 또 다른 이유가 있었다.

2

안트베르펜 그리고 독일군 방어선

8월 말, 독일군의 전선은 붕괴 직전이었지만, 연합군은 심각한 보급 문제로 진격을 늦춰야 했다. 프랑스의 철로망이 연합군의 공습으로 파괴되었기에 매일 1만 톤의 연료, 식량, 탄약을 미 육군의 "레드 볼 익스프레스"● 특별 보급대의 트럭으로 노르망디에서 실어 날라야 했다. 9월 초에 확보한 전선까지의 거리는 셰르부르에서 500킬로미터에 달했고 왕복 3일이나 걸렸다. 파리 하나만 탈환하는 데도 하루 1500톤의 물자가 필요했다.

미국의 풍부한 물자 덕분에, 하루 7000대의 트럭이 30만 갤런(약 100만 리터)이나 되는 연료를 쓰면서 일방 도로를 매일 밤낮을 달려 물자를 공급할

● 노르망디 상륙작전 이후 연합군이 운영한 임시 급행수송부대. '레드 볼'의 이름은 보급 차량 앞에 부착한 붉은 공 모양의 마크에서 유래했다. 레드 볼을 단 보급부대는 헌병의 검문을 받지 않고 쉬지 않고 전방으로 달렸다. 운전병의 75퍼센트는 흑인이었으며 하루 수송량은 최대 1만2500톤에 달했다. 이들은 28개 사단에 물자를 보급하여 연합군의 진격 속도를 지탱하는 데 큰 도움을 주었다. 하지만 이 때문에 독일군의 첫 번째 공격 목표가 되었고 무리한 운행에 따른 차량 마모와 졸음운전으로 많은 희생을 치렀다. 1944년 8월 25일부터 벨기에 안트베르펜(앤트워프) 항구를 점령하는 11월 16일까지 83일 동안 운영되었다.

수 있었다. 이 과정에서 9000대의 트럭이 폐차되었다. 특별 보급대는 프랑스를 가로질러 최일선까지 보급선을 유지하기 위해서 노력했다. 제9병력수송사령부는 수송기만이 아니라 폭격기까지 동원해 제리캔(기름통)을 실어 날랐다. 하지만 항공기들은 3갤런의 연료를 사용해야 일선에 겨우 2갤런을 갖다줄 수 있었다. 급박한 물자 수송을 해결하기 위해서는 안트베르펜 항구를 확보해야 함에도, 몽고메리는 라인강을 건너는 것에만 신경을 썼다.[1]

9월 3일, 몽고메리는 미 제1군의 대부분이 북부 전선의 자신을 지원하겠지만 그의 지휘를 받지는 않을 것이라는 소식을 접했다. 북쪽의 공격은 전적으로 자신에게 지휘를 맡기겠다고 아이젠하워가 약속했음에도 패튼 장군의 제3군이 진격을 멈추지 않은 사실을 알고 몽고메리는 노발대발했다. 영국의 제2차 세계대전 참전 5주년이 되는 날 몽고메리는 영국 육군 참모총장 앨런 브룩 원수에게 편지를 보내서 가능한 한 빨리 라인강을 건너겠다고 건의했다.[2] 그래야 아이젠하워 휘하의 병력과 물자 그리고 호지스의 제1군 지휘권을 넘겨받을 수 있다고 판단했기 때문이었다.

패튼은 병참 여건이 개선될 때까지 진군을 멈춘다고 하면서도 슬쩍 자르 지방으로 진격했다. 그는 일기에 "공격을 하려면 먼저 지형을 답사하고 정찰을 늘리는 척하다가 공격해야 한다"[3]라고 썼다. 조금 비겁한 방법이지만 전혀 개의치 않았다. 폭격기 조종사들은 연료수송기 조종사로 보직 변경되어도 별 불만이 없었다. 제3군에 연료를 갖다주면 "패튼 장군이 격려의 표시로" 샴페인 한 상자를 주었기 때문이었다.[4] 패튼은 그럴 여유가 있었다. 비결은 알 수 없지만 그는 "주인 없는" 샴페인을 5만 상자나 갖고 있었다.[5]

몽고메리는 물자 수송에 필수적인 안트베르펜 항구의 가동이 다소 늦어진다고 해도 북쪽을 향해 진격하려고 단단히 마음먹고 있었다. 이 신임 육군 원수가 9월 3일 확정한 작전 개요를 보면 셸드강 어귀를 확보하기 위해 주력 부대를 나누지는 않겠다는 의지가 분명했다. 안트베르펜 항구 어귀에 주둔 중인 로버츠의 제11기갑사단이 알베르 운하를 가로질러 베벌란트반도를 거쳐 독일군 방어선이 시작되는 서북쪽으로 진격하라는 명령을 받지 못한 이유는 이 때문이었다.

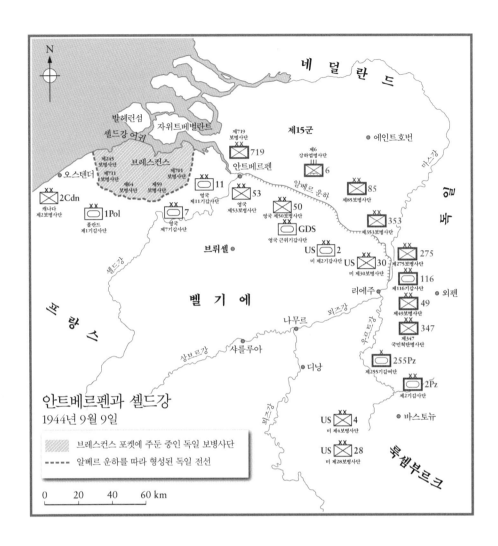

안트베르펜과 셸드강
1944년 9월 9일

브레스컨스 포켓에 주둔 중인 독일 보병사단

알베르 운하를 따라 형성된 독일 전선

불과 며칠 사이에 셸드강 양안에 있던 독일 제15군 패잔병들이 다시 막강한 방어선을 구축했다. 독일군들은 전투에 패배한 후에도 오뚝이처럼 다시 일어서는 뛰어난 능력을 동부 전선에서 보여준 바 있다. 서부 전선에서도 그런 모습을 재현하고 있었다. 비록 사기는 낮았지만 싸울 의지까지 무너져 내리지는 않았다. 한 부사관이 집으로 보낸 편지에서는 "모든 동맹국이 우리를 포기한다고 하더라도, 우리는 용기를 잃지 않을 것이다. 이제 곧 총통이 신무기를 실전에 배치할 것이다. 그렇게 되면 최후의 승리는 우리 것이다"[6]라고 적혀 있었다.

한편 아이젠하워는 안트베르펜 항구의 진입로 확보가 중요한 열쇠임을 알고 있었지만, 라인강을 건너 교두보를 확보하는 데 지나치게 집착했다. 특히 새로이 창설된 제1연합공수군*을 이번 작전에 투입하고 싶어했다. 워싱턴에 있는 참모총장 조지 C. 마셜 장군과 미 항공대 사령관 '햅' 아널드도 같은 의견이었다. 엄청난 공을 들여 만든 공수부대였기 때문에 이 부대를 실전에 써먹고 싶었던 것이다.

노르망디 작전 이후 아홉 번 넘게 공수부대 투입을 계획했지만 연합군의 진격 속도가 이들을 추월한 덕분에 번번이 취소되었다. 비행장에서 글라이더와 함께 비행기를 타고 출동을 기다리다 작전이 취소되어 다시 내리기를 반복한 낙하산병들의 분노도 이만저만이 아니었다. 패튼 장군은 제3군 기자간담회에서 종군 기자들에게 뽐내듯 말했다. "저 공수부대는 우리 부대의 진격 속도를 따라잡을 수는 없을 걸세. 하지만 이걸 기사로 내면 안 되네."[7]

9월 첫 주 내내, 몽고메리 원수는 라인강 건너 아른험에 공수부대를 낙하시킬 궁리만 했다. 9월 17일에 시작된 마켓가든 작전은 단순히 과욕이라고 보기에는, 너무 엉성하고 또한 성공할 가능성도 없었기에 절대로 실행되어

---

* 1944년 8월 2일 아이젠하워의 명령에 따라 서유럽에서 공수작전의 통합적 운영을 위해 연합군 최고사령부 직속으로 설치한 편제. 미 제9 병력수송 사령부와 제18공수군단(제17, 제82, 제101공수사단), 영국 제1, 제6공수사단, 폴란드 제1공수여단 등이 포함되었다. 마켓가든 작전과 독일군의 아르덴 공세, 1945년 3월 24일 라인강 동안에 대한 대규모 공수작전인 바시티 작전Operation Varsity 등을 수행했으며 1945년 5월 20일 해체되었다.

서는 안 되는 작전이었다. 낙하지점이 목표 교량에서 너무 멀어서 기습 공격을 할 수가 없었다. 특히 아른헴이 그러했다. 제1연합공수군과 지상군 간의 협조도 작전 계획에 제대로 반영되지 않았다. 영국 공수사단이 아른헴에 낙하해 라인강 하류에 있는 다리를 점령하면, 영국 제30군단은 단 하나밖에 없는 길을 따라 104킬로미터를 진격하여 이들을 지원하도록 되어 있었다. 치명적인 사실은 변덕스런 날씨 때문에 지원군의 도착이 늦어지거나 또는 예상치 못한 일이 생긴다고 하더라도 아무런 손도 쓸 수 없다는 점이었다.

결국 미 제101공수사단이 에인트호번을 점령하고, 제82공수사단은 네이메헌과 독일의 모델 원수가 나중에 반격할 때 필요할지 모른다고 판단하여 폭파시키지 않은 발강의 교량을 확보한 것이 전부였다. 독일군의 저항은 아주 완강했다. "지옥의 고속도로"라 불리는 도로 측면이 독일군의 공격에 노출되면서, 영국 근위기갑사단의 진군은 크게 지체되었다.

연합군 정보부는 독일군 제9친위기갑사단 호엔슈타우펜과 제10친위기갑사단 프룬츠베르크가 아른헴 지역에 주둔하고 있다는 사실을 알고 있으면서도 이들이 프랑스에서 패퇴하면서 상당히 약화되었기에 큰 위협은 되지 않을 것이라고 오판했다. 그러나 영국 제1공수사단의 침투에 대한 독일군의 대응은 신속하고도 격렬하기 짝이 없었다. 제1공수사단 병력 중 고작 1개 대대만이 교량까지 접근할 수 있었다. 그마저도 북쪽 구석에 포위되어 있다가 9월 25일에야 생존자들이 강을 건너 간신히 퇴각했다. 영국군, 미군, 폴란드군 등 연합군 측의 전사자는 1만4000명을 넘었다. 이 작전으로 인해 영국군 지휘부에 대한 미군의 불신은 한층 커졌다.

라인강을 단숨에 건널 수 있다는 연합군의 환상 때문에 가장 기본적이면서도 필수적인 보급선 확보 문제는 무시되었다. 버트럼 램지 제독은 셸드강 어귀와 안트베르펜 항구의 진입로를 확보해야 한다는 자신의 경고를 무시한 연합군 최고 사령부, 특히 몽고메리에 대해서 불같이 화를 냈다. 탈환한 주요 항구 중 하나만이라도 독 시설을 온전하게 복구하는 데 주력하라는 아이젠하워의 지시에도 불구하고, 몽고메리는 독일 수비군이 주둔하고 있는 불로뉴, 칼레, 됭케르크로 캐나다 제1군이 진격해야 한다고 고집했기 때문이었다. 탈환한 항구들은 모두 심하게 파괴되어 있어서 제대로 사용할 수 있는 곳은 하나도 없었다.

무릎 통증에서 어느 정도 회복된• 아이젠하워는 비로소 연합군의 전략을 분명히 했다. 랭스 근처에 소규모의 일선 지휘부를 설치한 뒤 9월 20일에는 연합군 최고 사령부를 베르사유에 있는 트리아농 팰리스 호텔로 옮겼다. 이 호텔은 벨 에포크 시대••의 장엄함을 잘 보여줄 뿐만 아니라 제1차 세계 대전 중에도 연합군 사령부로 쓰였다. 1919년 5월 7일 베르사유 궁전 거울의 방에서 베르사유 조약을 최종 서명하기 며칠 전, 조르주 클레망소가 베르사유 조약 문안을 작성한 방도 이 호텔의 대회의실이었다.

그 후, 2주일에 걸쳐 더 많은 부서가 주변 건물에 자리 잡기 시작했고 큰 마구간도 마련되었다. 곧이어 베르사유 인근 1800개의 건물들이 장병 2만 4000명을 위한 숙소로 징발되었다. 파리에서는 "COM Z"라고도 불리는 병참지대Communications Zone[8] 사령관 존 C. 리 중장이 315개의 호텔과 수천 개의 건물, 아파트를 자기 부대의 고급 장교들을 위한 사택으로 징발했을 뿐만 아니라 조르주 V 호텔을 거의 독차지하다시피 사용했다. 으스대기 좋아하는 리 장군이 아첨꾼 부하를 대동하고 장화를 신고 채찍을 든 채 검열에 나서면 부상병이라 할지라도 침대에서 차렷 자세를 취해야 했다.

일선 부대들은 병참부대가 자신들만 편하게 지내려고 한다면서 분통을 터뜨렸고, 프랑스 행정부는 미군들의 요구사항이 독일군보다 훨씬 더 심하다면서 불만을 제기했다. 어떤 잡지는 연합군 최고 사령부의 약자 SHAEF가 "프랑스 주재 미군 호텔 사장단 모임Société des Hôteliers Américains en France"의 약자라고 비아냥거렸다. 아이젠하워는 파리를 식민지처럼 대하지 말라는 자신의 지시를 뻔뻔스럽게 어긴 데 대해서 불같이 화를 내면서도,

---

• 아이젠하워는 웨스트포인트 사관학교 신입생 때 미식축구 선수로 뛰다가 무릎에 심한 부상을 입었다. 이때의 부상은 그의 평생을 괴롭힌 고질병이었다.
•• 프랑스어로 '좋은 시절Belle Époque'이라는 의미로, 프랑스인들이 프랑스-프로이센 전쟁의 패전 이후부터 제1차 세계대전 직전까지 약 40여 년 동안 평화와 안정을 누렸던 시기를 일컫는다.

리 장군을 불러서 야단을 치지는 않았다. 리 장군을 경멸하고 싫어하는 패튼 장군조차 혹시라도 자신이 지휘하는 제3군에 대한 보급을 줄이는 보복을 당할까봐 감히 내색하지 못했다.

최고 사령관은 아른헴에서의 좌절 이후에도 연합군의 전략적인 문제들이 여전히 명확하게 정리되지 않았음을 알게 되었다. 몽고메리는 좋은 생각을 가지고 있었지만, 실행에 옮기지는 못했다. 휘하 부대가 안트베르펜 항구를 사용할 수 있는 상태로 복구하지 못했을 뿐 아니라 자신이 그토록 고집했던 마켓가든 작전도 실패했기 때문이다. 그럼에도 몽고메리는 독일 북부로 진격할 수 있도록 병참이 자기 부대에 우선되어야 한다고 주장했다. 영국 낙하산대대가 아른헴에서 항복을 강요당하던 9월 21일 몽고메리는 최고 사령관에게 편지를 보내어 자신의 담당 구역 내에서 패튼의 작전을 중단시키지 않은 것에 강력히 항의했다.9 독일군조차 몽고메리의 작전이 엉망이라는 사실을 간파했다. 아미앵에서 영국군 포로가 된 에버바흐 장군이 동료 포로 장군에게 이렇게 말했다. "그 작전은 핵심부터가 틀려먹었어. 옛날부터 독일로 가기 위해선 자르 지역을 통해야 했다고."10

패튼은 몽고메리가 "칼날같이 좁은 외줄기 길을 따라 베를린"11으로 진격하는 것은 완전히 잘못된 계획이라고 주장했다. 몽고메리는 신중한 지휘관이 아니었기 때문에 그런 전략을 쓰기에는 적절치 못했다. 그가 택한 북쪽 진격로는 북유럽에서도 가장 큰 강을, 가장 넓은 곳에서 건너야 했다. 브래들리는 몽고메리가 이끄는 "제21집단군이 소위 '비수 꽂기 작전'에 쓴 비수는 버터 자르는 칼이었던 모양"12이라고 비아냥거렸다. 메스의 견고한 방어선을 공격하던 패튼은 수비에 치중하라는 명령을 받고 기분을 망쳤다. 하지만 9월 21일 아이젠하워가 몽고메리를 "뺀질뺀질한 개자식"이라고 말하는 것을 듣고는 최고 사령관이 드디어 몽고메리의 장난질을 제대로 보기 시작한다고 생각했다. 몽고메리는 자신이 지상군 사령관이 될 욕심으로 아이젠하워가 전장을 강력하게 통제하지 못한다는 이야기를 떠들고 다녔다. 역사학자인 존 버클리는 "문제는 상관을 욕하고 다닌 몽고메리 자신이었다"13라고 평가했다.

아이젠하워는 루르 지방과 자르 지방을 동시에 공격하자는 자신의 제안과 몽고메리의 제안 사이의 간격을 좁히고자 애썼다. 아이젠하워의 속내는 몽고메리의 직선 공격을 지지하면서도 다만 중앙 부분에서 약간의 재량을 인정하자는 정도였다. 그것이 큰 실수였다. 보다 더 명확한 입장을 취했어야 했다. 아이젠하워는 자신의 부하인 두 명의 미 집단군 사령관 브래들리와 제이컵 L. 데버즈 장군에게는 직접 명령을 내렸지만, 몽고메리에게는 과도한 재량권을 주었다. 몽고메리를 미군의 일원이 아니라 동맹군이라고 생각했기 때문이었다. 아이젠하워는 자신이 워싱턴의 마셜에게서 연합군 최고 사령관으로 인정을 받고 있었으며, 처칠은 루스벨트 대통령에게 아무런 영향력도 미칠 수 없고, 특히 군사적 결정에 대해서는 더더욱 그렇다는 사실을 깨달았어야 했다. 아이젠하워가 몽고메리더러 논의가 끝났으니 이제 명령에 따라 실행하라고 강력하게 압박하지 못하고 우물쭈물하자, 몽고메리는 자신의 고집대로 계속 이의를 제기하면서 성가시게 굴었다. 몽고메리는 앞으로 12월과 1월에 표면화될 영국과 미국의 갈등을 자신이 조장하고 있다는 사실을 깨닫지 못했다.

9월 22일, 베르사유에 있는 사령부에서 아이젠하워가 주관한 중요한 회의에 몽고메리가 불참했지만, 상황은 조금도 나아지지 않았다. 그 대신 몽고메리는 모든 사람에게 신임 받는 참모장인 프랜시스 드긴간드 소장을 참석시켰다. 그는 "프레디"로 불렸다. 미군 장성들은 나중에 협의안에서 빠져나갈 핑계를 만들기 위해 몽고메리가 일부러 그렇게 한 것이 아닌가 의심했다. 회의 주제는 안트베르펜 항구가 확보된 이후의 전략에 대해서였다. 아이젠하워는 몽고메리의 제21집단군이 선봉을 맡아서 루르 지방을 북쪽에서 포위한다는 안을 채택했다. 그러나 동시에 브래들리의 제12집단군이 쾰른과 본 지역에서 라인강을 건너 루르 지방을 남쪽에서 포위하도록 했다. 아이젠하워는 이런 내용을 편지에 담아서 이틀 후에 몽고메리에게 보냈다. 더 이상 이 전략에 대해 왈가왈부하지 말라는 뜻이었다.

안트베르펜 항구로 가는 접근로를 확보하는 임무를 캐나다 제1군에 맡겼다는 점에서 몽고메리는 이 방면에 그다지 관심이 없었다. 그의 관심사는 오

히려 독일 국경을 가로지르는 라이히스발트의 삼림지대를 공격하기 위해 마
켓가든 작전 중에 점령한 네이메헌을 활용하는 것이었다. 프랑스 북부 작전
을 끝낸 캐나다군은 10월 초 셸드 작전*을 시작하면서, 독일군의 저항이 예
상외로 강하다는 것을 깨달았다. 독일 제15군이 탈출하여 자위트베벌란트
반도와 발헤런섬에 방어선을 갖출 시간을 번 덕분에 캐나다군은 힘든 전투
를 눈앞에 두었다.

　영국 왕립해군의 보고서를 받은 아이젠하워는 진격이 지체되고 있음을
우려했다. 몽고메리는 안트베르펜 항구 정상화를 위한 노력이 부족했다는
지적이 나올 때마다 신경질적으로 화를 내면서, 루르 지역으로의 신속한 진
군을 위해서는 자신이 미 제1군의 지휘권을 가져야 한다고 떠들었다. 10월
8일 몽고메리는 또 한번 아이젠하워의 전략을 비난했다. 이번에는 에인트호
번을 직접 방문한 마셜의 면전에서였다. 큰 실수였다. 자제력이 강한 마셜도
몽고메리의 "독선적인 이기심"[14]에 이성을 잃을 뻔했다. 눈치 없는 몽고메리
는 「서부 유럽에서의 지휘에 관한 의견」이라는 기고문에서 아이젠하워의 지
휘능력에 심각한 문제가 있다고 도발적으로 언급했다. 몽고메리는 자신이 셸
드강 제방을 확보하지 못하여 연합군의 진격이 늦어지고 있다는 지적이 있
음을 알고 있었기에, 더욱 아이젠하워를 심하게 비난했는지도 모른다. 심지
어 마켓가든 작전의 실패도 연합군 최고 사령부의 충분한 지원이 없었기 때
문인 것으로 책임을 돌렸다.

　아이젠하워는 며칠 뒤 마셜의 승인을 얻은 강력한 경고장을 몽고메리에
게 보냈다. 참모장인 월터 베델 스미스도, 마셜도 편지 문안을 보다 완곡하
게 누그러뜨리지 못했다. 아무리 몽고메리라도 편지의 뜻을 모를 리 없었다.
"저의 의견이나 명령이 작전 성공을 위태롭게 만든다고 판단한다면, 연합군
고위 지휘관 중 한 사람으로서 당신은 비록 극단적이기는 하지만 상부에 직

●　1944년 10월 2일부터 11월 8일까지 몽고메리 휘하의 캐나다 제1군이 브레스컨스 포위망에 갇
힌 독일 제15군을 격파하고 벨기에 북부를 해방한 작전. 여기에는 영국군과 캐나다군 이외에도 폴란
드 제1기갑사단, 체코슬로바키아 제1기갑여단, 벨기에 제1보병여단, 네덜란드 제1왕립기계화보병여단
등이 포함되어, 조국을 잃고 영국에서 망명 생활 중이던 여러 나라의 군대가 함께 싸운 진정한 연합
작전이었다.

접 보고하여 가능한 모든 조치를 취하는 것이 책무입니다."[15] 몽고메리는 당장 꼬리를 내렸다. "앞으로 절대로 작전에 대해서 왈가왈부하는 일은 없을 것입니다. 저는 단지 제 의견을 말씀드렸고 각하께서 답을 주신 이상 그걸로 끝내겠습니다. 충성스런 부하 몽고메리." 하지만 몽고메리는 두고두고 이 문제에 대해 불평하게 된다.

셸드강 점령을 위한 전투가 임박했다. 드디어 10월 2일 폭우가 쏟아지는 날 안트베르펜의 북쪽과 서북쪽에서 전투가 시작되었다. 우익에서 영국 제1군단의 지원을 받아 캐나다군이 자위트베벌란트반도의 기지에 도달하는 데에 2주일이 걸렸다. 완전 점령하는 데에는 또 2주일이 걸렸다. 캐나다 제2군단은 10월 내내, 셸드강 어귀의 남쪽 입구에 있는 레오폴드 운하 안쪽의 넓은 지역을 소탕하느라 시간을 보냈다. 영국 공군은 댐을 폭파하여 홍수를 일으켜 6000명이 넘는 독일 수비군을 몰아내고 발헤런섬을 점령한다는 작전에 동의했다. 오스텐더에서 출발해서 서쪽에 낙하한 영국 특공대원들은 많은 손실을 입은 후에야 이미 점령한 남부의 고립 지역을 가로질러 진격해 오던 캐나다군과 만났다. 11월 3일, 독일군의 포로는 4만 명을 넘었다. 셸드강 작전에서 캐나다와 영국군의 사상자는 1만3000명 내외였다. 강어귀의 기뢰를 청소하느라 11월 28일에야 보급품을 실은 첫 수송선이 안트베르펜 항구에 들어왔다. 제11기갑사단이 기습 공격으로 점령한 지 85일 만이었다.

9월 11일 오후, 미 제1군 정찰대가 룩셈부르크의 동북쪽을 통해서 독일 영토로 진입하는 데 성공했다. 고지에서 지크프리트선의 콘크리트 벙커를 내려다보았다. 그날부터 독일 영토로 진입한 부대마다, 병사들이 땅바닥에 오줌을 갈기면서 자신들이 독일에 들어왔음을 알렸다. 같은 날, 디종 서북쪽에서 패튼의 제15군단에 속한 프랑스 제2기갑사단은 프랑스 남부에서 올라오는 제7군 소속의 프랑스 제1기갑사단을 만났다. 이로써 연합군은 북해에서 스위스에 이르는 확고한 전선을 구축했다.

9월 14일 패튼은 낭시를 점령했다. 그러나 제3군은 고대 요새도시 메스에 가로막혀, 모젤강•을 건너느라 고전을 면치 못했다. 어느 장교는 "부상자를 상륙용 주정에 실어서 후송하는 의무병마저 공격당하는 상황이었다. 강가의 작전에 투입할 포로는 충분했다. 독일군은 생존 가능성이 있는 부상병들에게까지 가차 없이 사격을 가했기 때문에 독일군 포로들에게 부상자 후송을 맡길 수밖에 없었다. 그런데 독일군은 그 포로들 역시 가리지 않고 쏘았다. 그래서 우리도 '지옥에나 떨어져라'라고 외치면서 그 빌어먹을 놈들을 향해 총을 갈겼다"[16]라고 썼다.

독일군에게는 다른 어려움이 있었다. 제17친위기갑척탄병사단 '괴츠 폰 베를리힝겐'의 사단장은 자신들의 장비에 대해 불만을 제기했다. "물을 탄 불량 연료 때문에 전차 엔진이 자주 꺼진다. 우리 군대의 현실은 이렇다. 우린 아예 대포도 없다. 우리 병사들이 무거운 중화기를 끌고 다니면서 뭐라는지 아는가? '빌어먹을, 차라리 포로가 되는 게 낫겠다.'"[17] 하지만 이런 불만이 총통 사령부까지 전해지지는 않았다. 독일 제1군은 국방군 총사령부에 이렇게 보고했다. "일선에서 장교와 사병의 관계는 돈독하다. 경각심을 가져야 할 이유는 전혀 없다."[18] 병사들이 집으로 보낸 편지를 보더라도 이런 보고가 아주 거짓말은 아니었다.

어떤 병장이 자기 부인에게 보낸 편지에는 "전쟁은 이제 막바지에 이르렀소. 지금은 내가 태어난 곳 맞은편에 주둔하고 있다오. 그래서 더욱 용기를 내 굳건히 내 고향을 지킬 수 있는 셈이오. 패배는 생각할 수조차 없소"[19]라고 적혀 있었다. 적군을 대놓고 무시하는 자들도 있었다. "미군들은 항공 지원이나 전차가 없으면 공격도 못할 만큼 겁쟁이라고. 그런데 그놈들이 모든 무기를 다 가지고 있다는 것이 문제이긴 하지."[20] 또 이렇게 쓴 독일군도 있었다. "미군들은 아무것도 아냐. 중화기가 있을 때만 공격에 나서지. 우리 기관총이 불을 뿜을 땐, 꼼짝도 못하는 놈들이라고."[21] 그러나 리글러라는 병장은 솔직하게 인정했다. "제공권을 장악하는 쪽이 승리하게 되어 있어. 이건 사실이야."[22] 병장 호에스도 V로켓이 별 효과가 없자 비통해했다. "도대체 왜 점점 더 많은 병사가 희생되는 거지? 왜 우리 영토가 폭격을 더 많이 당하는 거야? 그렇게 떠들던 V로켓은 왜 이리 엉망인거야?"[23]

● 프랑스와 독일 국경 사이에 흐르는 강으로 라인강의 왼쪽 지류.

9월 16일, 마켓가든 작전이 시작되기 하루 전날, 히틀러는 볼프샨체에서 오전 상황 회의가 끝난 후 별도의 회의를 소집해 측근들을 놀라게 했다. 크라이페 항공대장의 일기에 따르면 알프레트 요들 상급대장이 서부 전선에 중화기와 탄약 그리고 전차가 부족하다고 말하려고 하자 "총통이 가로막았다. 총통은 '안트베르펜 항구를 최종 목표로 하는 반격을 아르덴에서 실시한다. (…) 새로운 국민척탄병사단과 새로 창설한 기갑사단, 동부 전선에서 온 기갑사단을 합쳐서 총 30개의 사단으로 공격군을 편성한다. 영국군과 미군의 틈새를 돌파하여 또 한번의 됭케르크를 만들어야 한다'라고 자신의 생각을 밝혔다. [러시아와의 동부 전선을 책임지고 있는 육군 참모총장] 구데리안은 동부 전선의 어려움을 호소하면서 반대 의견을 냈다. 요들은 제공권을 연합군이 갖고 있기에, 네덜란드와 덴마크 그리고 북부 독일에 낙하산부대가 침투할 우려가 있음을 지적했다. 하지만 히틀러는 11월 1일까지 1500대의 항공기를 준비하라고 명령했다. '공격은 적 항공기가 뜰 수 없는 악천후에 시작해야 한다. 총지휘는 룬트슈테트가 맡는다. 모든 준비는 11월 1일까지 완료되어야 한다.' 히틀러는 자신의 결정을 장황하게 설명했다. 최고 수준으로 보안을 유지하고, 극소수의 믿을 만한 사람들만 골라서 추진하라고 명령했다. (…) 밤에 카린홀로 돌아갈 괴링에게 브리핑을 했다. 몹시 피곤하고 머리도 아프다."[24]

땅이 얼어붙어 소련군이 T-34 중형 전차를 기동할 수 있게 되면 스탈린이 소련군 교두보에서 비스와강을 가로질러 동프로이센을 향해 대규모 서진에 나설 것이 틀림없다는 사실을 잘 알고 있었던 구데리안은 총통의 계획에 걱정이 태산이었다. 크라이페는 "독일 육군 총사령부에서도 아르덴 작전에 심각하게 회의적이었다"[25]고 기록했다.

7월 노르망디 전투 중에 게르트 폰 룬트슈테트 원수를 서부 전선 총사령관에서 내쫓았던 히틀러는 그를 도로 같은 자리에 앉혔다. '늙은 프로이센인' 룬트슈테트가 가장 적임자라고 판단한 것이다. 히틀러는 이미 돈과 명예로 매수한 이 장군을 청렴한 군인의 상징으로 활용했다. 비록 룬트슈테트가 군사적 판단 능력은 있었지만, 알코올 중독이 심했으며[26] 작전상 결정에는 거의 관여하지 않았다. 1941년 12월 히틀러는 건강상의 이유로 룬트슈테트를 처음으로 해임했다. 그건 핑계에 불과하다는 사실을 누구나 알고 있었다. 룬트슈테트는 기력이 약할 뿐 아니라, 브랜디를 엄청나게 마셔대는 주정뱅이인데다가, 취침 중에는 비명을 지르기도 하여 진정제를 맞아야 한 적도 많았다. 히틀러는 그를 쫓아내면서도 '생일 선물'로 40만 라이히스마르크Reichsmarks(당시 독일에서 사용하던 마르크화—옮긴이)를 주면서 달랬다. 1944년 7월 이후에는 암살 모의에 연루되었다고 의심을 받고 있는 장교들을 축출하는 '군사 재판'을 주관하여, 다른 국방군 장교들의 반감을 샀다.

암살 모의가 실패한 이후 나치당과 독일 육군의 관계는 악화되었다. 아내가 스트라스부르 동부 로이틀링겐에 있었던 어느 대위는 이런 이야기를 했다. "로이틀링겐의 [나치당] 지구 위원장이 여성들의 모임에서 '독일 육군은 썩어빠진 돼지들의 모임이다. 친위대와 히틀러 유겐트 사단이 없었더라면 이 전쟁은 벌써 끝장이 날 뻔했다. 어떤 독일 장교는 프랑스 여성과 동침 중에 영국군이 들이닥치는 바람에 팬티 바람으로 끌려나오는 수모를 겪기도 했다. 그리고 자신은 장교들을 경멸한다'는 연설을 했다고 한다. 그 자리에 참석한 여성들은 '그런 부끄러운 일이!'라면서 분노했고, 아내는 서둘러 그 자리를 나왔지만, 그 이후 독일군에 대한 신뢰가 크게 흔들리게 되었다고 말했다."[27] 아내에게 이런 말을 전해들은 대위는 상관에게 "아주 지어낸 이야기는 아니겠지만, 후방에 있는 사람들에게 할 말은 아니지 않느냐"면서 불만을 토로했다. 그러나 항의는 아무런 효과가 없었다. 오히려 누군가가 고자질을 하는 바람에, 지역 나치당에서는 그의 집에 많은 사람을 배정해서 가족들이 쉴 방도 없게 만들어 복수했다.

아헨 근처에 주둔한 제1친위기갑사단 라이프슈탄다르테 아돌프 히틀러 소속 볼키 SS중위는 현지 독일 여성들이 미군의 점령을 바라면서 싸움에 반대하자 깜짝 놀랐다. "우리는 지난 5년 동안 속아왔어요. 장밋빛 미래를 약속하더니, 지금 과연 무엇을 얻었나요? 아직도 더 싸울 군인이 한 명이라도 남아 있다는 것을 저는 도저히 이해할 수 없어요."[28] 불만을 토로할 상대로 볼키를 선택한 이 여성은 그래도 운이 좋았다. 볼키는 그나마 이 전쟁이 오래가지 못할 것이라고 생각하는 몇 안 되는 사람 중의 하나였기 때문이었다. "앞으로 이 전쟁이 끝나면 친위대 녀석들은 우리에게 민주당원이 되어야 한다고 설득하러 다니겠지?"

3

아헨 전투

미 제1군 북쪽 측면에 있던 제19군단은 마스트리흐트를 점령했지만, 연료와 탄약 부족으로 더 이상 진군할 수 없었다. 반면에 미 제1군 오른쪽 측면에 있던 제5군단은 벨기에와 룩셈부르크의 아르덴까지 진격했다. 제5군단은 어니스트 헤밍웨이가 종군 기자로 있는 제4보병사단, 그리고 파리에서 행진했던 제28사단을 포함했다. 진격은 지체되었고, 지크프리트선을 따라 지루한 공방전만 이루어지면서 파리 개선 행진의 영광은 이미 잊혔다. 제30보병사단의 한 병사는 이렇게 썼다. "어느 토치카 옆을 지나면서 미군 병사 한 명이 땅에 널브러져 있는 모습을 보았다. 철모는 먼지투성이었고, 주머니에는 K형 전투 식량이 불룩하게 튀어나와 있었다."[1]

"용치龍齒"●라 불리는 콘크리트 피라미드들을 폭파해서 길을 내기 위해서면 전차는 포탄을 50발이나 발사해야 했다. 미군은 토치카와 독일 박격포

● 적 전차의 진입을 막기 위해 설치한 대전차 장애물로 용의 이빨처럼 생겼다고 불린 별명.

진지 사이에 있는 적군을 공격하려면 야간침투를 해야 한다고 생각했다. 전차와 구축전차 또는 대전차포의 지원을 받는 공격팀 12명이 각각 토치카를 파괴했다. 콘크리트는 워낙 단단해서 155밀리 자주포가 아니면 파괴할 수가 없었다. 구축전차의 철갑탄을 토치카 안으로 쏘아 넣으면 그 충격으로 많은 사상자가 생겼다. 혼비백산한 "부상자들이 코와 입으로 피를 토하면서 기어 나오곤 했다"[2]고 한다. 강철 문에는 철갑탄을 쏘거나 최소한 TNT 30파운드 (13.6킬로그램)가 들어 있는 휴대장약을 사용했다. "그래도 투항을 거부하는 경우에는 세열수류탄•을 환기구에 던져 넣어서 청각을 마비시키기도 했다." 백린수류탄••을 "던져 넣는 것도 효과가 있었다." 쏘지 않을 테니 나오라고 독일어로 투항을 권유하고 "그래도 효과가 없으면, 전차로 토치카 뒤쪽을 날려버리거나, 불도저를 동원해 그대로 묻어버렸다."

병사들은 어떤 경우에도 토치카 안으로 들어가지 말고, 독일군을 밖으로 나오게 하라는 명령을 받았다. 미 제2기갑사단과 같이 싸운 제41기계화보병연대는 이렇게 보고했다. "문이나 총안을 폭파하고, 적군의 기관총이 잠잠해지면 토치카의 사각지대로 접근한 뒤 안에 있는 독일군에게 밖으로 나오라고 소리쳤더니, 적병들은 즉각 투항했다. 어떤 토치카에서는 3명의 포로가 나오기에 수류탄을 던져 넣었더니 7명이 더 나온 적도 있었다."[3]

부상을 당해 나갈 수 없다고 대답하면 한 번 더 폭파하라는 지시를 받았다. "TNT 장약으로 두 번째 폭파를 하면 어떻게든 기어 나왔다."[4] 그런 다음에라도, 혹시라도 안에 적군이 숨어 있는 경우를 대비해 수류탄이나 화염방사기를 사용했다. 병사들은 담뱃갑만 한 아주 작은 "연고상자 지뢰"•••를 특히 조심해야 했다. 마지막으로는 독일군이 다시 사용하지 못하도록 용접을 하거나 소이수류탄(목표물을 불살라 없애는 데 쓰는 수류탄—옮긴이)으로

• 　대인 수류탄의 일종으로 폭발하면 작은 금속 파편이 사방으로 날아가 살상 범위를 넓힌다.
•• 　백린白燐이 든 화학 수류탄. 연소성이 매우 강하고 치명적인 맹독성 연기를 내뿜어 1949년 제네바 의정서에 의해 비인도적인 무기로 규정되어 사용이 금지되어 있다.
••• 제2차 세계대전 당시 독일군이 사용했던 대인지뢰의 하나로 작은 깡통처럼 생겨서 '연고상자'라고 불리었다. 재질이 플라스틱이라 무게가 150그램에 불과하고 탐지가 어려워 연합군에게 큰 피해를 입혔다.

강철문을 봉인했다. 어떤 부대는 토치카 6개를, 세 번에 걸쳐 뺏고 빼앗기기도 했다. 비에 젖어 녹초가 된 한 소대가 토치카 안에 들어가서 잠이 들었다가 독일군 정찰대가 들이닥치는 바람에 소대 전체가 포로가 되기도 했다.

중앙 돌파를 맡은, 미 제1군의 제7군단이 샤를마뉴 대제의 옛 수도이자 신성로마제국의 성지인 아헨에 입성했다. 젊은 제7군단장 조지프 로턴 콜린스 소장은 항상 활기가 넘쳐서 부대 내에서 "라이트닝 조(번개 조)"로 통했다. 아헨은 독일 영토에서 약간 돌출되어 있어서 지크프리트선은 두 갈래로 나뉘어 하나는 서쪽과 남쪽 편을 빙 돌아 형성되어 있었고, 또 다른 선은 도시 뒤편에 구축되어 있었다. 콜린스는 집집마다 수색하는 소모적인 전투를 벌이는 대신, 도시 전체를 포위해서 독일군들을 섬멸하려고 했다. 하지만 이러한 작전은 아헨같이 역사적으로 중요한 도시를 절대로 포기하지 않으려는 히틀러의 투지와 집착을 고려하지 않는 바람에 애초의 계획에서 빗나갔다. 1945년에 괴링은 심문관에게 이렇게 말했다. "총통은 아헨이 완전히 파괴되는 한이 있더라도 끝까지 버텨주길 바랐습니다. 다른 도시들의 본보기로 삼고 싶었던 것이지요. '버텨라, 도시 전체가 모두 파괴되는 한이 있더라도 버텨라'라는 것이 총통의 명령이었습니다."[5]

9월 11일, 미군의 갑작스런 진군은 독일군을 대혼란에 빠뜨렸다. 나치당 관계자, 독일 공군 대공포 분견대, 지방관리, 경찰, 군인 할 것 없이 모두 동쪽의 쾰른으로 도주했다. 독일 제7군 참모장은 이렇게 고백했다. "공군이나 친위부대가 지휘관들의 인솔하에 패주하는 모습은 사기를 엄청나게 떨어뜨렸다. 그들은 아무런 조치도 없이 그대로 차를 타고 도망가버렸다. 아헨에서는 이 때문에 폭동이 일어나기도 했다."[6]

히틀러는 필요하다면 주민들을 강제로라도 소개하라고 명령했다. 폭격이 끝나기를 바라는 주민들이 미군의 진주를 바라고 있을지도 모른다고 생각했기 때문이었다. 피란하지 않는 주민들은 반역자로 간주되었다. 하지만 상황은 히틀러의 희망대로 흘러가지 않았다. 9월 12일 독일군 제12국민척탄병사단이 이 지역으로 급히 파견되었다. 하지만, 노르망디에서 후퇴한 제

116기갑사단이 한발 먼저 도착했고, 사단장 게르하르트 폰 슈베린 중장은 즉각 현지 소개령을 취소했다. 슈베린은 동료들 사이에서 지나치게 영리한 사람으로 평가받았다. 그는 나름의 신념에 따라 나치를 경멸했다. 노르망디에 있을 때에는, 군단장을 어떻게 생각하는지 솔직하게 이야기했다가 해임당했지만 나중에 복직되기도 했다. 그만큼 능력이 있는 지휘관이었기 때문이다. 그래서 슈베린은 무엇이든지 자기 맘대로 할 수 있다고 생각했는지도 모른다.

슈베린의 첫 번째 명령은 약탈자를 사살하라는 것이었다. 다음으로 미군 지휘관에게 전령을 보내 자신이 "말도 안 되는" 주민 소개령을 철회했으니 자비를 베풀어달라고 요청했다. 그러나 콜린스는 포위 계획을 밀어붙였다. 제1보병사단은 동남쪽에서 진군하고, 제3기갑사단은 우익을 엄호했다. 그러나 노르망디에서 너무 멀리 온 탓에 콜린스의 부대는 전차 엔진에 이상이 생기고, 실탄도 부족해서 화력이 상당히 약화되었다. 제1보병사단은 식량까지 떨어졌다. 가드너 보츠퍼드 중위의 기록에 따르면 "인조영양분을 첨가해서 만든 D형 전투 식량인 딱딱한 초콜릿 바를 먹어야 했다. 매일 세 개나 먹어야 했기에 나중엔 완전히 질릴 정도였다"[7]고 한다.

나치 관계자들은 아헨이 그리 쉽게 함락되지 않을 것이라는 자신이 서자, 포위망을 저지하기 위해 동북쪽에서 반격 준비를 하는 한편, 다시 주민 소개를 서둘렀다. 슈베린의 편지 내용이 누설되면서, 반역죄로 체포될 위기에 몰리자 이 젊은 장군은 달아났다. 놀랍게도 히틀러는 나중에 그를 용서했다. 대부분의 주민은 그대로 집에 있기를 원했지만, 주민 소개령은 무자비하게 집행되었다. 연합군의 세균 포탄 때문에 발진티푸스가 쾰른에 퍼지고 있다는 소문이 돌았다.[8] 많은 사람이 연합군 포탄 속에는 한센병이나 페스트 균이 들어 있다는 소문을 믿었다.

"독일군들이 대피 지역 주민들을 어떻게 취급했는지 봤어야 해요. 그들은 아무런 인수증도 안 주고 가축을 끌고 가면서 주인을 쫓아버렸어요. 나치 돌격대SA•[갈색 셔츠]들은 가축들을 몽땅 가져가버렸죠."[9] 후타리 부사관은 이렇게 말했다. 공병이었던 바이어도 다음과 같이 덧붙였다. "빈집이 보이면 모두 약탈했어요. 어디에 가면 2시부터 4시까지 빵을 구할 수 있다고 방을 붙이거나 방송을 했죠. 그리고 부인들이 모여들어 긴 줄이 형성되면 트럭이 나타나서 이들을 태워 가버렸습니다. 거리에 있는 아이들도 차량에 태운 다음, 일단 위험한 지역만 벗어나면 도로 아무 곳에나 던져놓고 그들의 운명에 맡기는 거예요."[10] 외국인 강제 노역자들이 소요를 일으킬 것을 우려한 친위대는 이들을 모두 처형하는 계획까지 고려했지만, 워낙 극심한 혼란 덕분에 실행에 옮겨지지는 않았다.[11]

9월 하반기에는 독일 국민에게 보낼 연합군 최고 사령관의 메시지 표현 수위를 두고, 워싱턴과 연합군 최고 사령부 사이에서 논쟁이 벌어졌다. 너무 나약하면 미국이 얕본 독일 국민들의 사기를 올려줄 것이고, 너무 과격하다면 독일 국민들은 끝까지 저항할지도 몰랐기 때문이었다. 9월 28일 드디어 아이젠하워의 성명서가 발표되었다. "제가 지휘하는 연합군이 드디어 독일에 진입했습니다. 우리는 점령군으로 온 것이지, 압제자로 온 것은 아닙니다."[12] 성명서는 "나치즘과 독일의 군국주의를 없앨 것"을 강조했다.

나치들도 폭격기까지 동원하여 선전지를 뿌리는 등 군대의 결속을 다지기 위한 선전전에 나섰다. "미군 장교들이 독일 여인을 말채찍으로 때리고 있다"[13]면서 "모든 독일인은 공개적이든, 비밀리든 끝까지 싸울 것이다"라고 선동하는 내용도 있었다. "비밀리에" 싸운다는 표현에는, 나치는 끝까지 저항하되, 연합군에 협조하는 독일인들도 제거하는 베어볼프Werwolf(독일 점령지의 게릴라 조직. 늑대인간 혹은 방어 늑대라는 뜻—옮긴이)라는 레지스탕스를 계획하고 있다는 의미가 담겨 있었다. 하지만 선전지가 국민의 사기를 높이

● 히틀러가 무솔리니의 흑셔츠단을 흉내 내어 만든 나치 행동부대인 돌격대는 1934년 6월 30일 이른바 "장검의 밤 Night of the Long Knives" 사건으로 룀을 비롯한 수뇌부들이 숙청되면서 큰 타격을 입었지만 조직 자체가 해체되지는 않은 채 친위대와 함께 히틀러 정권을 지탱하는 한 축을 맡았으며 국가사회주의 운동에 앞장섰다. 하지만 권력을 믿고 온갖 행패를 부리기 일쑤였으며 유대인 학살 등 전쟁범죄에도 적극적으로 가담했다. 또한 친위대만큼은 아니지만 돌격대 산하 전투부대를 조직하여 직접 전투에 참여하기도 했다. 대표적인 부대가 제60기갑척탄병사단 '펠트헤른할레'였다. 돌격대는 1945년 5월 8일 독일의 패망과 함께 해체되었다.

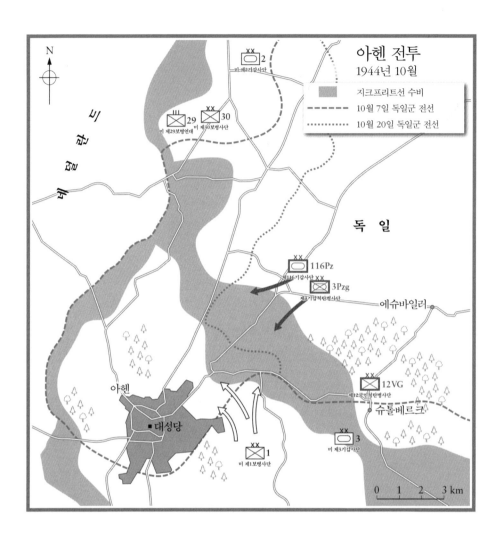

아헨 전투
1944년 10월

지크프리트선 수비
10월 7일 독일군 전선
10월 20일 독일군 전선

지는 못한 것 같다. 한 독일 부사관에 따르면 병사들이 "연합군이 이 선전지를 보는 날에는 곧 닥쳐올 포로생활이 더욱 괴로워질 것이라고 생각했기 때문에 오히려 선전지 살포에 불평을 늘어놓았다"[14]고 했다.

10월 초순, 미 제9군은 영국 제2군 옆에서 브래들리 제12집단군의 좌익을 떠맡았다. 이로써 도시 전체를 포위하기 위해서 북쪽에서 진격해오고 있는 제30보병사단 맞은편에서 제1보병사단이 동남쪽에서 치고 올라가고 있는 아헨 주변으로 호지스의 제1군이 집중할 수 있었다. 이제는 미군의 차량 성능도 많이 좋아졌고 군수품의 보급도 원활했다.

동부 전선에서 막 도착한 독일 제12국민척탄병사단은 슈톨베르크 근처에서 미 제1보병사단과 맞닥뜨렸다. 한 장교가 동료에게 보낸 편지에 따르면 "마힐묘프 전투에서 그 연대의 자긍심은 여지없이 부서졌다."[15] 전체 연대에서 오직 6명의 장교만 살아남았다. 그나마 3명은 병원에 입원 중이었다. 이 연대는 얼마 전에 새로운 보충병과 장비를 받아 완전히 재무장한 부대였다. 하지만 군수품을 수송하는 철도 종착역에 내리자마자 공격을 받아 패주했다. "미군 놈들의 엄청난 집중 포격은 동부 전선에서 도착한 노병들을 혼비백산하게 해놓았다." 이 글을 쓴 사람도 발에 "주먹만 한" 구멍이 난 채 병원에 누워 있었다.

10월 11일 제9전술항공 사령부는 이틀에 걸쳐 아헨을 폭격했다. 14일에는 드디어 도시 점령을 위한 전투가 시작되었다. 나치 관계자들이 16만 명의 시민들을 소개시키려고 했지만 4만 명이 그대로 남았다. 여성과 노인들은 독일군이 자신의 집을 콘크리트 벙커로 만드는 것을 보면서 공포에 떨었다. 수비군은 게르하르트 빌크 대령의 지휘하에 정규군과 무장친위대, 일반 보병으로 전환된 수병, 전투력이 떨어지는 요새대대 등 잡다하게 섞인 약 1만8000명 규모였다. 아헨이 완전히 포위되기 전 10월 16일 친위대 1개 대대, 제246보병사단의 포병대, 제219돌격포여단 그리고 전투공병들이 보강되었다. 요새대대 병사들은 가장 먼저 항복할 것처럼 보였다. 하지만 제246보병사단의 하이만 소령은 "부대원들은 아주 훌륭한 병사들이다. 그중 절반은 U-보트 선원으로 복무했던 해군 병사들이었다"[16]라고 생각했다. 수비군에는 친위 라이프슈탄다르테 아돌프 히틀러 사단 소속 병사 150명도 포함되어 있었다. 이 병사들은 자신들만이라도 철수하고 싶어했다. 하이만은 친위대도 이 도시를 끝까지 사수하라는 총통의 명령을 따를 의무가 있다고 강력하게 경고해야 했다.

미군의 공격은 북쪽과 동북쪽에서 진격해온 제1보병사단●의 2개 대대가 시작했다. 한 장교는 "두 개의 연대가 해야 할 일이었다"[17]고 불평했다. 가장 신경을 써야 했던 일은 인근 중대와 밀접한 연계로 적군이 그 사이로 침입해 측면이나 후면에서 공격하지 못하도록 차단하는 것이었다. "개인이나 아무리 작은 그룹이라도 그냥 두고 진격하는 일이 없도록, 우리는 모든 건물의 방이나 벽장까지 샅샅이 뒤졌다. 심지어는 하수구까지 화염방사기를 동원했다. 그래야만 후방에서 저격당하지 않을 뿐 아니라, 병참부대도 안심하고 움직일 수 있기 때문이다."

제1보병사단은 전차와 구축전차를 가지고 진격했다. 보병 1개 분대가 독일군의 휴대용 대전차 로켓인 판처파우스트를 분쇄하기 위해서 엄호했다. M-4 셔먼 전차는 포탑 오른쪽에 50구경 기관총을 장착했다. 이것은 아헨 시가전 당시 건물 위쪽 창문에 자리잡은 저격수를 제압하는 데 아주 유용했다. 독일군들이 건물의 지하층에서 지하층으로 옮겨 다니는 것을 알아챈 전차병들은 우선 고성능폭탄으로 지하실부터 쏘고 그다음에 1층을 사격하고 그다음 위쪽으로 올라가면서 사격을 퍼부었다. 그래도 지하에서 저항하는 독일군에게는 세열수류탄이나 백린수류탄을 던져 넣었다. 화염방사기를 사용하면 "적의 항복을 신속하게 받아낼 수 있었다."[18]

바주카포나 폭약으로 주택 사이의 담장을 부숴버리는 "쥐구멍 뚫기"라는 방법도 있었다. 이렇게 하면 실내에 있는 적에게도 충격을 줄 수 있기 때

● 원문에는 단지 '1st Division'이라고 되어 있으나 당시 미 제1기갑사단도 있기 때문에 아헨에서 싸운 제1보병사단으로 명확하게 표기했다.

문에 문을 통해 들어가는 것보다 더 안전했다. 옆집으로 들어가는 진입로가 만들어지면 한 팀이 실내에 수류탄을 던져 넣고, 폭발이 일어난 후 밀고 들어가곤 했다. 병사들은 천정이나 마루를 뚫고 쏘아야 하는 경우에 대비해서 철갑탄을 휴대했다. 건물의 꼭대기로 치고 올라간 다음 내려오면서 공격해서 독일군을 지하실로 몰아넣기도 했다. 한 블록을 완전히 장악하면, 독일군이 다시 잠입하지 못하도록 보초를 세웠다. 독일군 역시 판처파우스트를 비슷한 방법으로 사용했다. "이런 식의 공격을 받으면 대부분의 경우, 방어 거점을 지키던 미군들은 포연 때문에 시야가 가리면서 쉽게 투항하곤 했다"[19]는 보고도 있었다.

미군들은 박격포나 장거리야포 지원 사격이 시가전에서 아군에게 피해를 입힐 수 있다는 것을 알고 가능한 직접 사격을 고집했다. 미군 박격포탄의 신관은 너무나 예민해서 지붕에 닿자마자 폭발하는 바람에 건물 내부에는 별 타격을 주지 못했다. 그러나 미군의 야포 사격은 무시무시했다. 수비군 지휘관인 빌크 대령은 방공호 속으로 지휘 본부를 옮겨야만 했다. 빌크는 나중에 이렇게 증언했다. "우리가 공급받은 돌격포는 수령과 동시에 고장났다. 카빈 소총만으로는 도시를 지킬 수 없지 않은가!"[20] 물론 독일군은 카빈 소총만 가지고 싸우지는 않았다. 이들이 보유한 120밀리 박격포는 성능이 매우 뛰어났다.

연합군 항공기들은 지상 통제소와 긴밀히 협력하고 있었지만, 모든 것이 파괴된 곳에서 특정 지점을 식별하기란 거의 불가능하기 때문에 "근접 폭격은 하지 않았다."[21] 어쨌든 항공 지원은 지상군의 사기를 높여주고 독일군을 납작 엎드리게 만들었다. 지상 포격에서 온전하게 살아남은 대성당은 절대 폭격하지 말라는 엄중한 명령이 있었다. 그럼에도 불구하고 파괴가 워낙 심해서 제7군단은 "옆 건물에 있는 부대와 손을 잡을 수 있을 정도"라고 보고하기도 했다.

제7군단의 보고에 따르면 "이 작전을 쓸데없이 서두르지는 않았다. 시가전은 모든 건물을 샅샅이 수색해야 하기에 시간도 많이 걸리고, 체력 소모도 많은, 정말로 느리고 지루한 작업이라는 사실을 절실히 깨달았다."[22] 미군 병사들은 건물을 수색할 때 집안 내부로 들어갈 때까지 창문마다 끊임없이 총을 쏘며, 한 명은 수류탄을 손에 들고 두 명은 소총이나 톰슨 기관단총으로 엄호하면서 각각의 방을 수색하는 훈련을 받았다. 또한 병사들은 아군이 장악한 집에는 표시를 해둘 필요가 있음을 깨달았다. "건물을 점거한 상태에서 아군의 수류탄이나 총격에 피해를 보는 경우가 허다했다."[23]

소련군이 알게 된 것처럼, 중포의 근거리 포격은 파괴력도 크고 비용 대비 효용도 뛰어날 뿐 아니라 진격에 큰 도움이 되었다. 아헨 전투에서 미군은 155밀리 '롱톰' 자주포를 150미터 앞에서 마구 쏘았다. "155밀리 자주포의 직사는 정말 무시무시했다. 집 세 채를 관통해서 네 번째 집에서 폭발한 포탄도 있다"[24]고 항복한 빌크 대령이 고백했다.

"우리가 점령한 지역에 거주하는 민간인들은 즉시 강제적으로라도 소개시켜야 한다"[25]고 아헨에 있는 미군 장교는 강조했다. "그렇지 않으면 목숨을 잃게 된다." 수용소가 건설되고 헌병들이 감시를 맡았다. 하지만 콜린스 군단에는 나치 협조자들을 색출하고 또 수백 명의 외국인 강제 노동자를 조사할 통역관이나 방첩대원들이 부족했다. 어떤 곳에서는 전투 중에 어린 소년 세 명이 소총을 하나 발견한 뒤 이 총을 미군 분대를 향해 발사했다. 병장 한 명이 이들을 발견하고 쫓아가서 총을 갖고 있던 소년에게 수갑을 채웠다. 이 소문이 퍼져나가자 독일 선전부는 마치 "이 소년들이 거기에 있던 미군 전체를 그 자리에 묶어두었던 것처럼"[26] 과장해서, 창피함도 없이 영웅담의 사례로 선전했다. 그러나 저술가 빅토르 클렘퍼러가 지적한 것처럼 이 선전은 자가당착에 빠져 있었다. 나치는 지금까지 "테러리스트"로 매도해왔던 파르티잔을 자신들이 이용하고 있음을 인정한 셈이었다. 뿐만 아니라 클렘퍼러는 나치 신문이 "아이젠하워가 7개 군 200만 명(어린아이들 없이 성인으로만!)을 동원해 공격해오고 있다"[27]고 함으로써 독일군의 약점을 스스로 노출시켰다고 강조했다.

10월 16일에는 드디어 엄청난 사상자를 내면서 제30보병사단과 제1보병사단이 아헨 동북쪽에서 만났다. 이틀 후 힘러는 "모든 독일인은 끝까지 싸울 것"[28]이라고 선언했다. 그러나 10월 21일 빌크 대령은 지치고 굶주린 부하들과 함께 항복했다. 그는 히틀러의 추종자가 아니었으며, 히틀러가 자신만의 환상에 젖어 살기 때문에 많은 병사가 끝없이 희생되고 있음을 잘 알고 있었다. 항복한 후에 그는 "심지어 총통의 부관까지도 총통이 얼마나 거짓말에 둘러싸여 있는지를 나에게 말할 정도였습니다"[29]라고 말했다. "총통 각하, 새로운 사단을 창설했습니다." 힘러는 표정까지 꾸며가며 아첨을 떨었다.

빌크의 부하 중 한 명은 전쟁 포로가 되어 가장 괴로웠던 일이 아헨을 가로질러 행군하는 것이었다고 말했다. "시민들은 프랑스에서보다 더 심했습니다. 욕설을 퍼붓고 폭행하여 미군이 나서서 말려야 할 정도였습니다. 자신들의 집이 무너진 걸 나더러 어쩌라는 건지."[30] 독일 여인들이 다 부서진 지하실에서 나와 음식을 찾아다니기 시작했다. 포격으로 거리에 쓰러진 말의 고기를 베어가거나 나무로 만든 유아차에 순무를 싣고 다니는 모습을 도처에서 볼 수 있었다.

괴벨스는 패배의 충격을 줄이려고 애썼다. "아헨, 아른험, 안트베르펜에서 시간을 벌었기 때문에 독일은 난공불락의 요새가 되었다. 공군도 재건되고 있으며, 전장에 투입할 대포와 전차도 충분히 마련했다"[31]고 선전했다.

연합군의 진격이 늦어질 수밖에 없는 가장 큰 원인은 안트베르펜 항구를 이용할 수 없기 때문이었다. 이로 인해 독일이 한숨을 돌리면서, 히틀러로 하여금 계획을 추진할 군대를 재편할 수 있는 여유를 주었다. 물론 그 외의 요소들도 없지는 않았다. 승리의 열기에 취해서 크리스마스까지는 전쟁을 끝낼 수 있으리라는 생각이 만연하자, 태평양 방면의 사령관들만 전력을 보강할 수 있는 기회를 얻었다. 연합군 최고 사령부는 1941년에 약속했던 "독일 우선 방침"이 지켜지지 않는 것이 유럽 방면 연합군의 군수품이나 병력이 부족한 원인임을 깨달았다.

독일이 동쪽과 동남쪽, 서쪽에서 위협을 받자, 나치 내부에서도 긴장 상태가 고조되었다. 10월 5일, 헝가리의 미클로시 호르티 제독은 소련과의 비밀 협상 후 라디오 방송을 통해서 이제부터 헝가리는 추축국에서 탈퇴하고 소련을 돕겠다고 선언했다. 독일은 그가 배반하리라는 사실을 알고 있었다. 오스트리아 출신으로 그란사소디탈리아에서 무솔리니를 구출한 극악무도한 오토 슈코르체니 SS중령•이 지휘하는 독일 특공대가 호르티의 방송 직전 거리에 매복해 있다가 호르티의 아들을 납치하여 인질로 삼았다.(*슈코르체니는 무솔리니를 구출한 공로로 기사십자 철십자장을 받았지만, 독일 장교들은 "만약 그가 무솔리니를 도로 그 자리에 되돌려놓는다면 아마 훨씬 더 높은 등급의 철십자장을 받게 될 것"[32]이라고 비아냥거렸다.) 호르티 본인도 독일로 호송되었다. 헝가리 정부는 다시 극렬한 반유대주의 파시스트 정당인 화살십자당의 손에 넘어갔다.

동프로이센에서는 소련군이 처음으로 독일 영토로 진군해 들어오자 막후 권력 투쟁이 한층 심해졌다. 독일 공군 참모총장 크라이페 항공대장은 이제 볼프샨체에서 기피 대상이 되었다. 카이텔 그리고 히틀러의 공군 부관 폰 벨로 대령조차 "패배주의자"라고 비난하면서 크라이페에게서 등을 돌렸다. 크라이페는 괴링이 "힘러와 보르만을 좀 더 가까이서 관찰할 속셈으로"로민텐 인근에 있는 사슴 사냥터를 넓히려고 마음먹었다고 일기에 적었다. "힘러는 친위대를 위한 비행대대를 몇 개 만들려고 했다."[33] 무장친위대 지상군 전투부대의 수준을 넘어서 자신의 군사 제국을 만들려는 시도가 처음으로 나타났다. 총통을 둘러싼 권력 투쟁에는 두 명의 문지기가 있었다. 국방군과 친위대 외곽에서 어떤 사람도 총통에게 접근하지 못하도록 통제하는 보르만과 카이텔이었다. 포로가 된 한 독일 장군은 자신의 동료에게 이렇게 말했다. "장군들조차 총통에게 보고하려는 사람은 무엇을 말해야 하는지, 어떻게 말해야 하는지 카이텔에게서 자세히 지시를 받고 난 후에야 히틀러를 만날 수 있었다."[34]

10월 18일, 일선 대공포중대를 시찰할 때 크라이페가 소련군의 침공에 대해서 이렇게 썼다. "동프로이센에 공포의 기운이 서렸다. 처음으로 피란민 행렬을 보았다. 끔찍했다."[35] 괴링은 서둘러 로민텐을 떠나야 했다. 카이텔은 히

•   원문에서는 판처 파우스트 작전(호르티 제거 작전) 당시 슈코르체니가 이미 SS중령Obersturm-bannführer이라고 나와 있지만 실제로는 SS소령Sturmbannführer이었다. 그는 이 작전을 성공시킨 공으로 1944년 10월 중령으로 승진했다.

틀러를 설득해서 볼프산체를 떠나도록 했지만, 히틀러는 거부했다. 며칠 후, 크라이페는 굼빈넨(지금의 러시아 구세프)에 있는 기갑군단 헤르만 괴링 부대를 방문하고는 다음과 같이 기록했다. "굼빈넨은 불타고 있었고 피란민 행렬이 이어졌다. 네메르스도르프에서는 총 맞은 여인과 어린아이들이 축사 문에 못 박혀 있기도 했다."[36] 네메르스도르프는 끔찍한 현장이긴 했지만 아마도 나치의 선전은 실제 이상으로 과장된 것 같았다. 크라이페는 아마도 현장을 직접 방문한 적이 없었을 것이었다.

10월 18일, 아헨 전투가 끝날 즈음 아이젠하워와 브래들리, 몽고메리가 브뤼셀에서 만났다. 영국과 캐나다 군인들이 셸드강 어귀의 소탕 작전을 맡았으므로, 아이젠하워는 미 제1군이 쾰른 남부의 라인강 교두보를 확보하는 선봉이 되고, 최근 도착한 제9군은 왼쪽 측면을 엄호하라고 지시했다. 예상대로 몽고메리는 미 제1군에 우선권이 주어졌음에 기분이 상했다. 하지만, 일단 꼬리를 내린 이상 침묵을 지켰다. 반면에 이 결정 덕분에 미군은 휘르트겐 숲을 가로질러 진격하는 계획을 세우게 되었다. 병사들이나 지휘관들은 그 숲속에서 얼마나 끔찍한 일이 기다리고 있는지 상상도 하지 못했다.

전쟁의 겨울 속으로

10월, 동프로이센 영토에서 벌어진 소련군의 몇몇 난폭한 행동은 괴벨스에게 소련군의 강간, 약탈, 파괴 등에 대한 이야기를 꾸며낼 수 있는 좋은 소재를 제공했다. 괴벨스는 절체절명의 위기에서 민족공동체 정신, 즉 국민 단결을 강화하기 위해서 애썼다. 반면에 서부 전선의 독일 장군들은 독일군이 독일 시민들을 약탈한다는 보고를 받고 충격에 빠졌다. 독일 제3강하엽병 사단의 한 의사는 이렇게 증언했다.

"병사들의 행동은 믿을 수가 없을 정도였다. 난 뒤렌에 있었다. 거기서 병사들이 독일 국민들을 약탈했다. (…) 찬장을 파괴하는 등 마치 짐승 같았다."[1] 이러한 행동은 부대가 이탈리아에 주둔했을 때부터 시작되었다. 프랑스나 벨기에에서 퇴각할 때 약탈하던 버릇이 독일 본토에 돌아와서도 남아 있던 것이다. 이들은 너덜너덜한 군복을 그대로 입고 있었으며, 60퍼센트는 이가 생겼고 늘 굶주려 있었다. 최전방 바로 뒤에서는 병사들이 말의 눈을 멀게 한 다음 잡아먹었다.

그렇다고 싸울 투지마저 잃지는 않았다. 소련군이 독일 국경까지 진군했다는 소식은 병사들의 마음을 단결시켰다. 포로가 된 독일 육군 의사 담만의 말을 빌면, "'조국을 구하자'라는 선전은 확실히 전투피로증 환자들의 수를 감소시켰다"[2]고 했다.

서부 독일에서 민간인과 군인의 관계가 악화된 이유는 독일군의 약탈 행위 때문만은 아니었다. 여성들은 전쟁이 어쨌든 빨리 끝나기를 원했다. 그들에게 저 멀리 떨어진 동프로이센에서 소련군이 저지른 만행은 다른 나라 이야기처럼 들렸다. 한 병장은 동료 포로에게 이렇게 말했다. "고향의 사기가 어떤 상태인지 자네는 짐작도 못할 거야. 어떤 마을에서는 한 여인이 우리에게 '꺼져! 우리까지 총 맞고 싶지는 않다고!'라고 고함을 지르더니 욕설을 퍼붓더라니까."[3] 그러자 제16강하엽병연대 대원이 맞장구를 쳤다. "우리더러 '전쟁을 질질 끄는 놈들'이래. 한 곳에서만 그러는 것이 아니라 서부 전선 쪽은 50개가 넘는 마을에서 그러더군."[4] 하이델베르크에 있었던 뮈클러 하사도 말했다. "거기 분위기도 장난 아냐, 적군이 아니라 나치 정권을 미워해."[5] 사람들은 "연합군이 좀 더 서둘러서 전쟁을 끝내주었으면 좋겠어요"라고 말했다. 군대 내부에서는 비밀 병기에 대한 히틀러의 약속을 믿으려는 사람도 많았지만, 민간에서는 나치당 충성파나 절망에 빠진 사람들 외에는 회의론자가 더 많았다. 어떤 곳에서는 V-1비행폭탄을 두고 벌써부터 V-1의 V가 Versager(독일어로 실패 또는 불량이라는 뜻)라며 "실패-1"이라느니 "1번 먹통"이라느니 하는 소문이 무성했다.[6]

괴벨스는 서부 독일 국민들이 연합군의 승리를 두려워하도록 애쓰고 있었다. 그런 의미에서 루스벨트의 재무장관 헨리 모건도가 9월, "독일을 농업 중심의 목가적인 국가로 바꿔놓을 것이다"[7]라고 한 발언은 엄청난 파장을 일으켰다. "미군 병사들은 군용 가방마다 모건도 같은 놈들을 하나씩 넣고 올 거다."[8] 그렇게 되면 독일 경제가 무너질 거라고 괴벨스는 선전했다. 이러한 생각은 서부 지역의 독일 국방군에게 확실히 영향을 미쳤다. 포로로 잡힌 독일 장교는 라인강 서쪽 독일 영토를 파괴시킨 것을 후회하느냐는 질문을 받자 "어차피 전쟁이 끝나면 우리 것이 아닐 텐데 못할 이유가 무엇이 있겠습니까?"[9]라고 대답했다.

나치당 기관지 『푈키셔 베오바흐터Völkischer Beobachter』에서는 이렇게 경고했다. "독일 국민은 지금 우리가 영광스런 승리를 위해서, 또 저 살인마들이 노리는 파멸 계획을 좌절시키도록 최선을 다해야 하는 의무를 우리 독일 국민 개개인에게 부여하는 생사존망의 싸움을 하고 있음을 알아야 한다."[10] 모건도가 유대인이라는 사실도 독일 선전부가 놓칠 리 없었다. 즉시 유대인들이 독일에 대하여 모종의 음모를 꾸미고 있다는 소문을 만들어냈다. 선전부는 "독일이 다시는 일어설 수 없도록 철저하게 파괴되어야 했다. 그렇게 하려면 남자들을 거세하는 것만이 유일한 방법이다"[11]라는 헤밍웨이의 글을 실은 『데일리메일』 등 영국 매체에서 따온 몇몇 의심스러운 인용문을 이용해 선전 효과를 높였다.

미국 대통령 선거가 끝나자 괴벨스는 미 대통령 루스벨트가 스탈린의 지령을 받은 미국 공산당의 지지를 등에 업고 "예상대로"[12] 연임에 성공했다고 선전했다. 한편으로 연합군이 조만간 와해될 것이라는 이중적인 선전전도 구사했다. 미 방첩대에 따르면, 독일인들이 "영국 놈들과 그들의 양키 친구들은 러시아인들이 브뤼셀이나 베를린 등을 지배하는 광경을 결코 원치 않는다. 튜턴족(독일인)은 모든 사람을 '양배추Kraut(미국인이 독일인을 부르는 비속어)'로 여기는 볼셰비즘의 절망적인 공포가 엄습하고 있음을 절감하고 있다"[13]라고 쓰인 전단지를 뿌렸다. 어떤 전단지는 "미군이 수천 명씩 죽어나갈 때에도 몽고메리 부대는 '네덜란드의 홀리데이 파자마 파티'에 빠져 있었다"라고 떠벌렸다.

방첩대는 "독일 국민들은 독일 당국이 퍼뜨리고 있는 '끔찍한' 이야기를 믿는 사람들과 점령 지역의 민간인들을 잘 대우해주고 있다는 연합군 방송이나 소문을 믿는 사람들로 나뉜 채 자신들이 어떻게 해야 하는지 혼란스러워했다"[14]고 보고했다. 후방에서의 나치가 얼마나 부패했는지에 대한 소문[15] 그리고 프랑스에서 독일 장교들의 부끄러운 약탈에 관한 이야기들은 연합군에게 도움이 되었다. 나치의 대관구 위원장들은 엄청난 부를 축적했다. 심지어 중대장들조차 휘발유를 일주일에 겨우 40리터만 배급받고 있는 상황에서 대관구 위원장들의 자녀들에게는 자동차와 휘발유까지 주어졌다.

미군 방첩대는 이렇다 할 준비나 특별한 지시도 없이 "단지 게릴라전이 심할 것이라는 것만 예상하고, 몇몇 무장 요원을 독일로 잠입시켰다."[16] 요원들의 주된 임무는 나치당의 자료를 재빨리 확보하는 것이었다. 그러나 이들은 전쟁 포로와 함께 미군이 심문차 체포한 '수상쩍은 민간인들'의 숫자에 압도되었다. 독일군이나 민간인들은 미군 포로수용소의 탈출이 아주 손쉽다는 사실을 알아냈다. 미군 방첩대가 직면한 또 하나의 문제점은 약탈이나 '독자적인 정보 수집'을 목적으로 독일에 잠입한 벨기에와 프랑스 레지스탕스 대원이 너무 많다는 사실이었다.

미 방첩대는 아헨 지방 주민의 30퍼센트가 대피하라는 나치의 명령을 지키지 않았다고 판단했다. 점령지의 주민을 "박해하지 말되, 속지도 말라"[17]는 것이 방첩대의 조언이었다. "독일 국민들은 지시를 받는 데는 익숙하지만 요청에는 잘 따르지 않는다"는 것이다. 많은 시민이 나치를 원망하면서 기꺼이 정보를 제공하려 했지만, 누구 말을 믿어야 할지 구분을 할 수 없었다. 폭격으로 폐허가 된 쾰른에서는 경찰들이 소위 "에델바이스 해적단"*이라고 불리는 반체제 젊은이들[18]과 2000명에 달하는 독일 탈영병, 배정된 근무지를 벗어나 폐허에 숨어 지내는 외국인 노동자들 때문에 골머리를 앓고 있었고 흉흉한 소문까지 나돌았다.

연합군의 폭격은 단지 도시만 파괴하지 않았다. 철도 여행이 아예 불가능하지는 않았지만 매우 곤란했다. 모처럼 고향으로의 휴가를 얻은 장병들은 기차 안에서나 기차역에서 귀한 시간을 허비해야 했다. "우리 부대 소위가 휴가를 얻어 뮌헨으로 갔는데, 정작 열흘의 휴가 중 집에서는 하루밖에 보낼 수 없었습니다."[19] 독일 공군 하사관 보크는 이렇게 회상했다.

특별히 가족이나 애인이 베를린에 있는 경우가 아니면 그곳으로 휴가를 가는 병사는 거의 없었다. 베를린 시민들은 영국 공군 폭격기 사령부가 밤마다 도시를 폭격하는 자신들만의 '베를린 전투'를 수행하는 바람에 모두 수면

---

* 히틀러 유겐트의 억압적인 생활과 군 복무에 반발한 독일 청년들이 조직한 반체제 단체.

부족으로 지쳐 있었다. "누가 겁쟁인 줄 알아? 베를린에 살면서 동부 전선으로 자원하는 놈들이 겁쟁이라고"[20] 같은 블랙유머도 생겨났다.

방문객들은 각계각층의 시민들이 이런 상황에 적응한 채 살고 있음에 놀랐다. 마리 바실치코프는 "건물의 파편과 녹슨 금속들이 나뒹굴고, 끊임없는 가스 냄새와 이따금 사체 썩는 냄새까지 풍기는 이곳의 생활에 이제는 익숙해졌다"[21]라고 일기에 적었다. 연료가 부족한 탓에 겨울철 아파트는 추웠고 갈아 끼울 유리도 없었다. 공습경보가 울릴 때면 그나마 남은 유리들이 깨지지 않도록 창문을 모두 열어놓았다.

공습이 있을 때면 사람들로 가득 찬 지하실이나 방공호는 공포로 가득했다. 전압이 낮아 흐릿해진 전등은 깜박대다가 꺼지기 일쑤였다. 겁에 질린 아이들은 비명을 질러댔고 어른들은 무릎 사이에 머리를 파묻었다. 공습경보 해제 사이렌이 울리면 살아남았다는 묘한 기쁨을 느끼기도 했다. 그러나 모두 밖으로 나간 후에도 여전히 지하실에 남아 있는 사람들도 있었다. 그곳이 그나마 따뜻하고 안전했기 때문이다.

한 의사는 보고서에 "비누의 질도 낮아지고 방공호나 주택이 너무 혼잡하며 의복도 부족할 뿐 아니라 위생 상태도 엉망이어서 군인이나 민간인 사이에 피부 질환이 만연했다"고 썼다.[22] 디프테리아로 쓰러지는 산업 현장의 근무자들이 늘어났다. 프랑스와 벨기에, 발칸, 폴란드 등지에서 군인들이 돌아오면서 성병 또한 광범위하게 퍼져나갔다.

군사 재판관의 말을 빌면 베를린에만 1만 8000명 정도의 탈영자가 있었다.[23] 대부분 임대 농장에 딸린 오두막에 숨어 살았다. "전쟁이란 영화관 같아. 많은 사람이 앞자리로 가지만, 가장 좋은 자리는 뒷줄에 있지."[24] 독일군 사이에서 유행하는 농담이었다. 독일 국민들은 탈영병들을 숨겨줄 준비가 되어 있었다. 보통은 자식이나 조카를 숨겨주었지만 개중에는 엄청난 위험을 무릅쓰고 낯선 이들을 숨겨주는 사람도 있었다. 그해 연말 독일군은 1만여 명을 처형했다.[25] 이 수치는 종전 마지막 달에 최고조에 달했다.

탈영병의 가족들 역시 처벌 대상이 되었다. 제361국민척탄병사단장은 일일명령에서 다음과 같이 말했다. "10월 29~30일 밤사이 제952척탄병연대 제4중대의 블라디슬라우스 슐라히터 병사가 적진으로 도주했다. 같은 날 군법 회의가 열려 슐라히터에게 사형이 선고됐다. 이로써 그는 영원히 추방당해 다시는 집에 돌아오지 못하게 되었다. 그의 가족에게도 무자비한 보복이 행해졌다. 독일 국민이 살아남기 위한 투쟁에서 필수적인 일이다."[26] 미군에게 정보를 제공한 포로들의 가족에게도 여러 가지 협박이 가해졌다.

부유한 시민들은 도시 내에 있는 수천수만의 외국인 노동자들을 겁내기 시작했다. 자원해서 온 사람들도 있겠지만 대부분은 강제로 끌려왔다. 이들에 대한 통제도 점점 약해졌다. 숙소가 불에 타버렸기 때문에 마땅히 잘 곳이 없는 노동자들이 늘어났다. 독일인 상점 주인들은 자신들이 암시장에 팔아버린 물건을 외국인 노동자들이 훔쳐갔다고 덮어씌우기도 했다.[27] 음식을 제외하면 담배가 가장 인기 있는 물건이었다. 포로로 잡힌 한 독일군 장교는 영국 담배 한 개비가 5라이히스마르크에 거래되고 캐멀 담배 한 개비는 두 배나 더 높은 값에 거래되고 있다고 말했다. 진짜 커피는 1킬로그램에 600라이히스마르크나 되어 보통 사람들은 구경조차 할 수 없었다. 한 장교에 따르면 암시장의 커피는 네덜란드의 친위대가 장악했다.[28]

커피는 워낙 구하기가 힘들어 나치의 고급 관리조차 마음 놓고 마실 수 없었다. 포로가 된 해군 제독 간의 끔찍한 대화가 1945년 영국에서 비밀리에 녹음된 적이 있었다. 엥겔 소장이 우트케 중장에게 자신의 동료 장군들과 아르투어 그라이저에게 초청을 받아 갔을 때의 이야기를 들려주었다. 아르투어 그라이저는 악독하기로 유명한 바르텔란트의 대관구 위원장이었고 이후 폴란드인들에게 교수형을 당했다.

"그라이저가 으스대면서 '지금 당신들이 마시고 있는 커피 값이 유대인 여성 3만5000명 분이라는 사실을 알고 있습니까?'라고 물었습니다."[29]

"그 유대인 여성들은 어떻게 됐나?" 우트케 중장이 물었다.

"그날 그라이저가 우리에게 그러더군요. '소각로에 있겠죠. 우리도 그들처럼 편안하게 죽기를.' 그라이저가 우리에게 제일 먼저 한 말이었습니다. 모든 제독은 자기들이 마시고 있는 커피 뒤에 숨겨진 인간의 고통을 생각하면서 쓸쓸한 미소를 지을 수밖에 없었죠."

빵과 서커스에 대한 로마의 전통에 따라 나치는 부족한 식량에 대한 불만을 누그러뜨리고자 폭격으로 부서진 스포츠 궁전에 아이스쇼를 마련한 적도 있었다. 독일 여성교육협회에서는 식량을 절약할 수 있는 빵 제조법 책자를 발간하기도 했다. 그중 하나는 『고기 없이 만드는 식사』[30]라는 것이었다. 누가 이렇게 조롱했다. "그다음 책자는 음식 없이 만드는 식사겠네." 나치당의 노래 「호르스트 베셀의 노래」를 개사해서 풍자한 노래도 유행이었다.

물가는 오르는데
상점은 닫혔구나.
독일 민족이
행진하는데
배고픈 건
아이들 몫이구나.
높은 놈들은
동정만 할 뿐이구나.[31]

서부 전선의 연합군들에게 휴가는 훨씬 쉬운 일이었다. 영국군이나 캐나다군은 브뤼셀로, 미군은 주로 파리로 휴가를 갔다. 고급 장교들은 베르사유에 있는 연합군 최고 사령부나 병참지대를 출장 명목으로 언제든지 방문할 수 있었다. 9월 중순부터는 거의 1만 명의 미군이 72시간짜리 외출증을 받아서 파리에 오기 시작했다. 시인이자 낙하산병인 루이스 심프슨의 표현대로 "참호에서 막 나온 이 팔팔한 도그페이스(보병을 이르는 속어)"[32]가 어디부터 찾아갈지는 뻔한 일이었다. 파리는 "은빛 여우 굴"이라는 별명이 붙여졌다. "지그재그"는 술과 섹스를 뜻하는 은어가 되었다. 피갈Pigalle 광장은 "돼지 골목Pig Alley"이라고 불렸고, 전문 매춘부나 아마추어 매춘부들을 300프랑이나 5달러를 주면 살 수 있는 곳이 되었다.(성병 역학 조사 보고서에 따르면[33] 병참중대의 한 이등병은 "같은 거리에서 여성 9명을 골라 6개의 호텔을 옮겨가며 실제로는 7번의 관계를 가졌다." 이 모든 게 8시간 안에 이루어졌다. 유럽 전투 지역의 성병 감염률은 한 해 동안 두 배로 높아졌으며 그중 3분의 2 이상이 프랑스 파리에서 발생했다.)

병참지대 사령관인 리 장군은 파리에서 휴가를 보내는 미군 병사들의 규칙 위반이나 때로는 무례하기까지 한 행동에 완전히 질렸다. 리 장군은 장교들에게 거수경례를 하지 않는 병사들의 이름을 적어오라고 시켰다. 클레베르가는 행동 교정을 위해 애쓰는 장교나 헌병을 혐오하는 일선 병사들 사이에서 "경례의 거리"[34]로 불렸다.

병사들은 매춘부 화대나 술값을 마련하기 위해서 체스터필드, 럭키 스트라이크, 캐멀 등의 담배를 피엑스에서 50센트에 산 다음, 암시장에서 15달러나 20달러에 팔곤 했다. 프랑스 관리들은 미군들이 관세 특혜를 악용하고 외환 관리를 위반하고 있다고 항의했지만 아무 소용이 없었다. 미군 병사들은 월급을 프랑으로 받아 공식 환율대로 달러로 바꾼 다음 암시장에서 엄청난 차액을 남기고 팔아 큰돈을 벌었다. 병사들은 담배, 통조림 햄, 나일론 스타킹, 미국에서 부쳐온 것 등등으로 여성들을 유혹했다.

대학 졸업자나 유럽 문화에 대하여 알고 있는 사람들은 프랑스를 동정하면서 세계의 지성적 자산인 파리를 그리워했다. 하지만 외국에 대해 무지한 부류는 프랑스인들을 영어도 제대로 못하는 놈들이라고 경멸했다. 병사들은 프랑스 소녀나 여성들이 해방군인 자신들의 욕구를 흔쾌히 들어줄 것이라고 기대했다. 가장 배우고 싶어하는 프랑스어가 "저랑 같이 자지 않을래요?"라는 말이었다. 미국 대사는 파리의 미군들이 여성 꽁무니를 쫓아다니는 데 "지나치게 열성적"[35]이라고 꼬집었다. 그러나 섬세하지 못한 접근은 외려 역효과를 낳았다. 카페에서 휘파람을 불며 럭키 스트라이크 담배 한 갑을 주겠다는 제안을 받은 젊은 프랑스 여성은 미군에게서 받은 담배 한 개비를 바닥에 던지고 발로 짓밟아버렸다.[36] 그 모습을 보고 있던 프랑스인들은 환호성을 질렀다. 미군의 선물 공세에 대적할 수 없었던 프랑스 청년들은 이 해방군들의 주제넘은 기대에 비참함을 금치 못했을 뿐만 아니라 비통해했다. 서로의 불신과 분노가 쌓여가고 있었다. "프랑스 놈들은 전쟁에 패하기 전에는 우릴 비웃더니, 구해준 다음에는 뿌루퉁해져 있네. 도대체 이 개

자식들은 뭘 어떻게 해달라는 거야?"[37] 루이스 심프슨은 말했다.

베를린에서는 암시장이 성업 중이었던 반면 파리에서는 미군 탈영병들이 현지 범죄 조직과 어울리면서 점점 흉폭해졌다.[38] 훔친 미군 휘발유로 얻는 이익이 너무 크다보니 마약 밀매 조직까지 끼어들었다. 유럽 대륙에 있는 제리캔(당시 군용으로 나왔던 휘발유. 철제 깡통에 들어 있었다―옮긴이)의 절반을 도둑맞았을 정도이니 범죄에 대한 처벌이 강화될 수밖에 없었다. 추적을 위해서 연료에 물감을 타는 등, 미군 당국은 전선에 공급하는 데 차질이 생길 정도로 심각했던 밀거래를 막으려고 노력했지만 별 소용이 없었다. 파리는 "센강이 있는 시카고"라는 별명까지 얻었다.

그중에서도 가장 악명이 높았던 절도 사건은 철도대대의 짓이었다. 이들은 기차 끝에서 절도를 막기 위해 경계하고 있는 헌병들이 볼 수 없는 굽은 길에 기차를 세운 뒤 고기, 커피, 담배, 통조림 등을 공범들에게 내려주었다. 20파운드짜리 커피 깡통이 300달러, 그리고 식량 통조림 10개가 든 박스는 100달러에 거래되었다. 담요나 유니폼 역시 병원 기차에서 도난당했다. 결국 180여 명의 장교와 사병들이 적게는 3년 길게는 50년까지 징역형을 받았다. 한 달만에 담배 6600만 갑이 사라진 적도 있었다.

미군의 특권이 늘어나면서, 프랑스인들은 "새로운 점령군"을 점점 더 경멸했다. 하얀 헬멧을 쓰고 콩코르드 광장에서 교통정리를 하던 미 헌병들은 미국 대사관으로 향하는 미군 차량에 우선권을 주었다. 루스벨트 대통령은 프랑스 임시 정부의 승인을 미루었다. 드골이 군사독재자가 되려고 한다고 의심했기 때문이었다. 하지만 국무부와 아이젠하워의 끈질긴 설득에 결국 양보했다. 10월 23일 월요일, 제퍼슨 카페리 미국 대사, 더프 쿠퍼 영국 대사, 알렉산드르 보고몰로프 소련 대표는 마침내 신임장을 보냈다. 그날 저녁 드골은 쿠퍼 영국 대사 부부를 식사에 초대했다. 하지만, 쿠퍼는 여전히 기분이 좋지 않았다. 그는 자신의 일기에 그날 저녁을 "평상시보다도 더 딱딱하고 따분한 파티"[39]였다고 적었다.

카페리는 연합군 최고 사령부의 어떤 고위 관료보다 프랑스 사람에 대해 동정적이라는 이유로 많은 고위 관료로부터 냉대를 받았다. 그는 서투르고 딱딱하고, 불편한 느낌을 주는 성격의 소유자로서 결코 외교 활동을 좋아하는 스타일은 아니었다. 프랑스를 싫어하는 고위 관료들은 그를 하위직으로 발령한 뒤 아무런 외교적 권한도 주지 않았다. 카페리와 프랑스의 초짜 외무장관 조르주 비도는 서로의 어려운 처지를 위로하면서 지냈다. 비도는 카페리와 쿠퍼에게 드골의 쓸데없는 도발에 대해서 계속해서 사과해야 했다. 심지어 나중엔 카페리에게 "드골은 누구도 안중에 없지, 하지만 드골이 프랑스 사람들을 안 좋아할지는 몰라도 프랑스를 좋아한다는 사실은 인정해야 한다"[40]고 말했다. 쿠퍼에게 가장 큰 골칫거리는 다름 아닌 그의 오랜 친구 윈스턴 처칠이었다. 처칠은 드골에겐 아무런 사전 통지도 없이 연합군 최고 사령부를 방문하려고 했다. 이것은 모욕으로 비칠 만한 행동이었다. 결국 처칠은 그 방문을 공식화하는 데 동의했고 샹젤리제가를 메운 많은 군중으로부터 환호를 받으며 드골과 나란히 걸어 내려갔다. 디데이 전야에 있었던 소란스러웠던 사건은 일부러 잊어버린 척했다.•

드골이 못되게 구는 이유는 프랑스 정부가 직면한 경제적·정치적 어려움 때문이었던 것으로 보인다. 식량과 연료 공급이 안정되지 못하면서 자주 시위가 일어났다. 연합군 최고 사령부의 추산으로는 전쟁 동안 155만 채의 건물이 파괴되었다. 공장과 광산은 여전히 정상 가동되지 못했고, 항구를 비롯한 교통 시스템도 독일의 약탈과 연합군의 폭격으로 절반 정도가 마비 상태였다. 자신들의 영향력이 축소되었을 뿐 아니라, 런던에서 돌아온 드골과가 정권을 잡은 사실에 분노한 레지스탕스와 협상도 해야 했다. 그중에서도 가장 극렬한 시위대는 프랑스 공산당과 그 지지자들이었다. 독일로부터의 해방을 공산 혁명으로 이끌고자 했던 그들의 희망은 이미 좌절되었다. 그리고 그들은 공산 혁명을 일으키려는 자신들의 생각에 스탈린이 절대적으로

• 제2차 세계대전 동안 처칠과 드골의 관계는 매우 껄끄러웠다. 심지어 처칠은 노르망디 상륙작전을 드골에게 알리지 말라고 요구했다가 이 사실이 뒤늦게 알려지면서 드골의 심한 반발을 샀다. 처칠은 드골을 가리켜 "유럽 평화를 위협하는 최대의 위험 요소 중 하나"라고 지칭하기도 했다. 처칠과 드골의 갈등은 두 사람 모두 오만하고 고집불통에 독선적인 성격을 가졌기 때문이기도 하지만 보다 근본적으로는 영국과 프랑스의 뿌리깊은 경쟁 관계와 민족 자존심 때문이기도 했다.

반대한다는 사실을 몰랐다. 스탈린은 연합군 전선 후방인 프랑스에서 혼란이 생기면 미국이 무기 대여를 중단할지도 모른다고 두려워했다.

드골은 10월 말 일종의 도박을 시작했다. 자신의 정부에 입각한 두 명의 공산당 장관이 의용군을 해산하고 무기를 반납해야 한다는 드골의 정책을 지지한다는 조건으로 드골은 프랑스 공산당 지도자 모리스 토레즈가 모스크바에서 파리로 돌아올 수 있게 허용하려고 했다. 의용군은 연합군 최고 사령부에서 제공하는 군복과 무기를 지급받고 프랑스 정규군에 편입되는 한편, 주력 부대는 연합군 전선 남쪽에 있는 스트라스부르로 진격 중인 장 마리 드라트르 드타시니 장군이 이끄는 프랑스 제1군에 배속시켰다.

무기를 반납하지 않으려는 사람이 한 명 있었다. 그는 파리 탈환 직전 랑부예 근처에서 파르티잔으로 활동한 어니스트 헤밍웨이였다. 10월 초, 헤밍웨이는 미 제4보병사단 제22보병연대가 싸우고 있는 지크프리트선, 즉 독일 국경 부근에 있는 자신의 구역을 떠나야 했다. 랑부예에서의 불법 군사 활동에 대해서는 군사 재판 예심 조사에서 위증을 하여 무죄를 선고받은 뒤 공식 종군 기자로서 프랑스에 남을 수 있었다.

이미 『호밀밭의 파수꾼』 집필을 시작한 제4보병사단의 J. D. 샐린저 병장을 격려하느라 파리에서 많은 시간과 노력을 들였지만, 헤밍웨이는 천성이 전쟁판을 쫓아다니는 사람이었다. 스페인 내전 동안에는 "전투 중의 매춘부"라는 말을 만들어내기도 했다. 그는 파리의 리츠 호텔로 돌아와 술을 마시고, 나중에 부인이 된 메리 웰시와 밤을 보내기도 했다. 얼마 후 제22보병연대장 '벅' 랜햄 대령과 함께 술을 마시다가 메리의 남편 사진을 뺏어서 변기통에 버린 다음 거기에 독일제 자동 권총을 난사하여 리츠 호텔의 배관을 망가뜨린 적도 있었다.

또한 프랑스에서 미군 위문 활동을 하던 마를레네 디트리히와 염문을 뿌리기도 했다. 패튼 장군은 디트리히의 "열렬한 팬"[41]이라며 손잡이에 진주가 박힌 권총을 선물하기도 했지만, 결국 제82공수사단의 젊고 잘생긴 짐 개빈 소장이 디트리히의 애인이 되었다. 개빈은 나중에 헤밍웨이의 "바람기"를 참지 못한 세 번째 부인 마사 겔혼의 연인이 되었다. 전쟁이 끝나던 해, 파리는 혼란스러운 축제 분위기였다.

한편 브뤼셀은 캐나다 제1군과 영국 제2군의 휴양지였다. 영국 장교들은 파리를 사랑하는 사람이 브뤼셀에 간다는 것은 사랑하는 여자의 여동생과 차를 마시는 것과 같다고 아쉬운 듯이 말했다. 벨기에의 수도는 파리의 피갈 광장처럼 요란하지는 않았지만, 맥주와 여인을 즐길 수 있는 곳이었다. 또한 탈영병이나 암거래상들에겐 천국과도 같은 곳이었다.

브뤼셀의 정치 상황[42]은 파리보다 훨씬 더 복잡했다. 연합군 최고 사령부의 벨기에 담당 책임자 G. W. E. J. 어스킨 소장은 런던 망명에서 돌아온 위베르 피에를로•가 벨기에의 질서를 회복할 수 있도록 도와주고 있었다. 좌익 레지스탕스들은, 프랑스의 레지스탕스처럼, 자신들이 위험을 무릅쓰고 싸우는 동안에 안전한 런던에서 지내온 보수적인 정치인들로부터 간섭을 받지 않으려고 했다. 9월 초 3만 명 정도이던 단원 숫자는 월말이 되자 7만 명까지 늘어났다. 이들은 영국군 및 미군과 밀접하게 협조하여 싸우면서도 벨기에 육군이나 헌병으로 편입되어 정부의 지시를 받게 되는 것을 원치 않았다.

9월 29일, 아이젠하워는 레지스탕스의 노고를 치하하는 한편 이들에게 이제는 무기와 장비를 반납하고 특수부대로 편입해서 도우라는 벨기에 정부의 요구에 복종하라고 명령했다. 석탄과 음식 그리고 인재가 많이 부족했던 벨기에에서, 이 명령은 그만 조롱과 분노를 촉발했다. 10월 21일 어스킨 장군은 최고 사령관에게 무기 반납을 거부하는 레지스탕스의 숫자가 경찰과 헌병의 숫자보다 10배나 많다고 보고했다. 정부 통제의 붕괴는 눈앞에 닥쳤다. 아이젠하워는 벨기에 정부를 향해 전투 지역에서 허가 없이 무기를 휴대하는 것을 절대 허용하지 않는다는 성명을 발표하라고 촉구했다.

11월 9일, 아이젠하워는 벨기에 수도를 공식 방문하여 의회에서 연설을 했다. 며칠 후 벨기에 국방부 장관은 11월 18일에 모든 레지스탕스의 전투 활동을 끝낸다는 발표를 했다. 공산당 각료 두 명과 레지스탕스 대표가 항

• 전쟁 이전 벨기에 총리로 1940년 5월 독일군이 벨기에를 점령하자 항복하려는 국왕 레오폴드 3세를 반대하고 각료들을 이끌고 영국으로 가서 망명정부를 운영했다.

의 표시로 피에를로 내각에서 사직했다. 그러나 어스킨 장군은 연합군 최고 사령부 역시 벨기에 정부의 이번 조치를 전폭적으로 지지하고 있으며, 레지스탕스와 연합군의 갈등을 원하는 사람은 아무도 없다는 점을 들어 이들을 설득했다. 결국 레지스탕스들이 양보하여 "연합군 당국"에 모든 무기를 넘겨주기로 합의했다.

11월 25일에는 대규모 반정부 시위대와 대치하고 있는 경찰과 헌병을 지원하기 위해서 영국군과 장갑차가 브뤼셀로 진입했다. 그리스에서 그랬던 것처럼 영국이 인기 없는 정부를 도와주고 있는 것처럼 보였다. 어스킨은 전투 지역 후방에서도 명령은 지켜야 한다는 논리로 자신의 행동을 변명했다. 하지만 선거가 치러질 때까지 군사 당국은 망명 생활에서 살아남은 정부를 지원했고, 독일 치하에서 오랫동안 싸워온 사람들과의 접촉은 전혀 없었다.

노르망디 전투에 참가했던 베테랑 병사들이 72시간 외출증을 얻어 파리로 간 사이에도, 전사자나 부상자를 대체할 보충 병력은 끊임없이 셰르부르에서 전방의 대기부대로 보내졌다. 대부분은 미국에서 막 건너온 10대 소년들이었지만, 좀 더 나이 든 사람들도 적지 않았다. 이들은 예상보다 훨씬 더 높은 80퍼센트의 사상률을 기록한 보병 소총소대로 새로 보충되었다.

그해 겨울 나아진 것이 있다면, 전사자 숫자를 메우기 위한 인원이라는 느낌이 드는 "보충"이라는 단어를 "강화"라고 바꾸었다는 사실뿐이었다. 물론 의미는 없었다. 제28보병사단의 연대 장교는 "겉보기에는 여전히 일류 군대였지만 노르망디 해안을 건너올 때만큼은 아니었다. 우리는 해야 할 일이 많다. 보충된 신참 장교나 병사들은 애송이에 불과했다. 자신을 돌보는 방법조차도 몰라서 금세 죽거나 다쳤다. 그들은 상관에 대해서도, 동료에 대해서도 몰랐기에 팀워크를 이루기 어려웠다."[43] 어떤 중대에서는 환자가 20명이나 발생했다. 대부분 감기나 참호족, "침족병" 환자였다. 환자들은 모두 신참들이었다. 이들은 양말을 갈아 신는 것이 가장 중요하다는 기본적인 야전위생 교육도 받지 못했다. 불과 열흘 동안 스물여섯 명을 병원으로 보내야 했던 중대장도 있었다. 제4보병사단의 J. D. 샐린저는 어머니가 뜨개질해서 만든 모직 양말을 매주 한 켤레씩 받는 행운을 누렸다.

병참지대 관계자들은 이 병사들의 운명에는 별 관심이 없었다. 그들에겐 단지 모자란 머릿수를 채우는 과정에 불과했다. "레플 데플repple depple"●이라 불리는 신병 보충대Replacement depot에서 하는 방식은 악덕 고용주가 막노동꾼을 지명하는 것과 비슷했다. 신병이었던 아서 카우치는 이렇게 회고했다. "매일 아침 1000여 명이 본부 밖에 줄을 서면 누군가가 트럭에 태워 일선 부대로 데려갈 100여 명의 이름을 부릅니다. 나머지는 텐트로 돌아가서 다시 이름이 불릴 때까지 기다립니다."[44] 신병들은 병원에서 전선으로 복귀한 선임병에게서 끔찍하고도 잔인한 이야기들을 하도 들어서 겁에 질려 있었다.

신병들은 인사기록부에 기재된 훈련을 하나도 받지 않은 채 도착하는 경우가 많았다. 수영을 못하는 병사도 많았다. 모젤강을 건너다가 수많은 병사를 잃은 패튼의 제3군 소속 어떤 중대장은 신병들을 데리고 포르 드리앙을 공격했을 때를 이렇게 회상했다. "훈련도 받지 않고 경험도 없는 신병들을 움직이게 하는 건 너무 힘들었다. 포르 드리앙까지 이들을 끌고 가야 했다. 나이가 든 병사들은 지쳐버렸고, 어린 병사들은 햇병아리처럼 겁에 질려 있었다. 적과 대치하고 있던 사흘 동안 우리가 한 일이라곤 신병들이 제자리를 지키게끔 하는 것뿐이었다. 지휘관들은 신병들을 관리하다가 적에게 노출되어 죽기도 했다. 신병들은 사고 능력을 잃어버린 것처럼 보였다. 소총, 화염방사기, 휴대장약 등을 잃어버리기도 하고, 아무렇게나 방치해두기 일쑤였다. 차마 눈 뜨고 볼 수가 없을 정도였다. 사전 계획된 포격이 없었더라면 독일군이 우리가 가지고 있던 총으로 우리를 몰아냈을 것이다. 왜냐고? 우리 병사들은 싸우려고조차 하지 않았으니까. 왜 싸우려 하지 않았냐고? 우리 병사들은 훈련도 받지 않았고 전시 규율조차 몰랐다."[45]

신병들은 한밤중에 부대에 배속되는 바람에 자신이 어디에 있는지, 어느

● 제2차 세계대전 당시 신병 보충대를 가리키는 미군의 속어로 '음울하기 짝이 없는 장소'라는 의미였다.

부대의 소속인지도 모르는 경우가 많았다. 친했던 전우가 전사한 고참들에 의해 신병이 따돌림을 받는 경우도 있었다. 매사에 서투르고 멍청해 보인다는 이유로 고참들이 거리를 두기도 했다. 위험한 임무를 고참들에게 주느니 차라리 신병들에게 맡기는 소대가 늘어나면서 배속 후 이틀을 못 넘기고 전사하는 신병들이 태반이었다.

보충병들이 노예처럼 대우받는 경우도 비일비재했다. 이런 시스템이 결국 여러 가지 문제를 야기했다. 마사 겔혼은 소설『돌이킬 수 없는 지점(귀환 불능 지점)』에서 블랙유머를 인용했다. "포스탈로치 병장은 차라리 레플 데플(보충대)에서 신병들을 쏘아버리면 전방에서 시신을 옮겨오는 시간은 절약할 수 있다고 말했다."[46](헤밍웨이도『강 건너 숲속으로』라는 소설에서 비슷한 농담을 썼는데, 결혼 생활이 파탄난 뒤, 겔혼과 헤밍웨이는 당연히 서로에게 들은 이야기라는 것을 인정하지 않았다.[47])

처음 48시간이 지날 때까지 살아 있는 신병은 좀 더 오래 살아남을 가능성이 있었다. 브래들리의 참모 한 명이 새로 온 "도보이(미군 병사)"의 운명을 생각해보았다. "전선에 투입된 후 평균 생존 기간은 일주일 정도다. 보험 계리사처럼 사령부의 높은 자리에 앉아 있으면 이들의 생존 가능성이 점점 낮아지고 있음을 알 수 있다. 설사 그 신병이 아주 오래 살아남는다 해도, 전장에 있는 한 그의 생존 가능성은 밤새 한 번도 나오지 않은 룰렛의 유일한 숫자처럼 매일매일 낮아진다. 그 신병도 이 사실을 알고 있다."[48]

"나는 운이 좋아서 고참에게 생존 요령을 배울 수 있었다."[49] 아서 카우치는 제1보병사단으로 배치된 것이 행운이었다고 기록했다. 독일군은 자동화기를 가진 적에게 집중 사격을 하기 때문에 브라우닝 자동 소총을 쏜 후 즉각 옆으로 굴러서 위치를 옮겨야 한다는 것도 배웠다. 카우치처럼 빨리 배울 수 있는 신병은 극소수였다. 10월 26일자 카우치가 소속된 사단의 보고서에는 이렇게 적혀 있었다. "최근 몇 주 동안 보충된 신병들의 질이 현저하게 떨어지고 있습니다. 신체적으로 보병에 적합하지 않은 신병이 너무 많습니다. 마흔이 넘어 추운 곳, 진흙탕, 비가 오는 곳 등에서 전투할 수 없는 사람도 있습니다. 전선에서 정말로 실탄을 사용하느냐고 묻는 신병이 있는 걸

보면 이들은 전쟁의 실상을 전혀 모르고 있는 것 같았습니다."

일선 사단에선 훈련받지 않은 신병들을 보내주는 데 잔뜩 화가 났다. 제3군단의 한 병장은 "신병들이 13주간의 기본훈련을 받는다고 하는데, 기관총의 가장 기본적인 것도 모릅니다. 기관총의 고장을 예방하는 법도 모르고 고장이 났을 때의 응급조치 요령도 모릅니다. 좋은 사람들이긴 하지만 훈련을 받지 못했습니다. 전투 현장은 훈련소가 아닙니다"[50]라고 불만을 토로했다. 다른 병장 한 명은 미국 본토에서 훈련을 받을 때 신병들은 "적군의 무기는 우리 무기로 충분히 제압할 수 있다"[51]는 이야기를 듣는다고 했다. 일선에 도착한 신병들은 오직 소총만이 위험한 줄 알 뿐, 지뢰, 박격포, 대포, 전차 등의 위험은 전혀 알지 못했다. 전투 중에 서로 몰려 있기 일쑤여서 늘 사격 표적이 되었다. 소총이나 기관총의 사격을 받으면 즉시 앞으로 달려가야 함에도, 신병들은 그 자리에 납작 엎드렸기에 박격포의 좋은 먹잇감이 되기도 했다.

목표물이 있을 만한 곳을 향해 멈추지 않고 사격하면서 앞으로 나가는 '보행 사격'조차 제대로 구사하는 신병은 별로 없었다. 한 중대장은 이렇게 말했다. "가장 큰 실수는 병사들이 사격을 하도록 훈련받지 못한 것이다. 적의 사격을 받자 숨기만 하는 병사들에게 왜 대응 사격을 하지 않느냐고 묻자, 대응 사격을 하면 적군이 자기에게 또 총을 쏘기 때문이라고 대답했다."[52] 역설적으로 신병들은 항복하려는 독일군에 제일 먼저 사격을 퍼부어, 이들이 다시 결사적으로 저항하게 만들었다. 신병들은 독일군들이 자주 쓰는 속임수도 배워야 했다. "독일군은 박격포를 일부러 우리 뒤쪽에 쏘아서, 마치 아군의 포격 거리가 짧은 것처럼 착각하도록 만들기도 했다."[53] 경험이 많은 부대는 이미 알고 있었던 속임수이지만, 신병들은 공황에 빠지기도 했다.

일선 사단에서는 장교와 부사관의 경험 부족으로 곤란을 겪었다. 그들은 장교들이 병사들의 생명을 책임지는 직책을 맡기 전에 일선에서 복무할 필요가 있다고 주장했다. 전투 경험이 없는 부사관들은 일선에 도착하기 전에 일단 계급을 자동 강등시킨 다음, 그 능력이 입증된 후에 다시 승진시켜야 한다는 것이다. 어떤 사단은 "상사 한 명을 받았다. 이 상사는 펜타곤에서 벽화나 그리고 있던 사람이었다. 좋은 사람이긴 하지만 그 사람의 직급에 맞게 맡길 수 있는 일은 없었다"[54]라고 보고했다.

"처음으로 독일군과 조우했을 때, 정신이 하나도 없었어요."[55] 한 신입 장교가 고백했다. "뭐가 뭔지 하나도 모르겠더라고요. 모든 포탄이 나를 향해 오는 것이 아니라는 사실을 깨닫기까지 나흘이나 걸렸습니다." 이 장교는 나중에는 훌륭한 소대장이 되었을 것이다. 개중에는 자신의 잘못이 전혀 아닌데도 그 임무에 적합하지 않다고 판정을 받은 사람들도 있었다. 전차 내부를 구경조차 해보지 못한 몇몇 중위가 전차대대로 배속받았다. 보병사단에서는 "소대장 경험이 전혀 없는 신입 장교들을 무더기로 받을 수 없다고 질색을 했다. 이들은 이전에 연예부대 보좌관이거나 급식 관리를 맡았던 장교였다."[56]

지휘관들은 신병의 사기를 높이기 위해 적군에 대한 적개심을 고취시키려고 했다. 메스를 공격하던 제95사단의 어떤 대대장이 말했다. "전투에 돌입하기 전에 휘하 지휘관들을 시켜서 병사들에게 독일군의 비인간적인 면을 이야기했다. 우리는 많은 전투를 치르면서 독일군의 비인간적인 면을 많이 봐왔다. 이제 우리 병사들이 독일 놈들의 사지를 찢어 죽이게 하려면 약간의 자극이 필요할 것이다. 과장할 필요까지는 없겠지만, 독일 놈들은 악독한 짐승 같은 놈들이기 때문에 살려주지 말고 반드시 멸종시켜야 한다는 것을 알려줘야 한다."[57]

5

휘르트겐 숲

헤밍웨이의 친구이자 영웅인 미 제4보병사단 소속 벅 랜햄 대령은 안락했던 리츠 호텔을 멀리 떠나 전장으로 돌아왔다. 10월 말, 아이젠하워 장군은 가을 작전을 위한 명령을 하달했다. 캐나다 제1군은 셸드강 어귀를 확실하게 장악해서 안트베르펜 항구를 이용 가능하도록 하고, 나머지 6개 군은 루르 산업 지구와 자르를 목표로 해서 라인강을 향해 진격하라는 내용이었다.

제1군이 아헨 지역에서 지크프리트선을 돌파하자 라인강까지는 불과 30킬로미터밖에 남지 않았다. 지도상으로는 매우 가깝게 보이는 거리였다. 동쪽으로 15킬로미터 정도 되는 거리에 우선 건너야 할 루르강이 흐르고 있었다. 북쪽에서 제9군의 지원을 받는 제1군의 좌익 부대는 콜린스의 제7군단과 게로가 지휘하는 제5군단이 휘르트겐 숲과 그 일대를 점령하면 도강에 나설 준비 중이었다.

코트니 H. 호지스 중장은 지휘 본부를 슈파*에 있는 오래된 리조트에 설치했다. 슈파는 제1차 세계대전 말 파울 폰 힌덴부르크 원수와 빌헬름 2세의 총사령부가 있었던 곳이기도 했다. 1918년 11월 독일 후방에서 반란이 일어나면서 제2제국은 갑작스럽게 붕괴되었다. 히틀러는 26년 전처럼 '등 뒤에서 칼을 맞는' 일이 재현될까 노이로제에 걸릴 지경이었다. 호지스 장군은 그랜드 호텔 브리타니크를 접수했다. 작전 참모들은 카지노의 샹들리에 아래 접이식 테이블을 놓고 상황도를 준비했다. 도시의 공원은 지프차와 여러 군용 차량들이 마구 휘젓고 돌아다니는 바람에 잔디밭이 모두 진흙투성이가 되었다. 전쟁 역사학자 포레스트 포그가 본 바로는, 전선에서 겨우 30킬로미터밖에 안 되는 거리임에도, 군인들이 무기도 없이, 심지어 군복도 입지 않은 채 돌아다니고 있었다.

제1군 사령부의 분위기는 그리 좋지 않았다. 가을 전투에서 별 성과가 없었기에, 화도 나고 당황하기도 했다. 호지스 장군은 원칙적이고 재미없는 사람이었다. 수염을 짧게 자르고, 꼿꼿한 자세에 좀처럼 웃는 일이 없었다. 남부 특유의 느릿느릿한 말투를 사용했으며, 매사를 신속히 결정하는 법도 없었다. 기발한 작전 계획을 세우기보다는 '돌격 앞으로'가 최선이라고 믿는 사람이었다. 좀처럼 전방 사단 지휘 본부를 순시하지 않아, 군인이라기보다는 차라리 기업의 최고 책임자 같았다. 라인강을 포위할 요량으로 휘르트겐 숲을 곧장 관통하겠다는 그의 결정은 서북 유럽 전역에서 가장 끔찍한 결과를 초래했다.

아헨 남쪽 휘르트겐 숲은 빽빽한 소나무 사이사이에 드문드문 참나무와 너도밤나무가 서 있고, 산등성이에는 목초지가 있는 반⁴ 산악 지역이었다. 전쟁 전에는, 상공을 배회하는 말똥가리가 우는 소리와 바람 소리만 들리는 적막한 곳이었다. 숲속의 협곡은 깎아지른 듯 가팔랐다. 전차는 말할 것도 없었고 무거운 중화기를 든 보병도 진흙, 바위, 나무뿌리 등에 걸리고 미끄러져서 진군하기 힘든 곳이었다. 소나무가 워낙 빽빽하게 들어차서 마치 무서운 동화 속 마녀나 요괴들이 저주라도 한 것처럼 컴컴했다. 자신들이 불청객이라고 느낀 병사들은 대화를 할 때에도 마치 숲이 듣기나 하는 것처럼

● 벨기에 리에주에 있는 휴양도시. 온천으로 유명하며, 우리가 흔히 온천 휴양시설을 가리키는 '스파' 역시 이 마을의 이름에서 나왔다는 얘기도 있다.

나지막한 소리로 속삭였다.

150평방킬로미터나 되는 넓은 지역에는 그나마 오솔길이나 산불 방화대가 있어 방향을 가늠할 수 있었다. 그 동네에서 나는 암갈색 돌로 벽을 쌓고 나무로 지붕을 덮은 나지막한 농장이나, 나무꾼들의 오두막이 작은 마을을 이루고 있다는 것을 빼고는 사람이 살고 있다는 기척은 없었다. 집 밖에는 땔감 나무들이 차곡차곡 쌓여 있었다.

제9월 둘째 주, 제1보병사단과 제3기갑사단이 감행했던 숲속으로의 돌격 이후에라도, 호지스 장군과 참모들은 자기들이 부하들에게 무슨 일을 시켰는지 깨달았어야 했다. 아니면 9월 후반부와 10월에 제9보병사단이 겪었던 일을 그다음에 일어날 비극에 대한 사전 경고로 받아들이기라도 했어야 했다. 슈미트 동남쪽 주요 마을로의 진격은 처음에는 순조로웠다. 휘르트겐 숲에 있던 독일 사단장의 말에 따르면 독일군에게도 이러한 상황은 매우 당황스러웠다. "미군이 루르강으로 가겠다고 이렇게 나무가 빽빽해서 정찰도 쉽지 않고, 오솔길 몇 개뿐인 곳에서 싸우려 한다는 것을 믿을 수가 없었죠."[1] 하지만 독일 보병들이 군단포병에게 지원을 받기 시작하면서 숲속 전투는 끔찍한 소모전으로 변했다.

독일군은 높은 나무에 저격병을 배치했다.(땅 위에서는 시야 확보가 곤란했기 때문이다.) 이들은 뮌스터 훈련소의 저격수 교육중대에서 매일 30분씩 적을 증오하는 선전 문구를 들어야 했다. 이런 훈련은 교관인 부사관의 광분한 연설과 다음과 같은 구호를 제창하는 식이었다.

부사관: 한 발마다 유대인 공산주의자들을 죽인다.
합창: 일발필중
부사관: 영국군 돼지새끼를 죽인다.
합창: 일발필중[2]

미 제9보병사단은 한스 슈미트 중장이 지휘하는 독일 제275보병사단을 공격했다. 슈미트의 연대 지휘 본부는 숲속의 통나무 오두막이었다. 이 사단은 6500명의 병력과 6문의 자주돌격포가 전부였다. 그중에는 숲속 전투에 대해 어느 정도 알고 있는 병사들도 있었지만, 제20공군요새경비대대 같은 부대는 보병으로서의 경험이 전혀 없었다. 한 중대는 공군 통역학교 소속이었다. 슈미트가 볼 때 "일선에 전혀 필요 없는 존재들이었다."[3] 다음 달 "이 중대는 통째로 투항했다."[4] 슈미트 부대는 전쟁 초기에 점령했던 외국에서 노획한 총을 비롯해서 다양한 소총으로 무장했다.

슈미트가 말한 대로, 휘르트겐 숲 전투에는 "[병사들의] 신체적, 심리적 끈기가 절대적으로 필요"[5]했다. 이들이 살아남을 수 있었던 비결은, 압도적으로 우세했던 미군의 전차, 항공기 등이 제 기능을 발휘하지 못했고 포병의 관측 또한 어려웠기 때문이었다. 그러나 독일의 물자 보급과 후방 군인들은 폭격으로 많은 어려움을 겪었다. 따뜻한 음식을 전방으로 가져오지 못한다는 것은 곧 "차가운 전투 식량만, 그것도 아주 불규칙하게"[6] 공급받을 수 있다는 의미였다. 병사들은 젖은 옷을 입은 채 참호 속에서 살을 에는 듯한 추위를 견뎌야 했다.

10월 8일 1412명의 고령자로 구성된 노동대대가 합세했다. 슈미트 장군의 표현대로 "뜨거운 난로에 물 한 방울 떨구는 것"[7] 정도에 불과했다. 겨우 하루 만에 대대 전체가 괴멸했다. 공군 사관후보생으로 편성된 대대도 전멸했다. 10월 9일, 이 사단이 "다수의 환자를 빼고도"[8] 550명의 사상자를 내는 동안, 뒤렌에서 파견된 경찰대대가 비트샤이데 동쪽 전투에 투입되었다. 45세부터 60세에 이르는 경찰들은 그때까지도 초록색 경찰 제복을 입고 있었고 제1차 세계대전 이래 한 번도 훈련을 받아본 적이 없는 사람들이었다. "노병들을 투입한다는 것은 정말로 고통스러운 일이었다"[9]고 슈미트 장군도 인정했다. 사상자가 워낙 많아서 참모 장교들이나 대기부대나 보충대에서 훈련 중인 부사관들까지 전방으로 보내 지휘하도록 했다. 가뜩이나 부족한 통신병마저 보병으로 투입되었다.

10월 10일 폭우가 쏟아지자 슈미트의 제275보병사단은 전선을 정비했다. 슈미트는 미 제9보병사단의 전투력에 혀를 내둘렀다. 숲속 전투에 대비한 특수 훈련이라도 받은 것이 아닌가 하는 생각이 들 정도였다. 그날 오후

군단장과 군 사령관이 사단을 방문했다. 그들은 현지의 열악한 조건에 깜짝 놀라면서 지원을 약속했다.

그러나 도착한 지원군은 전선을 강화하기보다는 반격을 위한 지원군이었다. 그들은 잘 무장된 교도연대 소속의 약 2000명이었다. 그중 절반은 헬무트 베겔라인 대령이 지휘하는 사관후보생들이었고 기대감에 부푼 이들은 10월 12일 오전 7시 중포의 지원을 받으면서 공격에 나섰다. 하지만 절망스럽게도 미군의 효과적인 사격을 받자 진격 속도가 느려졌다. 엘리트 교도연대의 대대장들은 당황하더니 급기야는 공격 전체가 혼란 속에 와해되었다. 오후에 두 번째 공격을 시도했지만 이번에도 실패로 끝났다. 베겔라인 교도연대는 불과 12시간 만에 500명의 전사자를 냈다. 베겔라인 자신도 이튿날 전사했다. 10월 14일 독일군은 부대의 재편성을 위해 후퇴해야 했다. 하지만 슈미트 장군이 짐작한 대로 미 제9보병사단도 상당히 지쳐 있었다.

4500명의 전투 또는 비전투 사상자를 내며 전진하던 제9보병사단이 10월 16일 진격을 멈추었다. 1야드(약 0.9미터) 진격할 때마다 1명의 전사자를 낸 셈이었다. 미군과 독일군을 모두 치료했던 미군 의사들은 미군과 독일군의 회복력이 뚜렷하게 차이가 난다는 사실을 발견했다. "부상에서 회복하는 속도에서 독일군이 미군보다 더 빨랐습니다. 미군 병사들은 독일군보다 훨씬 더 잘 먹고 지냈기 때문에 지방층이 두꺼워 수술하기도 힘들었지만, 회복도 늦었죠. 독일군 병사들은 제대로 먹지 못해 말라 있었기 때문에 수술이 한결 쉬웠습니다."[10]

미 제1군 사령부는 제9보병사단의 손실에 개의치 않을 뿐 아니라 지형의 불리함도 고려하지 않고 있었기에 사단장은 크게 실망했다. 호지스 장군은 다시 한번 가장 어려운 지점과 울창한 숲을 돌파하려고 했다. 그곳은 미군의 강점인 전차나 항공 지원, 포병 지원을 전혀 받을 수 없는 곳이었다. 요충지인 슈미트를 공략하기 위해서 몬샤우에서 남쪽으로 향하는 길이 좀 더 짧고 쉬운데도 호지스는 전혀 관심이 없었다. 문제는 군단장들이나 사령부 참모들이 호지스에게 감히 의견을 개진하지 못한다는 점이었다. 호지스는 고급 장교들을 밥 먹듯 내쫓기로 악명이 높았다.

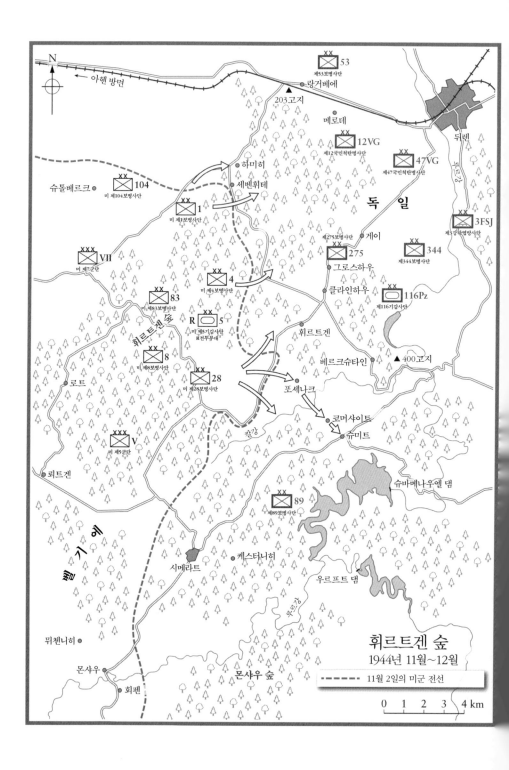

휘르트겐 숲
1944년 11월~12월

- - - - - 11월 2일의 미군 전선

0 1 2 3 4 km

휘르트겐 숲에 대한 미 제1군의 계획에는 슈미트 남쪽의 슈바메나우엘 댐이나 우르프트 댐에 대해서는 아무런 언급이 없었다. 단지 우익을 장악한 뒤 라인강으로 진격한다는 것뿐이었다. 호지스 장군은 일선 부대가 직면한 문제에 대한 어떠한 설명도 들으려고 하지 않았다. 그가 보기에는 단지 배짱이 없다는 변명에 불과한 것이었다. 깊은 계곡이나 습하면서 소나무가 많은 곳에서는 통신 상태가 좋지 않았다. 게다가 독일군들은 등에 무전기를 메고 있는 병사들을 우선적으로 쏘았기 때문에 예비통신병을 늘 준비해야 했다. 또한 독일군은 미군의 통신 보안 실패를 신속하게 응징했다. 어떤 대대장이 실수로 "30분 후에 귀환한다"[11]라고 평문 무전을 보냈는데, 독일군이 그 시간에 맞춰 연대 지휘 본부로 돌아가는 그에게 박격포 공격을 퍼부어 대대장 일행 중 두 명이 전사하는 일도 있었다.

숲속 오솔길이나 방화선은 엉뚱한 곳으로 이어지기도 하고, 지도와도 맞지 않아서 경험이 부족한 장교들은 골머리를 썩여야 했다. "울창한 삼림 속에서 단체로 길을 잃는 일이 비일비재했다."[12] 그런 경우 진지로 돌아가기 위해서 아군의 포성이 필요하기도 했다. 때때로 방향을 잡기 위해서 특정 지점에 포를 쏘아달라고 무전으로 요청한 적도 있었다. 밤중에 참호에서 불과 100미터 떨어진 곳에서 길을 잃어 날이 밝을 때까지 기다리기도 했다.

가장 끔찍한 일은 대인 지뢰를 밟아 발목을 잃은 병사의 비명소리였다. 한 중대장은 이렇게 기록했다. "길가에 있는 피투성이 군화를 발로 찼다가 그 안에 사람 발목이 들어 있는 것을 보고 기절할 뻔했다."[13] 미군 병사들은 독일군이 이 방면의 기술을 자랑스럽게 유감없이 사용하고 있다는 사실을 알아차렸다. 노상 장애물들은 대개 부비트랩이었다. 이 때문에 길을 가로지르는 나뭇가지는 멀리서 긴 로프로 치워야 했다. 신병들은 "목함 지뢰, 리겔 지뢰*, 텔러 지뢰**, 대전차 지뢰"[14] 등에 대해서 배웠다. 리겔 지뢰는 "인계

●   제2차 세계대전 당시 독일군이 사용했던 대전차 지뢰의 일종. 중량은 9.3킬로그램에 TNT 4킬로그램이 들어 있어 전차 및 각종 차량 공격용으로 사용되었다.
●● 리겔 지뢰와 함께 제2차 세계대전 당시 독일군이 사용했던 대전차 지뢰의 일종. 1942년부터 1945년까지 1000만 개 이상 생산되었으며 중량 8.1킬로그램에 TNT 5.5킬로그램이 들어 있었다. 매우 위력적이었기에 '탱크 킬러'라고도 불렸다.

철선으로 연결되어 있어 일단 건드리면 터졌기에" 제거가 쉽지 않았다. 신병들은 사격을 받으면 본능적으로 포탄 구덩이로 몸을 날렸다. 독일군은 그런 곳에 지뢰를 매설해두었다. 언덕으로 접근할 때는 도랑이나 배수로를 이용하도록 가르치고 있는 미군 전투교범을 알고, 독일군은 그곳에도 지뢰를 설치하고 기관총으로 방어했다.

양쪽은 서로 지뢰를 매설하고, 다시 대응 지뢰를 매설하는 죽음의 게임을 벌였다. "지뢰가 발견되면 그 주위에 우리 지뢰를 매설해서 지뢰를 점검하러 온 독일 병사들을 노린다. 그들도 우리가 설치한 부비트랩에 대해서는 잘 모르기 때문이다."15 제297전투공병대대의 한 병사는 땅 밖으로 나와 있는 지뢰를 발견했다. 다행스럽게도 그 병사는 신중하게도 지뢰로 곧장 가지 않았다. 지뢰 탐지기를 가동하자 그 주변에 다른 지뢰들이 매설되어 있다는 사실을 찾아낼 수 있었다. 까딱했으면 발목이 날아갈 뻔한 것을 모면한 셈이었다.16 벅 랜햄 대령의 연대가 휘르트겐 숲에 도착한 직후의 보고에 따르면 "독일군은 부드러운 진흙 길에 지뢰를 한 군데에 세 개씩 포개어 묻어두곤 한다"17는 것이었다. 공병들은 맨 위에 있는 지뢰 하나는 제거했지만 그 아래에 지뢰가 더 있다는 사실을 몰랐다. 그래서 나중에는 지뢰를 찾아내면 다이너마이트로 폭파시킨 다음 불도저로 그 구멍을 메워버렸다.

또 다른 위험은 소나무들 사이에 있는 인계철선이었다. 장교들은 병사들이 지뢰와 인계철선을 찾아내기 위해서 눈앞의 땅만 주시하고, 정찰할 때도 위쪽이나 주변은 보지 않는다고 지적했다. 미군 병사들은 자신들의 앞쪽에 조명 지뢰●를 매설하고 인계철선을 여러 방향으로 나무에 설치하는 것을 궁리해내기도 했다. 이것은 60밀리 박격포 조명탄에 TNT 반 파운드를 테이프로 묶은 다음 폭발장치를 연결한 것이었다. 또한 조명 지뢰는 접근로를 감시하고 있는 기관총좌 앞쪽 50야드(약 46미터) 이상 떨어진 곳에 묻어야 폭발 시 사수의 눈이 부시지 않는다는 사실도 알아냈다. 그러나 휘르트겐 숲

●　내부에 발광 물질이 충전되어 있어 일단 점화되면 일정 시간 빛을 발하여 적병의 접근을 알려주는 지뢰.

속에서 쉬운 일은 하나도 없었다. 한 장교에 따르면 "숲속에서의 유효 사거리는 50야드를 넘지 못했다."[18]

양쪽 모두 가을비 때문에 고생했다. 폭우가 쏟아지지는 않더라도, 나뭇잎에서 끊임없이 물방울이 떨어졌다. 무기는 녹이 슬어서 고장이 났고 군복과 군화는 썩기 시작했다. 참호족은 급격히 악화되어 발을 절단해야 하는 경우도 있었다. 미군 장교들은 그제야 문제의 심각성을 깨달았다. 많은 병력을 잃고 나서야 연대 본부는 새로운 양말을 나누어주었다. 병사들은 여분 양말은 젖지 않도록 철모 속에 간직하고, 두 명씩 조를 짜서 서로 발을 비비며, 혈액순환이 잘 되도록 발을 높은 데 올리고 자라는 지시도 받았다.

며칠씩 물이 들어찬 참호 속에 있으면 뼈 속까지 한기가 느껴졌다. 적어도 하루에 한 번은 몸을 녹일 필요가 있었다. 이런 사실을 깨달은 대대 장교들은 난로와 뜨거운 커피, 음식이 준비된 벨텐트를 전선 후방에 마련하고 병사들이 사용하도록 했다. 그 옆에는 옷을 말릴 수 있는 따뜻한 텐트도 설치해두었다. 하지만 독일 정찰대가 수시로 공격해왔기에 최전방 참호를 비워둘 수는 없었다. 최일선에 있던 병사들은 비를 맞으며 떨면서 차가운 통조림을 먹었다. 이 때문에 참호족 발병률도 급증했다. 병사들은 C형 전투 식량 깡통을 난방 용도나 조리용으로 활용했다. 깡통에 흙을 채우고 휘발유를 부은 다음 땅속 30센티미터 깊이로 묻은 다음, 그 위로 뚜껑 둘레에 구멍을 뚫은 커다란 제10호 깡통을 냄비 삼아 올려 음식이나 마실 것을 데워 먹었다.

정신적으로나 신체적으로 강한 사람이 필요했다. 특히 고지대에 눈이 내리는 11월에는 더욱 그러했다. 제7군단의 한 장교는 "서른이 넘은 병사는 이런 전투 조건을 견뎌내기가 어려웠다. 20세 미만 병사는 정신적으로나 신체적으로 덜 성숙해 있다"[19]라고 말했다. 불행히도 신병들은 대부분 스무 살 미만이거나 서른 살 이상이었다.

병사 두 명이 있는 참호에 덮개를 씌워주는 작업도 위험한 일이었다. 독일 포병들이 트리버스트, 즉 큰 나무 꼭대기 부근에서 폭탄을 터뜨려 나무 조각과 금속 파편이 소나기처럼 내리게 하는 공격을 했기 때문에, 통나무를 받친 다음 그 위에 흙을 덮어 지붕을 만들고 그다음에 이끼나 나뭇가지로 위장했다. 통나무를 도끼로 자르는 일 역시 위험했다. 도끼질 소리가 멀리까지 울렸기에 독일군의 박격포 공격을 받기 일쑤였다. 결국 작은 톱으로 나무를 잘라야 했다.

독일군 병사들은 노르망디나 동부 전선에서처럼 자동화기에 의지해 간단한 무장만 한 채 최일선에 배치되었다. 반격할 때는 전차의 지원을 받는 노련한 부대를 동원했다. 공격을 받으면 자신들의 현 위치에 포격을 하라는 요청도 서슴지 않았다. 미군도 이 방법을 쓰기 시작했다. 뒤쪽에서 날아오는 아군 포탄은 파편이 참호 속에 엄폐해 있는 미군 쪽보다는 독일군이 있는 앞쪽으로 날아간다는 사실을 알았기 때문이었다. 한 대령이 말했다. "배짱이 있어야 쓸 수 있는 방법이긴 하지만 효과는 큽니다."[20]

11월 1일 호지스 장군은 제5군단장 게로 장군을 대동하고 로트에 있는 제28보병사단 본부를 순시했다. 부하들이 파리 시가지를 행진하는 모습을 자랑스럽게 지켜보았던 '더치' 코타 장군에게, 이튿날 아침 제7군이 좌익으로 공격하기 전에 먼저 공격을 시작하라고 지시했다. 호지스는 "탁월한"[21] 작전이라고 자신했다. 하지만 실제로는 멍청하기 짝이 없는 것이었다. 제28보병사단이 가파른 산등성이를 넘어 진격을 하는 데다 사단 병력을 나누어 각기 다른 방향으로 공격하는 것은 방어하는 측보다 공격력을 더 현저하게 약화시키는 짓이었다. 한 개 연대 병력 전체가 슈미트 마을로 진격하는 것도 아니었다. 코타는 작전의 문제점에 대해 이의를 제기했지만 묵살되었다.

부하의 의견을 무시하고 고집을 부리는 행태는 제3제국의 수뇌부가 훨씬 더 심했다. 이튿날 아침, 독일 공군 참모총장직을 사임하라는 압력을 받고 있던 크라이페 항공대장은 볼프산체로 가는 특별 열차 속에서 괴링 제국원수에게 이임 인사를 했다. 전쟁이 어떻게 결판날 것인지에 대한 대화가 진행되었다. "니벨룽겐의 싸움은 틀림없이 벌어지겠지. 하지만 우리는 비스와강, 오데르강, 베저강에서 버틸 거야"라고 괴링이 말했다. 크라이페는 국민들이 그런 자살행위 같은 전투를 받아들이지 않을 거라고 생각했다. 그래서 괴링에게 "이 문제를 정치적으로 해결하도록 총통을 설득해주십시오"라고 간청했다. 그리고 그는 자신의 일기에 이렇게 썼다. "괴링은 한동안 말이 없더니 그건 총통의 자존심을 건드리는 일이라서 그럴 수 없다고 했다."22

　11월 2일 오전 9시, 크라이페가 괴링을 만나고 있던 같은 시간, 미 제28보병사단이 동쪽의 전선 돌출부를 향해 안개가 뒤덮인 숲속으로 진격을 개시했다. 우익을 맡은 제110보병연대는 지크프리트선에 건설된 토치카에서 쏘아대는 기관총 때문에 고전했다. 좌익의 제109보병연대도 중화기로 보호받는 미표시 지뢰밭으로 직행하는 바람에 똑같은 불운을 겪어야 했다. 이 지역을 방어하고 있는 독일 제275보병사단은 숲속 전투에 경험이 많았지만, 그동안 전력이 상당히 약해졌기 때문에 사단장 슈미트 중장은 대책을 호소했다. 미군에 투항한 독일군 병사들은 자신들의 등 뒤에도 탈영병을 막기 위한 지뢰가 매설되어 있다는 사실을 알려주었다. 또한 탈영을 시도하다 처형된 동료도 몇 명 있었다고 털어놓았다.

　중앙을 맡은 제112보병연대는 포세나크 마을 쪽으로 공격을 시작했다. 이들은 200미터나 되는 깊은 협곡을 흐르는 칼강 위쪽 말안장 모양의 산등성이 끝까지 내려가면서 전투를 했다. 백린수류탄이 쏟아지면서 대부분의 주택이 화염에 휩싸였다. 셔면 전차는 독일의 관측병이나 저격수가 숨어 있을 만한 교회 첨탑을 겨냥했다. 연기로 뒤덮인 마을을 점령한 후, 중대장은 적의 반격에 대비하여 참호를 파고 소총도 손질하라고 명령했다. 그때, "덩치 큰 한 시골뜨기가 총을 보더니, '이걸 쏘았다가 즉심에서 벌금 18달러를 낸 적이 있어요. 칼바도스(사과를 원료로 한 증류주—옮긴이)를 마시고 취해 있었죠'라고 중얼거렸다."23

　11월 3일 새벽, 제112보병연대는 칼강을 향해 매우 가파른 경사지를 내려갔다. 그리고 코머샤이트 마을로 가는 동남쪽 측면의 급경사를 다시 기어올랐다. 한 대대가 놀라운 체력으로 슈미트 마을로 날아가듯이 진격해 들이닥치자 아무런 준비도 없었던 독일군은 혼비백산했다. 존 M. 코츨로스키 미군 병장이 탄약을 나르던 마차를 세웠다. "마부는 코츨로스키 병장이 폴란드 말을 하는 것을 보고 마차에서 뛰어내리더니, 병장의 양쪽 뺨에 키스를 퍼부었다."24 이 마부는 독일 국방군에 강제 징발된 폴란드 사람 중 한 명이었다. 슈미트 아래쪽에는 제112보병연대가 있는 곳에서 불과 2.5킬로미터 떨어진 곳에 크고 구불구불한 슈바메나우엘 저수지와 댐이 있었다. 코타는 꿈같이 믿기지 않는 승리에 축하를 받으며 기뻐서 어쩔 줄 몰라 했다.

불과 며칠 전 제1군 사령부의 장교들은 미군 병력이 루르강을 건널 때 독일군이 이 댐의 수문을 연다면, 물이 부교를 휩쓸어 동쪽 제방 교두보에 주둔한 병력이 고립될 수 있다는 사실을 깨달았다. 호지스는 슈미트 함락 소식이 도착한 뒤에야 이 점을 걱정했지만 이미 늦었기에 손을 쓸 수 없었다. 설상가상으로, 호지스 장군은 콜린스에게 제4보병사단이 응원군으로 도착할 때까지 제7군단의 진격을 연기하는 지시를 내렸다. 덕분에 제28보병사단만 완전히 돌출되었다.

코타의 사단은 이러한 절망적인 임무를 맡기에는 여러모로 최악의 사단이었다. 이전의 손실로 이 부대원의 대부분이 보충병이었다. 자해로 다친 병사와 탈영병의 비율이 매우 높았다. 탈영을 밥 먹듯이 하던 에디 슬로빅이라는 병사는 일벌백계 차원에서 미군으로서는 처음으로 유럽에서 처형되었다.

독일군은 이미 지난달 미 제9보병사단의 공격을 "효과적으로 막아냈음에도"[25] 휘르트겐 숲에서 미군이 이렇게 강하게 공격해오는 이유를 알 수가 없었다. 우연히도 그 시각에, 독일 B집단군 최고 사령관인 모델 원수가, 쾰른 서쪽 쿼드라트 근처에 있는 슐렌더란성에서 지도를 펴놓고 도상훈련을 하는 중이었다. 모델과 참모들은 제5기갑군과 제7군 사이의 경계선을 통해 미군이 밀고 들어올 가능성을 검토했다. 모델은 슈미트 함락 보고를 받자마자 즉각 그 지역을 책임진 제74군단장 스트라우베 중장을 자신의 사령부로 돌아가게 했다. 그리고 제7군의 에리히 브란덴베르거 대장과 제5기갑군의 하소 폰 만토이펠 기갑대장을 비롯해 모든 장교를 동원하여 최선의 응전을 하도록 지시했다.

독일 제116기갑사단은 제89보병사단과 함께 전속력으로 이동해 미군 진격로의 북쪽 측면을 공격하라는 명령을 받았다. 아헨의 주민 소개령을 철회한 폰 슈베린 중장의 후폭풍 때문에 제116기갑사단은 지크프리트 폰 발덴부르크 소장이 지휘를 맡았다. 발덴부르크 소장 역시 지체 없이 도상훈련장을 떠나 작전 장교인 추홀슈타인 소령과 함께 자신의 사단으로 돌아갔다.

총통 사령부로부터 제116기갑사단을 전투에 투입하지 말라는 명령을 받았지만, 모델은 "미군이 숲에서 평지로 쏟아져나오는 것을 막기 위해서"[26] 총통의 명령을 어길 수밖에 없다고 판단했다.

그날 밤, 슈미트를 점령한 미 제112보병연대 제3대대의 병사들은 그동안의 전투로 기진맥진했다. 이들은 참호를 파고 경계하는 대신 집으로 들어가 잠을 잤다. 독일군들이 신속한 반격을 해올 것이라고 꿈에도 생각하지 못한 장교들은 경계 초소도 설치하지 않았고, 정찰대도 내보내지 않았다. 덕분에 독일 보병과 전차들이 새벽에 갑작스런 포격과 함께 들이닥치자 미군 대대는 기겁을 했다. 바주카 포탄도 이미 바닥나 있었다.[27] 세 방면에서 기습을 당하자 대대는 완전히 공황 상태에 빠졌다. 혼란의 와중에 200여 명이 동남쪽에서 쳐들어오는 독일군을 향해 달려갔지만 그중 67명만 살아남았다. 장교들은 병사들을 통제하지 못했다. 나머지 대대 병력은 부상병들을 내버려둔 채 제1대대와 합류하기 위해 코머샤이트 쪽으로 후퇴했다.

슈미트 서쪽으로 13킬로미터쯤 떨어진 로트에 있는 지휘 본부에서 코타는 이 상황을 어떻게 수습해야 할지 몰라서 당황했다. 11월 8일 상관들이 밀어닥쳤다. "코타와 상황을 논의하고 있던 아이젠하워, 브래들리, 게로 장군"을 만나기 위해 호지스 장군도 도착했다. 호지스의 부관이 기록한 바에 따르면, "공식 방문단이 떠날 때까지는 의례적인 인사만 나누었던 호지스 장군이 제28보병사단의 진격이 지체되는 것에 대해서 짧지만 예리한 의견을 나누기 위해 코타 장군을 한쪽으로 불렀다. 말할 필요도 없이, 호지스 장군은 제28보병사단이 보여준 모습에 크게 실망하고 있었다."[28] 또한 휘르트겐으로 단 한 개의 사단만 보낸 다음, 그 사단마저 분산시킨 것은 미 제1군 사령부가 주도한 '뛰어난' 작전 탓임에도 호지스는 군단장 게로를 책망했다. 그는 제112보병연대에게 슈미트를 재점령하라는 명령을 내리라고 코타를 압박했다. 호지스 장군은 전장에서 무슨 일이 일어났는지 전혀 모르고 있음이 분명했다.

판터 전차와 4호 전차를 상대하려고 나선 셔먼 전차는 가파르게 굽은 길과 지뢰, 진흙탕 때문에 제 기능을 할 수 없었다. 게다가 구름이 낮게 깔리고 비까지 내리면서 전투폭격기들도 이륙할 수 없었다. 두 개의 미군 대대가 코머샤이트에 고립된 채 하루 종일 적 전차와 포병대대의 집중사격을 받았다. 집중포화는 인근 군단에 있던 모델 원수의 지시였다. 11월 7일 포세나크에 있던 제2대대가 패주했다. 코타는 제146전투공병대대 공병들을 보병으로 투입했다. 이들은 기갑척탄병과 전차들을 맞아 포세나크의 서쪽을 지켰다. 상황이 급박해지자, 제4보병사단의 일부 병력이 제28보병사단을 지원했다.

11월 8일 밤 두 대대의 생존자들이 칼 협곡을 통해 빠져나오도록 미군 포병은 코머샤이트 주변에 맹포격을 퍼부었다. 제28보병사단은 도합 5684명에 달하는 전투 및 비전투 사상자를 낸 채 원래 지점으로 물러나야 했다. 자신의 부하들이 파리에서 행군하던 모습을 자랑스럽게 지켜보던 코타로서는 생애 최악의 날이었을 것이다. 제112보병연대는 2000명의 병력을 잃고 겨우 300명만 남았다. 브래들리의 작전 참모 중 한 사람의 경험에 따르면 "최전방 부대 전력이 어느 수준 이하로 떨어지면 뭔가 나쁜 일이 생기면서, 그 부대의 전투력은 급격하게 떨어진다. '증원군' 즉 보충병들을 훈련시킬 경험 있는 고참들이 부족하다"[29]는 것이다.

독일은 동프로이센에서의 고우다프 재탈환과 부다페스트의 성공적인 방어 같은 승리를 즉각적으로 떠들어댔다. "포위되었던 미군 기동부대들은 모두 섬멸되었다. 포세나크와 코머샤이트의 소부대들도 처음엔 격렬히 저항했으나, 곧 의미 없는 전투를 포기했다."[30]

상황이 이러함에도 호지스는 여전히 다른 계획은 전혀 생각조차 하지 않았다. 댐의 중요성을 알고 있었지만 그렇다고 남쪽으로 돌아갈 계획을 세우지는 않았다. 호지스는 제1, 제8, 제104보병사단뿐만 아니라 제5기갑사단 그리고 제4보병사단의 잔여 병력도 휘르트겐 숲으로 진격하라고 명령했다. 이것은 제1군과 제9군 연합공격의 우익을 구성했다. 11월 12일에는 영국 제2군이 네이메헌에서 동쪽으로 공격을 시작했다. 비와 진흙탕, 지뢰에도 불구하고 열흘간에 걸쳐, 마스강(네덜란드에서 부르는 뫼즈강의 다른 이름―옮긴이)

의 서쪽 제방에서 네덜란드와 독일 국경 근처의 펜로와 루르몬트까지 점령했다. 이날, 미 제1보병사단이 트럭을 타고 아헨의 서쪽 휴식지를 떠나 북쪽 숲으로 향했다.

11월 16일, 휘르트겐 숲에 대한 세 번째 공격이 몇 번 연기된 끝에 시작되었다. 고지대에서는 진눈깨비가 눈보라로 변했다. 북쪽의 제1보병사단은 슈톨베르크 회랑에서 뒤렌으로 진격에 나섰다. 슈톨베르크는 이미 연합군이 9700톤에 달하는 폭탄을 쏟아 부어 에슈바일러, 윌리히와 함께 완전히 폐허가 되어 있었다. 뒤렌 역시 밤새도록 연합군의 포격을 받았다.

제1보병사단의 선두 부대와 지원 전차가 소나무 숲으로 들어가자마자 독일 제12국민척탄병사단이 중포와 소총으로 공격했다. 새내기 기관총 사수 아서 카우치는 이렇게 썼다. "부상병들이 줄줄이 숲 밖으로 후송되었다. 창자가 흘러나오지 않도록 배를 움켜쥐고 있는 병사도 있었다. 의무병이 뛰어와 그가 누울 수 있게 도왔다. 붕대를 감고 진통제를 주사했다. 어느 고참 병장이 큰 바위 뒤에 납작 엎드렸다가 포탄이 떨어진 구덩이로 잽싸게 움직이라고 가르쳐주었다. 독일 포병은 한 발을 사격한 후에 조금씩 방향을 틀어 다른 곳을 쏘기 때문에 그렇게 해야 가장 안전하다는 것이었다. 실제로 포탄이 떨어진 곳으로 뛰어든 후에 보니 그다음 포탄은 30야드(약 27미터) 떨어진 곳에서 폭발했다. 그의 충고가 내 목숨을 구해주었다."[31]

제1사단 장교가 본 바로는 독일군은 소총으로 미군의 발을 묶어놓은 다음 "대포나 박격포로 끝장내는 전술을 쓰고 있었다"[32]고 한다. 신병들은 큰 나무 뒤에 있으면 적들이 트리버스트(포탄을 나무 위에서 터뜨려 아래로 쏟아지게 하는 공격—옮긴이)를 시도하더라도 안전할 거라는 교육을 받았다. 절대 해서는 안되는 행동은 땅바닥에 엎드리는 것이었다. 나무 조각과 금속 파편에 맞을 확률이 높아지기 때문이었다. 미군은 4.2인치(106.7밀리미터) 박격포탄[33]을 사용했지만, 추진체가 추운 날씨와 비의 영향을 받아 명중률이 형편없었다. 땅이 흠뻑 젖어 있으면 박격포를 발사할 때마다 받침대가 땅속으로 점점 깊이 박혀 들어갔다.

카우치는 기록했다. "독일군의 대포는 미리 숲속 오솔길을 조준했다. 그리고 나무 꼭대기에서 폭발하여 파편이 머리 위로 쏟아져 내리도록 세팅이 되어 있었기 때문에 사상자가 더 많이 발생했다. 많은 부상자와 죽어가는 병사들을 보았다. 처음에는 그들 옆에 꿇어앉아서 말이라도 걸어주었으나, 곧 일일이 찾아가서 얘기를 나누기에는 부상자가 너무 많다는 사실을 알게 되었다. 나는 그들을 보고 있으면 마음이 찢어지는 것 같았다." 카우치가 가장 존경하는 대상은 의무병들이었다. 의무병들은 "우리가 안전한 곳에 숨어 있을 때도 포탄과 기관총탄이 빗발치는 전장을"[34] 부상자를 치료하느라 뛰어다녔다.

독일군들은 숲속에선 전차를 무서워하지 않았다. 판처파우스트라는 대전차포를 들고 몰래 전차를 따라다니곤 했다. 때로는 "오픈레흐레" 즉 "연통"이라고 불린 좀 더 사거리가 긴 판처슈레크*라는 무기를 사용했다. 이것은 미군의 바주카포보다 약간 컸다. 숲속에서 란처(독일군)는 판처파우스트를 단거리 대포처럼 사용하기도 했다. 당연한 얘기지만, 제7군단 참모장이 지적한 것처럼 독일군은 미군 전차가 기동하지 못하기 때문에 "개활지보다는 숲에서 수비하는 것이 한결 쉽다"[35]는 사실을 알아차렸다. 공병들이 좁은 진창길을 따라 묻힌 지뢰를 제거했지만, 꼭 한두 개씩 발견하지 못하는 바람에 맨 앞의 전차가 파괴되어 길이 막히는 일이 자주 있었다.

제1보병사단은 강력한 저항과 엄청난 포격을 받았다. "새벽 동이 트기 전에 포격이 시작되어 머리 위의 나무들을 때렸다. 밤이 되면 신병들이 놀라서 이리저리 피해 다니는 바람에 아주 위험했다. 난 그중 한두 명을 붙잡고 참호 속에 있지 않으면 죽는다고 말해주었다. 내가 본 첫 번째 전투피로증 환자였다. 전투피로증을 앓거나 정신적 충격을 받은 사람들의 상태가 어떤

● 판처파우스트와 함께 제2차 세계대전 중 독일군이 사용했던 1인용 대전차 로켓 발사기. 제식명은 '라케텐판처뷕세Raketenpanzerbüchse 54'이며 판처슈레크('전차의 공포'라는 뜻)는 병사들이 붙인 별명이었다. 북아프리카에서 노획한 미군의 M1바주카포를 베이스로 했지만 판처슈레크는 사수를 보호하기 위한 포 방패가 달려 있었으며 구경이 훨씬 크고(바주카포 60mm, 판처슈레크 88mm) 탁월한 명중률과 우수한 관통력으로 연합군의 모든 전차를 격파할 수 있었다. 연합군 전차들에게는 그야말로 공포의 대상이었다. 또한 판처파우스트는 1회용이지만 판저슈레크는 몇 발이고 발사할 수 있었다. 유효사거리는 약 150미터 정도였다. 대신 무게가 무겁고 유독가스가 나오는 것이 단점이었다.

지 이해할 수 있었다. 돌격해야 할 때 그러한 증상이 나타나면 나머지 대원에게 상당히 위험하기 때문에 어떤 병사는 후송되어 치료를 받아야 했다."[36]

중앙부에 있던 제4보병사단은 벅 랜햄 대령의 제22연대와 함께 슈미트를 향해 뻗어 있는 큰 능선을 따라 동쪽으로 진격했다. 작전은 우익의 제8보병사단이 휘르트겐 마을을 공격하는 동안 정상 부근에 있는 그로스하우를 점령한 후 클라인하우를 공격하는 것이었다. 그러나 1미터 전진할 때마다 사상자가 끔찍할 정도로 늘어났다. 미군 사령관들은 독일군이 결사적으로 방어하고 있는 이유가 앞으로 있을 아르덴 대공세의 시작점 바로 북쪽이 돌파되는 일을 막기 위함이라는 사실을 조금도 짐작하지 못했다.

아무리 작은 마을이라도 암갈색 돌로 단단하게 지은 교회 하나쯤은 있었다. 슈미트의 제275보병사단은 여러 병사들에게 강도 높은 저격 훈련을 받게 했다.[37] 미군 장교들은 저격수의 표적이 되지 않으려고 쌍안경을 옷 속에 넣고 다녔다. 제4보병사단의 루케트 대령[38]의 지적처럼, 땅 위에서는 시야가 75야드(약 70미터)를 넘지 못하여 저격수들이 제 역할을 하지 못했다. 독일군은 마리아바일러 서남쪽에 배치된 88밀리 대공포중대로 독일 도시로 향하는 연합군 폭격기를 공격했다. 또한 전방에는 관측 초소를 두어, 필요한 경우 대전차포 역할을 했다.

슈미트의 장교들은 현지 삼림 노동자들을 정보원으로 활용했다. 독일군에게는 큰 이점이었다. 어떤 지역에 미군이 정찰대를 내보내면 이튿날 그 지역을 공격한다는 사실을 알 수 있었기 때문이다. 독일군 장교와 부사관들은 미군들의 사소한 실수 하나라도 놓치지 않고 이용했다. 미군 초급 지휘관들은 종종 점령했던 곳에서 밤에는 물러나고 싶어했다. 하지만 그런 경우 독일군들이 다시 점령해 이튿날 어렵게 격퇴해야 했던 적도 많았다. 미군 병사들은 공격할 때만 뭉친 것이 아니었다. 독일군 한 명이 투항할 때마다 "열두 명에서 스무 명에 이르는 병사가 그 주변에 몰려들었고 이 때문에 희생이 커졌다."[39]

독일군은 땅을 파서 전차를 위장해 숨긴 다음 심리전을 벌였다. 미군 장교가 "독일군들은 낮에는 가만있다가 새벽이나 해질 무렵, 또는 야간 중간 중간에 공격한다. 계속해서 움직이면서 사격했기에 우리 병사들은 항상 불안에 떨었다"[40]라고 보고했다. 미군 장교들은 구축전차를 전진 배치하여 병사들을 안심시켰다. 미군 전차가 연료나 탄약을 보충하기 위해 물러나면 보병들도 덩달아 후퇴했기 때문에 항상 예비 전차를 준비해서 교대로 싸우도록 해야 했다. 하지만 어두운 숲속에서 기갑차량은 취약하기 때문에 쉽지만은 않은 일이었다. 경전차 소대는 보병 한 개 분대와 공병으로 구성된 지뢰제거 분대가 필요했다. 숲속에서 전차병은 보병보다도 더 겁을 먹었다. "나흘 동안이나 전차 밖으로 나오지 못한 적도 있었다. 중포, 88밀리 포, 박격포, [독일 다연장 로켓포인 네벨베르퍼] 스크리밍 미미 등이 우리 주변을 엄청나게 두들겨댔다. 오줌이라도 누려 전차 밖으로 나갔다가는 당장 죽을 수 있기 때문에 철모에 싸서 밖에 내다버렸다."[41]

랜햄 대령이 지휘하는 제22보병연대는 숲을 헤집으면서 간신히 클라인하우라는 작은 마을을 향해 진격하던 중 독일군들이 MG-42 기관총의 명중률을 높이기 위해 나무 밑부분 가지를 쳐낸 흔적을 발견했다. 맨 앞쪽 초소에 있던 독일군들은 기습을 당하자 달아났다. 하지만 미군은 곧 "부비트랩이 설치된 25야드(약 23미터)나 되는 철조망과 맞닥뜨렸다."[42] 이 장애물을 관찰하던 중 박격포탄이 날아오기 시작했다. 이때부터 고난의 시작이었다. 랜햄의 대대 지휘관 세 명이 모두 전사했다. 최악의 사건은 독일군 세 명이 중상을 입은 미군 병사의 소지품을 뺏고는 폭발물을 부상병 아래에 설치해 움직이면 터지게 한 것이었다. 이 부상병은 70시간이 지나서야 겨우 발견되었다. 다행히 자신을 구하려는 동료들에게 경고할 수는 있었다.

제4보병사단은 점차 숲속 전투에 적응해나갔다. 모든 중대는 두 개의 돌격대와 두 개의 지원대로 나뉘었다. 돌격대는 개인화기와 수류탄만 소지하고, 그 뒤의 지원대는 서로 보이는 거리에서 박격포와 기관총을 가지고 지원했다. 선두의 정찰대와 돌격대는 '나침반을 가지고 방향'을 잡아야 했다. 숲속에서는 방향 감각을 잃기가 쉬웠기 때문이었다. 이들이 전진하면 지원대는 통신선을 깔면서 따라갔다. 헨젤과 그레텔의 동화처럼, 연락병과 탄약 수송병, 짐꾼들의 길 안내를 위해서였다.

미군들은 오솔길이나 방화선, 벌목길 등을 각 사단의 경계가 아니라 사단 내 중앙선으로 활용하는 것이 좋다는 것을 깨달았다. 부대는 길 양쪽 옆을 통해서 진격했다. 길에는 부비트랩이 너무 많았을 뿐 아니라, 독일군이 포를 미리 조준해놓고 있었기 때문이었다. 그 사실은 제1보병사단 일부 병사들이 희생된 뒤에야 알아낼 수 있었다.[43] 이후에는 숲 자체를 헤치면서 공격했다. 지휘 본부도 시간은 다소 더 걸리지만 길에서 멀리 떨어진 곳에다 설치했다.

11월 중순이 되자 날씨가 매우 추워졌다. 지친 병사들은 비에 젖고 진흙탕 범벅이 되어 무거워진 모직 코트를 던져버렸다. "숲 전체에 2피트(약 60센티미터)가 넘는 눈이 내렸다." 제1보병사단의 카우치는 이렇게 썼다. "하루는 다른 중대가 공격했던 지역을 행군하다가 여섯 병사들이 깊은 눈 속에 서서 마치 공격이라도 하듯이 총을 겨눈 채 앞으로 기대어 있는 것을 보았다. 이내 그들이 미동도 하지 않는다는 사실을 알아차렸다. 나는 옆의 전우에게 말했다. '저들은 총을 맞아 죽어서 꽁꽁 얼어붙은 거야.' 떠도는 소문처럼 나는 총알이나 폭탄 파편이 나를 비켜가길 바라며 독일 동전을 왼쪽 가슴 주머니에 넣어두었다. 하지만, 이런 행동이 소용없는 짓이라는 건 알고 있었다."[44]

멀리 남쪽에서는 패튼 장군이 계속해서 공격을 독려했다. 11월 11일 토요일, "오늘은 제1차 세계대전 휴전 기념일이자 조지 패튼 장군의 생일: 이 둘은 절대 양립할 수 없다."[45] 제12집단군 기록관이 농담을 적어놓았다. 정확히 일주일 뒤 패튼의 제3군이 마침내 메스를 포위했다. 그리고 나흘 만에 함락시켰다. 메스 점령에 대한 패튼의 집념은 엄청난 희생을 치르게 했다. 지난 여름의 빛나는 승리 후, 그의 독선과 조급증은 필요 이상의 큰 희생을 초래했다. 끊임없이 비가 내려 모젤강이 범람하면서, 메스 남쪽 건널목이 물에 잠겨 악몽처럼 되었다. 패튼 장군은 브래들리에게 이렇게 얘기했다. 패튼의 공병 중대가 유속이 빠른 강에서 이틀간이나 고생하면서 설치한 부교의 줄이 제일 먼저 건너던 구축전차에 걸려 끊어지면서 다리가 급류에 쓸려 내려가자 "전체 중대원들이 진흙탕에 주저앉아 아기처럼 울었다."[46]

메스보다 더 남쪽에서는 11월 중순 미 제7군이 사베른 협로 공격에 나섰다. 프랑스 제2기갑사단은 스트라스부르를 함락시키고 라인강을 가로지르는 켈 다리까지 단숨에 진격했다. 제6집단군 우익에서는 드라트르 장군의 제1군이 벨포르, 알트키르슈, 뮐루즈를 함락시키고 콜마르 남부로 진군했다. 이 지역에서 독일군의 저항에 부딪히면서 유명한 '콜마르 포켓'● 전투가 벌어진다.

스트라스부르 방어전은 독일군 역사에서 불명예스러운 사건이었다. 패주하던 친위대가 약탈을 한 것이다. 수비군을 지휘하던 장군에 따르면 "마지막 탄약이 떨어질 때까지 싸워라"[47]라는 명령을 받은 병사들이 탄약을 던져버리고는 이제 탄약이 떨어졌으니 항복하러 가자고 외쳤다. 독일 국방군 소속 바테로트 소장은 고급 장교와 나치당 간부를 경멸하는 사람이었다. "힘러는 스트라스부르에서 도망친 놈들을 하나도 목매달지 않았네. 웃기는 일이지."[48] 그는 나중에 포로로 잡힌 후 동료 장교에게 이렇게 말했다. "모두 도망쳤지. 관구 위원장, 지구 위원장, 시정부 관계자들, 시장, 부시장 할 것 없이 모두 도망갔어. 정부 관료라는 놈들도 마찬가지였지. 날이 밝으면서 주변이 어수선해지자 그놈들은 라인강을 건너서 도망쳤지." 스트라스부르 지방법원장도 배낭을 메고 라인강 쪽으로 도망가는 것이 눈에 띄었다. 바테로트는 법원장의 입장을 이해했다. "그래, 도망가야지. 그렇게도 많은 사형집행영장과 약식처벌 판결문에 서명을 했으니. 도망가야지." 그 법원장은 스트라스부르에서 태어난 알자스 지방 사람이었기 때문에 제일 먼저 재판에 회부되거나 몰매를 맞을 사람이었다.

프랑스인 애인과 함께 발견되는 독일군 장교도 많았다. 그들은 "부대를 잃어버렸다"[49]고 핑계를 댔다. "그놈들 모두 탈영병이지." 바테로트는 폭발했다. 가장 볼만한 사람은 슈라이버 중장이었다. 그는 바테로트 소장의 사무실에

● 프랑스-독일 국경의 알자스-로렌 지역에서 1945년 1월 20일부터 2월 9일까지 미 제6집단군이 독일 제19군을 소탕한 전투. 미군과 프랑스 연합군은 라인강 서안의 독일군 수비대를 남북 65킬로미터, 동서 50킬로미터의 포켓에 가두고 치열한 전투 끝에 섬멸한 뒤 스위스 국경까지 진격했다. 이로써 프랑스는 1940년 6월 항복으로 독일에게 빼앗겼던 알자스-로렌을 또 한 번 회복했다.

도착해서 "내 참모들이 저 아래에 있네"라고 말했다. 바테로트가 내려다봤다. 그곳에는 "근사한 새 차가 10대, 여인들, 보조원, 피둥피둥 살이 찐 공무원 그리고 음식과 귀중품이 가득 들었음 직한 가방이 가득 실려 있었다." 그때 슈라이버는 이렇게 덧붙였다. "라인강을 건널 계획이네. 거기선 당분간 안전할 테니까."

르클레르 장군이 지휘하는 제2기갑사단이 스트라스부르를 탈환하자 프랑스 전역은 환희로 들끓었다. 르클레르에게는 북아프리카 쿠프라에서 한 약속, 대성당부터 프랑스 삼색기가 다시 휘날리게 하겠다는 약속의 정점을 찍은 일이기도 했다. 1871년 그리고 1940년에 독일에 빼앗겼던 알자스 지방의 스트라스부르의 탈환은 프랑스의 최종 목표를 상징하는 것이기도 했다. 미군 장교들도 르클레르는 좋아하고 존경했다. 하지만 드라트르 드타시니 장군은 별로 좋아하지 않았다. 이 장군은 제일 남쪽 측면에 있는 프랑스 제1군이 군복과 무기를 충분히 공급받지 못한다고 끊임없이 불평하는 일이 자신의 임무라고 믿고 있는 것 같았다. 그 사람 입장에서 보면, 훈련되지 않고 규율도 없는 프랑스 레지스탕스 13만7000명을 자신의 부대로 흡수해야 하는 커다란 숙제를 안고 있었다. 드골은 프랑스 제1군이 좀 더 프랑스군답게 보일 요량으로 식민지 출신의 병사들을 제외시키길 원했다. 북아프리카와 세네갈 출신의 병사들은 알자스 지역 보주산의 추위에 무척이나 약했다. 폭설을 뚫고 드디어 드라트르의 제1군이 벨포르 협곡을 돌파해서 스위스 국경 바로 위의 라인 강변에 도달했다.

11월 24일, 아이젠하워와 브래들리가 제6집단군 지휘관 제이컵 L. 데버즈 중장을 방문했다. 데버즈 장군은 제7군단의 알렉산더 M. 패치 중장과 프랑스 제1군 드라트르 장군과 공동으로 제6집단군을 지휘했다. 데버즈는 아이젠하워를 포함한 여러 사람을 당황하게 만든 야심만만한 젊은 장군이었다. 아이젠하워는 남쪽 측면 전선에는 별로 관심을 기울이지 않았기에 데버즈는 자신의 계획을 놓고 연합군 최고 사령부와 의논할 기회가 없었다. 데버즈는 비록 좌익에서 다소의 반격을 받을 수 있겠지만, 카를스루에 서남쪽 라슈타트에서 라인강을 쉽게 건널 수 있다고 확신했다. 그는 라인강을 건너는 교두보를 확보할 수 있다면 아이젠하워가 좋아할 거라고 기대했다. 하지만 작전 개요를 설명하던 도중에 논쟁이 붙으면서, 최고 사령관이 재가를 거절하자 데버즈는 분노가 폭발했다. 잘못은 루르와 베를린에만 신경 쓰고, 남부에서의 전략에는 무관심했던 아이젠하워에게 있었다. 그는 단지 라인강 서안을 따라서 북해부터 스위스까지의 서쪽 측면을 확실하게 장악하려는 자신의 계획에 복종하기만을 원했다. 하지만 최종 결정을 보면 아이젠하워가 상상력이 부족하다는 걸 알 수 있었다. 라슈타트에서 라인강을 건넜다면 히틀러의 아르덴 대공세 계획을 사전에 분쇄했을 것이다.

휘르트겐 숲 전투는 점차 포격전의 양상이 되었다. 슈미트 사단만 해도 도합 131문에 달하는 각종 대포의 지원을 받고 있었다. 하지만, 독일과 러시아, 이탈리아, 프랑스 등 다양한 국적의 대포가 섞여 있어서 포탄 공급이 어려웠다. 화력 면에서는 미군이 확실한 우세였다.

포격에 의해 부러지고 찢어지고 박살이 난 나뭇등걸, 지뢰를 밟아 갈가리 찢긴 시체, 버려진 철모와 녹슨 무기, 불에 타다 남은 차량의 잔해, 탄약통, 전투 식량, 가스 마스크, 무거워서 버려진 진흙 범벅의 코트 등 그야말로 너절하고 참혹하기 짝이 없는 포격전이었다. 독일군 군단장 슈트라우베 장군은 말했다. "병사들의 방한복이 특히 문제였다."[50] 비가 내리고 극심하게 추운 날씨에 병사들은 저체온증, 참호족, 동상, 질병 등으로 고생했다. 양쪽 모두 박격포에 의한 사상자 비율이 가장 높았다.

독일 장교들은 휘르트겐 숲 전투가 제1차 세계대전, 심지어는 동부 전선에서의 전투보다도 최악이었다고 말했다. "벌어진 상처"[51]라고 묘사한 사람도 있고, 루돌프 폰 게르스도르프 소장은 "죽음의 제조 공장"[52]이라고 부르기도 했다. 다시 랜햄의 제22보병연대에 배속된 헤밍웨이도 눈과 진흙, 산산조각난 소나무들을 직접 목격했다. 그는 휘르트겐 숲을 '폭탄 맞은 나무가 가득한 파스샹달(제1차 세계대전 중에 격렬한 전투가 벌어졌던 곳—옮긴이)'[53]이라고 말했다.

근래의 군사 활동에 대한 조사를 받고 있었음에도 불구하고 헤밍웨이는 톰프슨 기관단총을 소지했다. 그리고 두 개의 수통을 들고 다녔다. 한 통에 는 스냅스(네덜란드 진)를, 다른 한 통에는 코냑을 채워 넣었다. 여러 전투에 서 헤밍웨이는 용감하게 행동했고 실제로 전투를 한 적도 있었다. 막상 기 사를 쓰는 일에는 그리 비중을 두고 있지 않았다. 어니스트 헤밍웨이는 자 기 자신과 미국에서 가장 유명한 종군 기자인 어니 파일을 살짝 조롱하며 "나이 든 어니 헤밍똥꼬. 어리석은 사람들의 어니 파일"[54]이라고 불렀다. 그 는 전쟁과 관련된 소설을 쓸 계획을 가지고 있었기 때문에 자기 주변의 인 물들과 전투 상황에서의 행동들에 대해서 연구했다. 그의 전기를 쓴 작가는 이렇게 평가했다. "헤밍웨이는 장교나 병사들에게 친구나 상담자로서 역할 을 해냈다." 그는 용기의 본질에 대해서 매료되어 있었고 인간 인내의 한계 점에 대한 심리학자들의 견해를 비웃는 것처럼 보였다.

1마일(약 1.6킬로미터) 남짓 떨어져 있던 제12보병연대의 샐린저는 끔찍한 전투의 와중에도 열심히 단편들을 썼다. 샐린저가 독자들에게 말한 것처럼, "비어 있는 참호"[55]만 보면 그 안에서 글을 썼다. 전쟁이 끝날 때까지 샐린저 의 정신이 붕괴되지 않고 견딜 수 있었던 비결은 이 덕분으로 보인다.

신경정신장애를 군대에서는 듣기 좋은 말로 전투피로증이라고 불렀다. 이 전투피로증이 급속도로 퍼져나갔다. 병사들은 이런 농담도 했다. "거기에 닷 새만 있어봐, 나무에다 말을 걸기 시작한다고. 엿새째엔 나무들이 대답을 하 기 시작하지."[56] 약간 냉소적이고 과장된 말이었겠지만, 현지를 방문했던 브 래들리의 참모 장교는 이렇게 썼다. "젊은 대대장들이 휘르트겐 숲에서 나 왔다. 횡설수설 하는 것이 정신병원에 수용될 정도였다."[57] 그들 중 한 명이 어느 장교에게 말하기를 "처음에는 견딜 만하죠. 하지만 전선에서 물러 나 올 때쯤엔 너무나 기진맥진해서, 누워 있는 전우들의 시체를 보고도 비껴가 지 못하고 그냥 시체들의 얼굴을 밟고 가게 되죠."

병사들은 스트레스 때문에 담배와 술에 점점 의존했다. 대부분의 장교들 은 장교에게만 배급되는 위스키와 진 등의 술을 병사들과 나누어 마시곤 했 다. 후방 본부에서 암시장에 팔기 위해 담배를 횡령했다는 소문이 돌아 폭 동이 일어날 뻔한 적도 있었다. "병사들은 배급하는 식량의 질이 낮거나 양이 부족해도 별로 불평하지 않았다. 솔직히 담배를 더 얻기 위해서라면 식량쯤은 더 줄여도 상관이 없었다"[58]라고 제4보병사단 장교가 말했다.

신체적 사상자도 급속히 늘어났다. "차를 타고 수술 텐트 옆을 지나다니다보면 오전엔 두세 구에 불과하던 시신들이 오후에는 30~40구로 늘어나 있었다. 전사자 등록반은 항상 손이 모자랐다."[59] 공격 개시 첫 사흘 동안에만 제4보병사단 제22보병연대에서 장교 28명 그리고 부사관 110명을 포함해 모두 391명이 희생되었다.[60] 심지어는 중대장이나 소대장이 하도 빨리 전사하면서 병사들이 이름조차 모르는 경우도 있었다.

독일군의 희생 역시 엄청났다. 모델 원수는 "감제지형을 계속 장악하고 있기 위해서"[61] 대대나 연대를 급히 편성하여 파견했다. 늙은 경찰관, 훈련받지 못한 공군 지상 요원들이 전방으로 내몰려 죽음을 맞닥뜨려야 했다. 많은 병사가 미처 일선에 도착하기도 전에 미군들의 포격을 받아 전사했다. 날이 맑은 날이면 미군 전투폭격기들이 독일군 포병중대를 백린탄으로 폭격했다. 낡은 군복을 입고 추위에 떨면서, 가끔씩 배급되는 질 낮은 음식으로 인한 영양부족에도 불구하고 란처(독일군 병사)들은 다른 대안 없이 싸워야 했다.

독일군은 끊임없는 반격으로 파괴된 숲속을 뚫고 전진하는 미군 3개 보병사단(제1, 4, 8사단)의 진격 속도를 늦추었다. 하지만 미군들은 차가운 빗물과 진흙탕, 지뢰 때문에 전차의 지원을 받지 못하면서도 전우의 시체를 넘으면서 힘들게 그리고 조금씩 전진을 계속했다. 미군들은 이를 악물고 있었다. 어느 병장은 일기에 "우리 병사들은 독이 바짝 올라 있었다. 그들은 살인마였다. 독일군을 증오하고 그들을 죽이는 걸 아무렇지도 않게 생각했다"[62]라고 기록했다.

아이젠하워는 11월 23일 추수감사절에는 모든 병사에게 칠면조 요리를 공급하라는 지시를 내렸다. 휘르트겐 숲속에서도 대대 취사반은 지시에 따르고자 했지만, 칠면조 샌드위치로 대신해야 했다. 그런데 하필이면 병사들이 참호에서 나와 샌드위치를 받기 위해 줄을 서 있는 자리에 독일군 포탄이 날아왔다. 그 참상을 목격한 어떤 소령은 평생 다시는 추수감사절 만찬을 먹을 수가 없었다. 칠면조만 보면 "뒤뜰로 나가서 아기처럼 울었기 때문이었다."[63]

축하할 것이 조금이라도 있다고 생각하는 사람은 아무도 없었다. 클라인하우와 그로스하우를 점령하기 위해 6일 동안 엄청난 희생을 치러야 했다. 제8보병사단이 용감하게 돌격하여 수류탄, 소총, 톰프슨 기관단총을 동원한 근접전 끝에 마침내 휘르트겐의 마을을 점령했다.

제4보병사단과 교대하기 시작한 제83보병사단은 "포탄 파편이 나무 꼭대기에서 사방으로 쏟아져 내리는 트리버스트"[64] 때문에 극심한 피해를 입었다. 포병이 집결하여 가이 마을을 공격하기 위해서 동일 목표물에 동시사격을 하는 '동시착탄 사격'을 했다. 하지만, 마을에 진입하자 '집집마다 수색하는 힘든 전투'를 치러야 했다. 12월 첫째 주말이 되어서야 미군은 숲에서 나와 루르 계곡의 탁 트인 전망을 굽어볼 수 있었다. 그러나 여전히 슈미트 마을과 댐을 점령하지 못했다. 영국 공군 폭격기 사령부는 댐들을 폭격해달라는 요청을 몇 차례 받고 댐 공격에 나섰다. 하지만 악천후 때문에 다섯 번이나 취소된 후 겨우 성공한 세 차례의 공격은 그다지 성과가 없었다. 폭격기 사령부는 재폭격해달라는 요청을 거절했다. 마침내 호지스 장군은 제2보병사단을 동원하여 서남쪽에서 공격을 시도했다. 그러나 독일군이 오히려 공세로 나오면서 실패했다. 댐은 1945년 2월에야 점령할 수 있었다.

양측 모두 전투 사상자와 신경쇠약, 동상, 참호족, 폐렴 등으로 전사한 병사들이 끔찍할 정도로 많았다. 10월에는 미군의 37퍼센트가 평범한 호흡기 질환으로 치료를 받았다. 전쟁 전체를 통틀어 최악의 수준이었다. 휘르트겐 숲 전투에서 미군 측에서만 8000명에 달하는 심리적 붕괴 환자가 발생했다.[65] 독일군은 전투피로증을 최전방 근무를 면제해주는 사유로 보지 않았기 때문에 환자 수를 알 수 없었다. 독일군 수석 군의관은 이렇게 증언했다. "몇 가지 전투피로증 사례는 있었다. 하지만 그들은 후송되지 않아서 전체 사상자 중 몇 퍼센트인지는 말할 수 없다."[66] 제7군 브란덴베르거의 참모장은 "참호 속에서 극도의 피로만으로 죽은 병사도 있었다"[67]라고 진술했다.

휘르트겐 숲 전투에 미군은 총 12만 명을 투입하여 3만3000명의 사상자를 냈다. 제4보병사단에서만 "전투 사상자 5000명과 비전투 사상자 2500명"[68]을 기록했다. 호지스 장군은 이 사단의 재편성을 위해 아르덴 건너편에 있는 '평온한' 제8군단으로 이동하라고 명령했다. 그 후 12일에 걸쳐서 제4보병사단의 세 개 연대는 제83보병사단을 대체한 뒤 바스토뉴에 본부를 둔 제8군단장 트로이 미들턴의 지휘를 받았다. 제4보병사단은 56킬로미터에 달하는 전선을 책임졌는데, 며칠 후 독일군이 아르덴 대공세를 취해 올 때에도 50퍼센트의 전력만을 갖추고 있었을 뿐이었다.

6

독일의 준비

11월 20일, 히틀러는 볼프샨체에서 위장된 특별열차에 올랐다. 총통의 특별열차는 일반 객차 6량과 무장 객차 2량, 그리고 양쪽 끝에는 16문의 대공포가 지키고 있었다. 차량은 모두 짙은 회색이었다.

히틀러도 다시는 동프로이센에 돌아오지 못하리라는 사실을 알고 있었을 것이었다. 하지만 현실을 부정하면서 방어 준비를 계속하라고 명령했다. 히틀러의 참모진과 비서 트라우들 융게 또한 "마지막 작별을 고하듯 다소 침울한 마음으로"[1] 기차에 올랐다. 쉰 목소리로만 말할 수 있었던 히틀러는 베를린 도착 이튿날 성대의 물혹을 제거하는 수술을 받기로 되어 있어 신경이 예민해져 있었다. 히틀러는 자신이 어쩌면 말을 못하게 될 수도 있음을 알고 있었다. 비서 트라우들 융게는 이렇게 썼다. "자신의 연설이 사람들을 매료시키는 힘이 있기 때문에 총통은 자신의 목소리가 얼마나 중요한지를 모르지 않았다. 그가 연설을 못하게 되면 어떻게 국민을 선동하지?"[2] 히틀러의 측근들은 몇 주째 대중 연설을 간청했다. "각하, 국민에게 한 번만이라도 연설을 하셔야 합니다. 모두가 절망하고, 각하를 의심하고 있습니다. 각하께서 돌아가셨다는 소문도 나돌 정도입니다."

히틀러는 밤중에 베를린에 도착하길 원했다. 자신이 베를린에 있다는 사실을 비밀로 하기 위함이라고 했지만, 사실은 연합군의 폭격으로 망가진 도심지를 보지 않으려는 속내임을 측근들은 눈치 챘다. 히틀러와 그의 일행들이 그루네발트역에서 내려 총통 관저로 이동할 때, "차량 행렬은 아직 부서지지 않은 길을 따라 갔다. 히틀러는 베를린의 상처를 있는 그대로 볼 수 있는 기회를 또 한번 외면했다. 하향등만 켜고 달렸기에 도로 양옆에 쌓인 돌무더기만 보일 뿐이었다."[3]

히틀러가 베를린으로 온 가장 큰 이유는 아르덴 대공세를 지휘하기 위해서였다. 볼프샨체에서 9월 두 번째 주, 몸져 누워 있을 때 갑자기 떠오른 생각이었다. 히틀러는 황달에 걸려서 상황실 회의에 참석할 수 없었다. 나중에 요들 상급대장은 이때의 상황을 이렇게 회고했다. "총통이 하루 종일 침대에 누워 — 히틀러는 부관이나 비서 외에는 자기가 침대에 누워 있는 모습을 보는 걸 싫어했다 — 뭔가 궁리를 하더니 마침내 짜낸 아이디어를 들려주었다. 나는 공격 방향, 규모 그리고 소요 병력이나 물자 등에 대한 개략적 초안을 지도에 그렸다."[4]

히틀러는 결코 협상은 없다고 굳게 마음먹었다. 괴링은 총통을 설득하여 정치적 해결책을 찾아야 한다는 크라이페 항공대장의 제안을 거절했을 때 이미 이 사실을 잘 알고 있었다. 히틀러는 자본주의 국가와 소련의 동맹은 '정상에서 벗어난 것'이므로 곧 와해될 것이라고 굳게 믿었다. 그는 동부와 서부, 양 전선에서 소모적인 방어전을 펼치느니, 차라리 마지막 대공세를 취하는 것이 승리할 가능성이 높다고 판단했다. 나중에 요들은 "방어전을 펼치면 패배의 운명을 벗어날 수 없으므로 차라리 모든 것을 걸고 절망적인 도박을 시도할 수밖에 없었다"[5]라고 설명했다.

동부 전선에서는 32개 사단을 동원해 반격을 시도했지만 소련군의 막강한 힘에 눌렸다. 이탈리아 전선에서는 깜짝 승리도 없지 않았지만, 대세를 바꿀 정도는 아니었다. 히틀러는 두 개의 기갑군으로 안트베르펜까지 밀고 들어갈 수만 있다면 서부의 연합군을 분리시켜서 캐나다를 전쟁에서 발을 빼게 하고, 영국군까지도 "제2의 됭케르크"[6]로 밀어 넣어 루르 지방의 군수산업을 위협하려는 연합군의 계획이 좌절되리라 믿었다.

히틀러는 미군의 방어가 비교적 약한 아르덴을 돌파 지점으로 골랐다. 1940년 아르덴의 승리를 기억하면서, 승리를 또 한번 재현하겠다는 속셈이었다. 이 지역의 가장 큰 이점은 독일 국경 쪽 아이펠 지역에 울창한 삼림이 펼쳐져 있기에 병력과 전차가 연합군 공군을 피해 숨을 수 있다는 점이다. 관건은 완벽한 기습과 연합군의 느린 대응이었다. 히틀러는 아이젠하워가 정치지도자들과 연합군의 다른 지휘관들과 의논할 테고, 그러는 동안 여러 날이 지날 것이라고 생각했다.

9월 16일 볼프샨체에서 히틀러가 예상치 못한 발표를 하기 전까지는 요들 상급대장만 이 사실을 알고 있었다. 그때부터 이 계획에 참여하는 사람은 지위고하를 막론하고 비밀을 누설하면 처형당해도 좋다는 각서를 제출해야 했다. 요들도 히틀러의 지시에 따라 소수의 참모들만 데리고 세부 계획을 수립했다. 명목상 국방군 총사령관인 카이텔조차 참여하지 못했다. 다만 작전에 필요한 연료와 탄약 공급만 맡기로 되어 있었다. 룬트슈테트 역시 서부 최고 사령관이면서도 아무런 관련 보고도 받을 수 없었다. 훗날 미군은 이 작전을 룬트슈테트의 작품인양 '룬트슈테트 대공세'라고 불러 그를 한층 화나게 만들었다.

10월 22일, 룬트슈테트의 참모장 지크프리트 베스트팔 기병대장과 모델의 참모장 한스 크레브스 보병대장이 볼프샨체로 불려왔다. 아헨의 패배에 대한 질책이거나, 아니면 건의했던 사단 증강 요청을 거절하기 위함이라고 걱정하던 두 사람은 회의실에 들어서기 전에, 비밀 누설 시 사형도 감수하겠다는 각서에 서명을 요구받고 깜짝 놀랐다. 요들의 부관이 '바흐트 암 라인Wacht am Rhein(라인강을 수호하라)'이라는 제목이 붙은 비밀 보고서를 나눠 주었다. 방어적인 인상을 주기 위해 붙인 암호명이었다. 임박한 미군의 공격에 대응하기 위한 아헨 지역으로의 군대 이동 외에는 아르덴 대공세에 관한 어떤 낌새도 없었다.

점심 식사 후, 두 장군은 히틀러의 일일 상황보고회의에 참석했다. 일상적인 브리핑이 끝난 후 장교들은 나가라는 지시를 받았다. 회의실에는 15명만 남아 있었다. 히틀러가 입을 열었다. "서부 전선에서는 증원군을 보내달라는 요청이 끊임없었다. 제1차 세계대전 당시에도 130개 사단이 있었던 것을 감안하면 충분히 일리 있는 요구였지만 방어에 필요한 병력 이상의 여유가 없어 증원군을 보낼 수 없었다. 하지만 안트베르펜을 향한 기습 작전을 세웠기 때문에 이제는 상황이 달라졌다. 이번 공세는 항공기 2000대의 지원을 받아 남부 리에주에서 시작될 것이다." 하지만 아무도 그만한 항공기가 남아 있다는 사실을 믿지 않았다.

히틀러는 준비하는 데만 1개월이 족히 걸린다는 사실을 알면서도 안개가 많이 끼는 11월에 공격을 개시하려고 했다. "공세의 주력은 휘르트겐 숲 남쪽에 있는 제6기갑군이 맡는다. 만토이펠이 이끄는 제5기갑군은 좌익을 맡는다. 남쪽에서 밀고 올라오는 패튼의 제3군은 제7군이 저지한다." 나중에 베스트팔은 요들에게 많은 질문을 던졌지만, 요들은 베스트팔을 "내쫓아버렸다."[7] 그는 배정된 병력으로는 뫼즈강에 도달하기에도 벅차다고 건의할까 망설였지만, 그래봐야 작전 참모들로부터 패배주의자라는 비난만 들을 것이 뻔했다.

베스트팔은 룬트슈테트에게 프랑크푸르트암마인 근처에 있는 서부 전선 지휘 본부인 치겐베르크성으로 복귀할 것을 전달했다. 이 지휘 본부는 1940년 전역 직전에 알베르트 슈페어(나치의 건축가—옮긴이)가 히틀러를 위해 만든 서부 야전사령부 아들러호르스트●의 엄중히 위장한 건물 바로 옆에 있었다. 베스트팔은 요들 장군 역시 안트베르펜까지 도달할 수 없으리라고 생각하고 있는 것 같다는 자신의 견해도 덧붙였다.

룬트슈테트는 사전에 자신과 의논하지 않았다는 점에 기분이 상했을 뿐만 아니라, 이런 무리한 작전은 재검토하여 수정하지 않고는 진행하지 않겠다고 단단히 마음먹었다. B집단군의 총사령관 모델도 참모장의 보고를 받

● 오스트리아 잘츠부르크 남쪽 호어킬 산맥에 있었던 히틀러의 별장으로 아들러호르스트는 독일어로 "독수리의 둥지"라는 뜻이다. 1939년 심복 마르틴 보르만이 히틀러 50세 생일 축하를 위해 선물했다. 현재는 켈슈타인 하우스라고 불린다.

고 비슷한 생각을 했다. 대공세에 투입되기로 지정된 사단들을 허락 없이 쓰는 것을 엄격하게 금지하는 명령을 받았을 때, 모델의 반응이 어땠는지 정확하게 아는 사람은 아무도 없었다. 그 사단들은 장비와 인원 보충과 재훈련을 위해 일선에서 철수했다. 하지만 미군이 휘르트겐 숲을 공격해오는 바람에 2주일도 지나지 않아서 명령을 위반해야 했다. 제116기갑사단을 전방으로 보내 슈미트 탈환을 도우라고 한 것이다. 공격군으로 편성 지명되었던 몇몇 사단이 휘르트겐 숲 전투를 돕기 위해 급파되었다. 멀리 남쪽에 있던 제17친위기갑척탄병사단 괴츠 폰 베를리힝겐 부대는 패튼이 지휘하는 제3군의 진격을 방어하기 위해 필요했기 때문에 아르덴 대공세에 참여시키기 위해 빼낼 수가 없었다. 제7군 참모장은 "이 독일 사단들은 점점 약화되어 아르덴 대공세 이전에 재건할 수조차 없었다"[8]라고 진술했다.

 '늙은 프로이센인' 룬트슈테트와 작달만하면서 호전적인 모델은 외모나 취향이나 정치적 견해 어느 면에서나 너무도 달랐다. 하지만, 이번 히틀러의 '그랜드 슬램' 또는 '대형 해결책'이라는 것이 지도 위에서나 가능한 환상이라는 점에는 두 사람의 의견이 일치했다. 룬트슈테트는 두 개의 기갑군을 동원하여 뫼즈강이 크게 휘어지는 곳 양쪽에서 포위하는 양익 작전만이, 호지스 장군의 미 제1군, 그리고 윌리엄 H. 심프슨 중장의 제9군 중 일부를 고립시키고, 북쪽 루르몬트 부근에 있는 제15군을 우회시켜 리에주 주변을 공략해 아르덴-아헨 전선을 돌파할 수 있는 합리적인 전략이라는 생각을 품었다. 이 대안은 나중에 '작은 해결책' 또는 '리틀 슬램'이라고 알려졌다. 모델 장군은 제15군의 역할에 대해서 회의적이었다. 모델 장군은 주력 부대가 돌파한 곳을 예비사단이 뒤따라가면서 넓히는 "스노플라우snowplow 효과"[9]를 기대했다.

 10월 27일, 크레펠트 근처의 모델 장군 본부에서 열린 회의에서 그는 제6기갑군 사령관 제프 디트리히 SS상급대장, 제5기갑군 사령관 만토이펠 그리고 제7군 사령관 브란덴베르거 등 육군 지휘관들과 이 계획을 의논했다. 모델 장군은 자신이 제안한 '작은 해결책'[10]은 상관의 지지가 없으면 국방군 총사령부의 승인을 받기가 어렵다는 점을 인정하고 룬트슈테트의 '작은 해결책'에 양보했다. 하지만 요들 장군의 노력에도 불구하고 '작은 해결책'은 총통의 재가를 얻을 수 없었다. 히틀러는 안트베르펜에 도달하는 것 외에도, 좁고 긴 공격 루트를 연합군의 반격으로부터 지키려면 훨씬 더 많은 병력이 필요하다는 건의를 묵살했다.

요들은 룬트슈테트에게 총통의 의지가 워낙 완강하니, 건의사항을 서면으로 하는 쪽이 좋겠다고 일러주었다. 자신의 계획에 찬성하지 않는 장군들에게 화를 내는 히틀러의 얼굴을 보고 싶지 않았기 때문이었다. 모델 장군이 북쪽으로 돌아서 안트베르펜을 공략하자고 완곡하게 제안한 '작은 해결책' 역시 단칼에 거절당했다. 히틀러는 지금 아헨 정면에 있는 미군은 너무 강하기 때문에, 뫼즈강을 건너, 측면을 공격해서 약화시킨 다음, 보급 기지와의 연결을 끊어놓는 것이 유일한 방법이라고 생각했다.[11]

하인츠 구데리안 상급대장은 모든 가용 병력을 서부 전선 한 군데에 집중시키는 작전을 반대했다. 이제 땅이 얼어붙어 전차가 움직일 수 있게 되면 소련군이 동부 전선의 비스와강을 넘어 대규모 공격을 해올 것이었다. 11월 1일 요들이 그를 설득했다. "지금 같은 상황에서는 가진 것을 모두 한 장의 카드에 걸어볼 필요도 있죠."[12] 구데리안의 아들은 제116기갑사단의 작전 참모장으로 아르덴 대공세에 참가하게 되었다.

야전사령관들은 필요한 모든 것이 보급된다고 하더라도 연료가 가장 큰 문제가 될 것임을 알고 있었다. 11월 23일 베를린의 주회의에서 야전사령관들이 문제를 제기했다. 디트리히는 약속했던 보급품이 제공될 기미조차 보이지 않는다고 불평했다. 국방군 총사령부 발터 불레 장군은 증명 서류까지 보여주면서 보급품을 보냈다고 증명했지만, 대부분의 보급품은 연합군의 폭격에 막혀 라인강 동쪽에 묶여 있었다. 진흙탕과 험준한 지형이 연료 소모량에 미치는 영향을 잘 알고 있는 만토이펠은 500킬로미터를 갈 수 있는 연료를 요청했다. 하지만, 겨우 150킬로미터를 갈 수 있는 분량의 연료만을 공급 받았다.[13] 나중에 요들은 카이텔이 수중에 1740만 리터의 연료를 갖고 있었지만 "지휘관들이 낭비하지 않을까 우려하여 그중 일부를 남겨두기를 원했다"[14]고 회고했다.

당초 계획했던 11월의 공격은 불가능했고 12월 초도 힘들 것으로 보였다. 연료와 탄약 수송, 사단의 이동이 지연되었다. 연합군의 공격으로 도로망이 파괴된 탓도 있겠지만, 전투중인 병력을 빼낼 수 없다는 어려움도 컸다. 전차 운전병을 훈련시킬 시간과 연료의 여유가 있는 기갑사단은 하나도 없었다. 서부 전선의 부대는 전차나 돌격포, 대포 등의 교체에서 우선권을 받았다. 무장친위대 사단은 새로운 장비들을 대량으로 보급 받았고, 증원병력에 대한 선택권도 있었다. 주로 공군이나 해군에서 전입한 젊은 층이 대부분이었다. 히틀러를 등에 업은 친위부대들은 제6기갑군이 공세의 핵심을 맡았다는 평계로 자신들의 우선권을 정당화했다.[15] 하지만 요들은 만토이펠의 제5기갑군이 훨씬 잘 싸웠다고 인정하면서 "전투 지휘에도 정치가 끼어들었다"[16]라고 개탄했다.

12월 2일 모델은 만토이펠 그리고 나치의 거리 투쟁 당시부터 히틀러의 경호대장이었던 디트리히와 함께 베를린으로 왔다. 두 사람 모두 '작은 해결책'을 지지하는 사람들이었다. 히틀러는 당초 계획을 바꿀 기미가 없었다. 모든 준비를 거기에 맞추어야 했다. 룬트슈테트는 그 회의에 참석하지 않았다. 대신에 참모장 베스트팔을 보냈지만, 그 자리에서 그는 아무런 발언도 하지 않았다. 히틀러는 "이런 행동에 대해서 크게 놀랐다"[17]고 요들에게 털어놓았다. 룬트슈테트는 자신이 아무 권한도 갖지 못한 작전에 대한 속내를 분명하게 드러냈다. 총통은 최후의 결정을 내렸다. "어떤 경우에도 변경은 없다."[18] 룬트슈테트와 모델은 국방군 총사령부의 명령을 '휘하 지휘관들에게' 단순히 전달만 하라는 지시를 단단히 받았다.

모델은 체념한 것처럼 보였다. "마지막 도박"[19]이라고 생각했고 다른 선택의 여지도 없었다. 이대로 밀고 나갈 수밖에 없다는 생각을 하고 있는 것 같았다. 만토이펠이 나중에 말한 바로는 12월 2일 회의에서 그는 마음속으로 히틀러가 고집하는 브뤼셀이 아니라 "최종 목표는 뫼즈강까지만이다"[20]라고 결심했다고 한다. 그는 연합군의 대응 능력에 따라 승패가 갈릴 것을 잘 알고 있었다.

만토이펠은 제1차 세계대전 당시 치텐 후사르(프로이센의 경기병부대―옮간이)에서 복무했던 거칠고 체구가 작은 기병 출신이었다. 휴전 후 혁명의 소용돌이 중에, 베를린의 스파르타쿠스 당원이나 뮌헨의 바이에른 평의회 공화파를 억압하던 폰 오벤 자유군단*의 참모 장교가 되었다. 제2차 세계대전 중에는 동부 전선에서 처음엔 제7기갑사단, 그다음엔 기갑척탄병사단 그로스도이칠란트에서 탁월한 지휘 능력을 보였다. 그는 다음과 같은 신념이 있었다. "기습 공격이야말로 전차전에서 결정적인 승리 요인이다. 나태한 자나 나약한 자는 지위 고하를 막론하고 엄중하게 질책해야 한다."21

비밀 유지에 대한 히틀러의 강박관념은 조금도 느슨해지지 않았다. 어느 부대이건 공격 전날까지 아무것도 전달받지 못했다. 심지어 연대장조차 아는 것이 없기는 마찬가지였다. 대포도 미리 배치하지 않았다. 육군 지휘관들의 간청에도 불구하고 국방군 총사령부는 히틀러의 지시대로 군단장들과 포병 참모장들 그리고 한 사람의 참모 장교 외에는 어느 누구에게도 브리핑하지 못하도록 했다. 군단포병 사령관들은 모든 대포의 위치를 직접 답사해야 했다. 하지만 장교들은 점점 대규모 공세를 준비하고 있다는 사실을 눈치채기 시작했다. 대포의 배치만 봐도 방어 목적이 아님을 금방 알 수 있었기 때문이었다.

병사들은 낮에는 모든 차량을 헛간에 단단히 숨겨놓고 마을의 임시 숙소에 머물다가 야간행군을 해서 아이펠의 집결지로 모였다. 주간에는 미군의 정찰비행에 대비해서 불도 피우지 않았고, 움직이지도 않았다. 취사용 연료로는 연기가 적게 나는 숯을 지급했다. 연합군의 대규모 공습을 각오하고 있

---

* 제1차 세계대전 패전 후 독일에서 활동했던 극우 반공 성향의 준군사집단. 1918년 10월 킬 군항에서 공산주의자들에게 선동된 수병들이 반란을 일으키고 카이저 정권이 붕괴되자 사회민주당과 군부를 중심으로 우파진영은 독일 역시 러시아 볼셰비키 혁명의 전철을 밟게 되지 않을까 우려했다. 이들은 전선에서 돌아온 퇴역병들 중 자원자들을 모아서 '자유군단'을 만들었고 독일 곳곳에서 공산주의자들과 격렬한 전투를 벌였다. 에른스트 룀을 비롯해 나중에 히틀러와 손을 잡고 나치 전위대 노릇을 하는 돌격대 간부들 역시 자유군단의 일원이었다. 독일은 바이마르 정부 초반까지 거의 5년에 걸쳐 내전 상태였으나 러시아와 달리 우파 세력이 볼셰비키를 지지하는 세력보다 훨씬 더 강력했기에 결국 우파의 승리로 끝났다. 자유군단은 바이마르 정부가 안정을 찾고 군부가 이들에게 등을 돌리는 1923년에 오면 소멸했고 일부는 나치 돌격대에 흡수되었다.

던 독일 장교들은 연합군의 정찰기들이 독일군으로 "미어터질 듯한"[22] 마을이나 숲의 상태를 감지하지 못했다는 데 놀라워했다.

보안상의 이유로 작전 지도는 마지막 순간에 나누어주기로 되어 있었다. 완전한 무선 침묵을 유지했지만 다른 한편으로 공격이 개시될 때까지도 통신망이 준비되지 않았다는 의미가 될 수도 있었다. 공격 지점으로 이동하기 위해 모든 길을 일방통행으로만 엄격하게 통제했다. 적의 스파이에게 탐지될 것에 대비해 공격 루트에는 어떤 표시도 하지 않았다. 고장 난 차량을 회수할 차량까지 따로 준비해두었다. 야간에도 계속해서 슈토르히 연락기[23]를 띄워서 준비 상태를 점검하고 불빛이 보이는지 확인하는 한편, 차량 엔진의 소음을 감췄다. 민간인들에 대한 통제도 엄격했으며 아이펠 내에 있는 전화선은 모두 끊어버렸다. 모든 보안 조치를 점검하기 위해 게슈타포(비밀경찰)가 파견되었다. 국민척탄병사단에는 병사들의 월급대장과 신분을 확인할 수 있는 서류를 모두 압수하라는 명령이 내려왔다. 이러한 서류를 가지고 있지 않으면 병사들은 탈영을 하더라도 적군에게 스파이로 여겨져 처형될 것이었다.[24]

아헨 북쪽에 있는 가짜 사령부에서는 무선으로 명령을 내려 제6기갑군이 그곳에 배치되어 있고 루르강을 건너서 펼쳐질 미군의 공격에 반격을 가할 준비가 되어 있는 것처럼 믿게 했다. 마치 디데이 직전 영국 동부에서 미 제1집단군을 속임수부대로 만들었던 것처럼 제25군도 거짓 편제해두었다. 만토이펠은 "12월 초 휘하 지휘관들과 저녁을 먹던 식당에서 1월에 자르 지방에서 공격할 준비를 하고 있다고 일부러 큰소리로 떠들어서 소문을 내기도 했다."[25]

괴벨스는 나치 간부들이 쓰는 주문을 계속 읊어댔다. "적군 내부에서 정치적 위기가 날마다 커지리!"[26] 충성스런 추종자들도 대부분 이 희망의 메시지를 믿지 않았다. 다만 이판사판이니 끝까지 싸우는 수밖에 없다고 생각할 뿐이었다. 포로로 잡힌 무장친위대 SS대령의 말을 비밀리에 녹음한 내용에는 결사항전의 기백이 남아 있었다. 그 SS대령은 동료 장교에게 이렇게 말했다. "우리는 어릴 적부터 레오니다스의 테르모필레 전투를 민족을 위한 가장 고귀한 희생의 표본이라고 교육 받았다. 이런 희생정신이야말로 모든 것의 바탕이 된다. 만약 우리 독일이 패전이라는 절체절명의 위기에서, 평범한 인간이 말하는 대로 '독일 민족은 이제 모두 망했다. 더 싸워봐야 뭐해? 미친 짓이지!'라면서 포기한다면, 더 많은 희생을 피할 수 있을 거라 생각하나? 평화협정의 조건을 바꿀 수 있다고 생각하나? 절대 아니지! 반면에 마지막까지 처절하게 싸우지 않은 국가는 절대 다시 국가로 일어서지 못한다는 것은 잘 알려진 사실이다."[27]

불사조가 잿더미 속에서 다시 부활하는 것처럼, 독일도 그럴 것이라는 믿음은 국민들 마음속에 자리 잡고 있었다. 하임 중장은 이렇게 말했다. "모든 것이 다 부서지더라도 끝까지 싸워야 한다. 끝까지 싸운다는 것은 국민에게 다시 일어설 수 있다는 강한 용기를 주는 법이다. 포기한 국민은 완전히 끝나버린다. 이것은 역사로 증명되었다."[28]

무장친위대와 독일 육군 사이의 갈등은 점점 커지고 있었다. 히틀러가 친위부대는 안전한 후방으로 빼돌리면서, 일반 사단은 후위부대로 남아서 전투를 계속하도록 했기 때문이다. 친위부대는 조금이라도 서운한 대우를 받으면 절대로 잊지 않았다. 제17친위기갑척탄병사단의 어떤 장교는 노르망디 전투 말미에 팔레즈 포켓에서 후퇴할 당시, 제2기갑사단의 폰 뤼트비츠 기갑대장이 허벅지 총상을 입은 제1친위기갑사단장을 후송할 차량 지원을 거절했다고 불평했다. 그는 "얼마나 더러운 수작이냐"[29]며, 친위기갑척탄병대대 지휘관은 뤼트비츠를 구해주었다고 주장했다.

바를리몬트 장군은 "친위대는 국방군이 아니라 별도의 조직이라고 생각하고 있음을 보여주는 일화가 많이 있었다"[30]고 말했다. 제프 디트리히는 자신이 지휘하는 제6기갑군이 친위기갑군으로 지정받기를 원했지만 거절당했다. 그의 사령부가 친위 편제를 갖추지 못했기 때문이었다. 디트리히는 크루제 포병대장이 무장친위대의 멤버가 아니라는 이유로 포병 참모장으로 받아들이기를 거부했다.[31] 만토이펠은 다른 장군들과 마찬가지로 이런 디트리히를 좋아하지 않았다. 만토이펠은 제6기갑군이 "일사분란하게 움직이지 못하고 육군 부대처럼 통일된 전우애를 가지고 있지도 않다"[32]고 생각했다. 고급 장교들도 모두 디트리히를 우습게 여겼다.[•] 공격 첫째 날과 둘째 날, 제6기갑군의 목표가 무엇이냐는 질문을 받자, 디트리히는 역정을 냈다. "목표? 목표라! 내가 모두에게 일일이 목표를 정해주어야 하나? 참모라는 것들이……!"[33]

폰 데어 하이테 중령은 제6기갑군 전방에 낙하산부대로 침투하는 문제를 의논하러 디트리히를 면담한 뒤 그를 향해 비난을 퍼부었다. 디트리히가 "전 국민의 장군"처럼 행세하기를 좋아하지만 "병장이나 하면 딱 맞을 지식과 능력을 가진 건방지고 경솔한 지휘관"이라는 것이었다.[34] 하이테는 독일 민족주의자이긴 했지만 나치를 증오했다. 그는 클라우스 폰 슈타우펜베르크 대령과는 사촌으로, 7월 20일 자신이 게르만 민족 혈통이 아닌 귀족 가문인지 아니면 옛날 귀족 가문인지, 예전에 외국이나 유대인들이 만든 기관에서 공부한 적이 있는지 등에 관한 조사를 받고 엄청 화가 났다.[35] 하이테가 작전 계획을 묻자 디트리히는 안트베르펜으로 밀고 가서 "영국 놈들을 묵사발 내는 것"[36]이라는 대답밖에 하지 못했다.

공수부대 전투학교장인 하이테는 12월 8일 저녁, 네덜란드에 있는 쿠르트 슈투덴트 상급대장의 본부에서 첫 임무를 명령받았다. "총통께선 과감한 낙하산 공격을 명령하셨네. 자네가 그 일을 맡아주었으면 하네."[37] 1200명의 병력을 모아 적의 후방에 침투한 뒤 주요 도로의 교차점을 점령하는 임무였다. 하이테는 제6강하엽병연대를 투입하자고 제안했지만, 비밀유지의 중요성과 사전에 탐지될 가능성이 높다는 이유로 거절당했다.

하이테 전투단은 작전 첫날 외펜 남쪽에 낙하해서 아헨 지역에서 남쪽으

[•] 파울 하우서와 함께 무장 친위대 최고위 장군이었던 제프 디트리히는 제1차 세계대전 당시 바바리아 야전포병대에서 부사관으로 복무했으며 독일 최초의 전차인 A7V전차에 탑승하기도 했다. 전쟁 말기에는 1급 철십자 훈장을 받았다. 전쟁이 끝난 후에는 자유군단에 입대했고 나치당에 가입한 후 히틀러에게 절대적인 충성을 바치면서 자신의 상사였던 에른스트 룀을 제거하는 데 앞장섰다. 그는 히틀러에 대한 광신적인 충성심과 매우 용감하고 특유의 카리스마와 매력으로 부하들에게는 '파파 제프'라고 불렸다. 하지만 정식 군사교육을 받지 않았기에 무모한 정면 공격만을 고집할 뿐, 대국적 판단 능력이나 야전 지휘관으로서의 능력은 형편없다는 평가를 받았다. 디트리히의 모습은 정예부대로 알려진 무장친위대의 실상을 단적으로 보여주는 것이기도 했다.

로 올라오는 미군 증원부대를 차단하는 것이 주된 임무였다. 선발된 병사들은 이틀 동안 제넬라거로 가서 집중 훈련을 받았다. 1941년 그리스 남쪽 크레타섬에서 큰 손실을 본 이후, 히틀러는 공수 작전을 시도하는 것을 거부했다. 이 때문에 대원들은 적절한 훈련을 받지 못했고 고참 병사들도 크레타섬 침공 이후 한 번도 비행기에 올라본 적이 없었다.

하이테는 림뷔르흐에 가서 펠츠 장군을 만나 필요한 비행기에 대해 의논했다. 하이테의 기록을 보면, "펠츠가 지휘하는 제12항공 군단에는 프랑스 여자들 외에는 아무것도 없었다"고 했다.[38] (레지스탕스가 조국의 배신자들에게 복수하려는 것을 알기 때문에, 패주하는 독일 병사들을 따라올 수밖에 없었던 프랑스 여인들이, 이 시기에 자주 언급되는 것이 놀랍기도 하다. 이 여인들은 자신들의 운명이 어떻게 될지 알 수가 없었다. 지난 6개월간의 혹독한 전투에서 독일군 '보호자'를 잃은 여인도 많았다. 1940년 이래 프랑스 여인들이 한 일이라곤 독일 남성들을 유혹한 것뿐이라고 생각한 독일 여성들 역시 이들을 받아들이려고 하지 않았다.) 펠츠는 절망스런 상황에 대해 불평하면서, "독일군에게 남은 마지막 연료가 아르덴이라는 곳에 낭비되고 있다"[39]고 투덜댔다. 하이테는 이번 임무를 위해 융커스52 수송기 112대를 할당 받았지만, 조종사의 절반이 낙하산병들을 낙하시킨 경험이 한 번도 없었다. 심지어 적 상공을 비행한 적도, 편대비행 훈련을 받은 적도 없었다. 하이테는 "오직 두 명의 조종사만이 숙련된 스탈린그라드 조종사였다"[40]고 썼다. 스탈린그라드 조종사란 1942년 12월 파울루스의 제6군에 물자를 보급하기 위해 포위된 스탈린그라드를 들락날락한 경험이 있는 조종사를 가리켰다.

12월 11일, 하이테는 그중 경험이 많은 조종사 한 사람을 데리고 독일 국방군이 만들어낸 가장 형편없는 정보 장교라고 평가받는 베포 슈미트 항공대장을 만났다. 슈미트는 영국과의 전쟁 내내, 영국 공군 전투기 사령부가 궤멸 직전이라는 엉터리 정보를 올렸음에도 괴링은 이 아첨꾼을 보호하고 승진시켰다. "늘 술에 절어 지내는"[41] 슈미트는 "이번 안트베르펜 공격의 성공 여부가 전쟁의 승패로 이어질 것"이라고 단언했다. 그는 병력을 둘로 나누어서 하나는 말메디 서쪽에, 다른 하나는 외펜 근처에 낙하하겠다고 말했다. "좋은 생각은 아닌 것 같습니다. 많은 병사가 목표지점에 제대로 낙하하지 못해 결국 소부대로 쪼개질 것이기에 전투를 할 수 없을 것입니다. 낙하산병이나 조종사 모두 훈련이 제대로 되어 있지 않아 이번 작전은 성공하기 쉽지 않습니다." 슈미트는 독일 공군의 능력을 못 믿는다며 두 사람에게 욕을 퍼붓고는 내쫓아버렸다.

하이테는 모델 사령관을 만나러 어두운 밤길을 달려 뮌스터아이펠 남쪽에 있는 오두막에 도착했다. 모델은 통명스러웠다. 모델은 이번 작전은 자신의 아이디어가 아니라면서, "성공 확률이 10퍼센트는 된다고 생각하느냐"고 물었다. 하이테는 가능성이 있다고 대답할 수밖에 없었다. 모델은 "승산은 10퍼센트가 못되네, 하지만 우리가 승리할 수 있는 마지막 남은 기회야"[42]라고 분명하게 말했다. 그는 하이테에게 제프 디트리히를 만나보라고 했다. 디트리히의 사령부는 남쪽으로 30분만 더 가면 도착할 수 있었다.

하이테가 디트리히를 만나기 위해 오전 내내 기다리는 동안, 한 당번병이 오토 슈코르체니가 지휘하는 전투단의 '사보타주 작전'을 위한 비밀 계획을 알려주었다. 총살을 당할 수 있는 보안규정 위반행위였다. 오래 기다린 끝에 하이테는 디트리히의 사무실로 안내받았다. 하이테는 디트리히가 '술에 쩔어 사는 늙은 부사관'[43] 같다고 생각했다. 대화는 "대체 귀관의 낙하산병들이 무슨 일을 할 수 있나?"라는 질문으로 시작되었다. 하이테는 일단 임무가 정해져야 할 수 있는지 없는지를 판단할 수 있다고 대답했다. 분명한 대답을 듣지 못한 채, 하이테는 현지 적군의 전력에 대해 질문했다. "내가 아는 바로는 전방엔 미군이 있고 그들 뒤에는 전술적 예비부대로 '은행 지점장들과 유대인 아이들이 몇 명' 있을 걸? 아무도 내게 얘기해주질 않아서 잘 모르겠네."[44]

하이테는 나중에 포로로 잡혔을 때, 동료 장교들에게 디트리히와의 대화를 디트리히 특유의 슈바벤 지역 사투리까지 섞어가면서까지 들려주었다. 이 작전이 직면한 몇 가지 문제점을 설명하려고 하자, 디트리히는 패배주의적 사고라고 일축해버렸다. 그는 이 공격으로 미군들을 모두 쓸어버릴 수 있다고 믿고 있었다.

"미군들을 아주 박살을 내버리겠어!"[45] 디트리히가 소리쳤다.

"하지만 적군이 그리 만만할까요, 장군님?"

"글쎄, 잘 모르지. 자네가 곧 알게 될 걸세."

"누굴 먼저 보내지요?"

"고민이군. 도착하는 순서대로 보내보게."

하이테가 덧붙여서 바람이 도와줄 때에만 낙하할 수 있다고 말하자, 디트리히의 반응은 이랬다. "글쎄, 공군의 결점은 내가 알 바가 아냐, 그래서 공군은 쓸모가 없다니깐……."

이 괴상한 만남에서 하이테가 그나마 건진 게 하나 있다면 디트리히가 자신의 병력을 둘로 쪼개지 않기로 동의했다는 사실이었다. 하이테는 디트리히의 참모장이며 SS소장인 크레머가 "너무 긴장해 있고, 일도 너무 많이 하고 있다"[46]는 것을 알았다. 디트리히를 대신해서 모든 일을 처리해야 할 테니 당연한 일이었다. 크레머는 하이테에게 제12친위기갑사단 히틀러 유겐트의 선두 전차부대가 "24시간 내에" 도착해서 지원할 것이라고 장담했다. 하이테는 포병 전방 관측 장교를 같이 갈 수 있게 해달라고 요청하여 에테리히 SS중위를 배정받았다. 그때서야 낙하 침투는 폭격 직전인 12월 16일 오전 4시 30분과 5시 사이에 실시한다는 사실을 들었다. 또한 파더보른과 리프슈프링게에 있는 비행장까지 수송할 차량도 준비해둔다고 했다.

국방군 총사령부는 또 하나의 특수 작전을 기획했다. 미군복을 입은 특수대원들이 노획한 미군 차량을 타고 연합군 점령 지역으로 숨어들어가 후방에서 대혼란을 일으킨다는 계획이었다. 히틀러는 룬트슈테트나 모델이 여전히 대공세에 대해 아무것도 모르던 10월 21일 오토 슈코르체니 SS중령을 동프로이센으로 불러서 개인적인 지시사항을 전달했다. "슈코르체니, 이번 임무는 자네 인생에서 가장 중요한 일이 될 걸세."[47] 왼쪽 뺨에 큰 흉터가 있고 키가 2미터나 되는 슈코르체니는 허리가 굽고 병든 총통보다 월등히 더 커보였다. 하이테는 이 거대한 오스트리아인을 "전형적인 친위대의 행동양식을 보여주는 악마 나치"[48]라고 평가했다. "그는 자기와 비슷한 유형의 사람들로 특별한 그룹을 만들었다." 폰 토마 기갑대장은 슈코르체니를 오스트리아 범죄자로 취급하면서 "쏘아 죽여도 시원찮을 개자식"[49]이라고 비난했다.

슈코르체니는 임무를 준비하는 데에 필요한 모든 권한을 부여 받았다. "SS제국지도자의 명령이다"[50]라는 말 한마디면 원하는 모든 것을 얻었다. 육군, 무장친위대, 해군과 공군의 장교나 부사관 중 영어를 할 줄 아는 사람은 오라니엔부르크 외곽에 있는 프리덴탈성의 캠프로 보고를 하라는 명령이 떨어졌다. '통역관'으로 지원한 병사 중 절반은 해군 출신이었다. 친위대 장교들이 영어로 인터뷰를 했다. 그들은 제150기갑여단* 소속 특수부대에 배속될 것이라는 언질을 받았고 다음의 비밀 유지 각서에 서명을 해야 했다. "제150기갑여단의 임무와 관련해서 알고 있는 모든 사항은 비밀로 취급해야 하며 종전 후에도 누설치 않는다. 위반할 경우 처형당할 수 있다."[51] 지휘관은 금발머리에 학창시절 싸움으로 얼굴에 흉터가 남아 있는 무스쿨루스 중령이었다. 그는 제150기갑여단의 활동이 "전쟁의 향방에 결정적인 영향을 미칠 것"[52]이라고 단언했다.

젊은 해군 소위 제 뮌츠가 불려간 곳은 경비가 삼엄한 그라펜뵈어 캠프였다.[53] 거기서 11월 21일까지 포로수용소에서 장군 10명, 장교 70명을 포함한 2400벌의 미 군복을 수집해오라는 임무를 받았다. 뮌츠는 먼저 베를린으로 가서 포로 담당 부서를 찾았다. 담당자 모이러 대령은 히틀러가 서명한 명령서를 보고 당황했다. 이러한 행위는 국제법 위반이라고 지적하면

●   슈코르체니가 그라이프 작전Operation Greif을 위해 급조한 특수부대로 여기저기서 임시로 차출한 혼성부대로 구성되었다. 영어를 구사할 줄 아는 병사들을 모아서 미군 군복을 입히고, 노획한 미군 전차와 장갑차, 트럭 등으로 장비하여 미군으로 위장한 뒤 미군의 눈을 속여서 연합군 후방에 침투할 예정이었다. 병력은 당초 3개 대대 3300명에서 인원 부족으로 2개 대대 2500명으로 축소되었다. 또한 이와 별도로 150명의 영어 능숙자로 구성된 아인하이트 슈타일라우 특공대대가 편성되었다. 그러나 워낙 시간이 촉박한 데다 넘겨받은 노획 장비의 상태가 대부분 신통치 않아 판터 전차를 M10 울버린 구축전차로 위장하기도 했다. 이들의 주된 임무는 최대한 빨리 뫼즈강까지 도달하여 적어도 2개 이상의 멀쩡한 다리를 점령하는 것이었다. 그러나 작전은 처음부터 난관에 부딪쳤고 제150기갑여단은 적진 강행 돌파를 포기한 채 다른 독일군 부대와 같이 싸워야 했으며 말메디 공격에서 많은 손실을 입은 채 12월 28일 퇴각했다. 슈코르체니도 중상을 입었다. 아인하이트 슈타일라우 특공대원들 역시 특수 작전 경험이 없었기에 대부분 미군의 검문에 쉽게 발각되어 붙들리거나 사살당했다. 그 대신 미군 사이에서는 미군 군복을 입은 독일군이 아이젠하워를 잡기 위해 침투했다는 허위 소문이 퍼지면서 온갖 해프닝이 벌어지기도 했다.

서도, 모든 포로수용소장에게 서면으로 지시를 내렸다. 뮌츠는 여러 분야의 조수들과 트럭을 타고 돌면서 군복과 신분증, 월급대장 등을 수집했지만 포로수용소에서만 필요한 물품을 모두 확보하기에는 어려움이 많았다. 오데르 강 근처 퓌르스텐베르크에서는 포로수용소장이 80명의 미군 병사들의 야전 상의를 빼앗으라는 명령을 거부했다. 그러자 이러한 승강이가 적십자나 연합군의 귀에 들어갈까 우려한 독일군 지휘부는 뮌츠를 그라펜뵈어로 귀대시켰다. 그의 임무는 부분적으로는 실패했다. 왜냐하면 휘르트겐 숲, 로렌, 알자스 등지에 있던 미군 병사들이 방한용 군복의 가치를 알고 소중히 다루어 방한용 군복을 구하기가 대단히 어려웠기 때문이었다.

그라펜뵈어에서 모든 군인은 미국식으로 경례를 하고, K형 전투 식량을 먹었으며, 뮌츠와 그 일행이 구해온 몇 안 되는 미군복을 나누어 입었다. 모든 명령은 영어로 했다. 'chow-line(급식 대기줄)' 같은 관용구를 익히고 외국 억양을 없애기 위해 미국 영화나 뉴스를 보았다. 매일 두 시간씩 언어나 미국 관습인 "나이프를 내려놓은 다음에 포크를 집어드는 것"[54] 같은 식습관까지 익혔다. 심지어는 담배를 꺼내 담뱃갑에 톡톡 두드리는 것까지 미국식으로 배웠다. 근접전, 폭파, 적군 화기 사용법 같은 특공대의 모든 기술 또한 훈련받았다.

그라이프 작전(그리핀 작전)이라고 불리는 이 작전이 점점 다가오면서 보다 더 세부적인 내용이 알려졌다. 그러자 미 군복을 입고 활동하는 것을 겁내는 병사들은 하디크 SS중령의 협박을 받았다. 그는 "총통의 명령은 무조건 복종해야 하며, 불복종은 사형에 처해진다는 사실을 강조했다."[55] 싸구려 담배 라이터에 숨겨진 자살용 독약을 받을 때에는 특히 사기가 흔들렸다.

친위대원들은 이전에 이탈리아와 부다페스트에서의 활약을 떠올리면서, 슈코르체니를 슈퍼 영웅처럼 숭배했다. 그 역시 이들을 "눈에 띄게 편애했다."[56] 그들 중 어떤 사람들은 나중에 이렇게 적기도 했다. "슈코르체니가 우리에겐 해적 두목 같은 분이시다."[57] 이들의 진짜 임무가 무엇인지에 관한 소문들이 캠프 주변에 떠돌았다. 어떤 이들은 프랑스를 재점령하기 위한 공중 작전의 일부라고 입을 모았다. 나중에 슈코르체니는 파리로 가서 아이젠하위를 납치해오는 것이라는 소문이 떠돌았을 때 자신 또한 그 소문을 조장했다고 인정했다.

슈코르체니가 지휘하는 전투단은 두 개로 나뉘어서 하나는 '아인하이트 슈타일라우' 특공대로, 다른 하나는 제150기갑여단으로 배속되었다. 특공대로 배속될 150명은 슈코르체니가 600명의 영어능력자 중에서 직접 선발했다. 미군복을 입고 지프차를 타고 있는 이들은 탄약과 연료 보관소, 심지어는 교량을 폭파시킬 폭파팀, 뫼즈강까지의 길을 답사하고 적 전력을 탐색하는 정찰팀, 그리고 또 한 팀은 통신선을 끊어버리거나 거짓 명령을 내보내어 미군의 통신을 교란할 역할을 맡았다. 지프차 하나에 네 명씩 타고 다닌 것은 실수였다. 미군들은 차에 인원을 가득 채우지 않기 때문이다. 각 팀은 미군 관용구를 가장 잘 아는 사람이 '스피커' 역할을 맡았다. 미군복을 입고 지프차에서 출발을 기다렸던 독일군 병사들은 틀림없이 긴장했을 것이다. 여단 본부에서 어느 장교가 "독일 라디오에 의하면 독일군복을 입은 미군이 독일 후방에서 잡혔는데, 관대한 조치를 해주었다. 그러니 미군들도 전쟁 포로 대우를 해줄 것이다"[58]라면서 이들을 안심시켰다.

제150기갑여단[59]은 지원부대를 포함해 거의 2000명이 충원되어 한결 전력이 강화되었다. 1개 강하엽병대대, M-4 셔먼 전차와 엉성하게 위장한 판터 전차가 섞여 있는 2개 전차 중대, 기갑척탄병중대, 중박격포, 그리고 앙텐, 위이 또는 아마이에 있는 뫼즈강의 다리를 확보했을 경우에 대비한 대전차포 등으로 무장했다. 이들의 계획은 선두 전차부대를 앞질러 가다가 호에 스펜 고원에 도달하면, 그때부터, 주간에는 숨어 있다가 야간에만 샛길로 달려서 세 개의 교량을 점령하는 것이었다.

슈코르체니는 연합군이 남쪽의 독일 수비군 측면을 공격하기 위해 스위스로 들어오는 경우에 대비해서 바젤에 있는 라인강의 교량 다섯 개를 날려버릴 계획도 있었다.[60] 실제로 12월 5일 연합군 최고 사령부는 스위스를 통과해서 남쪽의 독일군 측면을 공격하는 방안을 검토했었으나, 아이젠하워가 기각시켰다.[61] (스탈린은 스위스를 극도로 싫어해서 1년 전 테헤란 회담에서 연합군에게 스위스를 통과해서 남부 독일을 공격하라고 요구했다.)

아르덴 대공세 날이 다가오면서 작전명은 '바흐트 암 라인(라인강을 수호하라)'에서 '헤르프스트네벨Herbstnebel(가을 안개Autumn Mist)'로 바뀌었다. 연료와 탄약 보급이 지연되면서 공격 개시 시간은 12월 16일 새벽으로 미뤄졌다. 사단들을 집결지로 수송하는 데 도합 1050대의 열차가 소요되었다. 특히 1개 기갑사단마다 열차 70대가 필요했다.[62]

그때까지도 군단장급 이하 지휘관은 아무 것도 몰랐다. 제1친위기갑사단 라이프슈탄다르테 아돌프 히틀러의 요아힘 파이퍼 SS중령도 12월 11일 제6기갑군 참모장 크레머가 아이펠 지역에서의 가상 공격에 대해 의논하자고 했을 때에 뭔가 진행되고 있구나 하고 추측했을 뿐이었다. 크레머가 파이퍼에게 기갑연대가 야간에 80킬로미터를 이동하는 데 얼마나 걸리겠느냐고 물어보았다. 파이퍼는 정확한 답변을 하기 위해 야간에 판터 전차를 몰고 그만한 거리를 직접 달려보기도 했다. 사단 전체를 움직이는 것은 보다 복잡하겠다고는 생각했지만, 파이퍼나 그의 상관들은 아르덴의 도로나 물을 흠뻑 먹은 지면 상태는 신경쓰지 않았다.

히틀러는 그날 큰 검은색 메르세데스의 행렬과 함께 서부 전선 사령부인 아들러호르스트에 도착했다. 히틀러는 비밀 유지에 가장 신경 썼다. 연합군이 대공세 출발점 바로 뒤에 있는 주 통신 센터인 뒤렌을 폭격해서 쑥대밭을 만들자 히틀러는 크게 걱정했다. 그는 완전히 풀이 죽어 있다가도 갑자기 낙관주의로 변하는 등 감정의 기복이 유별나게 심했다. 히틀러의 공군 부관 폰 벨로 대령에 따르면, 히틀러는 "독일군 선봉대가 안트베르펜으로 진군해 들어가는 것을 마음의 눈으로 보았다고 했다."[63] 이튿날 아침 제프 디트리히가 가짜 농가 밑에 숨겨진 벙커로 불려왔다.

"준비 되었나?"[64] 히틀러는 단도직입적으로 물었다.

"아직 덜 됐습니다."

"자넨 제대로 하는 게 하나도 없어!"

오후 늦게 사단장들이 히틀러의 훈시를 듣기 위해 버스를 타고 아들러호르스트로 모였다. 모든 장군은 친위대 경호원들에 의해 몸수색을 당하고, 권총이나 서류가방은 꺼내놓아야 했다. 오후 6시 히틀러가 절뚝거리며 단상에 올랐다. 오랜만에 히틀러를 본 장군들은 히틀러의 쇠약한 모습에 놀랐다. 얼굴은 창백했고 어깨는 굽었으며 한쪽 팔은 떨고 있었다. 히틀러가 테이블 뒤쪽으로 앉고 옆에는 카이텔과 요들이 앉았다.

히틀러는 오늘의 독일이 어쩌다 이렇게 되었는지, 긴 변명으로 시작했다. 독일 국민을 통일시키기 위해서는 "예방적 전쟁"이 필요했다. "레벤스라움Lebensraum(생활권)이 없는 삶은 생각할 수조차 없다." 정작 다른 나라가 어떻게 나올지는 한 순간도 생각해본 적이 없었다. 어떤 반대 의견도 독일에 대한 음모의 한 부분이었다. "전쟁이란 것은 어느 한쪽이 패배를 인정하거나, 더 이상 전쟁을 수행할 수 없을 때 비로소 끝난다. 그렇기 때문에 가장 중요한 점은 적으로 하여금 이 사실을 깨닫게 만들어야 한다. 그렇게 하는 가장 빠른 길은 적의 영토를 점령해서 상대의 힘을 분쇄하는 것이다. 반대로 적이 침공해 들어오는 경우에는 무자비한 반격으로 적들이 아직 이기지 못했음을 보여주어야 한다. 그렇기 때문에 이 전쟁은 멈추지 않고 수행해야 한다."

히틀러는 1940년 프랑스 침공을 두려워했던 장군들이 있었다는 기억을 상기시켰다. 그는 미군이 "지난 3주간에만 24만 명의 병사들을 잃었다"라고 주장하며, "비록 미군이 더 많은 전차를 가지고 있긴 하지만, 우리의 새로운 무기가 더 강할 것"이라고 장담했다. 독일은 조만간 어차피 치러야 할, 피할 수 없는 전쟁에 직면해 있었다. 공격은 인정사정없이 무자비하게 진행되어야 했다. "인도적"이니 뭐니 하는 것은 용납되지 않았다. "공격에 앞서 공포와 테러의 파도가 휘몰아치도록 해야 한다." 독일이 절대로 항복하는 일은 없을 것임을 똑똑히 보여주기 위함이었다. "절대로, 절대로! 항복은 없다!"[65]

회의가 끝난 뒤 장군들은 치겐베르크성 근처에 있는 룬트슈테트의 사령부로 가서 그의 69번째 생일 축하 파티에 참석했다. 사령부는 신고딕 양식으로 재건축된 음울한 건물이었다. 누구도 진심으로 축하해줄 마음은 없었다. 디트리히에 따르면, 반대 의견을 올리면 사형에 처한다는 위협 때문에 아무도 이 공세에 이의를 달 수 없었다.

12월 3일, 디트리히는 B집단군 사령부를 방문했다. 모델은 디트리히에게 이번 작전은 "이 전쟁을 통틀어 가장 준비가 엉성한 공격일 것"[66]이라고 말했다. 원래 약속했던 32개 사단 중에서 제11기갑사단, 제17친위기갑척탄병사단을 포함한 4개의 사단이 공격 직전에 제외되었다. 공격에는 단지 22개 사단만이 참가하고 나머지는 국방군 총사령부의 예비 병력으로 남았다. 대부분의 장성이 승리 가능성에 회의적인 반면 젊은 장교나 부사관들 특히 무장친위대원들은 성공시키고 싶어 안달이 났다.

파이퍼 연대는 뒤렌 동쪽에서 전선 뒤쪽 집결지까지 도보로 이동하라는 명령을 받았다. 부대는 야간에 출발해서 길 위에 표시된 노란 화살표를 따라 행군했다. 사단 휘장이나 번호가 절대 보이지 않도록 했다. 그날 밤은 아침까지 안개가 짙게 끼어서 미군의 항공정찰에 걸리지 않고 집결지까지 도달했다. 다른 사단들도 진격 직전에 차량에 단 사단 휘장을 떼냈다.[67]

갈색 머리칼을 말끔하게 뒤로 넘긴 요아힘, 또는 '요헨' 파이퍼는 스물아홉 살의 미남이었다. 무장친위대 중에서 가장 잘생겼고, 충실한 나치 당원이자 무자비한 전차 지휘관으로 통했다. 소련에 있을 때 마을을 불태우고 주민들을 학살한 일로 널리 알려져 있었다. 12월 14일 정오 직전 그는 제1친위기갑사단 라이프슈탄다르테 아돌프 히틀러 본부에 보고했다. 사단장 빌헬름 몽케 SS소장은 16일에 해야 할 작전을 하달했다. 이 사단은 88밀리 대공포연대, 중곡사포대대, 교량 수리를 위한 공병대대가 보강되었다. 각 전투단*에는, 노획한 셔먼 전차, 트럭, 지프차와 함께 슈코르체니의 부대가 하나씩 붙어 있었다. 사단은 이들에 대한 지휘권은 없었다. 돌아오는 길에 파이퍼는 숲속 오두막에서 대대장들에게 이번 작전을 설명해주었다.[68]

각 부대 지휘관은 12월 15일 저녁에야 부하들에게 작전 계획을 전달할 수 있었다. 제26국민척탄병사단의 중대장 하웁트만 베어는 중대원들에게 이렇게 말했다. "12일에서 14일 안에 안트베르펜까지 진격해야 한다. 아니면

● 전투단Kampfgruppe은 제2차 세계대전 당시 독일군의 편제 중 하나로, 작전의 효율성을 위해 정규 사단에서 한시적으로 차출한 보병 연대를 중심으로 포병, 공병, 기갑대대, 공군 등 다양한 병과를 섞어서 독립부대로 편성한 임시 전투부대. 규모는 일정하지 않았으나 통상 연대에서 여단 급이었다.

이번 전쟁에서 진다. 어떤 장비건 부족한 것은 미군 포로에게서 빼앗아 쓴 다."[69] 특히 친위부대들은 드디어 복수할 기회가 왔다며 한껏 들떴다. 가장 안타까워한 쪽은 부사관들이었다. 파리를 다시 점령할 수 있었는데 하면서 서로 아쉬워했다. 베를린은 초토화되었는데 프랑스 수도는 멀쩡하다는 사실 에 불만을 가진 병사도 많았다. 제10친위기갑사단 프룬츠베르크의 병사들 은 "총통께서 서부 전선 최고의 공격을 명령하셨다"는 작전 계획을 듣고 "엄 청난 낙관론"에 사로잡혔다.[70] 이들은 기습 공격이 연합군의 사기에 치명적 인 영향을 미칠 것이라고 믿었다. 제2기갑사단의 노련한 한 고급 장교는 "개 전 초기보다 투지가 더 왕성했다"[71]라고 말했다. 디트리히의 제6기갑군만 해도 12만 명의 병력과 전차와 돌격포 500문, 1000여 문의 대포들을 갖추 었다. 만토이펠의 제5기갑군에는 전차와 돌격포 400문이 있었다. 연합군 사 령부는 자신들의 가장 취약한 곳으로 독일군이 어떤 공격을 해올지 아무 것 도 모르고 있었다.

7

정보전의 실패

히틀러가 예상했던 연합군 내부의 갈등이 드러나기 시작했다. 하지만 히틀러가 기대했던 정도는 아니었다. 영국 육군 참모총장 앨런 브룩 원수와 몽고메리는 연합군의 진격 속도가 더딘 것에 걱정이 많았다. 모두 아이젠하워가 지휘관으로서 능력이 부족하기 때문이라고 생각했다. 또한 버나드 로 몽고메리가 원하는 것처럼 지상군 사령관은 단일화되어야 한다고 믿었다. 하지만 브룩은 몽고메리가 이 문제에 불평이 너무 많다고 느꼈다. 그는 모든 것이 바뀌어버린 정치 현실을 잘 알고 있었다. 영국이 전 세계에 퍼져 있는 군대를 유지하는 데 급급한 사이에, 서북 유럽에서의 전쟁은 완전히 미국의 독무대였다. 그래서 지상군에 단일 지휘관이 있어야 한다면, 몽고메리가 아닌 브래들리어야 한다는 것이 그의 생각이었다. 그러나 옹졸한 몽고메리는 그동안의 일에서 배운 것이 전혀 없었을 뿐만 아니라 아이젠하워에게 더 이상 지휘권 문제를 제기하지 않겠다고 한 약속도 까맣게 잊었다.

11월 28일, 아이젠하워는 벨기에 존호벤에 있는 제21집단군 사령부를 방문했다. 몽고메리는 아무 일이 없을 때에도, 최고 사령관을 방문할 시간조차 없는 양 바쁜 척했다. 아이젠하워는 그의 행동을 용납하지 않았어야 했다. 그가 몽고메리의 이동식 지휘소*에 앉아 있는 동안, 몽고메리는 세 시간 동안이나 왔다 갔다 하면서 '무엇이 잘못된 건지' '왜 지상군 사령관의 단일화가 필요한지' 등에 대해서 훈계조로 말했다. 몽고메리는 아르덴이 천연적인 경계선이며, 자신이 그 윗쪽의 연합군을 지휘해야 한다고 생각했다. 그렇게 되면 미 제1군의 대부분과 윌리엄 H. 심프슨 중장의 제9군이 모두 몽고메리의 지휘하에 들어간다. 아이젠하워는 피곤하고 지루해서 아무런 대꾸도 하지 않았다. 불운하게도 몽고메리는 이것을 연합군이 라인강까지 진격하지 못한 것이나, 휘르트겐 숲에서 쓸데없이 엄청난 희생만 치른 것이 모두 잘못된 작전 때문이라는 자신의 견해에 묵시적으로 동조하는 것이라고 해석했다. 나중엔 이 원수는 런던의 브룩에게 아이젠하워가 자신이 말한 모든 내용에 동의했다고 보고해서 참모들을 놀라게 했다. 그리고 11월 30일에는 동의를 얻었다고 생각하는 내용들을 개괄적으로 정리해서 아이젠하워에게 전보를 쳤다.

이튿날, 아이젠하워는 룩셈부르크시의 알파 호텔에 자리잡은 브래들리의 사령부를 방문했다. 감기와 후두염으로 누워 있었던 브래들리는 초췌한 모습이었다. 아이젠하워는 자신의 작전이 실패했다는 몽고메리의 주장에 화가 났지만, 그가 보낸 답장은 몽고메리의 자아도취를 깨뜨릴 만큼 날카롭지는 못했다. 아이젠하워는 12월 7일에 마스트리흐트에서 몽고메리를 만나기로 약속을 잡았다.

12월 6일 수요일, 아이젠하워는 테더 공군 사령관을 대동한 채 몽고메리를 만나기 전에 전술에 대한 사전 의논을 하려고 브래들리의 사령부로 갔다. 브래들리의 부관 체스터 B. 핸슨 소령은 자신의 상관이 "비참한 신세"[1]가 될까봐 걱정했다. "지금 이 시점이 얼마나 중차대한지 알고 있었기 때문에 얼굴이 긴장감으로 굳었다. 그는 짜증을 내진 않았으나 평소보다 까칠했다. 피

---

* 이동식 지휘소map trailer란 몽고메리가 북아프리카 시절부터 운영했던 야전 지휘용 대형 트레일러를 가리킨다. 그는 트레일러 안에 대형 지도와 상황판을 걸어놓고 지휘 본부 겸 침실로도 활용했다. 정확한 명칭이 없어 '이동식 지휘소'라고 의역했다.

곤해 보였으며 다소의 신체적 불편함이 복합적인 영향을 주면서 신체적으로나 심리적으로 쇠약해진 것 같았다." 아이젠하워는 "항공 점퍼의 칼라에 목을 묻은 채, 눈살을 잔뜩 찌푸린 채 듣고 있었다."

브래들리 역시 연합군의 진격이 더딘 사실에 화가 났다. "합리적인 놈들이라면 진작 항복했을 겁니다. 하지만 이놈들은 전혀 합리적이지 않습니다."[2] 핸슨은 일기장에 이렇게 썼다. "독일군은 예상 밖으로 완강히 저항했다. 결국은 고생만 하다가 죽고 말 것을…… 괴벨스가 '끝장을 봐야 하는 싸움이다. 약한 자는 시베리아 강제 수용소에서 죽어갈 것이다'라고 선전하는 것을 들었다. 그러니 독일군들이 격렬하게 저항하다 죽어가는 것이 놀랄 일도 아니었다." 괴벨스는 서부 전선의 독일군들이 항복하지 못하도록 "미국이 전쟁포로들을 소련에 넘겨서 전후 재건사업에 투입하기로 약속했다"는 말을 지어냈다. "승리냐 아니면 시베리아냐!"[3]라는 슬로건도 만들었다.

이튿날, 몽고메리, 호지스, 심프슨, 아이젠하워는 마스트리흐트에 모여 다음 전략을 논의했다. "루르강을 건너서 라인강까지 진격할 수 있는 결정적인 공격"[4]에 대한 것이었다. 아이젠하워는 라인강 도하를 걱정했다. 지뢰나 유빙이 부교를 끊어버려서 교두보에 있는 아군이 고립될 수 있었기 때문이었다. 브룩 원수는 11월 중순에, 아이젠하워에게서 1945년 5월에나 라인강을 건널 수 있을 것 같다는 말을 듣고 큰 충격을 받았다. 전방 순시가 끝나갈 무렵에 들은 말이었다. 이로 인해 브룩 원수는 아이젠하워가 최고 사령관의 깜냥은 못 된다는 강한 인상을 받았다.

몽고메리는 연합군이 사실상 진격하지 못하고 있는 사이에, 다시 한번 루르 산업 지구 북쪽의 라인강을 건너 강력한 공격을 하자는 제안을 밀어붙였다. 화가 난 아이젠하워는 프랑크푸르트를 향한 공격도 중요하기 때문에 패튼 장군의 진격을 막을 생각이 없다는 점을 분명히 했다. 그날 만남에 대한 기록은 이러했다. "몽고메리 원수는 프랑크푸르트 쪽에서 공격하는 것은 승산이 없다고 주장했다. 만약 프랑크푸르트 쪽에서 공격하게 되면 전력이 분산되어 루르강 쪽에 대한 공격도 약해질 수밖에 없다는 것이었다. 몽고메리 원수는 프랑크푸르트-카셀 작전에 대한 견해 차이가 핵심이라고 강조했다."[5] 충돌을 피하기 위해 아이젠하워는 서로의 견해 차이가 그리 크지 않다는 점을 납득시키려 노력했다. 몽고메리의 제21집단군과 심프슨의 제9군은 몽고메리의 지휘 아래 아주 중요한 임무를 맡기로 했다.

몽고메리가 "아르덴 북쪽에서는 자신이 지휘권을 맡아야 하고, 남쪽의 지휘권은 다른 사람에게 맡겨야 한다"[6]고 계속 우길 때에도 브래들리는 치밀어 오르는 분노를 억지로 참았다. 그렇게 되면 브래들리에게는 고작 미 제3군의 지휘권만 남기 때문이었다. 아이젠하워는 앞으로의 작전 때문에 루르가 경계선이 될 수밖에 없다고 반박했다. 브래들리는 나중에 아이젠하워에게 만약 제12집단군이 몽고메리의 지휘를 받게 된다면, 자신은 지휘관으로서의 실패를 인정하고 사임하겠다는 뜻을 분명히 밝혔다.

당시 거의 모든 작전은 미 제3군 전방에서 이루어졌다. 패튼의 부대는 자르강 곳곳에서 강을 건너고 있었다. 며칠 후 메스의 마지막 요새까지 점령했다. 패튼은 자신의 일기에 "메스를 함락시킨 것은 훈족의 아틸라 이래 자신의 제3군뿐"[7]이라고 기록했다. 패튼은 12월 19일 대규모 공격을 준비했다. 혹자들은 몽고메리의 행동을 두고 패튼을 질투했기 때문이라 말하지만 몽고메리는 자신만을 생각했기에 남에게 질투를 느끼지도 못하는 위인이었다. 자신이 말한 것을 남들이 어떻게 생각하는지에 대한 배려도 할 줄 몰랐다. 아마도 오늘날 얘기하는 아스퍼거 증후군을 앓고 있었던 것이 아닐까 하는 의심이 들 정도였다.

패튼 장군은 자신도 어쩔 수 없는 단 한 가지, 연일 쏟아지는 비에 화가 났다. 12월 8일, 패튼은 제3군 군목 제임스 오닐에게 전화를 걸었다. "나 패튼일세, 날씨를 좋게 하는 기도문은 없나?"[8] 군목은 찾아보고 전화를 드리겠노라 대답했지만, 적당한 기도문을 찾지 못하자 직접 작성했다. "전능하고 자비로우신 하느님 아버지, 저희는 이 비 때문에 골치를 앓고 있습니다. 바라옵건대 싸우기 좋은 날씨를 허락하시옵소서. 주님께 온전히 맡기고 있는 우리 병사들에게 귀를 기울여 들으사, 승리에 승리를 더하시고, 적들을 물리쳐 억압과 사악함을 없이 하여 주님의 정의로운 나라를 세울 수 있도록 도와주시길 간절히 바라옵나이다. 아멘." 패튼은 읽어보고 만족스러워했다.

"25만부를 인쇄해서 제3군의 모든 장병에게 돌려라." 그러고는 군목에게 장병 모두가 기도하도록 시킬 것을 지시했다. "비를 멈추게 해달라고 하느님께라도 매달려야 한다고. 이놈의 비가 승패를 가를지도 몰라." 군목이 패튼 장군을 다시 만났을 때, 패튼은 상당히 기분이 좋아 보였다. "기도가 효험이 있던 걸! 내가 그럴 줄 알았지."[9] 패튼은 들고 있던 채찍으로 군목의 철모를 툭 쳤다.

남쪽 알자스에 주둔한 미 제7군은 로렌 지방에 있는 패튼의 공격을 지원할 겸, 빗슈 지역을 공격할 겸해서 북쪽 측면을 바라보며 병력을 재배치했다. 이 때문에 바로 이웃한 드라트르 드타시니 장군이 지휘하는 프랑스 제1군의 측면이 노출되었다. 아직도 프랑스의 많은 부대가 대서양 연안에서 독일 수비군을 포위하고 있었다. 이 때문에 드라트르 장군은 자신의 부대에 병사가 부족하다고 생각했다. 그리고 자신의 부대가 미군 보병사단의 지원에도 불구하고 아직도 콜마르 포켓을 점령하지 못해 미군 장교들의 불평을 듣고 있는 이유이기도 했다. 설상가상으로 보주산의 혹독한 추위가 부대원들의 사기를 떨어뜨려놓았다.

아르덴 대공세를 둘러싼 논란은 연합군이 이 공세를 눈치 챌 것인가 아니면 눈치 채지 못할 것인가에 초점이 맞춰졌다. 여러 첩보를 종합해보면, 독일군의 의도를 눈치 챌 만한 정보가 흩어져 있었는데도, 대개의 정보전 실패가 그렇듯이, 고급 장교들이 자신의 편견에 부합하지 않는 첩보들을 흘려들은 것이 문제였다.

완벽하게 비밀을 유지하라는 히틀러의 명령은 애초에 지켜질 수 없었다. 공세가 임박했다는 말은 영국 포로수용소의 독일 장교들 사이에서도 공공연하게 돌았다. 11월 둘째 주, 에버바흐 기갑대장의 말이 비밀리에 녹음되었다. "며칠 전에 포로로 잡힌 에버딩 소장이 서부 지역에서 46개 사단이 총공세를 펼친다고 하더군."[10] (몇몇 특정한 독일군 포로간의 대화를 녹음하는 것은 합동심문센터CSDIC가 주도했다. 대부분 독일 유대인 난민 출신인 통역관들이 숨겨둔 마이크로 대화를 녹음해서 밀랍 디스크에 기록한 것이다. 1944년부터 육군부, 해군부, 비밀정보부, 각급 장관, 연합군 최고 사령부에 관련 자료 사본이 배부되었다.)
에버바흐 장군도 이것이 사실이며 그리고 마지막 시도가 될 것이라고 믿었
다. 심지어는 셸드 소탕 작전 중에 자위트베벌란트에서 포로가 된 폰 데어
골츠 소위도 "46개 사단이 11월 중에 대공세를 펼칠 준비를 하고 있다"[11]는
이야기를 들었다고 증언했다. 영국 비밀정보부 MI 19a가 비밀리에 녹음한
이러한 대화 내용은 11월 28일 런던의 육군성에 보고되어, 즉시 연합군 최
고 사령부로 통보되었다. 하지만, 이 생생한 정보는 결국 주목을 받지 못했
다. 46개 사단이라는 비현실적인 숫자를 볼 때, 이 소문은 절망 속의 포로들
이 갖는 한 가닥 희망사항에 불과한 것이라는 이유로 무시되었음이 틀림없
었다.

11월 첫째 주에는 "베스트팔렌에 배치된 기갑사단은 제6기갑군 소속"이
라는 독일 탈영병의 진술이 보고되었다.[12] 이것 역시 연합군 최고 사령부 정
보부가 제5기갑군에 관한 첩보를 몇 주 동안이나 듣지 못한 것과 관련이 있
었다. 연합군 최고 사령부나 브래들리의 제12집단군은 독일군이 아마도 미
군이 루르강을 건너는 것을 막기 위한 방어 작전의 준비라고 추측했다. 크리
스마스 전에 독일군의 파쇄 공격*이 있을지도 모른다는 예측은 있었다. 하
지만 1870년, 1914년, 1940년에 독일군이 이 루트를 이용해서 쳐들어온 전
례가 있음에도 불구하고, 아무도 독일군이 아이펠에서 아르덴을 뚫고 오리
라고 상상하지 못했다.

붉은 군대의 동계 공세에 대비해서 전력을 아껴야 할 필요가 있는 이 시
점에 독일이 감히 전략적인 대공세를 취하리라고는 생각하지 못했기 때문
이었다. 서부 전선 최고 사령관 룬트슈테트는 절대로 이런 도박을 할 사람이
아니었다. 룬트슈테트의 계획이 아니라는 것은 사실이었지만, 연합군은 히
틀러가 군권을 얼마나 강하게 장악하고 있는지 과소평가했다. 고급 장교들
은 항상 상대방 입장에서 생각하도록 훈련받았지만, 이로 인해 오히려 자신
의 입장에서 상대방을 판단하는 실수를 저지르게도 만들었다. 어떻든 간에

---

* 공격을 위해 집결하는 적을 방해하기 위해 국지적으로 실시하는 방어적 공세

연합군 최고 사령부는 독일이 연료와 탄약, 그리고 병력 부족으로 공격하지 못할 것으로 판단했다. 설령 독일군이 개활지에서 공격하더라도, 연합군이 제공권을 확실하게 장악하고 있어서 손쉽게 막아낼 수 있을 것으로 여겼다. 런던의 합동정보위원회에서도 "독일의 최대 약점은 연료 부족"[13]이라는 결론을 내렸다.

아이펠 지역으로 이동하는 독일 국방군 부대가 비트부르크 인근에서 목격되었다. 하지만, 다른 사단들도 움직이는 것으로 보아서 그 지역이 숙영지이거나, 아니면 새로운 진영을 갖추는 것 정도로만 생각했다. 불운하게도 아르덴 지역은 항공정찰의 필요성이 낮게 평가되었을 뿐만 아니라, 날씨가 좋지 않아서 정찰 비행 역시 거의 없었다. 아르덴 공격 6일 전, 바스토뉴에 있는 트로이 H. 미들턴의 제8군단 사령부는 이렇게 결론을 내렸다. "적들이 새로운 사단을 이 지역으로 데려와 최전선의 전투 경험을 쌓게 하고 나서 다른 곳으로 배치하는 걸 볼 때 이 지역을 공격해올 가능성은 없다고 볼 수 있다."[14] 독일군은 영리하게도 연합군 정보망을 혼란시키기 위해서 카드 세 장으로 하는 "퀸 찾기 게임"처럼 병력 배치를 마구 뒤섞어놓았다.

패튼의 제3군 사령부는 독일군 기갑부대의 철수를 눈치 챘다. 패튼의 정보 참모장인 오스카 W. 코크 준장은 아르덴에 있는 제8군단이 매우 취약한 점을 우려했다. 하지만 브래들리 장군을 포함한 여러 참모는 12월 19일에 예정된 패튼 장군의 대공세를 방해하기 위해 독일군이 파쇄 공격을 준비하고 있다고 결론내렸다. 기갑부대의 철수 이후, 대규모 공세가 예상된다고 주장하는 정보 장교도 여럿 있었지만, 귀 기울여 듣는 사람은 없었다. 연합군 최고 사령부와 브래들리의 제12집단군 중 몇 명은 이 공세를 예측했다. 그중 두 명은 공격 날짜까지 거의 정확하게 맞추었지만, 그 목표가 아르덴이 되리라고는 생각하지 못했다.

아이젠하워의 고급 정보 장교인 케네스 스트롱 소장은 아르덴 대공세를 포함하여 독일군이 택할 수 있는 여러 가지 가능성을 검토했다. 12월 첫째 주, 이것은 아이젠하워의 참모장 베델 스미스에게 깊은 인상을 남겼다. 스트롱은 베델 스미스가 시키는 대로 룩셈부르크로 가서 브래들리에게 특별 보고를 했다. 브래들리는 대화 중에 자신도 "그 위험성을 알고 있어서"[15] 독일 군이 아르덴 지역으로 공격해올 경우에 방어할 사단을 미리 정해두었다고 대답했다.

가장 논란이 되었던 카산드라(설득력을 빼앗긴 불행한 예언자—옮긴이)는 미 제1군의 G-2 정보부(고급 정보 장교) B. A. 딕슨 대령이었다. 다채로운 성격의 소유자인 딕슨은 동료들 사이에서 항상 신뢰를 받는 사람은 아니었다. 왜냐하면 서부 전선에 투입되었다던 독일 사단이 실제로는 동부 전선에 있음이 확인되는 등 그의 정보가 틀린 적이 종종 있었기 때문이었다. 12월 10일 첩보 보고서에서 그는 독일 포로들이 사기가 높은 것을 보면 이들이 자신감을 회복했다는 의미라고 언급했다. 또한 독일 전차들이 아이펠 지역으로 집결 중이기는 했지만, 실제 공격은 12월 17일 훨씬 북쪽인 아헨 지역에서 시작될 것으로 예측했다. 독일 포로 중 몇 명이 "총통에게 드릴 크리스마스 선물"[16]로 아헨을 재탈환하기 위한 공격이 있을 것이라고 언급하는 것을 들었다는 이유였다. 12월 14일, 딕슨은 독일어를 사용하는 여인에게서 전선 후방 아이펠 지역으로 독일군 병력이 집결 중이며, 부교를 설치할 장비도 보인다는 이야기를 들었다. 그는 이 여인으로부터 추가적인 몇 가지 정보를 얻어들었다. 딕슨은 이제 독일군이 몬샤우와 에히터나흐 사이의 아르덴으로 공격해온다고 확신했다. 브래들리의 제12집단군 사이버트 준장은 자기를 싫어하는 딕슨에게 화가 나서, 그의 보고를 단순한 예감이라고 묵살했다. 12월 15일 딕슨은 파리로 휴가를 떠나라는 명령을 받았다.

공격 대형을 이룬 후에는 절대로 무선을 사용하지 말라는 히틀러의 명령이 제대로 지켜지면서, 더 이상 블레츨리 파크(독일의 암호를 해독하던 곳—옮긴이)에서 울트라(독일군의 암호를 해독하는 연합군의 작전명—옮긴이)를 통해 적의 동태를 파악할 수 없었다. 애석하게도 연합군 최고 사령부는 울트라에 지나치게 의존했다. 심지어 독일에 관한 모든 정보를 울트라에서 얻을 수 있다고 생각할 정도였다. 10월 26일 "히틀러의 명령에 따라 서부 전선에서 특수 임무를 수행할 특수부대를 조직한다. 지원자들은 필수적인 영국이나 미국식 관용구를 알고 있어야 한다"[17]는 명령이 내렸다. 그리고 12월 10일, 모든 친위부대에게 무선 금지 명령이 하달되었다. 연합군 최고 사령부는 이때 눈치를 챘어야 했다.

육군과는 달리 독일 공군이 태평하게 지내고 있어서 연합군 최고 사령부가 블레츨리의 보고서에 반응하지 않은 이유도 있었다. 9월 4일에 주 베를린 일본 대사가 리벤트로프와 히틀러를 면담한 후, "공군의 재건이 끝나는 대로"[18] 11월 중 독일군이 서부에서 공세를 계획하고 있다고 보고한 내용을 블레츨리로부터 입수한 적이 있었기 때문이다. 하지만 정보 실패에 대한 후속 조사 보고서는 "독일 공군의 자료들은 독일 공군이 10월 마지막 주부터 항공기 대부분을 서부 지역 비행장으로 이동시키기 위한 준비를 진행하고 있음을 보여주었다"[19]라고 언급했다.

10월 31일, 독일 제26전투비행단은 "모든 전투기를 전투폭격기로 개조하는 작업을 24시간 이내에 완료해야 한다"는 괴링의 명령을 언급했다. 이것은 지상군을 지원하기 위한 공격을 준비하고 있다는 뜻이기 때문에 굉장히 중요한 정보였다. 블레츨리는 11월 14일 "서부에 있는 전투기 부대원들은 비행단 배지나 휘장 착용을 금한다"는 사실도 알아냈다. 12월 1일에는 나치당 지휘 장교 교육과정이 "특별 작전이 임박한 관계"로 취소되었음을 알았다. 나치가 '특별'이란 단어를 워낙 자주 사용했기 때문에 이번에도 관심을 끌지 못했던 것 같다. 12월 3일, 독일 항공함대는 "서부 전선의 작전을 위해 도착한 부대들에 기술적 지원을 하기 위한 조치"에 대한 보고를 요청했다. 이튿날 전투기 지휘관들이 제2전투기군단 사령부 작전 회의에 소집되었다. 곧이어 지상 공격에 특화된 항공부대인 제4지상공격비행단SG-4 전체가 동부 전선에서 서부 전선으로 이동했다. 이때라도 눈치를 챘어야 했다.

영국 비밀정보부는 "영국이 울트라를 통해서 독일군 전투 서열에 대해서 알고 있는 사실보다, 독일군이 감청을 통해서 미군의 전투 서열을 더 많이 알고 있다"[20]는 데 놀라지 않을 수 없었다. 이유는 뻔했다. "디데이 이후 미군의 통신은 적에게 큰 도움을 주고 있었다. 서부 전선의 30여 개 사단 중한두 사단을 제외한 모든 사단의 위치나, 목적 등에 대해서 중점적으로 정보를 수집했던 것 같다. 남쪽 80마일(약 130킬로미터) 정도 떨어진 곳에 있는 미 제1군이 대부분 새로 편성되거나 지친 사단으로 편성된 사실도 알고 있었다."

휘르트겐 숲 전투 후 지친 미 제4, 28보병사단은 한창 휴식 중이었다. 이 사단들은 경사가 급해 "룩셈부르크의 스위스" 혹은 "지친 병사들의 천국"[21]이 라고 알려진 아르덴 남쪽으로 이동해서 쉬고 있었다. 절대로 공격을 받지 않 을 것처럼 보이는 곳이었다. 병사들은 휘르트겐 숲 참호 속의 불편함에서 벗 어나 일반 주택에서 지냈다.

후방 지역에서는 병사들과 정비공들이 현지 가족들과 함께 지냈다. 상점 에는 미군의 물자가 가득했다. "느릿느릿한 차량, 질퍽하게 쌓인 눈 때문에 모든 마을이 우중충해지고 도로는 진창길로 변해버렸다. 식당과 주점의 분 위기는 서부 영화에서 흔히 볼 수 있는 것처럼, 마을 남자들이 모여 술을 마 시며 이야기를 나누는 그런 분위기였다. 이런 병사들은 대부분 군대 생활에 그럭저럭 적응하는 중이었다. 인생에 대해서 고민할 여유까지는 없겠지만, 군대 생활을 나름대로 활용했다."[22]

독일군은 정찰을 금한다는 명령에도 불구하고 일부 지역, 특히 남부 제 4보병사단의 전방처럼 경비가 허술한 곳에 대해서는 손바닥 보듯 훤하게 꿰 뚫었다. 독일 민간인들은 자우어강을 따라 경계 초소 사이로 오갈 수 있었 다. 덕분에 독일군은 모든 미군 관측 초소와 대포의 위치까지 알아냈다. 공 격 초기 자우어강을 건너는 부교를 보호해야 하기 때문에 적의 포대를 제압 하는 일은 이번 작전 계획에 있어 아주 중요했다. 보다 노련한 간첩들은 후 방 마을에서 비번인 미군들과 어울리기도 했다. 병사들은 맥주 한두 잔 하 면서 영어를 할 줄 아는 룩셈부르크인이나 벨기에인들과 이야기를 나누는 일을 즐겼다.

그런데 점점 대화를 나누려고 하는 사람들이 줄어들었다. 나치 협조자들 에 대한 책임론이 거론되고, 왈론인(벨기에에서 왈론어를 쓰는 사람들—옮긴이) 과 독일어를 사용하는 집단 사이의 의심이 커지면서, 9월의 해방과 초기 미 군의 관대함에 따른 기쁨은 점차 사라졌다. 레지스탕스들이 농부들에게 음식이나 생필품을 과다하게 요구하는 사례도 늘어났다. 지크프리트선을 둘러싼 전투 현장에서 가장 가까운 동부의 주민들을 가장 당혹스럽게 만든 일은 10월 5일과 9일 사이에 주민 대다수를 소개한다는 미군 민사부의 결정이었다.[23] 특정한 몇 명만 남아서 가축들을 돌볼 수 있었다. 다른 의미에서는 이 조치로 많은 농부의 생명을 구하게 된다.

지난 150년 동안, 외펜과 생비트(독일어로 장크트비트라고도 함—옮긴이) 지역은 전쟁의 승패에 따라 프랑스, 프로이센, 벨기에, 독일 등 다양한 국가에 의해 점령되었다. 1939년 4월 벨기에 선거에서 주로 독일어를 사용하는 '동부 지역 주민'의 45퍼센트는 독일로의 합병을 원하는 하이마트로이어 프론트Heimattreue Front(벨기에의 정당—옮긴이)를 지지했다. 하지만 독일로 귀속한 결과 이곳 주민들은 1944년까지 고통당해야 했다. 독일인들은 동부 지역의 독일어 사용 주민을 2등 국민 취급했고 1940년 아르덴 침공 이후 강제 이주된 사람들을 '룩삭도이체' 즉 '배낭 멘 독일인'이라 부르며 비하했다.[24] 많은 젊은이가 동부 전선에 끌려가서 죽거나 다쳤기 때문에 독일어를 사용하는 이곳 주민들은 독일의 적군에 의해서 해방되기를 간절히 원했다. 하지만 여전히 제3제국에 충성하면서 기꺼이 정보원 노릇도 하는 소위 '전령'이라 불리는 사람도 많았다.

아르덴에 주둔한 사단을 비롯해 아를롱에 있는 제8군단 휴식 캠프와 바스토뉴에 있는 사단에서는 파티가 허용되었다. 바스토뉴에서는 마를레네 디트리히가 장병 위문공연 때, 속옷도 입지 않은 채, 몸에 꼭 끼는 금색 장식이 달린 드레스만 입고 허스키한 목소리로 호소하는 듯한 노래를 불렀다. 그녀는 항상 「릴리 마를레네Lili Marlene」라는 노래를 불렀다. 이 경쾌하지 않은 사랑 노래는 원래 독일 노래였음에도 많은 연합군의 심금을 울렸다. 어떤 미군 병사는 이렇게 썼다. "악마 같은 독일 놈들! 우릴 죽이려 하질 않나, 울리질 않나!"[25]

디트리히는 병사들의 환호성은 즐겼지만, 자신이 대해야 하는 참모 장교들을 좋아하지는 않았다. 핸슨은 일기에 "디트리히는 불평꾼이었다. 제1군 내 각 군단을 순회하는 것은 매우 힘든 일이었다. 하지만 그녀는 제1군을 좋아하지 않았다. 각 군단이나 사단 간의 경쟁도 좋아하지 않았을 뿐만 아니라 베르됭에 있는 이글 메인(제12집단군 사령부)의 영관급이나 장성급 장교들도 모두 싫어했다. 순회 기간 내내 그녀는 식사 시간을 맞출 수가 없어 연어만 먹고 지내야 했는데, 아무도 여기에 관심을 가져주질 않았기 때문인 것 같았다"[26]라고 기록했다. 심지어 그녀는 이까지 옳았다고 주장했다. 하지만 그런 일도 룩셈부르크의 알파 호텔에서 열리는 칵테일파티나 디너파티 혹은 '재미없는 영화'를 보자고 하는 브래들리의 초대에 응하는 것을 막지 못했다. 그녀가 잠자리를 같이 했다고 주장하는 패튼 장군은 디트리히의 취향에 맞는 사람이었다. 핸슨이 보기에 "패튼은 '용사들의 발할라warrior's Valhalla'(게르만 신화에서 진정한 전사들만 갈 수 있다고 하는 전사들의 천국—옮긴이)가 실제로 있다고 믿는" 사람 같았다.

12월 10일, 일요일 저녁에 폭설이 내렸다. 이튿날 아침, 부분적으로 회복한 브래들리는 호지스와 심프슨을 만나러 슈파에 갔다. 이 회의를 마지막으로 당분간은 회의가 없을 것이었다. 브래들리는 바스토뉴를 지나 한참을 달려 오후쯤 돌아왔다. 밤에 내린 눈이 동부 지역 전체를 하얗게 덮고 있었고 도로는 질퍽했다. 사령부에는 브래들리가 주문한 산탄총 두 자루가 도착했다. 그것을 본 호지스 장군도 갖고 싶어하는 눈치였다. 사흘 후, 호지스 장군도 리에주의 유명한 총기 제조업자 프랑코트 선생과 "오후를 함께 보내며"[27] 산탄총 맞춤 제작을 의뢰했다.

브래들리의 사령부는 바로 코앞에 닥칠 일에 대해서는 그다지 걱정이 없었다. 그 주에 참모 장교들이 내린 결론은 "소모적인 싸움을 벌인 결과, 서부 전선의 독일군은 전력이 많이 약해졌기 때문에 G-2 정보부가 파악한 것보다 독일군의 방어력이 훨씬 더 취약하다"[28]는 것이었다. 브래들리 사령부의 참모들이 걱정하는 일은 보충대의 상황이었다. 제12집단군은 병력이 1만 7581명이나 부족했기에 베르사유로 아이젠하워를 만나러 가야겠다고 생각했다.[29]

12월 15일, 제9전술항공 사령부를 치하하는 기자회견에서 브래들리는 독일군의 전체 전선에 남은 전차가 600~700대에 불과하며 "그마저도 전선 여기저기에 흩어져 배치되어 있다고 생각한다"[30]라고 말했다. 핸슨은 항공 지원에 관한 한 "오늘은 별로 한 일이 없다. 기상 악화로 비행할 수 있는 시간이 하루에 6시간도 되지 않았다"라고 기록했다. 시야 확보가 어려워서 비행기가 이륙할 수 없었기 때문이었다. 히틀러가 그렇게 바라던 악천후가 연일 계속되었다. 그래도 아르덴에서 대포병 관측용 항공기의 비공식 비행까지 막지는 못했다. 브래들리는 "미군들이 바비큐를 해먹을 요량으로 톰프슨 기관단총을 장착한 저공용 정찰기로 멧돼지를 사냥한다"[31]는 불평도 들었다.

12월 15일, G-3 작전 참모는 연합군 최고 사령부 일일 상황보고에서 아르덴 지역에 별다른 특이 사항이 없다고 말했다. 몽고메리 원수는 아이젠하워에게 다음주 크리스마스 때 영국으로 휴가를 가겠다고 요청했다. 그의 참모장 프랜시스 드긴간드는 이미 아침에 떠났다. 하필이면 독일군의 대공세 바로 전날 몽고메리는 "독일군이 병력과 장비, 보급품 등이 부족해서 어떤 공격도 하지 못할 것"[32]이라고 장담했다. 반면 아르덴에 있는 제8군단에서는 신규 전력을 갖춘 부대들이 전방으로 이동 중이라는 보고를 올렸다.

제8군단 북쪽에서는 새로 도착한 미 제106보병사단이 슈네 아이펠 지역의 가파른 산등성이에 있던 제2보병사단과 막 교대했다. 제2보병사단의 어떤 중대장은 "우리 병사들은 새로 도착한 병사들의 복장을 보고 깜짝 놀랐다. 미국에서 갓 건너온 보충병들이나 갖고 있음직한 최신 장비를 갖추고 있었다. 더욱 충격적이었던 모습은 하나같이 패튼 장군을 떠올리게 하는 넥타이를 매고 있다는 점이었다"[33]라고 썼다.(패튼 장군은 넥타이를 매지 않은 병사들을 복장 불량으로 영창에 보내는 걸로 유명했다.) 인수인계를 하는 도중 제2보병사단 연대장이 제423보병연대의 카벤더 대령에게 말했다. "이곳은 아주 조용한 곳이니 푹 쉴 수 있을 걸세."[34] 경험 많은 부대원들은 철수하면서 모두 난로를 챙겨 갔다. 신병들은 양말을 말릴 만한 것이 없었기 때문에 축축한 눈 속에서 참호족 환자들이 대거 생겼다.

이튿날부터 제106보병사단에서는 전차나 차량들이 자신들 앞쪽으로 이동하는 소리를 끊임없이 들을 수 있었다. 하지만 경험이 없는 병사들은 이것이 무엇을 의미하는지 확신하지 못했다. 남쪽에 있던 제4보병사단은 보다

1944년 10월, 지크프리트선, 즉 베스트발 중 방어선이 뚫린 곳을 통해 진격하는 미군 보병.

휘르트겐 숲의 독일 강하엽병부대 박격포병들. 박격포는 양 진영에서 많은 사상자를 발생시켰다.

휘르트겐 숲의 미 제1보병사단.

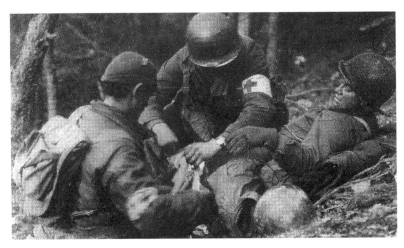

부상병을 치료하는 미군 의무병.

보주산의 프랑스 부대. 끔찍한 추위에 시달리며 스트라스부르의 서남쪽 콜마르 협곡을 공격 중인 프랑스 제1군의 북아프리카 출신 병사들.

1944년 12월 7일, 브래들리와 테더, 아이젠하워, 몽고메리, 심프슨(왼쪽에서 오른쪽으로)이 참석한 마스트리흐트의 회동.

12월 초, 뒤렌 근처 휘르트겐 숲에서 붙잡힌 독일군 포로들.

독일 B집단군 사령관 발터 모델 원수

몽고메리 원수의 훈계식 태도는 아이젠하워를 다시 한번 격노하게 했다.

독일 제5기갑군 하소 에카르트 폰 만토이펠 기갑대장

곡엽 기사십자 철십자 훈장을 달고 있는 독일 제6기갑군 제프 디트리히 SS상급대장

대령에서 소장으로 진급한 하인츠 코코트는 바스토뉴에서 제26국민척탄병사단을 이끌면서 큰 깨달음을 얻었다.

법학 교수였던 프리드리히 폰 데어 하이테 중령은 강하엽병부대 지휘관으로 변신했다.

1944년 12월 16일 아르덴 대공세 직전 눈보라 속에서 독일군 전차 지휘관들이 브리핑을 하고 있다.

노획한 미군 담배를 피우고 있는 두 명의 친위기갑척탄병.

12월 16일. 진격 첫째 날에 올라탄 독일 제3공수사단 부대원들을 실어 나르는 제6기갑군의 6호 전차 티거2.

기관총 탄띠와 대전차포인 판처파우스트를 짊어진 채 진격하는 국민척탄병.

혼스펠트에서 파이퍼 전투단 소속 친위기갑척탄병들이 처음으로 처형한 미군 포로들. 친위기갑척탄병들은 그 후 죽은 포로들을 약탈했다. 사진 왼쪽 희생자의 군화가 보이지 않는다.

한센 전투단 소속 친위기갑척탄병들이 포토 근처에서 불타는 미군 수송대 차량 옆을 지나고 있다.

경험은 많았지만 국민척탄병사단에서 들려오는 엔진 소음을 다른 부대와 교대하는 소리로만 생각했다. 실제로는 7개 기갑사단과 13개 보병사단이 어두운 소나무 숲에서 잔뜩 웅크리고 공격태세를 갖추었다.

특히 무장친위대의 경우는 흥분과 조바심으로 더욱 긴장된 분위기였다. 제12친위기갑사단 히틀러 유겐트의 한 병사는 공격 전날 누이에게 보낸 편지에 이렇게 썼다. "루트에게, 오늘 편지는 굉장히 짧을 거야. 이제 곧 공격을 시작하거든. 내일 어떤 일이 벌어질지 기대되기도 하고 불안하기도 해. 지난 이틀 밤낮(특히 밤에)으로 이곳에 모여들어 우리 사단이 시시각각으로 보강되는 모습을 보면서 끊임없이 울리는 전차 소리를 들은 병사들은 누구나 곧 무슨 일이 벌어질 거라는 걸 알아. 그래서 우리는 긴장을 풀 수 있게 명확한 명령이 내려오기를 기다리고 있어. 우린 아직 '어디'를 '어떻게' 공격해야 할지 모르거든. 하지만 그게 무슨 상관이야! 우리는 곧 공격할 거고, 적들을 우리 땅에서 몰아낼 거야…… 우리에게 주어진 신성한 임무지!"[35] 이미 봉인된 봉투에는 급히 써넣은 다음과 같은 추신이 있었다. "루트! 루트! 루트! 드디어 공격이다!!!" 출정하면서 급히 휘갈겨 쓴 것이 틀림없는 이 편지는 전투 중에 미군의 손에 들어갔다.

독일의 공세
1944년 12월 16~25일

12월 16일의 전선
12월 20일의 전선
12월 25일의 전선
연합군의 이동
독일군의 진격로

고도
0 200 400 이상

N

H집단군

B집단군

뒤셀도르프

XXXX
15

루르강

XXXX
9

마스트리흐트

쾰른

본

XXXX
1
12월 22일

아헨

뒤렌

XXX
VII
12월 22일

XXX
XXX Br

벨기에

생트롱

통게렌

리에주

쇼퐁텐

XXXX
1
12월 18일

외펜

슈미트

XXXX
XXXX
1   V

몬샤우

XXXX
6 Pz

아르덴

앙덴

위이

XVIII

슈파

XXX
VII

나무르

뫼즈강

아세스

만헤이

오통

생비트

로스하임

말메디

셀

마르슈

제멜

우팔리즈

XXXX
5 Pz

디낭

지베

프륌

바스토뉴

빌츠

비트부르크

뇌프샤토

XXXX
7

룩셈부르크

트리어

XXX
XVIII
12월 19일

스당

XXX
VIII

XXX
III

XXX
XII

XXXX
1

롱위

프랑스

XXXX
3

XXX
XX

자르브뤼켄

베르됭

메스

XXX
XII
12월 21일

사르그민

0 10 20 30 km

8

<u>12월 16일 토요일</u>

12월 16일 오전 5시 20분, '공격 개시' 10분 전에 제프 디트리히의 제6기갑군이 포문을 열었다. 대부분의 미군은 축축한 눈의 냉기를 피해 16시간이나 되는 밤 동안 농가, 나뭇꾼들의 오두막, 헛간, 외양간 등에서 잠을 자고 있었다. 오전 8시 30분은 되어야 해가 떴다. 몬샤우 숲부터 남쪽으로 형성된 전선 지역 대부분은 무성한 나무들, 바위투성이 골짜기, 작은 시냇물, 오솔길, 물을 흠뻑 먹어 차량이 다닐 수 없는 진흙탕 방화대 등 휘르트겐 숲과 지형이 비슷했다.

미군이 대피소를 선호한다는 사실을 알고 있는 독일 포병 지휘관들은 언제나 가옥을 표적으로 삼았다.[1] 보초들은 절대로 집 안 문 옆에 있지 말라고 교육받았다. 이들은 독일군의 습격에 대비해서 가까운 참호에 들어가 있어야 했다. 지평선 위로, 여름날 번쩍이는 번개 같은 섬광을 본 보초는 동료들을 깨우기 위해 집안으로 뛰어들어갔다. 그러나 포탄이 날아와 터지기 시작했을 때에야 침낭에서 나온 병사들은 장비와 철모, 무기를 든 채 공황 상태에 빠졌다.

전에도 어쩌다 포격은 있었지만, 이번 포격은 훨씬 격렬했다. 집에 남아서 가축을 돌보는 일을 허가받은 농부들도 포탄이 날아와 헛간에 불이 나고 그 불이 집으로까지 번져나가자 놀라서 어쩔 줄 몰라 했다. 화재 진압은커녕, 가족들과 함께 뒤쪽으로 달아났다. 포탄에 맞아 죽는 사람도 많았다. 작은 마을인 만데르펠트에서만 어린이 3명을 포함해서 5명이 사망했다.[2]

반면 남쪽에 있는 제5기갑군 정면의 포병중대들은 조용했다. 만토이펠은 히틀러가 고집하는 장시간의 사전 포격 명령을 무시했다. 그런 일제 사격은 "제1차 세계대전 때나 쓰던 방법일 뿐, 아르덴처럼 전선이 좁은 경우에는 미군에게 날이 밝는 대로 공격하겠다고 미리 경고하는 일밖에 안 된다"[3]고 생각했다. 며칠 전에, 만토이펠은 변장을 하고 몰래 잠입해서 우르강과 남쪽 끝 자우어강의 깊은 계곡을 정찰했다. 자우어강은 "제방이 가파르고 건널 수 있는 곳이 적어서 큰 장애물이 될 것 같았다."[4]

그는 병사들과 장교들에게 미군의 행동 패턴에 대해서도 물어보았다. 미군들은 어두워지면, 집이나 헛간으로 돌아가서 동이 트기 한 시간 전에 원위치로 돌아오기 때문에, 만토이펠은 이들을 깨우지 않고 강을 건너 전선으로 진입하기로 결정했다. 실제 공격이 시작될 때, 독일군은 서치라이트를 낮게 깔린 구름에 비추어서 마치 달빛이 비치는 것처럼 꾸몄다. 덕분에 선봉에 선 보병들이 어두운 숲속에서 길을 찾는 데도 도움이 되었다. 그동안 공병대대는 우르강에 다리를 놓아 3개 기갑사단, 즉 제2, 제116, 기갑교도사단이 진격할 수 있도록 했다.

히틀러는 예전처럼 보병사단이 앞장서서 전선을 돌파하게 하고 그다음에 값비싼 기갑사단이 뫼즈강의 다리를 향해 진격하게 했다. 아들러호르스트에 도착한 첫 번째 보고는 가히 용기백배할 만했다. 요들은 히틀러에게 "기습 공격은 완벽히 성공했습니다"[5]라고 보고했다. 실제로 기습 공격은 성공했다. 하지만 독일군에게 필요한 것은 이 기습 공격이 적군을 거의 마비시킬 정도의 충격으로 이어질 수 있느냐였다. 어떤 미군 부대는 지휘관을 잃고 병사들이 뿔뿔이 도망쳤다. 놀란 민간인들은 군인들에게 같이 동행해달라고 애원하기도 했다. 반면에 제3제국에 충성하는 독일어 사용자들은 이 혼란스

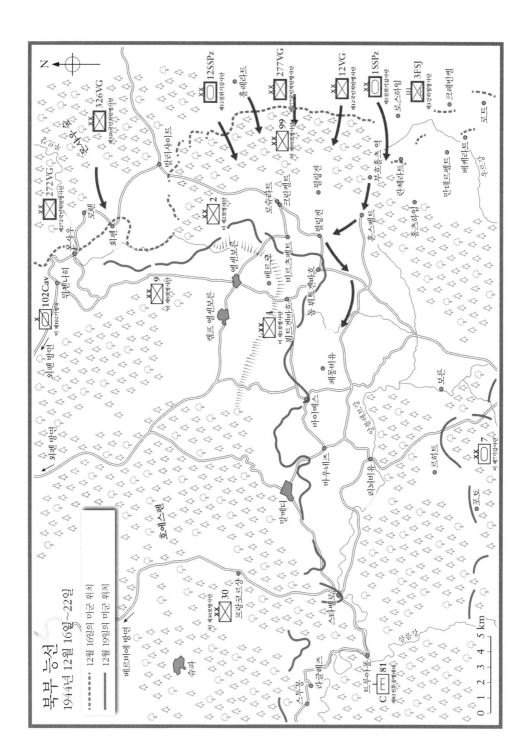

북부 능선
1944년 12월 16일~22일

N

범례:
----- 12월 16일의 미군 위치
───── 12월 19일의 미군 위치

326VG 제326국민척탄병사단

272VG 제272국민척탄병사단

102Cav 제102기병대

9 제9보병사단

2 제2보병사단

4 제4보병사단

12SPz 제12친위기갑사단

277VG 제277국민척탄병사단

99 제99보병사단

12VG 제12국민척탄병사단

1SSPz 제1친위기갑사단

3FSJ 제3강하엽병사단

30 제30보병사단

7 제7기갑사단

81 제81공병중대대,
제1순찰중대대

0 1 2 3 4 5 km

런 장면을 보고 기쁜 표정을 감추지 않았다. 그러나 미 제99보병사단은 "혼란과 공포에 휩싸인 곳도 있었지만, 뛰어난 용기를 보여준 곳도 있었다"[6]라고 보고했다. 이런 뛰어난 용맹 덕분에 독일군의 공격은 결정적인 결과로 이어질 수 없었다.

만데르펠트 북쪽 4킬로미터 지점, 파이퍼 전투단이 선도하는 제1친위기갑사단의 진격로인 로스아임 협곡 반대편에는 란체라트라는 마을이 있었다. 산등성이 꼭대기에 오르면 독일 쪽으로 장엄한 경치를 볼 수 있었다. 집들과 길을 내려다보는 작은 언덕 위에서 제99보병사단 제394연대 소속의 정보정찰소대 병사 18명이 경사면의 풀밭에 참호를 파고 인원을 배치했다. 우익 뒤에는 이들이 도망갈 때 이용할 수 있을 뿐만 아니라 반대로 적이 숨어들어 측면에서 기습할 수도 있는 무성한 소나무 숲이 있었다. 이곳이 중요한 이유는 서북쪽에 있는 혼스펠트와 앙블레브강의 계곡으로 이어지는 도로의 교차로가 왼쪽으로 수백 미터 떨어져 있었기 때문이었다.

비록 경험이 없는 제99보병사단은 제5군단 소속이긴 하지만, 라일 J. 벅 주니어 중위가 지휘하는 소대는 이제 막 제8군단 담당 지역의 경계를 넘어왔다. 이 지역 북쪽 끝자락은 제14기병대•가 주둔한 곳이었다. 제14기병대가 보유한 구축전차들은 저 아래 집들 사이에 서 있었다. 동쪽 지평선이 수백 문의 대포 섬광으로 번쩍거리자 정찰소대는 참호 속으로 뛰어들었다. 란체라트는 독일 포병들의 명백한 목표물이었다. 병사들은 제2보병사단이 미리 준비해둔 참호와 덮개에 감사했다. 포격이 끝나자, 마을에 서 있던 구축천차가 혼스펠트로 가는 길로 들어서기 위해 그들을 지나 왼쪽으로 방향을 트는 광경이 보였다. "자식들, 최소한 작별인사나 하고 가든지……"[7] 한 병사가 중얼거렸다.

벅 중위는 적의 포격을 무선으로 연대 본부에 보고한 뒤 란체라트로 소규모 정찰대를 보내 살펴보라는 명령을 받았다. 희뿌옇게 동이 틀 무렵 내려보낸 정찰조 세 명은 어떤 집에 들어가 한 남자가 독일어로 말하는 소리를

• 당시 제14기병대는 제14기병연대와 제14전차대대, 제711전차대대로 편성되었다.

들었다. 란체라트는 벨기에의 국경 인근에 있기에 동부 지역에서 독일어를 가장 많이 사용하는 곳이었다. 하지만 병사들은 이 남자가 독일군과 대화했다고 확신했기 때문에 그가 살기 위해서는 병사들에게 사정을 설명해야 했다. 날이 밝아오자 멀리서 엄청난 숫자의 군인들이 줄을 지어 쳐들어오고 있는 광경이 보였다. 그들은 소대가 있는 곳을 지나 이 길을 따라 진격할 것처럼 보였다.[8] 벅 중위는 무전기로 뛰어가서 란체라트 뒤쪽 길을 포격하라고 요청했지만, 연대 본부에서는 믿지 않았다.

벅 중위는 쌍안경으로 독일 낙하산병들이 특유의 철모와 군복을 입고 도로 양쪽으로 열을 지어 행진하는 모습을 지켜봤다. 그들은 경계도 하지 않고 총을 어깨에 메고 있었다. 앞쪽이나 측면에 정찰병도 없었다. 단순한 도로 행군일 수도 있었다. 하지만 이들은 파이퍼 전투단에게 길을 열어주는 임무를 띤 제3강하엽병사단 제9연대 병력이었다. 벅 중위의 소대원들은 기관총과 자동화기를 들고 완벽한 매복을 했다. 그리고 잔뜩 긴장한 채 적의 본대가 사정거리 안에 들어오기만을 기다렸다. 잠시 후, 장교임이 분명한 몇 명이 시야에 들어왔다. 사격 준비 신호를 보냈다. 사격을 개시하려던 순간, 열세 살쯤으로 보이는 금발 소녀가 집에서 뛰어나오더니 벅 중위의 정찰소대가 매복해 있는 언덕 위쪽을 손가락으로 가리켰다. 소녀를 차마 죽이고 싶지 않아 주저하던 사이에 독일 장교가 소리를 지르며 부하들에게 도로 옆 도랑으로 숨으라고 명령했다.

매복은 실패로 돌아갈 뻔했다. 그러나 독일 지휘관의 고집 덕분에 제대로 훈련받지 못한 10대 소년병들을 사살할 수 있었다. 독일 지휘관은 차례로 정면 공격을 하라는 명령을 내렸다. 독일군이 미군 진지 바로 아래에 있는 평지를 건너 방설책을 오를 때마다 정찰소대 기관총 사수들이 그들을 쓸어버렸다. 거리가 너무 가까워서 병사들은 서로의 얼굴도 분명하게 볼 수 있었다. 벅 중위는 다시 한번 포병 지원을 요청했다. 포병대는 이미 다른 곳을 포격 중이었다. 그럼 어떻게 해야 하냐고 묻자 "무슨 일이 있더라도 버티라"[9]라는 회신이 왔다. 몇 명인가 총을 맞았지만, 그래도 계속 싸울 수는 있었다.

전사자와 부상자가 무더기로 발생했다. 우회해서 공격할 만도 한데, 독일군은 같은 방식으로 계속 공격하여 불필요한 희생만 키웠다. 이해할 수가 없었다. 그러던 중 적이 백기를 흔들었다. 벅 중위는 독일 의무병들이 부상자를 한곳으로 모으는 동안 사격을 중지했다. 다시 전투가 시작되었다. 날이 어두워지자 벅 중위의 소대는 탄약이 점차 바닥을 드러냈다. 밤이 되어서야 독일군 지휘관은 우회 공격을 시도했다. 독일군은 돌격해서 벅 중위의 소대가 있던 참호를 점령했다. 벅 중위와 거의 모든 병사가 포로로 잡혔다. 벅 중위의 소대는 불과 한 명의 전사자와 몇 명의 부상자만으로 독일 낙하산병을 400명이나 사살하거나 부상을 입히고 연대 전체의 진격을 꼬박 하루 동안 저지했다. 가장 중요한 사실은 독일군의 진격을 늦추었다는 것이다.

파이퍼는 보병을 먼저 보낸 결정이 큰 실수였음을 알고는 몹시 화가 났다. 3개월 전, 독일군이 후퇴하면서 끊어버린 로스아임의 서북쪽을 지나는 철교가 수리되지 않고 방치되었기에 파이퍼 전투단의 전진은 이미 지체되었다. 그날 저녁 오후 7시 30분이 되어서야 겨우 다리가 복구되었다. 제12국민척탄병사단의 야포를 끄는 말이 파이퍼 부대 앞에 자리 잡는 바람에 진격은 더욱 늦어졌다. 도로가 꽉 막혀 있었다. 파이퍼는 "도로 위에 있는 거추장스러운 것들을 들이받으면서 재빨리 밀고 나가라"[10]라고 명령을 내렸다. 선두로 나서고 싶은 욕심에 눈이 먼 파이퍼는 전차장들에게 지뢰밭을 가로지르라고 명령했다. 그로 인해 전차 5대가 파괴되었다.

사단 본부에서는 파이퍼에게 란체라트로 우회하여 제3강하엽병사단의 일부 병력과 합류하라고 했지만, 이미 그 부대는 격퇴당했다. 파이퍼는 연대를 인수해서 공격할 계획이었다. 란체라트 주민들에 따르면 파이퍼 부대원들은 마을에 들어서면서부터 "미군을 영국 해협까지 몰아낼 것이라면서 큰소리를 쳤고"[11] 이미 독일군이 리에주의 뫼즈강까지 점령했다는 말을 하고 다녔다.

파이퍼는 미군 방어선에 가까이 간 적도 없으면서 미군의 수비가 견고하다고 보고한 강하엽병연대 장교들에 대한 경멸감을 노골적으로 드러냈다. 파이퍼는 셔먼 전차 4대와 여러 대의 트럭 그리고 지프차에 탄 채 자신의 부대에 붙어 있는 슈코르체니 전투단 역시 못마땅했다. "그놈들은 집에서 낮잠이

나 자고 있는 게 나을 걸. 계획한 곳 근처에도 못 갈 거니까 말이야."[12] 파이퍼는 자신의 부대원들과 낙하산병들에게 부흐홀츠와 혼스펠트를 향해 진격하라고 명령했다.

미 제99보병사단 예하 소규모 부대가 부흐홀츠 역에 포위된 채, 제3강하엽병사단을 맞아 전투 중이었다. 젊은 전방 관측 장교가 포병들을 지휘했다. 그는 나중에 이렇게 썼다. "우리는 지프차를 도로로 끌어냈다가 다시 헛간으로 넣었다. 춥고 조용한 밤이었다. 친위기갑부대가 고함을 질러대는 소리, 전차 엔진 소리, 보기차의 삐걱대는 바퀴소리가 선명하게 들렸다."[13] SCR-536 무전기로 독일군이 영어로 조롱하는 것도 들을 수 있었다. "이리 와! 이리 와봐, 와보라고! 위험! 조심해! 조심해야지! 강력한 공격을 하고 있는 중이라고. 이봐! 누구 없어?" 파이퍼의 대공전차들이 도착하면서 부흐홀츠 역을 지키는 것이 어려워졌다. 20밀리 기관포를 4문이나 장착하고 있어 콘크리트나 두꺼운 강철 장갑판이 아니면 막아낼 방도가 없었다.

파이퍼의 우익을 맡은 제12친위기갑사단 히틀러 유겐트는 쌍둥이 마을 로슈라트와 크린켈트를 향해 천천히 진격했다. 이 사단은 노르망디에서 영국군과 캐나다군에게 궤멸 직전까지 몰렸었고 이때에도 완전히 회복한 것은 아니었다. "어느 부대나 머저리 같은 놈들은 있게 마련이지요."[14] 다른 친위대 장교가 말했다. "자기가 보이 스카우트 단원인 줄 착각하는 놈도 있고, 사람 죽이는 것만 능사로 생각하는 새끼도 있습니다." 이 사단 역시 기계적인 문제로 골머리를 앓아야 했다. 히틀러 유겐트 사단은 5호 전차 판터의 고장률이 유난히 높았다.

제99보병사단 구역 북쪽 끝에서는 제395보병연대 제3대대가 몬샤우 바로 남쪽의 회펜 마을을 지키는 중이었다. 몬샤우 숲 돌출부에 위치한 작은 마을인 회펜은 적의 공격 목표가 될 만한 곳이었다. 모델 원수는 이 몬샤우의 양쪽 측면을 돌파하고 외펜과 아헨으로 연결되는 도로를 차단하여 북쪽에서 오는 미군 증원부대를 저지할 계획이었다. 하지만 몬샤우를 직접 포격하지 못하도록 명령했다. 회펜에서는 미군 대대가 인공 달빛이 자신들에게 유리하다는 사실을 발견했다. 제326국민척탄병사단이 안개 속을 뚫고 진격할 때 이 달빛이 독일 보병의 그림자를 만들었다. 한 미군 장교는 이렇게 말했다. "오전 6시 독일군이 공격해왔다. 흐릿한 안개 속에서 독일군이 우리 대대 바로 앞에서 나타났다. 특유의 느릿느릿한 걸음으로 앞으로 움직이는 짐승 떼처럼 보였다. 인공 달빛 덕분에 접근해오는 독일군이 하얀 눈 위에 뚜렷하게 드러났다. 이윽고 대대의 모든 화기가 불을 뿜었다. (…) 오전 6시 55분 막대한 피해를 입은 독일군은 퇴각했다."[15] 대대는 81밀리 박격포 10문을 동원했다. 나중에 통신이 재개되자 제196야전포병대대도 가세했다.

독일군은 채 두 시간도 되지 않아서, 전차와 장갑차로 증강된 병력으로 재차 공격했다. "K중대 전방에서 독일 보병들이 전차 앞으로 나오더니 괴성을 지르며 돌격해왔다."[16] 박격포와 155밀리 롱톰이 이 지역을 포격하여 공격을 물리쳤다. 오전 9시 30분 또 다른 공격이 있었다. 많은 독일군이 네 채의 가옥을 점령했다. 대대장은 두 문의 57밀리 대전차포 사수에게 철갑탄으로 벽을 부수라고 명령했다. 독일군이 대전차포 사수에게 사격하지 못하도록 소총과 자동화기 사수들은 창문을 집중 사격했다. "집 안이 비명소리로 가득했던 것을 보면, 대전차포가 목표한 지점을 정확히 맞춘 것 같았다." 예비소대가 살금살금 기어가 창문으로 백린수류탄을 던져 넣었다. 생존자들은 곧 항복했고 안에서는 시신 75구가 발견되었다.

제393보병연대 제2대대는 제2보병사단 소속이었다. 제2보병사단은 슈미트 근처에 있는 루르 댐 방향인 북쪽으로 진격하는 제5군단에 막 배속되었다. 이들이 남쪽에서 포성을 들었을 때, 이들은 아군 사단의 잔여 병력이 공격에 가세했다고 생각했다. 독일군의 공세라는 것은 조금도 생각하지 못했다.

도로의 움푹 파인 곳에서 조던이라는 의무병이 소총수의 팔에 붕대를 감아주었다. "오른팔이 거의 떨어져나간 소년에게 혈장을 투여하고, 그를 달래며 담배를 피울 수 있도록 담배를 들어주었다."[17] 곁에 있던 병사의 말이다. "소년은 이미 쇼크를 일으켜 심하게 몸을 떨고 있었다. 수십 미터 떨어진 곳에 포탄이 떨어져도 무서워 떨었다. '저 좀 여기서 내보내주세요. 제발 여기서 내보내주세요. 포탄이 너무 가까이 떨어져요. 정말 큰일 날 뻔했다고요.

제발 여기서 내보내주세요.' 소년은 계속 같은 말을 반복했다." 그러다가 의무병 조던이 그만 머리에 총을 맞았다. "나중에 들은 이야기에 따르면 우리 병사들이 그날 독일군 의무병을 사살하여 복수했다. 독일 의무병이 루거 권총을 휴대했기에 양심의 가책이 좀 덜했다고 한다." 병사들은 무슨 일이 일어나고 있는지도 모른 채, 댐을 향해 진격하던 중 점령한 곳을 포기하고 서남쪽 크린켈트로 가서 독일군 제12친위기갑사단을 막으라는 명령을 받고 잔뜩 화가 났다.

제99보병사단이 절망 속에서도 용감히 싸우고 있었다. 개중에는 "극도의 긴장감 속에서 바지에 오줌을 싸거나, 토하거나, 또는 여러 신체적 증상을 보이는 병사도 있었다"고 한 장교가 증언했다. "총기를 손질하다가 오발 사고로 손이나 발을 다쳤다는 병사들도 급격히 늘어났다." 공포가 극심한 경우에는, 이보다 심하게 자해하는 병사들도 있었다.[18] "큰 나무를 얼싸안고 드러누운 채 들고 있던 수류탄을 터뜨려 손목을 날려버린" 사건은 제99보병사단에서 가장 끔찍했던 경우였다.

슈네 아이펠에 도착한 지 얼마 되지 않은 데다, 경험이 부족했던 제106보병사단은 사흘에 걸친 독일군의 공격에 속절없이 무너졌다. 로스아임 협곡에서 제99보병사단과 제106보병사단 사이를 방어하던 제14기병대가 예고도 없이 퇴각하는 바람에 측면에서 기습공격을 받았기 때문이었다. 이로써 제99보병사단의 우익이 취약해졌다. 제395보병연대가 절망 속에서 서둘러 퇴각할 때 병사들은 "미군은 절대로 후퇴하지 않는다"[19]라는 슬로건을 떠올리면서 쓴웃음을 지었다. 퇴각하면서 식량 공급을 받지 못하자, 병사들은 말린 귀리가 들어 있는 드럼통을 열어 손으로 퍼먹고 주머니에도 잔뜩 넣어갔다. 어떤 장교는 13센트짜리 캠벨 수프 통조림을 75달러를 주고 산 병사도 있었다고 썼다.

이 일에 앞서 제14기병대는 고립된 채 약 9킬로미터에 달하는 전선을 방어하는 불가능한 임무에 직면해 있었다. 이들은 간신히 마을에서 위치만 지키면서 아직 방어선도 구축하지 못했다. 제14기병대는 고정된 위치에서 방어하는 훈련을 받은 적이 없었고, 필요한 병력이나 장비도 없었다. 가진 것이

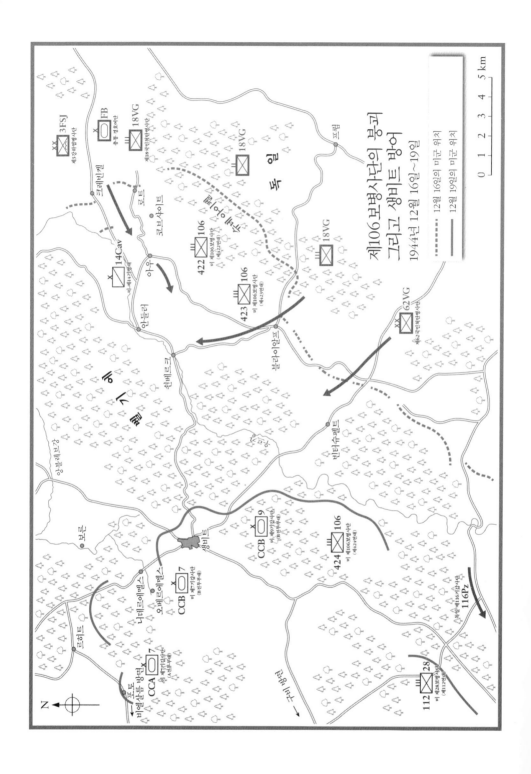

제106보병사단의 붕괴
그리고 생비트 방어
1944년 12월 16일~19일

12월 16일의 미군 위치
12월 19일의 미군 위치

0 1 2 3 4 5 km

라곤, 정찰 차량에서 내린 기관총과 대전차포 몇 문 그리고 105밀리 곡사포대대의 지원을 받는다는 사실뿐이었다. 게다가 이제야 제106보병사단이 막 배치되었다는 얘기는 아직 두 부대 간의 협동방어를 위한 준비가 마련되지 못했다는 의미였다.

공격 개시 며칠 전 독일 정찰대는 제14기병대가 지키고 있는 구역의 로트와 베케라트 사이에 약 2킬로미터에 이르는 공간이 비어 있음을 발견했다. 동이 트기도 전에 돌격포여단의 지원을 받은 제18국민척탄병사단이 미군 전선에 생긴 빈틈으로 곧장 밀고 들어왔다. 이 빈틈은 제5기갑군 경계 북쪽에 있었다. 만토이펠의 첫번째 목표는 미군 전선 후방에서 약 15킬로미터 떨어져 있으면서 로트에서 시작한 길이 통과하는 생비트였다.

로트와 베케라트의 제14기병대 병사들은 안개 자욱한 낮에 이미 독일군이 자신들의 등 뒤에까지 들어와 있다는 사실을 깨달았다. 낮은 구름과 가랑비가 오는 틈을 타서 미끄러지듯이 침투한 것이었다. 포탄이 야전통신선을 끊어놓았고, 독일 방해 공작팀이 미군 주파수에 음악을 크게 틀어놓는 바람에 모든 통신망이 마비되었다. 로트에서 포위되었던 제14기병대 병사들은 한참 동안 버티다가 오후에 항복했다.

제106보병사단이 당장 무너진 것은 아니었다. 지크프리트선(베스트발) 바로 앞 넓게 돌출된 곳을 포함하여 지켜야 할 전선 길이가 30킬로미터를 넘는 데다 왼쪽 측면인 로트 근처 제14기병대의 담당 구역이 노출되어 더욱 불리했다. 그 대신 제106보병사단은 군단포병 중 8개 대대의 지원을 받았고 독일 기갑사단에게 길을 터주기 위해 포탄받이로 나선 국민척탄병들에게 엄청난 피해를 입혔다.[20] 그러나 왼쪽으로 돌파해오는 독일군의 측면을 공격하지 않았다. 이것이 이튿날 재앙으로 이어졌다.

모델의 포병 참모가 본 바로는, 울창한 삼림이 보병의 진격을 더디게 만들고, 포병이 목표물을 식별하기 곤란했다. 국민척탄병사단 역시 포병의 지원을 어떻게 받아야 할지 제대로 알지 못했다. 무선 사용금지 명령이 큰 도움이 되었다고 하기는 어려웠다. 결국 포격이 시작될 때까지 통신망을 정비하지 못했을 뿐이었다.

미군의 통신 사정은 더 나빴다. 바스토뉴에 있는 미들턴 장군의 제8군단 사령부는 독일군의 공세 규모조차 짐작할 수 없었다. 슈파에 있던 미 제1군의 호지스 장군은 독일군이 루르 댐으로 향하는 제5군단의 진격을 방해하기 위해서 "국지적인 양동 작전을 벌이고 있을 뿐"[21]이라고 추측했다. 호지스 장군은 미군이 '폭명탄buzz-bombs'•이라 부르는 V-1비행폭탄이 머리 위로 계속 날아가 리에주를 폭격하는데도, 여전히 그 의미가 무엇인지 알아채지 못했다.(V-1비행폭탄으로 인한 가장 큰 피해는 그날 저녁 안트베르펜의 극장에서 발생했다. 폭탄이 극장에 명중하는 바람에 300명의 영국군과 캐나다군이 죽고, 200명이 다쳤으며, 다수의 민간인 사상자가 발생했다.) 게로 장군의 충고에도 불구하고 호지스 장군은 제2보병사단의 북상을 멈출 생각이 없었다. 오전 9시 15분, 룩셈부르크의 제12집단군 사령부 브리핑에서는 G-3 작전 참모조차, 아르덴에서는 아무 특이 사항이 없다고 보고했다. 그 시간 브래들리 장군은 아이젠하워와 병력 보충을 의논하기 위해 베르사유로 향하는 중이었다.

제2보병사단 본부의 맷 코놉 중위의 일기를 보면, 전방에 가까운 미군조차 독일군의 공세 규모와 범위를 파악하는 데 얼마나 오래 걸렸는지 짐작할 수 있다. 12월 16일, 코놉의 일기는 이렇게 시작되었다. "오전 5시 15분 여섯 명의 다른 장교들과 함께 붉은색의 작은 집에서 자던 중 큰 폭발음을 들었다. 꿈이겠거니 했다. 꿈이겠지. 아군 포성일 거야. 아니, 그럴 리 없어. 점점 커지면서 가까워지잖아!"[22] 코놉은 어둠 속에서 일어나서 내복 바람으로 문가로 걸어가 문을 열었다. 그때 밖에서 포탄이 터졌다. 코놉은 동료를 깨우기 위해 황급히 달려들어갔다. 모두 속옷만 입은 채 손전등을 켜고 지하실로 내려갔다. 포격이 잠잠해지자 위층으로 올라온 코놉은 작전 담당 부서에 전화를 걸어 평상시와 다른 내용이 보고된 것이 있는지 확인했다. "별다른 특이 동향은 없습니다. 이곳에 포탄이 간간이 떨어지는 것을 제외하면 전선

• 벌처럼 윙윙 소리를 내면서 날아가는 폭탄이라는 뜻. 런던 주민들은 V1로켓 특유의 엔진 소음 때문에 '버즈봄버' 또는 '개미귀신doodlebug'이라고도 불렀다.

에서 보고된 특이사항은 없습니다." 코놉은 다시 잠자리에 들었지만, 잠이 올 리가 없었다.

오전 7시 15분, 코놉이 비르츠펠트의 지휘 본부에 도착했을 때에도 아직 날이 어두웠다. 상황판에 표시된 제2보병사단의 전진은 만족스러웠다. 제2보병사단 제9보병연대는 발러샤이트 마을을 막 점령했다. 한 시간 후, 코놉은 비르츠펠트 주위를 둘러보았다. 비료로 쓸 분뇨 더미에 포탄이 떨어지는 바람에 공병대대의 취사반이며 장교 사무실이 온통 똥 범벅이 되었다는 점만 제외하면, 포격으로 인한 피해는 없었다. 아침 늦게는, 성당이 목표가 될 가능성이 높으니, 내일 미사를 드릴 때에 주의해야 한다는 이야기를 군종 신부와 나누었다.

저녁 5시 30분, 코놉은 독일 전차가 제106보병사단 지역을 돌파했다는 보고서를 봤다. "그 지역에 주둔하고 있는 독일군 병력"[23]이라고 적혀 있었다. 딱히 별로 할 일도 없었기에, 그는 자기 방으로 돌아와 책을 읽었다. 그날 저녁은 종군 기자 몇 명과 잡담을 하면서 보냈다. '잠자리에 들기 전'에 두 기자에게 내일 아침 포격이라도 있을 때를 대비해서 지하실로 가는 문을 가르쳐주었다.

서남쪽의 제106보병사단과 접해 있는 코타의 제28보병사단은 시야 불량 때문에 초반 기습 공격을 당했다. 그러나 독일군의 인공 달빛은 큰 '실책'임이 밝혀졌다. "독일군이 서치라이트를 숲에다 비추려다 우리 머리 위 구름으로 돌리는 바람에 자신들의 그림자가 그대로 드러났다. 우리 기관총 사수들의 사격 표적이 되었다."[24]

다행스럽게도 공격이 시작되기 전 사단은 보병 장교들과 부사관들을 포병 관측 장교 역할을 할 수 있도록 훈련을 시켜놓았다. 제109보병연대의 한 중대는 적의 공세가 심해지자, 자신들의 참호 50미터 앞까지 155밀리 곡사포 사격을 유도하기도 했다. 미군은 한 명의 사상자도 없었지만 독일군의 사상자는 150명에 달했다.[25]

자신의 전공과 적군 규모를 과장하려는 충동이 만연했다. 한 대대장이 이렇게 불평했다. "10명의 독일군을 중대 병력이라고 보고를 하지 않나, 4호 전차 두 대를 6호 전차 수십 대라고 하지를 않나…… 직접 보고 들은 내용이 아닌 추측을 보고하면 지휘관이 빠르고 정확한 결정을 할 수 없게 된다."[26]

코타의 제28사단 제112보병연대는 "공격이 시작되던 날 아침에 독일군들이 술에 취해 있었다"라는 사실을 알았다. "독일군은 웃고 떠들면서 미군들에게 총을 쏘면 위치가 드러나니 절대 쏘지 말라는 이야기까지 했다. 우리는 독일군의 행렬 선두가 25야드(약 23미터) 지점까지 다가올 때까지 기다렸다. 독일군은 엄청난 사상자가 발생했다. 몇몇 전사자의 수통을 살펴보니 조금 전까지 그 안에 코냑이 담겨 있었음이 분명했다."[27]

발덴부르크의 독일 제116기갑사단은 미 제106보병사단과 제28보병사단의 경계 지점을 공격했다. 그러나 빈틈을 찾기는커녕, 대전차소대와 제106보병사단의 최정예 대대로부터 측면공격을 받았다. 발덴부르크는 이렇게 보고했다. 베르크 서쪽 숲에서 제60기갑척탄병연대의 돌격중대가 미군의 "용감하고도 처절한 반격"으로 "거의 전멸했다."[28] 독일군은 강을 건너는 것을 엄호하려고 야포를 전진 배치했지만, 숲과 언덕 때문에 관측이 어려웠고 경사가 너무 급해서 사격을 위해 포를 위치시킬 만한 곳도 거의 없었다.

반면 발덴부르크의 직접 지휘 아래 남쪽으로 향하던 제156기갑척탄병연대는 오버하우젠을 빠르게 밀고 들어갔다. 그러나 지크프리트선상에 설치된 용치(전차의 전진을 막으려고 설치한 장애물―옮긴이) 때문에 기갑연대는 당초 계획된 진격로로 갈 수 없었다. 우르강을 건너는 위치를 확보한 제156기갑척탄병연대를 뒤따라 진격하려면 군단 사령부의 허가를 받아야 했다. 아르덴 지역의 폭우와 폭설로 땅이 물러지면서, 기갑부대는 포장도로로만 다닐 수 있었다. 전차의 무한궤도는 좁은 길을 1미터 깊이로 파헤쳤다. 이 때문에 장륜 차량은 물론 다른 전차들까지 기동할 수 없었다. 연합군의 폭격에서 보호받기 위해 히틀러가 그토록 원했던 악천후였지만, 대신에 비싼 대가도 치러야 했다. 공격 의도를 감춰주던 숲도 마찬가지였다.

더 남쪽에서 제26국민척탄병사단은 만토이펠의 고참 전투부대인 제2기갑사단과 기갑교도사단의 전선을 열어주는 임무를 맡았다. 이들은 밤중에,

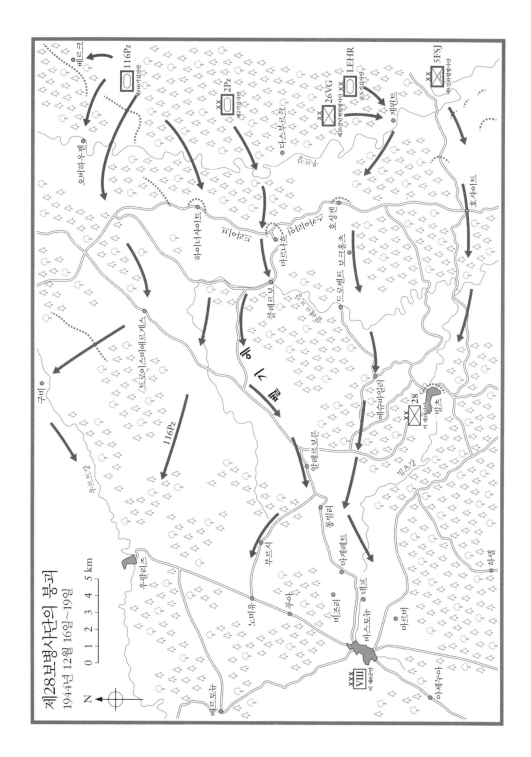

제28보병사단의 붕괴
1944년 12월 16일~19일

N

0 1 2 3 4 5 km

116Pz 제116기갑사단
2Pz 제2기갑사단
26VG 제26국민척탄병 사단
LEHR 교도기갑사단
5FSJ 제5공수강하사단

베르크
오버하우젠
다스부르크
케빌트
호샤이트
하이나사이트
피아크
마르나흐
클레르보
호싱겐
드로베르트 브링츠
마트네로보링
엔누바일러
빌츠 제28보병사단
116Pz
트로이스베어브레스
구비
우르 트강
운플리즈
노비유
푸아
부르시
롱빌리
마게레트
비조리
비에
빌츠강
하렌
베르트뉴
마르비
바스토뉴
아세누아
베로도뉴
VIII 제8군단

아무리 늦어도 이튿날 이른 아침까지는 서쪽으로 직선거리가 30킬로미터 채 못 되는 거리에 있는 바스토뉴를 점령해야 했다. 그러나 제26국민척탄병사단의 하인츠 코코트 소장에게 예상치 못한 일이 벌어졌다. '스카이라인 드라이브'라고 알려진 길을 따라 구축되어 있던 방어선이 무너졌음에도 제28보병사단이 여전히 버티고 있었다. 코코트 소장은 이렇게 썼다. "붕괴된 부대의 패잔병들이 항복하지 않고 끝까지 저항할 것이라곤 전혀 상상하지 못했다. 그들이 남아서 길을 막고 있었다"[29] 비로소 독일 지휘관들은 보병은 기갑사단이 뫼즈강으로 가는 길을 열어주기 위함이 아니라, "보병 자신의 전진을 위해 싸워야만 했다"는 사실을 깨달았다. "공격 첫날, 제5기갑군은 당초 목표로 했던 곳을 하나도 점령하지 못했다." "호싱겐에 주둔한 적의 완강한 저항"은 둘째 날 오전 늦게까지 계속되었다.

제26국민척탄병사단은 강을 건너야 했지만, 게뮌트 근처의 우르강을 건너는 교량은 오후 4시까지도 수리되지 않았다. 미군들이 폭탄 구덩이와 쓰러진 나무로 '목책'을 만들어 호싱겐으로 가는 길을 막아놓았다. 이 때문에 제26국민척탄병사단과 기갑교도사단의 차량들이 서로 엉켜서 극심한 교통 혼잡이 벌어졌다. 독일 공병대대는 밤새도록 도로를 복구해 놓아야 했다. 제26국민척탄병사단은 공격 첫날 대대장 두 명을 포함해 장교 8명과 병사 230명을 잃었다.

미 제28보병사단의 우익에 있던 독일 제7군은 뫼즈강을 향해 서쪽으로 진격하는 만토이펠의 제5기갑군 측면을 보호하기 위해 제5강하엽병사단을 내보냈다. 하지만 제5강하엽병사단은 독일군 전투 서열상 병력 보충의 우선순위가 가장 낮았기에 전투가 미숙했다. 병력은 1만 6000명이나 되었지만 보병 훈련을 거의 받지 못했다. 제13공수연대의 어떤 대대는 비행교관인 프랑크 소령이 지휘했다. 부하들 중에는 야전 경험이 없는 장교가 12명이나 되었다. 나중에 포로가 된 프랑크 소령의 대화를 비밀리에 녹음한 내용을 들어보면, 그의 부사관들은 "의지는 강했지만 실력이 없었어"[30], 반면 700명의 병사들은 16~17세에 불과했지만 "청년들이 참으로 훌륭했지"라고 말했다.

"공격 첫날 우리는 요새화된 마을인 퓌렌(제109보병연대 E중대가 주둔하고 있었다)을 공격했어. 25미터나 되는 벙커와 맞닥뜨렸지. 거기서 주춤하는 사이에 중대장이 전사했어. 두 시간 반을 꼼짝없이 갇혀 있어야 했어. 연락병이 다섯이나 전사했으니, 그런 상황에서는 지휘를 제대로 할 수 없었어. 되돌아온 연락병도 모두 만신창이었지. 두 시간 반 동안 엎드려서 조금씩 뒤로 물러났어. 중화기의 지원도 없이 젊은 놈이 땅에 납작 엎드려 기어가는 꼴이라니! 나는 전방 관측 장교를 기다리기로 작정했어. 연대장은 '계속 진격해. 마을을 점령하란 말이야. 거긴 몇 놈 안 남았어!'라고 외쳐댔지.

그래서 연대장에게 말했지. '그건 미친 짓입니다.'

'아냐! 이건 명령이다. 계속 진격해. 오늘 밤 안에 점령해야 해.'

'물론 그렇게 할 겁니다. 전방 관측 장교를 기다리느라 허비한 시간은 나중에 두세 배로 벌충하겠습니다. (…) 최소한 돌격포라도 북쪽에서 진격시켜 저놈의 벙커를 격파시켜주십시오.'

'안 된다니까, 여력이 없어!'

우리는 어떤 지원도 없이 그 마을을 점령했어. 점령 후 마을을 빠져나왔을 때에야 아군의 포격 지원이 시작되었지. 포로를 181명이나 구출했어. 마지막 60명을 구해내자 박격포탄이 쏟아지기 시작했어. 그런데 우리 박격포여단에서 쏜 한 발이 포로와 교도관들이 있는 한복판에 떨어졌지 뭐야. 22시간 후에도 우리 포병들은 여전히 그 마을에 포격을 퍼부었어. 통신이 완전히 두절되었었거든."

사단장인 루트비히 하일만 소장은 자기 부대에 대해 애착이 조금도 없는 것 같았다. 하이테가 묘사한 바로는 "야심은 있지만, 생각이 짧고 도덕적 관념도 부족한 무모한 군인"[31]이라며 절대로 사단장이 되어서는 안 될 인물이라고 평가했다. 병사들은 전투 중에 엄청나게 많은 부하를 아무렇지 않게 희생시키는 그를 '도박장의 도살자butcher of Cassino'[32]라고 불렀다. 아르덴 대공세 개시 첫날, 그의 부대는 바닥이 진흙탕일 뿐 아니라 물살도 빠른 우르 강을 허우적거리며 건너다가 미군 박격포 공격의 표적이 되었다.[33]

남쪽으로 간 미 제9기갑사단은 폭이 3킬로미터밖에 안 되는 좁은 구역을 맡았지만 독일 제212국민척탄병사단에 밀려 후퇴 중이었다. 오른쪽으로는 에히터나흐의 서쪽과 남쪽에 제4보병사단의 전초기지가 있었는데도, 기지에서는 동이 트기 전 독일군이 자우어강을 건너는 모습을 보지 못했다. 절벽이나 강의 계곡 위 높은 산등성이에 있는 전초기지는 맑은 날씨라면 멀리까지 내다볼 수 있는 곳이지만, 밤이나 안개가 심한 날은 아무 것도 보이지 않았다. 이 때문에 독일군 정찰대가 후방에 잠입하면서 전초기지에 있던 병사들은 포로로 잡혔다. 야전전화로 대대장에게 자세한 공격 상황을 보고하던 중대장은 다른 사람이 통화 속에 나오자 깜짝 놀랐다. 강한 독일어 억양이었다. "우리가 왔다!"[34]

라우터보른에서는 1개 분대가 기습을 받아 전원 포로가 되었다.[35] 자신만만해진 독일군이 포로들을 호송하다가 하필이면 다른 미군 중대가 있는 방앗간 옆을 지나갔다. 미군이 발포하자 그 틈에 포로들은 도랑으로 몸을 굴려 여러 시간 동안 숨어 있다가 부대에 합류했다.

관측 초소까지의 통신선은 포격에 의해서 끊어졌다. 무선은 축축한 기후와 많은 언덕 때문에 제대로 작동하지 못했다. 부주의하거나 당황한 교환원들 탓에 통신은 일대 혼란에 빠졌다. 제4보병사단장 레이먼드 O. 바턴 소장은 오전 11시가 되어서야 에히터나흐 양 옆에 있는 제12보병연대가 엄청난 공격을 받고 있다는 보고를 받았다. 바턴 소장은 지체 없이 예비대대를 동원하고 제70전차대대에서 1개 중대를 차출해 지원을 보냈다. 그날 오후 늦게 날이 저물 때까지, 제12보병연대는 여전히 '스카이라인 드라이브' 산등성이의 5개 주요 마을을 장악했다. 이곳은 독일군의 진격을 막는 가장 중요한 교차로였다. 어떤 분석가는 "이 전투에서 가장 중요한 역할을 했던 것은 이 마을들과 교차로였다"[36]고 평가했다.

제4보병사단은 큰 소나무를 쓰러뜨려 길을 막고 지뢰와 부비트랩을 설치해서 목책을 만들었다. 최근의 휘르트겐 숲 전투 이후 병력이나 무기가 부족한 상황에서 목책 설치야말로 이 사단이 세운 확실한 공이었다. 제4보병사단은 노르망디 전투 때부터 독일군의 대전차 화기인 판처파우스트를 적군에게 사용할 만큼 대량으로 노획했다. 사거리는 40미터 정도로 짧지만, 판터 전차를 관통하는 능력은 미군의 바주카포보다 훨씬 더 우수하다는 것을 보병들은 잘 알고 있었다.● 54대의 전차 중 43대는 아직도 후방에서 수리 중이었다. 이것은 생각만큼 끔찍한 일은 아니었다. 만토이펠 역시 브란덴베르거의 제7군에서 기갑사단을 보충해서 남쪽 산마루를 돌파하고 싶었지만, 병력의 여유가 없었기 때문이다.

그날 브래들리 장군이 룩셈부르크에서 베르사유로 가는 길은 얼음으로 뒤덮여 있어서 예상보다 오래 걸렸다. 아이젠하워는 원수로 진급한다는 소식을 들어서 그런지, 기분이 좋아보였다. 브래들리가 축하 인사를 건네자 아이젠하워는 "난 그저 원수가 되어 사인을 하는 내 모습을 한번 보고 싶었을 뿐이야"[37]라고 대답했다.

브래들리를 수행했던 핸슨 소령은 헤밍웨이가 여러 사람과 술을 마시고 있는 리츠 호텔로 돌아갔다. 핸슨은 "그 방에는 두 개의 고풍스러운 황동 침대가 있었다. 책과 술병이 어지러이 널려 있었고, 벽에는 파리 시내의 사진들이 아무렇게나 압정으로 꽂혀 있었다"[38]고 회고했다. 얼마동안 그들과 한담을 나누던 핸슨은 "슬그머니 빠져나와, 예전에 우리가 가슴을 드러낸 여인들의 밸리 댄스를 감상했던 리도쇼(세계 3대 공연 중 하나. 파리 샹젤리제 가에 공연장이 있다—옮긴이) 공연장으로 가서 밤늦게까지 있었다."

오후 늦게, 아이젠하워와 브래들리가 연합군 최고 사령부의 고급 장교들과 병력 보충 문제를 논의하고 있을 때, 참모 장교 한 명이 들어와서 메시지를 전달했다. 메시지를 읽어본 스트롱 소장은 다급하게 제8군단의 관할구역 지도를 찾았다. 독일군이 전선 다섯 곳을 돌파했다는 소식이었다. 그 자리에 있던 사람들의 생각으로는 다섯 곳에서 가장 급박한 곳은 로스아임 협곡으로 보였다. 아르덴에는 이렇다 할 군사목표물이 없었지만, 자세한 보

● 실제로 제2차 세계대전 당시 미군의 대표적인 휴대용 대전차로켓포인 바주카(제식명칭이 아니라 별명이었다)는 가볍고 다루기 용이했지만 관통력이 부족하여 초기형인 M1이 80밀리미터, 개량형인 M9이 100밀리미터 정도였다. 4호 전차라면 몰라도 판터나 티거의 전면 장갑을 관통하기는 쉽지 않았다. 한국전쟁 초반에도 T-34/85전차의 전면 장갑을 관통하지 못해 신형인 M-20 수퍼 바주카를 급히 공수하기도 했다. 반면, 독일군의 판처파우스트는 관통력이 최대 200밀리미터에 달하여 연합군이 보유한 모든 전차를 쉽게 격파할 수 있었다.

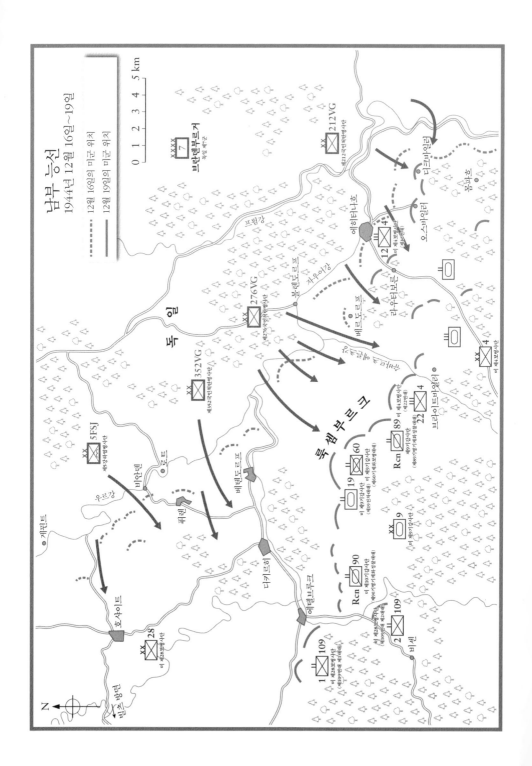

남부 능선
1944년 12월 16일~19일

- - - - 12월 16일의 미군 위치
───── 12월 19일의 미군 위치

0 1 2 3 4 5 km

XXXX
7
브란덴부르거
독일 제7군

독
일

XX
212VG
제212국민척탄병사단

XX
276VG
제276국민척탄병사단

XX
352VG
제352국민척탄병사단

XXX
5FSJ
제5강하엽병사단

프륌강

젠우어강

에히터나흐호

XX
12
제12보병사단

포르트로프

페르트로프

라우터보른

XX
4
제4보병사단

룩셈부르크

19
미 제9기갑사단
(제9전차대대)

60
XX
제60기갑사단
(제60기갑보병연대)

Rcn
89
미 제4보병사단
(정찰대)

22
4
미 제4보병사단
(제22보병연대)

XX
9
미 제9기갑사단

Rcn
90
미 제10기갑사단
(제90정찰대)

프윔강

뵐레르보르

베르도르프

볼레도르프

비안텐

루르트

괴례

디키르히

우르강

케민트

호사이트

XX
28
미 제28보병사단

벨츠 방면

1
109
미 제28보병사단
(제109보병연대)

2
109
미 제28보병사단
(제109보병연대)

비신

N

고를 받지 않고서도 아이젠하워는 상황이 매우 심각하다는 사실을 알아차렸다. 반면 브래들리는 로렌 지방에 대한 패튼 장군의 진격을 막으려는 단순한 파쇄 공격으로 여겼다. 작전 지도를 살펴본 아이젠하워는 지체 없이 제9군더러 아르덴에 있는 트로이 미들턴 장군을 지원하기 위해 제7기갑사단을 보낼 것과, 패튼에게는 제10기갑사단을 이동시키라는 명령을 내렸다. 브래들리가 사흘 뒤 시작할 공격을 중단하라고 하면 패튼 장군이 서운해할 거라고 걱정하자 아이젠하워는 불편한 심기를 드러냈다. "분명히 전하게, 최고 사령관은 나라고!"[39]

브래들리는 곧바로 패튼에게 전화를 걸었다. 예상대로 패튼은 독일군의 공격은 자기 부대의 공격을 방해할 속셈일 뿐이라며 강력하게 항의했다. 하지만 아이젠하워의 눈총 때문에 브래들리는 단호하게 명령을 내려야 했다. 제10기갑사단의 병사들은 패튼의 제3군을 떠나 제1군의 예비부대로 전출된다는 소식을 듣고 경악했다. "그 소식은 우리 가슴을 찢어놓았다. 우린 제3군인데, 제1군으로 가라니……."[40] 하지만 패튼은 전화 통화 후 직감적으로 "상황이 매우 심각하게 돌아가고 있다"[41]는 사실을 깨달았다. "1918년 3월 25일, 루덴도르프 공세가 생각나더군. 그때와 같은 결과가 생길 것 같아."[42] 패튼은 친구에게 이렇게 썼다.

브래들리는 룩셈부르크에 있는 자신의 사령부에 전화를 걸어 제9군을 연결하라고 했다. 그쪽은 별 불평이 없을 것으로 예상했다. 큰 키에 텍사스 억양으로 조용조용 말하는 스타일의 윌리엄 H. 심프슨 중장은 '도보이(미군 병사) 같은 장군'으로서 누구에게나 존경을 받는 사람이었다. 길쭉한 얼굴과 벗겨진 머리, 그리고 귀가 크고 턱이 사각형이었다. 사령부 작전 일지에 따르면 오후 4시 20분쯤, 심프슨 중장은 루르강 도강과 관련해 항공 지원 문제를 검토하던 중, 제12집단군 참모장 앨런 소장에게서 전화를 받았다. "호지스 장군의 남쪽 측면에 문제가 생겼습니다. 장군이 있는 곳의 남쪽에서 작은 전투가 발생했습니다."[43] 심프슨은 제7기갑사단을 제1군으로 보내는 데 즉각 동의했다. 정확히 두 시간 후, 심프슨은 제7기갑사단이 출발했는지 전화를 걸어 확인까지 했다.

아이젠하워와 브래들리는 두 개 사단을 보낸 뒤 원수 진급을 축하하기 위해 샴페인 한 병을 나누어 마셨다. 최고 사령관은 좋아하는 굴을 안주로 삼았다. 굴 알레르기가 있는 브래들리는 달걀 스크램블을 먹었다. 그 후에 '브리지' 게임을 다섯 판이나 했다. 브래들리는 이튿날 아침까지 룩셈부르크로 돌아가지 않았다.

미군의 두 장군이 베르사유에 있는 동안, 파더보른에 있는 폰 데어 하이테 중령은 전화벨 소리에 잠을 깼다. 하이테는 전날 밤 모든 일이 잘못 돌아가는 바람에 잠을 잘 수가 없어서 몹시 지쳐 있었다. 그의 전투단은 그날 아침 일찍 이륙하기로 되어 있었지만, 대원들을 비행장으로 신고 갈 트럭의 연료가 제때 공급되지 않아 작전은 연기되었다. 작전 자체가 취소될 가능성도 있었다. 독일 공군 펠츠 장군은 전화로 당초 공격이 계획했던 것처럼 빠르게 진행되지 않아 연기되었다고 통보했다.

비행장에 도착해서 하이테는 서부 항공함대에서 예측한 낙하지점 풍속이 시속 20킬로미터라는 보고를 받았다. 이 정도면 삼림 지역에 야간 강하를 시도할 수 있는 한계 풍속이었다. 그러나 실제로는 하이테에게 고의로 허위 정보를 주어 작전을 강행하게 만든 것이었다. 낙하산병들이 융커스52 수송기를 나눠 타고서 활주로로 나가려는 순간 '양심적인 기상 관측 장교'[44]가 하이테가 타고 있던 비행기로 달려왔다. "아무래도 제 임무는 제대로 해야겠습니다. 저희가 확인한 낙하지점의 풍속은 시속 58킬로미터입니다."

전체 작전은 참담한 실패였다. 대부분의 조종사들이 야간 비행에 익숙하지 않은 "신참인데다가 겁을 먹고 있었기"[45] 때문에 하이테 휘하 대원 중 200명은 본Bonn 지역에 강하했다. 이런 임무를 수행했던 낙하 지휘관이 거의 없었기 때문에 겨우 10대의 비행기만 외펜 남쪽 근처에서 마그네슘 불빛 신호를 보고 낙하산병들을 낙하시켰다. 바람이 너무 강해서, 뒤에 오던 비행기의 프로펠러 속으로 빨려 들어가는 병사들도 있었다. 무사히 착지한 대원들은 어둠 속에서 호각 신호를 이용해서 모였다. 동이 틀 무렵, 하이테는 자신의 임무가 "완전히 실패"[46]했음을 깨달았다. 하이테 자신이 스스로 "가엾을 정도로 적은 인원"[47]이라고 한 것처럼 병사는 겨우 150명만 모였고 무기 상자도 거의 찾지 못했다. 판처파우스트도 500개를 투하했지만 겨우 8개만 찾았고, 81밀리 박격포도 1문밖에 발견하지 못했다.

"독일 국민 여러분, 자신감을 가집시다!"[48] 히틀러는 국민들에게 호소했다. "어떤 난관이 닥쳐와도 우리는 능히 극복해낼 수 있습니다. 승리가 바로 저 너머에 있습니다. 국가에 모든 것을 바치는 사람들이 수행하는 전투는 승리할 수밖에 없습니다!" 모델 원수는 일일 명령을 통해서 B집단군 장병들을 훈시했다. "우리는 이길 것이다. 왜냐하면 우리는 히틀러 총통 각하를 믿고, 위대한 독일 제국을 믿기 때문이다!"[49] 그러나 그날 저녁, 연합군의 폭격으로 마그데부르크에서 독일 민간인 4000명이 죽었다. 이 폭격은 아르덴 대공세 이전에 계획된 것이었다.

벨기에 민간인들은 피란을 갈 수도 있었지만, 어떤 이들은 독일군의 재점령을 각오하면서 가축을 돌보았다. 이들은 친위보안대SD●가 무장친위대를 뒤따라 진주한다는 사실을 몰랐다. 벨기에 동부 지역의 주민들을 독일 국민이라고 생각하고 있는 이 친위보안대는 지난 9월 가족과 가축을 데리고 지크프리트선 동쪽으로 피란가라는 명령에 불복한 사람들이 누구인지를 알기를 원했다. 독일군의 명령에 따르지 않았거나, 지난 가을 동안 미군에 협조했던 주민들은 체포되거나 처형될 수도 있었다. 하지만 주된 목표는 지난 가을 퇴각하는 독일군을 공격했던 젊은 벨기에 레지스탕스 멤버들이었다.

사태의 급박함을 깨달은 호지스 장군은 제1보병사단에게 명령을 하고, 후방에서 휴식 중인 부대들에게도 이동 준비를 시켰다. 아서 카우치는 당시 상황을 이렇게 묘사했다. "사이렌 같은 소리를 들었다. '모든 미군은 귀대해서 이동 준비를 하라. 독일군이 아르덴 지역을 공격해 들어왔다'라는 방송이 나왔다. 우리는 모여서 전투 장비를 챙겨 트럭에 올라타고 새로운 전선으로 이동했다. 미국에서 갓 건너와 경험이 없는 사단이 지키던 지역을 독일 전차가 돌파했다고 들었다. 미군들은 혼비백산 도망치고 있었다."[50] 밤 10시, 미

●　나치 친위대 소속의 방첩 공안조직으로 게슈타포와 함께 악명을 떨쳤다.

제1군에서 새로운 명령이 하달되었다. 제2보병사단은 북쪽 공격을 멈추고 엘센보른 능선의 동쪽 측면으로 이동해서 제12친위기갑사단의 침공을 저지하라는 지시였다.[51]

첫날 모든 것이 지체된 이후, 파이퍼는 그날 밤 병사들을 혼스펠트로 서둘러 진격시켰다. 그의 전투단은 "이번 공세에서 가장 중요한 역할"[52]을 맡았기에 이 임무를 그르칠 생각은 조금도 없었다. "측면이 노출되건 말건 모든 수단을 총동원해서 뫼즈강까지 가장 빠르게 진군할 생각이었다." 게다가 전차, 반무한궤도 차량, 기타 차량 등이 좁은 길에 25킬로미터나 길게 늘어서 있어 파이퍼 자신도 진격 명령을 바꿀 수 없었다. 가장 전투력이 강한 부대를 선두에 세웠다. 선두에는 반무한궤도 차량에 탄 국민척탄병들을 배치하고 판터 전차와 4호 전차가 뒤따르게 했다. 육중한 티거 전차 대대가 그 뒤를 따랐다.

공격을 개시하기 전, 파이퍼는 독일 보병이 계획대로 12월 16일 새벽에 돌파만 해준다면, 24시간 내에 뫼즈강에 도달할 수 있으리라 믿었다. 이제는 공격 개시 전, 판터 전차로 80킬로미터 이상을 주파하며 시험 주행을 해 연료를 써버린 것이 큰 실수였음을 알아차렸다. 농로가 진흙탕 범벅이었기 때문이었다. 총통이 직접 파이퍼의 진격로를 결정해주었다는 사실도 전혀 위로가 되지 못했다. 만토이펠이 예측했던 대로, 이런 지형에서 전차의 연료 소비량은 카이텔이나 국방군 총사령부가 계산한 것보다 두 배 이상 많았다. 연료 수송 열차가 2대나 도착하지 못했기 때문에, 선봉대는 미군에게서 연료를 빼앗아 쓸 수밖에 없다는 사실을 사전에 전달받은 파이퍼는 지도를 들여다보았다. 사단 정보 장교가 뷜링겐과 스타벨로에 미군이 연료를 버린 곳을 표시해두었다. 하지만 미군이 휘발유를 200만 갤런이나 내다버렸다는 말메디와 슈파 사이의 프랑코르샹에는 휘발유가 없었다.

9

12월 17일 일요일

미 제2보병사단 본부의 맷 코놉 중위가 뭔가 '심상치 않다'는 것을 느낀 때는 대공세 둘째 날 아침 7시가 되기 조금 전 침대 곁에 있는 전화벨이 울리면서였다. 작전 장교가 전화로 외펜 남쪽에 독일군 낙하산병들이 낙하했고, 동쪽에선 30대 가량의 전차가 밀고 들어왔다고 말했다. 코놉 중위가 불을 켜고, 무슨 중요한 일이 생겼나 하고 지도를 들여다보고 있을 때 또 다시 전화벨이 울렸다.

"코놉, 비상을 걸어!"[1] 코놉 중위가 누구의 목소리인지 기억해내려고 애쓰는 와중에 다음 명령이 떨어졌다. "모든 무기와 인원을 총출동시켜서 지휘 본부 마지막 참호에 대기시켜! 적 전차가 방어선을 뚫고 들어와 빌링겐으로 돌진하고 있다고!"

"알겠습니다. 근데 누구십니까?"

"난 로버트슨 장군이다." 조용하고 성품이 좋은 사단장이었다. 코놉은 현재 출동 가능한 병력이 "트럭 운전병과 전투피로증 환자"뿐이라는 사실을 이야기해야겠다는 생각이 들었다. 하지만 로버트슨 사단장은 코놉 중위에게 찾을 수 있는 병사는 모조리 찾아서 출동시키라고 말했다. 코놉은 취사병, 행정병, 운전병 그리고 총을 들 수 있는 병사들은 모조리 모아 임시 소대를 편성해서 비르츠펠트에서 도로 쪽으로 서둘러 출동했다. 적 전차가 나타날 만한 곳에 57밀리 대전차포와 바주카포를 배치하는 동안에도, 이미 저편에서 기관총 소리가 들려왔다. 코놉 중위는 취사병 병장과 자신의 지프차 운전병에게 50구경 기관총을 맡겼다. 그리고 관측 초소를 설치하고 무전기를 배치했다. 헌병 장교가 병사 20명을 데리고 도착했다. 헌병들은 모두 권총만 소지하고 있었지만, 이들 역시 방어선에 투입했다.

호지스 장군도 사태의 급박함을 깨달았다. 12월 17일 오전 7시 30분, 그는 독일군 공세가 시작된 지 24시간이 지나서야 제5군단장 게로 장군이 발러샤이트에서 북쪽으로 향하는 제2보병사단의 공격을 중지하도록 허락했다. 게로 장군은 이 병력을 적의 위협을 받고 있는 로슈라트-크린켈트 쌍둥이 마을로 보낼 생각이었다. 제99보병사단도 독일 제277국민척탄병사단과 제12친위기갑사단 히틀러 유겐트에 밀려서 후퇴해야 할 상황이었다. 게로 장군과 로버트슨 장군은 쌍둥이 마을에서 발러샤이트로 가는 길을 장악해야만 두 개 연대를 구출할 수 있다고 판단했다.

게로는 "미군은 절대로 후퇴하지 않는다"라는 슬로건 따위는 아예 무시했다. 그는 돌파당한 곳의 북쪽 산마루를 장악하는 것이 중요하며 그러기 위해서 로슈라트-크린켈트 서쪽에서 뻗어 나온 엘센보른 능선이 요충지라는 사실을 깨달았다. 이미 그 능선에는 포병연대를 출동시켰고 이들이 방어선을 구축할 때까지는 쌍둥이 마을을 반드시 쥐고 있어야 했다.

로버트슨 장군은 유일한 예비대인 제23보병연대의 한 개 대대를 엘센보른에서 트럭에 태워 전방으로 보냈다. 이 대대 병력은 로슈라트 동쪽에 내린 뒤 울창한 소나무 숲을 마주했다. 불안한 예감이 들었다. 이들이 알고 있는 것은 "그들을 지옥에서 구해준 적이 있는"[2] 제99보병사단이 제12친위기갑사단 히틀러 유겐트에 밀려 후퇴하고 있다는 사실이 전부였다. 뒤쪽에서는 날아가는 V-1비행폭탄을 향해 불을 뿜는 반무한궤도식 대공포의 포성이 들렸다. 중대장 찰스 맥도널드는 "도로 교차점 주변의 눈은 맹렬한 포격

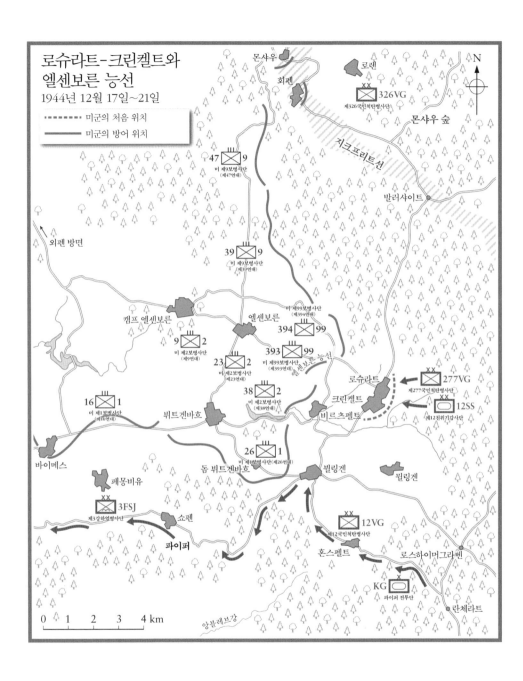

로슈라트-크린켈트와
엘센보른 능선
1944년 12월 17일~21일

- ----- 미군의 처음 위치
- ——— 미군의 방어 위치

몬샤우
회펜
로렌
326VG
제326국민척탄병사단
몬샤우 숲
지크프리트선
발러사이트

47 9
미 제9보병사단
(제47연대)

39 9
미 제9보병사단
(제39연대)

외펜 방면

캠프 엘센보른
엘센보른
미 제99보병사단
(제394연대)

9 2
미 제2보병사단
(제9연대)

394 99

393 99
미 제99보병사단
(제393연대)

23 2
미 제2보병사단
(제23연대)

엘센보른 능선

로슈라트
277VG
제277국민척탄병사단

38 2
미 제2보병사단
(제38연대)

크린켈트

비르츠펠트
12SS
제12친위기갑사단

16 1
미 제1보병사단
(제16연대)

뷔트겐바흐

바이메스

26 1
미 제1보병사단(제26연대)

돔 뷔트겐바흐
뷜링겐
뮐링겐

페몽-비유

3FSJ
제3강하엽병사단

쇼펜

파이퍼

12VG
제12국민척탄병사단

혼스펠트
로스하이머그라벤

KG
파이퍼 전투단
란체라트

0 1 2 3 4 km

앙블레브강

N

으로 먼지와 뒤섞여 질퍽한 황갈색 진흙탕이 되었다"[3]고 썼다.

맥도널드는 병사들을 숲 가장자리까지 전진시켰다. 짙은 안개 때문에 개활지에서도 시계가 100미터를 넘지 못했다. 전방에서 총소리가 들렸다. 미군의 조금 느리면서 조심스러운 사격 소리가 아니라 주로 독일군 자동화기의 찢어지는 듯한 소리였다. 이어서 '스크리밍 미미(울부짖는 미미)'*라는 별명이 붙은 로켓 포탄이 쏟아지기 시작했다. 맥도널드의 대원들은 머리 위에서 쏟아지는 파편을 피해 큰 소나무 밑으로 숨었다. 그리고 살아야겠다는 일념으로 되돌아와서 참호를 파기 시작했다. 그러나 젖은 눈 밑의 나무뿌리 때문에 조그만 야전삽으로 참호를 파기란 쉽지 않았다.

그날 아침, 비르츠펠트에 있는 제2보병사단 본부를 위협해 코놉 중위가 방어 준비를 하도록 만든 상대는 동쪽에서 밀고 온 히틀러 유겐트 사단이 아니라 남쪽에서 북상하는 파이퍼 전투단이었다. 히틀러가 정해준 도로 상태를 보고 경악한 파이퍼는 총통의 명령을 무시할 수밖에 없다고 판단했다. 군단장도 나중에 파이퍼의 의견에 동의했다. 군단장은 "도로가 워낙 엉망이라서 바퀴 달린 차량이란 차량은 손으로 직접 한참이나 끌고 가야 했다"[4]라고 썼다.

12월 17일, 동이 트기 전에 파이퍼 전투단은 혼스펠트에 대한 공격을 개시했다.[5] 파이퍼의 선봉 차량은 퇴각하는 미군 차량의 바퀴자국만 쫓아갔다. 기습으로 몇몇 포로를 잡았지만, 파이퍼 전투단도 5호 전차 판터 두 대를 잃었다. 대신에 트럭과 반무한궤도 차량을 다수 노획했다. 파이퍼의 친위 기갑척탄병들은 19명의 포로와 2명의 민간인을 벽을 향해 세워놓고 뒤통수에 총을 쏘아 처형했다. 기갑척탄병들로서는 일말의 생각도 없이 포로와 민간인들을 학살했던 동부 전선과 이곳이 다를 바가 없었다. 그들은 진격을

● 제2차 세계대전 중 독일군이 운용했던 네벨베르퍼Nebelwerfer M41 견인식 다연장 로켓포. 세계 최초의 현대식 다연장 로켓포로, 1940년에 개발되어 전쟁 말기까지 사용되었다. 소련군의 카튜샤 로켓가 독특한 발사음으로 독일군에게 '스탈린의 오르간'이라고 불린 것처럼, 이탈리아 전선에서 미군 병사들은 네벨베르퍼를 가리켜 '울부짖는 미미'라는 별명을 붙였다. 150밀리미터 구경 로켓포 6문 (M42는 210밀리미터 구경 5문)으로 구성되었고 최대 사거리는 6.8킬로미터. 대인 고폭탄을 사용하여 기갑차량에는 큰 피해를 입힐 수 없었으나 보병과 포병에게는 공포의 대상이었다.

하면서도, 주택과 교회를 약탈했다. 파이퍼는 통신선을 보호하기 위해 소규모 부대를 뒤에 남겨두었다. 이틀 후, 이 부대 소속 기갑척탄병 5명이 에르나 콜라스라는 16살짜리 예쁜 소녀에게 농장으로 가는 길을 안내해달라고 부탁했다. 그 후 아무도 그 소녀를 보지 못했고, 몇 달이 지나 온 몸에 총상을 입은 그녀의 시신이 참호 속에서 발견되었다. 강간을 당한 후 살해되었음이 틀림없었다.

파이퍼는 진흙탕 때문에 노획한 트럭들을 혼스펠트에 두고 가기로 했다. 제9강하엽병연대장에게는 남아서 패잔병들을 소탕하고 지역을 장악하라는 명령을 내렸다. 그리고 당초 예정된 서쪽 앙블레브 계곡으로 가는 대신 북쪽의 뷜링겐으로 향했다. 미 제2보병사단이 연료를 버렸다고 지도에 표시된 곳이었다. 일요일 아침 8시 30분부터 전투단이 마을을 공격하여 아무런 저항도 받지 않고 점령했다. 또한 활주로에 있던 미군의 경비행기 12대를 파괴했다. 민간인 한 명이 나치 문양卍이 그려진 완장을 차고 나타나 지나가는 차량마다 나치식 경례를 하더니 친위대 병사에게 미군이 연료를 저장해둔 곳을 가르쳐주었다.[6] 기갑척탄병들은 포로를 시켜 차량에 급유를 하고, 제리캔도 반무한궤도 차량에 싣게 했다. 부상을 당한 포로 한 명은 머리에 권총을 쏘아 처형했다. 이 현장을 목격한 민간인은 그래도 이곳의 포로들은 혼스펠트에 있는 포로들보다는 운이 좋은 편이라고 했다. 미군의 공식 기록에 따르면 뷜링겐에서 50명이 총에 맞아 처형되었다.[7]

뷜링겐 바로 서쪽에서 제254공병대대 B중대가 독일 전차에게 무너졌다.[8] 전차들은 참호를 그냥 '다림질하는(밀어버리는)' 정도가 아니었다. 참호를 전차로 짓뭉개서 참호 벽을 무너뜨린 다음, 안에 있던 병사들을 진흙과 눈 속에 그대로 매장했다. 다행히 지원군이 오는 중이었다. 제1보병사단 제26보병연대가 트럭을 타고 능선에 있는 캠프 엘센보른에 오전 9시쯤 도착했다.[9] 그중 1개 대대가 즉각 남쪽 뷔트겐바흐로 파견되었다.

산을 내려가던 도중 독일군 제3강하엽병사단 정찰대대 소속 수색조 낙하산병들과 짧은 교전이 있었다. 뷔트겐바흐의 민간인들에게 지하실로 대피하라고 한 다음, 미군들은 무장친위대가 점령한, 뷜링겐 서쪽 2킬로미터 지점에 있는 돔 뷔트겐바흐의 작은 마을로 진격했다. 도로 옆 높은 둔덕에 오르자, 제99보병사단의 행정병, 수송병 등 50여 명 가량의 병사들로 구성된 부대가 보였다. 대전차대대의 대위가 지휘하는 임시 편성 부대였다. 제26보병연대 소속 대대는 뷜링겐에 있는 적군을 제12친위기갑사단 히틀러 유겐트 병력으로 알고 있었다. 병사들은 독일군이 어째서 북쪽에 대한 공격을 계속하지 않는지 이해할 수가 없었지만 소강 상태가 된 이유는 있었다. 이미 파이퍼의 선봉대가 앙블레브 계곡으로 가는 길을 탈환할 요량으로 서남쪽으로 향하고 있었기 때문이었다.

초반 공격이 지연되었지만 독일군의 사기는 높았다. "서부 전선의 전황도 이제는 바뀌는 것 같다. 중요한 사실은 전쟁이 곧 끝난다는 것이다. 이제 사랑하는 아내가 있는 집으로 돌아갈 것이고, 아내와 나는 새 집을 지을 것이다. 라디오에서는 고향에서 들었던 차임벨 연주가 흘러 나왔다."[10] 제3기갑척탄병사단의 한 상병은 진격 명령을 기다리며 이렇게 썼다.

베르됭에서는 기관총을 장착한 호위용 지프차가 아침에 국방색 캐딜락을 타고 파리에서 룩셈부르크로 돌아오던 브래들리를 기다렸다. 독일 낙하산병들이 낙하했기 때문이었다. 핸슨이 불과 30킬로미터 북쪽에 독일군 사단이 있다는 점을 지적하며 제12집단군 사령부의 이동 가능성을 물었다. "사령부가 물러나는 일은 없을 거야. 체면이 있지!"[11] 브래들리는 이 말 때문에 그 후 며칠간 혹독한 곤욕을 치러야 했다.

불과 석 달 전에 주민들이 미군들을 열렬히 환영했기에 독일군이 룩셈부르크를 다시 점령한다면 끔찍한 일이 벌어질 것을 두 사람 모두 짐작했다. 룩셈부르크 시내로 들어오면서, 성조기를 걸어놓은 집이 눈에 띄자 브래들리가 중얼거렸다. "저걸 내리는 일이 없어야 할 텐데." 룩셈부르크 시가지는 "유럽의 마지막 공습 안전지대"[12]여서 전쟁의 피해를 비교적 덜 입은 곳이었다. 영국 공군도, 미 육군항공대도 이곳을 폭격하지 않았다.

캐딜락이 '이글 택Eagle Tac(독수리 전술 사령부)'이라고 불리는 제12집단군 전방 사령부에 멈춰 섰다. 사령부는 브래들리의 숙소인 알파 호텔에서 네 블록 떨어진 곳에 있었다. 브래들리는 서둘러 계단을 올라갔다. 상황판 앞에 멈춰선 브래들리의 눈은 공포와 놀람으로 교차되었다. "욕을 해서 미안하긴 한데, 이 상황에서 욕을 안 할 수가 없네! 이 개자식(히틀러)이 도대체 어디서 이렇게 병력을 긁어모았지?"

브래들리와 참모들은 독일 정보부가 전체 전선에서 연합군의 가장 취약한 곳을 정확히 파악하고 있었다는 사실에 더욱 충격을 받았다. 미군들은 공격 일변도 전략을 구사하느라 예비 병력을 따로 염두에 두지 않은 채 전선을 구축하고 있었다. 브래들리는 아직도 부대 전체의 이동만큼은 피하고 싶었다. 슈파에 있는 제1군도 "제12집단군이 상황의 심각성을 충분히 인식하고 있는지"[13]를 걱정했다. 제3군 역시 제12집단군의 느린 반응에 놀라는 눈치였다. 하지만 제12집단군 참모장의 기록에 따르면 "집단군 사령관이 패튼 장군에게 전화를 해서, 두 개 사단을 더 보내야 할지도 모른다고 이야기했다. 패튼은 이틀 동안 결정을 내리지 못했다"[14]고 했다.

제9군 사령부에서도 독일군의 공세 규모에 대해서 아는 사람이 아무도 없었다. 참모들은 어림짐작할 뿐이었다. 독일 공군이 전선을 폭격하는 것은 "미 제1군 담당 구역에 대한 대규모 양동작전"[15]쯤으로 여겼다. 제9군의 참모들은 상황을 궁금해하는 종군 기자들에게 "모든 것은 룬트슈테트가 어떤 부대를 동원하느냐에 달려 있다"고 답했다.

독일군이 내린 명령을 감청한 뒤에야 연합군 최고 사령부는 비로소 사태의 심각성을 분명히 깨달았다. 아이젠하워는 모든 예비 병력을 출동시키는 한편, 베델 스미스, 스트롱, 영국군 작전 참모본부의 존 화이틀리 소장에게 세부 작전 계획의 준비를 명령했다. 세 사람은 참모장실 바닥에 대형 지도를 펼쳐놓고 둘러섰다. 스트롱 장군이 독일군의 의장용 검으로 바스토뉴를 가리켰다. 이 마을이 아르덴의 중심부였다. 뫼즈강으로 가는 주요 도로가 모두 이곳을 관통하기에 독일군의 뫼즈강 진격을 막을 요충지라는 점에 모두 의견이 일치했다.

연합군 최고 사령부는 네덜란드 작전(마켓가든 작전을 가리킴)을 끝내고 랭스에서 휴식 중인 미 제82공수사단과 제101공수사단을 즉시 예비전력으로 편성했다. 이 병력이 동쪽에서 오는 만토이펠의 기갑군 선봉대보다 바스토뉴에 먼저 도착할 수 있는지가 관건이었다. 스트롱이 가능하다는 의견을 내자 출동 명령이 부대에 즉각 떨어졌다.

하이테의 낙하산병들이 직선거리로 100킬로미터나 떨어진 북쪽에 낙하했는데도,[16] 룩셈부르크에 있는 브래들리의 사령부가 이들의 매복을 겁내는 것은 아이러니했다. 하이테는 한줌에 불과한 병력으로는 아무 것도 할 수 없다는 사실을 깨닫고 숲속에 숨었다. 그는 보초를 세워서 외펜이나 베르비에에서 말메디로 가는 주요 도로를 살피게 했다. 매복한 뒤 혼자 지나가는 지프차나 연락병을 노릴 속셈이었다. 전투가 가까워지면, 디트리히의 전차들이 도착하기 직전에 하이테의 부대원들이 주요 거점을 점령하여 도움이 될 수 있을 것이었다. 보초들은 곧 다양한 포로들을 잡아와서 미군 전투 서열에 관한 많은 정보를 수집했다. 하지만, 낙하하면서 무전기를 잃어버려 이 정보를 본부에 보고할 수 없었다. 하이테는 디트리히에게 통신용 비둘기를 달라고 요청했었지만 이 SS상급대장은 코웃음쳤을 뿐이었다.

12월 17일 저녁이 되자 멀리 북쪽에 낙하한 대원들이 합세하면서 하이테의 부대원은 두 배인 300명으로 불어났다. 그날 하이테는 자신의 부상병들을 미군 포로들과 함께 미군 진영으로 보낸 후 캠프를 옮겼다. 하이테와 대원들은 12킬로미터 남쪽 엘센보른 능선에서 들려오는 대포소리 외에는, 상황이 어떻게 돌아가는지 조금도 몰랐다.

미 제99보병사단이 로슈라트-크린켈트 동부에서 공격을 받는 사이, 남쪽에 있던 제106보병사단은 독일군 제18, 제62국민척탄병사단의 공격을 받아 매우 어려운 상황에 처했다.[17] 제106보병사단장 앨런 W. 존스 소장은 지휘 본부가 있던 생비트의 한 학교에 앉아 상황이 매우 불리하다고 생각했다. 제106보병사단의 제422, 제423연대는 슈네 아이펠에 거의 포위되었다. 제424연대는 남쪽에서 제9기갑사단의 전투부대와 함께 겨우 전선을 유지했다. 존스 소장은 아들이 포위된 연대 본부에 있어서 걱정이 더욱 컸다.(지도 참조, '제106보병사단의 붕괴', 158쪽)

그는 전날, 독일군이 북쪽의 제14기병대 구역을 뚫고 들어왔을 때 위기를 알아차리지 못했다. 기병대 지휘관 마크 디바인 대령이 자기 부대가 후퇴한다고 통보했을 때도 제대로 대응하지 못했다. 디바인이 제32기병대대 병력으로 반격을 시도했지만, 오후에 반격은 실패로 끝났다. 대부분의 병력은 돌파된 지역을 좁히지 못한 채 서북쪽으로 물러났다. 기병부대 하나만 우르강 계곡에 남아서 생비트로 가는 길을 지켰다. 존스는 마지막 남은 예비대대를 쇤베르크로 보냈다. 이들은 길을 잘못 드는 바람에 엉뚱한 곳으로 향했다. 제106보병사단의 남쪽 구역에서는 제62국민척탄병사단이 존스의 주력인 제424연대를 빈터슈펠트 마을과 우르강 쪽으로 밀어붙였다.

상황을 감당할 수 없었던 존스 장군은 스스로 해결하려고 노력하는 대신, 외부의 지원 약속에 매달렸다. 그는 12월 17일 일요일 아침 7시까지 생비트로 도와주러 오겠다는 제7기갑사단의 B전투부대를 기다렸다. 지원군이 오면 반격에 나서 포위된 두 연대를 구해낼 생각이었다. 오전 10시 30분, '큰 곰great bear of a man'[18]이라 불리는 브루스 C. 클라크 준장이 지휘 본부에 도착하자 존스는 즉각 반격할 것을 요청했다. 그러자 클라크는 자신의 부대가 도착하려면 시간이 더 필요하다고 말했다. 그의 전차들은 공황 상태에 빠진 부대들 때문에 생긴 교통 혼잡 속에 빠져나오지 못하는 중이었다. 존스는 전날 저녁 제9기갑사단의 전투부대를 우익의 싸움에 투입한 결정을 뼈저리게 후회했다. 두 사람은 하릴없이 앉아서 기다려야 했다.

클라크는 존스가 바스토뉴에 있는 자신의 군단장에게 전화를 걸어 상황이 정리되는 중이라고 보고하는 소리를 듣고 깜짝 놀랐다. 존스의 정신 상태는 낙관과 절망 사이를 오락가락했다. 비행기로 물자 공급을 요청한 것 외에는, 슈네 아이펠에 있는 두 개 연대가 무선연락이 없어서 클라크는 더 조바심을 내고 있었다.(이튿날 "헛된 시도"[19]가 한차례 더 있었다. 하지만 수송사령부와 조율을 제대로 하지 못해 보급품을 투하받지 못했다.) 제14기병대의 디바인 대령이 지휘 본부에 나타나서 독일 전차들이 자기 부대 바로 뒤에 있다며 호들갑을 떨었다. 존스와 클라크가 보기에 디바인 대령은 겁에 질린 것 같았다. 존스는 디바인 대령에게 바스토뉴에 있는 미들턴 장군에게 보고하라고 지시했다. 그때까지도 디바인은 독일군이 전차를 몰고 나타나리라고는 상상조차 하지 못했던 것이다. 한편, 다른 친위전투단이 북쪽 10킬로미터 지점을 뚫고 들어오는 중이었다.(참모들은 디바인을 "흥분 잘하고 소심하며 말이 많고 불안해하며 자신의 행동을 억제할 줄 모르고 남에 대한 비방을 잘하는 사람"으로 평가했다. "한 번도 유능한 지휘관으로서의 면모를 보여준 적이 없었다." 병원에서 진정제 치료를 받다가 12월 19일 퇴원했지만, 라로슈앙아르덴에서 전차 대대에게 왔던 길을 되돌아가라고 지시하는 모습이 발견되어 다시 진정제를 투여받은 뒤후송되었다.[20])

오후 2시 30분 총소리가 들리자 존스와 클라크는 학교 3층으로 올라가 밖을 내다보았다. 독일군이 멀리 있는 숲에서 나오고 있었다. 존스는 클라크에게 생비트의 방어를 맡아야 한다고 말했다. 그러겠다고 대답은 했지만 클라크도 답답하기 짝이 없었다. 이미 쇤베르크 동쪽 도로에 나가 있는 두 개의 공병중대와 본부 요원들을 제외하면 가용 병력이 얼마나 될지 알 수 없었다. 대전차소대 덕분에 기적적으로 합류한 공병중대는 반시간 후 공격을 받았지만, 구축전차의 활약으로 독일 전차를 도로 너머의 숲속으로 다시 쫓아버렸다. 12월 17일 독일군의 진격이 늦어진 가장 큰 이유는 도로의 상태가 불량했을 뿐만 아니라, 교통 혼잡으로 포병과 기갑부대가 전진할 수 없었기 때문이었다.

전차 궤도 자국이 만든 깊은 진흙탕 때문에 말들이 포를 제대로 끌지 못해 국민포병대대는 앞으로 나갈 수 없었다. 제1친위기갑사단의 자주포들은 연료 부족으로 뒤에 남아야 했다. 모델 원수나 만토이펠은 조급한 마음을 참을 수 없었다. 모델은 몇몇 포병대대가 아직도 제 자리에 있는 모습을 보고 호르스트 슈툼프 기갑대장에게 군법 회의에 회부하라고 명령했다가 "연료 부족과 열악한 도로 사정 때문에 움직이지 못했다는 보고를 받고 명령을 취소했다."[21] 너무도 급한 나머지, 만토이펠이 교차로에 서서 직접 교통정리를 하기도 했다. 나중에 그는 "공격 첫날에 주력 군단이 생비트를 점령하리라 기대했다"[22]고 털어놓았다. 바스토뉴처럼 생비트도 도로망이 잘 갖추어져 있어 뫼즈강으로 신속하게 진격할 수 있는 요충지였기 때문이었다.

생비트 동쪽을 점령한 독일군이 산발적인 전투를 하는 동안 클라크는 작전 장교를 서쪽의 비엘살름으로 가는 도로에 보내 전투부대의 도착을 기다리게 했다. 제7기갑사단의 장교들은 거리 풍경을 보고 깜짝 놀랐다. "모두 자기 살 궁리만 하고 있다. 이것은 후퇴가 아니라 패주다! 질서가 없다. 군대도 아니다! 차마 눈 뜨고 못 볼 광경이다. 우리는 지금 미국 군대가 도망가고 있는 걸 보고 있다."[23] 어떤 곳에서는 전투부대가 5킬로미터를 움직이는 데 2시간 30분이나 걸렸다. 그럼에도 불도저를 동원해서 차량들을 길옆으로 밀어내야 했다.

말메디에서는 포병대가 민간인들의 피란 차량에 막혀버렸다. "공포에 질려 광장을 지나 서쪽으로 도망치는 병사들이 보였다. 말메디 북쪽에 있던 야전병원도 철수하는지 앰뷸런스가 이리저리 질주했다. 빠르게 광장을 지나가고 있는 트럭에 가득 탄 간호사들의 머리가 바람에 흩날렸다."[24] 생비트에서 1킬로미터 남짓 떨어진 곳에서 클라크의 전투부대가 굽은 길을 돌아 나오다가 3대의 독일군 전차와 보병중대가 오고 있는 모습을 발견했다. 클라크의 전투부대는 즉각 '포를 직사할 수 있는 굽은 길머리'에 매복한 뒤 공격했다. 독일군 전차 3대는 모두 기동 불능이 되었다. 보병들은 50여 명의 사상자를 내고 후퇴했다.

클라크는 직접 비엘살름으로 가던 중 야전포병대대가 야포들을 버려둔 채 퇴각하는 모습을 보고 기가 막혔다. 작전 장교에게 왜 저런 놈들에게 길을 막는 임무를 맡겼냐고 물었다. 작전 장교는 중령인 지휘관이 만약 참견하면 쏘아죽이겠다고 협박하는 바람에 그렇게 했다고 대답했다. 클라크는 중령을 쫓아간 뒤 당장 트럭에서 내리지 않으면 즉결 처형하겠다고 엄포를 놓았다. 중령은 클라크의 계급과 덩치에 겁을 먹고 그의 말을 따랐다.

포병 장교들이 다 그런 것은 아니었다. 막시밀리안 클레이 중령이 105밀리 자주포대를 인솔하고 나타나 도울 일이 없냐고 물었다. 클레이 중령의 제275기계화야전포병대대가 지원하는 제14기병대가 지금은 멀리 북쪽에 가 있었기 때문이었다. 클라크는 중령을 반갑게 맞아 그가 가야할 곳을 알려주었다. 마침내 오후 4시, 클라크의 정찰대가 도착하고 나머지 전투부대도 차례로 도착했다. 클라크는 그들을 마을 너머로 보내 취약한 동쪽 방어선을 보강했다. 얼마나 지났을까, 클라크의 사단장 로버트 W. 해즈브룩 준장이 상황을 의논하기 위해 존스와 클라크를 찾았다. "공포에 질려 '안전한' 후방으로 도망치는 병사들이 너무 많아서"25 해즈브룩도 당황하는 중이었다. 해즈브룩은 고립무원의 두 연대를 구하기 위해 반격하자는 제안을 반대하여 존스를 낙담시켰다. 생비트를 지키는 임무가 훨씬 중요하다는 이유였다. 존스는 자신이 미 육군 역사상 가장 빨리 사단을 잃은 장군이 되어가는 사실을 고통스럽게 바라보았다. 그날 오후, 독일군 제18국민척탄병사단이 쉰베르크를 장악하면서, 두 미군 연대는 완전히 고립되고 말았다.

생비트의 방어선은 큰 편자 모양을 했다. 이 마을은 조그만 언덕 위에 있었다. 더 울창하고 더 높은 언덕들이 수 킬로미터 바깥쪽에서 다시 에워쌌다. 언덕에서 보병대대와 정찰대대, 급조된 부대 등이 전차의 지원을 받으며 방어 중이었다. 해즈브룩은 "마을을 둘러싼 방어선은 생비트에 도착한 부대를 순서대로 배치한 것에 불과했다"26라고 썼다. 당시 미군은 독일군 제1친위기갑척탄병연대 예하 한센 전투단이 이미 북쪽으로 쳐들어와 레히트 근처에 있는 미 제7기갑사단의 A전투부대를 공격 중이라는 사실을 몰랐다. 디바인 대령이 그토록 불안해했던 것이 이 기갑부대 때문이었다. 미군과 친위부대간의 전투는 밤새 계속되었다. 운이 좋은 주민들은 인근의 점판암 채석장으로 피란했지만, 그들의 집은 양쪽 군대의 공격으로 모두 파괴되었다. 불운한 '국경 부근의 벨기에 시민들'은 독일어를 사용할 뿐 아니라, 독일군으로 복무하는 아들의 사진을 액자에 넣어 보관했기 때문에 미군들은 이들을 믿지 않았다. 반대로, 독일군 역시 이들이 지난 9월 지크프리트선 동쪽으로 이주하라는 명령에 불복했다는 이유로 불신했다. 생비트 주민들 중 백여 명은 전쟁 중에 독일군으로 복무하다가 전사했다. 나머지 사람들은 생비트를 버리고 도망치면서 독일군 선봉부대 바로 뒤에 따라오는 야전헌병대나 친위보안대에 절대로 잡히지 않겠다고 다짐했다.

파이퍼 부대의 긴 행렬은 서쪽으로 방향을 틀면서 빨라지기 시작해 점심때 쯤에는 말메디 동남쪽 5킬로미터 바우네즈에 있는 교차로 가까이에 도달했다. 파이퍼는 소규모 기갑척탄병부대와 전차를 보내 정찰하게 했다. 이 때문에 하마터면 생비트 방어를 지원하러 남쪽으로 향하던 제7기갑사단 R 전투부대와 맞닥뜨릴 뻔했다.

전방에 어떤 위험이 있는지도 모른 채, 제285야전포병관측대대 일부가 말메디를 지나 제7기갑사단을 뒤따르고 있었다. 이들은 덮개 없는 트럭을 타고 마을을 지나던 중 피란민들로부터 독일군이 곧 들이닥칠 거라는 소식을 들어서 알고 있던 마을 주민들이 손가락으로 앞쪽을 가리키며 "보슈! 보슈!(독일놈들! 독일놈들!)"라고 소리치며 경고하려고 애쓰는 모습을 봤다. 하지만, 프랑스어를 알아듣지 못한 미군들은 손만 흔들었다. 이들은 바우네즈의 교차로를 향하고 있었다. 스스로 친위대 전차와 반무한궤도 차량 앞으로 뛰어드는 꼴이었다.

독일 전차가 발포하자 트럭이 화염에 휩싸였다. 병사들은 엄폐물을 찾아 숲으로 흩어졌다. 기갑척탄병들은 130여 명의 포로를 잡아 도로 옆 평지에 세워놓고 반지, 담배, 시계나 장갑 등을 빼앗았다. 그 후, 한 장교가 먼저 발포를 하자 독일군은 포로들에게 자동화기로 일제히 사격을 시작했다. 전차도 기관총으로 가세했다. 심지어 권총으로 확인사살까지 했지만, 그 와중에도 숲으로 도망치거나 죽은 척해서 살아남은 병사들도 있었다. 바우네즈에서 일어난 이 학살 사건은 말메디 학살로 불리며 악명을 얻게 되었다. 모두 84명의 미군이 죽었고 도망친 미군을 숨겨준 민간인들도 여럿 죽었다.•

파이퍼는 리뇌비유로 가는 도로에 있었기 때문에 처형 현장에는 없었다. 하지만 혼스펠트에서 포로를 처형했던 사실을 볼 때 동부 전선에서의 극악한 기록까지 굳이 들추지 않더라도, 파이퍼 역시 처형을 막지 않았으리라는 것쯤은 쉽게 짐작할 수 있다. 파이퍼는 나중에 포로가 숲속으로 탈주를 시

• 　파이퍼 전투단의 이른바 '말메디 학살사건'은 미군의 엄청난 공분을 샀고 독일군 포로에 대한 보복으로 이어졌다. 대표적인 예가 1945년 1월 1일 벨기에 슈노뉴에서 미군 병사들이 수십명의 독일군 포로를 학살한 슈노뉴 학살 사건이었다. 2014년 할리우드 영화 「퓨리」에서도 전차 소대장인 워대디(브래드 피트)가 배속된 지 얼마 되지 않은 신병 노먼(로건 레먼)에게 독일군 포로를 죽이라고 강요하다가 결국에는 자신이 직접 사살하는 장면이 나온다. 뉘른베르크 전범재판에서 파이퍼는 학살에 대한 지휘 책임 때문에 사형 선고를 받았으나 자백 과정에서 미군의 구타와 괴롭히기 등 가혹행위가 있었음이 밝혀지면서 감형되어 1956년 12월 13일 석방되었다.

도했기 때문에 발포할 수밖에 없었다고 변명했다. 이 현장에서 도망쳐서 살아남은 사람들은 오후 늦게 본대로 돌아갈 수 있었다.

같은 날 오후, 친위대가 떠난 뒤, 말메디에 있는 전투공병대대 정찰대가 바우네즈에 도착해서 처형된 시신들을 발견했다. 교차로에서 교통정리를 담당하던 헌병이 직접 사건의 처음부터 끝까지 목격했다. 그는 슈파에 있는 미 제1군 사령부로 불려가서 호지스 장군과 모인 장교들에게 포로들이 어떻게 "들판으로 내몰렸고 친위대 장교의 권총 두 발을 신호삼아 어떻게 기관총을 난사해서 포로들을 냉혹하게 살해했는지"[27]를 자세히 설명했다. 슈파의 참모들은 분개했다. 호지스의 참모장은 "즉각 이 이야기는 관심의 대상이 되었다"라고 썼다. 소문은 삽시간에 모든 지휘 본부로, 연합군 최고 사령부로, 룩셈부르크의 제12집단군으로 들불처럼 퍼져나갔다. 핸슨이 기록한 바를 보면, 이 소식을 듣고는 "마치 사무실이 진공상태가 된 것처럼 일순간 숨조차 쉬지 못했다"[28]고 했다. 제9전술항공 사령부의 엘우드 R. 케사다 소장은 이튿날 아침에 반드시 조종사들에게 이 사실을 브리핑하라고 지시했다. 그날의 명령은 무조건 복수였다.(이 학살 소식이 영국에 전해지자, 포로로 잡혀 있던 독일 장군들이 공포에 질렸다. "방어할 수 없는 사람을 쏴죽이다니, 이런 미친 짓이! 이제 미국 놈들도 우리 병사에게 똑같이 보복할 텐데."[29] 그중 한 명이 중얼거리자 다른 사람이 덧붙였다. "친위대나 낙하산병들은 완전히 미친놈들이야. 이성적으로 생각할 줄을 몰라.")

리뇌비유로 진격하던 파이퍼의 선봉대가 처음으로 미군 전차들의 격렬한 저항에 부딪쳤다. 짧지만 격렬한 전투 끝에 독일군은 판터 전차 한 대와 반무한궤도 차량 2대가 불에 탔고, 미군은 셔먼 전차 2대와 M-10 구축전차 1대를 잃었다. 이번에도 파이퍼의 부하들은 또 다른 포로 8명을 처형했다. 스타벨로 마을 앞 앙블레브강에서 시민들은 자신들을 해방시킨 미군이 차량을 타고 패주하는 모습을 보고 경악했다. 많은 시민이 귀중품과 음식을 배낭에 넣고 피란에 나섰다. 9월에 있었던 레지스탕스 활동에 대한 독일군의 보복이 두려웠기 때문이었다. 22명의 남성과 여성이 베르보몽 근처에서 독일군과 러시아인 부역자들에게 살해당했다.[30] 미군 당국은 뫼즈강에서 먼

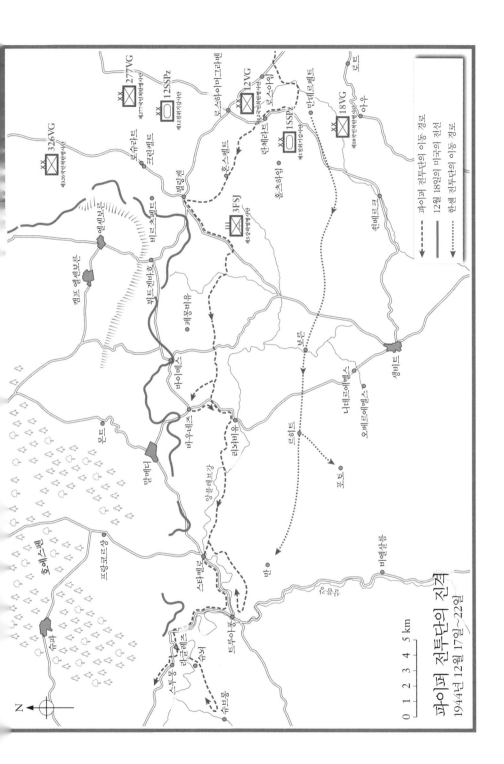

파이퍼 전투단의 진격
1944년 12월 17일~22일

277VG
제277국민척탄병사단

12SSPz
제12SS기갑사단

12VG
제12국민척탄병사단

326VG
제326국민척탄병사단

1SSPz
제1SS기갑사단

18VG
제18국민척탄병사단

3FSJ
제3공수척탄병사단

로스아이
뮈상아이
모스아이
뮈상아이그리벨
로즈라인
그린벨트
벨링겐
란체리트
혼스벨트
혼츠하임
만비르벨트
아우
로트

젬프 엘센보른
엘센보른
비르츠벨트
비르겐바흐
크링켈트
헌비르크

몬트
말메디
바이메스
괘몽뷰
보른
나비르에벨스
생비트

프랑코르샹
스타벨로
리저비유
오베르에벨스
바우네즈
앙블레브강
트루아퐁
르하트
포토
비엘삼름
살므강
슈파
반

스투몽
라글레즈
슈뇌
슈브롱

스투몽역

N

0 1 2 3 4 5 km

- - - 파이퍼 전투단의 이동 경로
——— 12월 18일의 미국의 전선
······ 한센 전투단의 이동 경로

곳으로 피란가려는 사람들 때문에 발생할 교통 혼잡을 막기 위해 민간인들의 이동을 금지시켰다. 미군과 벨기에 피란민들에게는 다행스럽게도 파이퍼는 날이 저물 무렵 스타벨로 바로 코앞에서 부대를 멈추었다.

주요 도로 측면은 경사가 급해서 전차를 기동할 공간이 부족했을 뿐 아니라, 마을 입구에 급커브가 있어서 대전차포의 화력이 집중될 위험이 있었기 때문이었다. 파이퍼는 전투단을 뒤로 물리고, 대신에 박격포와 야포로 마을을 포격했다. 또한 전차를 내보내 스타벨로를 우회해서 트루아퐁에서 살름강을 건너 남쪽으로 가는 길을 찾아보게 했다. 그러나 뒤따르던 차량들이 스타벨로에서 우회한 미군의 반격에 측면을 공격당했다. 공격을 격퇴한 파이퍼는 기갑척탄병들에게 도보로 마을을 공격하게 했다. 하지만, 30여 명의 사상자를 낸 후, 뒤따라올 기갑척탄병대대의 나머지 병력을 기다리기로 결정했다. 밤이 되어 서쪽으로 도망가는 미군들의 차량 불빛이 멀리서 보이자 전투단은 전차로 최대 사거리에 있는 도로를 포격했다.

파이퍼 전투단이 앙블레브 계곡을 훑어내려가는 동안에도, 미 제1사단의 예하 대대병력들이 엘센보른 능선의 남쪽 접근로를 지키기 위해 속속 도착했다. 제26보병연대 제2대대는 오후 동안 뷜링겐을 마주보는 위치에 자리잡았다. M-10 구축전차 4대의 지원을 받는 이 방어선은 능선 뒤에 있는 미군 포병이 저지 중인 독일군의 진격에 대비하기 위함이었다.

능선을 둘러싼 치열한 전투는 로슈라트-크린켈트의 동쪽 측면에서 이미 벌어지는 중이었다. 미 제99보병사단이 공격을 받는 동안 제23보병연대를 쌍둥이 마을 동쪽에 투입했던 제2사단장 로버트슨 장군은 제38보병연대를 발러샤이트에서 빼냈다.[31] 전방에서 병력을 철수시킬 때는 포병의 엄호 사격이 독일군의 발을 묶어놓았다. 이러한 혼란 상황에서는 아군의 사격도 위험하긴 마찬가지였다. 그날 아침, P-47 선더볼트 조종사가 메서슈미트 전투기와 공중전을 벌이기 위해 폭탄을 버렸다가 하필이면 제3대대에 떨어지는 바람에 12명이 죽었다.

로버트슨 장군은 증강된 소대로 발러샤이트-로슈라트 사이 도로의 동쪽 측면을 방어하는 한편, 자신이 직접 트럭을 타고 지원 대대를 맞으러 나가서, 그들에게 위치를 지정해주었다.

마침내 전선의 왼쪽 끝 14킬로미터에 있는 엘센보른의 북쪽 전선이 튼튼하게 형성되었다. 독일 제326국민척탄병사단이 몬샤우 양쪽에서 번갈아 공격을 시도했으나 미 포병에게 격퇴되었다. 미군의 일급 기밀인 새로운 근접전파신관*이 상부 허가 없이 처음으로 실전에 사용되었다. 포탄은 적군의 머리 위에서 폭발하여 그 위력을 증명했다.

어둠이 깔린 후, 미 제5기갑사단 예하 기계화보병대대가 방어선을 보강하기 위해 뮈첸니히에 도착했다. 그 뒤로 제1보병사단 소속 제18연대가 고립된 하이테의 낙하산병들을 찾아내기 위해 외펜 남쪽 숲속에서 수색 중이었다. 게로 장군은 독일 제6기갑군이 엘센보른 능선 남쪽을 공격하는 데 집중한 나머지 북쪽 측면 공격에 소극적인 이유를 알 수 없었다. 사실은 히틀러의 고집 때문이었다. 하지만 만토이펠은 아직도 디트리히가 좁은 곳에 자신을 가두어 운신의 폭을 좁히는 큰 실수를 저지르고 있다고 생각했다.

날이 어두워지고 포성이 가까워지는 와중에도 로슈라트-크린켈트 동쪽에서는 로버트슨의 제2보병사단 병사들이 친위 히틀러 유겐트 사단의 전차가 오기 전에 참호를 조금이라도 더 깊게 파려고 애썼다. 작업을 멈추면 흘렸던 땀이 얼어붙어 더 추웠다. 적의 포화 속에서 제9보병연대 제1대대는 높은 숲 지대에서 동쪽으로 이동하던 중 혼란스런 장면과 맞닥뜨렸다. 제99보병사단의 패잔병들이 방어선으로 복귀하라는 명령을 듣지 않고 달아나고 있었다. 대대장 매킨리 중령은 이렇게 썼다. "아비규환과도 같은 제99보병사단의 상황과는 대조적으로 대대는 질서 있게 움직였다. 병사들과 차량들이 엄청나게 혼란스럽고 무질서하게 교차로를 지나 숲 길 아래로 쏟아져 내려왔다. 제99보병사단은 이미 통솔이 전혀 되지 않았다. 낙오병들은 자신들의 부대가 포위 섬멸됐다고 떠들었다. 제23보병연대의 예하 대대는 후방으

● 내부에 안테나를 달고 전파를 쏘아서 주변에 목표물이 있으면 자동으로 폭발하여 파편을 날리는 포탄. 주로 적기나 독일군의 V로켓을 격추하는 대공포탄에 사용되었으나 적 보병의 머리 위에 터뜨릴 경우 큰 피해를 입힐 수 있어 일반 야포로 사격하는 일도 많았다.

로 밀려가는 흐름에 휩쓸렸다."[32]

매킨리의 병사들은 '데이지 체인' 또는 '목걸이'라고 불리는 대전차 지뢰 여섯 개를 연결한 것을 독일 전차가 올 만한 곳에 모두 묻었다. 날이 어두워지자 첫 번째 공격이 시작되었다. 접근로를 따라서 포격해야 효과가 크다는 점은 "적군의 비명소리"[33]로 알 수 있었다. 전투가 소강상태일 때는 앞으로 나가서 대전차대대에서 빌려온 대전차 지뢰를 묻었다. 두 명으로 이루어진 바주카포 팀들은 사격하기에 더 좋은 위치를 찾아 아군 포병의 표적 지역에까지 숨어들었다.

미군 보병이 보유한 57밀리 대전차포는 가까운 거리에서 측면이나 후면을 쏘지 않는 한 독일 판터 전차를 잡을 수 없었다. 견인포를 가진 대전차부대는 진흙탕이나 눈 속에서 포를 견인차에 연결할 때마다 엄청나게 고생했다. "치열한 근접전에서는, 참호 속에서 대전차포가 사격하는 와중에 견인차가 격파되는 일도 종종 벌어졌다."[34]

제38보병연대 바르산티 중령은 자기 소대장들에게, 후퇴 중인 제99보병사단의 병사들이 오는 중이므로, 적군으로 확인될 때까지 절대로 사격하지 말라고 단단히 주의를 주었다. 어둠 속에서는 가까이 오기 전에는 적과 아군을 식별할 수 없었다. 결국 독일 전차 2대가 조명을 이용해 참호 속에서 내다보는 병사의 눈을 부시게 한 다음 K중대를 돌파했다. 그러나 두 전차 모두 파괴되었다. 대포에 맞아서 한 대, 그리고 바주카포에 맞아서 또 한 대. 기갑척탄병들이 뒤를 바짝 쫓아왔다. "독일군 한 명이 코앞까지 다가오더니 경기관총의 총신을 잡았다. 경기관총 사수는 45구경 권총으로 사살했다."[35]

어떤 중대원들은 숲속의 전방 위치에서 밀려서 후퇴하던 중 "작은 전나무 가지들이 빽빽하게 얽혀 있는 곳으로 뛰어들었다. 총알이 우리만 쫓아다니는 것 같았다. 전나무들 사이로 총알이 쉭쉭 지나갔다. 어쩌면 내가 총에 맞았을지 모른다는 생각이 들었다. 나는 통증이 느껴지지 않았지만 우박처럼 쏟아지는 총탄 속에서 다치지 않았다는 사실이 믿기지 않았다."[36] 중대장이 남긴 기록이었다. 나중에 로슈라트로 도망칠 때의 심정을 이렇게 썼다. "통나무 밑에 숨어서 아무렇게나 기어다니던 벌레들이, 별안간 인간 괴물이

와서 통나무를 번쩍 들어 올릴 때가 이런 심정일까……?"

친위기갑척탄병들은 자동화기를 쏘고 '포테이토 매셔(감자 으깨는 기구)'라고 불리는 슈틸한트그라나테 방망이 수류탄'을 던지면서 공격했다. 어떤 친위대원이 포로를 앞장세워 암구호를 통과하려고 했지만, 친위대원도 운이 없는 포로도 모두 총을 맞고 죽었다. 야간 전투 도중에 도착한 제99보병사단의 낙오병들 중에는 신원이 밝혀져 사살되지 않고 살아남은 자들도 꽤 있었다. 포로가 된 제99보병사단 소속 의무병 한 명을 독일군이 일부러 놓아주었다. 150명의 미군들이 엘센보른 능선에서 200명의 독일군에게 포위된 채 야전포병대대의 공격을 받고 있었다. "항복하지 않으면 미군 포로들을 모두 사살하겠다며 미군들에게 항복을 권하려고 보낸 것이었다."37

전투가 뜸해졌을 때, 제99보병사단 병력을 태운 트럭들이 나타났다. 그리고 캠프 엘센보른으로 가는 길을 묻자 방어하던 미군들이 깜짝 놀랐다. 이들이 들키지 않고 독일군 진영을 뚫고 나온 것은 가히 기적이었다.

로슈라트-크린켈트 전투 중에 독일군 전차를 처리하는 바주카포 팀의 활약은 눈부셨다. 매킨리 중령은 이렇게 썼다. 포에 맞은 전차에서 밖으로 탈출해 나온 "전차병들을 미군의 소총수들이 쏘아버렸다."38 밤 10시, 두 명의 미군 병장이 휘발유 깡통을 들고 어둠을 틈타 독일 전차 위로 올라갔다. 이 전차는 비록 바퀴가 고장 나서 주저 앉았지만, 기관총과 주포로 많은 미군에게 피해를 입혔다. 두 사람은 휘발유를 붓고 불을 붙였다. 15분 후, 중위 한 명이 몰래 다가가서 6호 전차 티거를 바주카포로 파괴했다. 밤새도록 파상 공격을 반복하던 독일군은 동이 트기 직전 본격적인 공격을 시작했다.

남쪽에서, 만토이펠의 제5기갑군은 바스토뉴 정동쪽에 있는 코타의 미 제28보병사단에게 큰 승리를 거두었다. 휘르트겐 숲에서 큰 희생을 치러야 했던 제28보병사단은 아직도 병력이나 무기가 제대로 보충되지 않았다. 하지만 독일 제116기갑사단, 제2기갑사단, 기갑교도사단의 격렬한 공격을 받으면서도, 코타의 부대는 마을의 교차로를 장악한 채 적의 진격을 늦추고 많은 피해를 입혔다. 독일 군단장은 제28보병사단을 "전투를 잘하는 사단으로 소문난 것도 아닌 그저 평범한 사단"³⁹으로만 알고 있었다. 비록 제28보병사단이, 휘르트겐 숲 전투에서 경험이 많은 고참병을 많이 잃긴 했지만, 몇몇 중대는 영웅적이고 활력이 넘치는 모습을 보여주었다.

빌츠 동쪽의 작은 마을을 방어하는 전투 도중에, 코타 예하 제109보병연대의 병사들이 적 전차를 발견했다. 독일 4호 전차는 크기가 약간 작을 뿐 겉모습이 6호 전차 티거와 비슷하기 때문에 착각했을지도 모르지만, 제109보병연대의 병사들은 그 전차가 6호 전차 티거라고 생각했다. 그들에겐 대전차포가 없었다. 바주카포를 쏘았던 한 장교는 이렇게 썼다. "바로 옆에 있던 병사는 바주카포와 포탄을 갖고 있으면서도 사용 방법을 몰랐다. 내가 하나 집어들고 코너를 돌아서다가 티거 전차와 정면으로 맞닥뜨렸다. 포신을 들고 있는 전차를 향해 바주카포를 발사해서 정통으로 맞혔다. 전차는 멈추었지만 아무런 피해를 본 것 같지는 않았다. 전차는 내가 숨어 있는 집을 향해 88밀리 포를 쏘았다. 나는 바로 일어나 전차의 측면을 바로 위에서 내려다볼 수 있는 옆집 이층으로 올라갔다. 그리고 두 발을 더 발사했다. 하나는 전차 뒷면 모서리에 맞았다. 하지만 전차는 모르는 것 같았다. 세 번째 탄두가 전차와 포탑의 연결 부위에 정통으로 맞았다. 관통하지는 못했지만, 엄청난 불꽃이 튀어 올랐다. 전차병들도 놀랐는지, 처음 우리를 사격했던 지점으로 800야드(730미터)나 물러났다."⁴⁰ 바주카포는 독일군이 어깨에 얹고 쏘는 판처파우스트만큼 강력하지 못했다. 정면에서 쏘면 겨우 무한궤도나 파괴할 수 있었다. 그러나 바주카포를 가지고, 티거나 판터 전차 뒤로 돌아갈 수만 있다면, 그땐 기회를 잡을 수 있었다. 반면, 대전차총에 꽂아서 쏘는 총류탄은 위험하기만 할 뿐 쓸모는 없다는 것이 공통된 결론이었다.

제28보병사단의 북쪽 측면, 클레르프강 위의 고대 도시 클레르보가 함락될 위기에 처했다. 독일 제116기갑사단은 미 제28보병사단의 제112보병연대를 제106보병사단 구역까지 밀어붙였다. 이 위치는 생비트 방어선에서 멀리 떨어진 오른쪽 측면이었다. 풀러 대령이 지휘하는 제110보병연대 지휘 본부는 클레르보에 있는 호텔에 있었다. 클레르보의 일부분은 풀러 대령 예하 중대가 굳게 지키는 마르나흐의 방어선이 막아주었다. 그러나 독일 제2기갑사단은 이 장애물을 그냥 비켜 갔다. 12월 17일 새벽 5시, 클레르보 동북쪽 5킬로미터 지점에 배치된 야전포병중대가 기갑척탄병에게 유린당했다.

동이 트기 전 독일 정찰대가 클레르보에 도착했다. 클레르보에는 이미 무전기를 든 포병 관측팀이 잠입해 있었다.[41] 다음엔 보병들이 몰래 들어와 마녀의 모자처럼 뾰족한 탑이 있는 15세기 성 바로 밑에 있는 약국에 숨어들었다. 이 성은 마을 한복판으로 튀어나온 암반 위에서 편자 모양으로 굽어 있었다. 오전 9시 30분 판터 전차와 자주돌격포가 클레르보를 내려다보는 높은 언덕에서 공격했다. 코타 장군은 셔먼 전차 소대와 보병 몇 명을 보내 풀러 대령을 돕도록 했다. 풀러 대령에게는 연대 본부 요원 그리고 사단 휴식처에서 돌아온 60명가량의 병력밖에 없었다. 오후가 어두워질 무렵, 마을이 포위되었다. 풀러 대령은 전차가 "바로 입구 정면에서 포를 쏘아대고 있다"[42]고 빌츠에 있는 코타에게 보고했다. 응급치료소에 있던 누군가가 소리쳤다. "유대인이 있으면 인식표를 버려라. 친위대 놈들이 왔다."[43] 한 병사가 '히브리인'을 뜻하는 'H'가 새겨진 인식표를 난로 속에 던졌다.

본부 요원들과 휴게소에서 온 병사들은 성안으로 들어가 다시 하루를 버티며 싸웠다. 성안으로 피란 온 민간인들 중에 16세인 장 세르베[44]라는 소년이 당시 모습을 이렇게 묘사했다. 미군 병사 하나가 피아노를 치는 와중에 같은 방 바로 옆에선 저격수가 담배를 물고 침착하게 독일군을 한 명씩 쏘았다. 세르베는 총에 맞은 독일군이 파르크 호텔 뒤 언덕으로 굴러 떨어지는 모습도 보았다. 전투가 계속되면서 부상병은 민간인들이 있는 지하실로 이송되었다. 하지만 실탄도 떨어지고 성에 불이 붙자 항복할 수밖에 없었다.

제28보병사단 남쪽 측면에는 바턴 장군이 지휘하는 제4보병사단이 있었다. 이 사단은 휘르트겐 숲에서 전력이 많이 약화되었지만, 상대 역시 만토이펠 기갑사단만큼 강력하지는 않았다. 바턴 장군 예하 제12보병연대는 디크바일러, 에히터나흐, 오스바일러, 라우터보른, 베르도르프 마을을 지키면서 독일 제212국민척탄병사단과 싸우는 중이었다. 그의 계획은 중대 병력을 나누어 주요 교차로의 작은 마을들을 장악해서 독일군들이 자우어강 서쪽에 있는 도로망을 사용하지 못하도록 만드는 것이었다. 독일군 주력이 제22보병연대의 제2대대를 공격했지만, 대대는 물러서지 않고 버텼다. 대부분의 방어 거점들이 포위된 와중에 12월 17일 저녁 제10기갑사단의 기동부대가 도착해서 구해준 덕분에 상황은 안정되었다.

12월 17일, '제10기갑사단의 호랑이들'이 룩셈부르크를 통과해서 북쪽으로 이동했다. 그들은 자기 부대가 독일군의 대공세에 맞서 반격의 선봉이 된다는 소식을 듣자 우쭐해 했다. 그때까지 이들은 자신들이 후위를 맡게 될까 걱정하고 있었다. 오후 늦게 에드윈 W. 피번 준장이 지휘하는 A전투부대가 슈바르츠 에른츠 협곡 근처에서 "저돌적인 공세를 펼쳐서 독일군을 매우 놀라게 했다."[45] 이들은 사흘에 걸친 전투 끝에 독일군의 진격을 저지하고 남쪽 능선을 장악했다.

그러나 12월 17일 저녁, 슈파에 있는 미 제1군 사령부의 분위기는 파이퍼 전투단이 서쪽에서 계속 전진하는 데다, 제28보병사단은 만토이펠의 기갑사단을 저지하지 못해서 내내 침울했다. 전투일지에서는 "G-2 정보부는 적군이 초반의 승세를 이용해서 아군 후방으로 밀고 들어가 뫼즈강의 교두보를 장악할 가능성이 있다는 분석을 내놓았다"[46]고 적혀 있었다.

바스토뉴가 가장 위험했다. 기갑교도사단은 바스토뉴의 남쪽 측면을 향해 직행하고 있었다. 독일군 제2기갑사단은 북쪽을 봉쇄하려는 중이었다. 제26국민척탄병사단은 마을을 점령하는 임무를 맡았다. 이들 모두 제47기갑군단장[47] 하인리히 폰 뤼트비츠 기갑대장의 지휘를 받았다. 남쪽의 제5강하엽병사단은 코타의 제28보병사단에 의해 빌츠에 발이 묶였다. 제7군에서 온 명령에는 바스토뉴에 대한 언급은 없었고 다만 "가능한 한 빨리 진격해서 만토이펠 장군의 제5기갑군이 활동할 수 있는 넓은 지역을 확보하라"[48]는 내용뿐이었다. 그러나 오후에 뤼트비츠 장군은 바스토뉴가 미군에게 굉장히 중요하다는 사실을 갑자기 깨달았다. 바스토뉴로 가는 트럭을 호위하기 위해서 공수사단을 보낸다는 미군의 무선을 사령부에서 감청했기 때문이었다. 아마도 미군 헌병의 통신망이었다. 이 통신은 잡음 없는 소리로 독일군에게 좋은 정보를 주었다. 뤼트비츠는 기갑사단을 먼저 도착시킬 자신이 있었다.

네덜란드의 물에 잠긴 참호에서 전투를 마친 미 제82, 제101공수사단은 프랑스 랭스 근처의 무르멜롱르그랑 캠프에서 쉬는 중이었다. 축구나 도박을 하거나, 싸구려 샴페인을 마시고 두 사단 사이에 있는 술집에서 웃고 떠들면서 지내는 일이 일과였다. 그날 아침, 베르사유 연합군 최고 사령부 예비 병력이었던 제18공수군단을 미 제1군 예하로 배치한다는 결정은 적지 않은 혼란을 초래했다. 마침 자리를 비운 지휘관들이 많았기 때문이었다. 군단장인 매슈 B. 리지웨이 소장은 하필 영국에 가 있었다. 제101공수사단장 맥스웰 D. 테일러 소장은 미국으로 돌아갔다. 직무 대리인 제럴드 J. 히긴스 준장도 마켓가든 작전에 대해 보고하기 위해 영국에 가 있었다. 그래서 제101공수사단 포병 지휘관 앤서니 C. 매콜리프 준장이 병력을 인솔했다.

오후 8시 30분, 이동 준비를 하라는 명령을 받은 매콜리프는 예하 부대장들과 참모들을 불러 회의를 열었다. "내가 아는 사실은 전선이 돌파당했다는 것과 우리가 그곳에 가야 한다는 것뿐이다."[49] 많은 병사가 파리로 휴가를 떠나 있었다. 이 부대에는 전시에 바람난 애인에게서 이별편지가 오면 부대 게시판에 공개하는 전통이 있었다. 특히 이런 병사들은 파리에서 환락을 즐기겠다고 잔뜩 기대한 채 휴가를 갔다. 헌병들에겐 부대원들을 찾아 모으라는 명령이 떨어졌고 장교는 이들을 싣고 갈 기차를 수배했다. 휴가지에서 강제 소환된 병사들 중 상당수가 방탕한 휴가 생활로 녹초가 되어 있었다. 루이스 심프슨은 "그들 대부분 섹스를 하지 못해 불만이 가득했다"[50]라고 썼다. 아직 받지도 못한 월급까지 도박에서 몽땅 잃어버려 휴가를 갈 수 없는 병사들의 질투도 있었다.

제101공수사단은 아직 병력이 모자랐고, 장비도 보충되지 않았다. 3500명이나 되는 병사들을 네덜란드 전투에서 잃었지만 무르멜롱르그랑에 있는 동안 충원된 보충병은 그리 많지 않았다. 이동 명령이 떨어지자, 규율 위반, 주로 싸움이나 부사관을 때려서 영창에 있던 병사들까지 중대로 돌려보내야 했다. 장교들은 군대 병원에 가서 거의 치료가 끝난 병사들에게 스스로 퇴원할 것을 요청했다. 반면 정신적으로 심하게 불안정한 병사들은 그대로 놔두라는 지휘관들도 있었다. 지난 열흘간 전투피로증으로 자살한 병사가 여러 명 있었다. 심지어, 사단 참모장도 45구경 권총을 입에 물고 방아쇠를 당겼다.

제82공수사단은 네덜란드 전투에서 손실을 본 후, 보충병이나 장비를 보충할 시간적 여유가 있었지만 제101공수사단은 모든 것이 부족했다. 특히 겨울철 방한복이 그러했다. 밤이 되면 병사들이 모자란 것을 얻거나 훔치러 다니자 병참 장교들이 그동안 모아놓았던 물자를 나눠주기도 했다

그동안 병참지대에서는 두 개 사단을 실어나르기 위해 10톤 트럭을 충분히 마련해야 했다. 레드 볼 익스프레스 특별 보급대에 근무했던 운전병들은 녹초가 되어 있었기에 공수사단 병력을 아르덴 전선까지 수송하는 일을 달가워하지는 않았지만, 기대 이상으로 열심히 해주었다.

뉴스의 확산을 막으려는 연합군 최고 사령부의 노력에도 불구하고 독일군의 대공세 소식은 널리 퍼져나갔다. 독일군이 파리로 향하는 중이라는 소문도 있었다. 감옥에 갇힌 부역자들은 자축하면서 교도관들을 조롱했다. 바보 같은 짓이었다. 교도관 상당수가 레지스탕스 출신이었다. 이들은 독일군이 오기 전에 죄수들을 모두 쏴죽이겠다고 벼르고 있었다.

정확한 정보가 없었던 탓이겠지만, 파리 시민들의 공포는 극에 달했다. 알퐁스 쥐앵 장군이 프랑스 고급 장교들을 대동한 채 전선이 뚫린 것에 대해 의논하고자 베르사유의 연합군 최고 사령부를 방문하여 베델 스미스를 만났다. 베델 스미스는 이렇게 썼다. "우리가 홀을 걸어 지날 때, 평소대로 일을 하고 있는 사무실을 프랑스 장군들이 흘끗 들여다보는 걸 느꼈다. 그리곤 내 뒤에 있던 프랑스 장군이 정보 책임자인 스트롱 장군에게 이렇게 물었다. '뭐하는 거지? 왜 짐을 안 싸는거야?'"[51]

어니스트 헤밍웨이도 연인 메리 웰시와 동거하던 방돔 광장의 리츠 호텔에서 독일군의 공격 소식을 들었다. 미 항공대 사령관인 칼 '투이' 스파츠 중장과 저녁을 먹고 돌아온 그녀는 식사 도중에 부관들이 긴급 상황 메시지를 들고 들락거렸다고 말했다. 리츠 호텔 로비는 바삐 움직이는 장교들로 혼잡했다. 휘르트겐 숲에서 얻은 기관지염이 채 낫지 않았지만, 헤밍웨이는 제4보병사단에 합류하겠다고 마음먹고 짐을 쌌다. 불법으로 가지고 있는 무

기도 챙겼다. 마침 파리에 들렀던 동생 레스터에게 헤밍웨이는 이렇게 말했다. "완전히 뚫렸다는군! 수습하려면 고생 좀 할 것 같아! 기갑부대들이 물밀듯이 오고 있단 말이야. 독일 놈들은 포로도 잡지 않고 다 쏴 죽인대. (…) 탄창에 실탄 좀 넣어주고, 탄창도 깨끗하게 닦아줘."[52]

10

<u>12월 18일 월요일</u>

　동이 트기 한 시간 전인 오전 6시 45분, 로슈라트-크린켈트 정면에 있는 미 제2보병사단의 마지막 대대에 대한 본격적인 공격이 시작되었다. 독일군은 야간 공격 때마다 하던 대로 "소리를 지르고 호루라기도 불고, 이것저것 두들기면서 시끌벅적하게 쳐들어왔다."[1] 전투는 4시간이나 이어졌다. 전방 참호 속의 보병을 지원하려는 포격 요청이 계속 이어지면서 미군 야전포병 부대는 정신없이 바빴다. 독일군에게 진지를 유린당할 위기에 처한 중대들은 자신들의 현 위치에 포를 쏘아달라고 요청하기도 했다. 매킨리 중령이 지휘하는 제9보병연대 제1대대는 쌍둥이 마을로 후퇴하는 다른 병력들을 엄호 중이었다.

　처음에 독일 경전차 12대가 각각 기갑척탄병소대의 엄호를 받으며 안개 속에서 공격을 했다. 하지만 포병의 공격을 받고 물러섰다. 제2보병사단의 병사들은 대전차 소대의 "거추장스런"[2] 57밀리 대전차포 3문보다는 바주카포를 가진 12개 팀이 한결 쓸모 있다는 사실을 깨달았다. 전투가 끝난 뒤 보고서에는 "57밀리 대전차포는 전혀 만족스럽지 못했다. 그중 단 한 발만 적 전차의 포탑을 맞추었을 뿐"이라고 적혀 있었다. "실제로 전혀 쓸모없는 무기"라고 혹평하는 장교도 있었다.• 매킨리 중령도 이 대전차포가 진흙탕 속에서 움직이기가 너무 어려웠기에 일단 교전이 시작된 후에는 사격 위치로 옮기는 것이 불가능하므로 "보병대대에서는 필요 없는 무기"라고 판단했다. 그는 구축전차가 제9보병연대 예하로 배치되어, 다른 곳으로 떠날 수 없게 되기를 원했다. 그날 로슈라트-크린켈트 전투에서 구축전차, 셔먼 전차, 바주카포, 대포를 동원하여 여러 대의 판터 전차와 4호 전차를 처치했다.

미군은 항상 독일군이 고장난 전차를 수리해서 다시 쓰는 것을 막거나, 전방 임시 사격 진지로 활용하지 못하게 노력했다. 친위기갑척탄병들이 부득이 되돌아가서 보면 언제나 "움직일 수는 없지만 파괴되지 않은 전차는 기름과 휘발유를 섞어 뿌리고 포신에 소이수류탄을 집어넣는 방식으로 불타 있었다."[3]

그러나 곧 전차에 의해 방어선이 뚫렸다. 전차는 참호 속에 포를 쏜 후, 그 위를 짓뭉개서 병사들을 생매장시켰다. 30명가량의 소대 병력 중에서 12명만 살아서 돌아왔다. 어떤 중대의 좌익을 맡았던 소대는 대전차포 포탄이 떨어지자 6~7명이 자포자기한 채 후방으로 도망가려고 했다. 매킨리 중령이 이들을 막아 세워 다시 소대로 돌려보냈다. 의무병은 스키로 임시 썰매를 만들어서 부상자들을 눈 속에서 실어 나르느라 애 먹었다.

매킨리는 전투 중에 후퇴하라는 명령을 받았지만, 전투가 워낙 가까이에서 벌어지면서 병사들을 빼낼 수 없었다. 결정적인 순간 제741전차대대의 셔먼 전차 4대가 나타났다. 이들은 대대의 후퇴를 엄호해주면서도 독일 전차 3대를 격파했다. 매킨리의 기록에는 "로슈라트에서 모두 600명 정도가

• 당시 영국의 주력 대전차포 중 하나인 6파운드 포의 라이선스판인 57밀리미터 M1 대전차포는 철갑탄AP을 쏠 경우 관통력이 통상적인 전투거리인 500미터에서 112밀리미터, 1킬로미터에서도 89밀리미터에 달했으며 1944년 초부터 보급된 신형 분리철갑탄APDS은 500미터에서 160밀리미터, 1킬로미터에서 140밀리미터에 달하는 등 독일군의 악명 높은 88밀리미터 대전차포에 비할 바는 아니라도 위력 자체는 결코 나쁘지 않았고 제대로 명중한다면 티거 중전차를 비롯한 독일군의 모든 전차를 격파할 수 있었다. 문제는 위력 부족보다 낮은 명중률과 신병이 태반이었던 사수들의 숙련 부족이었다. 또한 무거운 견인포의 특성상 아르덴의 진흙탕 속에서는 운용하기 어려웠다는 점도 있었다.

전투를 시작했다. 그중 197명만 남았다"[4]고 적혀 있었다. 그러나 제2보병사단 전체에서 실제로 도망간 병사들은 9명에 불과했다. 그들은 헌병에 의해 '탈영자'로 체포되었다. 대부분의 병사는 한창 전투 중일 때는 그다지 '무섭지' 않다가도 막상 사격이 잦아들면 그때서야 공포가 엄습했다고 말했다.

제9보병연대 제1대대의 희생적인 전투 덕분에 제2보병사단은 무사했다. 또한 독일 제12친위기갑사단의 날카로운 공격도 막아냈다. 하지만 매킨리 중령이 나중에 인정했듯이 그의 부대를 전멸 위기에서 "구해낸 것은 포병들이었다."[5] 처음에 독일 공격에 맞섰던 제99보병사단의 잔여 병력들이 꾸준히 미군 방어선 안으로 복귀했다. 이들은 캠프 엘센보른에서 실탄을 공급받은 뒤 로슈라트-크린켈트 후방의 방어선에 투입되었다. 자신의 부하 장교로부터 "비겁하고 무능하다"고 고발당한 대대장도 있었지만, 그들에게 죄를 묻지는 않았다.[6]

오전 10시, 미군 트럭 7대가 다가왔다. 구축전차가 선두 트럭 500미터 지점에 발포해서 멈추게 하고 미군이 맞는지 확인하기 위해 정찰대가 나갔다. 그러나 정찰대가 가까이 접근하자, 트럭에 탄 병사들이 발포를 시작했다. 혼란 속의 미군 방어선을 뚫기 위한 "트로이 목마 속임수"[7]였다. 140명의 독일군들이 트럭에서 뛰어내리더니 뒤쪽 숲으로 뛰어갔다. 대대의 박격포와 중기관총이 불을 뿜었다. 대대장은 적군의 4분의 3 정도를 사살했다고 계산했다. 하지만 죽은 척했다가 나중에 기어서 도망간 독일군 병사들도 제법 있었다. 부상당한 포로를 여럿 잡았다. 제12친위사단 히틀러 유겐트 소속이었다. 그중 심하게 다친 어떤 병사는 미국인의 피를 받지 않겠다고 고집하여 수혈할 수 없었다.

쌍둥이 마을을 둘러싼 전투는 계속되었다. 지하실에 갇힌 민간인들은 폭발음에 귀가 먹먹할 정도였다. 오전 8시 30분쯤 안개가 걷히고 햇살이 퍼지자, 눈밭 멀리 숲이 보였다. 훨씬 많은 숫자의 판터 전차와 4호 전차들이 기갑척탄병들을 거느리고 접근 중이었다. 몇몇은 이미 로슈라트-크린켈트로 진입했다. 제38보병연대의 박격포 장교는 4개의 바주카포 팀을 만들어서 마을 주변의 전차에 몰래 다가갔다. 몇 명은 발사할 때의 섬광 때문에 보호경을 쓰고 있었지만 별 소용이 없어 얼굴에 화상을 입기도 했다. 최악의 상황은 불발탄이 끼어버려 바주카포가 고장났는데, 독일군 전차가 자기 쪽으로 포신을 돌릴 때였다. 무슨 수라도 써야 했다. 제5군단은 이렇게 보고했다. "전차가 한 대 접근하는 와중에, 바주카포를 가지고 도로 옆에 숨어 있던 병장이 소 떼를 전차 앞으로 내몰았다. 전차는 멈칫하다가 바주카포를 맞고 기동불능이 되었다. 탈출하려던 전차병들은 모두 소총에 맞아 사살되었다."[8]

독일 전차들은 주택에 포를 직접 쏘기 시작했다. 심지어는 창문으로 포신을 들이밀어 쏘기도 했다. 또 다른 미군 장교는 나중에 자신이 관찰한 내용을 이렇게 썼다. "총검은 별로 쓸모가 없었다. 로슈라트에서의 육박전에서는 개머리판이나 주먹으로 싸웠다."[9] "기관총 사수, 운전병, 운전병 조수, 취사병, 정비병"들이 임시 전차병이 되어서 로슈라트의 대대 지휘 본부 옆에 있던 셔먼 전차 2대에 탑승한 뒤 전투를 계속했다. 그러던 어느 날, 로버트 N. 스캐그스 중령이 독일 포로들을 감시 중인 미군 병사 쪽으로 다가가는 6호 전차 티거 한 대를 보았다. 스캐그스는 셔먼 전차 두 대에 연락해서 즉시 발포토록 했지만, 빗나갔다. 티거 전차가 주춤하더니 포탑을 돌려 두 전차에게 반격했다. 하지만 그 역시 빗나갔다. 두 번째 찬스가 왔다! 급조된 두 전차병은 다시는 실수하지 않겠다고 다짐했다. 결국 티거 전차는 불타올랐다. 전차가 포탄에 맞자 보병들이 사격자세를 취했다. 탈출하려는 전차병을 쏘기 위함이었다. 불길에 싸여 비명을 지르는 전차병들을 보병들이 사살했다. 제2사단 맥도널드 대위는 "예광탄 불빛 덕분에 휘발유 깡통을 전차에 던지는 병사의 실루엣을 볼 수 있었다. 전차는 불길에 휩싸였다."[10]

쌍둥이 마을에서 있었던 또 다른 전투 일화도 있다. 제741전차대대의 셔먼 전차병이 "독일 6호 전차 티거가 정면으로 오는 모습을 봤다. 전차장은 티거 전차의 정면 장갑은 관통시킬 수 없다는 사실을 알고 있었다. 그는 셔먼 전차 포탑의 기동성을 이용하려고 재빨리 작은 건물을 끼고 돌아 티거 전차의 측면이나 뒤쪽으로 가려고 했다. 독일 전차도 미군이 자신들을 뒤쫓고 있음을 알아챘다. 두 전차는 사격 위치를 잡기 위해서 건물을 사이에 두고 쫓고 쫓기면서 빙글빙글 돌았다. 이것을 보고 있던 다른 셔먼 전차가 티거 전차의 후면을 포격했고 단번에 기동 불능으로 만들었다.”[11] 아군의 두 전차장은 내려서 악수를 한 다음 전투를 계속했다.

총류탄은 다시 한번 쓸모가 없음이 입증되었다. 총류탄에 맞아 기동 불능 상태가 된 독일 전차는 한 대뿐이었다. 어떤 병장은 “다른 부대원”[12]이 전차를 상대로 대전차용 수류탄을 6~7발 쏘아 맞히는 광경을 보았지만 아무 소용이 없었다. 대개 수류탄은 “튕겨져나가기” 일쑤였다.

크린켈트에서 독일 6호 전차 티거 한 대가 교회 정면에서 대대 지휘 본부에 사격을 퍼부었다. 바르산티 중령이 바주카포 다섯 팀을 보내서 몰래 티거 전차에 다가가게 했다. 두 발을 맞추기는 했지만, 티거 전차에는 아무런 피해도 입히지 못했다. 바르산티 중령은 마을에서 너무 노출되어 있다고 판단하고 비르츠펠트 쪽으로 후퇴하려고 했다. 그러나 전차가 코너를 전속력으로 돌더니 지프차를 그대로 깔아뭉갰다. 지프차에 탔던 두 사람은 도랑으로 몸을 던져 구사일생으로 빠져나왔다. 그 사이 미군이 57밀리 대전차포를 쏘아서 전차 포탑을 고장냈다. 하지만 티거는 멈추지 않고 다가왔다. 셔먼 전차가 포를 쏘았지만 빗나갔다. 다시 구축전차가 두 발을 발사한 뒤에야 겨우 멈춰 세울 수 있었다. 소총수들은 탈출하려는 검은 제복의 병사들을 “한 명도 도망치지 못하게 했다.”[13]

제2보병사단에서는 로슈라트-크린켈트 일대의 전투에서 셔먼 전차, 구축전차, 바주카포, 야포 등으로 도합 73대의 전차를 파괴했고, 바주카포로 독일 6호 전차 티거 2대를 기동 불능으로 만들었다고 보고했다. 아르덴 대공세 중에 거둔 몇 안 되는 승리 중의 하나였다. 미군의 인적, 물적 손실도 매우 컸다. 반면 반격하겠다는 투지와 독일군이 한 걸음 올 때마다 그에 상응한 대가를 치르게 하겠다는 정신자세야말로 이 전투에서 얻은 귀한 성과였다. 독일 제6기갑군은 미군 포병과 엘센보른 능선이라는 지휘 본부의 위치를 과소평가했다. 미군 보병의 수준이 형편없다는 친위부대의 선입견을 확실히 바로잡는 계기가 되었다.

하루 종일 계속된 전투가 밤까지 이어지면서 점점 더 많은 건물이 불길에 휩싸였다. 공격 첫날, 제99보병사단에서 부흐홀츠로 파견된 포병관측병은 로슈라트-크린켈트의 화재를 내려다보면서 앨런 시거의 시를 떠올렸다. "화염에 휩싸인 마을에서 한밤중에 죽음을 만났다네."14

로슈라트-크린켈트에서의 전투가 최고조일 때 제1보병사단 예하 부대가 서남쪽 5킬로미터 지점에 방어선을 구축한 뒤 독일군의 화력이나 진로를 파악하기 위해 정찰했다. 쌍둥이 마을에서 미군의 강력한 방어에 당황한 제프 디트리히는 제277국민척탄병사단에게 계속 그곳을 공격하라는 명령을 내렸다. 제12친위기갑사단은 서남쪽으로 이동해서 뷜링겐에서 좀 더 서쪽의 바이메스로 진격할 예정이었다. 바이메스라는 작은 마을은 제47야전병원과 제99보병사단 의료대대의 일부가 있는 곳이었다. 게로 장군은 의무병들과 부상자들을 제때 후송하기 위해서 제1보병사단에서 구축전차, 경전차, 공병들을 차출하여 혼성부대를 만들라고 지시했다.

히틀러 유겐트 사단은 엘센보른 능선의 남쪽 측면이 동쪽 측면만큼이나 튼튼하게 방어되고 있음을 깨달았다. 제1보병사단 혼자서 6개의 포병대대와 8인치 포병중대의 지원을 받았다. 미군에게는 다행스럽게도 땅이 물러서 독일 전차들이 거의 움직일 수 없었다. 미군의 대전차포와 구축전차가 선두 전차를 기동하지 못하게 하면 다른 전차들까지 길이 막혔다. '미트 초퍼(고기 가는 기계)'라고 불리는 50구경 기관총 4정을 장착한 반무한궤도 대공포 차량이 친위기갑척탄병을 물리치는 데 효과적이라는 사실도 드러났다.

게로 장군이나 호지스 장군은 히틀러가 제6기갑군에게 북쪽의 리에주로 가지 말라고 명령한 사실을 몰랐다. 히틀러는 미군 병력이 아헨 지방으로 집결하는 것을 막으려고 친위기갑사단에게 서쪽 뫼즈강으로 공격하되 공격로를 바꾸지 말라고 엄명을 내려두었다. 그러나 파이퍼 부대의 진로는 북쪽 방어선을 서쪽으로 확대해야 한다는 사실을 미군 지휘부에 간접적으로 가르쳐준 셈이 되었다. 리지웨이 장군의 제18공수군단은 숙련된 제30보병사단, 그리고 이미 베르보몽으로 이동 중인 제82공수사단과 함께 스타벨로부터 방어선을 구축할 참이었다.

말메디에서 일어난 포로 학살 사건 이후, 미군 지휘부는 산하 부대들에게 긴급 공지사항을 하달했다. "독일 전차병에게 항복하는 일은 매우 위험하다. 특히 보병을 수반하지 않은 전차나 진격 속도가 빠른 부대에 항복하는 일은 더욱 위험하다. 이러한 부대들은 포로를 처리할 만한 수단이 없기 때문에 그들이 할 수 있는 일이라곤 포로를 사살해버리는 것밖에 없다."[15] 명심할 점은 "끝까지 싸우는 자의 피해가 더 적고, 항복하는 자에게는 아무런 기회도 없다"는 사실이다.

파이퍼는 지친 병사들을 밤에 재운 뒤 새벽에 스타벨로를 공격했다.[16] 폴 J. 솔리스 소령이 제526기계화보병대대의 중대와 대전차포소대, 견인식대전차포소대 각각 하나씩을 이끌고 이른 시간에 도착했다. 그가 병력과 장비를 한창 배치하던 중, 판터 전차 두 대와 1개 기갑척탄병중대가 앙블레브강 다리로 가는 도로 옆 언덕을 돌아 공격했다. 첫 번째 판터 전차가 포에 맞아 불길에 휩싸이더니 도로를 가로질러 설치한 대전차 장애물에 그대로 충돌했다. 두 번째 판터 전차가 밀고 내려와 스타벨로의 다리를 점령하자 곧이어 기갑척탄병들이 들이닥쳤다.

솔리스의 병력은 다리를 폭파할 시간적 여유도 없이 마을 안으로 밀려났다. 파이퍼의 병사들은 아무런 근거도 없이 벨기에 사람들이 자신들에게 총을 쏘았다고 주장하면서 여성을 포함한 23명의 민간인들을 쏘아 죽였다. 아침까지 이어진 격렬한 전투 끝에 솔리스의 작은 부대는 프랑코르샹과 슈파로 가는 길 쪽으로 조금 후퇴했다. 미군이 연료를 가장 많이 버린 프랑코르샹은 파이퍼의 지도에 표시가 되어 있지 않아 파이퍼는 앙블레브 계곡을 따라 서쪽으로 진군하기로 결정했다. 어쨌든 리 장군의 병참지대 부대원들은 파이퍼의 손에 들어갈 우려가 있는 연료들을 계속해서 옮겼다.[17] 12월 17일부터 19일까지 미군 보급병들은 300만 갤런이 넘는 연료를 슈파-스타벨로 지역에서 옮겼다. 12월 17일 리에주에서 V-1비행폭탄에 맞아 40만 갤런의 연료가 손실된 일이 연합군이 겪은 가장 큰 피해였다.

그날 오후, 슈파가 위험하다는 잘못된 보고가 호지스 장군의 사령부에 도착했다. 제1군 사령관 옆에 앉았던 조 콜린스 장군은 정보 책임자가 호지스에게 속삭이는 말을 들었다. "장군님, 빨리 마을을 떠나지 않으면 포로로 잡힐지도 모릅니다."[18]

사령부 일지에는 "상황이 급격히 악화되었다. 오후 3시경 스타벨로에서 슈파를 향해 전차가 접근 중이라는 보고가 있었다. 그들과 사령부 사이에는 오직 작은 장애물과 반무한궤도 차량만 있을 뿐이다"[19]라고 쓰여 있었다. 오후 4시 5분, 호지스는 제9군 사령관 심프슨에게 전화를 걸어 통화했다. 심프슨은 이렇게 썼다. "호지스는 상황이 매우 안 좋다고 하면서 겁을 먹고 후퇴를 준비하고 있었다."[20] 슈파에 있는 사람들은 모두 대피했다. 제1군의 모든 참모도 밤중이 되어서야 리에주 근처의 쇼퐁텐에 있는 후방 사령부에 도착했다. 나중에 알았지만, 이들이 슈파를 떠나자마자 "성조기며, 미 대통령 사진, 모든 연합국의 휘장들이 철거되었다. 시장은 20명의 부역 용의자들을 석방했다."[21]

휴가를 마치고 이른 저녁에 귀대한 제7기갑사단의 장교 두 명은 부대가 마스트리흐트를 떠났다는 사실을 알았다. 부대를 찾아 나선 이 둘은 먼저 슈파로 갔다. 호지스가 버리고 간 사령부에 상황판이 그대로 남아 있는 모습을 보고 깜짝 놀랐다. 이들은 상황판을 가지고 생비트로 가서 브루스 클라크 준장에게 넘겨주었다. 클라크는 상황판을 들여다보면서 실망했다. 상황판을 보면 미 제1군이 상황 파악에 실패했다는 것과 아무런 대응조치도 하지 못했음을 알 수 있었다. "제기랄! 전투가 끝나면 군법 회의에 회부될 장군이 많겠군! 더 이상 상황이 악화되는 걸 막아야겠어."[22] 클라크는 즉시 상황판을 파기해버렸다.

파이퍼가 다른 교량을 찾아보기 위해서 앙블레브강과 살름강의 합류 지점에 있는 트루아퐁까지 보낸 두 개 중대가 어둠 속에서 완전히 길을 잃었다. 트루아퐁부터 베르보몽까지는 도로가 직선으로 뻗어 있었다. 스타벨로에서 미군을 몰아낸 파이퍼는 작은 분견대에 남은 뒤 곧 제3강하엽병사단이 도착하면 트루아퐁에 직접 가봐야겠다고 결심했다.

마르슈앙파멘에 주둔한 제51공병대대는 전날 저녁 트루아퐁에 있는 교량 3개를 폭파하라는 명령을 받고 그곳으로 향했다. 파이퍼가 스타벨로를 공격하고 있을 즈음, C중대가 도착해서 앙블레브강의 교량과 살름강의 교량 두 개에 폭발물을 설치하고 파이퍼 전투단이 이용할 만한 도로에는 장애물을 세웠다. 57밀리 대전차포와 운용 요원들, 그리고 제7기갑사단의 잔여 병력과 합세하려고 생비트로 가던 제526기계화보병대대가 가세했다.

11시 15분, 트루아퐁의 수비대는 전차가 우르릉 거리며 접근하는 소리를 들었다. 파이퍼의 선봉대에는 판터 전차 19대가 있었다. 대기 중이던 57밀리 대전차포는 첫 발로 선두 전차의 궤도를 맞춰 전차를 멈춰 세웠다. 하지만 다른 전차들이 쏜 포에 맞아 대전차포는 파괴되고 사수들은 전사했다. 이 소리를 들은 공병들이 다리를 폭파시켜 베르보몽으로 가는 길을 끊었다. 서쪽 제방에 있던 수비대가 강을 건너려는 기갑척탄병들에게 사격을 가했다. 미군들은 트럭 견인용 체인으로 전차소리를 낸다던가, 바주카포로 대포 소리를 낸다던가 하는 등의 방법으로 파이퍼로 하여금 방어부대가 예상 이상으로 강하다고 착각하도록 속임수를 썼다.

공격 실패에 화가 난 파이퍼는 스타벨로로 돌아가서 앙블레브강 북쪽 제방을 따라 진격하기로 결정했다. 부대 행렬이 우레와 같은 소리를 내며 라글레즈로 향했다. 협곡 북쪽 측면은 나무가 많고 경사가 심해서 전차가 움직이기에는 공간이 너무 좁았다. 파이퍼는 아직도 연료만 충분하다면 "당장이라도 뫼즈강에 도달할 수 있다"[23]고 생각했다.

라글레즈에서 아무런 저항이 없자 파이퍼는 정찰대를 보냈다. 이 정찰대가 슈뇌에서 앙블레브강을 건너는 온전한 다리를 발견했다. 그때, 구름 밑을 날고 있던 미군 항공기가 독일군을 발견했다. 제9전술항공 사령부 소속 전투폭격기들이 좋지 않은 시계를 무릅쓰고 급강하하더니 공격을 시작했다. 독일군은 전차 3대와 반무한궤도 차량 5대를 잃었다. 오후 4시 30분 일찍 어두워지는 바람에 더 이상의 피해를 입지는 않았지만, 독일군은 미군에게 정확한 위치를 알려주었다. 그나마 다행인 점은 파이퍼와 무선 교신이 두절된 제1친위기갑군단에서도 미군의 교신 내용을 감청해서 파이퍼의 위치를 알게 되었다는 것이었다.

파이퍼는 밤새 행군해 선두 차량이 앙블레브강의 지류인 리엔강의 다리에 도착했다. 하지만, 바로 눈앞에서 제291전투공병대대의 분견대가 다리를 파괴했다. 평소 심장 질환이 있던 파이퍼는 거의 심장이 멎는 기분이었을 것이다. 파이퍼는 좀 더 북쪽으로 전차를 보내 다른 다리를 찾아보았다. 아무도 지키고 있지 않은 다리를 하나 찾았다고 생각하는 순간 매복에 걸렸다. 결과야 어떻든 우회로를 찾아다닌 행동은 쓸데없는 짓이었다. 왜냐하면 그 다리는 72톤이나 되는 6호 전차 티거2가 건널 만큼 튼튼하지 못했기 때문이다. 번번이 실패하고 더 이상 찾아볼 만한 다리도 없자, 파이퍼는 좁은 길에서 부대를 돌려 스투몽에서 3킬로미터 떨어진 앙블레브 계곡에서 다시 합류하기 위해 라글레즈로 돌아갔다. 파이퍼는 스투몽을 새벽에 공격하기 전, 부대를 밤새 쉬게 했다. 민간인들에게는 피란을 갈 수 있는 기회가 생겼다.

하지만 파이퍼는 미군이 다가오고 있다는 사실을 미처 몰랐다. 제30보병사단의 1개 연대가 2.5킬로미터 밖에 있는 계곡의 도로를 막아놓고 기다리고 있었다. 제82공수사단도 베르보몽부터 배치 중이었다. 게다가 등 뒤에서도 미군이 접근 중이었다. 전차와 구축전차를 갖춘 제30보병사단의 또 다른 연대 예하 1개 대대가 스타벨로 북쪽에 있던 솔리스의 병력을 구한 뒤 그날 저녁 마을 북쪽까지 진군했다.

미 제82공수사단이 베르보몽을 향해 진격하는 동안, 무르멜롱르그랑에 있던 제101공수사단은 병력과 장비를 보충받았다. 10톤 트럭 380대가 줄을 지어서 병사들을 50명씩 태우기 위해 대기했다. 인원 파악은 중대별로 했다. "겨울용 방한복을 입고 있는 병사들은 마치 곰처럼 보였다."[24] 그런데도 두꺼운 외투나 낙하산병용 점프부츠가 몹시 부족했다. 런던에서 결혼식을 마치고 막 돌아온 중령도 있었다. 이 중령은 A급 정복을 입은 채 바스토뉴로 향했다. 뒷전으로 물러나라는 명령을 받은 사단 군악대원들은 화가 났다. 대원들은 군목에게 자기들도 같이 참가할 수 있도록, 제501낙하산보병연대장을 설득해달라고 부탁했다. 군목은 대령님이 항상 바쁘시다고 말하면서도 군악대원들이 다른 병사들과 함께 전투에 참가해도 좋다고 묵인했다고 대답했다. 그도 병력이 부족하다는 사실을 잘 알고 있었기 때문이다.

첫 번째 트럭이 12시 15분에 공수공병들, 정찰소대, 사단 사령부 요원들을 태우고 출발했다. 베르보몽으로 가라는 명령이었다. 매콜리프 준장은 명령을 받은 즉시 떠났고 본대는 2시간이 지난 후에 출발했다. 805명의 장교와 1만1035명의 병사가 전투지로 가고 있었다. 어디로 가는지 정확히 아는 사람은 아무도 없었다. 전장에 낙하산을 타고 내리지 않고 일반 보병처럼 가는 것이 이상하다고 생각하는 병사들도 많았다. 덮개가 없는 트럭이라서 몹시 추웠다. 차량 행렬은 멈추지 않고 달렸다. 트럭 뒷문을 열고 돌아서서 용변을 볼 공간조차 없어, 제리캔에 돌아가면서 소변을 보아야 했다. 날이 어두워지자 운전병은 헤드라이트를 켰다. 독일군 야간 전투부대와 맞닥뜨릴 위험이 있어서 더욱 속도를 높여야 했다.

매콜리프가 바스토뉴 서남쪽 30킬로미터 지점의 뇌프샤토에 도착하자, 헌병이 깃발을 흔들어 지휘차량을 세웠다. 그리고 제101공수사단은 지금부터 미들턴 군단장이 지휘하며, 공수사단 모두 즉시 바스토뉴로 이동하라는 미들턴 제8군단장의 명령을 전달했다. 하지만 선발대는 계획이 변경된 줄 모르고 바스토뉴에서 직선거리로 40킬로미터나 더 나아가 베르보몽에 이미 도착했다. 매콜리프와 참모들은 어두워지기 직전에 바스토뉴에 도착해서 트로이 미들턴의 군단 본부를 찾았다. 본부는 마을 서북쪽에 있는 독일군 막사를 그대로 사용하고 있었다. 공포에 질린 운전병이나 병사들이 도보로 서쪽을 향해 도망치는 광경은 힘이 날 만한 장면은 아니었다.

매콜리프는 미들턴의 브리핑 담당인 제10기갑사단 B전투부대의 윌리엄 L. 로버츠 대령을 찾았다. 이 기갑사단은 첫날 저녁 아르덴으로 가라는 아이젠하워의 명령을 받은 두 부대 중 하나였다. 로버츠는 매콜리프보다 상황의 심각성을 보다 더 정확히 꿰뚫고 있었다. 그날 아침, 노먼 코타 장군이 빌츠 근처에서 독일 제5강하엽병사단의 공격을 받고 있는 제28보병사단을 도와달라는 긴급 요청을 했다. 하지만 로버츠는 곧장 바스토뉴로 가라는 엄명을 받았기 때문에 거절했다. 기갑교도사단 그리고 제26국민척탄병사단이 이미 북쪽 방어선을 뚫고 마을로 향하고 있었다.

"전투부대를 몇 개나 만들 수 있나?"[25] 미들턴이 물었다.

"셋입니다." 로버츠가 대답했다.

미들턴은 한 전투부대를 와르딘의 동남쪽으로 보내고 다른 하나는 롱빌리로 보내서 기갑교도사단의 진격을 저지하게 했다. 세 번째 전투부대는 북쪽 노비유로 가서 독일 제2기갑사단을 방어하라고 명령했다. 로버츠는 병력을 이렇게 분산시키는 결정을 좋아하지는 않았지만, 굳이 미들턴의 결정에 이의를 제기할 생각은 없었다. 미들턴이 로버츠에게 말했다. "가능한 한 빨리 가게. 무슨 일이 있더라도 그 위치를 지켜야 하네."

독일 제47기갑군단은 교통 체증 때문에 바스토뉴로의 진격을 서두를 수 없게 되자 단단히 화가 났다.[26] 그러나 독일군의 공세 일정표를 완전히 어긋나게 만들어버린 쪽은 미 제28보병사단의 용감한 중대들이었다. '스카이라인 드라이브'라고 불리는 남북으로 뻗은 능선에 낸 도로를 따라 하이너샤이트, 마르나흐, 호싱겐 같은 마을들이 연결되어 있었다. 이들이 도로의 교차로를 방어한 것이 결정적인 역할을 했다. 하인츠 코코트 소장은 나중에 "호싱겐에서의 방어는 제26국민척탄병사단 전체의 진격을 지체시켰다. 결과적으로 기갑교도사단은 하루 반나절이나 늦어졌다"[27]고 인정했다. 기갑교도사단장도 호싱겐에서 12월 18일 아침까지 버텨준 K중대의 방어 때문에 결국 "바스토뉴 지역에 너무 늦게 도착했다"[28]고 고백했다. 이 점이 촌각을 다투었던 바스토뉴 전투에서 승패의 결정적인 요인이 되었다.

빌츠에 있는 코타 장군은 이제 자신의 사단이 끝장났음을 깨달았다. 크리스마스카드며, 각종 서류들이 독일군 손에 들어가는 것을 막기 위해, 마당에 쌓아놓고 휘발유를 붓고 불을 지르라고 명령했다. 오후에 제110보병연대 제3대대의 잔여 병력이 빌츠로 후퇴했다. 코타 장군이 바스토뉴 서남쪽 시브레트로 사단 지휘 본부를 옮기는 동안에도, 지치고 굶주린 병사들이 빌츠 동남쪽 야전포병대대의 곡사포를 방어할 준비를 했다.[29]

그날 아침, 짙은 안개 속에서 독일 기갑교도사단이 마침내 드로펠트 인근의 클레르프강의 다리를 건너서 공격을 시작했다. 마을과 성의 수비군 때문에 지체된 독일 제2기갑사단은 클레르보를 건넜다. 고장 난 전차와 — 판터

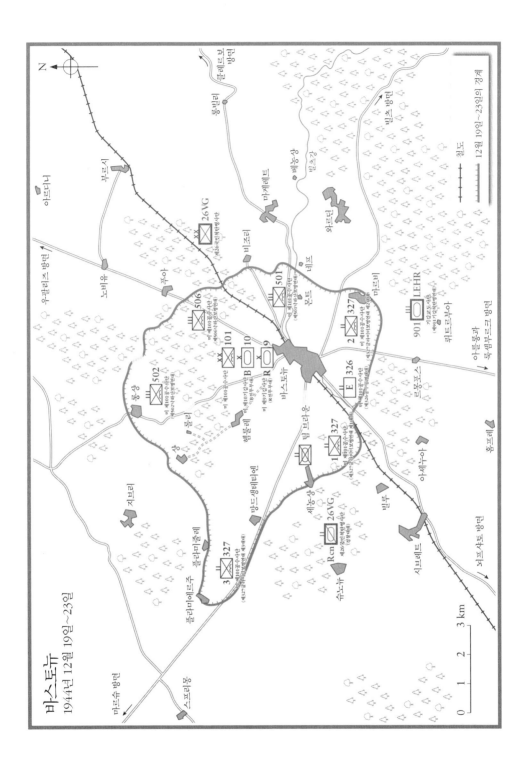

바스토뉴
1944년 12월 19일~23일

N

아르덴니

우팔리즈 방면

부르시

노비유

푸아

506
미 제101공수사단
(제506낙하산보병연대)

26VG
(제26국민척탄병사단)

비조리

마케베트

룽빌리

클레르보 방면

벨츠 방면

벨즈강

바쟁

와르댕

501
미 제101공수사단
(제501낙하산보병연대)

몽트

니포

101
미 제101공수사단

B 10
미 제10기갑사단
(B전투부대)

R 9
미 제9기갑사단
(R전투부대)

502
미 제101공수사단
(제502낙하산보병연대)

룽샹

풍

상

헴룰레
몽빌레

마드 생태티엘

바스토뉴

2 327
미 제101공수사단
(제327글라이더보병연대 제2대대)

901 LEHR
기갑교도사단
(제901기갑척탄병연대)

위트르뷔

마르비

E 326
미 제101공수사단
(제326공병대대)

1 327
미 제101공수사단
(제327글라이더보병연대 제1대대)

르모포스

우팔부르크 방면
아를롱 방면

지브리

롱라미에르주
롱라미줄레

3 327
미 제101공수사단
(제327글라이더보병연대 제3대대)

팀 브라운

세농샹

Rcm 26VG
제26국민척탄병사단
(정찰대대)

방루

아세누아

홈프레

쉬노뷔

시브레트

뇌프샤토 방면

마르슈 방면

스프리몽

━━━━ 철도

━━━━ 12월 19일~23일의 경계

0   1   2   3 km

전차는 기계적인 고장이 잦았다 — 보병사단의 대포를 끌고 가는 말들이 진흙탕 길에서 뒤엉켜서 주변은 혼란스럽기 짝이 없었다.

북아프리카와 노르망디 전투에 참가한 용사이자, 공격적이고 키가 작은 기갑교도사단장 프리츠 바이에를라인은 이 혼란이 모두 군단장 책임이라며 불평을 늘어놓았다. 혼잡이 워낙 극심했기 때문에, 전차와 반무한궤도 차량으로 이동한 기갑부대가 도보로 이동한 제26국민척탄병사단과 거의 동시에 니에더밤파슈에 도착했다. 차량이 수렁에 빠지면 보병들은 중기관총이나 박격포를 내려서 어깨에 지고 날랐다.

12월 18일, 날이 어두워질 즈음, 기갑교도사단이 바스토뉴를 공격했다. 롱빌리 근처에서 벌어지는 전차전을 지켜본 바이에를라인은 이렇게 썼다. "기갑교도사단이 포신을 북쪽으로 향한 채 석양을 배경으로 예광탄 속을 당당히 진군해나가는 것은 실로 장엄한 광경이었다."[30] 그의 부대도 이 전투에 참가했다. 미들턴은 제9기갑사단의 R전투부대에게 동쪽에서 바스토뉴로 들어오는 간선도로의 사수를 명령했다. 늦은 오후에 도로 장애물과 지휘 본부를 상대로 한 산발적인 교전이 있은 뒤, 로즈 기동부대와 하퍼 기동부대의 셔먼 전차와 반무한궤도 차량은 독일 제2기갑사단, 제26국민척탄병사단의 포병연대, 기갑교도사단의 전차중대 사이에 끼였다. 표적이 된 첫 번째 전차가 화염에 휩싸이자 그 불빛을 이용해서 다른 차량에 포격을 했다. 바이에를라인은 5호 전차 판터의 정확하고도 사거리가 긴 주포가 승리의 요인이라고 생각했다. 미군들은 포에 맞지 않은 전차의 병사들조차 전차를 버리고 롱빌리 쪽으로 도망쳤다.

독일군은 이 전투에서 셔먼 전차 23대[31], 장갑차 14대, 자주포 15대, 지프차 30대, 트럭 25대를 노획했다고 자랑했다. 모두 멀쩡한 상태였다. 비록 독일군이 과장했다고 하더라도, 롱빌리에서 당한 일방적인 패배가 미군에게는 치욕스런 사건이었다.

그날 저녁, 제705대전차대대가 북쪽에서부터 독일군들과 싸우면서 바스토뉴에 도착한 것이 그나마 위안이었다. 제10기갑사단의 로버츠 대령은 세 명의 부대장들에게 상황을 설명한 뒤 각자의 위치로 보냈다. 각 팀은 셔먼 전차, 장갑차, 그리고 보병이 타고 있는 반무한궤도 차량으로 편성되었다. 오 하라 팀은 와르딘으로 가서 마을의 남쪽 비교적 높은 언덕에 진을 쳤다. 독 일군은 보이지 않았지만, 제28보병사단의 잔여 병력들이 3일간의 전투에 지 친 모습으로 바스토뉴를 향해 산발적으로 무리를 지어 오고 있었다.

제20기계화보병대대의 윌리엄 R. 데소브리 소령은 북쪽 노비유로 가라는 명령을 받았다. 지도조차 없어서 헌병의 안내를 받아야 했다. 바스토뉴 근처 에 오자, 헌병이 말했다. "이 길을 그대로 쭉 따라서 두 마을만 더 지나가시 면 노비유가 나옵니다."[32] 데소브리는 푸아를 거쳐 노비유로 정찰소대를 보 냈다. 두 마을 주민들은 이미 모두 피란을 갔기에 마을은 텅 비어 있었다.

데소브리는 노비유 동쪽과 북쪽에 초소를 세우고 보병 한 개 분대와 셔 먼 전차 두 대를 배치해서 마을로 들어오는 도로를 경계시켰다. 자정이 지나 서 잠깐 눈을 붙일 수 있었다. 이제 곧 엄청난 전투가 벌어진다는 사실을 잘 알고 있었다. "동쪽과 북쪽에서 포성이 들려오고 섬광이 번쩍거리는 광경이 눈에 들어왔다. 서치라이트와 그 밖의 것들도 볼 수 있었다. 야간에 소규모 부대가 우리 방어선 안으로 들어왔다. 대부분 낙오병들이었다. 이들은 우리 에게, 엄청나게 많은 독일 전차에게 어떻게 당했는지, 미군복을 입은 독일군 얘기며, 민간 복장을 한 독일군 얘기까지 끔찍하게 무섭고 괴이한 이야기를 들려주었다."[33]

로버츠는 데소브리에게 낙오병들을 수습해서 전투에 복귀시킬 수 있는 권한을 주었다. 하지만 낙오병들의 "신체적·정신적 상태를 보면" 차라리 후 방으로 보내는 쪽이 나았다. 제9기갑사단의 보병소대와 공병소대는 그런대 로 쓸 만했지만, 이튿날 아침 공병들은 모두 후퇴했다. 낙하산병들이 지원하 러 온다고 했지만, 데소브리는 지원군이 오기 전에 독일군이 쳐들어올 것이 라고 생각했다.

제3전차대대, 1개 보병중대, 공병, 제90기병대대 1개 소대로 구성된 헨리 T. 체리 중령의 전투부대는 포성을 들으며 바스토뉴에서 롱빌리로 향했다. 이들은 마을 조금 못 미쳐서 멈출 수밖에 없었다. R전투부대의 차량 후미가 도로에 엉켜 있어 너무 혼잡했기 때문이었다. 무슨 일이 벌어졌는지를 알아보려고 체리가 직접 가보았다. 하지만, 임시 지휘 본부에는 상황을 파악하고 있는 장교가 한 명도 없었다. 와르딘에서처럼 제28보병사단의 낙오병들이 바스토뉴로 패주하고 있었다.

전차와 보병을 롱빌리 서쪽 1킬로미터쯤 떨어진 곳에 배치한 뒤, 체리는 로버츠 대령에게 보고하기 위해서 바스토뉴로 돌아갔다. 부하들이 있는 곳으로 되돌아가기 위해서 한밤중이 다 되어 출발한 체리는, 제9기갑사단 R전투부대의 잔여 병력이 완전히 철수했다는 무선을 들었다. 네프에 이르렀을 때, 어떤 부상병이 마게레트 부근에서 기갑교도사단의 정찰대가 도로를 막고 있다고 말해주었다. 체리는 무선으로 장교들 중 한 명에게 병사들을 보내 정찰대를 소탕하라고 지시했다. 그러나 반무한궤도 차량에 2개 분대 병력만 싣고 마게레트에 도착해보니, 독일군은 전차 3대와 보병 중대 병력으로 구성되어 있었다.

로버츠 대령은 "무슨 일이 있어도" 사수해야 한다고 명령했지만, 보고를 받은 체리는 이미 롱빌리를 지키지 못할 것임을 깨달았다. 그는 즉시 부하들에게 어떻게든 길을 뚫고 네프로 후퇴하라고 명령했다. 체리는 벽이 두꺼운 성을 발견하고서 그곳에 지휘 본부를 설치했다. 데소브리처럼, 체리도 아침에 본격적인 전투가 시작되리라고 짐작했다.

비록 기갑사단이 미군의 남측 방어선을 돌파하긴 했지만, 만토이펠 기갑대장은 생비트 함락이 늦어져서 화가 났다. 마을로 들어가는 유일한 길은 서쪽에 있었다. 제6기갑군과의 경계는 북쪽 6킬로미터 지점에 있다는 점이 생비트 공략이 늦어진 부분적인 이유로 보였다. 만토이펠은 디트리히의 부대가 너무 좁고 깊게 나가는 바람에 부대 일부가 제5기갑군의 공격 루트로 들어온 것이 교통체증을 야기한 이유라고 생각했다.

아침이 되자마자, 독일군은 생비트 앞 해즈브룩의 방어선을 공격했다. 전차는 나무를 쏘아 나뭇가지가 쏟아지게 해서 미군들이 참호 밖으로 머리를 내밀지 못하게 했다. 국민척탄병들은 자동화기를 쏘면서 공격했다. 제18국민척탄병사단은 생비트 남쪽으로 진격 중인 제62국민척탄병사단보다 훨씬 더 전투 경험이 많았다. 늦은 아침 두 번째 공격에는 엄청난 덩치를 자랑하는 페르디난트 자주포가 동원되었다. 하지만 셔먼 전차가 25미터 거리에서 철갑탄을 쏘아 관통하면서 무용지물이 되었다.

그레이하운드 장갑차가 쇤베르크 도로에 있는 티거 전차 뒤 나무 사이로 숨어들어가 37밀리의 작은 포를 직사했다. 이들을 본 티거 전차장이 포신을 돌리려고 했지만, 그레이하운드의 병사들이 25미터까지 접근해서 장갑이 약한 전차의 뒷면을 향해 세 발을 발사하는 데 성공했다. "둔탁한 폭발에 이어 포탑과 엔진의 구멍에서 화염이 솟아올랐다."[34]

오후에 보병 1개 대대 병력이 전차 4대와 자주돌격포 8문의 지원을 받아 세 번째 공격을 했다. 하지만 셔먼 전차에게 측면 사격을 허용하면서 무너졌다. 눈발이 날리면서 기온이 급격히 떨어졌다.

진전이 없자 만토이펠은 예비 병력으로 남겨둔, 오토 레머 대령의 총통 경호여단을 투입하기로 결심했다. 그날 오후 생비트로 진격하라는 명령을 받은 레머는 병력을 출동시켰지만, 도로 사정이 워낙 엉망이라서 진군을 할 수 없었다. 레머 부대의 한 장교는 "총통 경호여단과 두 개의 보병부대가 같은 도로 위에서 서로 먼저 가겠다고 아우성쳤다"[35]라고 썼다. 레머는 "사소한 것들은 무시하고 밀고 나가"라고 명령했다. 처음에 북쪽으로 좀 더 돌아가라고 지시를 받자, 레머는 "그쪽으로 돌아가기를 거절"[36]했다. 그리고 결국에는 보른 남쪽의 숲길로 들어섰다. 총통의 편애를 받고 있던 레머는 다른 장교 같았으면 군법 회의에 회부될 만한 행동도 서슴지 않고 자행했다. 레머의 거만한 태도는 내내 사람들의 입방아에 오르내렸으며, 동료 지휘관들조차 비아냥거리기 일쑤였다.

미군 측 주요 사령부들은 하나같이 정보가 부족한 탓에 정확한 상황 파악을 할 수 없었다. 쇼퐁텐에 있는 호지스의 제1군 참모들은 혼비백산한 반면, 마스트리흐트에 있는 심프슨의 제9군 참모들은 대수롭지 않게 여기는 듯했다. 오스트레일리아 종군 기자 고드프리 블런던은 자신의 기사에서 이렇게 썼다. "미군 사령부는 이번 공세에 대해서 조금도 걱정하지 않고 있었다. 오히려 독일군이 진흙과 물이라는 장애물 뒤에 숨지 않고 적극적인 공세로 나온 것을 반기는 분위기였다."[37] 기사는 2만 피트(약 6킬로미터) 상공에서 벌어진 P-47 선더볼트와 포케불프 FW 190 그리고 메서슈미트 BF 109 전투기들 사이의 공중전은 그야말로 장관이었다고 전했다.

브래들리 장군은 이미 호지스 장군이 슈파의 사령부를 포기했다는 사실을 모르고 있었다. 밤 10시 30분, 브래들리는 패튼에게 전화를 걸어서 가능한 한 빨리 룩셈부르크로 와달라고 말했다. 전화를 받은 지 10분 만에 패튼은 주요 참모 3명을 데리고 출발했다. 패튼이 도착하자마자 브래들리는 "우리가 하는 일을 귀관이 좋아하지 않는다는 사실을 알고 있지만, 내 생각에는 꼭 해야 할 일이네."[38] 자르 지방에 대한 공격이 연기되었는데도 패튼이 별 이의를 제기하지 않자, 오히려 브래들리가 놀랐다. "어쨌거나 독일 놈들을 죽이기만 하면 됩니다."[39]

브래들리가 보여준 지도에는 패튼이 생각했던 것보다 훨씬 더 깊숙이 독일군이 들어와 있었다. 브래들리는 패튼에게 어떻게 하면 좋겠냐고 물었다. 패튼은 북쪽으로 향하는 제4기갑사단의 진격을 중지하고 그 대신 롱위 근처에 집중시키겠다고 대답했다. 패튼 장군은 이튿날 아침까지 제80보병사단을 룩셈부르크를 향해 진군시키는 한편, 제26보병사단은 24시간 내로 뒤따르게 했다. 패튼은 참모장에게 전화를 걸어서 필요한 조치를 취하게 하고, 제80보병사단이 이용할 차량도 수배하라고 지시했다. 독일군이 얼마나 깊이 들어와 있는지 알 수 없었기에, 어둠 속을 달려 돌아올 땐, 패튼 장군도 무척이나 긴장되었다고 고백했다. "굉장히 위험한 작전이었다. 이런 작전은 너무 싫었다."[40] 패튼은 일기에 이렇게 썼다.

패튼이 돌아오는 길에 룩셈부르크로 전화를 걸자, 브래들리는 "내가 아까 이야기를 할 때보다 상황이 더욱 나빠졌네"[41]라고 말하면서 제4기갑사단을 즉시 출동시키라고 지시했다. "귀관과 참모는 베르됭에서 아이젠하워와 나와 같이 회의를 하세. 오전 11시에 만나자고."

11

슈코르체니와 하이테

슈코르체니 SS중령의 9개 지프차 팀 중에서 8개 팀이 12월 16일 미군 방어선을 뚫고 침투했다. 영어를 가장 잘하는 병사들로 구성되긴 했지만, 그리 능숙한 편은 아니었다. 제지를 받을 경우 상대 얼굴에 뿌릴 황산도 병에 넣어 가지고 있었다. 이들은 통신선을 끊는다든지, 도로 표지판을 바꿔놓는다든지 하는 방해 공작을 했다. 심지어 보병 연대 전체의 행군 방향을 바꿔버린 경우도 있었다. 그중에서도, 외펜에 낙하한 하이테의 낙하산부대와 공동으로 올린 가장 큰 전과는 미군이 놀래서 거의 발작 수준으로 수선스런 대응을 하도록 만든 일이었다.

헌병이 리에주 근처에서 네 명이 탄 지프차를 검문했다. 미군복을 입은 4명은 미국식 영어를 구사했지만, 허가증을 보여달라고 하자 우물쭈물 할 수밖에 없었다. 헌병이 이들을 끌어내리고 독일 무기와 폭발물을 찾아냈다. 군복 안에는 나치 문양이 그려진 완장까지 차고 있었다. 지프차는 아른험에서 영국군으로부터 노획한 것이었다.

이들을 이끌고 있던 권터 슐츠 소위¹는 제1이동야전심문부대로 넘겨졌다. 슐츠는 심문에 협조적이었다. 자신은 슈코르체니의 특공대 아인하이트 슈타일라우의 부대원이며, 지휘관인 슈뢰터 소령에 따르면 "파리로 침투해 아이젠하워와 고위 장성들을 납치하는 페르나우프클레러Fernaufklärer(장거리 정찰대)라는 비밀 임무를 띠고 왔다"고 방첩대 조사관에게 진술했다. 이런 것들은 그라펜뵈르 캠프에서 슈코르체니가 떠벌리던 얘기들이었다. 슐츠 자신이 이것을 믿었는지, 아니면 혼란을 부추길 목적으로 거짓말을 했는지, 아니면 조사관들에게 얻어맞지 않으려고 적당히 둘러댔는지 아직도 밝혀지지 않았다.

슐츠는 '아이젠하워 악티온'이라는 이 작전을 슈코르체니의 직속인 '슈미트후버 중위'가 지휘하는 '특수부대'가 수행하고 있다고 진술했다. 아이젠하워의 암살이나 납치에 80여 명이 투입되었으며 파리의 카페 드라페 혹은 카페 드레페에서 만나기로 되어 있다고 주장했다. 또한 1941년 6월 소련 침공 직전 독·소 국경을 넘었던 브란덴부르거 특공대*도 가담했다고 덧붙였다. 어떤 기사에서는 "미군이 속임수를 써서 독일 장교를 체포해 심문하려고 상급 부대로 이송하는 척하고 있다"[2]는 주장도 있었다. 80여 명이 파리의 카페에서 만나서 일을 꾸민다는 것은 소설 같은 이야기였지만 방첩대는 슐츠의 진술을 사실이라고 믿었다. 이튿날부터 경호 수준을 대폭 높이는 바람에 아이젠하워는 죄수나 다름없는 신세가 되었다.

브래들리도 외출할 때면 기관총을 장착한 지프차를 앞세우고 뒤에는 헬

---

* 제2차 세계대전 당시 활동했던 독일군 공수특전부대로, 국방군 정보부장 카나리스 제독의 지시로 폴란드 전역 직후인 1939년 10월 25일 창설되었다. 서유럽과 러시아, 그리스, 유고슬라비아, 북아프리카, 중동에 이르기까지 다양한 작전에 참여하여 침투와 낙하, 기습, 파괴 공작 등을 수행했다. 특히 1941년 6월 바르바로사 작전 당시 제일 먼저 독소 국경을 넘어 소련군과 전투를 벌인 부대이기도 했다. 이들은 노획한 소련제 트럭을 타고 라트비아 동남부의 다우가프필스 인근 다우가바강에 놓인 교량을 점령하고 소련군 경비병들을 사살한 뒤 독일군 증원부대가 올 때까지 약 2시간 동안 소련군을 저지하면서 교량을 방어하여 명성을 떨쳤다. 또한 이탈리아가 항복하자 로마를 점령하고 이탈리아군을 무장 해제하는 데 중요한 역할을 맡았다. 창설 당시 중대 규모에 불과했던 특공대는 꾸준히 확장되어 1943년 2월에는 사단으로 승격되었다. 그러나 1944년 7월 20일 히틀러 암살 사건에 카나리스 제독을 비롯한 정보부 간부 다수가 참여했음이 발각되면서 브란덴부르거 특공대의 지휘권은 친위대로 넘어갔다. 이후 더 이상 특수부대가 아닌 일반 야전부대로서 브란덴부르거 기갑척탄병사단이 되어 동부 전선에 투입되었다. 하지만 부대원 중 1800여 명은 오토 슈코르체니의 제502SS저격대대에 편입되어 전쟁이 끝날 때까지 특수 임무를 수행했다.

캣 구축전차가 따랐다. 방첩대에서는 브래들리에게 고위 장성 암살설을 경고하면서 일반 승용차의 탑승을 — 특히 룩셈부르크 알파 호텔을 출입할 때에는 더더욱 — 자제하라고 권고했다. 출입을 할 때에도 뒤쪽으로 돌아서 주방 출입구를 이용했고, 숙소도 좀 더 호텔 뒤쪽으로 옮겼다. 차량에 달았던 장성 번호판도 없애고 철모에는 (계급장이 보이지 않도록) 커버를 씌웠다.[3]

독일 특공대의 잠입설에 겁을 먹은 미군 병사들은 공포스러운 이야기를 꾸며내기도 했다. 각 도로마다 장애물이 설치되고, 경비병들이 독일 특공대를 색출하겠다고 차량을 일일이 검문하면서 교통 체증이 심각해졌다. 독일군 색출 요령도 홍수를 이루었다. "질문은 운전병에게 해라. 왜냐하면 독일군은 가장 영어를 못하는 사람이 운전을 한다더라. 어떤 놈은 고급 장교 복장을 입었다더라. 미군 준장으로 위장한 놈도 있다더라. 무엇보다도 절대로 미군복을 벗으라고 하지 마라. 대신에 가까운 포로수용소로 넘겨라. 거기서 조사받고 총살을 당할 거다."[4]

도로 검문소 경비병이나 헌병들은 독일군 색출을 위한 나름의 질문을 준비했다. 야구에 관한 질문도 있었고, 대통령의 애완견 이름을 묻거나, 베티 그레이블(미국의 배우. 핀업 미녀의 아이콘이자 전시 군인들의 연인이었다—옮긴이)의 남편 이름이나 "시나트라(미국의 가수 겸 배우—옮긴이)의 성은 무엇인가?"[5] 같은 질문들이었다. 그런데 브루스 클라크 준장이 시카고 컵스에 관한 질문에 대답을 제대로 하지 못했다. "네가 독일 놈인데 알 리가 없지."[6] 헌병은 이렇게 내뱉었다. "준장으로 위장한 독일군이 있다"는 이야기를 들었던 헌병은 클라크 준장이 위장한 독일군이라고 생각했다. 결국 클라크 준장은 한 시간 반 동안이나 구금되어야 했다. 브래들리 장군도 검문에 걸려서 일리노이주의 주도가 어디냐는 질문을 받았다. 장군은 정답을 말했지만, 정작 헌병이 잘못 알고 있었기에 잠시 동안 붙잡혀 있어야 했다.

미 제9군 후방에 있던 영국 병사가 의심을 사는 일도 있었다. 데이비드 니븐이라는 소총여단의 군복을 입은 팬텀정찰대 장교가 미군 병사의 질문을 받았다. "1940년 월드 시리즈 우승팀 이름이 뭐지?"

"글쎄 난 그런 거에 전혀 관심이 없소. 대신 1938년에 진저 로저스(미국

배우―옮긴이)랑 찍은 사진은 있소."7 니븐은 시큰둥하게 대답했다.

"알았소, 잘 가슈, 데이비드! 발밑 조심하고!" 병사가 대답했다.

영국 근위기갑사단장 앨런 어데어 소장의 경우는 좀 더 심했다. 부관까지 대동한 상태에서 아프리카계 미국인 병사에게 검문을 당했다. 소장의 총애를 받고는 있지만, 고문관으로 소문난 에일머 트라이언 대위는 마침 신분증이 없었다. 한참 찾았지만 헛수고였다. 참다못한 부사관이 "장군님, 제가 장군님이라면 저 부관이란 놈을 당장 갈아치우겠습니다"8라고 한마디 했다.

의심이 가는 병사나 장교를 확인하는 또 다른 방법은 바지를 내리게 해서 규정된 속옷을 입고 있는지 확인하는 일이었다. 히틀러가 집권한 후 영국으로 도망 온 한 독일계 유대인 병사가 영국 왕립육군 병참 사령관에게 브뤼셀을 방문하겠다는 신청을 했다. 보른 게르하르트 웅거는, 많은 독일계 유대인 병사처럼 나치에게 잡힐 경우를 대비해 제럴드 언윈이라는 영국식 이름을 사용했다. 12월 16일, '지'라고도 불렸던 제럴드 언윈은 미 제1군의 미군 병사 몇 명과 바에서 술을 마셨다. 미군들은 지에게 독일계 유대인 정보 장교 군터 베르트하임 중위에 대한 이야기를 해주었다.9 군터는 독일에서 미국으로 망명한 지의 사촌이었다. 그래서 지는 이튿날 아침 미군 병사들을 따라서 그 부대에 가보기로 했다.

아르덴 전선으로 가까이 가자, 멀리 포성도 들려오고, 아비규환의 현장도 눈에 띄었다. 그런데 외펜 근처의 검문소에서 지는 붙들렸다. 이 지역 내에서의 이동 명령서나 관련 허가증이 전혀 없을 뿐만 아니라, 영국 군복을 입고 있으면서 독일 억양이 섞인 영어를 하는 등 수상한 점이 많았기 때문이었다. 현지 학교에 임시로 만든 구치소에 갇힌 지는 하이테의 낙하산병들 때문에 생긴 루머와 공포에도 불구하고 운 좋게 즉결 처형은 면했다. 영국군이 입는 속옷을 입고 있었기 때문이었다. 그렇지만 이튿날 조사가 시작될 때까지 학교에 갇혀 있어야 했다. 이튿날, 조사실로 들어선 정보 장교는 깜짝 놀랐다. "게르하르트?" 정보 장교가 물었다. "군터!" 지는 사촌 군터를 보고 안도의 숨을 내쉬었다.

12월 18일, 저녁, 뫼즈에서 20킬로미터 정도 떨어진 에와유에서 슈코르체니의 팀 중 일부가 체포되었다. 모두 3명이었다. 독일 신분증명서뿐만 아니라 많은 미국 달러와 영국 파운드화를 가지고 있었다. 이들은 재판에 넘겨져 5일 후 사형을 선고 받았다. 슈코르체니의 특공대 아인하이트 슈타일라우의 부대원들은 그 후 모두 16명이 체포되었다. 모두 '총살형'을 선고 받았다. 명령에 따랐을 뿐이라는 이유로 집행을 연기해달라는 팀도 있었다. 연기 신청을 하지 않으면 즉시 집행이 되기 때문이었다. "저희는 사형을 언도 받았습니다. 이제 우리만의 잘못도 아닌 이유로 죽게 되었습니다. 더욱 서러운 일은 우리 가족들도 죽게 된다는 것입니다. 사령관 각하께서 자비를 베풀어주시길 바랍니다. 저희에게 내린 선고는 정의에 반합니다. 저희에게는 사실상 아무 죄도 없다고 생각합니다."[10] 이 청원은 브래들리에 의해 최종적으로 각하되어 형이 확정되었다.

에와유[11]에서 체포된 침투조 중 하나가 아이젠하워 암살이나 납치에 관한 진술을 해서 방첩대가 품었던 공포의 실체를 확인시켜주었다. 전직 비시 정권의 의용대 출신이며, 친위 샤를마뉴 사단의 멤버인 프랑스인 팀도 있었다.[12] 이들이 연합군 전선 안으로 침투해서 연료 폐기나 철도 차량 등에 대한 방해공작의 임무를 맡았다는 보고도 있었다. 프랑스인들은 공장에서 도망 나온 강제 노동자 행세를 했고 미군 코트를 입고 있었다.

12월 23일, 외펜에서 아인하이트 슈타일라우의 부대원 3명이 처형되기 직전 마지막 소원을 요청했다. 인근에서 실습중인 독일 간호사가 부르는 크리스마스 캐럴을 듣고 싶다는 것이었다. 집행부대가 준비를 하는 동안 "이 간호사들은 강하고 분명한 목소리로 노래를 불러주었다."[13] 집행부대원들은 "묘한 감정 때문에 포로를 똑바로 쳐다볼 수 없었다." 집행 장교는 "집행부대가 포로 대신 벽을 쏠까봐 걱정이 되었다"고 말했다.

제3왕립전차연대의 장교가 기록해둔 바에 따르면, 12월 23일 영국 제29기갑여단이 디낭에서 뫼즈강 교량을 지키고 있었다. 안개가 심해서 "바로 코앞도 볼 수 없었다. 미군 지프차가 뫼즈강 동쪽에서 다리를 향해 접근했다. 다른 곳과 마찬가지로, 검문소에는 차량이 허가 없이 통과하려는 경우를 대비해 이동식 장벽을 설치한 제8소총여단이 지뢰를 매설해두었다. 미군 차량이라는 이유로 발포하지 않는 틈을 이용해 지프차는 정지신호를 무시한 채 내달렸다. 결국 지뢰가 터지면서 폭발했다."[14] 독일군으로 확인된 이들은 세 명 중 두 명이 죽고 한 명은 포로로 잡혔다.

아마 이 일화는 (브래들리의 부관 체스터 핸슨이 쓴 기록에도 나오는) 네 명의 독일군이 지프차를 몰고 교량 통과를 시도했다는 이야기와 같은 것이 아닌가 싶다. 보초가 지뢰에 연결된 선을 당겼고, 지프차는 폭발했다. 세 명이 죽고 한 명이 부상당했다. 경비병은 부상자를 쏘아 죽이고, 지프차를 뒤집어 시신들을 꺼내서 모두 강에 던져버린 다음 "다리를 청소하고는"[15] 근무를 계속했다.

슈코르체니의 제150기갑여단[16]은 비참한 결말을 맞는 중이었다. 제150기갑여단의 전차는 4호 전차 아니면 판터 전차였다. 이들은 셔먼 전차로 어설픈 위장을 했다. 국방색 페인트를 칠하고 연합군의 표식인 하얀 별을 그려 넣긴 했지만, 개중에는 별 주위의 원을 잊고 그려 넣지 않은 경우도 있었다. 한밤중이 아니고서야 슈코르체니 자신도 미군이 속지 않을 것을 알고 있었다. 슈코르체니는 진흙탕에 빠지거나, 제1친위기갑사단 후미의 엄청난 교통 체증에 묶인 덕분에 뫼즈강의 다리를 향해 진격하겠다는 생각은 이미 접었다. 12월 17일, 슈코르체니는 제프 디트리히에게 자기 부대가 통상적인 기갑여단으로서 전투 활동을 하는 것이 어떻겠냐고 물었다. 디트리히는 승낙과 함께 리뇌비유로 가라는 명령을 내렸다. 디트리히가 쉽게 승낙한 데는 이유가 있었다. 제1친위기갑군단장이 슈코르체니의 부대원들을 가리켜 "제 멋대로 차량 사이로 끼어들어 운전을 하기 때문에 작전에 차질이 많다"[17]며 이들을 철수시켜달라고 요청했기 때문이었다.

12월 21일 안개가 긴 추운 날, 제150기갑여단이 말메디 북쪽을 공격했다. 미군 포병이 표적 부근에서 폭발하도록 비밀리에 개발된 전파근접신관을 장착한 포탄을 사용하기 전까지는 제30보병사단 소속 연대를 밀어붙였지만 독일군은 100명 이상이 전사하고 350명의 부상자가 발생했다. 슈코르체니 자신도 파편에 맞아 한쪽 눈이 거의 실명되었다. 제150기갑여단은 아르덴 대공세에서 완전히 철수했고 그라이프 작전도 막을 내렸다. 이 부대가 세운 공이라면 아인하이트 슈타일라우 특공대가 미군에게 뜻밖의 큰 혼란을 심어준 정도였다. 미 제1군은 독일군이 말메디를 공격한 것을 보고, 제6기갑군이 북쪽으로 진격하려 한다는 것을 눈치챘다.

당초 혼란을 초래했던 장본인인 폰 데어 하이테 중령은 그의 전투단과 함께 외펜 남쪽 숲에 숨어 있는 동안 점점 사기가 떨어졌다. 하이테는 "이런 것을 작전이랍시고 고안해낸 지휘부 고위층의 아마추어 같은 한심함"[18]을 원망했다. 디트리히는 24시간 이내에 이들을 구출하겠다고 약속했다. 그러나 독일군 증원부대가 몬샤우 주위를 돌파했다는 어떤 징후도 보이지 않았다. 엘센보른 능선의 미군 포병은 계속 요란하게 쏘아댔다. 무선이 두절되었기 때문에 전투 상황을 파악할 수도 없었다.

하이테의 낙하산병 300명은 비상식량만 가지고 뛰어내렸기 때문에 남은 식량도 거의 떨어져가고 있었다. 이들에게는 납작한 베이컨 두 줄, 소시지 2인분, 콩과 고기를 으깨 넣은 빵 두 봉지, 덱스트로 에너지 정(포도당 캔디—옮긴이), 다워브로트라 불렸던 독일군의 딱딱한 빵, 마지팬(아몬드와 설탕, 달걀 반죽으로 만든 과자—옮긴이)과 페르비틴Pervitin(필로폰인 메스암페타민으로 만들어진 각성제—옮긴이), 사용이 금지된 벤제드린(암페타민류 각성제—옮긴이)의 대용품 정도만 남아 있었다. 12월 17일 저녁, 어둠을 틈타 서너 명의 병사가 미군 포병중대에서 비상식량을 서너 박스 훔쳐왔지만, 300명이 나누어 먹다보니 얼마 가지 못했다.

도로 근처에 세워둔 하이테의 경계병은 절대 호송 차량을 건드리지 않고 단독으로 다니는 차량만 골라서 습격했다. 미군은 지프차에 탄 사람의 목에 닿을만할 높이에 줄이 설치되어 있는 것을 발견했다. 하이테 대원들의[19] 소행이라고 짐작한 미군은 도로를 가로지르는 선[20]들을 끊어버리도록 지프차 앞에 날카로운 쇠를 장착했다. 실제로는 거의 사고가 없었지만, 독일 지역으로 가까이 갈수록 히틀러 유겐트 사단에서 차출된 병사들이 베어볼프라는 암살부대를 조직하고 있다는 소문이 돌았기 때문에 그렇게라도 운전병들을 안심시켜야 했다.

12월 17일, 제387대공포부대 인버 병장이 외펜에서 남쪽으로 차를 몰고 가다가 천천히 가고 있던 트럭 대열을 추월했다. 그러나 400미터 전방에 "매복해 있던 하이테의 부대원들에게 붙들렸다. 그는 트럭 대열의 선두차량이 도달하기 전에, 숲으로 끌려갔다."[21] 인버 병장은 1킬로미터 숲속에 있는 하이테의 은신처로 끌려갔지만 이들은 인버 병장을 잘 대우해주었다. 하이테는 인버에게 놓아줄 테니 대신 독일군 부상병 두 명을 미군 응급치료소에 데려다달라고 제안했다. 또한 그들이 납치한 미군 부상병들은 도로 가에 놓아두어 앰뷸런스가 와서 데려갈 수 있도록 했다.

고립된 낙하산병들과 흩어져 낙하한 다른 병사들은 곧 미군에게 붙잡혔다. 융커스52 수송기에서 살아남아 미 제9군 배후에 낙하한 병사들은 "처음엔 훈련인줄 알았다가 비행기에 올라서야 특별 임무인 것을 알았다"[22]고 심문관에게 진술했다.

은신처를 옮긴 하이테 부대는 12월 19일 숲을 샅샅이 수색하고 있던 미 제1보병사단 제18보병연대와 맞닥뜨렸다. 양측 모두 12명의 사상자를 냈다. 독일 낙하산병을 수색하던 병사들 중에는 낙하산을 발견하자 보고 대신 잘라서 실크 머플러를 만들어 쓴 병사들도 있었다.[23]

병과 참호족으로 고생하던 하이테는 외펜으로 진격한다는 생각을 버리고 몬샤우 쪽으로 향하는 대신 동쪽으로 이동하기로 결정했다. 병사들도 영양부족으로 눈에 띄게 수척해졌다. 숲과 수렁을 통과하느라 고생한 것은 물론 헬레강을 건너면서 모두 차가운 강물에 흠뻑 젖었다. 12월 20일, 한 차례의 접전을 치른 후, 하이테는 부하들을 소부대로 나눈 다음, 각각 알아서 아군 진영으로 돌아가라고 명령했다. 그중 36명이 포로로 잡히고 나머지는 살아서 귀환했다. 37명의 전사자들은 모두 첫날 밤 대공포에 맞아 희생된 병사들이었다.[24]

12월 22일, 몹시 지치고 병까지 든 하이테는 혼자서 몬샤우로 가서 어느 가정에 침입했다. 하이테를 발견한 민간인이 미군 당국에 신고를 하겠다고 말하자 하이테는 오히려 마음이 놓였다. 하이테는 잠시 병원에서 회복한 후 영국군 포로수용소로 이감되었다. 수용소 생활은 편안했지만, 자신들의 대화가 녹음되고 있다는 사실은 까맣게 몰랐다.

12

12월 19일 화요일

12월 19일 새벽, 파이퍼 전투단은 기갑척탄병 1개 대대와 낙하산병 1개 중대 그리고 전차의 지원을 받아 스투몽을 공격했다.[1] 첫 번째 공격은 실패였다. 스투몽은 방어가 견고한 것 같았다. 미 제30보병사단의 제119보병연대는 우익으로 돌아 반격을 시도했다. 그러나 잠시 후, 아침 안개가 짙게 깔리자 판터 전차가 전속력으로 돌진했다. 불량한 시계 때문에 대전차포 사수가 달려드는 판터 전차를 미처 발견하지 못하자 바주카포 팀이 안개를 틈타서 판터 전차 후방으로 돌아가 몇 발을 명중시켰다. 상황은 절망적이었지만 그 와중에 스투몽에 배치된 90밀리 대공포가 제501중기갑대대의 티거 전차 한 대를 기동 불능 상태로 만들었다.

그럼에도 불구하고 파이퍼 전투단은 방어하던 미군 보병중대를 쳐부수고, 스투몽을 장악하는 데 성공했다. 셔먼 전차 2개 소대가 도착했지만, 이미 한발 늦었음을 깨닫고 되돌아갔다. 파이퍼 부대는 서쪽으로 스투몽역까지 4킬로미터를 더 밀고 들어갔다. 미군 장교들은 서둘러 제119보병연대의 예비대, 새로 도착한 제740전차대대가 근처 군수품 창고에서 가져온 미완

성 서면 전차 15대, 곡사포중대, 90밀리 대공포중대 등으로 임시 전투부대를 편성했다. 임시부대는 북쪽에 작은 절벽이 있고 위쪽으로는 가파른 숲길, 남쪽에는 강을 따라가는 철길 쪽으로 급경사를 이루는 내리막길이 있어 측면을 위협받을 우려가 없는 곳에 자리를 잡았다. 미 제1군 사령부는 파이퍼 부대가 북쪽의 리에주를 공격할까 우려했지만, 다행히도 스투몽역까지만 공격했다. 제30보병사단의 잔여 병력과 짐 개빈의 제82공수사단이 때맞춰 지원에 나섰다. 제30보병사단은 독일 선봉대를 맞받아쳤다. 제82공수사단은 생비트 방어를 지원하기 위해 베르보몽을 출발했다.

약 260명의 벨기에 시민들이 스투몽 전투를 피해 생테두아르 요양소[2]의 지하실에 피란했다. 앙블레브 계곡을 내려다볼 수 있는 곳이었다. 그러나 독일군이 그곳을 중요 거점으로 삼았다. 이튿날 미군이 반격을 하면서 밀고 들어왔을 때 신부는 겁에 질린 여인들과 아이들을 안심시키려고 미사를 드리는 중이었다.

민간인들은 미군들을 해방군으로 생각하고 반갑게 맞아들였다. 그러나 밤에 독일군이 다시 들어왔다. "수녀는 전투 중 희생된 병사들을 위한 기도문을 12번 암송하는 묵주기도회를 인도했다." 미군들은 요양소에 서면 전차의 포를 직사하면서 다시 공격했다. 지붕이 무너지고, 벽이 허물어지면서 지하실 천장이 먼지 구름과 함께 내려앉았지만 죄를 사하여주는 신부의 축원 기도 덕분인지 기적적으로 아무도 다치지 않았다.

12월 19일 아침, 파이퍼는 미군이 자신의 후방에 있는 스타벨로를 재탈환했다는 소식을 들었다. 이제는 바닥을 드러낸 연료조차 보급 받을 길이 끊긴 셈이었다. 이 작은 마을을 도로 빼앗기 위해 정찰대대를 보냈지만 성공하지 못하리라는 예감이 들었다. 공격 첫날, 보병이 길을 뚫어줄 때까지 기다린 일이 치명적이었다. 포병이 준비될 때까지 기다리지 말고, 보병과 기갑 전투부대만으로 기습을 시도했어야 했다. 서쪽으로 진격할 때, 뱀처럼 긴 대열을 유지한 것도 큰 실수였다. 소부대로 쪼개어 멀쩡한 교량을 찾아냈어야 했다.

무장친위대는 포로를 잡기만 하면 거의 처형해버렸다. 라글레즈에서, 독일군의 공격으로 고립된 미 제741전차대대의 병사들이 교회에 숨어 있었다. 그들은 이렇게 보고했다. "독일 전차와 보병들이 미군 장갑차를 정지시키는 것을 목격했다. 그들은 항복을 받고 장갑차에서 내리게 한 다음 손을 들고 항복하는 병사들에게 기관총을 난사하여 사살한 뒤 장갑차를 뺏어 타고 가버렸다."[3] 친위대 정찰대대 병장 슈트라우프가 같은 처지에 있는 제26국민척탄병사단 출신 포로에게 이야기해준 또 다른 사건도 있었다. "우리 대대는 스타벨로를 거쳐 라글레즈까지 갔다가 다시 스타벨로로 물러났었지. 그때 SS소위가 포로들을 그냥 쏴버리더라고, 모두 12명이었어. 길 앞에서 걸리적거린다고 그냥 쏴."[4]

친위기갑척탄병들은 이런 끔찍한 행위에 대해서 나름대로의 변명은 있었다. 제1친위기갑사단의 18세 먹은 소년병 포로는 동료 포로에게 이렇게 말했다. 비무장한 포로를 쏴 죽이는 것으로 소문이 자자한 SS상사가 있었는데, 보복하려고 일부러 항복하는 미군이 있어서 그들을 처리해야 할 때도 있었다고 한다. "흰 깃발을 흔들면서 오는 미군들이 있었어, 우린 그놈들이 우리 지휘관을 죽이러 온다는 사실을 잘 알고 있어서, 자동 권총을 준비하고 있다가 미군 놈들이 무슨 짓을 하기 전에 먼저 쏴버렸어. 우린 그렇게 일을 처리했지."[5]

12월 19일 저녁, 날이 어두워지자 미 제105공병대대[6]가 스타벨로에 잠입한 뒤 전차와 기관총의 공격을 받으면서도 앙블레브강의 주요 교량을 폭파했다. 파이퍼는 경악했다. 이로써 강 북안에 있는 그의 부대 일부가 고립되었다. 사단에서는 부교를 설치할 장비를 보내겠다는 아무런 연락도 없었다.

파이퍼 전투단이 따라잡을 것으로 기대했던 독일 제3강하엽병사단[7]은 엘센보른 능선 남쪽에서 공격을 반복할 뿐, 점령에 실패한 제프 디트리히 부대 중 하나와 함께 있었다. 제1친위기갑군단 사령부는 페몽비유와 이미 미군 야전병원이 철수한 바이메스를 점령하려고 낙하산병들을 보냈다. 하지만 제3강하엽병사단은 페몽비유에서 더 이상 진격하지 못했다.

제6기갑군의 진격이 더디자 좌절하고 화도 나 있는 디트리히를 향해 히틀러와 국방군 총사령부는 룬트슈테트와 모델 원수의 입을 통해 비난을 쏟아냈다. 국면 전환을 위해서 디트리히는 제12친위기갑사단에게 로슈라트-크린켈트를 돌아서 뷜링겐 쪽에서 미 제1보병사단을 공격하라고 명령했다. 그러기 위해서 말메디로 가는 서쪽 도로를 급히 열어야 했다. 친위 히틀러 유겐트 사단의 기갑척탄병들과 제12국민척탄병사단의 여러 대대, 그리고 전차들이 미 제26보병연대의 공격을 위해 이른 시간 뷜링겐에 집결했다. 돔 뷔트겐바흐 전투는 동북쪽에 있는 로슈라트-크린켈트만큼이나 치열했다.

로슈라트-크린켈트와 비르츠펠트 인근에 대한 계속적인 공격을 위해서 디트리히는 예비 병력인 제3기갑척탄병사단을 보내 제12, 제277국민척탄병사단을 지원하도록 했다. 엘센보른 능선의 미군 포병은 독일군이 장악한 모든 마을에 대한 포격을 더욱 강화했다. 12월 19일 아침의 주요 목표는 로슈라트-크린켈트에 대한 새로운 공격 시도를 분쇄하는 일이었다. 155밀리 롱톰이 한 몫 톡톡히 했다. 그 대신, 최전방에서 관측 활동을 하던 젊은 포병 장교들의 사상률이 매우 높았다.

미 제2보병사단의 잔여 병력과 셔먼 전차소대 그리고 대전차소대는 쌍둥이 마을에 흩어져서 국민척탄병과 기갑척탄병을 상대로 전투를 계속했다. 이들은 엘센보른 능선 곁의 새로운 위치로 후퇴할 준비도 했다. 오후에는 가지고 가지 못할 차량, 대포, 장비들을 파괴했다. 차량은 방열기나 남은 오일을 비우고 시동이 꺼질 때까지 계속 엔진을 켜두었다. 포병들은 소이수류탄을 포신에 집어넣었다. 어둠이 깔리고 한 시간이 지난 오후 5시 30분, 첫 번째 부대가 후퇴를 시작했다. 바퀴 자국을 따라 공병대가 TNT를 길 양쪽 나무에 묶어놓은 다음 폭파시켜 나무를 쓰러뜨리고 길을 막을 준비를 했다.

제6기갑군의 발목을 사흘이나 묶어두느라 녹초가 된 병사들이 진흙탕에 미끄러지고 욕설을 하면서 후퇴했다. 얼마나 피곤한지, 터덜터덜 걷다가 마른 땅이 나오면 그냥 쓰러져 잠이 드는 병사도 있었다. 그날 밤, 늦게 쌍둥이 마을 언저리까지 들어가서 살피고 돌아온 미군 정찰대는 마을에 1000여 명의 독일군들이 들어와 있고, 미군 포로도 100여 명에 달한다고 보고했다.

12킬로미터 남쪽에는 생비트 동쪽 슈네 아이펠 부근에 고립된 제106보병사단의 불운한 두 개 연대가 미군의 전선으로 복귀하려고 안간힘을 썼다. 경험이 부족한 장교나 사병 모두 사기가 땅에 떨어졌다. 탄약이 바닥나고 독일군의 방해로 무선도 두절된 채 궤멸 직전이었다. 지원군이 오고 있다고 서로를 격려하면서 겨우 버티는 중이었다.

제423보병연대의 커트 보니것은 부대원 중 대학생도 있었고, 감옥에 가기 싫어서 온 사람도 있었다고 말했다. "몸 상태가 절대 군대에 오면 안 되는"[8] 병사도 많았다. 보병 훈련을 제대로 받은 병사는 거의 없었다. 보니것은 대대 정찰병이었다. 그는 "아버지가 총기 제조업자였기 때문에 총의 작동 원리에 대해서 알고 있었다."

이들은 차량을 타고 도주하려고 했지만, 독일군이 대전차포를 쏘자 포기하고 다른 차량도 쓸 수 없게 만들었다. '플라잉 블라인드flying blind(하늘을 나는 소경—옮긴이)'라 불렸던 연대장은 아무 곳으로나 정찰병을 내보내 상황을 파악하려 했지만, 연대를 지원하기로 된 포병대대조차 찾아내지 못했다. 독일군은 커다란 스피커로 클라리넷 연주자 베니 굿맨과 아티 쇼, 그리고 미국 유명 밴드의 음악을 틀어놓고, "항복하기만 하면 샤워, 푹신한 침대, 핫케이크를 주겠다"[9]고 떠들었다. 미군들은 상스런 욕설로 대꾸했다. "꺼져 씨팔! 이 독일 개새끼들아!"라면서 울부짖는 병사도 있었다.

독일군의 십자포화를 견디다 못해 두 연대장은 항복을 결정했다. 오후 4시 한 장교가 앞으로 나가 설상용 망토를 흔들었다. 장교와 사병들은 머리에 손을 얹은 채 비틀거리기도 하고, 종종걸음을 치면서 줄지어 걸어갔다. 독일군들은 포로들에게 주머니에 든 것을 모두 철모에 꺼내놓으라고 하더니, 맘에 드는 것들을 골라 집어들었다. 포로들은 돌담으로 둘러싸인 농가 마당에 몰아넣었다. 땅거미가 질 때쯤에는 "도망치려고 하지마라. 도망치면 기관총으로 쏘아버릴 테다"[10]라는 경고를 했다. 포로들은 길고 추운 밤을 서로 몸을 비벼가며 견뎌야 했다.

보니것은 이 사건을 "미군 역사상 가장 규모가 큰 항복"[11]이라고 불렀다.(사실 1942년 바탄반도에서 더 많은 인원이 항복한 적이 있었다. 그러나 제106보병사단 장병 8000명이 항복한 것은 확실히 유럽에서는 최대 규모였다.) 보니것과 열댓 명의 동료들은 눈이 쌓여 있는 숲길을 헤치며 미군 전선으로 돌아가려 했지만, 소탕 작전을 하던 독일 제18국민척탄병사단 병력에 의해서 개울 바닥에 갇혔다. 항복하라는 스피커 소리가 요란했다. 나무 꼭대기 쪽에 포탄을 쏘아대며 항복을 재촉했다. 다른 방도가 없어 결국 무기를 버리고 항복했다. 손을 들고 나오면서 포로 생활이 시작되었다. 이때 포로가 된 보니것은 자신의 경험을 살려 나중에 『제5도살장』이라는 소설에서 1945년 2월에 발생한 드레스덴 폭격 장면을 생생하게 묘사했다.

바스토뉴에 있는 제8군단 사령부는 이들이 항복했다는 소식을 듣고 경악을 금치 못했다. 참모장은 "포위되었던 두 연대는 충분히 더 싸울 수도 있었다. 그 정도 병력이면 '숲속에 있는 두 마리의 들고양이처럼' 항복하기 전에 충분히 할퀴어야 했다"[12]라고 생각했다.

독일군조차 자신들이 이렇게 많은 병력을 포위하고 있었다는 것을 믿을 수 없었다. 어떤 독일 장교는 일지에 "포로의 행렬이 끝이 없었다. 수백 명인 줄 알았더니 수천 명이었다. 타고 있던 차량이 도로에 갇혀버리는 바람에 내려서 걸어야 했다. 모델 원수가 직접 나서서 교통정리를 했을 정도였다. (외눈 안경을 낀 비슷하게 생긴 병사였을 수도 있겠지만…) 미군들의 부서진 차량과 전차들이 길가에 어지러이 널려 있었다. 또 다른 포로들의 행렬이 지나갔다. 세어보니 1000명이 넘었다. 안들러에도 1500명의 포로가 있었다. 장교가 50명이었고 그중에는 항복을 주장했던 중령도 있었다"[13]라고 기록했다.

생비트 동쪽의 교통 혼잡이 나아지지 않자 모델 원수도 화가 머리 꼭대기까지 났다. 제7기갑사단의 포병이 접근로를 계속해서 포격했다. 전날의 생비트 공격이 실패하자 독일군은 정찰을 강화하고 측면을 돌아 제31전차대대를 공략하기로 했다. 제38기계화보병대대는 큰 공격을 받고 난 후 잠시 "휴식을 취하는 중"[14]이었다. 손실이 워낙 컸기 때문에 소대들을 통합해야 했다. 하지만 독일군에게는 최악의 상황이 아직 남아 있는 것처럼 보였다.(지도 참조. '제106보병사단의 붕괴' 158쪽)

제38기계화보병대대는 "앞쪽 숲속에서 살아 있는 독일 놈들은 찾지 못했습니다. 나무나 쓰러진 통나무 뒤에서 참호를 파다가 죽은 것으로 보입니다. 삽 같은 도구가 없었던 병사는 철모나 총검, 심지어는 손가락으로 참호를 파려고 한 것 같습니다"[15]라고 보고했다. 우익에서 중기관총으로 방어 중이던 방화대는 "가슴이나 목에 5~8발의 총을 맞은 낙하산병 19명이 5야드(약 4.5미터) 정도의 간격(행진할 때의 간격)으로 발견되었다"라고 보고했다. 보이어 소령에 따르면 이 '낙하산병'들은 "점프 재킷 안에" 그로스도이칠란트 사단의 군복을 입고 있었다. 그날 오후, 또 다른 전투에서 대전차소대가 보병 지원 중이던 5호 전차 판터 1대와 돌격포 2문을 90밀리 포로 격파하여 기동 불능 상태로 만들었다.

해즈브룩 준장의 방어선에서 가장 위협적인 존재는 북쪽의 제18국민척탄병사단과 총통 경호여단의 공격이었다. 총통 경호여단은 엘리트 집단으로 자부했지만, 정신적으로 문제가 있는 사람도 있었다. 그중에는 리트마이스터 폰 묄렌도르프라는 간부가 있었다. "정신적으로 문제가 있는 이 친구는 히틀러의 이름을 듣기만 해도 광적으로 울부짖곤 했다."[16]

해즈브룩의 방어선 후방에서 보다 심각한 위협은 북쪽의 레히트와 포토를 거쳐서 한센 전투단이 택했던 바로 그 진격로를 따라 오는 제9친위기갑사단 호엔슈타우펜이었다. 포토 근처의 전투에서 미군 포격에 복부를 다쳐 창자가 흘러나온 친위대 연락병을 동료가 들것에 눕혔다. 뒤이어 동료가 철모를 벗기려고 하자 부상병은 그대로 놔두어달라고 요구했다. 중대 본부에서 SS소위가 철모를 벗기려 하자, 부상병은 비명을 지르면서 벗기지 못하게 했다. 야전병원에 도착하였을 땐, 거의 의식이 없었다. 의무병이 "턱 끈을 풀고 철모를 벗겨냈더니 두개골의 윗부분이 떨어져나오면서 뇌수가 묻어 나왔다. 이 부상병은 파편이 철모 바로 밑으로 들어와 머리에 박힌 것을 알고 있었던 것이었다. 결국 그는 철모를 벗길 때 죽었다."[17]

독일군이 생비트 서쪽 10킬로미터의 비엘살름과 살름샤토를 점령한다면 해즈브룩의 병사들은 그대로 고립될 판이었다. 하지만 남쪽 20킬로미터에 있는 제9친위기갑사단이나 제116기갑사단은 생비트 방파제의 양 옆을 따라 뫼즈강으로 향하는 중이었다. 해즈브룩은 슈네 아이펠에 포위된 두 개 연대와 교전 중인 제18, 제62국민척탄병사단이 생비트 공격을 위해 집결하는 것을 막기 위해서라도 현 위치를 고수해야 한다는 사실을 알고 있었다.

브래들리 장군의 어느 참모 말대로라면, 베르됭은 미군을 적대시하는 주민들로 가득한 "우호적이지 않은 특화된 군 주둔 도시"[18]였다. 제12집단군의 후방 사령부는 "덩굴 가시철조망이 쳐져 있고, 경비병이 보초를 섰다."

아이젠하워가 테더 공군 사령관과 함께 방탄 캐딜락을 타고 도착했다. 패튼 장군은 "30구경 기관총이 장착된 지프차"[19]를 타고 왔다. "플렉시글라스 문이 달린 화려한 지프차였다." 브래들리와 데버스 장군은 이 두 지휘관과 함께 참모들을 모두 데리고 회색 돌로 지은 사령부 이층으로 올라갔다. 긴 방에 난로 하나만 달랑 놓여 있어서 코트를 벗는 사람은 거의 없었다.

단호한 어조로 아이젠하워가 입을 열었다. "지금 상황은 위기라기보다 어쩌면 좋은 기회일지도 모릅니다. 내 이야기를 들어보면 다들 힘이 나실 겁니다."[20]

"이 빌어먹을 개자식들을 아예 파리까지 가게 둡시다. 그다음에 후방을 끊어서 작살을 내버립시다." 패튼이 내뱉었다. 모두들 웃었지만, 불안한 표정들이었다. 이참에 독일군의 밑동을 쳐내버리자는 패튼의 의견에 동조하는 사람은 없었다. 아이젠하워가 정색을 했다. "조지, 좋은 의견이긴 하네만 독일군이 뫼즈강을 건너게 해서는 절대로 안 되네."

독일군의 암호를 해독한 덕분에 연합군 최고 사령부는 그제야 독일군이 헤르프스트네벨(가을 안개) 작전으로 의도한 것이 무엇인지 제대로 파악했다. 아이젠하워는 뒷전에 물러나 앉아 있는 명목상의 사령관이 아닌, 야전사령관으로서의 진면목을 보여주겠다고 다짐했다. 지난 몇 달간, 단호한 모습을 보여주지 못했다는 사실을 스스로도 잘 알고 있었기 때문인지도 몰랐다.

참모가 아르덴 지역의 커다란 지도를 벽에 걸어놓고 현재의 병력 배치 상황을 브리핑했다. 그다음, 아이젠하워는 프랑스로 건너오는 중인 사단 목록을 작성했다. 지휘관들이 각자 의견을 밝혔지만, 뫼즈강 너머로 후퇴하자는 의견은 없었다. 알자스에 있는 데버스 장군의 제6집단군은 북쪽으로 진격해서, 패튼의 제3군 전방을 맡았다. 그렇게 함으로써 패튼의 사단들이 남쪽에서 반격할 수 있도록 돕기 위해서였다.

"패튼 장군, 언제 출발할 수 있겠소?" 아이젠하워가 패튼에게 물었다.

"이 회의가 끝나는 대로 출발시키겠습니다."

아이젠하워는 좀 더 구체적인 답변을 원했다. "12월 21일 아침에 3개 사단을 출발시키겠습니다."[21] 패튼이 약간 허세까지 부리며 대답했다.(모든 회의 자료를 보면 패튼은 분명히 12월 21일 오전이라고 말했다고 되어 있다. 하지만 패튼의 일지에는 22일로 적혀 있다.[22] 패튼이 회의석상에서 자신이 22일이라고 말했다고 기억했는지, 아니면 나중에 아이젠하워의 판단이 옳다고 생각하고 22일로 마음을 바꿨는지는 아무도 모른다.) "제4기갑사단, 제26, 제80보병사단입니다." 패튼은 제4기갑사단의 전투부대와 군단 사령부는 이미 출발했고, 나머지 부대들도 그날 아침에 출발할 수 있게 준비를 마쳤다는 사실은 말하지 않았다. 그 많은 병력이 불과 3일 만에 진로를 90도로 틀어 진격할 수 있다는 사실에 좌중이 모두 놀랐다.

"지금은 큰소리 칠 때가 아니네, 조지. 그렇게 일찍 출발시키려면, 3개 사단을 조금씩 나눌 수밖에 없지 않나? 22일에 출발하게. 귀관의 첫 공격이 독일 놈들 혼쭐을 내주었으면 하네!" 너무 조급히 서두르다보면 공격이 무뎌질지도 모른다는 아이젠하워의 판단은 옳았다. 그러나 제3군이 전쟁 역사상 가장 신속한 재배치를 이뤄낸 것만큼은 누구나 인정할 수밖에 없었다.•

회의 내내 패튼의 상관인 브래들리는 거의 말이 없었다. 스트레스가 심하고 후두염에다 비염까지 겹쳐서 고생이 이만저만이 아니었다. 브래들리는 자신이 아르덴의 약한 방어선을 방치했기 때문에 수세에 몰린 신세가 되었다고 생각했다. 아이젠하워가 모든 결정을 주도하고 패튼에게 직접 명령을 내

• 아이젠하워조차 깜짝 놀랐을 만큼 패튼이 신속하게 대응할 수 있었던 이유는 사전에 아르덴 방면에서 독일군의 반격이 있을 것이라고 예상하고 있었기 때문이었다. 이미 전쟁에서 다 이겼다면서 마음 푹 놓고 있다가 뜻밖의 일격을 맞자 공황 상태에 빠진 아이젠하워나 브래들리, 호지스 등 다른 장군들과는 대조적이었다. 패튼은 아예 이참에 독일군의 후방을 역습하고 퇴로를 차단하여 일대 포위 섬멸을 하자고 제안했다. 이것은 실제로 히틀러를 비롯한 독일 수뇌부가 가장 두려워했던 일이기도 했다. 그러나 평소에 패튼의 허세를 탐탁찮게 여겼던 아이젠하워는 준비가 부족하고 작전 리스크가 크다는 이유로 거부하고 패튼에게 바스토뉴의 구원에 집중하라고 명령했다.

리는 것을 보면서 브래들리는 자신이 완전히 뒷전이 되었음을 느꼈다. 그는 시민들이 놀랄 우려가 있다는 핑계로 룩셈부르크시에 있는 사령부를 이동하자는 제안을 물리쳐 고립을 자초하기도 했지만, 사실은 개인적인 자존심 때문이 틀림없었다. 어떻든 독일군이 진격해오면서 리에주 근처에 있는 호지스 장군의 제1군 사령부와도 연락이 두절되었다. 브래들리나 참모들 모두 아르덴 대공세 이후 한 번도 미군 사령부를 찾은 적이 없었다. 브래들리는 회의가 끝나고 아이젠하워에게 점심 식사를 대접하겠다고 제안했지만 거절당하자 더욱 기분이 나빠졌다. 아이젠하워는 베르사유로 돌아가는 차 안에서 샌드위치나 먹으면 된다고 거절했다.

막 차에 오르려던 아이젠하워는 패튼에게 오래전 자신이 진급한 직후, 튀니지 카세린에서 로멜에게 기습을 당했던 일화를 언급하면서 농담을 던졌다.● "내가 별을 하나씩 더 달 때마다 공격을 받는단 말이야."[23]

"그렇습니다. 사령관님이 공격을 받을 때마다 제가 나서서 구해드렸습니다." 이렇게 대꾸한 패튼은 아마 엄청나게 우쭐했을 것이다. 패튼은 낭시에 있는 자신의 사령부에 전화를 걸어서 미리 약속한 암호로 이동 명령을 내렸다. 패튼은 담배를 입에 물고 브래들리에게로 갔다. 브래들리의 부관 체스터 핸슨에 따르면 브래들리는 '굉장히 격분한' 상태였다고 한다.

"웬만하면 귀관의 일(즉, 작전)에 참견하지 않겠네. 겁대가리 없는 독일 놈들 혼쭐 한번 내주자고. 내가 그때까지는 참아줄 테니."[24] 이 말은 브래들리가 아직도 패튼에게 신속한 반격 명령을 내린 아이젠하워의 결정에 화가 나

●　아이젠하워가 4성 장군으로 승진한 지 사흘 뒤인 1943년 2월 14일부터 24일까지 튀니지 중앙의 카세린 협곡 주변에서 미국 원정군은 로멜이 이끄는 독일-이탈리아군과 싸웠다. 제1기갑사단을 비롯한 미 제2군단은 로멜의 DAK 전투단과 이탈리아 제131 센타우로 기갑사단에게 정신없이 난타당했다. 미군은 3300여 명의 사상자를 내고 3000여 명이 포로가 되었으며 183대의 전차를 잃었다. 반면, 추축군은 전사자 200명을 포함해 1000여 명의 사상자와 20대의 전차를 잃었을 뿐이었다. 워싱턴에서 보고받은 루스벨트는 충격을 받고 참모들에게 "우리 병사들이 싸움을 할 줄 아는가?"라고 물었을 정도였다. 독일군의 뜨거운 환영식은 신참내기 미군에게 앞으로의 전투가 얼마나 험난할지 온몸으로 절감하게 만들었다. 그때 만신창이가 되고 사기가 땅에 떨어진 제2군단을 새로이 맡아서 재건한 사람이 조지 패튼이었다. 그는 오합지졸 미군을 호되게 훈련시켜 진정한 전사들로 빠르게 거듭나게 만들었다. 결국 3개월 후인 5월 12일 연합군은 독일 아프리카 군의 항복을 받고 기나긴 북아프리카 전역에 종지부를 찍었다.

있다는 뜻이었다. 그러나 브래들리는 룩셈부르크로 돌아오는 길에서 이미 패튼의 제3군단이 이동하는 모습을 봤다. 제3군의 참모들은 조금도 지체하지 않았다.

독일군을 후방 깊숙한 곳에서 포위한 뒤 공격하자는 패튼의 제안을 물리친 아이젠하워의 판단은 옳았다. 비록 아르덴에 미군 병력이 증원되면서 19만 명까지 늘어났지만, 그 정도의 큰 작전을 펼치기엔 상당히 부족했다. 제3군은 룩셈부르크와 남쪽 능선의 장악이 목표였지만, 그중에서 가장 큰 임무는 제101공수사단과 제10기갑사단의 일부가 포위당할 위기에 처해 있는 북쪽의 바스토뉴로 진격하는 일이었다.

주변 상황을 보면 혼란 그 자체였다. 허먼 대령이 지휘하는 제7구축전차대가 바스토뉴 남쪽 리브라몽의 수비를 맡았다. 그런데 현재 상황이 어떻게 돌아가는지 아는 사람이 아무도 없어서, 허먼 대령은 낙오병, 심지어는 포병 행렬까지 세워놓고 물었다. "어디로 가고 있지?"[25]

"후퇴하고 있는 중입니다."

"이런 빌어먹을, 이곳에 뼈를 묻어야지, 어딜 후퇴해?" 12월 19일 자정까지 이런 식으로 2000여 명을 모아서 부대를 편성하고 새벽에는 지휘관이 없는 포병대대도 하나 만들었다.

바스토뉴를 잇는 도로가 독일 정찰대에게 차단되면서 빌츠에 있는 제28보병사단 잔여 병력은 식량과 탄약을 공급받을 수 없으면서도 계속 저항했다. 오후 2시 30분 40대의 전차와 자주돌격포의 지원을 받은 독일 제5강하엽병사단이 호각을 불면서 여러 방면에서 공격했다. 밤이 되자 방어부대는 건물들이 불타고 있는 마을 중심부까지 밀려났다. 코타 장군은 지휘관에게 메시지를 보냈다. "독일 놈들, 싹 쓸어버려!" 그날 밤, 생존자들은 작은 그룹으로 나뉘어 각각 바스토뉴로 후퇴하라는 명령을 받았다. 이들은 30대의 차량을 나눠 타고 후퇴하려고 했지만, 맹렬한 포격을 받는 바람에 차량을 버릴 수밖에 없었다. 교량을 폭파하느라 마지막까지 남은 공병대는 이튿날 오전 11시가 되어서야 빌츠를 떠날 수 있었다.[26]

낙하산병들을 태우고 바스토뉴로 향하던 미군 트럭과 트레일러들은 교통 혼잡을 피해서 12킬로미터 서쪽에 있는 망드생테티엔으로 가라는 지시를 받았다. 바스토뉴로 향하는 모든 길은 공포에 질려 도망가는 차량들로 꽉 막혀 있다시피 했다.[27] 제101공수사단 장교들이 권총을 뽑아들고 비키라고 위협을 해야 할 정도였다. 낙하산병들은 추운 상태로 오래 이동해 몸이 뻣뻣해진 채 꽁꽁 얼어 있었다. 빨리 가야 한다는 사실은 누구나 알고 있었다. 2개 기갑사단과 1개 보병사단이 바스토뉴를 완전히 포위하기 직전이었다. 제327글라이더보병연대와 같이 온 루이스 심프슨의 말대로, 박격포의 포신이나 받침대를 둘러멘 병사들은 "마치 돌망태를 짊어진 이집트 노예"[28]처럼 비틀거렸다.

제101공수사단 낙하산병들은 마을을 지나 서쪽으로 패주하는 더럽고 수염이 덥수룩한 제28보병사단 병사들을 비웃었다. 이들이 얼마나 큰 역할을 했는지는 전혀 몰랐기 때문이었다. 낙하산병들은 패주하는 병사들이나 버려진 차량에서 탄약이나 수류탄, 참호를 파는 도구, 심지어는 무기까지 빼앗아 부족한 장비를 벌충했다. 그러나 벨기에 시민들은 뜨거운 수프와 커피를 가지고 나와 패주하는 미군을 따라 걸으며 먹을 수 있게 도와주었다.

줄리언 이웰 대령의 제501낙하산보병연대가 제일 먼저 도착했다. 그리고 제10기갑사단의 체리 전투부대를 지원하기 위해, 어둠이 채 가시지도 않은 새벽에 동쪽 롱빌리를 향해 행군했다. 축축하고 차가운 안개를 뚫고서 포성이 들려왔다. 그들은 곧 저녁이 되기 전에 혼비백산한 채 패주하던 R전투부대 생존자들을 만났다. 생존자들은 낙하산보병연대 병사들에게 "우리는 완전히 박살났어!"[29]라고 말했다.

12월 18일과 19일 밤에 체리 대령은 네프 남쪽에 있는 성에 도착한 뒤 그곳에 지휘 본부를 설치하려고 했지만 새벽녘에 포기해야 했다. 네프의 교차로를 방어 중이던 제3전차대대의 정찰소대와 제158전투공병대대가 기갑교도사단 선발대의 공격을 받았기 때문이었다. 바주카포 팀이 독일 4호 전차 한 대를 기동 불능 상태로 만들었지만, 기관총과 포탄 세례가 워낙 맹렬했기에 정찰소대는 바스토뉴 쪽으로 향하는 계곡 도로를 타고 물러났다.

그 와중에도 두 명의 병사가 성안에 있는 체리에게 상황을 알렸다. 6호

전차 티거를 포함한 4대의 전차, 장갑차, 수백 명의 기갑척탄병들이 동쪽에서 밀고 들어오는 광경이 보였다. 체리와 몇 명 안 되는 본부 요원들은 탑이 하나 있고 사각형 모양을 한 성을 방어하기 위해 준비했다. 이들은 차량에 장착된 기관총을 내려서 창문에 설치했다. 체리로서는 공포의 순간이었다. 마게레트와 롱빌리 사이에 있는 그의 주력 부대는 제9기갑사단 R전투부대의 잔여 병력과 함께 교통 혼잡 때문에 막혀 있어서 연락이 두절되었다. 체리는 독일군이 포위망을 짜는 모습을 지켜보아야 했다.

오후 1시 포성이 들리기 시작했다. 독일 제26국민척탄병사단 제77척탄병연대가 교통체증으로 지체된 차량 행렬을 습격했다. 대포와 돌격포 그리고 기갑교도사단의 전차 1개 중대가 공격에 가세했다. "기습은 완벽했다."[30] 코코트 소장은 이렇게 말했다. 포위된 미군 차량들이 서로 먼저 도망가려고 부딪치는 바람에 혼란이 더욱 가중되었다. 전투는 한 시간 반 만에 끝났다. 겨우 몇 대의 차량만이 북쪽으로 달아났다. 여러 명의 장교와 100여 명의 병사들이 포로로 잡혔다.

이웰 대령의 제501낙하산보병연대 제1대대는 네프로 가까이 가면서 짙은 안개 속에서 총소리를 분명하게 들었다. 이웰은 병사들을 도로 양쪽에 산개시키고 참호를 파라고 명령했다. 참호를 파는 동안 전차 소리와 함께 바주카포 팀을 부르는 다급한 소리도 들려왔다.

제2대대는 네프 북쪽 2킬로미터 떨어진 비조리를 방어하기 위해서 이동 중이었다. 이곳은 조만간 격렬한 전투가 벌어져 '미저리Misery(비극, 비참함, 불행, 고통이란 뜻—옮긴이)'란 별명을 얻는다. 미군 장갑차 대열에 대한 공격이 성공하자 독일군의 사기는 고조되었다. 하지만 오래가지는 못했다. 오후 늦게 제26국민척탄병사단 정찰대대와 제78척탄병연대는 마게레트와 비조리 부근에서 치열한 전투에 휩쓸렸다. 비조리 공격으로 독일군은 "심각한 손실"[31]을 입었다. 기갑교도사단의 일부 병력도 네프 전투에 참가했다. 미군의 지원부대가 바스토뉴에 한발 먼저 도착했다.

이웰 대령은 바스토뉴 시장 광장 서쪽에서 불과 3킬로미터도 채 떨어지지 않은 곳의 높은 언덕에 방어진을 구축했다. "미군 놈들이 때를 잘 맞추었네!"[32] 제26국민척탄병사단장이 씁쓸해 했다. 기갑교도사단도 심각한 연료 부족 상태였다. 노획한 전차나 기동 불능인 차량에서 연료를 뽑아내 써야 할 판이었다.[33]

이로써[34] 바이에를라인은 머릿속으로 바스토뉴 함락 개선 행진은 불가능하다고 판단했다. 그러나 제47기갑군단장 뤼트비츠 기갑대장은 바스토뉴 함락 실패의 책임을 바이에를라인 탓으로 돌렸다. 바이에를라인은 제26국민척탄병사단과 뤼트비츠의 책임이라고 응수했다. 뤼트비츠가 당초 계획을 무시하고 클레르프강 동쪽 전투에 기갑교도사단을 투입하면서 진격 속도가 늦어졌다는 이유였다. 바이에를라인은 뤼트비츠의 리더십이 "일관성도 없고 효과적이지도 못하다"[35]고 비난했다. 세 개의 사단을 한 군데로 집중해서 대규모 공격을 했어야 했는데, 분산시켜 축차투입했다는 것이었다.

지친 독일군은 그날 밤에 비를 맞으면서 참호를 팠다. 제26국민척탄병사단장은 "탄약과 식량이 도착했다. 이따금 미친 듯이 기관총을 쏘아대는 소리가 들리거나 박격포가 몇 분씩 계속되기도 하다가 잠잠해지곤 했다"[36]라고 썼다.

바스토뉴 북쪽 8킬로미터 지점의 노비유에서는 제20기계화보병대대장인 26세의 윌리엄 데소브리 소령이 뜬눈으로 밤을 지새웠다.[37] 키가 크고 몸이 탄탄한 데소브리와 400명의 병사들이 독일 제2기갑사단 대부분이 참여하는 공격을 기다렸다. 새벽 4시 패잔병들의 행렬이 끊어지더니 곧 첫 포성이 울렸다. 부르시로 가는 길에 설치된 전초기지에서 사격을 한 뒤 명령대로 곧 마을로 후퇴했다. 한 병장이 입에 총상을 입은 채 반무한궤도 차량을 타고 어렵사리 독일군이 나타났다는 보고를 했다.

데소브리는 북쪽에서 들려오는 독일 장갑차 특유의 소음 소리를 들었다. "밤에는 소리가 더 크고 가깝게 들린다는" 사실을 잘 알고 있었지만, 이번에는 궤도소리만 들어도 엄청난 숫자의 전차와 병력이 오고 있음을 분명히 알 수 있었다. "음~ 굉장하구먼!" 데소브리가 혼잣말로 중얼거렸다.

자동화기와 전차의 포성이 동북쪽에서 맹렬하게 들려왔다. 제9기갑사단의 불운한 R전투부대 제3팀이 난타당하는 소리였다. 이 전투부대는 후퇴하려다 하필이면 독일 제2기갑사단의 진격로로 들어섰다. 전날 밤 롱빌리에서처럼 첫 번째 차량에 불이 붙으면서 조명 역할을 해준 바람에 독일군의 판터 전차가 목표물을 조준하기가 쉬웠다. 미군 지휘관 부스 중령이 포위된 차량을 재배치하려다가 아군의 반무한궤도 차량에 깔려 다리가 으스러지는 부상을 입었다. 생존자들은 장갑차를 버리고 바스토뉴 쪽으로 도망쳤다. 사상자는 200여 명에 달했다. 셔먼 전차와 반무한궤도 차량도 모두 잃었다.

하지만 우팔리즈로 이어지는 북쪽 루트의 전진기지를 맡은 데소브리 휘하 한 병장은 미군 전차들이 자신들의 초소를 지나서 후퇴하는 모습을 보고 지나가는 전차를 일일이 확인한 후 발포하겠다고 마음먹었다. 그날 밤, 어둠 속에서 전차가 나타나자 전차를 세우고 암호를 물었고, 상대방은 영어로 대답했다. 하지만 그것이 실수였다. 독일 전차가 먼저 발포를 하여 셔먼 전차 한 대가 파괴되었다. 나머지 미군 차량들은 재빨리 노비유로 후퇴했다. 데소브리는 즉시 제3팀을 서북쪽으로 불러들였다. 동이 텄지만, 안개가 짙게 끼어서 상황 파악을 할 수 없었다. 하지만 곧 독일 전차들이 우팔리즈 북쪽 도로를 따라 내려오는 소리가 들렸다. 미군은 57밀리 대전차포와 바주카포 팀을 노비유 외곽의 묘지 부근에서 기다리게 했다. 안개 속에서 독일 차량들이 나타나자, 미군은 모든 것을 동원해서 판터 전차와 기갑척탄병들을 공격했다.

판터 전차 2대가 기동불능이 되면서 도로를 막았다. 독일군 전차 구난팀이 나타나기 전에 데소브리는 전차 궤도와 주포를 완전히 파괴하도록 소규모 병력을 보냈다. 지표면에 물웅덩이가 많아서 독일군들은 길을 막고 있는 판터 전차 주변에 다른 판터를 보내는 것이 쉽지 않았다. 데소브리의 부대는 마침 바스토뉴에서 도착한 M-18 헬캣 구축전차 5대 덕분에 보강되었다. 데소브리는 이들을 예비로 남겨두기 위해 뒤쪽에 포진했다.

아침 늦게 안개가 걷히자, 북쪽과 동북쪽 능선이 모두 독일군 전차와 반무한궤도 차량으로 뒤덮인 광경이 눈에 들어왔다. 본격적인 전투가 시작되었다. 전차 여러 대가 반경 수백 미터 안에 밀집했다. 그중 한 대는 마을 안

쪽까지 밀고 들어왔다가 대전차포에 맞아 멈춰섰다. 두 시간에 걸친 치열한 포격전 끝에 독일군은 능선 뒤쪽으로 물러났다. 그러나 다른 방향에서 탐색 성격을 띤 공격이 있었다. 어렵지 않게 물리칠 수는 있었지만, 독일군 박격포와 대포로 사상자가 발생했다.

바스토뉴에서는 우팔리즈로 정찰대를 보내라는 명령을 내렸다. 하지만 그러기 위해서는 "독일 진영을 가로질러야 했기 때문에"[38] 무시되었다. 노비유는 반쯤 능선으로 둘러싸인 곳이기 때문에 노비유와 푸아 사이의 능선으로 후퇴하여 방어하는 쪽이 더 좋겠다는 의견을 바스토뉴의 전투부대 본부에 건의했다. 로버츠 대령은 현지 지휘관이 알아서 판단하라고 하면서, 제101공수사단의 대대 하나가 지원하러 가는 중이라고 알렸다. 데소브리는 정오가 조금 못 되어서, 대대장 제임스 라프레이드 중령에게 지프차를 보냈다. 라프레이드 중령은 노비유를 쥐고 있으려면 먼저 능선을 장악해야 한다는 데소브리의 의견에 흔쾌히 동의했다.

제101공수사단의 다른 대대들처럼, 라프레이드 대대도 탄약과 무기가 부족했다. 그런데 제10기갑사단의 근무지원중대가 각종 보급품을 트럭에 가득 싣고 올라오더니 낙하산병들에게 필요한 것들을 던졌다. 소총 탄대, 기관총 탄띠, 수류탄, 박격포와 바주카포 탄약, 여분의 무기까지 주고 갔다. 낙하산대대가 노비유에 도착하자, 데소브리는 포병대대에게 능선 라인을 포격해달라고 요청했다. 낙하산병들은 데소브리의 셔먼 전차의 지원을 받으면서 "흩어져 능선을 향해 공격하면서 올라갔다. 이들은 들판을 가로질러 전력 질주했다. 50미터를 달리고 엎드렸다가 다시 일어나 달렸다."[39] 독일군 역시 다른 공격을 준비 중이었다. 결국 "양쪽은 충돌할 수밖에 없었다." 한 중대가 능선까지 도달했지만 멀리 있던 전차와 기갑척탄병의 반격을 받았다. 모든 중대가 엄청난 피해를 입었다. 라프레이드와 데소브리는 마을 안으로 후퇴하기로 결정했다. 마을에 임시로 설치된 야전응급치료소는 부상자로 넘쳐났다.

그날 밤, 데소브리와 라프레이드는 한 학교에 설치된 지휘 본부에서 마을을 지키기 위한 논의를 했다. 바스토뉴에서 매콜리프 장군은 제8군단 사령부를 뇌프샤토로 이동시킨 미들턴 장군에게 노비유의 병력을 구출해달라는 요청을 했지만, 거절당했다. 데소브리와 라프레이드가 이층에서 지도를 펴놓고 머리를 짜내고 있을 때, 파손된 차량을 수리하는 책임을 맡은 제10기갑사단 정비 장교가 차를 몰고 와서는 건물 바로 앞에다 주차를 했다. 이곳에 주차하는 것은 통상적으로 지휘 본부의 위치를 노출시킬 수 있기에 교범에 어긋난 짓이었다. 당장 독일군이 건물에 집중 포격을 했다. 라프레이드를 비롯한 12명이 전사했다. 데소브리는 먼지를 뒤집어썼고 머리와 눈 한쪽을 크게 다쳤다.

그는 지프차에 실려 후송되었다. 바스토뉴로 가는 길에 푸아에서 독일 제26국민척탄병사단의 정찰대가 차를 세웠다. 국민척탄병들은 심하게 다친 데소브리를 보더니 그냥 놓아주었다. 데소브리는 독일군이 노비유 후방에서 도로를 차단했음을 알고 고통 속에서도 매우 놀랐다. 푸아의 바로 남쪽에서는 미 제506낙하산보병연대의 이지중대가 참호를 파던 중 안개 속에서 엔진 소리를 들었다. 한 병사가 잭 폴리 중위에게 물었다. "자동차 소리 같지 않아요?"[40] "자동차라고? 저건 전차 소리야!" 다른 병사가 소리쳤다. 안개 밖에 무엇이 있는지 볼 수 없어서 공포는 가중되었다. "할 수 있는 것이라곤 귀를 세우고 듣는 것밖에 없었다."

데소브리는 운 좋게 독일군 정찰대 손을 벗어났지만, 다른 불운을 맞았다. 바스토뉴를 방어하면서 저지른 가장 큰 실수는 제326공수의무중대를 마을에서 서북쪽으로 12킬로미터 떨어진 스프리몽 근처 교차로에 남겨둔 일이었다. 중대원들은 피란민들도 계속해서 지나가고 있는 곳에 텐트를 치고 부상자를 치료하기 시작했다. 적에게 완전히 노출된 곳이라 의무장교는 마을 안으로 옮길 수 있게 해달라고 매콜리프 장군에게 요청했다. 하지만 매콜리프 장군은 "돌아가시오, 대위. 아무 일도 없을 거요"[41]라고 대꾸했다.

그날 밤, 심하게 화상을 입은 환자와 다른 환자를 수술하고 있는 도중에 독일 제2기갑사단의 전투단이 공격해왔다. 기관총탄이 텐트를 뚫고 들어와, 들것에 누워 있는 부상병까지 죽였다. 아무런 방어 수단이 없던 미군 장교는 바로 항복했다. 독일군은 45분 내에 모든 부상자와 장비며 의약품 등을

자기네 트럭에 실으라고 명령했다.[42]

독일군은 이들을 우팔리즈로 데려갔다. 잠시 의식을 회복한 데소브리는 독일어가 들려오자 독일군 포로를 많이 잡았다고 생각했다. 이런 생각은 잠시 후, 미군 운전병에 의해 무참히 깨졌다. 데소브리는 운전병에게 빨리 달아나라고 요구했지만, 운전병은 그런 모험을 할 생각이 전혀 없었다. 그제야 데소브리는 쓰라린 현실을 제대로 깨달았다. 포로가 된 것이었다.[43](데소브리는 포로수용소 생활 중에 여러 차례 역설적인 상황을 만났다. 예를 들면 영국 폭격기들이 뮌스터 시가지를 폭격하는 동안, 독일 병원 열차에서 빙 크로스비의 「화이트 크리스마스」를 듣기도 했다. 그는 아른험에서 포로가 된 영국 낙하산병들과 함께 호네에 있는 벨센 중앙수용소 옆의 기갑척탄병 훈련소에 수용되었다.)

독일 제2기갑사단은 대량의 의료장비와 의약품 특히 모르핀을 노획하는 큰 성과를 거두었다. 미군 제101공수사단에게는 엄청난 재앙이었다. 제101공수사단 부상병들은 바스토뉴의 눅눅한 지하실이나 막사 차고 등에 수용되었다. 의무병도 모르핀도 의약품도 모두 모자랐다. 여건이 마치 원시시대를 방불케 했다. 차고 병동에는 화장실도 없었고 달랑 전구 하나만 있었다. 부상병들은 "담요만 덮은 채, 줄을 맞추어 톱밥 위에 누워 있었다."[44] 살아날 가망이 적은 부상병은 벽 가까이에 눕혔다가 "죽으면 시체실로 쓰이는 다른 건물로 옮겨졌다."

벨기에 존호벤 외곽에 있는 전술 사령부에서 몽고메리는 남쪽 전투 상황을 듣지 못해 노심초사했다. 12월 19일 아침, 그는 전령으로 부리는 두 명의 젊은 연락 장교를 보냈다. 전투 상황을 보고하러 돌아온 이들은 톰 비글랜드 중령과 함께였다. 톰 중령은 브래들리와 연락이 가능했다. 지프차에 타고 차가운 안개 속을 달려서 슈파에 있는 호지스 장군의 전방 지휘 사령부로 향했다.

"호텔에 있었던 제1군 사령부에 가보자 이미 텅 비어 있었다."[45] 당시 캐럴 매더 대위는 이렇게 기록했다. "서둘러 떠난 것이 분명했다. 식당 테이블은 크리스마스 축제를 위해 준비해둔 것 같았다. 하지만 사무실은 아무도 없었다." 마치 메리 셀레스트호(메리 셀레스트호 사건은 가장 오래된 해상 미스터리로 어떤 이상 징후도 없이 '항해 양호'라는 교신을 마지막으로 남기고 선원 전원이 사라져버렸다—옮긴이)를 보는 느낌이었다. "진실이 밝혀졌다. 사령부의 철수가 공황상태에서 이루어졌다는 점에서 독일군의 공격은 우리 예상보다 훨씬 심각함이 틀림없었다." 그들은 나중에라도 누군가가 못 믿겠다고 주장할 때를 대비해서, 그곳에 직접 가서 보았다는 증거로, 나뒹굴고 있던 비밀 문서 몇 장을 가져왔다.

몽고메리는 연합군 최고 사령부의 지시를 기다리지 않았다. 그의 참모들은 영국의 SAS부대Special Air Service(영국의 육군공수특전단—옮긴이)와 팬텀 정찰팀에게 구체적인 명령을 내렸다. 제30군단장 브라이언 호록스 중장은 즉시 이동해서 뫼즈강을 방어하라는 긴급명령을 받았다. 영국군 제29기갑여단장 로스코 하비 준장도 도요새 사냥 중에 호출되었다. 그는 자기 부대의 전차들을 모두 반납했기에 당장 "실전에 투입할 전차가 하나도 없다"[46]며 이의를 제기했다. 그것은 사실이었다. 영국은 개전 5년 만에 독일군의 티거 전차나 판터 전차에 필적할 만한 신형 코멧 전차*를 개발했다. 그는 이 코멧 전차가 도착하기를 기다리고 있었다. 하비는 반납한 낡은 셔먼 전차를 다시 찾은 다음 전속력으로 디낭으로 가서 1940년 에르빈 로멜 장군이 뫼즈강을 건넜던 그곳을 막으라는 명령을 받았다.

몽고메리의 전령들은 "거친 산야"[47]를 가로질러 리에주 동남쪽 쇼퐁텐에 있는 호지스 후방 사령부에 도착했다. 매더는 이렇게 보고했다. "호지스 장군은 너무 당황하여 무슨 일이 일어났는지 일관성 있게 설명조차 할 수 없었습니다." "게다가 브래들리 장군의 제12집단군과도 연락하지 못하고 있습니다." 통신이 완전히 마비된 것 같았다. 비글랜드가 룩셈부르크의 브래들리

• 영국이 대전 말기에 개발한 신형 순항전차. 75밀리 포를 달아서 화력이 부족했던 크롬웰 전차의 후속 전차로, 600마력 엔진과 77밀리 주포를 탑재하고 최대 속력은 50km/h였다. 제2차 세계대전 중 영국이 개발한 전차 중에서는 가장 우수한 전차 중의 하나였으며 티거와 판터 같은 강력한 독일 중전차를 격파할 수 있었다. 종합적인 성능은 4호 전차 후기형과 T-34/85와 대등하다는 평가를 받았다. 하지만 화력, 방어력에서 열세하여 티거의 맞상대가 되기는 어려웠고 1944년 9월부터 생산에 들어가면서 등장 시기가 너무 늦어 큰 활약을 하지 못했다. 밀러

사령부로 우회해서 출발한 사이에 두 대위는 얼음길을 달려서 존호벤으로 돌아갔다.

두 젊은 장교들이 보고 온 것을 보고하자, 몽고메리는 "정신이 번쩍 들었다."[48] 매더에게는 제1군 사령부로 즉시 돌아가라고 명령했다. "호지스 장군에게 전하라, 뫼즈강의 다리를 봉쇄해야 한다고!" 매더는 호지스 장군이 제21집단군 소속이 아닌데 그런 명령을 어떻게 전하냐고 물었다.

"그냥 전해! 특히 리에주를 통과시켜서는 절대로 안 된다고 해. 어떤 희생을 치르더라도, 무슨 수를 써서라도 교량을 막아야 해. 통신부대라도 동원하고, 농사용 차량도 좋고 아무튼 손에 넣을 수 있는 모든 걸 장애물로 사용하라고 해! 내일까지 그 교량을 사수해야 해. 장교들은 각각 작전을 감독하고! 내가 그랬다고 그대로 전해!" 매더는 팬텀팀과 SAS부대가 교량으로 직행하는 중이라는 사실도 호지스에게 전해야 했다. 영국 제30군단은 안트베르펜으로 가는 길을 막기 위해서 뫼즈강의 북쪽 제방을 향해 전속력으로 내달리고 있었다. 몽고메리는 호지스에게 이튿날 아침에 만나자고 전갈을 넣었다. "가능하면 그를 오늘 밤 이곳으로 데려와!" 독일군이 뫼즈강을 건너게 해서는 안 된다는 생각은 아이젠하워도 마찬가지였다. 이미 아이젠하워는 병참지대 사령관 리 장군에게 명령을 내려두었다. 교량에 지뢰를 설치하기 위해서는 공병대가 필요했고, 대대급 임시 편성 부대도 보내야 했다. 프랑스군도 7개 대대를 보내주었지만 무장도, 훈련 상태도 변변치 않았다.

몽고메리는 룩셈부르크에 있는 브래들리가 독일 전선 돌출부, 다른 말로 '벌지' 북쪽에 고립된 제1군을 제대로 지휘하지 못하고 있음을 여러 정황을 통해서 알고 있었다. '벌지'라는 이 말은 곧 유명해지게 된다. 몽고메리는 연합군 최고 사령부에 있는 영국 작전 장교인 화이틀리 소장에게, 아이젠하워더러 독일군이 방어선을 뚫은 북쪽 지역의 연합군 사령관을 자신이 맡아야 한다고 전하라고 지시했다. 평소 몽고메리를 존경하지도 않았고 더구나 자신의 활동 역량을 키우려는 야심에 대해서도 탐탁지 않게 여겼던 화이틀리도 현재와 같은 상황에서는 나름 일리가 있다고 생각했다. 화이틀리는 아이젠하워의 정보 책임자이자 영국인 동료인 스트롱 소장과 현황을 의논한 뒤 그날 밤 연합군 최고 사령부 참모장 베델 스미스를 만나러 갔다.

한참 자던 중 깨어난 베델 스미스는 영국군의 속셈을 알아차리고 분노가 폭발했다. 그는 "영국 놈들"[49]이라는 욕까지 쓰면서 두 장군의 직위를 해제하겠다고 펄펄 뛰더니, 무엇을 생각했는지 마음을 바꾸었다. 베델 스미스는 호지스의 제1군 사령부도 마음에 들지 않았고, 자신과 브래들리의 제12집단군과의 관계도 별로 탐탁지 않게 생각하고 있었다. 스미스가 진짜로 걱정한 일은 브래들리와 접촉이 없다는 것인지도 몰랐다. 베델 스미스는 아이젠하워에게 전화를 걸어서 제21집단군 예하 영국군을 전투에 투입시키려면 몽고메리에게 북쪽 전선의 지휘권을 주어야 한다고 건의했다.

아이젠하워는 건의를 받아들였다. 아마도 브래들리가 뫼즈강의 방어선을 강화하라는 명령을 받고도 아무런 조치를 취하지 않은 점도 이유였을 것이다. 그는 지도를 펼쳐놓고 관할 지역의 경계를 어떻게 정해야 할지를 궁리하다가 뫼즈의 지베부터 바스토뉴의 북쪽을 지나 독일 방어선 뒤의 프륌까지를 몽고메리에게 맡기기로 결정했다. 몽고메리는 패튼의 제3군, 미들턴의 제8군단을 포함한 북쪽의 연합군 전부를 지휘할 권한을 갖게 되었다. 베델 스미스는 룩셈부르크의 브래들리에게 전화를 걸어 아이젠하워가 몽고메리에게 미 제1군과 제9군까지 모두 맡기는 것까지 고려중이라고 알려주었다. 베델 스미스에 따르면 브래들리는 지난 2, 3일 동안 호지스의 제1군과 연락이 끊겼다는 사실을 시인했다. 브래들리는 "만약 몽고메리가 미군 지휘관이었다면 난 당신 말에 전적으로 동의했을 겁니다. 그렇게 하는 것이 합리적이라고 생각합니다"[50]라고 솔직히 인정했다.

이튿날 아침, 아이젠하워는 브래들리에게 전화를 걸어 결정 내용을 알려주었다. 브래들리는 완전히 폭발했다. "정말 그렇게 하실 겁니까? 그렇다면 저도 더 이상 미 국민에 대해서 책임을 질 수가 없습니다. 사임하겠습니다."[51]

"이보게, 미 국민에게 책임을 지는 사람은 자네가 아니라 나일세. 그러니 자네가 사임한다고 해도 달라지는 것은 없을 걸세." 아이젠하워가 대꾸했다. 그 후로도 몇 차례 불만 섞인 대화가 오갔지만 "브래드, 이건 명령이야"라는 말로 대화는 마무리되었다.

제12집단군에 배속되어 있던 영국 공군 장교는 브래들리가 전화를 끊은 뒤 "몽고메리를 욕하면서 안절부절못했다"[52]고 전했다. 베델 스미스는 "몽고메리는 그동안 브래들리가 자신을 매우 좋아한다고 생각해왔고 그렇지 않다는 사실을 몰랐다"[53]는 것이 참으로 아이러니하다고 생각했다. 사실은 단순히 좋아하지 않는 것 이상이었는데도 말이다. 미군 장교의 말을 빌면, 브래들리는 몽고메리 때문에 "모든 말썽이 일어났다고 굳게 믿었다."[54] "브래들리는 베레모를 쓰고 퉁명스럽기 짝이 없는 이 작달막한 몽고메리에게 오랫동안 불만이 쌓여 있었다." 피해망상에 사로잡히고, 자존심이 상할 대로 상해버린 브래들리는 아이젠하워의 결정이 "자신에 대한 비난"[55]이라고 생각했다.

13

12월 20일 수요일

캐럴 매더 대위는 한밤중에 몽고메리의 사령부를 출발했다. "조심스럽기 그지없는 임무"[1]를 띠고 호지스 장군에게 가는 중이었다. 도로가 빙판이기도 했지만, 슈코르체니의 침투부대를 색출하기 위한 검문소가 많아서 두 시간이나 걸려서 도착했다. 가끔씩 V-1비행폭탄이 리에주 쪽으로 날아갔다. 쇼퐁텐에 있는 제1군 사령부에 도착하자, 헌병이 곧장 호지스의 권위적인 참모장 윌리엄 B. 킨 소장이 자고 있는 방으로 안내해주었다. 킨이야말로 진정한 군인이라는 평가를 받고 있는 인물이었다. 킨 장군은 파자마 바람에, 담요를 어깨에 두른 채 통화 중이었다.

매더는 몽고메리의 친필 서한을 전달했다. 킨 장군은 잠깐 수화기를 손으로 가리더니 몽고메리의 참모장 프랜시스 드긴간드 장군의 안부를 물었다. 둘은 옆방으로 가서 호지스 장군을 깨웠다. 매더의 기록에 따르면 제1군 사령관 호지스 장군은 어깨에 담요를 두른 채 침대에 앉아 편지를 읽었다. 호지스 장군은 이번 사건에 대해 "전혀 아는 바가 없는"[2] 것 같았다. 모든 질문에는 킨 장군이 대신 대답했다. 매더의 기록에 따르면 "뫼즈강을 건너는 중요한 질문에도 호지스 장군은 할 말이 없다고 대꾸했다. 그 문제는 전혀 중요하지 않기 때문에 이미 처리되었거나 나중에 알아서 처리하겠노라는 의미 같았다."3

매더는 졸린 눈을 비벼가며 새벽녘에 돌아왔다. 몽고메리는 침대에 걸터앉아 차를 마시면서 매더의 보고를 들었다. 몽고메리는 오후 늦게 직접 호지스를 만나야겠다고 생각했다. 그 전에 먼저 독일군의 돌파 상황을 정확히 파악해야 했다. 사령부 요원 두 명을 포함한 5명의 연락 장교들이 지프차를 타고 즉각 출발했다. 장교들은 추위를 막아주는 새로 나온 연한 갈색 전차복을 입고 있었다. 검문소에 근무하는 병사들이 의심하기에 좋은 복장이기도 했다.

12월 20일 몽고메리는 아이젠하워의 전화를 받았다. 마침 자리에 같이 있었던 영국 제2군 사령관 마일스 뎀프시 장군에 따르면 그날의 대화는 굉장히 간단했다.

"장군, 상황이 무척 안 좋소."4

"병력을 긁어모으고 있습니다." 몽고메리가 대답했다.

"북쪽은 어떻소?"

"좋습니다."

매더의 보고에 따르면 호지스 장군은 거의 무너지기 직전인 것 같았다. 몽고메리는 상황을 좀 더 살펴보기 위해 쇼퐁텐으로 갔다. 호지스의 참모 중 하나가 이 장면을 인상적으로 묘사했다. 몽고메리 원수가 제1군 사령부에 "성전을 깨끗하게 청소하러 온 구세주마냥"5 도착했다. 물론 구세주께서 국방색 롤스로이스를 타고 페넌트를 휘날리며 오토바이를 탄 수행원을 거느리고 나타나실 리야 없지만 말이다.

충성스런 보좌관 매더가 보기에도, 몽고메리는 불필요하게 미군 장성들을 도열시키고, 연락 장교들의 보고만 받는 등, 일부러 미군 장군들을 무시하는 것처럼 행동했다. "상황이 어때?"6 몽고메리와 참모들이 지프차 보닛에 지도를 펴고 둘러섰다. 호지스 장군과 제9군 사령관 심프슨 장군은 당황한 채 지켜볼 뿐이었다. 매더는 "굳이 그렇게까지 할 필요는 없었던 것 같다"고 썼다.

이제 몽고메리는 뫼즈의 지베부터 프륌까지 배치된 모든 연합군 부대의 지휘권을 장악했다. 몽고메리는 호지스 장군이 마음에 걸렸다. 돌아오는 길에 베델 스미스에게 전화를 걸어 굳이 미국 장군들을 영국 장군들로 바꾸고 싶지는 않다고 했다. 하지만 아이젠하워는 고민할 필요가 있었다.(호지스 장군의 부대가 궤멸 직전이라는 증거는 여러 개가 있었다. 독일군의 공격 개시 3일 후에 보좌관이 적은 기록이 그중 하나였다. "장군은 개인 집에 머무르고 계신다. 휴식도 취하고 질 좋은 음식도 먹으면서 눈에 띄게 지금 겪고 있는 어려움들을 감당할 수 있는 원기를 회복해가시는 것으로 보인다."[7]) 베델 스미스는 24시간의 여유를 달라고 했다. 이튿날, 몽고메리는 호지스 장군이 마음에 들진 않지만, 미국 장군들을 그대로 두어도 좋다는 메시지를 보냈다. 베델 스미스도 호지스 장군이 "가장 나약한 지휘관"[8]이라는 생각을 갖고 있었다.

브래들리는 나중에 몽고메리와 연합군 최고 사령부가 제1군 지휘권을 빼앗을 요량으로 상황을 과장했다고 주장했다. 하지만 상황은 매우 절망적이었다. 호지스 장군은 얼이 빠져 있어서 킨이 지휘권을 넘겨받았다. 하지만 바로 이튿날, 킨조차 "자신의 부대가 금요일까지 버틸 수 있을지 아니면 뫼즈 강 방어선으로 후퇴해야 할지 결정을 제대로 할 수 없다"[9]고 털어놓았다.

브래들리는 룩셈부르크에 갇힌 듯했다. 그는 이곳에 자신의 전술 사령부를 설치한 결정을 후회했다. 이건 단순히 체면 문제만은 아니라고 핸슨에게 말했다. 만약 자신이 지금 룩셈부르크를 떠난다면, 시민들은 독일의 보복에 방치되었다고 생각할 것이었다. 브래들리가 아무리 독일군의 공격을 과소평가하려고 해도 참모들은 사태의 심각성을 충분히 알고 있었다. "우리는 독일군이 언덕 너머에 나타나기만 하면 파기하려고, 기밀문서 사이에 소이수류탄을 끼워놓았다."[10] 하지만 요들 상급대장이 룩셈부르크만큼은 헤르프스트네벨(가을 안개) 작전 목표에서 제외시키자고 히틀러를 설득했다는 사실을 이들이 알 리는 없었다.

어떻든 룩셈부르크의 수도는 남쪽 능선을 장악한 미 제4보병사단이 철통같이 지키고 있었다. 사단장 바턴 소장은 전투 중에, 어쩌면 전투 전에 했는지도 모르겠지만, 단호하게 선언했다. "독일 놈들을 다루는 가장 좋은 방법은 맞붙어 싸우는 것뿐이다."[11] 바턴은 포병대대의 후퇴를 허락하지 않았다. 포병의 임무는 자우어강에 있는 다리에 계속해서 포탄을 퍼붓는 일이었다. 바턴은 보병들이 포병들을 안전하게 보호할 수 있게 조치했다. 이 포격 때문에 독일군은 중화기 특히 대전차포가 없었기에 제4보병사단을 지원하기 위해 도착한 제10기갑사단에 효과적으로 대응하지 못했다.

제28보병사단의 코타 장군과 같이, 바턴도 증강된 중대 병력으로 주요 마을을 장악하여 교차로를 차단했다. 루케트 대령은 좌익의 제9기갑사단과 함께 슈바르츠 에른츠 협곡까지 밀렸다. 하지만, 더 이상 후퇴를 한다면 독일군에게 기갑사단의 후방이 노출되기에 뮐레르탈 마을에서 배수진을 쳤다.

계곡 동쪽 옆을 반쯤 내려온 베르도르프에서는 제4보병사단 두 개 중대와 제10기갑사단이 뒤섞인 혼성부대 250명이 사흘 동안 방어 중이었다. 극심한 공격을 받은 덕분에 탄약이 바닥나고 부상자도 많이 발생하면서 후퇴를 해야 할 상황이었지만 네벨베르퍼(다연장 로켓포)와 대포의 지원을 받은 세 차례 공격을 모두 물리쳤다. 이제는 더 이상의 공격을 물리칠 여력이 없다고 절망하던 중 셔먼 전차 2대와 반무한궤도 차량 3대가 와서 탄약과 군수품을 전해주고는 중상자를 싣고 가버렸다. 얼마 후 베르도르프에 있는 제11전차대대의 지휘관 스티브 랭 대위는 후퇴 명령을 받았다. 각각의 전차는 "안에 4명, 밖에 11명"[12] 하는 식으로 보병을 15명씩 실어 날랐다. 전차 소리가 들리지 않도록 포병이 요란한 엄호 사격을 퍼부었다. 이 소부대는 독일군이 상황을 파악하기 전에 신속히 탈출에 성공했다.

이 지역에 대한 독일군의 공격은 12월 20일부터 약해지기 시작했다. 패튼 장군 휘하의 제3군단 병력이 속속 도착하면서, 독일 제212, 제276국민척탄병사단은 더 이상 남쪽으로 진군할 수 없었다. 짙은 안개 때문에 미군 또한 반격을 시도하지 못했다. 그러나 남쪽 능선의 방어가 튼튼해지면서, 독일군이 기동할 수 있는 공간이 축소되었다. 게다가 제3군은 바스토뉴 포위망을 뚫기 위해 모든 전력을 집중할 수 있게 되었다.

헤밍웨이는 감기로 고생하면서도 중요한 전투를 놓치지 않겠다는 일념으

친위 라이프슈탄다르테 아돌프 히틀러 사단에게 포로로 붙들린 미군 병사들.

12월 7일, 제26보병연대(제1보병사단)의 일부가 뷔트겐바흐를 방어하기 위해 엘센보른 능선 기지에 제시간에 도착하는 중이다.

독일군의 접근에 대비해 진흙 구덩이에서 대전차포를 준비하는 제26보병연대 병사들.

독일 제5기갑군의 진격으로 랑글리르(비엘살름 서남쪽)를 떠나는 벨기에 피란민들. 이들은 대부분 전투에 직접 휘말리거나 그해 초에 있었던 레지스탕스 활동에 대한 독일군의 보복을 피해서 뫼즈강을 건너기를 원했다.

미 제106보병사단이 포위된 후 독일군이 생비트로 진격해오자, 전투를 피해 동굴 속 피란처로 몰려든 쇤베르크 시민들.

미군 의무병들이 들것에 누워 있는 부상병을 지프차에 옮겨 실을 수 있는 지점까지 후송하기 위해 스키로 썰매를 만들었다.

이미 죽은 전우를 앞에 두고 미군 병사들이 숲 앞쪽 가장자리에서 트리버스트를 피해 급히 참호를 파고 있다.

독일군이 바스토뉴로 진격하고 미 제101공수사단의 병사들이 바스토뉴에 도착하자, 현지 주민들이 농장 수레를 타고 피란길에 오르고 있다.

엄청난 숫자의 트럭 수송대로 실어나른 제82공수사단의 지원 아래 M-36 구축전차 소대가 베르보몽 근처 안개 속에서 모습을 드러내고 있다.

쌍둥이 마을인 로슈라트–크린켈트 주변 전투에서 포로로 붙잡힌 독일군 국민척탄병들.

제7기갑사단과 생비트 방어전을 지휘한 공으로 제1군 사령관 코트니 호지스 중장에게서 은성 훈장을 받는 로버트 W. 해즈브룩 준장.

미군 전선 후방에 침투한 오토 슈코르체니의 위장 특공대 때문에 경계가 강화된 가운데 마르슈앙파멘 인근에서 미군 헌병들이 벨기에 피란민의 신분증을 검사하고 있다.

벨기에 피란민들이 전투와 독일군의 보복을 피해 뫼즈강을 건너려고 디낭으로 몰려들고 있다.

로 로덴부르크 근처의 벅 랜햄 대령의 지휘 본부에 도착했다. 숙소는 친독 부역자로 의심받는 목사의 집이었다. 성찬식에 쓰이는 포도주가 있는 모습을 본 헤밍웨이는 신나게 마시고는 대신 오줌을 채워넣었다. 그리고 오줌을 채운 병에 "1944년산 슐로스Schloss(와인 만드는 곳 또는 성城이라는 뜻의 독일어—옮긴이) 헤밍슈타인"[13]이라는 라벨을 붙여놓았다. 나중에 실수로 그것마저 마셔버렸다고 했다.

독일군은 자신들이 돌파해서 장악한 지역이 너무 좁을 뿐만 아니라 바스토뉴의 미군이 이미 도로망을 장악하고 있음을 깨달았다. 기갑교도사단장 바이에를라인과 제26국민척탄병사단장 코코트는 바스토뉴를 신속하게 점령하는 데 실패했으니 이제 군단의 모든 병력을 동원해서 바스토뉴 방어군을 분쇄해야 한다고 주장했다. 그러나 제47기갑군단장 뤼트비츠는 바스토뉴는 버려두고, 뫼즈강으로 두 개 기갑사단을 곧바로 진격시키라는 엄명을 받았다.

그런데 제116기갑사단이 서북쪽으로 진로를 변경하라는 명령을 받으면서 뫼즈강으로 가는 임무에도 차질이 생겼다. 사단장인 지크프리트 폰 발덴부르크 소장이 지적한대로 "이 결정은 엄청난 시간 낭비를 초래"[14]했을 뿐 아니라, 가뜩이나 혼잡한 도로를 더욱 혼잡하게 만들었다. 진로를 변경한 이번 결정은 "사단으로서는 치명적이었다."

바스토뉴 북쪽 노비유의 낙하산병들과 미 제10기갑사단의 혼성 부대는 안개 속을 뚫고 나오는 독일 전차와 기갑척탄병들에게 거듭 공격을 받았다. 미군들은 후방 도로가 다른 독일군 부대에 의해서 차단되었다는 사실을 알았지만, 제506낙하산보병연대의 대대 병력이 푸아의 남쪽으로 밀리고 있다는 점은 몰랐다. 이들의 탈출은 점점 더 어려워졌다. 오전이 절반쯤 지났을 무렵 안개가 걷히자, 독일 제2기갑사단이 고지대에서 포문을 열었다. 노비유에 포위되어 있는 부대와의 통신이 가까스로 연결되자, 매콜리프 장군은 후퇴 준비를 하라고 지시했다. 미들턴 장군은 이들을 절대로 후퇴시키지 말라고 명령했지만, 매콜리프는 이들을 구해야겠다고 결정했다. 그는 싱크 대령에게 제506낙하산병들과 함께 푸아를 공격해서 도로를 열라고 명령했다.

독일 전차는 낙하산병들의 발을 묶어놓기 위해 푸아 남쪽 숲에서 트리버스트를 실시했다. 제506낙하산보병연대의 이지중대는[15] 대전차 화기가 없었다. 그러나 다행스럽게도 독일군은 이들을 장갑차로 공격하지는 않았다.

노비유의 방어 병력이 철수를 시작할 즈음[16] 운 좋게도 안개가 다시 깔리기 시작했다. 보병은 걸어서 출발했고, 부상자와 라프레이드 중령의 시신은 반무한궤도 차량에 실렸다. 셔먼 전차는 가능한 많은 병사를 실었고 헬캣 구축전차가 엄호했다. 첨탑을 무너뜨려 길을 막도록 교회에 폭약도 설치했다. 이들이 푸아에 다다랐을 때, 선두에 선 반무한궤도 차량의 장갑 가리개가 내려와서 운전병의 시야를 가리는 바람에 차량이 급정거를 했다. 그로인해 뒤따르던 반무한궤도 차량들이 연달아 추돌하면서, 독일 전차 3대에게 측면이 노출된 채 속수무책으로 사격을 받았다. 선두 차량이 불길에 휩싸였다. 대열 뒤쪽에 있던 한 병사가 "전방의 안개가 밝은 오렌지빛으로 변한 것"[17] 같았다고 떠올렸다. 대원들은 뛰어나와 도랑에 숨어서 독일군이 차량 행렬에 포탄을 퍼붓는 모습을 지켜보았다. "도로며 도랑에 시신이 널려 있었다. 탈출해서 엄폐물을 찾기도 전에 죽임을 당해 차량에 걸려 있는 시신도 있었다. 트럭이며 반무한궤도 차량들이 불에 타거나 산산조각이 났다."

셔먼 전차와 낙하산병들의 사격으로 독일 전차 하나를 기동 불능으로 만들자 나머지 두 대의 전차가 황급히 물러나면서 살육전은 끝났다. 데소브리와 라프레이드 대령의 지휘 아래 노비유를 지킨 이 부대는 불과 이틀도 못 되는 사이에 212명의 사상자를 냈고, 셔먼 전차 15대 중에서 11대를 잃는 희생을 치렀다.

보다 넓은 활동 공간을 확보하겠다는 트로이 미들턴 장군의 결심은 결국 엄청난 대가로 이어졌다. 반면, 노비유에서의 갑작스런 후퇴는 뤼트비츠로 하여금 조만간 바스토뉴를 함락시킬 수 있다는 기대를 품게 했다. 코코트 소장은 그날 아침 뤼트비츠가 와르딘에 있는 제26국민척탄병사단 사령부를 방문해서 "제2기갑사단이 노비유를 점령했습니다. 적군들은 남쪽으로 날다시피 하면서 퇴각했습니다. 제2기갑사단은 계속해서 그들의 뒤를 쫓고 있습니다. 이제 곧 푸아도 점령할 수 있을 것입니다. 아니 이미 점령했을지도 모릅니다"[18]라고 보고했다. 푸아만 점령하면 독일 제2기갑사단은 명령에 따라 서쪽으로 방향을 틀어 개활지로 나설 수 있었다. 크고 살찐 얼굴에 외알 안경을 걸친 뤼트비츠는 기갑교도사단이 바스토뉴 동남쪽 마르비를 점령했다고 확신했다. 뤼트비츠는 나중에 자신이 제5기갑군에게 바스토뉴를 먼저 점령하라고 촉구했다고 주장했으며, 바이에를라인도 그렇게 믿었다.(12월 19일 첫 공격이 실패한 후 바이에를라인은 전 군단을 바스토뉴 공략에 투입하자고 뤼트비츠를 설득했다. 왜냐하면 등 뒤에 이 같은 교통 요충지를 남겨둘 수는 없기 때문이었다. 뤼트비츠가 상부에 건의했지만 단호하게 거절당했다. 바이에를라인이 뤼트비츠에게 들은 바로는 상부에서는 "바스토뉴를 어린 아이들 놀이터 정도로밖에 여기지 않았다."[19])

코코트는 바스토뉴를 함락시키지 못한 가장 큰 이유가 제2기갑사단을 보내지 않았기 때문이라고 주장했다. 그는 제5기갑군과 제47군단에서 명확한 판단을 하지 못했다고 비난했다. "바스토뉴를 함락시켜야 했나? 아니면 단순히 포위만 해놓고 마스강(뫼즈강)으로 가야 했었나?"[20] 제2기갑사단이 북쪽과 서쪽에서 공격을 하고, 기갑교도사단과 제26국민척탄병사단이 서남쪽에서 공격을 해야만 이 '골칫덩어리'를 정리할 수 있을 것 같았다. 만토이펠 자신은 이 일에 대해서 아무 말도 하지 않았다. 어차피 총통 사령부에서는 최초 계획을 바꾸는 일을 허용하지 않았을 것이다.

이튿날 내려진 명령은 꽤나 명확했다. 제2기갑사단과 기갑교도사단은 전병력을 동원해서 서쪽으로 진격하고, 제26국민척탄병사단과 기갑교도사단의 기갑척탄병연대는 남아서 바스토뉴를 포위한 다음 함락시킨다. 코코트의 기록에 따르면 "사단장이 다시 한번 생각해달라"[21]고 요청했지만, 뤼트비츠는 거절했다. 기껏해야 "공수사단 일부"와 "우르강에서 패주한 잔여 병력이 목숨만 건져 숨어든 바스토뉴이기 때문에" 그곳의 방어가 튼튼할 리 없다고 생각했기 때문이었다. 군단 사령부도 "포로들의 진술에서 얻은 정보를 분석한 결과 바스토뉴의 방어 전력이 대수롭지 않다"고 결론 내렸다.

독일군 제26국민척탄병사단은 바스토뉴를 공격하려면 포병의 지원이 필요하다고 요청했다. 하지만, 남쪽 측면을 지키는 제39연대를 재배치할 시간만 허락받았다. 제5강하엽병사단이 빌츠 계곡에서 전진이 지체되었기 때문이었다. 코코트는 뤼트비츠의 낙관적인 생각을 이해할 수 없었다. 푸아-비조리 지역에서 미군과 대치중인 휘하 두 개 독일군 연대는 상대가 결코 약하다고는 생각하지 않았다. 사단의 나머지 병력은 바스토뉴 남쪽을 돌아서 뤼트르부아와 아세누아를 향해 진격했다. 남쪽에서 마을을 공격하기 위함이었다. 그러나 안개 속에서 계곡을 지나다가 미군 차량들이 네프에서 남쪽인 마르비 쪽으로 달려가는 모습을 봤다. "북쪽 와르딘의 삼림 지역에서는 포성이 들려왔다. 이어서 박격포탄이 작렬하는 소리, 콩 볶는 듯한 독일 기관총 소리와 한 템포 느린 미군 기관총 소리가 섞여서 들려왔다."[22] 도로나 숲길이나 모두 포탄 구덩이 투성이라 중화기들을 차에서 내린 다음 병사들이 직접 메고 움직여야 했다.

오후 1시, 미 포병 관측병은 와르딘의 제26국민척탄병사단 본부 주변에 차량들이 집결하는 광경을 발견했다. 미군은 그곳을 집중적으로 포격했다. 코코트는 "집결했던 병력과 장비가 엄청난 피해를 입었다"[23]고 보고했다. 그날 오후 코코트는 그의 정찰대대가 아를롱으로 가는 남쪽 도로를 건너다가 미군과 만났다는 보고를 받았다. 바스토뉴 남쪽으로 가는 길이, 기갑교도사단, 제26국민척탄병사단의 차량들로 가뜩이나 혼잡했다. 제5강하엽병사단까지 가세하면서 한층 걷잡을 수 없게 되었다. 제5강하엽병사단의 젊은 병사들은 고장 난 차량을 직접 끌고 가야 했다.

코코트의 1개 국민척탄병대대가 동북쪽에서 철도를 따라 미군 지역에 들어갔다. 이 지역은 제501, 제506낙하산보병연대 사이의 경계 지역이라서 정찰대 정도의 소부대만이 지키고 있었다. 하지만 정찰대의 저항에 부딪치면서 진격 속도는 느렸다. 푸아 남쪽의 싱크 대령과 이웰 대령은 서로 재빨리 중대 병력을 보내 돌파된 곳을 틀어막았다. 하지만 적의 병력이 예상외로 많다는 사실을 알자 그날 노비유에서 후퇴해온 병력까지 동원해서 보다 많은 부대를 서둘러 투입해야 했다. 이튿날까지 그럭저럭 버텼다.

그날 저녁, 네프 지역에 기갑교도사단이 공격해왔지만, 포병의 집중 포화를 받고 물러났다. 매콜리프 장군은 이제 흑인 포병대 2개를 포함한 포병대 11개에 의존했다. 그중에는 제101공수사단 소속 대대도 있었고, 바스토뉴를 거쳐 후퇴한 다른 사단의 대대도 있었다. 도합 130문의 야포가 준비되었다. 하지만 곧 포탄이 바닥났다. 어둠을 틈타 개활지로 침투하던 2개의 기갑척탄병대대가 제705대전차대대에서 온 헬캣 구축전차의 기관총과 이 웰의 제1대대 자동화기에서 쏟아지는 예광탄과 조명탄에 그대로 노출되었다. 가축용 철조망 때문에 이들의 공격 속도는 더욱 느려졌다. 이튿날 아침, 드러난 광경은 너무도 끔찍했다. 철조망에는 광풍에 날린 허수아비처럼 시신들이 널려 있었다.

바스토뉴에서 서남쪽 30킬로미터에 있는 뇌프샤토의 제8군단 사령부에서 미들턴 장군은 패튼 장군이 남쪽에서 반격을 시작하길 애타게 기다렸다. 제4기갑사단 B전투부대가 두 마을 사이에 있는 보레로시에르에 도착했다. 제3군단장의 조바심 때문에 미들턴의 사령부는 패튼이 약속한 주공세를 기다리지 못하고 B전투부대를 즉시 북쪽으로 보냈다. 이 소식을 듣고 폭발한 패튼은 당장 전투부대를 되돌리라고 명령했다. 이 정도의 병력으로 도로를 장악할 수 있었을지는 의문의 여지가 있지만, 어떤 역사학자들은 이 때문에 남쪽의 공격이 더 많은 인명이나 물자의 희생을 치러야 했다고 평가한다. 어쨌든 그날 저녁, 매콜리프가 미들턴 장군과 회의를 마치고 돌아온 지 얼마 안 되어서 바스토뉴는 남쪽과의 연결이 단절되었다. 아직 포위망이 완전히 형성되지는 않았지만 대부분의 병사가 이미 적군에게 포위되었다고 믿었다.

제101공수사단 낙하산병들에겐 적에게 둘러싸이는 이런 상황이 흔히 겪는 일이었다. 시인이자 중대 연락병인 루이스 심프슨은 대대 본부로 심부름을 가던 길에 서면 전차 한 대를 발견했다. 제10기갑사단 소속 한 병장이 "마치 말을 타고 있는 양 포탑에 느긋하게 앉아 있었다."[24] 50미터쯤 길 아래에는 전차 한 대가 불타고 있었다. 무슨 일이 있었냐고 물었더니, 병장은 "지나가려고 하기에 쏴버렸어." 심드렁하게 대꾸하더니 가버렸다. 심프슨은 가만 생각해보았다. 중대 후방에서 일어난 일이었다. '소름끼치도록 무심한' 그 병장이 먼저 쏘지 못했다면 중대가 고립될 뻔했다. "나는 보르디노 전투에서 파이프 담배를 문 채 자신의 포대에 발포를 지시하던 톨스토이 소설 속의 그 부사관을 보고 있었다. 이처럼 한 사람에 따라 전황이 크게 바뀌기도 했다. 그런 사람들은 자신이 얼마나 큰일을 해냈는지도 모른다. 큰일을 하고도 아무 것도 아닌, 그저 평범한 것처럼 생각하고 마는 일이 종종 있었다."

대대 본부에서 심프슨은 바스토뉴가 포위되었다는 소식을 들었다. 눈 속 참호로 돌아오자 동료가 다가왔다. "수고했네, 뭔 좋은 소식 좀 없어?"

"우리가 포위됐다는군!"

"진작에 포위되지 않았던가?"

미 제1군과 몽고메리 사령부에서는 생비트 주변의 상황을 파악하지 못했다. 몽고메리는 해즈브룩의 병력이 전멸당하기 전에 후퇴시켜야겠다고 생각했다. 하지만 미군의 자존심은 점령지의 포기를 허락하지 않았다. 미 제1군은 제82공수사단을 보내 그곳의 방어를 강화할 참이었다. 12월 20일 낮, 이 문제를 논의하는 중에, 해즈브룩이 생비트의 급박한 상황에 대해서 쓴 편지가 윌리엄 킨 소장에게 도착했다. 해즈브룩이 맡은 말 편자 모양의 방어선은 생비트의 서북쪽에 있는 포토에서 밑으로 내려와서 구비역을 돌아서 서남쪽으로 뻗어 있었다. 남쪽 측면과 후방은 우팔리즈로 향하는 제116기갑사단에게 완전히 노출되었다.

몽고메리가 보기에도 생비트의 수비는 제 역할을 충실히 하고 있었다. 이제 서쪽 뫼즈강으로 향하고 있는 3개의 독일군 기갑사단이 가장 큰 위협이었다. 몽고메리는 비엘살름과 살름샤토 사이의 협곡을 통해서 해즈브룩의 병력이 후퇴하도록 돕기 위해서 제82공수사단이 살름강을 향해 계속 진격하는 데 동의한다고 말했다.

오후에는 미 제504낙하산보병연대가 친위 라이프슈탄다르테 아돌프 히틀러 사단의 경대공포대대와 기갑척탄병대대가 주둔한 슈뇌를 향해 진격했다.[25] 연대장 루번 H. 터커 대령이 안개를 틈타 2개 중대를 침투시키려고 했지만 중기관총과 20밀리 대공포의 맹렬한 포화에 많은 사상자만 낸 채 어둠이 깔리자 뒤쪽 숲으로 후퇴했다. 보고를 받은 터커는 재차 공격을 명령했다. 어둠을 틈타서 가까이 접근했지만, 병사들은 철조망에 맞닥뜨렸다. 독일군의 집중포화에 그대로 노출되어 미군은 철조망 앞에서 속수무책으로 당했다. 공격이 참담한 실패로 끝날 즈음, 조지 윌시 하사가 고함을 질렀다. "저 개자식들 다 죽여버리자!" 몇 명이 마을 어귀의 검문소까지 접근하는 데 성공했다. 한 병사가 독일군 대공포 반무한궤도 차량 안으로 수류탄을 던져넣었다. 또 한 병사는 다른 차량에 있던 기관총 사수의 목을 베었다. 하지만 2개 중대에서 전사자 23명을 포함해서 모두 232명의 사상자가 발생했다. 이들의 행동은 영웅적이었지만 터커의 만용에 가까운 결정으로 너무 많은 희생을 치렀다. 이튿날, 터커는 다른 대대로 측면을 돌아 공격에 나섰다. 진작 그랬어야 했다. 이번에는 비교적 적은 희생으로 제3대대는 대공포 차량 14대, 반무한궤도 차량 6대, 자주포중대 1개를 이끌고 마을을 점령했다.

12월 20일, 생비트를 둘러싼 공방은 모델과 만토이펠이 이 마을을 점령하려고 필사적인 공격을 하면서 최고점에 이르렀다. 독일군은 네벨베르퍼 다연장 로켓포를 미군 박격포 진지를 향해 집중적으로 퍼부었다. 독일 국민척탄병대는 이 박격포에 의해 엄청난 인명 손실을 입었기 때문이었다. 미군 병사들은 포격을 피해 참호 속에서 태아처럼 웅크린 채 시편 23장만 계속 읊어댔다. "죽음의 음침한 골짜기를 다닐지라도……"

시야는 "여전히 매우 나쁘다."[26] 해즈브룩은 이렇게 썼다. "북쪽, 동쪽, 남쪽에서 적병 21명이 공격해왔다. 전차가 보병을 데리고 사방에서 몰려오고 있었다." 그날 하루에만, 5개 미군 야전포병대는 약 7000발의 포탄을 발사했다. "탄약을 공급할 유일한 방법은 버려진 군수품 창고를 찾아다니는 일이다. 제434야전포병대대는 독일군의 귀에 포성이 계속되는 것처럼 들리도록 선전지를 살포할 때 쓰는 포탄을 쏘기도 했다."

라이프슈탄다르테 아돌프 히틀러 사단의 친위기갑척탄병들은 미군을 혼란시키려고 노획한 미군 반무한궤도 차량을 앞세워 공격하기도 했다. 그러나 셔먼 전차와 바주카포 팀은 침착하게 대응했다. 제38기계화보병대대 보이어 소령은 "우리는 모든 병사에게 탄약을 아끼라고 단단히 일렀다. 한 발 쏠 때마다 적군을 쓰러뜨려야 했다. 마을 근처의 숲속에서 교전할 때는 독일군이 25야드(약 23미터) 이내로 다가올 때까지 기다렸다"[27]라고 썼다. 너무 이른 사격으로 자신의 위치를 적에게 노출시키지 않기 위함이었다.

오토 레머 대령의 총통 경호여단은[28] 그제야 처음 지시대로 뷜링겐에서 생비트를 공격하는 방법을 찾으려고 시도했다. 레머는 미군의 저항이 "완강하다"고 판단하고, 병력을 북쪽의 보른 바로 밑 울창한 삼림 속으로 이동시켰다. 그리고 서쪽 비엘살름을 향하는 간선 도로를 따라 진격하기로 결정했다. 그 와중에 남쪽으로 후퇴하라는 지시가 떨어져자 그는 모욕감까지 느꼈을 것이다. 레머는 아직도 5킬로미터 이상 떨어진 목표물(쌍둥이 마을인 니더에멜스과 오더에멜스)까지 전차를 기동할 충분한 연료를 공급받지 못했다고 항변했다.

그날 저녁 포성이 그친 다음, 전차 소리를 들은 해즈브룩의 병사들은 이튿날 새벽에 독일군이 보다 큰 공격을 준비하고 있음을 알았다.

사방에서 공격을 받은 파이퍼는 자신의 전투단을 스투몽 서쪽에서 철수시켰다. 그는 미 제30보병사단 제117보병연대에게 반격하기 위해 마을을 포기하고 병력을 물렸다. 본대의 지원이 부족했기에 파이퍼는 고심했다. 나중에 파이퍼는 연료 상태를 보고하지 않으면 더 이상의 공급은 없다는 경고까지 받았다고 주장했다. 하지만 그는 밤중에 아돌프 히틀러 사단의 장교가 성능 좋은 신형 무전기를 가지고 올 때까지 본대와 무선교신조차 할 수 없었다. 그제야 사단에서 새로운 진격로를 열기 위해 제2친위기갑척탄병연대를 보냈다는 사실을 알았다. 이 부대는 동이 트기 전에, 부교 장비를 가지고 기관총과 전차의 엄호를 받으면서 "목까지 차오르고"[29] 물살도 빠른 얼음처럼 차가운 앙블레브강을 걸어서 건넜다. 조명탄을 터뜨려 강가에 있는 집에서 창문으로 이 광경을 내다보고 있던 미군들이 친위공병들과 기갑척탄병들에게 집중 사격을 퍼부었다. "저 놈들 이제 다 죽었다! 미군들은 전차에 밀려서 세 번 퇴각했다가 세 번이나 다시 친위대를 몰아내고 탈환했다."

파이퍼의 기갑척탄병들은 민간인 학살을 계속 자행했다. "뚜렷한 이유도 없이 길거리에서" 2명의 여성과 남성 1명을 살해하더니, 나중엔 9명을 집 담벼락 앞에 세워놓고 쏘아 죽였다. 어떤 친위대원은 장갑차에 "장착된 기관총의 탄환이 다 떨어질 때까지 주택을 향해 난사해" 집안에 있던 14세 소년을 살해했다. 이들의 살인 행각은 계속되었다. 어떤 경우에는 며칠 뒤에야 시신이 발견되기도 했다. 트루아퐁으로 가던 벨기에 시민들은 모두 살해되었다. 침대에 누운 채 살해된 여성도 있었고, 머리에 총을 맞은 시신도 5구나 발견되었다. 12월 19일 저녁에는 마을 주민 20명(대개가 여성과 아이들이었지만)이 지하실에서 끌려나와 울타리 옆에서 총살당했다. 스타벨로 인근에서만 130여 명의 시민들(대개가 여성이나 어린이었다)이 살해되었다.[30] 젊은 친구들은 지난 9월 레지스탕스 공격에 대한 독일군의 보복을 피해서 또는 강제 노동 수용소로 끌려가지 않으려고 뫼즈강 멀리 도망을 가버렸다. 파르티잔에 대한 보복이라는 친위대의 해명은 아무런 근거도 없었다.

11시 15분, 파이퍼의 부대는 기갑척탄병들과 헤엄을 치거나 걸어서라도 강을 건너 교두보를 확보하려고 했지만 소총과 기관총 세례를 받아 강물 속에서 많은 병사가 죽어 떠내려갔다. 북쪽 제방까지 도달한 병사도 있긴 했지만, 그들 역시 곧 소탕되었다. 같은 시간에 미 제117보병연대 제1대대는 서쪽에서 공격을 받자 100미터 후퇴한 뒤 오후 4시 어둠이 깔리고 포격이 줄어들 때까지 버텼다.

파이퍼 부대에 대한 위협은 다른 방향에서 점점 커졌다. 슈파에서 출발한 제3기갑사단 B전투부대가 숲길을 따라서 앙블레브 계곡에 도착했다. 라글레즈와 트루아퐁 사이에 있는 도로 옆 숲속에서 윌리엄 B. 러브레이디 중령이 지휘하는 특별기동대가 나타났다. 그들은 돌격포와 보병의 엄호를 받으며 연료를 수송 중이던 독일 트럭 대열을 기습해서 파괴했다.[31]

파이퍼 전투단이 절망적인 처지에 몰린 이유는 단순히 미 제30보병사단, 전차대대 그리고 공병부대원들이 보인 용맹스런 투지 때문만은 아니었다. 엘센보른 능선의 강력한 저항에 부딪쳐 제1친위기갑사단과 제12친위기갑사단 히틀러 유겐트가 파이퍼 부대를 지원할 수 없었던 이유도 있었다. 제2친위기갑군단은 제9친위기갑사단 호엔슈타우펜과 더불어 제1친위기갑군단과 나란히 진격을 시작했다. 제2친위기갑사단 다스 라이히는 원래 이들을 뒤따르기로 되어 있었지만 단선 도로가 너무 혼잡하자 남쪽 길을 찾아 나섰다.

제6기갑군은 "도로 대부분이 수렁이어서"[32] 도저히 지나갈 수 없어 진격에 실패했다며 도로 핑계를 댔다. 진흙 수렁은 대부분 발목 깊이 정도였다. 제1친위기갑군단이 북쪽의 양호한 도로를 이용하지 못한 이유는 미군 제1보병사단이 뷔트겐바흐에서 완강히 저항했기 때문이었다. 제3기갑척탄병사단과 제277국민척탄병사단이 로슈라트-크린켈트 쌍둥이 마을의 동쪽 끝단과 비르츠펠트를 공격하는 동안에도, 제12친위기갑사단과 제12국민척탄병사단은 엘센보른 능선 남쪽 측면을 계속 포격했다. 제2보병사단은 "끊임없는 적의 포화 속에서 통신선을 설치하자마자 끊어진다는 사실을 알고 주로 무선으로 교신을 했다."[33]

캠프 엘센보른은 장교 숙소가 입구 가까이에 있고 그 주위를 단층 막사, 차고, 무기고 등이 둘러싼 전형적인 군사 주둔지였다. 캠프는 황량한 바람받이 언덕의 중간에 서 있었다. 막사는 지치고 더러운 낙오병들로 가득했다. 이들은 이곳에서 기력을 회복한 다음 전선으로 돌아갔다. 군의관과 의무병들은 좀 더 후방으로 철수하기 전에 부상자들에게 응급처치를 했다. 제47야전병원은 이제 바이메스에 다시 자리를 잡았다. 병사들은 그곳에서 죽은 줄 알았던 동료를 만나서는 실종된 다른 동료들의 안부를 묻기도 했다. 친위대가 부상자를 죽이고 포로를 처형한다는 이야기는 이미 널리 퍼졌다. 그중에서도 단연 최고 뉴스거리인 보녜즈에서의 학살 소식은 미군 병사들로 하여금 무슨 일이 있더라도 끝까지 싸우겠다는 각오를 다지게 했다. 엘센보른 마을에는 피란민들이 가득했지만, 미군들 눈에는 친독 성향의 잠재적인 위험요소로 보였다. 결국 피란민들은 크리스마스 날 대피 계획이 실행되기 전까지 독일군의 무차별 포격에 고스란히 노출되었다.

엘센보른 능선 동쪽에서는 제2보병사단과 제99보병사단의 잔여 병력들이 혈암 언덕에서 열심히 참호를 팠다. 탄약 상자에 흙을 채우고 막사에서 떼어온 문으로 참호를 덮었다. 들것도 모자라서 캠프 엘센보른에서 서너 개

슬쩍 집어오기도 했다.[34] 들것들은 여전히 온기가 남은 채 피비린내가 나기도 했다. 바람찬 언덕에서 군복만으로는 젖은 눈과 축축한 진흙탕의 냉기를 견딜 수 없자 임시변통 난로를 만들었다. 깡통에 흙을 담고 가솔린을 붓거나 제리캔 바닥에 커다란 구멍을 뚫어 화덕을 만들어 나무를 땔 수 있게 했다. 이렇게 하면 불빛이 밖으로 새어 나가는 일은 막을 수 있었지만, 참호 안에서 면도도 제대로 못한 사람들의 얼굴은 검댕과 기름 때로 범벅이 되었다. 참호 속을 덥히려고 참호나 난로를 방수 천막으로 덮었다가 질식하는 병사들도 있었다. 머리 위로 날아가는 엄호사격이나 바로 등 뒤에서 쏘아대는 야포 때문에 대부분의 병사들은 심한 두통을 앓았다. 적군의 포화 속에서 며칠씩 지내온 병사들은 아군 포성에도 움찔거렸다.

그들은 전투단보다 전력이 좀 더 강한 제3기갑척탄병사단, 그리고 그동안의 전투로 상당히 약화된 제277국민척탄병사단과 다시 싸웠다. 이 두 사단은 로슈라트-크린켈트 북쪽 셔먼 에케에서 조금 벗어난 교차로를 공격했다. 이 지역은 독일어로 "셔먼 에케"[35] 또는 셔먼 코너라고 불렸다. 셔먼 전차가 포신을 늘어뜨린 채 기동 불능이 되었던 곳이라는 이유였다. 그러나 이 사단들이 슈발름의 작은 계곡에 올라서자마자, 미 포병대의 화력에 초토화되었다. 기갑척탄병사단장은 이렇게 썼다. "모든 도로와 집결지 전체를 목표로 엘센보른 지역에서 쏘는 적의 집중포격이 너무 강해서 꼼짝도 할 수 없었다."

엘센보른 능선은 155밀리 롱톰 곡사포, 105밀리 곡사포로 무장한 미군 16개 야전포병대대, 4.5인치와 8인치 포로 무장된 군단포병 7개 대대에게 더할 나위 없이 완벽한 사격 위치였다. 장거리포는 독일군 후방 16킬로미터 안에 있는 모든 마을과 교차로를 포격할 수 있었다. 불쌍한 벨기에 민간인들은 자신들의 마을이 포격을 당할 때 지하실에서 울면서 기도하는 것 외에는 다른 방도가 없었다. "농부들은 아침에 잠깐 포격이 뜸한 시간이 있다는 것을 알고 그 시간에 가축을 돌보곤 했다. 그 뜸한 시간이 미군의 카페파우제Kaffeepause(독일, 오스트리아 등의 나라에서 오후 3시부터 5시까지 커피를 즐기는 시간을 말함—옮긴이)라는 사실을 나중에야 알았다."[36] 한참 전투 중일 때는 시신을 매장할 수 없었다. 크리스마스 이틀 전 기온이 떨어지자 꽁꽁 언 땅을 팔 수 없어서 전사자들을 담요에 싼 채 교회에 놓아두어야 했다.

12월 20, 21일 독일군은 돔 뷔트겐바흐 근처에 있는 미 제1보병사단 제26보병연대의 남쪽 측면에서 최대 규모의 공격을 했다. 30여 대의 전차와 돌격포의 지원을 받은 친위 히틀러 유겐트 사단의 두 개 대대가 전투에 나섰다. 열예닐곱으로 보이는 20여 명의 지친 독일 소년들이 부사관들에 이끌려 울면서 전장으로 내몰리는 광경을 벨기에 농부가 지하실에서 보았다.

모두 12개의 미군 포병대대와 4.2인치 박격포대대가 제1보병사단 주변에서 "철의 고리"[37]처럼 포진했다. 히틀러 유겐트 사단의 전차가 제26보병사단의 우익 방어선을 뚫고 들어와 참호를 깔아뭉개거나 참호 속으로 포를 쏘면서 다림질했다. 아서 S. 카우치는 대대 본부 옆에서 60밀리 박격포를 쐈다. "전차가 쏜 포탄이 기관총 예광탄과 함께 머리 바로 위를 지나가는 것을 느꼈다. 안개가 낀 밤이어서 처음엔 독일 전차를 보지 못했지만, 동이 트기 시작하니 200야드(약 180미터) 전방에서 독일 전차들이 기동하는 모습을 볼 수 있었다. 박격포탄이 거의 바닥이 나서 400야드(약 360미터) 좌익의 대대 본부에 무선으로 좀 더 보내달라고 요청했다. 두 명의 병사가 카트에 포탄을 가득 싣고 뛰어왔다. 정말 반가웠다. 독일 전차는 우리에게 박격포부대가 있다는 사실을 알고 있는 듯했지만, 안개 때문에 우릴 보지는 못했다. 내가 쏜 박격포탄 하나가 독일 전차를 정통으로 맞춰 날려버렸다고 누군가가 전화로 알려주었다. 불과 몇 분 뒤에 독일 전차가 우리 참호를 따라 움직이더니 참호 안으로 포를 쏘는 모습이 보였다. 나도 미친 듯이 박격포를 쐈다. 그렇게 하지 않으면 불과 200야드 떨어진 독일 보병들이 내가 있는 곳까지 당장 들이닥칠 것 같았다. 그러던 와중에 대대 본부 가까이에 독일 전차가 있다는 전화를 받았다."[38]

대전차포와 셔먼 전차가 이들 전차 몇 대를 기동 불능으로 만들었다. 하지만 고속 90밀리 대전차포 소대가 도착하고 나서야 독일군의 공격을 완전히 분쇄할 수 있었다. 히틀러 유겐트 사단은 막심한 손실을 입었다. 시신 등록반의 집계에 따르면 독일군은 782명이 전사했다.[39] 제26보병사단은 250명의 사상자를 냈다.

능선에 대한 공격이 몇 차례 더 있었지만, 룬트슈테트나 모델은 히틀러가 총애하는 제6기갑군이 임무 수행에 완전히 실패했음을 깨달았다. 이제 미 제9보병사단으로 보강된 북쪽 몬샤우에서, 무엇보다도 엘센보른 능선에서 모두 완패했다. 제프 디트리히 사령관은 총통의 실망이 자신의 탓이 아니라고 생각했기 때문에 분노와 후회를 억누를 길이 없었다.

처음에 아르덴 대공세가 시작되었을 때, 제21집단군의 영국 장교들은 벨기에 친구들로부터, 그들의 레지스탕스가 자신들을 숨겨주겠다고 하는 제의를 성가실 정도로 받았다. 그럴 때마다 모든 일이 다 잘 될 테니까 그럴 필요 없다고 하면, 벨기에 사람들은 "지난 1940년에도 그런 말을 하더니, 바로 이튿날 우릴 버리고 도망치지 않았나?"[40] 하고 대답했다. 몽고메리는 그런 일이 다시 벌어지게 할 생각은 추호도 없었다.

12월 19일 저녁 5시 30분, 아이젠하워가 북쪽의 지휘권을 주기 바로 전날, 몽고메리는 제30군단장 브라이언 호록스 중장에게 뫼즈강 도하 지점을 확보하라는 명령을 내렸다.[41] 브뤼주에 있던 제61정찰연대가 "폭탄과 연료, 병력을 가득 싣고 밤길을 출발했다."[42] 전력이 보강된 대전차부대와 1개 기병대대도 디낭의 교량으로 향했다. 이들은 "미군복으로 위장한 독일군"을 경계하고 수중으로 침투하는 적을 차단하는 임무를 맡았다. 강물 위에 떠다니는 부유물은 모두 브렌 경기관총으로 사격했다. 교량을 폭파시킬 준비를 하는 동안, 제3왕립전차연대 역시 디낭에서 미군 헌병들과 같이 교통 점검을 하고 "간간이 오가는 미군 낙오자"[43]들을 확인했다.

SAS부대와 팬텀정찰대도 대기 중이었다. 드골의 명령에 따라 앙드레 도디 중장의 지휘를 받는 프랑스 7개 대대가 뒤따랐고 리 장군의 병참지대 보급병들로 임시 편성된 부대도 가세했다. 베델 스미스 장군은 제30군단이 출동하자 마음이 놓였다. 그는 나중에 이렇게 썼다. "독일군이 북쪽으로 진격했다면 안심이다. 만약 리에주-나무르 쪽으로 방향을 틀었다면 그곳에는 전투 경험이 풍부한 4개 사단으로 이루어진 호록스 장군의 군단이 기다리고 있기 때문이다. 호록스 장군은 유능하고 병사들은 용감하다."[44]

전차를 많이 잃었기 때문에 미군은 영국 제21집단군에게 보충을 요청했다. 도합 350대의 셔먼 전차 중 1차분인 80대가 근위기갑사단과 함께 도착했다. 미군과 영국군은 서로 다른 무전기를 사용했기에 무전기는 장착되어 있지 않았다.

뫼즈강의 방어선을 구축하는 동안, 아르덴 대공세와 관련한 연합군 최고 사령부의 보도 통제는 엄청난 비난을 초래했다. 기습 공격을 당했다는 사실을 숨기려고 한 결정이 화근이었다. 『타임』지는 연합군 최고 사령부와 제12집단군의 "엄격한 검열은 독일군의 대공세를 가려준 그 짙은 안개보다도 훨씬 더 짙다"[45]고 조롱했다. 보도자료라고 내주는 내용도 "이미 48시간이나 지난 것들인데다가" 애매모호하기 짝이 없었다. 일부 고급 장교들은 기자들을 아무짝에도 쓸모없는 놈들이라고 생각했다. 베델 스미스는 제3군 사령부와 통화하면서 "다 쏴 죽여도 시원찮을 놈들"[46]이라고 말했다.

기자들만 불평하는 것은 아니었다. 연합군 최고 사령부 내 한 고위 영국 장교는 "이런 식으로 하면 서방 연합군은 몰라도 벨기에와 프랑스의 사기가 급속도로 악화될지도 모른다"[47]고 우려했다. "우리 뉴스의 신뢰도를 떨어뜨려서, 궁금해하는 시민들로 하여금 독일 방송을 듣게끔 만들고 나가서는 온갖 소문이 무성해질 것이다. 연합군 최고 사령부의 선전 전략은 결국 '뭔가 심각한 사태가 벌어졌는데도 사령부가 감추는 데만 급급하다'는 사실만 널리 알려준 꼴이었다."

파리 시민들은 독일군이 프랑스 수도로 곧장 진격 중이라고 믿었다. 온갖 유언비어가 나돌았다. 공산주의자들은 지난 달 드골 장군이 모스크바에서 프랑스-소련 조약을 체결하는 바람에 화가 난 미국이 프랑스인들을 겁주려고 독일군의 진격을 묵인하고 있다는 헛소문까지 흘렸다.

비록 당초 계획보다는 많이 지체되고 있었지만, 아들러호르스트에 있던 히틀러는 잔뜩 신이 나 있었다. 대반격 뉴스가 독일 전체를 뒤덮었다. "아르덴 지역에 대한 완벽한 동계 공세는 우리 국민에게 드리는 가장 큰 크리스마스 선물이다. 6번째 크리스마스 선물은 없을 거라고 생각해왔지만, 우리에겐 아직도 희망이 있다."[48] 절망 속에 있던 나치들은 지나치게 이 환상을 믿었다. 프랑스를 재점령하고 전쟁을 끝낼 수 있다고 착각했다.

전장에 나가 있는 남편들이나 애인들로부터 환상에 젖은 편지를 받은 여성도 많았다. 어떤 소위는 편지에 이렇게 썼다. "우리가 얼마나 영광스러운 나날을 보내고 있는지 짐작도 못할 것이오. 미군은 우리의 주요 공세를 감당하지 못하고 있다오. 오늘도 패주하는 대열을 발견하고 완전 궤멸시켰다오. 우리 영토를 파괴한 것에 대해서 영광스런 피의 복수를 해주었소. 우리 병사들은 아직도 사기가 충만해서 닥치는 대로 때려부수면서 진격한다오. 새하얀 눈은 미군들의 피로 새빨갛게 물들었소. 승리가 그 어느 때보다 가까이 다가왔소. 이제 곧 끝낼 거요. 미국에서 건너온 거만하고 큰소리만 치는 원숭이 같은 놈들을 바다 한가운데로 던져버릴 거요. 그 놈들이 우리 독일 땅을 한 발자국도 딛지 못하게 할 거요. 우리의 아내와 어린 아이들을 지켜낼 것이오, 우리의 소중하고 아름다운 삶을 지킬 수만 있다면 이 투쟁의 결정적인 순간에 아무리 무자비해도 지나치지 않을 것이오."[49]

괴벨스에 따르면, 대공세에 대한 발표가 있은 직후, 베를린에서는 크리스마스를 위해 준비한 모든 술이 동났다고 한다. 그러나 액면 그대로 믿지 않는 시민도 많았다. 축하할 일 없는 크리스마스가 다가오면서 기분 나쁜 농담도 떠돌았다. "정신 차려, 선물로 관이나 줄까?"[50] 이런 사람들은 동쪽의 소련을 더 겁냈다. 붉은 군대가 오기 전에 미군이 빨리 와서 점령해주길 바라는 사람도 적지 않았다.

영국에 포로로 잡혀 있는 독일 장군들은 대공세의 소식을 듣고 여러 가지 반응을 보였다. 불로뉴에서 잡힌 페르디난트 하임 중장, 브레스트 방어를 지휘했던 노련한 낙하산병 람케 상급대장, 전직 제12친위기갑사단 히틀러 유겐트의 사단장 쿠르트 마이어 SS대령* 등은 모두 흥분했다. 하임은 대공

---

* 원문에서는 쿠르트 마이어의 계급이 'Standartenführer(SS대령)'으로 나와 있으나, 그의 최종 계급은 'Brigadeführer(SS소장)'이었다. 팔레즈 포켓에서 전사한 사단장을 대신해 히틀러 유겐트 사단을 지휘하여 활약했던 마이어는 그 공으로 1944년 8월 27일 기사십자철십자장과 함께 SS소장으로 승진했으나 영광을 만끽할 여유도 없이 10일 뒤인 9월 7일 후퇴 도중 벨기에 레지스탕스의 포로가 되었다. 그는 독일국방군에서 최연소 사단장 중 한 사람이기도 했다.

세를 "긴 밤의 전투"라고 부르며, "캄캄한 어둠 속에서 전진하라. 더욱 맹렬하게 나아가자!"[51]라고 소리쳤다.

판처마이어(쿠르트 마이어 대령의 별명—옮긴이)가 거들었다. "오래 된 전차전의 원칙, '진격이다. 진격, 오로지 진격뿐이다!' (…) 독일군의 리더십 특히 중간 지휘관들이 리더십을 발휘할 때가 왔다."[52] 한편으로, 전차 지휘관으로서 그는 보충된 전차의 사수들이 충분한 경험이 없으며 대공세 작전이 너무 욕심을 내서 오히려 부작용을 초래할지도 모른다고 걱정했지만, 람케에게는 전혀 그런 걱정이 없었다. "이번 공세는 정말 대단한 작품이야. 우리 독일 국민이 이대로 주저앉을 줄 알았나? 두고보라고. 프랑스 끝까지 연합군 놈들을 쫓아가서 가스코뉴만(프랑스 브르타뉴반도와 스페인 오르테가르곶 사이에 있는 큰 만.—옮긴이)에다 모조리 수장시키고 말거야!"[53]

반면에 몹시 회의적인 장군들도 있었다. 하인리히 에버바흐 기갑대장은 "히틀러란 사람은 환상에서 벗어날 줄 모르는 사람이야. 교수대 밑에 서서도 자신은 절대로 교수형을 당하지 않을 거라고 생각할 만한 사람이지."[54] 팔레즈 협곡에서 포로가 된 오토 엘펠트 중장은 이렇게 말했다. "오늘이 수요일이지. 닷새 동안에 겨우 40킬로미터밖에 진격하지 못했다면, 이미 이 공세는 실패야. 느려터진 공격은 공격이 아니야. 미군 놈들은 예비 병력을 신속하게 동원하는 능력이 있거든."[55]

14

12월 21일 목요일

12월 21일 아침까지 파이퍼 전투단은 절망적인 상황이었다. "군수품 보급도 없이"[1] 꼼짝없이 갇힌 신세였다. 독일군 제1친위기갑사단이 트루아퐁을 거쳐 구원하러 오는 중이라는 전문이 도착했지만 파이퍼는 이미 전력이 약화되어 스투몽이나 슈뇌조차도 계속 장악할 여력이 없었다. 구원하러 온다는 부대도 트루아퐁을 통과하지 못했다. 화가 치밀어오른 부대원들은 앙블레브 남쪽 드티외성[2]을 약탈하고, 가져가지 못하는 것은 닥치는 대로 부숴버렸다. 반에서는 미 포병대에 신호를 보냈다는 핑계로 남자 5명과 여성 1명을 살해했다. 9명의 친위대원들은 레파트에 있는 한 가옥에 들어가 음식을 약탈한 다음 3명의 여성을 강간하기도 했다.

12월 21일 아침, 스타벨로에서는 독일군 100여 명이 북쪽 제방에 거점을 확보하기 위해서 강을 헤엄쳐 건너려고 했다. 그러다 물속에서 80명이 총에 맞아 죽었고, 나머지는 되돌아갔다. 제117보병연대는 "오리 사냥"[3]을 하는 것 같았다며 우쭐해 했다. 미군 전투공병대가 스투몽에서 라글레즈로 가는 길을, 나무를 베어 길을 막고 지뢰를 매설하면서 파이퍼의 위치는 더욱 위기에 직면했다. 이미 미 제30보병사단 포병대의 공격을 받고 있는 라글레즈로 병력을 후퇴시키는 결정 외에는 달리 방법이 없었다.

독일 전투단에 대한 미군의 저항은 격렬했다. "스타벨로에서 민간인들의 시신을 본 후로 병사들이 달라졌다. 강 건너에 있는 모든 걸 부셔버리길 원했다. 개인적인 분노가 아니라 증오라고나 할까?"[4] 어떤 미군 병사가 이렇게 말했다. 친위대원 서너 명이 포로로 잡혔다. 무장친위대 장교들은 병사들이 끝까지 저항하도록 하기 위해서 분명 말메디의 학살 사건을 들춰서 겁을 주었을 것이 분명했다. 미군에게 잡히면 고문당하고 결국은 살해될 것이라고 말이다.

"잡은 포로는 몇 명 되지 않았다. 우리 병사들은 적들이 보여준 만행을 잘 알고 있다. 죽느냐 사느냐의 문제라는 것도 잘 알고 있다. 우리냐 저 놈들이냐의 문제였다"[5] 제1군 사령부의 한 장교는 이렇게 썼다. 많은 고급 장교는 자신들이 보복성 처형에 동의했음을 분명히 했다. 브래들리는 "제12친위기갑사단 히틀러 유겐트의 포로가 '자신들이 엄청난 사상자를 냈다'고 진술했다"는 보고를 받자 눈썹을 치켜떴다. "제12친위기갑사단 포로라고?"[6]

"예, 그렇습니다. 우리도 시범적으로 보여줘야 하지 않을까요? 포로로 잡은 녀석들은 이놈들뿐입니다."

브래들리가 미소를 지으며 말했다. "좋아!"

브래들리는 패튼의 병력이 만토이펠의 남쪽 측면을 공격하기 위해 북진하는 것을 보고 용기를 얻었다. 12월 21일 브래들리와 참모들은 알파 호텔 밖에 서서 "진흙 범벅"[7]이 된 제5보병사단의 차량들이 시내를 지나가는 것을 하루종일 지켜보았다. 핸슨이 일지에 이렇게 썼다. "미군 병사들은 추워 보였다. 덮개 없는 차량으로 뚫고 들어오는 겨울바람에 잔뜩 웅크린 채 화물 위에서 표정 없는 얼굴로 앉아서, 한껏 기대에 부풀어 자신들을 바라보는 시민들을 공허한 눈으로 쳐다보았다."

독일군이 전차를 앞세워 뫼즈강을 건너려고 한다는 것을 잘 알고 있는 몽고메리는 제30보병사단이 파이퍼 전투단의 길목을 막고 있는 곳까지 서북쪽으로 미 제1군의 방어선을 연장해야 한다고 생각했다. 항상 멜빵끈에 수류탄을 달고 다니는 장신의 낙하산병 매슈 B. 리지웨이 소장이 살름강 서쪽 제18공수군단의 지휘관으로 부임했다. 몽고메리는 제7군단장 조지프 로턴 콜린스 소장에게 뫼즈강 쪽으로 병력을 배치하라고 지시했다. 몽고메리는 그를 가장 유능한 미군 지휘관 중의 한 사람으로 여겼다. 호지스 장군 역시 그를 높이 평가했다. 제1군 연대기 기록자들은 "콜린스 장군은 항상 아일랜드 특유의 활기를 갖고 싸우는 군인"[8]이라고 썼다. 이제 콜린스는 제3기갑사단, 제84보병사단, 그리고 패튼이 지휘했던 별명이 '헬 온 휠(바퀴 위의 지옥)'인 제2기갑사단을 지휘했다.

제1군 참모장 킨의 지지 아래 리지웨이와 콜린스는 방어군이 아직 버티는 중인 생비트로 향할지를 두고 의견이 엇갈렸다. "몽고메리는 이틀 간격으로 내 지휘 본부로 내려와 리지웨이를 불러 셋이서 이 문제를 의논했다. 덕분에 우리는 몽고메리를 잘 알게 되었고 어쩌다보니 우리 셋은 죽이 잘 맞았다. 내가 그의 의견에 찬성할 수 없다고 해도 그는 화내지 않았다."[9] 콜린스는 이렇게 썼다. 몽고메리는 군단이 생비트를 공격한다는 의견에 반대했다. 군단이 기동하기에는 길이 너무 좁다는 것도 반대 이유 중 하나였다. "콜린스! 그 길에서 군단 병력을 움직이기가 힘들다니까." 아른험까지의 도로를 염두에 두고 한 말이었다.

"몽고메리, 당신은 못하겠지만, 나는 할 수 있단 말이오." 콜린스가 대꾸했다.

제7기갑사단장 해즈브룩이나 B전투부대의 브루스 클라크도 생비트를 구하는 계획에는 강하게 반대했다. 나중에 몽고메리가 방어군을 철수시키려고 했을 때에도, 이들은 몽고메리의 판단이 옳다고 생각했다. 그들은 리지웨이가 불필요하게 호전적이며 낙하산부대 출신이라서 기갑부대의 운용 방식을 이해하지 못한다고 생각했다.[10]

12월 20~21일 야간에 전차들의 우르릉 거리는 소리를 들은 생비트의 수비대는 새벽에 독일군이 공격해올 것으로 예상했다. 막상 독일군은 점심때가 되어서야 공격했다. 독일 국민척탄병들은 수류탄과 "무시무시한 판처파우스트"[11]로 무장한 미군의 기관총좌 앞에서 무너져내렸다. 독일군들이 가까이 접근해오자 기관총 사수들은 '총열을 흔들어' 마치 스프레이를 뿌리는 것처럼 모든 방향으로 사격을 했다. 해즈브룩의 포병대대는 포탄이 부족했지만 지원요청을 받으면 2분 내지 4분 이내에 지원 사격을 시작했다. "아군 전방 50야드(약 46미터)까지 사격을 퍼붓기도 했다."

오후 3시 15분쯤 전투가 잦아들었다. 하지만 보이어 소령은 "폭풍전야의 고요함"[12]이라고 생각했다. 독일군은 예비 병력이 남아 있지 않음에도 불구하고 한 시간 반 후 네벨베르퍼 포병 중대에서 갑자기 사격을 재개했다. 나무들이 찢어졌다. "참호 위의 통나무들이 깊게 갈라지고 강철 파편들이 온 숲속을 휘몰아치면서 사방에서 나무들이 부서지고 찢어지는 소리가 들려왔다. 여기저기서 고통스런 비명소리가 터졌다. 우리가 할 수 있는 일이라곤 참호 속에서 벽에 등을 기대고 앉아, 잔뜩 웅크린 채 직격탄만 맞지 않기를 바라는 것뿐이었다. 강철 파편들이 굉음을 내면서 주변에 날아다닐 때는 마치 모든 신경이 뿌리째 갈가리 찢어지는 것 같았다."[13]

독일군은 엄호사격을 받으며 숲을 통과해 공격했다. 포격이 그치자 보이어 소령이 외쳤다. "머리를 들어라!" 독일군들이 벌목로를 건너 돌격하자, 보병들이 사격을 개시했다. 미군 바주카포가 독일군 자주돌격포 하나를 격파했다. "병사 한 명이 바주카포를 가지고 참호 밖으로 기어나가더니 앞으로 뛰어가 전차의 흙받이●를 겨냥해서 방아쇠를 당겼다. 그와 동시에 병사는 땅에 쓰러져 죽었다. 판터 전차 역시 파괴되었다."

두 대의 판터 전차가 참호 안으로 포를 하나씩 기울여 쏘기 시작했다. 보이어의 장교 한 명이 무선으로 판터 전차를 처치할 구축전차를 울면서 찾았다. "빌어먹을 놈의 중전차 두 대가 여기 참호 속 우리 병사들을 차례로 박살내고 있다고." 그러나 그 지역엔 셔먼 전차도 구축전차도 없었다. 밤이

● 전차의 차체 앞쪽 하단 양쪽 모서리 쪽에 무한궤도를 감싸듯 철판을 달아서 바퀴에 흙이나 이물질이 들어가지 않도록 막아주는 용도.

되자 보이어는 밤 동안은 지킬 수 있을 것 같다고 보고했지만, 저녁 7시가 좀 넘자 독일군은 다시 공격을 개시했다. 그리고 네벨베르퍼와 전차를 동원해 참호를 하나씩 하나씩 파괴했다.

독일군은 북쪽, 동쪽, 동남쪽 세 방향에서 마을로 들어오는 주요 도로로 밀고 들어왔다. 방어군은 곧 무너졌다. 보이어 대대의 기관총좌들은 서너 명이 한 조를 이루어 사격을 퍼부었다. "한 팀이 쓰러지면 다른 팀이 인수해서 사격을 계속했다." 밤 10시쯤 "독일 전차가 방어선 중앙을 돌파해서 생비트로 들어섰다." 이제 마을 동남쪽 옆에 있는 제38기계화보병대대가 차단되었다. 닷새 동안 잠도 못자고 동상과 굶주림을 무릅쓰고 싸웠음에도 고립되고 만 것이었다. 보이어의 대대 병력 670명 중에서 전사하거나 심하게 부상당한 병사를 제외하고 185명이 남았다. 폭설이 내리기 시작했다.

B전투부대 클라크 준장이 명령을 내렸다. "부대를 재정비한다. 사용가능한 차량은 다 가져가서 생비트 서쪽을 공격해 마을 서쪽에 새로운 방어선을 구축한다."[14] 그러나 명령 수행이 불가능하다고 판단한 보이어는 잔여 병력을 모은 뒤 너덧 명씩 작은 그룹으로 나누어 개인 화기만 휴대하도록 지시했다. 그는 박격포 소대에 연락병을 보내 차량을 모두 파괴하고 박격포와 이각대만 챙겨오라고 말했다. 잔류를 자원한 의무병만이 부상자를 돌보았다. 지친 병사들은 쏟아지는 눈길을 헤치면서 숲으로 들어섰다. 각 병사는 자기 앞에 놓인 장비를 각자 챙겨들고 나침반을 가진 향도를 따라나섰다.

생비트의 거리는 흩어진 파편들로 가득했다. 도살장은 불에 타고 있었으며, 놀란 가축들은 거리에서 우왕좌왕했다. 시민들은 하루 전날, 포탄이 쏟아지는 상황에 보따리를 싸들고 단단한 아치형 지하실이 있는 성 요제프 수도원으로 피란했다. 포격이 심해지자 고파르트 신부도 지하실로 피해야겠다고 생각했다. "신부는 성배와 제병을 들고 가서, 지하 저장고에 조그만 제단을 설치했다."[15] 그날 독일군이 총력을 기울여 공격할 때까지 지하실은 초만원이었다. 그중 상당수는 다친 몸을 이끌고 와서 민간인들에게 자리 좀 내달라고 한 미군들이었다.

마을을 통과해 퇴각하는 병사들 중에는 불운한 제106보병사단 제423보병연대 정보정찰소대[16] 병사들도 있었다. "어둠 속에서는 아무 것도 보이지 않았다. 눈 속에서도 희미한 윤곽만 보였지만, 조명탄이나 대포의 불빛이 번쩍일 때는 대낮보다 환했다." 생비트에 마지막까지 남아 있던 셔먼 전차 3대가 정보정찰소대와 함께 "서북쪽으로 가는 로드테르슈트라세 가를 조심스럽게 내려왔다. 마을 가장자리에 왔을 때, 몇 명이 전차에 기어올라 의지할 만할 곳을 잡고 매달렸다. 나머지는 전차 옆을 따라 걸었다. 전차는 길 양쪽에서 쏟아지는 십자포화를 뚫고 달렸다. 기관총의 붉은 예광탄이 지옥의 불꽃만큼이나 무서웠다. 다행히 독일군이 너무 높게 쏘아대는 바람에 예광탄은 머리 위로만 날아갔다. 마을 서쪽 1마일 지점쯤에 있는 작은 언덕 꼭대기에 전차를 세우고 숲속 조그만 공터에 자리를 잡았다. 정보정찰소대는 언덕 밑으로 약간 더 내려가 흩어져서 참호를 팠다. 우리가 할 수 있는 최선이었다." 눈보라가 치면서 기온이 급격히 떨어졌다.

춥고 굶주린 독일 제18, 제62국민척탄병사단의 병사들은 마을로 들어가 쉴만한 곳을 찾는 한편, 주택이나 미군 상점을 약탈하고 음식을 뒤졌다. 해즈브룩은 병력을 후퇴시켜 생비트 서쪽에 새로운 방어선을 구축했다. 이제 미국의 야전포병대대가 생비트를 포격할 차례였다.

서북쪽에서는 독일 제116기갑사단의 지크프리트 폰 발덴부르크 소장이 우르트강의 동쪽을 공격해서 오통까지 밀고 올라가라는 명령을 받았다. 하루 전날, 오른쪽에 있는 제560국민척탄병사단이 격렬한 전투를 치르는 동안, 발덴부르크의 전차들은 삼레와 노샹을 공격했다. 판터 전차늘이 미군 전차를 12대나 못쓰게 만들었지만, 연료 부족으로 제156기갑척탄병연대, 포병대대, 정찰대대는 진격을 멈추어야 했다. 그런데 점령한 삼레에서 2만 5000갤런의 연료가 발견되면서 한숨 돌릴 수 있었다. 발덴부르크는 "신이 주신 선물"[17]이라면서 기뻐했다. 미군 포로들은 설탕을 섞었다고 이야기해주었지만, 발덴부르크의 대답이 걸작이었다. "그래? 우리 독일 전차 엔진에겐 더 잘된 일이지."

발덴부르크는 "제2친위기갑군단은 여태껏 뭐하느라 코빼기도 안 비치는 거야!"라며 불평을 했지만, 실제로는 제2친위기갑사단 다스 라이히는 그리

멀지 않은 곳에 있었다. 혼잡한 도로 때문에 생비트 근처에서 남쪽으로 돌아서, 제82공수사단의 방어선 북쪽을 공격하려던 참에 연료 공급이 늦어져 기다리는 중이었다. 다스 라이히는 공격이 지체되어 애를 태웠다. "육군의 제2기갑사단은 별다른 저항을 받지도 않고 서쪽으로 디낭 인근까지 진격 중이라고 한다. 공중 폭격도 없어서 뫼즈강으로 가는 길이 활짝 열려 있는데, 연료가 없어 전체 사단이 24시간 동안이나 묶여 있다니!"[18] 북쪽 능선을 서쪽으로 확장해서 독일군의 위협에 대비하면서 리지웨이나 미 제1군이 주장했던 생비트 공격을 억누른 몽고메리의 선택은 탁월했다.

제116기갑사단은 제156기갑척탄병연대와 전차의 지원을 받아 그날 늦게 오통을 공격했다. 하지만, 제82공수사단의 제325글라이더보병연대와 구축전차소대, 그리고 그날 일찍 도착한 모리스 로즈 소장의 제3기갑사단에서 지원 나온 전차들에게 격퇴되었다. 제116기갑사단장조차 미군의 전투능력에 감탄했다. 그의 전투단은 전차 여러 대를 잃고 병사들은 녹초가 되었다. "독일군은 대공세가 실패하거나 적어도 승리하지는 못할 것임을 점차 깨달았다. 사기와 효율성이 점점 떨어졌다."[19]

그 사이 독일 제2기갑사단은 직선거리로 오통 남쪽 18킬로미터 지점의 상플롱까지 나갔을 뿐이었다. 이들은 텐비유[20] 동남쪽 교차로에서 제327글라이더보병연대의 1개 중대 병력에 의하여 발이 묶였다. 뤼트비츠는 나중에 사단장 마인라트 폰 라우헤르트 대령을 겁쟁이라며 군법 회의에 회부하려고 했다. 노비유에서의 전투도 전투려니와 이 사단은 연료가 늦게 도착하는 바람에 더욱 지체했다. 예하 부대 중에는 바스토뉴 북쪽을 그냥 지나쳐온 부대도 있었다.

전투가 끝난 후, 부르시와 노비유의 시민들이 지하실에서 나와서 목격한 광경은 온통 부서진 건물들, 축축한 화약 냄새, 검게 그을린 벽돌, 타다 만 쇳조각, 폭격에 맞아 널브러져 있는 가축들이었다. 그러나 포격이 멈추었다는 안도감도 그리 오래가지는 못했다. 친위보안대 요원들이 들이닥쳤기 때문이었다. 곧 벨기에 레지스탕스 멤버들과 지난 9월 미군을 환영했던 자들을 색출하기 위한 혹독한 심문이 시작되었다. 친위보안대 요원들은 신문에 게

재되었던 사진을 갖고 있었다. 부르시에 사는 어떤 시민은 무참히 구타를 당한 후에 밖으로 끌려 나가 망치에 맞아 살해되었다. 그의 지하실에서 손으로 만든 성조기가 발견되었다는 이유였다. 노비유로 이동한 친위보안대 요원들은 목사, 델보 신부 그리고 마을의 학교 선생님을 포함한 7명을 살해했다.

패튼 장군은 기적 같은 속도로 제3군을 재편했지만, 바스토뉴를 구하기 위해서 전력을 집중하는 것에는 별로 관심이 없는 듯했다. 그 대신 생비트에서 독일군의 퇴로를 차단할 생각이었다. 아이젠하워가 명령한 대로 대규모 병력을 집결시킬 때까지 기다리는 것도 성에 차지 않았다. 패튼의 일기에는 "아이젠하워와 불 소장(연합군 최고 사령부 G-3 작전 참모)은 내 공격이 너무 이르고 너무 약하다며 신경과민 증세를 보인다. 내게 필요한 것들은 모두 준비되었다. 이제 와서 기다리면 기습효과를 기대할 수 없게 된다"[21]라고 쓰여 있었다. 아내에게 보낸 편지에서도 패튼의 자신만만함이 드러났다. "적진 깊숙이 뚫고 들어가서 보급선을 끊어야 할 텐데. 상황이 위급할 때 운명이 나를 불렀다는 생각이 드오. 이 순간을 위해 나를 이 세상에 보낸 것인지도 몰라." 큰소리치던 패튼은 막상 바스토뉴의 포위망을 뚫기가 생각보다 어렵다는 것을 알고는 크게 당황했다.

롤프 쿤켈 소령이 지휘하는 정찰대, 그리고 코코트가 지휘하는 제26국민척탄병사단의 제39퓨질리어연대는 이미 바스토뉴 남쪽 마을들을 점령했다. 이들 뒤로는 기갑교도사단의 전투단이 따랐다. 바스토뉴 서남쪽 7킬로미터 시브레트에 본부를 설치한 제28보병사단 코타 장군은 낙오병들을 모아 임시로 부대를 편성하여 방어선을 구축했다. 그러나 이들이 공격을 받아 무너지자 코타는 얼른 병력을 뒤로 물려야 했다. 이 지역을 돌아본 코코트는 제28보병사단의 낙오병들을 보고는 이들이 바스토뉴 방어군 소속이라고 생각했다.[22] 시브레트에서 만난 벨기에인이 바스토뉴 방어군은 서로 연결이 되지 않은 별개 부대들이라고 말했기에 코코트는 뤼트비츠의 낙관적인 판단이 옳았을지도 모른다는 생각을 했다.

쿤켈 전투단이 북쪽에서 공격하자 매콜리프 본부는 심각한 비상이 걸렸다. 세농상 근처의 제8군단 포병기지가 위태로웠다. 겁에 질려 도망가는 야전포병대대 소속 병사도 있었다. 그러나 50구경 기관총 4정을 장착한 반무한궤도 대공포 차량 지원군과 함께 임시로 편성된 부대가 제때에 도착했다. '미트 초퍼'•라고 불리는 이 대공포는 큰 활약을 해 쿤켈의 공격을 물리쳤다.

굶주린 독일 병사들은 농가와 마을을 차지했다. 기온이 급격히 떨어졌다. 돼지와 암소를 잡고 농가에서 음식을 약탈했다. 미군이 버리고 간 장비며 식량 등의 물자를 발견했을 땐 좋아서 어쩔 줄 몰라 했다. 미군들이 그랬던 것처럼 독일군도 벨기에 주민들을 신뢰하지 않았다.

남쪽 좀 더 멀리 독일 제5강하엽병사단이 바스토뉴에서 아를롱으로 가는 길에 도착해서 패튼의 진격을 막을 준비를 했다. 다른 독일 사단들은 패튼의 반격을 막아낼 자신이 없었다.

바스토뉴와 비조리 그리고 푸아 사이에 있는 철도를 따라 들어오는 독일군의 공격을 막아내기 위한 전투가 안개 속에서 계속되었다. 낙하산소대가 조심스럽게 소나무 숲을 제치고 전진했다. 소나무들은 밑동에 덤불도 없이 줄을 맞추어서 빽빽하게 자라 있었다. 하루 전날 노비유에서 후퇴해온 미제506낙하산보병연대 제1대대장 로버트 하럭 소령은 "이런 광경은 마치 갈색 옷을 입은 인간 기둥들이 초록색 지붕을 받치고 있는 큰 홀을 연상시켰다"[23]고 썼다. 이들은 방화대나 벌목로를 건너기 전 꼭 멈추어 사방을 경계했다. 명령은 수신호나 귓속말로 전해졌다. 독일군 포탄이 이따금 나무 위에서 폭발했다.

독일군의 위치가 너무도 완벽하게 은폐되어 낙하산병들은 도대체 어디에서 탄환이 날아오는지 종잡을 수 없었다. 그러다 드디어 적의 참호를 발견했다. 한 병사가 뛰어가면, 동료들이 엄호사격을 해주는 전통적인 '사격과 기

• 제2차 세계대전 중 미군이 운용했던 M16자주 대공포. M3 하프트랙에 50구경(12.7mm) M2 중기관총 4연장을 탑재했다. 원래는 대공용이었으나 노르망디 상륙 이후 독일 전투기의 씨가 마르자 보병의 화력 지원용으로 큰 활약을 했다. 긴 사거리와 엄청난 화력을 자랑하여 밀집한 적 보병 무리들을 그야말로 '갈아버렸기에' 일선 병사들은 '미트 초퍼(고기 분쇄기)'라고 불렀다.

동' 방식으로 산병선(전술연습이나 공격 중에 부대가 넓게 옆으로 벌린 선—옮긴이)을 이루어 병사들이 전진했다. 두 방향에서 공격을 받은 국민척탄병들은 크게 당황했다. 일부 독일군 병사들은 하릭의 미군이 있는 곳으로 곧장 도망을 가서 그대로 항복했다. 하릭은 이렇게 썼다. "두 명의 포로가 그렇게 잡혔다. 그들은 너무 겁을 먹어서 총알이 쌩쌩 소리를 내고 날아갈 때마다 고개를 숙이더니 가까이 포탄이 떨어졌을 때는 아예 참호로 뛰어들었다. 우리 병사가 쫓아가 수류탄을 던져넣고 카빈 소총을 4발 쏘고는 다시 돌아와 싸웠다. 오래가지 않았지만, 모든 근접전이 그러하듯이 너무 힘들고 고통스러웠다. 부상병이 가까이 누워 있었다. 포복으로 가까이 가보니 심각했다. 의무병이 붕대를 들고 곁에 있었다. 부상병은 머리에 관통상을 입었다."[24]

전투가 끝나자 병사들이 포로를 더 많이 데려왔다. "그중 한 명은 겁에 질려서 무릎을 떨며 독일어로 횡설수설하면서 사방을 두리번거렸다. 그리고는 영어로 '쏘지 마세요!'란 말을 반복하더니 급기야 바닥에 주저앉아 울음을 터뜨렸다. 우리가 일으켜 세우려고 하자 비명을 질렀다. 나머지 포로들의 태도는 이 사내와, 대조적으로 냉랭한 표정을 지은 한 독일군 중위 사이에 있었다. 중위는 하도 시큰둥한 것이 어디서 무슨 이유로 얼굴이라도 한방 얻어맞았나 싶을 정도였다."[25] 포로들은 미군 부상병들을 가까운 야전응급치료소로 옮기는 일을 했다.

바스토뉴에서는 음식이 비교적 너너했지만 전방에는 식량이 부족했다. K형 전투 식량을 사흘 치밖에 가져오지 않아, 병사들은 핫케이크나 팬케이크로 버텼다.

매콜리프는 포탄 부족으로 고민했다. 특히 제101공수야전포병대가 쓰는 포신이 짧은 105밀리 곡사포탄이 부족했다. 연료 부족도 큰 문제였다. 방어전에 필수적인 구축전차와 셔먼 전차는 엄청난 양의 연료를 소비했다. 야전응급치료소가 손실된 이후, 늘어나는 부상자와 부족하기만 한 의료진도 심각한 고민거리였다. 구름이 낮게 깔려서 항공 지원은 기대할 수 없었다. 룩셈부르크에 있는 패튼이나 브래들리, 아르덴의 모든 미군 지휘관, 병사, 의료진 할 것 없이 날씨가 호전되어 항공기가 출격할 수 있기를 기도했다.

독일군은 그날 이후 바스토뉴를 집중 포격했다. 독일군 포격이 워낙 정확해서, 미 헌병들은 피란민이나 주민 중에 독일 포병이 심어놓은 첩자가 있을지도 모른다고 의심할 정도였다. 마을은 쉬운 목표였다. 노트르담 학교의 지하실에 있는 사람들은 지축의 흔들림을 느꼈다. 포탄 하나가 탄약고에 명중해 엄청난 폭발이 일어났다. 이 때문에 매콜리프는 본부를 지하실로 옮겨야했다. 제10기갑사단의 전투부대를 독립 지휘하다가 지금은 매콜리프의 지휘를 받는 로버트 대령도 가세했다. 두 사람은 호흡이 잘 맞았다. 포병 출신 매콜리프의 전문지식은 방어전에 아주 유용했다.

제26국민척탄병사단은 기갑교도사단의 전투단과 함께 남아서 바스토뉴 점령의 임무를 맡았다. 군단장 뤼트비츠는 바이에를라인 장군에게 바스토뉴로 전령을 보내 이대로 전멸하기 전에 항복할 것을 권유하라고 명령했다.[26] 뤼트비츠는 히틀러에게 바스토뉴 점령을 위해 다른 부대를 투입해서는 안된다는 엄명을 받았으므로 이튿날 미군에게 전달한 항복 요구는 순전히 허풍에 불과했다. 독일군이 철도를 따라 침투한 것만 보더라도 바스토뉴의 방어선은 문자 그대로 구멍 투성이었다.

길고 긴 밤과 낮에도 불량한 시계 덕분에 독일군은 쉽게 침투해 전선 뒤쪽 도로를 차단함으로써 미군들을 후퇴하게 만들었다. 이런 식으로 침투할 때마다, 미군은 예비 소대를 동원해 이들을 처리해야 했다. 축축하고 어두운 숲에서는 정찰대들이 침투부대 소탕을 위한 '쥐 사냥' 작전을 빈번하게 벌였다. 안개가 낮게 깔리면 귀대하던 정찰대원들이 아군의 오인사격을 받거나, 양쪽 병사들이 실수로 상대방 지역으로 들어서는 경우도 흔했다. 푸아근처의 제506낙하산보병연대 제2대대의 선임참모인 리처드 윈터스 대위는 부대 지휘 본부 뒤에서 바지를 내리고 오줌을 누고 있는 독일군을 발견했다. "그가 볼일을 마치고, 나는 내가 가장 자신 있는 독일어로 '이리 와!'라고 불러 세웠다. 이 불쌍한 독일군의 주머니에는 사진 한 장, 자질구레한 잡동사니와 아주 딱딱하게 굳은 검은 빵조각뿐이었다."[27]

바스토뉴의 예비 병력이라고 해봤자, 600명 정도의 대대 규모 병력이 전부였다. 이 임시 편성 부대는 '팀 스내푸Team SNAFU(항상 엉망진창인 부대)'라고 불렸다 제28보병사단의 패잔병들, 바스토뉴 동쪽 전투에서 살아남은 제9기갑사단 전투부대 병사들, 전방에서 전투피로증으로 후송되었던 병사까지 긁어모아 만든 부대였다. 포위된 상태의 유리한 점이 있다면 내부 도로를 따라서 취약한 곳으로 신속하게 병력을 보낼 수 있다는 점이었다. 팀 스내푸는 마을 가까운 곳에서 인간 장애물 역할을 하는 한편, 전방 사상자에 대한 보충대 역할을 톡톡히 했다.

그날 밤, 눈이 다시 내리기 시작했다. 혹한이 다가왔다. 생비트 서쪽을 지키고 있는 해즈브룩의 병력이나 바스토뉴를 지키고 있는 제101공수사단에게는 천만다행이었다.

15

<u>12월 22일 금요일</u>

녹초가 된 해즈브룩의 부대는 생비트 서쪽에 내린 눈 덕분에 전투를 하지 않아도 되었지만, 여전히 후퇴 명령은 없었다. 리지웨이 장군은 아직도 생비트와 살름강 사이를 해즈브룩의 부대가 지켜주기를 바랐다.

이른 아침, 레머의 총통 경호여단이 생비트 서쪽 4킬로미터 지점에 있는 로트 마을을 공격했다. 로트는 미군 보급부대 — 운전병, 취사병, 통신병 — 가 방어하고 있었지만, 레머의 잘 무장된 병력은 간단하게 점령했다.

해즈브룩의 병력 중 일부는 생비트 동북쪽에 고립된 채 미군들이 전체적으로 후퇴 중이라는 사실도 몰랐다. 새벽 4시, 기계화보병중대는 제275야전포병대가 전하는 무선을 들었다. "명령이다. 서쪽으로 가라. 서쪽으로 가라. 서쪽으로 가라."[1] 중대장은 각 소대에게 전초지에서 "차례로 하나씩, 앞 사람의 벨트나 배낭끈을 꼭 잡고 일렬종대로 후퇴하라"고 명령했다. 폭설 때문에 시야가 가리면서 나침반을 이용해 서쪽을 찾았다. 눈 속을 뚫고 가는 길에 낙오된 병사들은 사살되거나 포로가 되었다. 숲속을 헤치고, 작은 계곡과 가파른 언덕을 넘어 탈출하는 데 성공한 병사들은 경전차와 장갑차들이 줄지어 서 있는 제7기갑사단의 후위부대에 도착했다.

3대의 셔먼 전차와 함께 생비트를 탈출한 제106보병사단의 정보정찰소대는 동이 트기도 전에 엔진 시동 소리에 잠이 깨었다. 전차병들은 후퇴 지시를 받았지만, 자신들을 엄호하는 소대원들에게 전달할 생각은 없었다. "우리는 겨우 임시로 만든 참호 속에서 기어나와 숲 가장자리에 모였다. 어떤 병사들은 부축을 받아야 겨우 일어설 수 있었다. 그런 병사에게 걷는 일은 너무도 고통스러웠다. 잔뜩 웅크리고 있었던 탓에 우리 다리는 밤새 뻣뻣해졌고, 발은 퉁퉁 부어올랐다."[2]

전차가 비엘살름으로 가는 도로에 오르자 독일군이 사격을 가했다. 적군은 이미 앞질러 와 있다. "추운 눈보라가 몰아치는 가운데 우리는 다시 조심스럽게 숲속의 공터를 이용해서 서남쪽으로 출발했다." 총통 경호여단이 로트를 공격하는 포성이 들려왔다. "관목 숲과 아직 남아 있는 안개를 이용해서, 우리는 좀 더 멀리 서남쪽 시골길을 따라 노인도르프라는 작은 마을에 도착했다. 작은 다리를 건너서 농가 몇 채가 모여 있는 마을 입구까지 다가갔다."

다른 부대원은 이렇게 증언했다. "다리를 건너자 남자, 여자, 아이들 등 벨기에 민간인들이 기다리고 있었다. 우리가 누구인지, 생비트에서 무슨 일이 있었는지 등을 설명해주었다. 이때 이 사람들이 한 행동을 평생 잊을 수가 없을 것이다. 독일군이 진격해오고 있는 상황에 도망쳐오는 미군을 만난 이들이 어떻게 행동해야 할지는 뻔했다. 하지만 이들은 우리를 작은 그룹으로 나누더니 각각 자신들 집으로 데려갔다. 나를 데려간 집에는 너무도 훌륭한 벨기에 여인이 있었다. 어떻게 했는지는 모르지만 그 여인은 눈 깜짝할 사이에 식탁에 음식을 차려주었다. 고깃국, 우유 두 주전자, 삶은 감자, 뜨거운 빵! 그다음이야 말할 것도 없었다. 우리는 체면불구하고 게걸스럽게 먹었다. 난로에는 이미 불이 활활 타고 있었다. 아이리시(존 P. 시핸 일병의 별명)는 곧바로 난로 앞 흔들의자에 앉아 잠이 들었다. 얼마 후 독일군의 기관총 소리가 바로 뒤에서 들려왔다. 우리는 주머니에 있는 돈을 몽땅 꺼내 테이블에 놓아두고 서둘러 집을 떠났다. 이 분들께 할 수 있는 거라곤 그것뿐이었으

니까."³

    총통 경호여단의 진격으로 해즈브룩의 병력은 둘로 쪼개졌다. 포위당하지 않으려면 좀 더 뒤로 후퇴해야 했다. 살름강 동쪽에 '오리알' 모양의 방어선을 구축하라고 지시했던 해즈브룩은 리지웨이와 그의 제18공수군단 사령부에 격노했다. 해즈브룩은 남쪽 측면의 상황을 걱정했다. 지난밤 우익에 배치된 그의 기동부대가 제2친위기갑사단 다스 라이히 소속 장교를 붙잡았다. 그는 만약 독일 제2기갑사단이 구비로 향하고 있다면 방어가 약한 곳은 가망이 없을 거라고 말했다. 12월 22일 아침 늦게, 포토 북쪽 레히트 근처에 나타난 새로운 부대는 제9친위기갑사단 호엔슈타우펜 예하 부대였다. 만약 이 부대가 살름강으로 진격한다면, 실제 그러했듯 제7기갑사단 A전투부대의 퇴로가 차단될 판이었다. 지휘관 로즈바움 대령은 신속하게 움직였다. 친위 호엔슈타우펜 사단의 진로를 막기 위하여, 총통 경호여단과 싸우고 있던 전차를 빼내, 포토 주변에 집중 배치했다.

    그날 아침 몽고메리의 연락 장교가 생비트 서남쪽 12킬로미터 지점에 위치한 코만스테르에 있는 해즈브룩의 지휘 본부에 나타났다. 연락 장교는 해즈브룩에게 어떻게 하는 것이 좋겠느냐고 물었다. 해즈브룩은 만약 사령부에서 전반적인 방어가 꼭 필요하다고 판단한다면, 자신은 이곳에서 가능한 한 오래 버티겠지만, 개인적인 생각으로는 숲과 도로가 부족하기 때문에 이 지역을 계속 장악하기란 불가능하므로 차라리 병력을 후퇴시키는 쪽이 더 좋을 것 같다고 대답했다. 그의 의견은 몽고메리에게 그대로 전달되었다.

    해즈브룩은 리지웨이에게 전황에 대한 보다 더 상세한 자신의 판단을 써서 보냈다. 독일군은 이제 곧 모든 방향에서 미군들을 포격할 것이고, 비엘살름을 경유하는 보급로는 친위 다스 라이히 사단에 의해서 차단될 위험에 처했다. 그는 자신의 남은 병력을 제82공수사단을 지원하여 다스 라이히 사단에 대항하게 하는 쪽이 훨씬 유용할거라고 주장했다. 보병의 희생이 워낙 컸기 때문에 독일이 또 한 번 총공격을 해온다면 도저히 버텨낼 수 없을 것 같았다. 추신으로 이렇게 썼다. "저는 독일군을 저지하기 위해 마지막 남은 힘을 쏟아붓는 중입니다. 오늘 저녁이 되기 전 제82공수사단 쪽으로 후퇴하지 못한다면 아마 우리는 제7기갑사단에서 사라질 것입니다."[4]

리지웨이는 후퇴를 반대했지만 오후에 제1군 사령관을 방문한 몽고메리가 이 후퇴안을 허락했다. "귀관은 임무를 완수했소. 훌륭하게 완수했소. 이제 후퇴해도 좋소."[5] 정말 그랬다. 잡다하게 긁어모은 병력이 제5기갑군의 진격을 일주일이나 저지했다.

미군에게는 다행스럽게도, 독일군이 생비트에 진입하는 과정에서 일대 혼란이 일어났다. 독일군들이 슈네 아이펠에서 노획한 많은 지프와 트럭을 포기하지 않고 모두 가져가려고 했기 때문이었다. 야전헌병들도 통제할 수 없자, 점령하는 데 그렇게 오래 걸린 마을에 들어가기 위해서 모델 원수조차 차에서 내려 걸어야 했다. 주요 교차로 주변의 혼란 때문에 독일군을 재배치하는 데 시간이 많이 걸렸다. 이 틈을 타서 클라크 준장은 B전투부대를 후퇴시켜 새로운 방어선을 구축할 수 있었다. 그 후 훨씬 더 기적 같은 일이 일어났다. 해즈브룩의 포병이 마지막 남은 포탄을 쏘았을 때, 90대의 트럭이 105밀리 곡사포탄 5000발을 싣고서 우회도로를 통해서 도착했다.

정보정찰소대도 유일하게 탈출에 성공한 제106보병사단 제424보병연대와 합류해서 해즈브룩의 우익을 맡았다. 병사들은 그곳에서 처음으로 말메디 학살 소식을 들었다. 어떤 병사는 이렇게 썼다. "일선 병사들은 자기 구역에서 독일군을 절대로 포로를 잡지 않고 다 죽여버리겠다고 맹세했다. 어느 중대 소속 2개 소대가 전방 소총소대의 참호로 갔다. 숲속 계곡 건너편 50야드(약 46미터)쯤 되는 곳에서 하얀 깃발이 보였다. 병장이 일어나더니 독일군이 나타났다는 신호를 보내왔다. 잠시 후, 20명가량의 독일군이 숲 밖으로 나왔다. 그들이 가까이 접근하기를 기다렸다가 병장이 사격 명령을 내려 모두 사살했다. 포로는 한 명도 없었다."[6]

생비트를 우회한 독일 부대들만이 전진할 수 있었다. 그날 저녁, 독일 전차와 보병들은 철도를 따라 들어가 크롬바흐를 공격했다. 크롬바흐 전투는 격렬했다. 81밀리 박격포를 20분간 600발을 연달아 발사하는 바람에 "박격포 밑판이 반무한궤도 차량 바닥에 눌어붙어버린"[7] 중대도 있었다. 독일 전차들은 첫 발에 강력한 조명탄을 쏘아 미군 사수들의 눈을 멀게 하여 큰 효과를 거두었다.

해즈브룩이 예고했던 것처럼, 사단 전체가 대규모 포격을 받았다. 후퇴 명령이 내렸다. 한밤중에 포병이 철수를 시작했다. 땅은 꽁꽁 얼어붙었다. 클라크 준장은 들판을 가로질러 이동하기 한결 용이해졌고 숲속 깊은 진창을 건너는 일도 쉬워졌다는 행운을 믿을 수 없었다. 비엘살름과 살름샤토 그리고 강 위의 두 개 교량 사이 3킬로미터 틈새로 모든 전투 병력과 장비를 철수시키려면 땅이 꽁꽁 얼어 있어야 했기 때문이었다. 그러나 독일군이 밤새 공격하는 통에 두 개 전투부대는 야음을 틈타 후퇴하지 못했다. 비밀리에 후퇴하려던 계획은 폐기되었다. 후위부대에서 산발적인 전투가 벌어졌지만 대부분의 미군 병력은 12월 23일 살름강을 건너 후퇴했다.[8]

제17전차대대와 함께 탈출에 성공한 보병 중대 생존자가 여러 차례 전투를 치르면서 제82공수사단이 지키고 있는 곳에 도달할 때까지의 과정을 생생하게 기술해놓은 기록 중에는 이런 대화가 있었다. 참호를 열심히 파고 있던 낙하산병이 삽을 내려놓으면서 "도대체 너희는 어디서 그렇게 뛰어오냐? 우린 여기 온지 이틀이나 지났는데, 독일군 코빼기도 못 봤다"[9]라고 하자 녹초가 된 한 보병이 대답했다. "그래? 그렇다면 거기 조금만 더 있어봐, 기다릴 필요도 없이 독일군이 찾아올 거니까."

엘센보른 능선 남쪽 경사로에서는 제12친위기갑사단 히틀러 유겐트가 전차를 동원해서 뷔트겐바흐를 공격 중이었다.[10] 미군들은 민간인들을 수녀원 지하실로 대피시킨 다음 음식을 제공했다. 땅 위에서는 마을을 두고 뺏고 뺏기는 전투가 반복되는 동안 도시 외곽이나 경계 지역에서는 여인들과 어린아이들이 지하실에 모여 있었다. 바주카포 팀은 마을을 파괴한 독일 전차 뒤를 쫓아다녔고 미군 전투폭격기는 마을을 폭격했다. 한번은 폭격을 맞은 암소 한 마리가 지붕 위까지 날아가는 일도 있었다. 전투가 끝날 때쯤, 기회가 닿는 대로 매장하려고 민간인 21명의 시신을 담요에 싸두었다. 대부분 요양원의 노인이거나 거동이 불편했던 사람들이었다.

이것이 엘센보른 능선에 대한 마지막 공격이었다. 제12친위기갑사단 히틀러 유겐트는 후퇴해서 재편성한 다음 멀리 남쪽에 있는 제5기갑군에 합류하라는 명령을 받았다. 게로의 제5군단은 방어선을 뚫고 들어오려는 제6기갑군을 물리쳤다.

12월 22일 이른 아침, 독일 융커스52 수송기들이 연료와 식량, 탄약 등을 파이퍼 전투단에 투하했지만 10분의 1 정도만 회수할 수 있었다. 독일 공군은 제6기갑군의 재투하 요청을 거절했다. 파이퍼 전투단에게 군수품을 공급하려던 제1친위기갑사단의 시도 역시 앙블레브강 합류 지점 바로 밑의 살름강 방어선을 지키던 제82공수사단 예하 연대에 의해 트루아퐁에서 저지당했다. 리지웨이 장군은 라글레즈와 스투몽 지역에서 파이퍼 전투단을 빨리 제거해야 제30사단과 제3기갑사단을 재배치할 수 있다는 것을 잘 알고 있었다. 독일 제116기갑사단이 오통으로 진격 중이었고, 좌익에는 제2기갑사단이 있는 한, 저 멀리 서쪽의 위협은 점점 커질 것이었다.

전날 밤, 서리가 짙게 내려앉았다. 리지웨이는 날씨가 맑기를 기대했지만, 악천후로 공중 지원이 불가하다는 전갈만 받았다. 제30보병사단의 보병들이 셔먼 전차의 지원을 받을 때 쯤, 드디어 스투몬트의 날씨가 개였다. 제2친위기갑척탄병연대 예하 3개 대대는 많은 부상자를 남긴 채 후퇴했다.[11] 스타벨로 서쪽에서는 기갑척탄병중대가 침투해서 길을 막고는 야전긴급치료소를 점령했지만, 이튿날 전두 공병내와 전차가 나서서 탈환했다.

파이퍼는 상황이 "매우 심각"[12]하다는 사실을 깨달았다. 라글레즈에서는 시가전을 치렀다. 미군 포병이 쏜 백린탄으로 건물들이 화재에 휩싸였다. 파이퍼는 라글레즈에서 "적십자가 뚜렷하게 표시된" 교회가 미군 전차와 포병의 타깃이 되었다고 주장했다. 파이퍼의 병사들은 대부분 10대 소년병이었다. 하나같이 지치고 굶주렸다. 게다가 군복마저 낡아서 미군 전사자나 포로들에게서 빼앗은 것들을 걸쳐야 했다. 파이퍼 전투단을 구하려고 사단에서 보낸 지원부대가 모두 실패했기 때문에 파이퍼는 이제 스스로 싸워서 뚫고 나가는 길밖에 없다고 판단했다.

파이퍼의 투지가 점점 사그라드는 반면, 남쪽 바스토뉴의 코코트 장군은 전세가 호전되고 있다고 생각했다. 기갑사단이 뫼즈강을 향해서 빠르게 진군 중이라는 보고가 제26국민척탄병사단 지휘 본부에 도착했다. 그는 뤼트비츠 군단장이 정확한 정보를 갖고 있지 않았다면, 겨우 "일개 보병사단"[13]으로 바스토뉴를 포위 점령하라는 명령을 내릴 리가 없다고 생각했다. 전날 밤 뤼트비츠는 브란덴베르거 기갑대장을 방문한 자리에서, 제5강하엽병사단이 아를롱에서 북상 중인 패튼의 병력을 남쪽 측면에서 잘 막아낼 것이라고 장담했다.

매서운 추위에 땅이 꽁꽁 얼고 눈보라까지 쳤다. 코코트는 본격적인 공격을 시작했다. 제39척탄병연대는 서쪽의 망드생테티엔을 공격하고, 정찰대대와 쿤켈 전투단은 바스토뉴 서남쪽의 세농샹과 빌루를 공격했다. 코코트는 "항복을 권유하는 독일군의 통첩을 바스토뉴 방어 사령관이 한마디로 거절했다는 소식이 그날 중 군단 사령부에서 도착했다"[14]고 썼다.

제327글라이더보병연대 소속 미군 병사들은 하얀 깃발을 흔들며 오는 독일군 4명을 투항하려는 것이라고 생각했다. 하지만, 다가온 독일군 장교는 영어로 제네바 그리고 헤이그 협정에 의해서 자기들은 최후통첩을 할 권리가 있다고 말했다. 그 후, 가지고 온 눈가리개를 한 채 그들은 중대 지휘 본부로 안내되었다. 중대 본부는 그들이 가지고 온 편지를 사단 본부로 보냈다. 밤을 꼬박 새운 매콜리프 준장은 지하실에서 잠을 자고 있었다. 참모장 대리가 그를 흔들어 깨운 뒤 독일군이 항복할 것인지 아니면 독일군의 화력 앞에 전멸을 당할 것인지 선택하라는 최후통첩을 보내왔다고 보고했다. 아직 잠에서 덜 깬 매콜리프 장군의 대답은 딱 한마디였다. "Nuts!(개소리!)" 답변으로 뭐라고 써서 보내야 할지 고민하던 제101공수사단 소속 참모 한 명이 매콜리프가 참모장에게 한 말을 그대로 보내자고 제안했다.* 결국 단한마디짜리 답신이 누군지도 모르는 독일군 사령관, 실제로는 뤼트비츠에게 그대로 전달되었다. 최후통첩을 보냈다는 이야기를 들은 만토이펠은 뤼트비츠에게 분통을 터뜨렸다. 그는 독일군에는 더이상 적을 압박할 포탄이 없었기 때문에 최후통첩을 쓸데없는 허세일 뿐이라고 여겼다. 물론 매콜리프는 그것이 허세인지 아닌지 알 길이 없었다.

날씨가 바뀌어 눈이 오자 군복이 눈에 잘 띄었다. 바스토뉴와 주변 마을에 주둔한 미군 장교들은 그 지역 시장들에게 위장에 쓸 하얀 시트를 구해달라고 요청했다. 그중, 헴룰의 시장은 그 말을 듣고 곧바로 교회로 달려가 종을 울렸다. 그리고 종소리를 듣고 달려온 시민들에게 미군들이 시트를 필요로 하니 가져오라고 전달했다. 200여 장의 시트가 모였고 낙하산병들은 시트를 찢어서 철모나 소총과 기관총의 총열을 감쌌다. 판초우의를 만들어 입고 정찰을 나가는 병사들도 있었다. 하지만 축축해진 시트는 금세 얼어서 금이 갔고 움직일 때마다 바스락거리는 소리를 냈다. 바스토뉴와 주변 마을을 돌아다니던 다른 병사가 흰색 페인트를 발견해서 차량이나 전차에 위장용으로 칠하기도 했다.

바스토뉴 주변의 참호에 배치된 제101공수사단의 낙하산병들은 빈약한 복장 탓에 추위로 고생했다. 특히 젖은 군화 때문에 발이 무척이나 시렸다. 몇몇 병사는 바스토뉴 상점에서 누런 삼베 뭉치 수천 개를 찾아내 병사들에게 나누어주고 발을 감싸게 했다. 그럼에도 참호족이나 동상으로 인한 비전투 사상자는 급격하게 늘어났다.

그런 상황에서도 낙하산병들은 그날 반격을 시도했고 엄청난 투지를 발휘해 독일군을 놀라게 했다. 독일군이 새벽에 망드생테티엔 지역을 공격했다. 전투 중에 피란민 가족이 다른 사람들과 함께 마을의 마지막 집으로 숨어들었나. 집 주인인 두 형제는 젖소의 우유를 싸서 피란민들에게 마시라고 가져다주었다. 그때 갑자기 '슈마이서' MP-40 기관단총을 든 독일군 2명이 문을 발로 차면서 들어왔다.[15] 피란민들은 겁을 먹고 벽 쪽으로 물러섰다.

● 매콜리프의 'Nuts!' 메모는 월등히 우세한 독일군에게 포위된 채 고립무원 상태에서도 미군의 배짱과 투지를 보여주었고 아르덴 대공세 전체를 통틀어 가장 인상적인 전설로 남았다. 답신이 적힌 메모를 받은 독일군 사절단이 의미를 몰라서 어리둥절해 하자, 제327글라이더보병연대장 하퍼 대령이 "잘 모르겠으면 지옥에나 떨어지라는 뜻으로 이해하면 되네. 덧붙여서 우리는 바스토뉴에 들어오는 모든 독일군을 죽여버릴 걸세"라고 알려주었다. 그는 독일군 사절단을 돌려보내면서 "당신들의 행운을 빈다"라고 말하기도 했다. 마치 할리우드 전쟁 영화에나 나올 만한 이 드라마틱한 일화는 고전영화 「벌지 대전투」는 물론이고, 제101공수사단을 다룬 2001년도 미국 전쟁 드라마 「밴드 오브 브라더스」 6화 후반부에서도 잠시 언급된다.

독일군은 술에 취해 있는 것 같았다. 한 병사가 피란민들에게 총 쏘는 법을 가르치고 있을 때, 다른 병사는 우유 통들을 모아 둔 곳으로 가서, 바지를 내리고 우유 통 하나하나에 오줌을 갈겨댔다. 둘 다 그 짓이 재미있다고 생각하는 것 같았다.

제26국민척탄병사단은 그날 공격으로 400명을 잃었다. 숫자를 채우기 위해서 사단 보급대 대원이나 포병들을 보병으로 돌려야 했다. 미군의 반격을 겪은 코코트 소장은 미군이 포위망을 뚫고 도망칠 생각이라고 여겼다. 그의 병사들이 바스토뉴를 떠나 피란을 가는 민간인들로부터 들은 바에 따르면 시내는 긴장감이 감돌고 있으며 차량들은 짐을 가득 싣고 있다고 했다. 밤중에 독일군의 포탄이 제101공수사단의 지휘 본부에 명중하는 바람에 여러 명의 장교가 침낭 안에서 전사했다.

그날 보급물자를 공중 투하하려던 계획은 시야가 너무 좋지 않아 취소되었다. 제101공수사단은 포탄이 거의 바닥이 나고 치료받지 못하는 부상병들도 급속히 늘어났다. 하지만, 항복 권고를 단칼에 거절했다는 소식이 빠르게 퍼지면서 사기가 단숨에 높아졌다. 연합군 최고 사령부의 고급 장교들, 특히 영국 정보 참모장 스트롱 소장은 제101공수사단이 바스토뉴를 지키지 못할 수도 있다고 걱정했다. 베델 스미스는 나중에 이렇게 말했다. "스트롱 장군은 걱정을 많이 했지만 저는 전혀 그 작전에 대해서 걱정하지 않았습니다. 스트롱 장군이 바스토뉴를 지켜낼 수 있다고 생각하느냐고 하루에 세 번이나 나에게 물었습니다. 저는 가능하다고 생각했습니다. '어떻게 자신하지?' 스트롱 장군의 물음에 '현지 지휘관이 할 수 있다고 하니까요!'라고 대답했습니다. 최고의 사단이 바스토뉴에 있고, 그 지휘관이 할 수 있다니, 그들을 믿었습니다."[16]

'번개 같은 사나이 조' 콜린스 소장은 뫼즈강으로 진격하는 독일군 기갑사단을 저지하기 위해서 조금도 지체하지 않고 미 제7군단을 재편성했다. 당장은 제84보병사단뿐이었다. 하지만, 제2기갑사단이 오고 있었고 제75보병사단도 마찬가지였다. 콜린스는 장갑차를 타고 마르슈앙파멘 마을에 도착했다. "안개가 나무 꼭대기까지 내려앉았다."[17] 그는 나중에 이렇게 썼다. 거기서 콜린스는 제84보병사단장 앨릭스 볼링 준장을 만났다. 준장은 독일군의 침투 경로를 알아보기 위해서 정찰대를 내보냈다. 볼링 장군의 "침착한 태도"를 보고 콜린스는 마음이 놓였다. 그는 볼링 장군과의 대화를 통해서, 전체 군단을 후퇴시킨 다음 반격의 기회를 노려야 한다는 브래들리의 의견이 틀렸다고 한층 확신했다. 제7군단은 "군단의 존립 자체를 걸고 싸우고"[18] 있었다. 콜린스는 군단 사령부를 마르슈 북쪽 15킬로미터 지점에 있는 메앙의 작은 성에 설치하기로 결정했다.

12월 22일 아침 일찍, 독일 제2기갑사단의 전투단이 마르슈를 향해서 출발했다.[19] 마르슈 남쪽 2킬로미터쯤 되는 곳, 평지와 산이 완만하게 오르내리는 곳의 교차로에서 볼링의 제335보병연대의 분견대와 조우하기 전까지는 아무런 저항도 받지 않고 진격할 수 있었다. 독일 기갑척탄병들이 전투를 하는 도중에 미 제2기갑사단 선봉대가 방향을 서쪽으로 틀어서 디낭으로 향했다. 뫼즈강 도하점인 지베 전방에 주둔한 영국의 제23후사르연대[20]에서 동남쪽으로 12킬로미터 떨어진 보네슈에서 독일 전차가 발견되었다는 미확인 보고가 올라오면서 비상이 걸렸다.

독일 제2기갑사단의 선봉대는 디낭에 있는 뫼즈강 교량에서 불과 25킬로미터 떨어진 곳에 있었다. 독일 제2기갑사단은 볼링 사단의 계속적인 공격 때문에 측면을 보호하기 위해 병력을 나누어 배치했다. 오전에 마르슈에서 시도한 미군 보병의 공격은 실패했지만, 오후에 전차의 지원을 받은 강력한 공격으로 마을의 서남쪽 고지내[21]를 탈환하는 데 성공했다. 하지만 독일 제2기갑사단의 대공포대대가 개활지의 셔먼 전차를 저지하는 바람에 대 역전극은 이루어내지 못했다. 이 과정에서 대공포대대는 큰 손실을 입었다. 그날 밤, 기갑척탄병들이 고지대의 일부를 재점령해서 서쪽으로 향하는 길을 열었다.

이 지역에 배치된 미군 보급부대와 분견대들은 상황이 위험하다는 사실을 이내 알아차렸다. 마르슈와 로슈포르 사이의 아주 오래된 아르기몽성에 있던 한 그룹은 독일군의 기습에 대비해서 군복을 입고 군화를 신고, 손에 수류탄을 든 채로 잠을 잤다. 총성이 들려오자 이들은 잽싸게 나와 디낭으로 돌아갔다. 대부분의 벨기에 젊은이들도 자전거를 타거나 걸어서 디낭으로 향했다. 그럴 수밖에 없는 것이 이들은 지난 9월 레지스탕스 활동에 대한 독일군의 보복이 두려웠기 때문이었다. 또 잡히는 날에는 강제 노동 수용소로 끌려갈 위험도 컸다.

포격을 피해 지하실에 숨어 있었기 때문에 벨기에 민간인들은 전황에 대해 전혀 모를 수밖에 없었다. 하지만 시민들은 고무 밑창을 댄 미군의 군화 소리와 징을 박은 독일군의 가죽장화 소리를 구분할 수는 있었다. 독일군이 들어오면 더 멀찌감치 물러났다. 그들의 폭력성도 무서웠지만, 독일군에게는 이가 많았기 때문이다. 독일군은 진격하면서 숨어 있는 미군이나 레지스탕스 대원들을 수색했다. 어리석게도 실탄을 소지하고 있었던 벨기에 젊은이들은 테러리스트로 간주되어 총살되었다. 마음 내키는 대로 아무 집에나 들어가 그 집을 장악하고는 총이며, 판처파우스트를 구석에 놓아두어 민간인들이 겁에 질려 벌벌 떨게 만들기도 했다. 주민들도 동부 지역 출신 병사가 아니면 알아들을 수 없다는 사실을 알고, 자기들끼리는 왈룬어로 이야기를 나누었다.

램프나 촛불을 켠 지하실에서는 소강상태가 길어지면, 아르덴 주민들이 때때로 민요를 불렀다. 그러다가 포격이 맹렬하게 재개되면 지하실에 있는 사람들도 열렬히 묵주기도를 드렸다. 오랫동안 포격을 받아 생활환경이 급속히 나빠지면서 이질 같은 전염병이 번졌다. 포성이 뜸해지면 분뇨통을 비워야 했다. 농부들과 아이들은 우유를 짜고 돼지 먹이를 주러 달려갔다. 감자만 먹고 지내야 하는 피란민들을 위하여 돌아올 때는 우유를 가득 담아 오는 사람들도 있었다. 시간이 나면 포격에 맞아 죽은 가축의 고기를 베어 오기도 했다. 운이 좋은 사람들은 아르덴 햄을 가져와 나누어 먹었다. 우물까지 물을 길러 가는 것은 너무 위험했기 때문에 들통이나 병에 눈을 담아 녹여서 마셨다. 집이 포격을 당해서, 숲으로 도망친 사람들은 서로 모여 몸을 녹이는 것 외에는 아무 할 일이 없었다. 마실 물도 없어 고드름을 빨아 먹어야 했다.

아르덴 사람들은 공동체 정신을 발휘하여 늙고 쇠약한 사람들을 돌봐줬다. 이기적인 사람들은 거의 없었다. 지하실이 없는 이웃에게는, 돌로 지은 지하실을 가진 사람들이 피란처를 제공했다. 깊은 지하실이 있는 대저택의 주인은 마을 주민들을 불러 모아 피란처로 쓰게 했다. 하지만 이렇게 눈에 띄는 건물들은 연합군이나 독일군 양쪽 포병들의 주요 목표물이 되기 일쑤였다.

그날 아침, 제116기갑사단장 발덴부르크 소장은 기분이 썩 좋지 않았다. 새벽 4시에 군단장으로부터 우르트강 동쪽에서 진행하고 있는 오통에 대한 공격을 중지하라는 명령을 받았기 때문이었다. 오통은 미군 공병대대와 보급부대가 용감하게 지키는 중이었다. 만토이펠은 방어가 워낙 단단하다보니 발덴부르크 사단이 공략하지 못할 것이라고 잘못 판단했다. 제560국민척탄병사단에게 오통을 점령하라는 임무를 맡기고, 제116기갑사단은 삼레와 라로슈앙아르덴을 거쳐 돌아가서, 서북쪽으로 전진한 다음 우르트강 건너편의 측면을 통해 오통과 마르슈 사이를 돌파하라는 명령을 내렸다.[22] 차라리 처음부터 그렇게 했더라면 지금쯤 이미 마르슈를 훨씬 지나서 전진하고 있을 것이라고 발덴부르크는 생각했다. 덕분에 콜린스 장군이 서쪽으로 방어선을 확장할 수 있는 시간을 벌어준 꼴이 되었다.

룩셈부르크에서, 참모들은 브래들리가 침실이나 사무실에서 거의 벗어나는 일이 없다는 사실을 깨달았다. 그날 아침 핸슨이 빙에 들어있을 때, 브래들리는 지도 위에 무릎을 꿇고 앉은 채 독일군이 사용하는 도로망을 들여다보면서, 갈색 크레용으로 표시를 했다. 패튼이 제4기갑사단, 제26, 80보병사단을 우익에 대동하고 제3군단과 함께 남쪽에서 바스토뉴를 향해 공격을 시작한 날이었다. 남쪽 능선의 제4보병사단 뒤에서 출발한 제12군단은 제10기갑사단의 일부 병력과 제5보병사단과 함께 북쪽으로 진격했다.

핸슨은 전날 밤 폭설이 내린 후, 호텔에서 내다본 "눈 덮인 작은 집들은 한 폭의 그림처럼 아름다웠다"[23]고 묘사했다. 안개가 걷히면서 기온이 떨어졌지만, 구름이 낮게 깔려서 연합군 공군이 활약할 수는 없는 날씨였다. 룩셈부르크 시민들이 아직도 두려움에서 벗어나지 못했기에, 제12집단군 민사 장교는 샤를로트 대공의 아들 장을 차에 태워 시내를 돌기로 결정했다. 그가 시민들과 함께 남아 있음을 보여주기 위함이었다. 겁에 질린 직원들이 방송 장비를 들고 피란하는 바람에, 유럽에서 가장 영향력 있는 방송매체인 룩셈부르크 라디오 방송이 중단되자 브래들리의 참모들은 화가 단단히 났다.

슈코르체니가 이끄는 특공대에 관한 공포는 여전히 가라앉지 않았다. 핸슨의 일지 내용에 따르면 방첩대원들은 아직도 "장군들의 안전에 대해서 심각하게 고민하는 중이었다."[24] "미군복을 입은 독일 첩자들은 분홍색이나 파란색 스카프로 골라낼 수 있다. 철모를 손가락으로 두 번 두드리거나 코트나 재킷의 맨 위 단추를 잠그지 않는 것도 독일군이라는 표시다."『타임』의 찰스 워튼베이커가 왔을 때 우리가 그의 밤색 스카프를 가리키면서 짙은 분홍색처럼 보인다고 했더니 그는 즉시 벗어버렸다.

베르사유에서 신변 경호 때문에 숨이 막힐 지경이었던 아이젠하워가 전 부대 장병들을 격려하는 담화를 발표했다. "제군들이 지난여름과 가을에 빛나는 전공을 세우면서 독일군들을 궁지에 몰아넣은 덕분에 이제 독일군들은 이 궁지에서 벗어나고자 온갖 노력을 다하고 있다. 히틀러는 제군들이 애써서 쌓은 공을 무너뜨리기 위해 잔인하게 덤비고 있다. 사악한 꼼수를 쓰면서 제군들을 속이고 죽이려고 달려들고 있다. 히틀러는 모든 것을 걸고 도박을 하고 있지만 이미 이 싸움에서 제군들의 용감무쌍한 투지는 그의 계획을 좌절시키기에 충분하다. 제군들의 용감하고 굳센 의지 앞에서 히틀러는 곧 완전히 무너질 것이다."[25]

전날, 아르덴에서 경계를 소홀히 했다는 비난을 한 몸에 받는 브래들리를 보호하기 위해 아이젠하워는 그를 육군 대장으로 승진시키자고 제안했다. 아이젠하워는 마셜 장군에게 편지를 보냈다. "제12집단군 사령관 브래들리는 항상 당당하고 (…) 체계적이고 원기왕성하게 상황에 대처하며 어떻게 보아도 그가 잘못한 점은 찾을 수 없습니다."[26]

브래들리의 참모 베델 스미스는 브래들리가 주변 참모들의 말만 듣고 몽고메리가 패닉 상태에 빠졌다고 생각했다고 말했다. 이것만 보아도 룩셈부르크에 있는 브래들리의 전술 사령부가 얼마나 현실 파악을 못하고 있는지 알 수 있었다. "우리가 알기로는 영국군 전체가 후퇴하고 있다. 최소한의 병력만 전선에 남겨둔 채, 평소 그렇게 신중하던 사람치곤 엄청나게 신속한 속도로 영국 제2군, 캐나다 제1군 전체를 네덜란드에서 안트베르펜 주위로 철수시켜서 거기서 최후의 승부를 준비하고 있다"[27]라고 적은 참모도 있었다. 브래들리의 참모들은 호록스의 영국군 제30군단이 뫼즈강에서, 제29기갑여단은 동쪽 제방에서 콜린스의 제7군단 우익과 연합 공격할 준비를 하고 있다는 사실을 전혀 몰랐다.

12월 23일 토요일

12월 23일 아침, 구름 한 점 없는 하늘에는 태양이 눈부시게 빛났다. 미군 지휘관들은 경이로운 눈으로 하늘을 올려다보았다. 러시아 고기압대가 동쪽에서 밀려와 하늘은 수정처럼 맑아졌지만 기온은 더 떨어졌다. "시계, 무한대!"[1] 항공 관제관도 들떠 있었다. P-47 선더볼트 전투폭격기가 전차 사냥에 나섰다. 원기 왕성한 패튼이 참모장 대리에게 말했다. "햐! 오늘의 기도빨이 세긴 세네! 이리 좀 오라고 해. 메달이라도 하나 걸어줘야겠다."[2] 군목 오닐이 낭시에서 룩셈부르크로 달려왔다. 이튿날 패튼은 동성 훈장을 수여했다.

룩셈부르크 시민들처럼 브래들리의 참모들도 거리로 나와 실눈을 뜨고 눈부신 하늘 위에 떠 있는 연합군 중폭격기들의 비행운을 바라보았다. 폭격기들은 트리어와 그곳의 보급품 야적장을 폭격하러 가는 중이었다. 폭격기를 올려다보는 참호 속 병사들의 사기는 하늘을 찌를 듯했다. 전투폭격기 편대가 세찬 강물에 비친 생선비늘마냥 반짝이며 머리 위를 날아갔다.

연합군의 항공 지원은 뜻밖의 이점까지 가져다주었다. 전투폭격기가 주변에 있으면 자신들의 위치가 노출될까 겁을 먹은 독일군 포병들이 포격을 할 수 없었다. "적기가 나타나자마자 아군 포격이 50~60퍼센트 줄었습니다."[3] 모델 원수의 포병 사령관이 보고했다.

오전 늦게 독일군 제2기갑사단의 일부 병력이 로슈포르 동쪽 제멜을 공격하고 있다는 소식에 제12집단군 사령부는 깜짝 놀랐다. 그곳은 집단군 무선 중계소가 있는 곳이었다. 보병 소대와 구축전차 몇 대가 지키고 있었을 뿐이었다. 브래들리는 제1군 사령부에 전화해 증원부대를 즉각 보낼 수 있는지 물었다. 그러나 "통화 중에 통신이 끊기고 말았다." 경비병들이 중계소의 모든 진공관을 철거해버렸기 때문이었다. 독일군이 진격해오자 경비부대는 후퇴했지만, 곧 재탈환할 수 있다고 생각했기 때문에 장비를 파괴하지는 않았다.[4]

이제는 독일 기갑사단이 뫼즈강을 향해 서북쪽으로 이동하고 있음을 항공 정찰대가 분명하게 파악했다. 그러나 여전히 제1군 사령부는 독일군의 속셈이 리에주 쪽으로 돌파하려는 것이라고 믿고 있었다. 서쪽을 향해 진격하는 것이 히틀러의 목적임을 전혀 눈치 채지 못했다.

전투가 벌어지고 있는 오통 마을에 위치한 로즈 장군의 지휘 본부는 제3기갑사단 병력을 나누어 모든 방향을 방어해야 했다. 전투부대 하나는 라글레즈 부근에서 파이퍼 전투단을 소탕하느라 묶여 있었다. 다른 하나는 우익과 합세하기 위해서 외펜에서 오는 중이었다. 나머지 사단은 3개 특별 기동부대로 나뉘었다. 그중 두 개 부대는 우팔리즈에서 리에주로 가는 도로 선상의 만헤이를 향해 진격하는 제2친위기갑사단 다스 라이히를 막기 위해 대기했다. 하지만 호건이 이끄는 기동부대는 오통 동남쪽 10킬로미터 지점 마르쿠레에서 포위되었다.[5] 엎친 데 덮친 격으로 연료도 떨어졌다. 항공기로 군수품을 투하했지만, 6킬로미터나 멀리 떨어져버렸다. 이튿날엔 10킬로미터 밖에 떨어졌다.

우팔리즈-리에주 간 고속도로 상의 바라크드프라이튀르는 프라이튀르라고 불리는 마을 가까이 있는 교차로 옆에 농가주택 3채가 있는 곳이었다. 이곳은 제82공수사단과 제3기갑사단의 경계에 위치하고 있어 지금까지는 별다른 주목을 받지 못했다. 그러나 슈네 아이펠에서 패주했지만 살아남은 제106보병사단의 소령 아서 C. 파커 3세는 이곳이 굉장히 중요하다는 사실을 알아차리고 자신의 부대원들과 패주하는 병사들을 긁어모아 방어 준비를 했다. 수중에는 '미트 초퍼'라 불리는 50구경 기관총 4정이 장착된 반무한궤도 대공포 차량 4대도 있었다.

12월 21일, 동이 트기 전 이 소규모 임시부대는 바라크드프라이튀르 교차로에서 제560국민척탄병사단 휘하의 대규모 전투 정찰대의 공격을 받았다. 그 후 이 교차로는 '파커의 교차로'라는 이름으로 유명해졌다. 미트 초퍼가 대단한 활약을 보여주었다. 부상자 중에는 친위 다스 라이히 사단의 장교도 있었다. 북쪽 만헤이를 방어하고 있던 케인의 기동부대가 정찰소대를 보냈다. 개빈 장군도 위험을 간파하고 파커의 좌익을 보호하기 위해 제82공수사단 1개 대대를 프라이튀르로 보냈다. 제325글라이더보병연대의 1개 중대도 도착했다.

12월 22일은 별다른 특이 동향이 없었다. 다스 라이히 사단이 연료보급과 레머의 총통 경호여단의 도착을 기다리고 있었기 때문이었다. 12월 23일 새벽, 제4친위기갑척탄병연대가 교차로와 프라이튀르에 있는 낙하산병들을 공격해서 아침을 먹고 있던 방어군을 놀라게 했다. 교차로에 대한 본격적인 공격은 제4친위기갑척탄병연대의 전 병력과 2개 전차중대를 동원하여 오후 늦게부터 시작했다. 하얗게 내리는 눈은 방어군을 숨겨주는 것이 아니라 오히려 위치를 노출시켰다. 셔먼 전차들은 기동할 공간이 부족했다. 독일 전차가 미군 장갑차를 기동 불능 상태로 만들고, 참호를 하나씩 박살냈다. 개빈 장군은 무슨 일이 있더라도 사수하라고 명령했지만, 파커의 병력은 밤이 되자 곧 패주했다. 셔먼 전차 3대는 이미 도망쳐버렸다. 암소 떼가 놀라서 날뛰자 몇몇 병사도 숲속으로 달아났다.

다스 라이히 사단이 만헤이를 점령한 뒤 후방으로 뚫고 들어올까 우려한 개빈과 로즈 장군은 닥치는 대로 병력을 긁어모았다. 리지웨이 장군은 예상치 못했던 위협에 이성을 잃고, 살름강을 건너 겨우 도망쳐온 제7기갑사단의 지친 생존자들에게 만헤이를 사수하라고 명령했다. 그로서는 해즈브룩

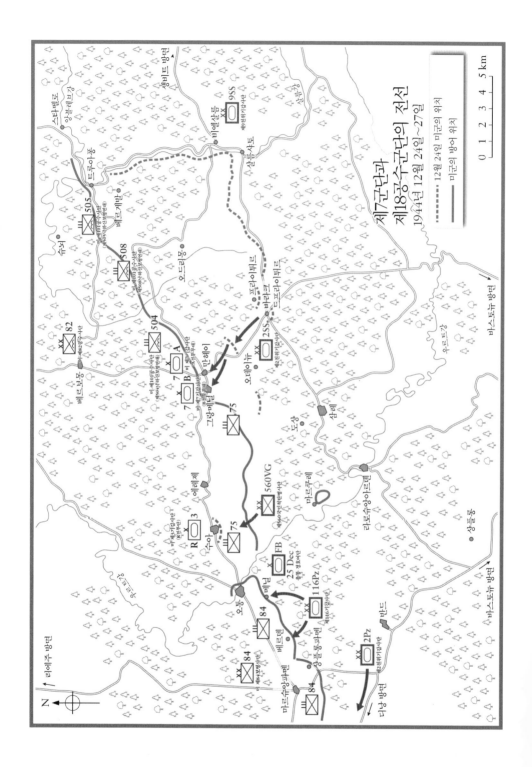

과 클라크 장군이 생비트 서쪽에서 싸우자는 자신의 의견에 반대한 데다, 몽고메리마저 이들을 지지하는 바람에 기분이 좋지 않았다.

12월 23일 이른 시각, 제1친위기갑군단 사령부는 파이퍼 전투단이 보낸 무선 메시지를 받았다. "상황이 더욱 악화되었습니다. 얼마 안 되는 탄약만 남았습니다. 지난밤에 스투몽과 슈뇌를 포기할 수밖에 없었습니다. 이제 탈출할 수 있는 마지막 기회만 남았습니다."6 미군 포병과 전차들은 계속 라글레즈를 포격하고 있었다. 연료가 바닥나고 탄약도 부족해 공포에 떨고 있는 파이퍼 전투단은 응사할 수조차 없었다.

파이퍼는 핼 매카운 소령을 포함해서 150명가량의 미군 포로를 억류 중이었다. 파이퍼는 이미 매카운 소령을 심문하고, 나치에 대한 자신의 신념과 이 싸움을 하는 이유를 설명하려 했다. 그날 아침, 매카운 소령은 다른 장교 4명과 함께 작은 지하실로 옮겨졌다. 오후에 미군 105밀리 포탄이 벽을 쳐서 큰 구멍을 내면서 독일 경비병을 방 한가운데까지 날려버렸다. 밖에 또 한 발의 포탄이 떨어지면서 파편과 돌멩이들이 지하실 안까지 튀어들어왔다. 미군 중위 1명이 죽고 독일군 3명이 부상을 당했다.

파이퍼는 매카운 소령에게 자신들이 탈출하려고 하는데, 포로들을 어떻게 할까 고민 중이라고 말했다. 파이퍼는 방금 독일 전선으로 되돌아와도 좋다는 허가를 받았다. 그는 모든 포로와 독일 부상병을 두고 가는 대신 매카운 소령만 인질로 데려가겠다는 제안을 했다. 미군 지휘관이 독일 부상병을 풀어준다면 매카운도 석방하겠다는 것이었다. 매카운은 전쟁 포로에 대해서는 자신이 결정할 아무 권한이 없음을 분명히 하면서, 자신이 할 수 있는 일은 파이퍼의 제안을 들었다는 서류에 서명을 하는 정도라고 대답해주었다. 그날 밤, 파이퍼의 병사들은 차량을 파괴할 준비를 시작했다. 그들은 어둠을 틈타 걸어서 앙블레브강을 건너 남쪽 숲으로 숨을 생각이었다.

제9군 사령관 윌리엄 H. 심프슨은 산하 제30보병사단이 파이퍼 전투단에 대항하여 무자비하게 싸워준 일을 자랑스러워했다. "미군은 더 이상 친위대원들을 포로로 잡지 않는다. 여기에 대해 이미 독일군 병사들도 잘 알고 있다. 그런 행동을 명령할 수는 없지만, 모든 미군이 제30보병사단의 행동에 대한 소문을 듣고 따라해주었으면 하는 것이 사령관의 개인적인 희망이다."7 심프슨의 부관은 이렇게 썼다. 심프슨은 독일군이 제30보병사단을 "루스벨트의 백정들"이라는 별명으로 부른다는 사실을 듣고 기뻐했다. 말메디에서 붙잡힌 포로 중에는 자신의 지휘관에게 "제30보병사단과 싸우지 않게 해주겠다"는 약속을 받은 병사도 있다는 보고도 받았다. "그만큼 독일군들은 제30보병사단을 두려워하고 있다는 증거였다."

엘센보른 능선의 미 포병대는 독일의 주공격이 누그러진 이후에도 계속해서 백린탄과 고성능포탄으로 능선 아래 마을들을 포격했다. 독일 제3강하엽병사단 분견대가 점령한 남쪽의 작은 마을 페몽비유도 매일같이 포격당했다. 그 지역의 목사는 독일 장교에게 민간인들이 피란할 수 있도록 사격을 중단할 것을 미군과 협의해달라고 간청했다. 12월 23일 아침, 독일군은 페몽비유8에 갇혀 있던 600명의 주민들에게 독일군 전선 뒤쪽으로 멀리 떨어진 쇼펜으로 가라는 명령을 내렸다. 한 장교가 미군 쪽으로 가는 사람은 사살하겠다고 말했다. 목사가 나서서 다시 생각해달라고 했지만 독일군은 당장 떠나지 않으면 한꺼번에 5명씩 신자들을 쏘아 죽이겠다고 협박했다.

오전 11시, 공포에 질린 주민들이 개활지로 나섰다. 그런데 불운하게도 정찰기가 눈길을 힘들게 헤쳐 나가는 주민들의 행렬을 발견하곤 독일군이 집결하는 깃으로 오인했다. 엘센보른 능신에 있던 미군 포병이 포격을 시작했다. 포탄이 날아오자 노인, 여성, 아이들이 겁에 질려 사방으로 흩어졌다. 목사가 페몽비유로 되돌아 달려가 독일군더러 미군 측에 연락해서 사격을 멈추도록 해달라고 애원했지만, 독일군은 아무런 조치를 취하지 않았다. 비교적 안전한 쇼펜에 도착하기 전에 8명이 죽고 많은 주민이 부상을 입었다.

바스토뉴를 포위한 독일군은 무슨 연유인지 몰라도, 미군이 포위망을 뚫고 도망치려고 한다고 믿고 있었다. 12월 23일 독일군은 마을 서쪽의 병력을 증강해서 포위망을 더욱 탄탄하게 하는 한편, 미군들의 "탈출 시도"를 사전 차단하겠다고 세농샹과 망드생테티엔 주변을 계속해서 공격했다. "현재 병력으로는 바스토뉴를 점령할 수 없다"[9]는 만토이펠의 보고를 믿을 수 없었던 히틀러는 12월 23일 상황을 점검하기 위해 한 장교를 보냈다. 이 장교는 만토이펠의 의견에 동의했다.

방어군도 식량이 부족했지만, "빵 반 덩어리를 10명이 나누어 먹어야 하는"[10] 코코트의 국민척탄병사단보다는 처지가 훨씬 더 나았다. 또한 미군 낙하산병들은 방한복이 없어 추위에 떨고 있어도 그들 주변엔 몸을 녹일 수 있는 마을이 있었다. 독일 국민척탄병의 상황은 훨씬 더 심각했다. 이들은 미군 시신의 옷이나 군화를 벗겨서 신기도 했다. 슈코르체니 특공대에 대한 공포가 아직 가시지 않았기에 미군 병사들은 미군복을 입은 독일 병사가 투항하면 사살했다. 무기류를 제외하면, 미군들이 갖고 싶어하는 물건은 독일 육군이 쓰는 나이프-포크-스푼이 붙어 있는 도구뿐이었다. 그 대신 독일군은 처음부터 설상위장복을 지급하여 좀 더 선견지명이 있음을 증명했지만 미군은 임시변통으로 해결해야 했다.

코코트 소장은 "적의 전투폭격기들이 오전 9시경 나타나서 연락도로와 마을을 향해 덮치듯 내려오더니, 차량과 농장에 폭격을 시작했다"[11]라고 썼다. 낙하산병들이 지키고 있는 서남 지역에는 항공 지원이 별로 없었다. 밤에 기온이 급격히 떨어지는 바람에 다수의 전차나 구축전차의 회전 포탑이 얼었다. 대전차포는 아예 땅에 얼어붙어서 꼼짝도 하지 않았다. 눈의 표면이 딱딱하게 얼면서 눈이 들판에 50센티미터만 쌓여도 보병들은 그 위를 걷기 쉽지 않았다.

방어망을 뚫기 위한 독일군의 주공격이 오전에 서북쪽 플라미에르주 지역에서 시작되었다. 나중에는 기갑교도사단 제901기갑척탄병연대가 동남쪽의 마르비로 밀고 들어왔다. 하지만 오전이 끝나갈 무렵, 남쪽에서 전혀 예상치 못한 일이 발생했다. 제5기갑군은 패튼 장군이 병력을 북쪽으로 그렇게 빨리 이동시키리라고는 생각도 못했다.

코코트는 "점심때가 되자, 처음엔 한 명이 그다음엔 떼를 지어서 제5강하엽병사단 병력이 홈프레에 있는 사단 지휘 본부 근처에 나타났다"고 썼다.

이들은 전방에서 동쪽으로 이동 중이었다. 겨우 장교를 찾아서 물었더니 그가 소리쳤다. "적들이 돌파해버렸습니다. 전차를 몰고 올라와서 쇼몽을 점령했어요!" 쇼몽은 남쪽 코코트의 사령부에서 불과 3킬로미터 떨어진 곳에 있었다.

곧이어 강하엽병사단의 차량이며, 마차를 타고 패잔병들이 줄을 이었다. 미군 전투폭격기가 나타나 홈프레의 밀집 지역을 폭격했다. 독일군들은 총을 들어 비행기를 향해 마구 난사했다. "주택과 차량들이 불에 탔고, 길바닥에는 부상자들이 널브러져 있었다. 파편에 맞은 말들은 이리저리 뛰어다녔다."[12]

혼란과 함께, 바스토뉴 쪽에는 물자가 공중 투하되었다. 북쪽 하늘에서 떨어지는 형형색색의 낙하산을 보면서 독일군은 이제 본격적인 미군의 공수 작전이 시작되었다고 생각했다. "적의 낙하산병들이 우리 후방에 낙하한다!" 독일군 병사들이 울부짖었다. 코코트 장군조차 전혀 예상치 못했던 사태에 몸을 떨었다. 국민척탄병들이 도망치던 제5강하엽병사단의 젊은 병사들을 제지하면서 어느 정도 질서가 회복되었다. 홈프레 근처의 대공포중대는 더 이상 대공 표적 대신 지상 표적에 대비하라는 지금까지는 전혀 "상반된" 명령을 받았다.

코코트는 마침 인근에 있던 전차 4대와 포병 분견대, 공병들을 모아 임시 전투부대를 만들었다. 또한 패전의 충격에서 어느 정도 벗어난 독일 낙하산병들을 재편성했다. 그는 이들을 남쪽으로 보내면서 위치를 삽고 노도를 차단하라고 명령했다. 상황이 조금씩 안정되어 가는 듯했다. 쇼몽에 나타났던 미 기갑부대는 제3군 전방 부대의 정찰대에 불과했고, 전력이 충분치 않아 금세 후퇴했다.

정오 즈음에 미 제101공수사단과 예하 부대에 대한 공중 보급이 시작되자 독일군 부대들에게 공습경보가 울렸다. 미군 항공대가 처음으로 맞닥뜨린 부대는 제26국민척탄병사단이었다. "경계경보! 서쪽에서 강력한 비행편대 출현!"[13] 독일군들은 전투기와 전투폭격기의 호위를 받으며 저공비행 중인 거대한 비행기를 보았다. 융단 폭격을 예상한 독일군들은 37밀리 대공포를 난사했다.

이들은 오전 9시 55분, 선도부대 두 팀을 투하한 C-47 수송기* 한 쌍을 보지 못한 것 같았다.[14] 최적의 투하지점을 찾기 위한 선도부대는 바스토뉴에 있는 매콜리프 지휘 본부에 도착해 보고를 했다. 바스토뉴가 이미 점령 당했을지도 모르는 상황에서, 이들의 임무는 제9병력수송 사령부에는 필수적이었다. 선도부대원들은 마을 밖에 유도 발신기를 설치하고 아군 항공기들이 접근해오기를 기다렸다.

C-47 수송기의 무전병은 "바스토뉴로 향하면서 가장 먼저 눈에 띄는 광경은, 숲이나 도로 그리고 멀리 보이는 마을만 빼면 완전히 하얀 눈으로 덮인 평원이라는 점이었다. 다음엔 눈 위를 지나간 전차 자국이 보였다. 기수를 점점 더 낮추어 500피트(약 150미터)까지 내려갔다. 이제는 투하해야 할 고도였다"[15]라고 기록했다. 낙하산이 꽃송이처럼 활짝 피어나자 갑자기 참호나 장갑차에서 병사들이 환호하면서 나타났다. "그들은 마치 슈퍼볼(미국 프로 미식축구 챔피언 결정전)이나 월드시리즈(미국 프로야구 챔피언 결정전)를 응원하는 것처럼 거칠게 함성을 질렀다."[16] 병사들이 뛰어나와 투하된 물건들을 안전지대로 끌고 가는 모습을 보면 적막했던 백설지대가 갑자기 살아나는 것 같았다. 또 다른 병사는 이렇게 썼다. "보급품들이 낙하하는 장면은 그야말로 장관이었다. 일단 물건을 회수하면 우선 포장백을 잘라서 발에 감고 그다음에 물건들을 적당한 장소로 옮긴다."[17] 실크로 만든 낙하산은 침낭으

● 제2차 세계대전 중 미군의 주력 쌍발수송기. 전쟁 내내 '스카이 트레인(창공의 열차)'이라는 별명이 무색하지 않게 대량의 물자와 병력 수송으로 큰 활약을 하여 아이젠하워가 연합군의 승리에 가장 기여한 무기 중 하나로 꼽기도 했다. 대전 이전 베스트셀러 민간 항공기였던 더글러스 DC-3 항공기를 베이스로 제작했으며 진주만 공격 직후인 1941년 12월에 첫 비행을 한 뒤 전쟁 동안 도합 1만 대가 생산되어 유럽과 태평양 전선, 중국 전선에서 활약했다. 또한 랜드리스(무기대여법)에 의거, 영국과 소련, 중국 등 동맹국들에게도 적지 않은 숫자가 제공되었다. 영국군은 C-47을 '다코타'라고 불렀으며 소련은 리수노프 Li-2라는 제식명으로 라이선스 생산했다. 노르망디 상륙작전 중에는 5만 명이 넘는 연합군 공수부대원들이 이 수송기를 타고 사상 최대의 공수작전을 수행했다. 영화 「밴드 오브 브라더스」 2화 초반에서도 C-47 편대가 독일군 대공 포화를 뚫고 제82공수사단과 제101공수사단 대원들을 투하하는 장면이 나온다. 베트남전에서는 미니건과 M2 중기관총을 탑재하여 건십으로 활용했다. 승무원 4명, 1200마력 엔진 두 대를 탑재했으며 최대속력 360km/h, 항속거리 2600km, 무장군인 28명 또는 2.8톤의 화물을 적재할 수 있었다.

로 안성맞춤이었다.

제9병력수송 사령부에서 보낸 241대의 항공기가 총 334톤에 달하는 탄약, 연료, 식량, 혈액을 포함한 의료품을 계속해서 떨어뜨렸다. "그러나 유리병은 낙하 충격이나 독일군의 포탄이 병이 든 상자에 명중하는 바람에 모조리 깨지고 말았다."[18] 그중 투하지점을 찾지 못해 되돌아간 비행기가 도합 9대였다. 대공포에 맞아 격추된 비행기도 7대나 되었다. 탈출한 조종사들은 포로로 잡히거나 숲으로 도망가서 나중에 구출되기도 했다. 미군 방어선까지 도망쳐온 조종사도 있었다. "우리 비행기는 단 한 대도 보이지 않는구나!"[19] 코코트 장군은 불평했다. 독일 전투기들이 미군 수송기들을 공격하려 했지만, 미국 호위 전투기들의 숫자에 밀려 격추되거나 쫓겨났다.

수송기들이 돌아가자 82대의 P-47 선더볼트 호위 전투기가 지상 목표물을 공격하기 시작했다. 전투기들은 전차의 궤도 자국을 쫓아가 독일 전차가 숨은 곳을 찾아내고 포병대를 공격했다. 하지만 관제사들의 노력에도 불구하고, 선더볼트는 때때로 아군을 오폭하기도 했다. 한 전투기가 미군 포병중대에 기총소사를 하고 폭탄을 투하했다. 포병이 응사하자 다른 전투기들도 공격에 가세했다. 장교가 식별 패널을 흔든 뒤에야 오인했음을 알고 날아갔다.

제901기갑척탄병연대의 마르비 공격은 전투폭격기가 돌아가고 어둠이 깔린 후에 시작되었다. 독일 포병대의 포화는 매서웠다. 네벨베르퍼 포병중대는 섬뜩한 소리를 내는 다연장 로켓을 쏘아올렸다. 독일 보병들은 4~5대로 구성된 전차소대들을 앞세우고 돌격했다. 니 세327글라이너보병언내 그리고 제326공수공병대대가 하늘로 조명탄을 쏘아올리면 하얗게 페인트를 칠한 판터 전차와 설상 위장복을 입은 기갑척탄병들의 실루엣이 드러났다. 수비병들은 즉각 소총과 기관총으로 사격을 시작했다. 바주카포 팀은 몇 대의 전차를 기동 불능으로 만들었다. 주로 무한궤도나 사슬톱니바퀴를 쏘아서 전차를 움직이지 못하게 했을 뿐, 주포나 기관총까지 못쓰게 만든 것은 아니었다.

바스토뉴로 가는 도로를 따라 한 때 방어선이 돌파되었다. 하지만 매콜리프가 최후의 예비 병력을 투입하고 포병에게는 포탄이 넉넉하지 않았음에도 마지막 한 발까지 모두 쏘라고 명령해서 저지했다. 방어군들이 워낙 잘 싸운 덕에 독일군은 심각한 손실을 입었다. 코코트는 결국 공격을 포기했다. 만토이펠 사령부에서는 크리스마스에 대규모 공격을 하라는 명령이 떨어졌다. 제15기갑척탄병사단이 증원되어 코코트의 휘하에 편입되었다. 코코트는 공격의 성공 가능성에 회의적이었지만, 방어군 역시 심한 압박을 받았고 특히 서쪽 측면이 취약했다.

미군은 아무리 노력해도 주변 지역을 모두 지킬 수는 없었다. 특히 한 곳이라도 돌파를 당했을 때를 대비한 예비 병력이 거의 남아 있지 않았다. 전방 참호가 워낙 넓게 퍼져 있어서 낙하산병들은 세열수류탄이나 60밀리 박격포탄을 나무에 숨겨놓고 인계철선을 여러 방향으로 연결해 부비트랩을 설치했다. 폭발물을 나무에 테이프로 붙여놓고 철선을 개인 총좌까지 끌어다가 당기면 폭발하도록 만든 것도 있었다.

푸아 남쪽 미 제506낙하산보병들은 숲 가장자리를 장악했다. 그들의 관측 초소는 한 주택에 설치되었다. 집 밖에는 독일군 시신이 한쪽 팔을 뻗은 채 꽁꽁 얼어있었다. 어느 병장은 "그 집을 드나들 때마다, 독일군 시신과 악수를 하는 것을 무슨 의식처럼 했다. 시신의 손을 흔들 때마다 우리 처지가 적어도 그 놈보단 훨씬 더 낫다는 사실을 확인할 수 있었다"[20]고 회상했다. 보급품이 공수되긴 했지만, 거의 모든 병사가 동상이나 참호족으로 고생하기는 마찬가지였다. 제327글라이더보병연대의 루이스 심프슨의 표현을 빌면 "이런 추위에서 부상병들의 목숨은 성냥불만큼이나 쉽게 꺼졌다."[21]

심프슨은 플라미에르주 주변에서 독일군의 공격을 받았을 때의 심정을 이렇게 적었다. "고개를 숙이고 언덕을 내려다보았다. 총알이 머리를 스치고 지나갔다. 오른쪽에서 누군가가 총을 쏘고 있었다. 무엇인가 본 모양이었다. 눈이 경사면 기슭의 나무에서 떨어져나와 살아 움직이는 것 같았다. 움직임이 점점 커진다. 하얀 옷을 입은 사내들이 줄을 지어 움직인다. 여기저기서 카키색 독일군 코트도 눈에 띈다. 독일군은 눈 위를 걷다가, 뛰다가 넘어지기도 했다. 다시 일어나 우리 쪽으로 왔다."[22]

바스토뉴는 자연스럽게 미군이 우선적으로 공중 지원을 해야 할 곳이 되었다.[23] 북쪽 측면에서 압박을 받고 있던 제82공수사단과 제30보병사단도 마찬가지였다. 하지만 그날 연합군 전투폭격기의 절반이 나서야 할 가장 중요한 임무는 뫼즈강으로 접근하는 독일 기갑사단을 저지하는 일이었다.

날씨가 좋아져서 연합군 공군이 나서기 시작하면서 공군이나 지상군 양쪽에서의 오인 사격 사고도 급격히 늘어났다. 대공포 사수나 기관총 사수들은 비행물체만 보면 거의 본능적으로 방아쇠를 당기는 것 같았다. '사격 지침'이나 '공군과 지상군 간의 인식' 같은 일은 잊어버리기 일쑤였다. 만약 연합군의 항공기들이 오인 사격을 하더라도 절대로 대응 사격을 하지 말라고 병사들에게 누군이 상기시켜 줘야 했다. 오인 사격을 받으면 중지 신호로 노란색이나 오렌지색 연막탄을 터뜨리거나, 앰버 스타 낙하산 신호탄을 쏘는 것 외에는 달리 방도가 없었다. 제30보병사단이 최대 피해자였다. 이 부대는 노르망디에서도 오인 폭격을 받았다. 아르덴에서는 더 많은 오인 폭격에 시달려야 했다.[24]

볼링의 제84보병사단과 제3기갑사단 일부 병력은 독일군 제116기갑사단과 제2친위기갑사단 다스 라이히에 맞서 오통-마르슈의 남부 방어선을 겨우 지켜냈다. 제3기갑사단 A전투부대는 콜린스의 제7군단을 보호하기 위해서 좀 더 서쪽으로 향했다. '헬 온 휠즈(바퀴 달린 지옥)'라는 별명으로 불리며 패튼의 지휘를 받았던 미 제2기갑사단이 12월 24일 계획된 대반격을 위해 강행군 끝에 비밀리에 도착했다.● 독일 제2기갑사단의 진격은 예상보다 훨씬 더 삘렸다. 콜린스는 나무르, 니낭, 지베에 있는 뫼즈강의 교량들을 영국군 제29기갑여단이 든든하게 지키고 있다는, "늘 그러하듯이 자신 있게 떠벌리는"[25] 몽고메리의 말을 듣고 안심했다. 그날 밤 영국군 제8소총여단

● 1940년 7월 15일 창설된 미 제2기갑사단은 제1기갑사단과 함께 미 육군이 최초로 창설한 기갑사단으로, 맹장으로 이름난 패튼이 직접 사단장을 맡았던 부대이기도 했다. 패튼은 제2기갑사단을 미국 각지를 돌면서 맹훈련을 시켰고 사람들에게 "앞으로 제2기갑사단이 적군을 만나면 바퀴 달린 지옥이 될 것"이라고 자랑했다. 이때부터 '헬 온 휠즈'는 제2기갑사단을 가리키는 별명이 되었다. 그의 지휘 아래 제2기갑사단은 미군의 데뷔전인 토치 작전(튀니지 침공작전)부터 이탈리아 침공, 노르망디 상륙, 벌지 전투, 라인 전역 등 굵직굵직한 주요 전투에 참전했으며 독일 항복 후인 1945년 7월에는 미군 부대로는 처음으로 히틀러의 수도였던 베를린에 진주했다. 브레드 피트 주연의 영화 「퓨리」는 제2기갑사단의 전차병들을 배경으로 했다.

병사들이 미제 지프차를 타고 다니던 슈코르체니의 특공대원 2명을 사살했다. 이 교량들의 가장 큰 문제는 뫼즈강을 건너는 피란민들이 홍수처럼 밀려든다는 점이었다. "독일군의 진격이 시민들을 불안하게 만들었다. 시민들은 최악의 사태를 걱정하고 있었다"[26]고 민사 장교가 기록했다. "이미 피란민들이 도로를 따라 이동을 하고 있어서 우리가 나가서 교통 혼잡을 초래하는 피란민들을 막아야 했다." 다리가 폐쇄되자 벨기에 시민들은 보트로 뫼즈강을 건넜다.

몽고메리는 12월 23일 영국군 1개 여단이 미 제7군단의 우익을 보강해줄 것이라고 콜린스에게 장담했다. 이미 와츠 소령이 지휘하는 제3왕립전차연대 1개 대대가 디낭 동쪽 6킬로미터 떨어진 소린에 당도했다. 와츠는 미군이나 독일군이 어디에 있는지 전혀 몰랐기에 18대의 전차를 디낭의 모든 길목에 분산 배치한 뒤 기계화정찰연대처럼 운용했다. 여단 산하 3개의 기갑연대에게 가장 불만스러운 일은 신형 코멧 전차가 아닌 "전투를 치르느라 고물이 다 된 셔먼 전차"[27]로 싸워야 한다는 점이었다.

지역 주민들의 협조도 큰 도움이 되었다. 푸아노트르담(바스토뉴 근처의 푸아가 아님) 북쪽 3킬로미터 떨어진 소린성에서 사는 자크 드빌렌파뉴 남작은 샤쇠르 아르덴 대대의 대위이자 현지 레지스탕스 지휘관이기도 했다. 이 남작은 오토바이를 타고 다니면서 독일군 제2기갑사단의 진격 상황을 알려주는 등 와츠 대대의 정찰병 노릇을 톡톡히 했다.

전투가 임박해오자 농부들은 오랜 포위 생활이 시작될지도 모르고, 포격을 피해 지하실 대피 생활을 해야 할 수도 있었기에 식량을 준비해두어야 한다는 사실을 깨달았다. 셀 바로 남쪽 산진에 사는 카미유 도부아는 독일군이 쳐들어온다는 소식을 듣자, 품평회에서 1등을 한 300킬로그램짜리 돼지를 잡기로 결심했다. 그런데 돼지가 너무 커서 혼자 감당할 수 없다고 생각한 농부는 마침 뫼즈강 너머에서 피란 온 도축사에게 도움을 청했다. 흔쾌히 승낙한 도축사가 돼지를 보더니 놀라서 소리쳤다. "이런! 이건 돼지라기보다는 암소라고 해야겠네요!"[28] 칼이 없어 도끼로 머리를 내리쳐 죽인 다음 매달아 피를 빼고 도축사가 해체했다. 그러나 나중에 독일군 제2기갑사단 전

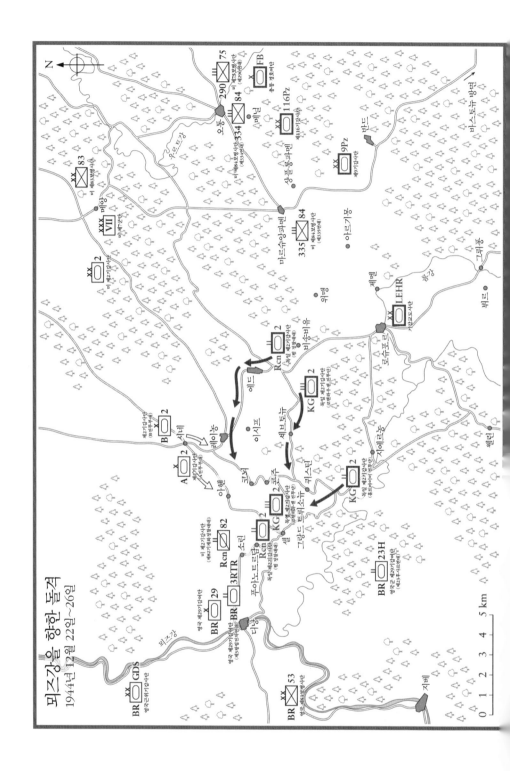

뫼즈강을 향한 돌격
1944년 12월 22일~26일

0 1 2 3 4 5 km

투단 병사들이 도착한 뒤 돼지 몸통이 온데간데없이 사라졌다. 굴라슈카노네라 불리는 독일군 야전 취사차의 취사병들이 가져갔음이 분명했다.

독일 제2기갑사단장 마인라트 폰 라우헤르트 대령*은 비송비유 북쪽의 병력을 둘로 나누어 뫼즈강을 가장 빨리 건널 수 있는 루트를 찾아나섰다. 우선 뵘 소령이 지휘하는 기계화정찰대대가 에드와 레눙 쪽으로 향했다. 이들이 제일 먼저 연료를 공급받았기 때문이다. 선두에 섰던 전차 2대가 미군 장갑차를 발견했다. 독일 전차들의 발포로 장갑차가 격파되었지만 미군 승무원들은 재빨리 탈출할 수 있었다. 지휘관 에버렛 C. 존스 중위는 미 제2기갑사단장 어니스트 하먼 소장에게 피습 사실을 보고했다. 호전적인 하먼은 그러잖아도 몸이 근질거리던 차여서, 존 H. 콜리어 준장 예하 A전투부대에 즉각 출동을 명령했다.

그날 저녁, 에른스트 폰 코헨하우젠 소령의 주력 기갑부대가 로슈포르 서북쪽 12킬로미터 떨어진 셰브토뉴의 작은 마을에 도착했다. 워낙 외진 곳으로, 이 마을 주민들은 안트베르펜으로 날아가는 V-1비행폭탄보다 더 두려운 일은 없었다. 로켓 하나가 마을 가까운 숲에 떨어져 폭발했기 때문이었다. 그 일만 없었더라면, 전쟁은 이곳 주민들과는 아무런 관련이 없는 일인 양 느껴졌을 것이었다. 지난 9월 해방된 이래 미군들을 본 적도 없었고 독일군이 다시 오리라고 생각하지도 않았다.

자정이 조금 지나서 전차들의 우르릉 거리는 진동에 놀라 잠이 깬 주민들은 창가로 가서 미군인지 독일군인지 보려고 했지만, 전차들이 헤드라이트를 끄고 이동하고 있었기 때문에 알 수 없었다. 언덕 중간쯤에서 전차들이 멈춰섰다. 놀랍게도 시끄럽게 떠들어대는 소리는 분명히 독일어였다. 동쪽 멀리 파이퍼 전투단이 민간인들을 학살했다는 소문은 이미 널리 퍼져 있었다. 해골 배지를 단 검은 군복을 입은 독일군을 보고 주민들은 틀림없

---

* 독일 국방군에서 통상 사단장 보직은 소장Generalmajor 또는 중장Generalleutnant이지만 때때로 대령Oberst이 맡는 경우도 있었다.

이 친위대일 거라며 겁에 질렸다. 그러나 제2기갑사단은 달랐다. 민간인을 대하는 그들의 행동거지는 예의가 있었다. 샤푸아[29]에서 농가 부엌에 들어간 한 장교는 주부에게 햄을 감춰두라고 일러주기도 했다. 자기 부하들이 굶주려 있기 때문에 햄을 보면 주저 없이 가져갈 것이기 때문이었다.

12월 24일 이른 시각, 코헨하우젠 전투단이 셀에 도착했다. 셀은 푸아노트르담에서 남쪽으로 몇 킬로미터 떨어져 있는 오래된 작은 마을이었다. 코헨하우젠 소령은 이 작은 마을을 지나 디낭까지 쭉 밀고 갈 생각이었다. 그런데 앞서 가던 판터 전차가 그 전날 미군 공병들이 설치한 지뢰를 밟았다. 마을 주민들에 따르면 독일 장교 두 명이 르 파비용 아르덴(아르덴의 휴게소)이라 불리는 작은 레스토랑에 들이닥쳤다. 폭음에 놀라서 깬 여주인 마르트 몽리크가 잠옷 위에 가운만 걸친 채 이들을 맞았다. 독일군 장교들은 디낭까지 얼마나 더 가야하는지 물었다. 여주인은 침착하게 12킬로미터를 더 가야 한다는 사실을 알려주었고 이렇게 덧붙였다. "하지만 그 도로에는 지뢰가 깔려 있답니다. 미군이 수백 개를 깔아놓았어요."[30] 독일군은 욕설을 내뱉으며 근처 숲으로 후퇴했다. 날이 밝으면 연합군 항공기에 들킬 것을 염려했기 때문이었다.

코헨하우젠은 지휘 본부를 트루 마이리아라고 불리는 숲속 작은 동굴에 마련했다. 그의 부대는 제304기갑척탄병연대, 제3기갑연대 1개 대대, 기갑포병연대, 사단 대공포대대 거의 전부를 포함했다. 야전병원으로 가는 도로 표지판에는 독일 제2기갑사단의 상징인 삼시창이 그려져 있었다. 연합군에게 정보가 들어가지 않도록 기갑척탄병들은 전신주를 잘라버리고 전화선을 끊어버렸다. 제2기갑사단의 분견대가 콩주 바로 동쪽에 있었다. 그곳 주민들은 지난 9월 독일 지휘관이 후퇴하면서 언젠가 되돌아오겠다고 한 말을 떠올렸다.

뵘 전투단은 레농을 지나서 야간에 서쪽으로 방향을 튼 다음 디낭으로 향했다. 푸아노트르담 바로 직전 마엔의 농장 근처에는 영국 제3왕립전차연대의 셔먼 파이어플라이 전차 한 대가 기다리고 있었다. 셔먼 파이어플라이

전차*는 보다 길고 강력한 17파운드 포, 즉 76.2밀리 고속포를 장착했다. 전차장 프로버트 병장은 전차가 접근하는 소리를 듣고 대원들을 깨웠다. 가장 먼저 선도 차량을 겨냥했지만 빗나가서 탄약 트럭에 맞았고 독일 전차 대열 전체가 흔들릴 만큼 엄청난 폭발을 일으켰다. 프로버트의 승무원들은 빠르게 재장전 후 4호 전차를 파괴했다. 그리고 '사격 후 즉시 위치를 바꾼다'라는 영국 왕립기갑군단의 방침에 따라서, 적의 판터 전차가 사격을 해오기 전에 신속하게 빠져나와 소린에 있는 와츠 소령에게 보고했다. 뵘 소령은 매복 공격을 당한 후 연합군의 화력이 얼마나 강한지 알 수도 없었고 연료도 부족해서 푸아노트르담의 작은 마을에 멈추기로 했다. 병사들은 차량을 농장에 감춘 다음 따뜻한 집으로 먹을 것을 찾아 들어갔다.**

12월 23~24일 저녁에는 기온이 영하 17도까지 내려갔다. 꽁꽁 얼어붙은 채 눈에 덮여 있는 언덕을 무심한 달빛이 비쳤다. 드빌렌파뉴 남작은 친구인 필리프 르아르디 드볼리외 중위와 함께 흰 옷을 입고 독일군의 주요 거점을 파악하러 다니다가 산진에서 나무 밑에 숨겨진 수륙양용차를 발견했다. 이후 미군 포병들은 이 차량을 포격했다. 드빌렌파뉴 남작과 필리프 중위는 새벽 4시 소린성으로 돌아와 와츠 소령을 깨웠다. 곧 제3왕립전차연대장 앨런 브라운 중령이 도착하자 이들은 독일군의 배치 상태와 코헨하우젠의 지휘

---

* 영국군이 미국에서 대량으로 공여 받은 셔먼 전차의 화력 부족을 메우기 위해 강력한 위력을 자랑하는 QF 17파운드 장포신 주포를 탑재하여 개조한 전차. 셔먼 전차는 원래 보병 지원을 목적으로 설계된 전차였기에 75밀리 주포는 독일 중전차들을 상대하기에는 역부족이었다. 17파운드 포는 철갑탄AP를 쏠 경우 관통력이 1킬로미터에 147밀리미터, 500미터에 175밀리미터에 달했으며 신형 분리철갑탄APDS인 경우 1킬로미터에서 233밀리미터, 500미터에서 256밀리미터에 달하여 판터와 티거를 비롯한 독일군의 모든 전차를 격파할 수 있어 독일군에게 가장 위협적인 존재였다. 독일의 전설적인 전차 에이스였던 미하엘 비트만의 티거 역시 1944년 8월 8일 프랑스 생트 부근에서 영국군 파이어플라이의 공격을 받아 파괴되었다. 그러나 파이어플라이는 화력은 강화된 반면, 장갑은 그대로였기에 적의 공격에 여전히 취약했고 주포가 커진 만큼 반동이 커서 명중률이 떨어지는 문제가 있었다. 또한 기계적 고장이 잦았다. 전쟁 동안 총 2346대의 셔먼이 파이어플라이로 개조되었다.
** 작전 개시 8일 만인 12월 24일 아침 독일 제2기갑사단 산하 뵘 전투단이 도착한 뫼즈강 동안의 푸아노트르담이 아르덴 대공세를 통틀어 독일군이 진격한 최대 진출선이었다. 1940년 서부 전선과 비교한다면, 당시 공격의 선봉에 섰던 로멜의 제7기갑사단은 단 이틀 만에 주파했으며 사흘째인 5월 13일에는 프랑스군의 별다른 저항을 받지 않고 뫼즈강을 도하하여 연합군 수뇌부를 충격과 공포에 빠뜨렸다.

본부 위치 등을 보고했다. 주요 타겟은 페름 드마엔(마엔 농장)이었다. 이곳만 제압하면 뵘 전투단을 코헨하우젠 부대와 차단시킬 수 있기 때문이었다. 드 빌렌파뉴 남작은 푸아노트르담의 큰 교회를 포격하지 말라고 부탁하기 위해서 영국군 제29기갑여단의 포병 사령관을 만나러 갔다. 그의 부탁대로 뵘 전투단이 그 마을을 점령한 후에도 연합군은 그 교회를 포격하지 않았다.

독일군 제2기갑사단의 전방 부대가 디낭에서 불과 7킬로미터를 남겨둔 곳까지 진격했다는 소식을 들은 히틀러는 매우 기뻐했다. 그는 가장 뜨거운 축하와 격려 메시지를 뤼트비츠와 라우헤르트 사단장에게 보냈다. 이 두 사람은 멋쩍었을 것이다. 그곳까지 보급할 수가 없어서 선봉대의 위치가 매우 불안했기 때문이다. 지난 8월 탈환에 실패했던 아브랑슈에서 제2기갑사단을 지휘했던 뤼트비츠는 만토이펠에게 사단을 뒤로 물려야 한다고 주장했다. 하지만 두 사람 모두 히틀러가 후퇴를 용인하지 않는다는 사실도 잘 알고 있었다.

제2기갑사단 좌익에는 바이에를라인의 기갑교도사단이 만토이펠의 병력과 함께 생위베르 북쪽에서 로슈포르로 진격했다. 오후에 포병이 그 마을을 포격했다. 정찰대가 로슈포르 외곽까지 진입했다가 되돌아와서 마을이 비어 있다고 보고했다. 하지만 이들은 미 제84보병사단 1개 대대와 대전차소대가 매복 중이라는 사실에 주의하지 않았다. 로슈포르로 들어가는 길은 롬강을 따라서 만들어진 암반 투성이의 골짜기에 있었기 때문에, 독일군이 진입하기에는 위험이 컸다. 밤이 되자 바이에를라인이 특유의 명령을 내렸다. "좋다 가자! 눈을 질끈 감고 가는 거야."[31]

요아힘 폰 포싱거 중령이 지휘하는 제902기갑척탄병들이 선두에 선 공격 부대가 로슈포르의 바리케이트에서 일제 사격을 받아 갑자기 진군을 멈췄다. 치열한 전투가 밤새 이어졌다. 많은 기갑척탄병이 희생당하고 중구축전차가 중앙 광장 부근에서 기동 불능이 되었다. 중과부적이었던 미군은 결국 후퇴했다. 미군 생존자들은 이튿날 북쪽으로 도망가서 미 제2기갑사단에 합류했다.

주민은 대부분 로슈포르 주변 절벽 밑에 있는 동굴로 피했다. 이제부턴

로슈포르가 미 포병의 주요 타켓이 되기 때문에 주민들은 그곳에서 당분간 머물러야 했다. 포격이 한창 심할 때, 잔 오리와 그녀의 어린 여동생이 엄마에게 물었다. "엄마, 이제 우리 죽는 거야?" 아이들의 물음에 엄마가 대답했다. "계속 기도하려무나." 주변의 모든 사람이 함께 묵주기도를 드렸다.[32] 한 사람이 꽁꽁 얼어붙은 거리에 친구가 죽어 있는 것을 발견했다. 고양이 한 마리가 마치 그의 식어가는 마지막 체온을 아쉬워하듯이 등 위에 가만히 앉아 있었다. 생레미 수도원의 트라피스트회 수도사가 시신을 수습하는 일을 맡았다.

그날 저녁, 워싱턴에 있는 루스벨트 대통령이 이오시프 스탈린에게 편지를 보냈다. "나는 아이젠하워로 하여금 전권을 가진 장교를 귀하가 계신 모스크바로 보내서 아이젠하워의 서부 전선 현황과 함께 동부 전선과의 관계를 의논하고, 우리의 연합 작전에 필요한 정보를 공유할 수 있기를 희망합니다. 벨기에의 상황은 나쁘지 않지만, 지금은 그다음 단계를 의논해야 할 때라고 생각합니다. 현재 비상 상황임을 감안하시어 조속한 답신을 주시면 감사하겠습니다."[33] 스탈린은 이틀 후에 동의한다는 답신을 보냈다. 마지막 문장의 '비상'이란 단어에서 스탈린은 연합군이 궁지에 몰려 있음을 눈치 챘을 것이었다. 마셜 테더 공군 사령관과 불 장군이 스탈린과 회담할 대표로 뽑혔다. 그들은 프랑스에서 카이로를 거쳐 모스크바로 날아갈 예정이었지만, 시간이 지체되면서 1월 5일이 되어서야 스탈린을 만날 수 있었다. 위기가 모두 지나간 뒤였다.●

● 1944년 여름 바그라티온 작전으로 독일군을 소련 땅에서 완전히 몰아낸 스탈린은 발칸반도와 헝가리를 휩쓴 다음 비스와강을 넘어 베를린을 향한 총공세를 준비 중이었다. 동원 병력은 4개 전선군 220만 명에 달하여 아르덴에서 치열하게 싸우고 있던 연합군과 독일군이 초라하게 보일 정도였다. 소련군의 마지막 총공세이자 동부 전선의 대단원이 될 '비스와-오데르 공세'는 당초 1945년 1월 20일에 시작될 예정이었으나, 루스벨트의 메모를 받은 스탈린은 이 기회에 서방측에게 정치적 빚을 만들어두겠다는 속셈으로 갑작스럽게 작전 개시일을 8일이나 앞당겨서 12일부터 시작하라고 지시했다. 이로 인해 소련군은 준비 부족으로 극심한 혼란에 직면하기도 했다. 스탈린의 변덕과 아집은 독소 전쟁 내내 그가 일관되게 보여준 모습이었다.

17

12월 24일 일요일

12월 24일 일요일, 푸른 하늘에 밝은 태양이 떠올랐다. 룩셈부르크에 있던 제12집단군 기상관측 장교 머짓 대위는 "연달아 기상예보를 맞추자 몹시 흥분하여 대성당의 뾰족탑과 바위 산마루를 넘어 독일까지 쭉 펼쳐져 있는 푸른 하늘을 자랑스럽게 올려다보았다."[1]

제101공수사단 대원들어 "서부 개척 시대의 마차 대열처럼 자기 위치를 군건히 지켰기에"[2] 브래들리의 전술 사령부에서는 바스토뉴 방어를 더 이상 걱정하지 않았다. 그러나 참모 장교들은 마을에 가득한 부상병들의 어려운 상태를 잘 알고 있었다. 매콜리프는 4개의 외과 팀을 낙하산으로 보내달라고 요청했다. 계획이 순조롭게 진행되어서 글라이더로 투입될 예정이었다.

미 제4기갑사단을 비롯해 패튼 휘하의 제3군단이 남쪽에서 바스토뉴로 향하던 중 예상보다 강력한 독일군의 저항에 직면했다. 고전을 하던 중 핸슨은 특이하고 재미있는 내용의 보고를 받았다. "오늘 한 병참부대 병사가 아를롱을 지나면서 룩셈부르크로 가는 길을 물었습니다. 하지만 그 병사는 길을 잘못 들어 바스토뉴로 가는 길로 들어섰습니다. 누군가 발포를 하자

놀래서 액셀러레이터를 밟아 그대로 제101공수사단 지역으로 진입했습니다. 최초로 독일군 포위망을 뚫고 제101공수사단과 합류한 셈이지만 이것도 돌파라고 봐야 할지 모르겠습니다."[3]

남쪽에서 치열한 전투가 벌어지고 있음은 무선 감청으로 알고 있었다. 미 제4기갑사단과 싸우고 있는 독일군 제5공수사단은 판처파우스트와 대전차포를 더 보내달라고 아우성이었다. 제3군 사령관 패튼 장군은 승리를 확신하는 모습이었다. 핸슨은 "패튼 장군은 전투 도중임에도 오늘 여러 차례 기분이 좋아서 활기차고 요란스러웠다"[4]라고 썼다. 그러나 패튼의 속내는 강력한 저항에 부딪쳐 당초 예상보다 제4기갑사단의 진격이 많이 지체되고 있어서 내심 초조했다. 제4기갑사단은 진격이 지체 되는 이유를 알아냈다. 제8군단 공병들이 바스토뉴로 후퇴하면서 "눈에 보이는 것은 모두 폭파해"[5]버렸기 때문이었다. 적군이 아닌 아군 공병대에 의해서 진격을 방해받는 꼴이었다.

룩셈부르크에 있는 병사들은 훨씬 더 자신만만했다. 시내를 지나가는 제3군의 끝없는 수송 대열을 보면서 이젠 독일군이 절대로 다시 오지 못할 것이라는 믿음을 가졌다. 이상하게도 제12집단군의 정보부는 갑자기 독일 전차와 돌격포의 숫자를 345문에서 905문으로 늘려 잡았다. 당초 어림짐작했던 서부 전선 전체의 독일 전차 숫자를 합한 것보다도 더 많았다.

참호 속의 병사들을 덜덜 떨게 만든 혹한에도 불구하고 바스토뉴 방어선의 병사들은 사기가 하늘을 찔렀다. 낙하산병들이나 제10기갑사단 병사들은 패튼 장군의 병력에 의해서 곧 포위망이 풀릴 것이라 기대하면서도 자신들이 구출되어야 할 존재라는 생각 자체를 인정하지 않았다.

다시 쾌청해진 날씨와 함께, 병사들은 하늘을 까맣게 뒤덮은 온갖 종류의 연합군 항공기들을 올려다보았다. 전투기들이 독일군 차량 대열에 폭격하는 소리, 기총소사하는 소리가 들렸다. 포케불프나 메서슈미트 전투기를 상대로 공중전이 시작되면 마치 권투 시합이 열린 것처럼 환호성과 고함이 터져나왔다. 보급품을 투하하던 연합군 수송기가 대공포에 맞으면 탄식이 터졌다.

연합군의 전투폭격기는 이 기간 독일군의 집결지를 폭격하여 적의 공세를 분쇄하는 데 굉장히 효과적인 존재임을 입증했다. 바스토뉴에 있는 관제사들이 폭격기들을 표적으로 유도했다. 연대 지휘 본부나 포병 관측기에서 독일군의 공격 징후에 대한 보고가 들어오면 "폭격기가 몇 분 안에 적을 타격했다."[6]

보급품의 투하는 포탄 공급이 우선이었기 때문에 식량 사정은 거의 나아진 것이 없었다. 많은 병사가 벨기에 시민들이 나누어주는 음식에 의존했다. 바스토뉴와 북쪽 능선에선 "지뢰를 밟거나 인계철선을 건드린 소, 사슴, 토끼 등의 고기를 종종 맛보기도 했다."[7] 저격수들은 산토끼나 야생돼지 등을 총으로 잡았다. 야생돼지가 시체 내장을 먹는 모습을 본 뒤로는 야생돼지를 먹으려는 병사가 확 줄었다.

혹한과 폭설은 불편함 그 이상이었고 전투 수행 능력에 큰 영향을 미쳤다. 여분의 마른 양말을 철모에 보관해야 했고 양말을 자주 갈아 신지 못한 병사는 여지없이 참호족이나 동상에 걸려 고생을 했다. 뫼즈강에 새로 도착한 미 제11기갑사단은 병사들에게 담요 조각을 발에 감게 했다. 이들은 오래전부터 소련군이 똑같은 방법으로 동상을 예방했다는 사실을 알 리 없었다. 추운 날씨에 오랫동안 쇳덩이 위에 서서 발을 충분히 움직일 수 없는 전차병들이 동상에 가장 취약했다. 하지만 장갑차량이나 트럭 운전병들은 엔진 열기를 이용해 신발을 말렸다.

대전차포 조준경이나 무선 전화 송화구에는 콘돔을 씌워서 입김에 얼어붙지 않게 했다. 전차나 구축전차의 포탑이 제대로 움직이려면 회전반을 녹여야 했다. 눈이 무기나 탄창에 들어가 꽁꽁 얼어붙는 경우도 많았다. 가장 쉽게 잼(총탄 걸림)이 되는 쪽은 기관총이었다. 50구경(12.7밀리) 중기관총은 나무 등 뒤에 엄폐한 저격수를 잡는 데 필수품이었다. 미군은 독일의 저격수들이[8] 대포나 대공포를 쏘는 순간 사격을 해서 총소리를 숨긴다는 사실을 알아냈다.

한 지역에서 알아낸 사실은 '전투 관찰' 보고서[9]를 통해서 순식간에 다른 부대로 전파되었다. 독일 정찰대는 밤에 통신선을 끊어서 한쪽 끝을 매복지로 끌어다놓은 다음 수리하러 나온 통신병을 포로로 잡았다. 독일 병사들은 자신의 철모에 일부러 총을 쏘아 구멍을 낸 다음, 진지가 점령당하면 죽은 체하고 있다가 등 뒤에서 총을 쏘기도 했다. 후퇴할 때에는 자기들의 참호에 지뢰를 묻거나 부비트랩을 설치했다.

미군 정찰병들은 밤중에 독일군과 마주쳤을 때를 대비해 이런 조언을 들었다. "우선 총을 아무데나 난사하고 모퉁이로 몸을 굴려서 숨은 다음, 마치 공격할 것처럼 미친 듯이 소리를 질러라. 적도 사격을 시작할 것이고 그러면 놈들이 어디에 있는지 알게 될 것이다." 방어할 때엔 허수아비를 참호 앞에 세워놓아서 독일군이 먼저 사격을 하도록 유도했다. 전방에 적군이 숨을 만한 곳을 만들어놓고 그 밑에 지뢰를 묻거나, 주요 거점 사이에 가짜 거점을 만들기도 했다. 공격 직전에는 일부러 땅을 파는 소리를 내서 적이 착각하도록 만드는 방법도 있었다. 집안에 있을 때는 창문에서 사격하지 말고, 창을 열어놓은 다음 방 안 멀찍이 떨어진 채 뒤쪽에서 사격해야 했다.

중대에서 가장 존경받으면서 꼭 필요한 병사는 의무병이었다. 의무병들은 부상병에게 줄 물이 얼지 않도록 에탄올을 수통에 넣어가지고 다니도록 허용되었다. "술기운은 누구에게도 해를 끼치지 않았다"고 보고서는 덧붙였다. 군목 역시 응급치료소에 가서 새로 들어오는 부상병에게 따뜻한 토디 Toddy(감기에 좋은 음료로 위스키에 따뜻한 물을 타고 설탕과 레몬을 넣은 음료─옮긴이)를 만들기 위해 술을 휴대했다. 의무병들[10]의 헌신, 용기 그리고 그들이 만든 기발한 응급 도구들 때문에 살아났다는 병사가 적지 않았다. 세 101공수사단의 플로이드 매쿼트 일병은 얼굴과 목에 심한 부상을 입은 어느 병사의 목을 낙하산 칼로 절개하고 만년필 튜브를 부상병의 기도 안에 넣어 목숨을 구했다.

독일군이 야전병원을 점령하는 바람에 외과의사 혼자서 바스토뉴에 있는 신학대학 예배당과 승마학교에 수용된 700명이 넘는 부상병을 돌보아야 했기 때문에 상황은 더욱 나빠졌다. 벨기에인 간호사 2명이 제10기갑사단에서 온 의사를 도왔다. 콩고 출신의 대담한 젊은 여성인 오귀스타 시위와, 그해 초 유대인 약혼자가 브뤼셀에서 게슈타포(비밀경찰)에 체포된 르네

르메르라는 간호사였다. 머리나 복부에 심각한 부상을 입은 병사들이 살아 날 가능성이 가장 적었다. 밖에 있는 방수천 아래에는 꽁꽁 언 시신들이 장작더미처럼 쌓였다. 많은 환자가 참을 수 없을 만큼 고약한 냄새가 나는 가스 괴저병에 걸렸다. 상처를 소독할 과산화수소수도 동났다. 겨드랑이에 넣고 녹여야 하는 냉동 혈장의 공급이 점점 줄어들었다. 심지어 마취제가 없어 코냑을 한 잔 먹인 다음 수술을 했다. 전투피로증 환자들도 급증했다. 진정제는 거의 바닥났다. 이 환자들은 가만히 앉아 있다가도 갑자기 비명을 질렀다. 노르망디나 네덜란드에서 용감하게 싸웠던 병사들도 결국 스트레스와 심신쇠약에 굴복했다. 추위와 굶주림 때문에 더한 것 같았다.

코코트 소장이 명령받은 독일군 특유의 틀에 박힌 공격 외에도, 전차 4대와 보병 100여 명이 투입되는 야간 공격이 반복되었다. 독일군의 하얀 위장복은 눈밭에서는 효과가 있었지만, 어두운 나무나 건물을 뒤로 하고 서 있을 때는 오히려 눈에 잘 띄었다. 이 사실을 알아챈 독일군은 위장복을 벗었지만 하얀 바지는 어쩔 수 없었다.

"전차를 잡으려면 팀워크가 좋아야 했다. 병사들이 서로를 믿어야 했고 배짱도 있어야 했다. 참호 속의 보병들은 독일군 보병을 처리하고, 구축전차는 독일군 전차를 맡았다."[11] 제8군단의 보고서 내용이었다. 서로 맡은 일을 제대로 했기 때문에 독일군은 대부분 격퇴되었다. 바주카포를 들고 전차를 쫓아다니는 스릴을 즐기는 낙하산병들도 있었다. 제101공수사단은 12월 19일부터 30일까지 모두 151대의 전차와 돌격포, 25대의 반무한궤도 차량을 파괴했다고 주장했다. 이 숫자는 전투기 조종사들이 적기를 격추했다고 큰소리치는 것만큼이나 과장되었음이 분명했다. 아마도 함께 공격에 참여했던 제10기갑사단의 셔먼 전차들과 템플턴 대령[•]이 지휘하는 제705대전차

● 지휘관 클리퍼드 템플턴은 당시 중령Lieutenant-Colonel이었으나 원문에는 대령Colonel으로 나와 있다. 바스토뉴 포위전에서 살아남아 사단장으로부터 은성훈장을 받은 그는 라인강을 넘어 독일로 진격하던 중 1945년 3월 1일 독일 서부에 있는 셸레리치Sellerich에서 독일군의 포격을 받아 전사했다.

대대의 헬캣 구축전차 등의 전과를 모두 합한 숫자일 것이다.

마르비 근처에서 벌어지고 있는 제901기갑척탄병연대와의 전투는 아침이 되면서 점점 격렬해졌다. 미군 기관총 사수가 산마루에 나타난 독일군 글라이더 강하엽병 두 명을 사살했다. 미군들은 마을에서 후퇴해서 서쪽 언덕을 겨우 확보했다. 바스토뉴에 있는 매콜리프의 본부는 이들의 방어 계획을 재검토했다. 마르비에서 마을로 밀고 들어오는 적은 겨우 막았지만 여전히 서쪽 측면 방어는 취약했다. 그래서 플라미에르주와 망드생테티엔, 세농샹에서 병력을 철수시키기로 했다. 전선 면적을 줄이면 그만큼 방어전선을 강화할 수 있었다. 전차와 대전차포는 각 연대에 분산 배속했다.

코코트 소장은 남쪽에서 미 제4기갑사단이 포위망을 뚫고 들어오기 전에, 내일까지 바스토뉴를 함락시켜야 한다는 지시를 군단장 뤼트비츠와 만토이펠로부터 확실히 받았다. 제15기갑척탄병사단이 서북쪽에 재배치되기를 기다리던 코코트는 점점 남쪽에 있는 제5강하엽병사단의 방어선이 걱정되었다. 코코트는 몇 대의 대전차포와 병참대원들로 '긴급 소대'를 편성해 남쪽에 견제 부대를 만들어두는 것이 좋겠다고 생각했다. 홈프레 근처의 대공포대대도 미군의 전차 공격에 대비하라는 명령을 받았다. 적어도 남쪽 아를롱으로 가는 주요 도로가 기갑교도사단 제901기갑척탄병연대에 의해 방어되고 있다는 사실만으로도 안심이 되었다.

독일 제5강하엽병사단은 제5기갑군의 남쪽 측면을 보호하기에는 장비가 너무 빈약해 보였다. 사단장 루트비히 하일만 대령은 주변의 미움을 받았다. 그는 사단 지휘권을 넘겨받으면서 "부패와 폭리"[12]를 발견했다며 자신의 참모들을 경멸했다. "이들은 지금까지 프랑스나 네덜란드에서만 근무하면서 공범들과 함께 횡령한 것들을 가지고 무위도식하고 있다." 게다가 그는 "늙은 부사관이란 작자들은 전쟁 말기에 목숨이 걸린 위험을 무릅쓸 생각이 없다"라고 공공연히 떠들었다. 그 대신 훈련을 거의 받지도 못하고, 스무 살이 채 안 된, 일부는 열여섯 살에 불과한 젊은 병사들을 가리켜 "그나마 쓸 만하다"라고 말했다. 하일만의 상관은 하일만 휘하 연대들의 위치를 정확하게 알기 위해 끊임없이 확인했다. 하지만, 하일만은 자신이 받는 보고 횟수가

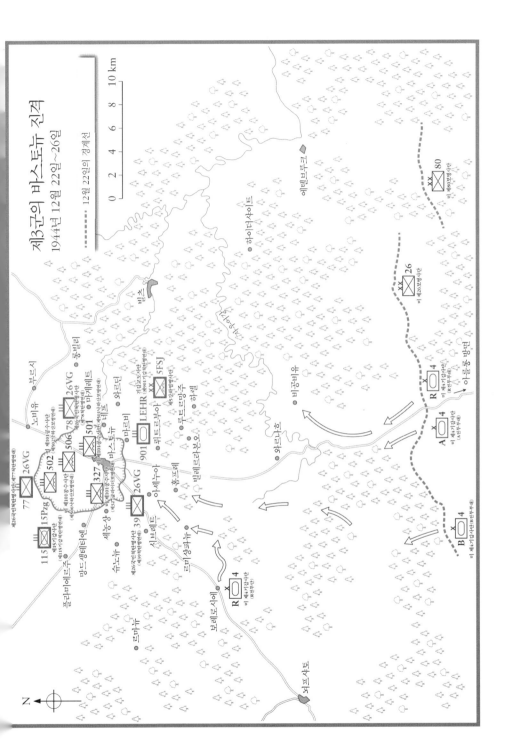

제3군의 바스토뉴 진격
1944년 12월 22일~26일

····· 12월 22일의 경계선

0 2 4 6 8 10 km

N

너무 적고 내용도 부정확하여, 군단 사령부의 '반복적인 요구'에서 벗어나고자 직접 전선에 가보기로 결심했다.

제5강하엽병사단은 대부분 10대 소년병들이었다. 모든 것이 부족함에도 불굴의 용기로 열심히 싸워 미 제4기갑사단을 괴롭혔다. 그날 새벽, 미군 제53기계화보병대대와 제37전차대대가 코코트 지휘 본부에서 남쪽으로 20킬로미터 남짓 떨어진 비공비유 마을을 공격했다. 크레이턴 W. 에이브럼스(이후 베트남전에서 미군 최고 사령관을 맡았다) 중령이 지휘하는 이 부대는 불과 3시간 만에 마을은 물론 뒤편 고지까지 점령했다. 그러나 "독일군이 배후로 침투해서 마을로 들어오자 이들을 소탕하느라 몇 차례 전투가 더 벌어졌다."[13] 설상가상으로 P-47 선더볼트가 미군에게 오인 폭격을 퍼부었다. 유색 연막탄을 터뜨리고 아군 인식 패널을 가리고 있던 눈을 쓸어내 겨우 멈추게 했다. 비공비유 마을을 다시 점령하는 데 또 3시간이 걸렸다. 작은 마을을 점령하면서 너무 비싼 대가를 치렀다. 전차 포탑 위로 머리를 내밀고 있는 전차장들은 독일 저격수의 표적이 되기 쉬웠다. 독일 저격수들은 "제37전차대대에서만 C중대의 중대장을 포함해서 9명을 저격했다."

미 제4기갑사단 역시 극한의 날씨 때문에 고생했다. 제51기계화보병대대의 한 병사는 일기에 이렇게 썼다. "우리 중대장은 폐렴으로 부재중이다. 소대 선임하사는 발에 동상이 걸려 자리에 없었다."[14] 이튿날이 되자 겨우 한 명의 장교만 남아 있었다. 크리스마스 전에 바스토뉴 포위망을 뚫겠다는 패튼의 희망사항을 실현하기는 어려울 깃 같았다.

아르덴 포위망을 형성한 독일 부대들이 다 그렇듯이, 코코트의 부대 역시 탄약 부족에 허덕였다. 특히 박격포 포탄이 제일 부족했다. 보급품 야적장이나 전방 보급선에 대한 연합군의 폭격 때문이었다. 그날 오후, 미군은 독일 포병이 잠잠해지자 크리스마스 아침에 집중적인 공격을 퍼부으려고 탄약을 아끼는 중이라고 생각했다.

북쪽으로 50킬로미터 떨어진 라글레즈에 있는 파이퍼 전투단의 잔여 병력들은 앙블레브강을 건너 도보로 탈출하기 전에 차량을 파괴할 준비를 끝냈다. 12월 24일 오전 3시 본대 800명의 병사들이 강을 건너 남쪽 능선마루를 향해 숲을 헤쳐나갔다. 파이퍼는 앞서 포로가 되었던 매카운 소령을 대동한 채 분견대 바로 뒤에서 따라 갔다. 두 시간 후, 그들 등 뒤로 큰 폭발음이 들려왔다. 아래에 있는 마을에서 차량이 폭발하면서 온 마을이 불길에 휩싸였다.

파이퍼는 독일군 전선이 어디에 있는지도 모른 채, 살름강을 따라 남쪽으로 향했다. 나중에 매카운은 그때, 먹을 것이라곤 비스킷 4개와 코냑 두 모금밖에 없었다고 회고했다. 해가 진 뒤 한 시간쯤 지나, 파이퍼는 미군 전초기지와 맞닥뜨리면서 총알세례를 받았다. 24킬로미터를 걸어서 녹초가 된 기갑척탄병들은 도로와 마을을 피해 개울을 건너 어둠속에서 허둥대며 도망쳤다. 크리스마스 날 이른 아침, 베르게발 북쪽에 있는 미군 진지와 또 마주쳤다. 엄청난 양의 박격포와 기관총 세례를 받았다. 매카운 소령은 혼란 중에 탈출하여 미 제82공수사단으로 갔다. 미군 낙하산병들에게 자신이 미군이라는 것과 전선으로 복귀하겠다는 의사를 밝히자 짐 개빈 장군이 있는 지휘 본부로 안내되었다.

파이퍼와 파이퍼의 대원들은 협곡 아래로 후퇴해 차가운 살름강을 헤엄쳐 건넜다. 크리스마스 오전이 지날 무렵, 제1친위기갑군단은 파이퍼 전투단이 부상자들과 함께 군단에 도착했다고 보고했다. 거의 동시에 미 제30보병사단이 스타벨로 근처에 갇혀 있던 파이퍼 전투단의 잔여 병력을 소탕했다. 그 병사들의 저항은 극렬했다. 아마도 미군들이 포로를 잡지 않는다고 생각했기 때문일 것이다. 전투 후 보고서에는 "문자 그대로 무릎까지 쌓인 전우의 시신을 밟고 넘으며 절망적인 공격을 했다"[15]라고 쓰여 있었다. 사단 포병대장은 스타벨로와 라글레즈 주변의 숲에 시신들이 흩어져 있었으며, 1000여 구의 시신이 한 군데 쌓여 있는 곳도 있었다고 보고했다. 미군은 약 2500명의 전투단 병사들을 사살하고 92대의 전차와 돌격포를 파괴했다고 집계했다.

이제 제6기갑군의 유일한 돌파구가 완전히 막히면서 히틀러와 국방군 총사령부의 마지막 희망은 서쪽으로 진격하고 있는 만토이펠의 기갑사단에 달려 있었다. 북쪽 능선에 대한 압박은 압도적이었다. 제2친위기갑사단 다스 라이히는 바라크드프라이튀르에서 승리를 거둔 뒤 제9기갑사단의 지원을 받으면서 한층 전력이 강화되었다. 총통 경호여단은 오통을 공격했다. 제9친 위기갑사단 호엔슈타우펜의 지원을 받고 있는 제18, 제62국민척탄병사단 은 비엘살름에 있는 미 제82공수사단을 향해 공격을 퍼부었다. 직삼각형 모 양의 이 지역은, 리지웨이 장군이 꼭 사수해야 한다고 신신당부한 곳이기도 했다.

몽고메리가 콜린스의 제7군단을 대반격을 위해 남겨두는 대신 능선을 따 라 배치했다는 얘기를 들은 브래들리는 화가 머리끝까지 났다.(사실은 콜린스 스스로 결정한 일이었다. 왜냐하면 달리 선택의 여지가 없었기 때문이었다.) 이것은 브래들리가 아직도 상황을 제대로 파악하지 못하고 있음을 보여주는 증거 였다. 북쪽과 서북쪽이 4개 독일군 기갑사단의 공격을 받고 있는 이상, 대대 적인 반격 이전에 방어선을 확실히 유지하는 일이 급선무였다. 제7군단 전 체를 철수시키는 안까지 검토했던 제1군 사령부는 "공군의 압도적인 활약에 도 불구하고 오늘 저녁의 상황은 예전보다 더 악화된 것 같다"[16]라고 썼다. 독일 기갑사단들이 서부 방어선을 돌파할 것을 우려한 제1군은 제5보병사 단의 중장비를 철수시키는 것을 고려하기 시작했다.

몽고메리가 리지웨이의 결정을 뒤집고 개빈의 제82공수사단을 비엘살름 에서 트루아퐁과 만헤이까지 후퇴시키자, 리지웨이 역시 폭발했다. 제82공 수사단은 독일 제9친위기갑사단 호엔슈타우펜, 제1친위기갑사단의 잔여 병 력, 그리고 제18, 제62국민척탄병사단으로부터 엄청난 공격을 받는 중이었 다. 리지웨이는 미 육군이 이런 식으로 후퇴 명령을 받은 일에 모욕감까지 느꼈다. 그는 후퇴가 "전장을 깔끔하게 정리하려는" 몽고메리의 강박증 때문 이라고 매도하면서 호지스 장군에게 맹렬히 항의했지만 "그다지 공감을 얻 지는 못했다"[17]고 핸슨이 나중에 인정했다. 브래들리는 몽고메리의 결정에 대하여 피해망상증을 품으면서 이같은 주장을 한동안 되풀이했다.

개빈은 병력의 재배치가 일리가 있음을 알았다. 몽고메리의 판단은 확실 히 옳았다. 제82공수사단은 독일군이 다시 오기 전에 이미 너무 광범위한 지역에 흩어져 있었다. 전선을 27킬로미터에서 16킬로미터로 줄인다는 것은 그만큼 방어선이 튼튼해진다는 얘기였다. 후퇴는 그날 밤 시작되었다. "제 82공수사단의 사기에는 별로 영향이 없었다."[18] 개빈의 낙하산병들은 새로 이동한 위치에서 꽁꽁 얼어붙은 독일군 시신들을 모래주머니처럼 써먹을 요량으로 시신 등록반원들이 가져가지 못하게 했다.[19]

케인의 기동부대와 새로 도착한 미 제17공수사단 1개 연대가 만헤이 교차로를 방어하기 위해 위치를 정했다. 제1군 사령부는 독일군 부대가 리에주에 있는 연합군의 병참기지를 노린다고 믿었고 여기에 대비하기 위함이었다. 제75보병사단은 마르쿠레에서 포위된 호건의 기동부대를 구출하려는 로즈의 제3기갑사단을 지원 차 가는 중이었다. 제75보병사단은 아직 전투 능력이 검증되지 않았다.

만헤이의 방어군은 다스 라이히 사단의 맹렬한 공격을 예상하고 있었다. 예상 외로 다스 라이히 사단은 고속도로와 이미 점령한 오데이뉴 양쪽 숲속으로 신중하게 다가왔다. 계속되는 연료 공급 문제 탓도 있겠지만, 맑은 날에 개활지로 나오는 걸 피하려고 그런 것 같았다. 맑은 날, 기갑 차량의 행렬은 목표물을 찾아 눈밭을 훑고 다니는 전투폭격기의 손쉬운 먹잇감이 되었다.

다스 라이히 사단장 하인츠 라머딩 SS소장은 지난 6월 노르망디로 북진할 당시, 튈과 오라두르쉬르글란 학살 책임자였다. 그는 키가 크고 거만한 성품에 얼굴이 얽은 사내였다. 라머딩이나 그 휘하 장교들 모두 무자비하기로 악명 높았다. 오라두의 주민들을 학살하면서 그것을 즐겼다. 나중에 몰래 녹음된 대화에서 하이테는 이렇게 말했다. "친위대 지휘관이 내게 웃으며 이렇게 말하더군. '우리는 엉뚱한 마을을 덮친 거였어. 그 사람들이 참 재수가 없었던 거지.' 그 마을엔 레지스탕스가 없었어."[20]

날이 어두워지면서 선더볼트와 라이트닝 전투폭격기가 귀환하자, 그제야 친위 다스 라이히 사단의 전차와 반무한궤도 차량들이 숲에서 나와 만헤이를 향해 북쪽으로 향했다. 독일군은 늘 하던 대로 노획한 셔먼 전차를 앞장세우는 속임수를 썼다. 제3기갑사단의 기동부대일지도 모른다고 생각한 미군은 발포를 하지 않았다. 게다가 친위대가 신호탄을 쏘아 미군 전차 사수들이 앞을 볼 수가 없었다. 밤 9시, 2개 기갑척탄병연대가 나란히 공격을 개시했다. 자정이 되자 독일군이 만헤이를 점령했다. 미 제7기갑사단의 전투부대는 19대의 전차를 잃었고 전차병들은 도보로 달아났다. 다스 라이히 사단은 단 한 대의 전차도 잃지 않았다.

우르트강 서쪽 지방을 맡았던 발덴부르크의 독일군 제116기갑사단은 마르슈앙파멘과 오통 사이를 뚫은 다음, 서쪽의 시네 쪽으로 크게 우회하여 제2기갑사단의 우익을 보호하라는 명령을 받았다. 그러나 볼링의 미 제84보병사단이 마르슈와 오통을 잇는 주요 도로의 남쪽에 강력한 방어선을 구축했다. 제116기갑사단은 베르덴 마을 근처를 돌파할 수 있었지만, 오래 버티지는 못했다. 이것이 발덴부르크 장군이 말하는 "혹독하고 변화무쌍한 전투"[21]의 시작이었다. 마을과 진지는 독일군과 미군이 번갈아 가며 점령했다.

마르슈도 위협을 받았다. 제84보병사단 정보부에서 자원 근무중이던 스물한 살의 헨리 키신저*는 유대인이었기에 훨씬 위험했지만 자원하여 신분 위장을 하고 뒤에 남았다. 볼링의 부대원들은 마르슈를 단단히 지켜냈다. 그의 포병들은 발덴부르크의 병사들에게 엄청난 손실을 입혔다. 야전포병대대는 신형 근접전파신관을 사용해서 독일군의 머리 위에서 포탄이 폭발하도록 했다. 그 효과를 지켜보면서 즐거워 어쩔 줄 몰라 하는 미군 보병의 모습은 마치 야만인 같았다. "엄청나게 죽어 자빠지더군요."[22]

연합군 전투폭격기들도 폭탄을 투하하고 기총소사를 하면서 쉴 새 없이 날아다녔다. "독일 공군은 도대체 코빼기는커녕 소리도 안 들리는군."[23] 발덴부르크 장군은 분통을 터뜨렸다. 그의 기갑척탄병들이 마르슈에 가장 근접한 곳이래야 마을이 저 멀리 내려다보이는 샹플롱파멘의 서북쪽 숲이 끝나

● 냉전 시기 닉슨 정권에서 백악관 국가안보보좌관과 국무장관을 지내면서 소위 '핑퐁 외교'로 닉슨의 방중을 성사시켜 세계적인 명성을 얻게 된 헨리 키신저는 원래 독일 바이에른 출신으로 1938년 나치의 박해를 피해 가족들과 함께 미국으로 망명했다. 1943년에 미국 시민권을 얻은 그는 이등병으로 자원입대하여 제84보병사단 정보부에 배속되었고 아르덴 전역 당시 뛰어난 독일어 실력을 활용해 정보 수집 임무를 수행했다. 이후 독일로 진격하면서 방첩부대CIC의 특별요원이 되어 게슈타포 장교를 추적 체포하는 일을 맡았으며 동성훈장을 받았다. 전쟁이 끝난 뒤에는 독일 남부 오버우어젤의 정보학교 교관을 맡았다.

는 곳이었다. 게다가 그곳에서 미군의 호된 포격을 받았다. 당시 워낙 많은 금속 파편이 나무에 박혀서, 이 삼림 소유자는 지금까지도 목재를 팔지 못한다고 한다.

좀 더 멀리 떨어진 곳에서 독일 제2기갑사단은 브라운 중령이 이끄는 영국 제3왕립전차연대와의 접전에서 3대의 전차를 잃었다. 독일군이 디낭 교량에 가까이 다가오자 기갑척탄병들이 도보로 침투할 때를 대비해서 브라운 중령은 각 접근로에 병력을 증강시켰다. 브라운은 독일군의 연료 사정이 최악이라는 사실을 잘 알고 있었다. 영국군 포병들이 셀 근처의 제2기갑사단을 포격했다. 그리고 푸아노트르담에 있는 뵘 전투단을 분쇄하려고 소린에서 공격할 준비를 했다. 브라운은 영국군 제53보병사단이 뫼즈강을 건너고 있다는 사실을 아직 모르고 있었다. 드디어 강력한 증원부대가 오고 있었다.[24]

떡 벌어진 가슴에 군인다운 콧수염, 걸걸한 목소리의 하먼 소장은 독일군을 손봐주고 싶어 몸이 근질거리던 참이었다. 그는 콜린스 장군에게서 반격의 기회가 올 때까지 기다리라는 명령을 받았다. 그러나 동쪽 측면이 처한 위험에 대처하느라 정신이 없는 콜린스와 연락이 닿지 않았다. 서쪽의 독일 제2기갑사단과 기갑교도사단을 위협적이라고 여긴 몽고메리는 콜린스에게 "만약 명령이라면"[25] 마르슈 북쪽 직선거리로 30킬로미터 떨어진 오통과 안덴 사이의 방어선 뒤로 물러날 수 있는지 물었다. 그렇게 하려면 대규모의 후퇴 이동이 불가피했다. 개빈의 제82공수사단을 퇴각시킨 것과는 달리 이번에는 크게 잘못된 결정이었다. 다행히도 몽고메리는 최종 결정을 콜린스에게 맡겼다.

하먼은 셀 근처에 대규모 독일군 기갑부대가 있을지도 모른다는 의심을 품으면서도 두 대의 P-51 머스탱 전투기가 그 근처에서 대공포 공격이 있었다는 보고를 할 때까지는 사실인지 확인할 수 없었다.(소린에서 영국군과의 접촉은 아직 없었다.) 콜린스가 없는 동안, 제1군 사령부와 제7군단 간에 혼란이 계속되자 하먼은 더 이상 기다리지 않았다. 그는 B전투부대에게 시네에서 A전투부대와 합류하라고 명령한 다음, 자주포대대 2개를 전방으로 내보냈다. 그날 저녁, 마침내 하먼에게 콜린스로부터의 전화가 왔다. 이튿날 아침에 출동하라는 명령이었다. 하먼은 포효했다. "개자식들, 너희들은 이제 다죽었다!"[26] 반격을 위해서 제7군단을 예비로 남겨둔다는 당초 계획이 흐트러졌지만 몽고메리는 제2기갑사단을 투입한다는 콜린스의 결정을 승인했다.

코헨하우젠 전투단은 지원을 약속한 제9기갑사단을 기다리면서, 셀과 코뇌 양쪽 지역을 도맡아 방어했다. 그러나 제9기갑사단은 연료 보급을 기다리느라 늦어졌다. 제2기갑사단의 전방부대 역시 탄약과 연료 보급을 애타게 기다려야 했다. 하지만, 보급선은 매우 불안정했다. 마르슈 서남쪽 고지에서 미군이 새로이 공격을 시작한 데다, 연합군 전투폭격기의 출현이 잦아지면서 보급선은 한층 위협을 받았다. 마르슈 남쪽의 제2기갑사단 참모들은 목적지를 바로 코앞에 두고 이렇게 되자 크게 당황했다. 모델 원수에게서 푸아노트르담으로 지시가 내려왔다. "필요하다면 정찰대대 분대들이 도보로 기습해서 디낭 교량을 점령하라."[27] 브라운 대령이 예상했던 대로였다. 그러나 뵘 전투단은 영국군 포병의 사격을 받아 매우 곤란한 처지였다.

독일 제2기갑사단 본부는 비상이 걸렸다. 뤼디거 바이츠 중령은 이렇게 썼다. "양쪽 지역 모두 탄약과 연료가 부족해 더 이상의 전투가 어렵다고 보고했다. 병력을 철수시킬 연료마저 충분치 않아 우리는 전선에서 싸우는 부대들을 어떻게 지원할지에 대한 해답 없는 문제에 직면했다."[28]

라우헤르트는 마르슈 방어를 맡고 있는 프리드리히 홀트마이어 소령의 전투단을 철수하기로 결정했다. 또한 이들에게 로슈포르를 통해 서쪽으로 이동하면서 코뇌를 공격하여 그곳에 포위된 아군을 구출하라고 명령했다. 작전은 미군의 제공권 때문에 오직 야간에만 수행할 수 있었다. 뤼트비츠는 이 계획에 찬성했지만, 그보다 먼저 제5기갑군 사령부의 승인을 얻어야 했다. 라우헤르트는 오후에 승인을 얻어낼 수 있었지만 정찰대대의 무선 응답이 없었다. 홀트마이어의 병력은 저녁이 되어서 출발했다. 그러나 야음의 이동은 매우 어려운데다 미군의 공격으로 어려움이 한층 더했다.

마르슈 동남쪽 10킬로미터 지점, 마르슈와 바스토뉴를 연결하는 N4 고속
도로 위 언덕에 방드라는 마을이 있었다. 앞에서 언급했듯이, 지난 9월 독
일 친위대원들이 퇴각하면서 벨기에 레지스탕스에 대한 보복으로 이 고속도
로 주변에 있는 마을에 들어가 가옥 35채를 불태웠다. 12월 22일, 독일 제
2기갑사단의 선봉대가 이 마을을 지나갔다. 그리고 이튿날 일부 병력이 이
마을에 숙소를 정했음에도 이들은 아무 해도 끼치지 않았다. 그러나 크리스
마스이브에는 잿빛의 친위대 군복을 입은 전혀 다른 병사 약 30명이 나타났
다. 그들은 왼쪽 소매에 ― 마름모 안에 SD가 새겨져 있는 ― 친위보안대 배
지를 달고 있었다. 이 제8특별특공대[29]의 대부분은 독일인이 아니었다. 프랑
스, 벨기에, 네덜란드의 파시스트들로 구성된 게슈타포 산하 부대로 지휘관
은 스위스인이었다.

이들은 기갑척탄병과는 따로 떨어져 큰 도로의 목조 건물에 자리를 잡
았다. 하필 크리스마스이브가 일요일이라서 대부분의 마을 주민들은 미사
를 드리는 중이었다. 미사가 끝나고 주민들이 나오자, 징집 연령에 있는 남자
들 70여 명은 신분증 검사를 한다는 이유로 모두 연행되었다. 그중 반수가
17세부터 31세까지였다. 모두 큰길 옆 제재소로 끌려가 갇혔다. 주민의 상당
수는 다른 곳에서 피란 온 사람들이었다. 그들 역시 석 달 반 전 퇴각 중이
던 독일군을 공격한 것에 대한 철저한 조사를 받은 후 한 사람씩 밖으로 끌
려 나가 사살되었다.

21세의 건장한 청년 레옹 프라일만 살아남았다. 그는 경비병을 공격하자
고 제안했지만 아무도 나서지 않자 자신의 차례가 왔을 때 ― 날이 일찍 어
두워졌다 ― 경비병을 때려눕히고 얕은 돌담을 넘어 개울가로 도망쳤다. 독
일군이 총을 쏘며 뒤쫓았지만, 살아서 도망치는 데 성공했다.

1월, 마을이 영국 제6공수사단 낙하산병들에 의해서 해방되자 머스티 신
부와 레옹 프라일은 낙하산병들을 34구의 시신이 꽁꽁 언 채 숨겨져 있는
곳으로 안내했다. 영국 조사관에 따르면 "독일군은 민간인들을 사살한 뒤,
흙과 판자로 시신을 반쯤 가려놓았다. 벽에는 '벨기에 놈들에게 살해당한
독일 영웅들을 위한 복수'라고 쓰여 있었고, 희생자들의 뒤통수에는 총을

맞기 전에 구타당한 흔적이 남아 있었다."[30]

주민들은 이 학살을 이해할 수가 없었다. 워낙 충격이 컸던 탓일까, 프라일이 동료를 배반했기 때문에 죽지 않고 도망칠 수 있었다는 소문이 돌았다. 시간이 지날수록 소문은 기정사실화 되었고 프라일은 고향에 되돌아가지 않았다.[31]

동부 전선을 책임진 육군 참모총장 구데리안 상급대장이 베를린 남쪽 초센에서 히틀러를 만나려고 아들러호르스트에 왔다. 아르덴 대공세는 이미 실패하여 목적을 달성할 수 없게 되었으며 더 이상 작전을 계속할 이유가 없다는 사실은 분명했다. 이제 소련의 붉은 군대가 대대적인 동계 공세를 준비 중인 동부 전선이 가장 위험했다. 그의 가방에는 동부 전선 외국군 정보부* 책임자인 라인하르트 겔렌 소장이 쓴, 평소보다 훨씬 더 자세한 상황 보고서가 들어 있었다. 겔렌은 예전에 여러 차례 빗나간 적이 있었기 때문에 그의 정보 보고서는 그다지 신뢰를 받지 못했다. 그러나 구데리안은 그의 판단이 옳다고 확신했다. 겔렌의 정보부는 보병 11대 1, 전차 7대 1, 포병 20대 1의 비율로 붉은 군대가 독일군을 압도하고 있다는 판단을 내렸다. 소련군이 제공권을 완전히 장악하면서 독일군은 정찰 사진조차 제대로 찍을 수 없었다.

구데리안은 하인리히 힘러 SS제국지도자, 카이텔 육군 원수, 요들 상급대장과 회의실에 마주 앉았다. 구데리안이 정보부의 상황 분석 내용을 설명하자, 히틀러가 중단시켰다. 히틀러는 소련군의 전력을 그 따위로 평가하는 것은 터무니없다면서 질타했다. 붉은 군대의 전차군단들은 전차가 거의 남아 있지 않으며 소총사단들도 사단별 병력 규모가 7000여 명 정도로 줄어들었

---

*　독일 육군 총사령부OKH 직속 정보기구로, 1938년 11월 10일 처음 설립되었으며 소련을 비롯한 동유럽 국가들에 대한 정보 수집을 총괄했다. 수장이었던 겔렌은 전쟁 말기 그동안 수집한 방대한 양의 소련 관련 정보들을 마이크로필름에 넣은 다음 미군 방첩조직 CIC에 투항했다. 그는 마이크로필름을 미군에게 넘겨준 공으로 면죄부를 받았고 이후 서독 정보부를 이끌었다. 그가 조직한 거대한 첩보집단은 '겔렌 조직'이라고 불렸고 과거 나치정권에서 일했던 자들이 태반이었다. 또한 친위대, 게슈타포 전범자들이 미국의 묵인 아래 남미로 탈출하도록 돕기도 했다.

다고 주장했다. "칭기즈칸 이래 최고의 속임수지! 도대체 어떤 놈이 이 따위 쓰레기 보고서를 만들었나?"[32]

겔렌의 분석을 옹호하려던 구데리안은 핀잔만 들었다. 요들 상급대장까지 아르덴 대공세는 지속되어야 한다고 고집하자 구데리안은 아연실색했다. 군사에 대해 아무것도 모르는 주제에 라인강 상류에 주둔한 집단군 총사령관이었던 힘러*는 만찬 자리에서 소련의 군사력이 완전한 허풍이라고 자신 있게 단언했다. 구데리안은 절망 속에서 초센으로 되돌아가야 했다.

패튼의 두 군단 맨 우익에 있는 제5보병사단이 제4보병사단의 뒤에서 서북쪽으로 진격에 나섰다. 감기에서 회복되고, 자기 오줌을 마시기도 했던 헤밍웨이는 병사들이 침대 시트로 위장한 채 산개대형으로 총을 쏘면서 진격하는 모습을 언덕 위에서 친구들과 감상했다. 독일군이 응사하는 것 같지는 않았다. 크리스마스이브에 헤밍웨이는 새로 부임한 러글스 대령이 이미 자신과 별거 중이던 부인까지 초청한 사실을 모른 채 로덴부르크에 있는 제22보병연대 본부로 향했다. 러글스는 두 사람에게 깜짝 쇼를 연출해주려고 룩셈부르크까지 지프차를 보내 마사 겔혼을 데려오게 했다.[33] 게다가 두 사람은 같은 방을 쓸 예정이었다.

크리스마스이브의 밤은 양쪽 군인들 모두에게 중요한 의미를 가진 날이었다. 바스토뉴에서는 심각하지 않은 부상병들[34]은 브랜디를 지급받았고 민간 방송에서 틀어주는 '화이트 크리스마스' 노래를 끊임없이 들었다. 푸아에 있는 마을의 동북쪽에서는 독일군들이 몸을 녹이기 위해 주택이나 농장으로 들어갔다. 젊은 독일 병사가 집주인인 벨기에 농부에게 자신의 형제 3명이 이미 전사했기 때문에 자기는 꼭 살아서 돌아가야 한다고 말했다. 주변

---

* 친위대 수장이었던 힘러는 아르덴 대공세 직전인 1944년 12월 10일부터 라인강 상류 집단군 사령관을 맡았다. 남부 프랑스 알자스로렌 주변의 라인강 상류 지역을 관할했으며 제19군과 보충군 수 개 연대들을 예하부대로 두었으나 대부분 전투 준비가 되어 있지 못했다. 게다가 무능한 아첨꾼에 불과했던 힘러는 감투 욕심이 있어도 군사 경험이 전무한 데다, 그 자리를 감당할 능력이 없어 엄청난 스트레스와 위통에 시달렸고 한 달 만에 부하인 하우저에게 지휘권을 넘겼다.

의 다른 곳에서는 독일군들이 부르는 '고요한 밤, 거룩한 밤'을 미군들이 듣고 있었다. 따뜻한 불 앞에 모여 있을 고향의 가족들을 그리면서 이야기를 나누었다. 후방에서는 운이 좋은 장병들이 롤리 성의 예배당 같은 곳에서 피란민 또는 건물주 가족들과 함께 성탄 밤 미사를 드릴 수 있었다. 대부분은 고향의 집을 그리워하면서 '고요한 밤'을 불렀다. 바스토뉴에서는 100여 명의 병사들이 통조림 깡통에 촛불을 밝혀 임시로 제단을 설치하고 미사를 드렸다. 군목의 설교는 간단했다. "계획을 세우지 말라. 어차피 하나님의 계획이 승리할 것이다."[35]

셀과 푸아노트르담 사이의 부아세유에서도 독일 병사들이 성 안의 민간인 피란소에 모였다. 제2기갑사단의 기갑척탄병 한 명이 알코올로 불을 밝히면서 "내일은 반드시 뫼즈강을 건넙시다"[36]라고 운을 떼자 보다 현실적인 병사가 대꾸했다. "초라한 크리스마스로군."

독일 제2기갑사단 선발대는 아사할 정도는 아니더라도 상당히 굶주려 있었다. 셀에서 알자스 출신 병사가 어느 집의 문을 두드렸다. 주인이 조심스레 문을 열자 병사는 무릎을 꿇고 음식을 구걸했다. 지역 주민들이 정복자인 이들에게 자비를 베풀어야겠다고 느낄 정도로 독일군의 처지는 너무도 비참했다. 제2기갑사단 병사들이 농부의 아내에게 크리스마스를 맞아 의미 있는 일을 하라며 수프나 감춰둔 과일로 파이를 만들 것으로 명령했을지는 몰라도, 총으로 위협해서 음식을 약탈한 사례는 극히 드물었다는 사실이 인상적이있다. 어싱 주민들에게 양말이나 속옷을 빨라고 강요한 병사는 있었나.

독일 병사들은 극심한 굶주림보다도 크리스마스이브에 서러움을 달래줄 술을 더 갈망했다. 로슈포르에서 14세 소녀 릴리안 들롬[37]은 란처(독일군 병사)가 그레구아르 카페의 유리문을 주먹으로 부수고 술 한 병을 훔치는 광경을 봤다. 유리를 깬 병사의 손은 피투성이였다고 한다. 크리스마스에는 향수병이 더욱 심했다. 병사들은 가족의 사진을 꺼내 보면서 흐느껴 울기도 했다.

양쪽 보병들은 그렇게 참호에서 밤을 보내고 있었다. 미군은 축하할 수 있는 것이라곤 얼어붙은 C형 전투 식량뿐이었지만[38] 어쨌든 독일군보다는 나았다. 어떤 낙하산병의 기록 중에는 꽁꽁 얼어붙은 고기 조각을 잘라내 입 안에서 녹인 다음 먹는 방법을 설명한 내용도 있었다. 가장 북쪽 능선 회펜에 주둔한 제99보병사단의 어떤 병사는 일기에 이렇게 썼다. "동료들은 '메리 크리스마스'를 외치며 참호 속을 돌아다녔다. 온 대지가 하얀 눈으로 덮여 있어 매우 아름다운 밤이었다."[39] 운 좋은 병사들은 장교가 돌리는 술 한 잔 얻어 마실 수 있었다.

지휘 본부나 상급 사령부에서는 레이더 교란용 알루미늄 조각들로 장식한 크리스마스트리를 만들어 세웠다. 지위가 높은 곳일수록 제대로 된 크리스마스를 보냈다. 전쟁의 피해를 거의 입지 않은 룩셈부르크는 평온했다. 크리스마스이브에 눈까지 내리면서 미 군목 프레더릭 A. 맥도널드는 촛불을 밝힌 교회에서 예배를 주관했다. 군목은 패튼 장군이 그날 밤 성찬식에 참석할 예정이란 통보를 받았다. 교회는 만원이었지만, 맥도널드는 "근엄한 표정으로"[40] 뒤쪽에 혼자 우뚝 서 있는 패튼 장군을 한눈에 알아봤다. 그는 제1차 세계대전 당시 빌헬름 2세가 이 교회 예배에 참석했었다면서 환영의 인사를 건넸다. 맥도널드는 패튼이 그 이야기에 관심을 가질 것이라 짐작하고 이렇게 권했다. "황제가 앉았던 자리에 앉아보시겠습니까?" 패튼은 미소를 지으며 대답했다. "안내해보게."

18

크리스마스

독일 공군이 마그네슘 신호탄을 바스토뉴 상공에 떨어뜨리면서 짧았던 크리스마스 밤의 평화는 끝났다.[1] 이어서 융커스88 폭격기들이 나타났다. 미군은 독일 공군을 이미 퇴물로 취급하고 있었다. 독일 공군의 위력은 포병만 못했다. 하지만 폭격의 충격이 건물을 무너뜨리기 일쑤였기 때문에 지하실에 모여 있던 바스토뉴 주민들과 피란민들에게는 여전히 위협적이었다.

매콜리프 사령부도 폭격에 맞았다. 지진이 일어난 것처럼 벽이 흔들렸다. 떨어지는 돌에 깔릴까봐 모두 두려움에 떨었다. 노트르담 학교의 지하실에 가득 모인 시민들은 먼지구름이 내려오자 공포에 질려서 기도를 하거나 비명을 질렀다. 몇몇은 진짜로 미치기도 했다.

미 제10기갑사단 응급치료소 군의관 프라이어 대위는 콩고 출신 간호사 오귀스타 시위를 포함한 동료들과 크리스마스 샴페인을 즐기는 중이었다. 그 순간 폭발과 함께 갑자기 바닥으로 내동댕이쳐진 프라이어는 응급치료소가 폭격에 맞았다고 직감했다. 프라이어는 먼지를 잔뜩 뒤집어 쓴 채 거리로 나왔다. 부상병이 있는 3층 건물의 꼭대기가 무너져 내려 불길에 휩싸여 있

었다. 시위의 동료 간호사 르네 르메르가 죽었고 부상병 25명 역시 침대에
서 그대로 타 죽었다. 병사들이 서둘러 파편을 치우고 출구를 만들었다. 양
동이로 물을 퍼서 화재를 진압하려고 했지만, 아무런 소용이 없어 곧 포기
해야 했다. 불길 속에 갇힌 부상병들은 차라리 쏘아달라고 울부짖었다. 독
일 폭격기들이 저공비행하면서 기총소사를 퍼부었다. 미군 낙하산병들도 소
총으로 응사를 했다. 막상 50구경 대공포 4문이 장착된 반무한궤도 차량은
모조리 주변 지역의 방어를 강화하는 데 투입되었기에 바스토뉴에는 대공
포가 한 문도 없었다.

몇 시간 후 재개된 공격은 독일군의 크리스마스 대공세가 시작되었음을
알렸다. 야포사격을 직접 지휘하라는 만토이펠의 명령에 따라 제5기갑군의
포병 사령관도 현장에 나와 있었다. 코코트는 지휘 본부를 서북쪽 측면 맞
은편 지브리로 옮겼다. 이 지역은 숲이나 마을이 거의 없이 탁 트인 곳이었
다. 눈 덮인 도랑 외에는 아무런 장애물도 없어서 미군 역시 중요 거점으로
활용했다. 장교들은 독일군이 전력 면에서 압도적으로 우세하다며 정신교육
을 시켰지만, 대부분의 국민척탄병들은 그 말을 믿지 않았고 곧 닥쳐올 전
투에 잔뜩 겁을 먹었다.

서북쪽과 동남쪽 두 갈래로 공격해서 5시간 이내에 바스토뉴를 점령한
다는 것이 코코트의 계획이었다. 하지만 그는 제15기갑척탄병사단의 전력이
예상보다 훨씬 더 약하다는 사실을 알고 당황했다. 국민척탄병 3개 대대, 전
차 및 놀격포 20문, 자주포 2개 대대로 구성된 볼프강 마우케 중령이 지휘
하는 전투단보다 그리 나을 것이 없었다. 게다가 사단 본부에서 소규모 증
원부대를 파견키로 했지만 최소 하루 뒤에나 도착할 참이었다. 첫 번째 공격
은 샹 마을 정면으로 치고 들어왔다. 새벽 5시 코코트의 제77척탄병연대가
사전 포격 없이 미군 참호를 급습했다. 독일 포병은 오직 미군 포진지만을
목표로 삼았다. 샹 마을에서는 "뺏고 다시 뺏기는"[2] 치열한 전투가 벌어졌다.
낙하산병 1개 중대와 구축전차 2대가 코코트의 부대에게 많은 피해를 주었
다. "어둠 속에서 적의 사격에 노출되었다고 가정하고 집중적으로 실시한 총
기 분해 조립 훈련"[3]이 톡톡히 효과를 보았다. 기관총에 탄피가 걸려 고장이

나자 재빨리 해결하고 사격을 재개했다. 샹 서쪽의 기관총 사수 윌리스 파울러 상병은 독일군 전차 4대가 뒤쪽 능선을 휘젓는 동안에 척탄병 1개 중대를 쓸어버렸다. 독일군의 공격을 분쇄하는 데 미군의 포격은 굉장히 효과적이었다. 오전 9시 미군의 전투폭격기가 급강하할 때 독일어로 "야보(독일어 야크트봄버(전투폭격기)의 줄임말)"라고 외치는 소리가 들렸다.

독일 마우케 전투단은 샹 마을 서남쪽에서 미 제401글라이더보병연대를 분쇄한 뒤 3킬로미터도 채 떨어지지 않은 헴룰의 아주 작은 마을에 이르렀다. 병력 중 일부는 샹을 공격하기 위해 북쪽으로 진격한 뒤 미 제502낙하산보병연대 지휘 본부와 응급치료소 부근에서 치열한 전투를 벌였다. 제502낙하산보병연대는 롤리성에 주둔했다. 롤리성은 18세기 건축물로, 바로 옆에는 중세시대의 커다란 원형 탑이 남아 있었다. 성으로 들어오는 교량에 지뢰를 매설했지만 날씨가 너무 추워서 지뢰가 얼어버리는 바람에 독일 전차가 지나가도 폭발하지 않았다. 그날 아침 기온이 급강하하자 바람이 불 때마다 얼어붙었던 눈 조각들이 마치 파도 거품처럼 휘날렸다. 미군 낙하산병들은 얼어붙은 기관총을 녹이기 위해 그 위에 오줌을 누었다.

성안에 있던 통신병과 운전병, 취사병까지도 소총이나 바주카포를 들고 싸웠다. 의사는 들것에 실려 치료를 받던 부상자의 손에 소총을 쥐어주었다. 이 부상병은 비무장 상태에서 포로가 되고 싶지 않았기 때문이었다. 한 병사가 의사에게 전사자 명단을 태워버리라고 소리쳤다. 독일군이 낙하산병을 얼마나 많이 죽였는지 숨기기 위해서였다.

급조된 방어부대의 '스카이' 잭슨 병장은 전차 여러 대를 기동 불능으로 만들었다. 다른 바주카포 사수가 지나치게 긴장한 나머지 포탄의 안전핀을 제거하는 것을 잊은 채 방아쇠를 당기자 포탄이 전차에 맞고는 소리만 요란하게 났다. 헬캣 구축전차가 판터 전차 하나를 또 잡았다. 어느 병사는 "전차에서 나오던 승무원들은 눈 위에 붉은 피를 뿌리며 죽어갔다"[4]라고 썼다. 쓰러진 병사들의 비명소리를 전차 안에 있던 병사들도 들을 수 있었다.

150명가량의 독일군이 4호 전차 4대의 지원을 받아 미 제502낙하산보병연대 1개 중대를 공격했다. 낙하산부대 중위는 병력을 숲 가장자리로 후퇴시켰다. 그는 기관총 사수에게 계속해서 엄호사격을 퍼부어 보병과 전차의 "발을 묶어라"[5]라고 명령하고, 자신은 바주카포 팀과 함께 측면으로 다가가 3대의 전차를 잡았다. 남은 전차 1대는 이웃 중대에서 처리했다. 그날 낙하산병들은 먹을 것이 거의 없었다. 반 컵도 못 되는 수프와 강낭콩만 먹고 싸워야 했다.

쿤켈 전투단은 세농샹 근처의 서남쪽에서 헴룰 쪽으로 다시 공격했다. 포위망 옆 멀리, 제901기갑척탄병연대가 동남쪽으로 뚫고 들어간 오전 10시 "독일군은 승리를 눈앞에 두고 있는 듯했다."[6] 독일군 돌격대가 바스토뉴 입구 갈림길까지 장악하면서 이젠 독일군의 돌파는 기정 사실처럼 보였다. 매콜리프의 임시 본부에서는 참모들까지 무기를 준비했고 병참부대원들은 남아 있는 바주카포를 모두 모아 마지막 방어전에 나섰다.

제502낙하산보병연대 잭슨 상병은 이렇게 회고했다. "독일군이 전차로 우릴 공격했다. 나는 지휘 본부에 있었다. 전선에서 바주카포와 포탄을 더 달라는 무전을 들었다. 즉시 바주카포 하나를 들고 포탄을 가지고 갈 수 있는 만큼 갖고 앞으로 나갔다. 내가 전선에 도착하자 후퇴 중인 독일 전차 한 대와 9명의 보병을 위에 태운 4호 전차 한 대가 보였다. 적 전차가 40야드(약 37미터)쯤 물러나면서 측면이 드러나자 나는 뛰어나가 바주카포를 쏘았다. 전차 옆구리의 무한궤도 바로 위쪽에 명중했다. 전차 위에 타고 있던 독일군 4명이 죽거나 다쳤다. 전차는 이내 멈추었고 이윽고 불이 붙었다."[7] 전차병과 전차 위에 앉아 있던 보병들은 도망치려다 모두 사살되었다.

탁 트인 공간에서는 낙하산야전포병대대가 보유한, 단포신의 곡사포도 전차와 대등하게 싸울 수 있었다. 가장 무시무시한 존재는 '화염 폭탄'인 네이팜탄을 투하하거나 50구경(12.7밀리) 중기관총을 쏘아대는 P-47 선더볼트 전투폭격기였다. 미군 지휘관들이 끝장을 보려고 한 이 전투에서 현지 농부나 주민들도 안전할 수 없었다.

샹, 롤리, 헴룰 인근의 전투 지역에서 셔먼 전차, 헬캣 구축전차, 바주카포 등에 의한 피해는 엄청났다. 오후가 되자 제15기갑척탄병사단은 전투를 계속할 만한 전차가 더 이상 한 대도 남지 않았다고 보고했다. 어두워진 후, 정찰대대 소속 잔여 구축전차의 지원 아래 절망적인 공격이 시작되었다. 미 제502낙하산보병연대의 바주카포 팀이 독일 지휘관 차량을 포함한 절반 이상을 근거리에서 기동 불능 상태로 만들었다.

동남쪽에서는 기갑교도사단의 제901기갑척탄병연대 돌격대가 공격에 나섰다가 고립되어 "문자 그대로 전멸"[8]당했다. 이 연대는 남은 예비 병력이 없어서 지원군을 기대할 수 없었다. 가용 병력이 남김없이 전장에 투입되었기 때문이었다. 코코트는 더 이상의 공격을 중단했다. 제15기갑척탄병사단은 사실상 전멸했다. 코코트의 제26국민척탄병사단도 800명 이상의 사상자를 냈다. 거의 모든 중대가 20명 이하로 줄어들었다. 제78척탄병연대의 모든 대대는 병력이 40명도 채 남지 않았다. 특히 경험 많은 장교와 부사관을 가장 많이 잃었다. 제26국민척탄병사단의 한 장교는 "우리는 바스토뉴에서 900미터 떨어진 곳까지 접근했지만 그 안에 들어갈 수 없었다"[9]라고 씁쓸하게 말했다.

코코트가 군단 사령부에 보고했다. 병력 손실이 너무 커서 더 이상의 공격은 "어려울 뿐 아니라 공격을 계속하는 것은 무책임한 짓입니다."[10] 뤼트비츠의 허락을 얻어, 이틀 후 레머의 총통 경호여단이 올 때까지 현재의 위치를 고수하면서 기다리기로 했다. 코코트는 제5강하엽병사단이 남쪽에서 올라오는 패튼의 공격을 버티지 못하고 있다는 소식을 들었다. 국민척탄병들은 접근로에 지뢰를 매설하거나 대전차 진지를 설치하는 일이 고작이었다. 아르덴 대공세는 실패했다. 코코트의 결론이었다. 그는 "대공세는 엄청난 희생만 초래하고 별로 중요하지도 않은 마을 몇 개를 점령한 것으로 끝났다"라고 기록했다. 총통 사령부에서는 이런 상황을 받아들이지 않을 것이 분명했다.

바스토뉴 북쪽과 동남쪽 전투가 한창 치열하게 벌어지는 동안 대공포화를 무릅쓰고 페니실린을 실은 소형 관측기가 날아왔다. 비행기에는 외과의사도 타고 있었다. P-38 라이트닝 전투폭격기는 부족한 지도와 전체 지역에 대한 정찰 사진을 투하했다.[11] 그것이 그날 받은 물자의 전부였다. 영국 상공의 시야가 좋지 않아 공중 투하를 금지했기 때문이다. 설상가상으로, 패튼이 크리스마스 선물로 주겠다던 바스토뉴 포위망 돌파도 실현되지 않았다. 매콜리프는 제8군단장 미들턴에게 전화를 걸어 노골적으로 불만을 드러냈다. "우린 아주 실망했습니다."[12]

패튼 휘하의 제3군단은 코앞까지 와 있었다. 바스토뉴 중심가에서 남쪽으로 6킬로미터 떨어진 뤼트르부아 근처에서 제35보병사단 제134보병연대가 포병과 구축전차의 밀착 지원을 받았다. 전방 숲속에 있던 독일 전차의 모습이 눈에 들어오자 야포를 쏘았다. 포성을 듣고 서면 전차도 달려와 가세했다. 바주카포 사수는 "엎드려 기다리거나 말코손바닥사슴을 쫓는 것처럼 몰래 기어다녀야 했다."[13] 바주카포 사수들은 판터 전차의 장갑이 두꺼워 탄두가 튕겨나가기 때문에 전차의 궤도를 겨냥하라고 훈련을 받았다. 결국 27대의 독일 전차 중 단 3대만 도망칠 수 있었다.

미 제4기갑사단은 바스토뉴 남쪽, 아를롱과 뇌프샤토로 가는 길 사이에서 독일 제5강하엽병사단 소속 부대를 공격했다. 아세누아 마을이 무자비한 포격에 의해 흔들렸다. 주민들은 기도 이외에 할 수 있는 일이 없었다. "이제 우리는 주님의 품 안에 있사옵니다. 온전히 주님께 맡기옵니다."[14] 한 여인이 기도했다. 왈룬 사람들은 대부분 가톨릭 신자들이었고 신앙심이 깊었다. 자신의 운명을 스스로 결정하지 못하는 상황에서는 오로지 하느님께 온전히 맡기는 것만이 위안이었다. 함께 모여 묵주기도를 드리면 근심과 고통이 사라시고 평안함을 느낄 수 있었다.

헴룰 전투 중에 모델과 만토이펠은 마르슈로 가는 고속도로 근처의 루몽성에 있는 뤼트비츠 군단 사령부를 찾았다. 뤼트비츠도 자신이 지휘했던 사단이 셀 부근에서 발이 묶인 것을 걱정했다. 제2기갑사단을 후퇴시켜서 위기에서 구출해야 한다고 다시 강조했다. 모델도, 만토이펠도 '동조하긴 했지만'[15] 이들에게는 '제2기갑사단의 후퇴를 결정할 권한이 없었다.' 오직 히틀러만이 결정할 수 있었다. 틀림없이 그는 아직 패배를 인정할 준비가 전혀 되어 있지 않을 것이었다.

뷤과 코헨하우젠 전투단에 대해서 뤼트비츠가 가장 우려했던 일이 말한 그대로 현실이 되었다. 연합군의 반격이 새벽에 시작되었다. 영국군 제29기 갑여단이 푸아노트르담에 있는 뷤의 전투단을 포격했다. 약속했던 대로 그 17세기 교회는 포격을 받지 않았다. 미 포병중대는 에드[16]와 셰브토뉴 근처의 들판에 자리 잡았다. 전날 저녁, 미군들은 에드에 도착해서 갈레트(프랑스 등지에서 후식으로 자주 먹는 달콤한 빵—옮긴이)와 직접 짠 암소의 젖에 허시 초콜릿 바를 녹여 만든 핫초코로 온 주민들과 축하 잔치를 벌였다. 그 후 미군 병사들은 성당 자정 미사에 새 친구와 함께 갔다. 불과 이틀 전 강제로 독일 국방군에 끌려갔던 알자스 출신의 이 16세 소년은 농부의 아내에게 자기가 겪은 끔찍한 이야기를 하던 도중 울음을 터뜨렸다.

셰브토뉴에서는 장교가 집집마다 돌아다니며 창문을 닫아놓으면 폭발 충격으로 유리창이 깨질 수 있으니 창문을 열어놓으라고 말했다. 주민들은 '프티 쥘Petit Jules'이라 부르는 포병관측기가 독일군 상공을 배회하는 모습을 봤다. 잠시 후 꼬리가 두 개 달린 P-38 라이트닝 전투폭격기 편대가 나타났다.

하먼의 미 제2기갑사단의 A전투부대는 코헨하우젠 전투단 동쪽으로 12킬로미터 떨어진 비송비유까지 진격했다. 그리고 로슈포르에서 진격해온 독일 기갑교도사단을 라아프 농장까지 쫓아가 전투를 벌였다. 대부분의 주민은 즉각 지하실로 대피했다. 하지만, 다락방으로 올라가 전차들끼리 목숨을 걸고 벌이는 불꽃놀이를 구경하는 사람도 있었다. 29명의 독일군이 전사하고 더 많은 사람이 중상을 입었다. 부상병들은 헛간으로 옮겨 짚 위에 눕혔다.

시네에서 온 B전투부대는 둘로 나뉘어서 하나는 콩주로, 다른 한 팀은 셸로 진격했다. 이 두 마을 사이에 산개해 있는 코헨하우젠 전투단을 포위하려는 것이었다. 셸 근처의 독일군은 말 그대로 정지된 표적이었다. 그들은 심지어 야전병원 앰뷸런스의 연료도 부족했다. 셸에서 주민들은 대부분 수녀, 신부와 함께 성당 지하실로 대피했다. 9월 전투 때에 깔아둔 짚이 아직도 그곳에 있었다. 포격이 뜸해지면 농부들이 아기들을 위하여 우유도 가져오고 폭격에 죽은 닭으로 요리도 했지만, 포탄이 머리 위를 날아다니면 지하실에서 웅크리고 있을 수밖에 없었다. 미군은 백린탄을 썼고 주민들은 농장에 불이 붙을까봐 걱정했다.

영국 제3왕립전차연대의 서먼 전차들은 미 제82정찰대대와 P-38 라이트닝 전투폭격기들의 지원을 받아 소린에서 푸아노트르담을 향해 진격했다.[17] 오후에는 마을을 탈환하고 뵘 소령과 휘하 병사 148명을 포로로 잡았다. 깊은 눈 속을 뚫고 도망친 병사들은 손에 꼽을 정도였다. 마을이 해방된 후에도 계속되는 총소리를 듣고 숨어 있던 가족들도 있었다. 그 소리는 반무한궤도 차량에 불이 붙어 그 안에 적재된 탄약이 계속해서 폭발하는 소리였다. 가장 먼저 해야 할 일은 골판지를 오려서 깨진 유리창을 임시로 막는 일이었다. 미군과 영국군 그리고 독일군 사이의 전투가 마침내 끝이 난 것은 정말로 다행이었다.

소린으로 피란을 간 어린 소녀가 신발을 잃어버렸다. 제82정찰대대의 미군 병사가 독일군 포로에게 총을 겨누면서 군화를 벗어서 소녀에게 주라고 강요했다. 물론 그 군화는 소녀에게는 무척이나 컸겠지만, 적어도 걸을 수는 있었을 것이다. 독일군 포로는 동상에 걸렸겠지만 말이다.

미군과 영국군 포병이 푸아노트르담과 셀 사이에 있는 마엔 농장 주변의 독일군 진지를 포격하자 친위대원들이 불을 지르고 다닌다는 소문이 돌기 시작했다. 하지만 그 지역에 친위대원이 없었던 것을 감안하면 화재는 순전히 포격 때문이었다. 검은 작업복에 해골 배지를 단 전차병을 무장친위대로 오인한 것이었다.

미 제2기갑사단의 B전투부대는 그날 오후 셀로 들어섰다.[18] 그러나 굶주리고 지친 독일 기갑부대는 탄약과 연료까지 부족했기에 오래 버틸 수가 없었다. 이틀 동안의 소탕 작전에서 2500명의 독일군을 사살하거나 부상을 입히고 1200명을 포로로 잡았다. 이외에도 노획하거나 파괴한 장갑차량과 대포가 각각 82대였다. 그리고 그 전에 독일군에 빼앗겼던 수많은 차량을 되찾았다. 대부분 연료나 탄약은 없었다.

코헨하우젠 소령과 600여 명의 병사들은 뿔뿔이 흩어진 채 들을 건너

도보로 겨우 도망쳤다. 항복을 원하는 병사들도 많았다. 셀 근처에 숨어 있던 독일군 병사들은 주민들에게 제발 자신들이 항복하려 한다는 말을 미군에게 전해달라고 애걸했다. 이들은 비록 손을 들고 있더라도 갑자기 나타나면 미군이 그대로 쏘아버릴까 두려워했다. 미군 군복이나 미군용품을 잔뜩 착용한 병사들은 자칫 슈코르체니 전투단으로 오인 받을까 겁내고 있었다. 해치지 않겠다는 의사 표시로 권총을 벨기에 민간인에게 넘겨준 독일군도 있었다. 그 권총은 다시 미군에게 전달되었다. 그 권총을 팔았다면 꽤나 비싼 값을 받을 수도 있었다는 사실을 그 주민은 몰랐다. "미군이 가장 갖고 싶어하는 것이 권총이었다"[19]라고 한 농부가 말해주었다. 주민들은 독일군의 장비며 물건들을 갖고 있다가, 독일군이 다시 쳐들어와서 그것들을 발견할까 봐 두려워했다.

만헤이와 그랑메닐 근처의 전투에서 아직도 미 제1군의 근심덩어리로 남아 있는 독일 제2친위기갑사단 다스 라이히를 제외한 다른 기갑사단들은 독일 전선 돌출부인 벌지의 서북쪽 측면에서 고전을 면치 못했다. 독일 제116기갑사단은 마르슈 동쪽을 뚫으라는 명령을 받았다. 발덴부르크 소장이 기록한 대로 "이 전투에 투입된 사단의 예하부대들은 거의 전멸했고"[20] 제60기갑척탄병연대의 바이어 전투단은 고립되었다. 소수의 병력과 차량만이 겨우 탈출했다.

그날 밤, 폰 룬트슈테트 원수는 히틀러에게 대공세가 실패했다고 보고했다. B집단군도 포위당하기 전에 빨리 후퇴시켜야 한다고 건의했다. 히틀러는 이 건의를 묵살하면서 바스토뉴를 다시 공격하라고 명령했다. 히틀러는 연합군이 속속 도착하고 있다는 사실을 몰랐다. 미 제17공수사단이 전투 위치로 이동 중이었다. 제8군단 참모 장교는 이 낙하산병들이 '훈련이 많이 필요하다'고 생각했다.[21] 새로 도착한 제11기갑사단 역시 경험이 부족했다. 특히 셔먼 전차를 운전하는 병사들은 매우 미숙하여 "나무뿌리를 파 뒤집어 놓거나 통신선을 끊기 일쑤였다."[22]

"춥고 맑은 크리스마스, 예수님 탄생일이긴 하지만 독일 놈들 죽이기엔 딱 좋은 날씨다."[23] 패튼은 일기에 이렇게 썼다. 그는 지휘 본부를 룩셈부르크에 있는 산업학교로 옮겼다. 그리고 독일군 포로의 철모를 전등갓처럼 만들어 주변 사람들에게 자랑스레 보여주었다.

아르덴에 있는 벨기에 주민들은 크리스마스를 즐길 기분이 아니었다. 전투가 끝나가는 엘센보른 인근 마을에 살던 그론스펠트 가족들이 크리스마스를 즐기기 위해 지하실에서 나왔다가 큰 변을 당했기 때문이다. 눈 위에 반사된 햇빛이 눈부시던 식탁에 엄마, 아빠 그리고 어린 딸 엘프리드 셋이서 앉아 있었다. 그러던 중 갑자기 독일군이 쏜 포탄이 날아와 옆에서 터지는 바람에 파편이 창문을 뚫고 날아와 "엘프리드의 목 깊숙이 박히고 말았다. 미군 의무병이 달려왔지만 아무 소용이 없었다. 다섯 살 난 어린 소녀는 12월 29일 묻혔다. 마을 여인은 애도하는 마음으로 일기에 이렇게 썼다. '그 엄마한테 무슨 말이 위로가 될까?' 그녀는 그저 울기만 했다."[24]

엘센보른 능선에 있던 미군 병사는 자신의 부인에게 편지를 썼다. "폭격기가 날아간 자국은 깃털처럼 희고 아름답지만, 공중전을 벌이는 전투기 자국은 마구 휘갈겨 쓴 것 같은 자국을 남긴다오."[25] 군인들은 한꺼번에 6대 또는 그 이상 나타나는 파이퍼 컵 포병관측기*를 항상 지켜보아야 했다. 비행기가 꼬리를 치켜들고 지상으로 급강하하면 "그때가 우리가 숨어야 할 시간이라는 것을 우리는 알고 있소." 그가 쓴 다른 편지에는 이런 구절도 있었다. "우린 매일 한두 번씩, 아군 비행기의 오인 사격을 받곤 하오."

다시 맑은 날씨가 시작되자 미군 전투폭격기들이 "말벌 떼처럼"[26] 생비트 상공을 배회했다. 독일군 장교는 일기에 이렇게 썼다. "우리는 주요 고속도로에서 차를 타는 것보다 걷는 쪽이 더 낫다. 미국 놈들의 야보(전투폭격기)는 도로 위에서 움직이는 것은 무엇이든지 공격한다. 우린 산울타리에서 산울타리로 옮겨 다니며 들판을 건너야 했다." 그러나 곧 훨씬 더 큰 비행기 엔

---

* 파이퍼 항공사에서 제작한 미제 J-3 경비행기. 제2차 세계대전 중 2만대나 제작되었고 연락기와 지상 관측기, 유보트 대잠 초계기 등으로 사용되었다. 해방 당시 우리 공군에 최초로 공여되어 L-4연락기로 잘 알려진 비행기이기도 하다. 65마력 엔진을 탑재하고 최대 140km/h의 속도로 비행할 수 있었다.

진 소리가 들려왔다. 76대의 B-26 폭격기 편대가 날아들어 남아 있는 생비트를 초토화했다. '도시 전체를 길거리에 나앉히기' 전략으로 알려졌다. 도로를 온통 파편투성이로 만들어서 독일군 수송대가 도로를 아예 이용하지 못하도록 만들려는 생각이었다.

제12집단군을 몽고메리에게 빼앗긴 부끄러움 때문에 위축된 브래들리는 패튼의 2개 군단이 진격하는 데에 거의 참견하지 않았다. 그러나 몽고메리가 초청한 크리스마스 파티에는 참석하기 위해 존호벤에 있는 제21집단군 사령부 근처의 생트롱으로 전투기의 호위를 받으며 날아갔다. 그는 몽고메리에게 즉각적인 반격을 하자고 제안하려고 마음먹었다. "몽고메리는 언제나 남들이 자기에게 먼저 접근하기를 기다린단 말이야."[27] 브래들리가 나중에 변명 삼아 불평했다. "아이젠하워는 나더러 몽고메리를 만나러 가라고 하지만, 도대체 왜 내가 그래야 되지?" 그는 몽고메리의 사령부가 벽을 온통 크리스마스카드로 도배하고 있는 것을 보아 완전히 축제 분위기처럼 보였지만 점심으로 겨우 사과 하나만 먹었다고 말했다.

브래들리는 그날의 만남이 어색했다고 주장했지만 액면 그대로 믿기는 어려웠다. 몽고메리는 버릇대로 남의 기분을 잘 맞춰주지는 않았을 테고 약간은 거만한 분위기를 풍겨서 브래들리가 자존심이 상했을 것이다. 평소 입버릇처럼 떠들었던 지상군의 단일 지휘권이 결국 몽고메리에게 주어졌고, 자신이 세운 전략대로 했더라면 이런 참패는 없었을 거라고 귀에 딱지에 앉게 말했으니 그럴 만도 했다. 그러나 브래들리는 "몽고메리가 제7군단을 반격을 위해 놔두지 않고 일선에 투입한 결정은 그가 얼마나 서북쪽 상황에 대해서 모르고 있는지 확실하게 보여주는 것"이라고 비난했다. 심지어 룩셈부르크에 돌아온 패튼더러 몽고메리가 "미 제1군이 공격에 나서려면 적어도 석 달은 걸릴걸"[28]이라고 말했다는 얘기도 있지만 아마도 진실은 아닐 것이다.

한편으로 독일군이 다시 한번 뫼즈강을 향한 돌진을 시도할지 모른다는 정보가 몽고메리에게 영향을 주었다는 점은 의심의 여지가 없었다. 따라서 그는 독일군의 힘이 다할 때까지 기다리기를 원했다. 그러나 호지스 장군의 사령부를 향해 콜린스의 제7군단이 안덴 북쪽으로 후퇴할 준비를 해야 한다고 지시한 결정은 크나큰 실수였다. 콜린스가 이 지시를 따르지 않은 것은 옳았다. 디낭과 마르슈 사이에 대한 독일군의 위협을 브래들리는 과소평가한 반면, 몽고메리는 과대평가했다. 미군 지휘관들과는 달리, 몽고메리는 크리스마스가 독일군 공세의 종말점이라고 여기지 않았다.

브래들리는 몽고메리가 이 상황을 자신만의 목적에 이용하고 있으며, 보고서를 이용해서 연합군 최고 사령부를 교묘하게 충격에 빠뜨리고 있다고 생각했다. 나중에 그는 핸슨에게 이렇게 말했다. "파리 시민들이 그렇게 놀란 것은 몽고메리 때문이야. 우리가 잘 몰라서 그렇지, 파리는 정말 공황상태였다고. 미국의 언론사들은 베르사유의 공황에 대한 자세한 정보를 갖고 있을걸!"[29](연합군 최고 사령부는 몽고메리에게 속아 넘어가지 않았다. 워싱턴에 대해서 꽤나 다급한 양 굴었던 이유는 의도적이었다고 베델 스미스가 나중에 인정했다. 태평양으로 향하는 물자와 보충병을 받아오기 위해 "아르덴 위기를 이용했습니다. 우리는 병력이 많이 부족했습니다. 울지 않으면 젖을 주지 않죠. 우리가 얻을 수 있는 것은 무엇이든지 달라고 했습니다."[30]) 그는 제12집단군 내에 잘못된 내용을 바로잡아줄 홍보팀을 만들어야 한다고 생각했다. 영국 신문들은 "전쟁, 수개월 더 길어지나?"[31]라는 식의 헤드라인을 실으면서 이 대공세에 대해 지나치게 호들갑을 떨고 있는 것 같았다. 이튿날 아침, 돌아온 브래들리는 연합군 최고 사령부에게 제1군과 제9군을 다시 자신의 휘하로 보내달라고 요구하면서, 자신의 전방 본부를 북쪽 전투 지역 가까운 나무르로 옮기겠다고 제안했다. 연합국 내부의 투쟁은 절정으로 치달았다. 몽고메리는 자신이 곧 질 게임을 하고 있다는 것을 몰랐다.

19

12월 26일 화요일

12월 26일 화요일, 패튼이 브래들리에게 뽐낸 것으로 유명한 날이다. "독일 놈들은 고기 분쇄기에 머리를 처박고 있고, 제가 운전대를 잡고 있는 형국입니다."[1] 허풍의 내면에는 바스토뉴로의 진격이 당초 그가 떠벌렸던 것보다 늦어진 데 대한 자격지심일 수도 있었다. 아이젠하워가 많이 실망하고 당혹해하고 있다는 사실을 잘 알고 있었기 때문이다.

12월 19일~22일 신속하게 병력을 재배치할 때까지는 좋았지만, 그 후속 조치는 썩 훌륭하지 않았다. 날씨나 지형을 간과한 데다 남쪽 측면을 맡고 있던 독일 제7군의 전력 또한 만만치 않았다. 미군 정보부 역시 총통 경호여단이나 그로스도이칠란트 사단 예하 부대들의 존재를 파악하는 데 실패했다. 또한 독일 제5강하엽병사단 옆에는 오마하 해변에서 미군에게 큰 타격을 주었던 부대를 중핵으로 한 제352국민척탄병사단이 있었다. 반면, 패튼의 부대는 신참 보충병의 비율이 높았다. 특히 중앙을 맡은 미 제26보병사단이 가장 심했지만 패튼은 자기 부대의 전력을 과대평가했다. 주력인 미 제4기갑사단의 전차들도 계속된 전투로 태반이 마모되고 고장 나 있었다. 금속으로 된 전차의 무한궤도는 얼음으로 뒤덮인 도로에서 걸핏하면 미끄러져 서로 부딪히기 일쑤였다. 숲이 많고 급한 경사가 있는 좁은 계곡들은 전차가 운행하기에 최악의 조건이었다.

'닥치고 공격'을 선호하는 패튼의 조급증 때문에 많은 사상자가 발생했다. 패튼 스스로 12월 24일 일기에 털어놓았다. "최악의 크리스마스이브다. 전선 전역에 걸쳐 격렬한 반격을 받아 제4기갑사단은 10대의 전차를 잃고 수 킬로미터나 물러서야 했다. 밤낮으로 공격을 지시한 내 잘못이 크다."[2] 그의 병사들은 휴식을 취하지 못해 녹초가 되었다. 12월 26일 아침에도 상황이 나아진 기미는 없었다. "오늘도 최선을 다했지만, 그다지 성과는 없다. 바스토뉴 방어군과 연결하는 데 실패했다."[3]

방어군은 수 킬로미터 남쪽에서 전투 소리를 들을 수는 있었다. 하지만, 이미 몇 차례 실망한 적이 있어서 패튼이 포위망을 뚫어주리라는 기대는 하지 않았다. 어쨌든 방어군은 다른 일로 너무 바빴다. 서북쪽에서 독일군이 헴룰까지 밀고 들어왔다. 야전포병대대의 지원을 받은 낙하산병들이 겨우 격퇴했지만 포탄이 거의 바닥이 났다. 마침내 춥지만 맑은 날씨가 계속된 덕분에, 전투폭격기들이 날아다니는 포병의 역할을 톡톡히 해주었다.[4] 마을은 아직도 폭격으로 인한 불길이 잡히지 않았다. 노트르담 학교도 불길에 싸여 있었다. 미군 공병들은 방화선을 만들려고 애썼고 피란민, 군인, 수녀들이 인간 사슬을 만들어 들통에 물을 담아 날랐다.

맑은 날씨 덕분에 의료 지원 또한 실행되었다. P-47 선더볼트 4대의 호위를 받으며 C-47 수송기가 외과의사 5명, 조수 4명 그리고 600파운드(약 270킬로그램)의 장비와 도구, 붕대를 가득 실은 웨이코 글라이더●를 끌고 나타났다. "300피트(약 90미터) 상공에서 분리된"[5] 글라이더는 완벽하게 착륙

●　Waco CG-4 : 제2차 세계대전 중 사용된 미군의 병력 및 화물 수송용 글라이더로 웨이코 항공회사에서 제작했다. 영국군은 '하드리언Hadrian'이라고 불렀다. 자체 동력은 없지만 C-47과 같은 수송기 하단에 매달아 낙하지점 근처에서 분리시키면 활강 비행하여 목적지에 착륙할 수 있었다. 한 번에 낙하산병 13명 또는 지프 1대, 75밀리 곡사포 1문, 1.9톤의 화물을 적재했다. 이탈리아 시실리 상륙작전부터 노르망디, 마켓가든, 아르덴 전역 등 굵직굵직한 전투에 투입되었다.

하는 듯하더니, 꽁꽁 얼어붙은 눈 위를 미끄러져서 독일군이 있는 곳 가까이 가서야 멈췄다. "도보이(미군 병사)들이 돌격해서 글라이더를 구하는 사이, 의료 지원팀이 빠져나와 미군 쪽으로 도망쳐왔다."[6] 글라이더 10대가 가장 절실히 필요한 연료를 싣고 도착했다. 이어서 C-47 수송기 편대가 날아오더니 320톤의 탄약, 식량 심지어 담배까지 떨어뜨려주었다.

의사들은 조금도 지체하지 않고 곧장 임시 병원 막사로 달려가서 700명의 환자 중에서 가장 위급한 150명의 수술을 시작했다. 아무런 외과적 처치 없이 8일간이나 방치되었던 부상병들에 대한 수술은 밤을 새고 12월 27일 정오까지 계속되었다. 하지만 결과적으로 "절단 수술을 해야 하는 부상병이 많았다."[7] 이런 환경 속에서도 수술 후 사망한 병사는 3명에 불과하여 외과 팀의 실력을 입증했다.

남쪽에서 포격전을 하는 동안, 미 제4기갑사단을 지원하는 화력에 대한 코코트 소장의 걱정이 점점 커졌다. 현재 일어나고 있는 일에 대한 소문은 무성했지만 독일 제5강하엽병사단에서는 아무런 상세 정보가 없었다. 르미 샹파뉴 부근에서 격렬한 전투가 있었다는 소식이 있었다. 오후에는 미군이 홈프레를 점령했다는 소식이 들렸다. 이제는 아세누아가 위험해졌기 때문에 코코트는 남쪽으로 병력을 보내야 했다.

오후 2시, 패튼은 제3군단장으로부터 위험하지만 모험을 해보자는 전화를 받았다. 시브레트를 점령하여 점령 지역을 넓히는 대신 아세누아 북부를 곧장 통과해서 바스토뉴로 들어가자는 제안이었다. 패튼은 즉석에서 동의했다. '선더볼트'라는 별명을 가진 셔먼 전차를 타고 제37전차대대[8]를 지휘하는 크레이턴 에이브럼스 중령에게 끝까지 밀고 가라는 명령이 내려졌다. 에이브럼스는 윌리엄 A. 드와이트 대위에게 5대의 셔먼 전차와 보병을 태운 반무한궤도 차량을 이끌고 길을 곧장 따라가라고 지시했다. 군단포병이 아세누아[9]에 집중 포격을 퍼붓고 전투폭격기들은 네이팜탄을 투하하자 전차들은 밀집대형으로 마을로 진입하기 직전 모든 포를 일제히 발사했다. 독일군은 도로 양옆으로 나뉘어 있어서, 응사를 하면 건너편의 자기편이 맞을 수도 있었다. 아세누아 외곽에 나와 있던 국민척탄병들이 급히 텔러마인 대전차 지뢰를 도로에 설치했다. 반무한궤도 차량이 지뢰를 건드려 폭발하자 드와이트는 전차에서 뛰어내려 다른 지뢰들을 길옆으로 치웠다.

제39연대장에게 미군 전차가 아세누아에 들어왔다는 보고를 듣자 코코트는 직감적으로 알아차렸다. '이제 모두 끝났구나!'[10] 도로를 막으라고 명령했지만 우려했던 대로 때가 너무 늦었다. 선두 전차는 전방을 향해 발사하고 나머지는 측면을 사격하면서 드와이트의 소규모 부대는 숲과 도로 양쪽의 저항을 제압해 나갔다. 오후 4시 45분, 날이 어두워지기 시작했다. 에이브럼스 전차대대의 선두인 셔먼 전차가 제326공수공병대대와 접촉하는 데 성공했다. 미군이 장악한 좁은 지역으로 제4기갑사단의 잔여 병력과 전차들이 물밀 듯 진입하고 밤새도록 보급 물자를 싣고 달려온 트럭 대열을 엄호했다. 미국에 가 있던 제101공수사단장 맥스웰 D. 테일러 소장이 매콜리프 준장에게서 지휘권을 인수받기 위해 도착했다. 바스토뉴에 대한 포위망은 뚫렸다. 하지만, 많은 사람이 이제부터 시작될 본격적인 전투를 두려워했다.

독일 제5강하엽병사단은 심한 타격을 입었다. 그날 포로가 된 제13강하엽병연대 휘하 대대장 프랑크 소령은 심문을 당할 때에도, 용감하게 싸운 젊은 부하 병사들에 대한 자긍심은 대단했다. 그들 중에는 열다섯 살짜리도 있었다. 포로수용소에서도 그는 이렇게 말했다. "그러나 중요한 건 정신이야! 우리가 포로가 된 다음, 나 혼자 있을 때 두들겨 맞았어. 밖으로 끌려 나갔는데, 머리에 양말을 뒤집어쓴 두 사람이 서 있더라고. '하일 히틀러(히틀러 만세), 소령님!' 그들이 인사를 할 때, 정말로 가슴이 벅차더군."[11]

뤼트비츠는 총통 경호여단이 돌파된 지역의 도로를 차단하러 온다는 연락을 받았지만, 뤼트비츠도, 그의 참모들도 총통 경호여단이 이튿날 예정된 공격 개시 시간까지 도착하리라고 믿지 않았다. 얼마 뒤 그들이 연료가 떨어졌다는 소식을 들었다. 뤼트비츠가 신랄하게 비판했다. "레머 대령이 지휘하는 총통 경호여단은 허구한 날 휘발유가 없다는 타령이군."[12]

제4기갑사단이 포위망을 뚫었다는 소식이 빠르게 퍼져나가자 미군 사령부는 기쁨에 들떴다. '바스토뉴 포위망 돌파'를 다루기로 작정한, 종군 기자

마사 겔혼과 릴런드 스토[13]는 좀 더 자세한 정보를 얻으려고 브래들리의 사령부를 방문했다. 유럽 대륙에 있는 언론인 모두가 같은 심정이었다. 모든 언론이 대서특필했다. 제101공수사단은 하루아침에 유명해졌다. 하지만 신문 기사들은 제10기갑사단의 B전투부대, 제705대전차대대, 포병대대의 활약은 대수롭지 않게 다루었다.

셀과 코뇌 근처에서는 소탕 작전이 하루 종일 전개되면서 종종 치열한 교전이 벌어졌다. 하지만 독일군의 판터 전차와 4호 전차의 연료가 떨어지고 철갑탄이 바닥나면서 전투는 일방적으로 흘렀다. 영국 제3왕립전차연대의 전선항공 통제관은 로켓탄으로 무장한 타이푼 전투기에 우선 공습 요청을 했다. 공습 목표물이 붉은색 연막으로 표시되자, 독일군도 잽싸게 비슷한 색깔의 연막탄을 셀의 동쪽 미군 진영을 향해 터뜨렸다. 브라운 대령은 "다행히 영국 공군은 여기에 속지 않고 정확하게 공습했다"[14]라고 썼다. 아직 그곳에 있던 미 제29기갑여단은 영국 제6공수사단이 지원하러 온다는 소식을 들었다.

독일 홀트마이어 전투단은 셀과 코뇌에 있는 동료들을 지원하러 로슈포르에서 출발했다. 하지만 목표 지점에서 불과 수 킬로미터 떨어진 그랑드 트뤼소뉴에서 발이 묶였다. 전투단에는 푸아노트르담에서 정찰대대가 격파당하기 전날 밤에 탈출한 지친 병사들이 합류해 있었다. 이 부대는 그랑드 트뤼소뉴에서 셔먼 전차의 지원을 등에 업은 미 제2기갑사단 보병대대의 공격을 받았다. 미국 파이퍼 컵 정찰기의 연락을 받은 영국 타이푼 전투기가 로켓탄으로 독일군을 무자비하게 폭격했다. 홀트마이어 소령도 전사했다.

만토이펠은 전투단에 기갑교도사단이 있는 로슈포르 교두보까지 물러나라고 지시했다.[15] 뤼트비츠 사령부는 무선으로 즉각 메시지를 날렸다. 홀트마이어의 후임자는 남아 있는 차량을 모두 파괴토록 했다. 이튿날, 그와 병사들은 로슈포르까지 걸어서 후퇴했다. 내리는 눈이 이들의 발자국들을 덮어주었다. 뤼디거 바이츠 중령은 "다행히도 적들의 추격이 빠르지 않았다. 적들이 우리 퇴각로를 공격하지 않은 것이 놀라웠다"[16]라고 썼다. 그러나 미군 포병이 로슈포르의 롬강 교량을 포격하면서 많은 사상자를 냈다. 그날 밤과 이튿날 작은 그룹으로 나뉜 600여 명의 독일군은 그럭저럭 후퇴에 성공해서 사단에 합류했다.

셀과 코뇌 사이에서 미군복을 입은 독일 병사 서너 명이 포로로 잡혔다. 그들은 슈코르체니의 부대원은 아니었지만, 그 자리에서 처형되었다. 사실은 춥고 배가 고팠기 때문에 미군 전사자의 옷을 벗겨 입었을 뿐이었다. 포로들은 살아남으려는 절망적인 몸부림으로 미군 병사들에게 결혼반지를 보여주고 고향에서 온 사진도 꺼내 보이면서 부인과 아이들 이야기도 했다. 독일 제2기갑사단 병사들 중에서 알자스나 룩셈부르크 출신들은 기회만 오면 투항하려고 했다. 심지어 오스트리아인 중에서도 싸울 의욕을 잃은 사람이 많았다. 그들 중 한 명이 로슈포르 주민에게 알아듣지 못할 소리로 중얼거렸다. "모이 파스 알레만트 오트리히엔Moi, pas Allemand! Autrichien(난 독일인이 아니야! 오스트리아인이라고)."[17] 그러더니 손을 들어 항복하겠다고 했다.

셀에서는 교회 바로 옆에 있는 페름 드라쿠르(라쿠르의 농장)에 독일군이 숨어 있다고 생각한 미군이 화염방사기로 공격을 했다. 나중에 보니 독일군은 없었고 애꿎은 가축들만 불에 타 죽었다. 이 농장은 전쟁 중에 벌써 두 번이나 불에 탔다. 처음 불이 난 시기는 1940년 독일군이 뫼즈강으로 진격하던 때였다.

셀과 마르슈 사이의 비송비유에서는[18] 미군 의료진들이 교회 안에 응급치료소를 마련했다. 현지 목사와 미군 가톨릭 신부는 라틴어로 소통하면서 같이 일했다. 같은 마을이지만 크리스천의 마음가짐이 결여되어 있던 미군은 반무한궤도 차량 안에 있던 독일군 포로 두 명을 숲으로 데려가 처형했다. 현장을 목격한 벨기에 주민들에게는 말메디에서 미군 포로들을 처형한 보복이라고 말해주었다.

독일 제2기갑사단을 상대로 거둔 승리에 지나치게 흥분한 미군 장교들도 있었다. 미 제7군단의 한 고급 장교는 이렇게 주장했다. "나흘 전 분석에 따르면 이 사단의 전력은 병력 8000명과 전차 100대 정도였다. 그중에서 2000~2500명을 사살하고 1050명을 포로로 잡았으며, 전차 55대, 대포

18문, 대전차포 8문, 돌격포 5문, 기타 차량 190대를 노획하거나 파괴했다. 미 제2기갑사단과 독일 제2기갑사단의 조우는 연합군과 독일의 힘을 비교할 수 있는 좋은 기회였다."[19] 하지만 독일 제2기갑사단의 연료가 바닥이 나고 탄약이 부족했으며 병사들이 굶주려 있었다는 사실을 감안한다면 미 제2기갑사단이 더 강했다고 할 수만은 없을 것이다.

드빌렌파뉴 남작에 따르면 전투가 끝난 셀 지역은 "파괴되거나 버려진 차량 그리고 눈 속에 반쯤 묻혀 있는 각종 장비들의 커다란 무덤이었다."[20] 10대 소년들은 타버린 전차 속을 들여다보고 그 안에서 불에 탄 채 탄화한 시신들을 구경했다. 전쟁놀이를 즐기는 사람들도 있었다. 수류탄을 주워다 버려진 반무한궤도 차량에 던져 터뜨려보는 사람들도 있었다. 푸아노트르담에서는 판처파우스트가 폭발하는 바람에 그걸 가지고 놀던 소년이 죽었다.

디낭 바로 앞에서 주저앉았다는 사실이 독일군을 더욱 쓰라리게 만들었다. 제멜의 어떤 부인이 용기를 내어 왜 우리 마을을 저렇게 파괴했냐고 한 독일군 장교에게 물었다. 장교는 퉁명스럽게 대꾸했다. "아헨에서 당한 일을 그대로 벨기에에 갚아주고 싶었소."[21]

오통 서부 지역에서 포위된 전투단을 구하려던 독일 제116기갑사단의 시도는 미군 포격에 의해 좌절되었다. 그러나 위장 공격이 미군의 주의를 흩뜨려놓은 덕분에 생존자들은 장갑차에 매달린 채 수류탄을 던지면서 미군 포위망을 탈출했다.[22]

전투가 한창이던 와중에 총통 경호여단은 전투를 멈추고 바스토뉴로 가서 뚫린 포위망을 봉합하려는 코코트를 도우라는 명령을 받았다. 레머 대령은 엄청난 희생이 예상된다면서 두 번이나 이의를 제기했지만 묵살되었다. 그는 "연료가 부족해서 차량의 절반 이상을 끌고 가야 한다"[23]고 불평을 늘어놓았다. 뤼트비츠가 어떤 반응을 보였을지는 알 방법이 없다.

오통 동쪽, 로즈의 미 제3기갑사단은 대개 "4~5대의 전차와 보병 중대가 한 팀이 되었거나 20대의 전차와 보병대대"[24]로 구성된 독일 제560국민척탄병사단의 공격을 받았다. 공격군들은 자주돌격포와 대포의 지원을 받았다. 미 제75보병사단이 도착하면서 이 지역의 방어는 한층 튼튼해졌지만 예하 부대들은 수아-오통의 도로를 확보하는 전투에서 고전했다. 금속으로 된 셔먼 전차의 무한궤도는 폭이 좁고 접지력이 부족하여 빙판길에서 제대로 움직이질 못했기 때문이었다. 전차병들은 궤도를 넓히고 궤도에 못을 박는 응급조치를 했다.

다스 라이히 사단장 라머딩은 만헤이와 그랑메닐에서 병력을 서부로 돌려 오통으로 가는 도로를 확보하고 제3기갑사단의 후방을 치려고 애썼다. 그러나 다스 라이히 사단의 우익 엄호를 맡아야 할 제9친위기갑사단 호엔슈타우펜은 여전히 나타나지 않았다. 불과 10킬로미터 북쪽에 13개의 미군 야전포병대대가 있었기에 병력 기동은 두 배로 위험이 커졌다. 다스 라이히 사단은 연료와 탄약이 점점 줄어들자 현지 농부들에게 총부리를 들이대고 그들의 말과 수레를 강제 징발했다. 그리고 군수품 창고에서 후방으로 탱크와 대포의 포탄을 운반하도록 강요했다.

12월 26일 아침, 다스 라이히 사단의 제3친위기갑척탄병연대 도이칠란트는 그랑메닐[25]의 서쪽을 다시 공격했다. 그러나 미군 포병은 근접전파신관을 사용해서 독일군을 궤멸하고 제3기갑사단의 기동부대를 지원해 마을을 공격했다. 독일군 대대장 한 명이 전사하고 한 명은 중상을 입었다. 제2대대는 그랑메닐에서 갇혔고 연대의 나머지 병력은 만헤이로 퇴각했다. 미 포병들은 이들이 후퇴하는 내내 포격을 퍼부었다.

호지스 장군과 리지웨이 소장은 북쪽에 있는 리에주를 공격하는 것을 겁냈지만 오판이었다. 어쨌든 이 두 장군은 만헤이를 빼앗겼다는 보고를 받고 불같이 화를 냈다. 지쳐서 약해진 제7기갑사단 해즈브룩 준장에게 무슨 일이 있더라도 다시 탈환하라고 명령했다. 크리스마스에 시작한 제7기갑사단의 공격은 악착같았지만, 퇴각할 때 쓰러뜨려 길을 막아놓은 나무들 때문에 엄청난 사상자를 냈다. 그러나 미 제517낙하산보병연대 예하 새로운 대대가 공격을 이끌어준 덕분에 해즈브룩의 부대는 그날 밤 만헤이를 탈환했다.

제3친위기갑척탄병연대 제2대대의 부상병 50명은 그랑메닐에서 탈출할 수 없었다. 독일군은 적십자 마크가 선명한 앰뷸런스를 보냈지만 미군 전차가 쏘았다고 주장했다. 독일군은 흰색 휴전 깃발을 든 장교와 통역병을 보냈다. 또한 흰색 완장을 차고 깃발을 든 의사를 내보내 부상병들을 수습하려고 했다. 그러나 독일군의 주장에 따르면 "적군의 사격으로 이런 시도는 좌절되었다"[26] 말메디 학살 사건 이후, 미군이 친위대에게는 전쟁 규칙을 지키지 않는다는 사실을 독일군은 모르는 것 같았다. 부상병과 의무병을 그대로 둔 채, 대대 잔여 병력들은 오데이뉴 근처의 데어 퓌러 연대와 같이 방어선 뒤로 후퇴했지만 하루 종일 미군의 포격에 시달렸다.

엘센보른 능선 부근에서 독일군의 활동이 거의 없어지면서 미 제99보병사단의 정찰대는 조금 더 전진해서 제3기갑척탄병사단의 전차 10대를 파괴했다. 이 전차들은 진흙에 빠져서 버려진 것들이었다. 기동 불능이 된 전차를 회수해서 수리하는 데 천재적인 소질을 발휘하는 독일 구난팀의 활동을 사전에 막기 위함이었다.

미군은 전투피로증 증세를 보여 약간의 휴식이 필요한 병사들을 주로 구난팀에 배치했다. 이 구난팀은 전투 초반에 버려진 무기와 탄약을 회수하기 위해 출동했다. 병사들은 장비를 버리고 새것으로 보급받으려는 습성이 있어 지휘관들이 골머리를 앓았다. 한 보고서에 이렇게 적혀 있었다. "당장 필요하지 않으면 죄다 버립니다. 바주카포 사수에게는 호신용으로 소총 대신 권총을 지급해야 합니다. 그렇지 않으면 무겁고 귀찮다며 바주카포와 포탄을 버리니까요."[27] 반면에 방한복은 철저하게 챙겼다. 모든 대대의 응급치료소에 있는 병사들은 부상병의 방한복부터 벗겨두라는 지시를 받고 있었다. 대대의 자산인 방한복이 도난당하지 않도록 막기 위해서였다.

생비트에서는 크리스마스 날에도 치열한 전투가 벌어졌다. 시민들은 지하실에 머물면서 이 지긋지긋한 전투가 빨리 끝나기를 바랐다. 그러나 12월 26일 오후가 되자 영국 공군 폭격기 사령부의 '중폭격기'들이 상공에 나타났다. 300대에 달하는 랭커스터 폭격기와 핼리팩스 폭격기가 고성능폭탄과 소이탄을 1140톤이나 투하했다.

폭발의 충격은 수 킬로미터나 떨어진 마을에서도 느껴질 정도였다. 건물들이 무너지면서 지하실의 주민들은 공포에 휩싸였다. 한 주민은 이렇게 말했다. "연기와 검댕으로 질식할 것 같다가도, 다른 폭발이 지하실로 공기를 불어넣어주면 다시 숨을 쉴 수 있었다. 오래지 않아, 불타는 인이 내뿜는 유독가스가 지하실로 스며들어왔다. 이 지독한 유독가스와 함께 매트리스에도 불이 붙었다. 공포에 질린 시민들은 독일군의 도움으로 겨우 지하에서 가루가 된 거리로 기어 나왔다."[28]

생 요제프 클로스터 수도원의 예배당이 무너졌다. 돌무더기와 대들보가 마루를 뚫고 밑에 있던 사람들을 덮쳤다. 소이탄은 좀 떨어져 있더라도 인화성 물질이면 무엇이든 불이 붙게 만들었다. 수녀원도 소이탄에 맞아 불이 붙으면서, 위층에 있던 거동이 불편한 노인들이 모두 타죽었다. "대부분 산 채로 화장되었다. 용암보다 더 묽은 인이 지하실로 스며들었다. 끔찍한 화상을 입거나 뼈가 부러지거나 얼이 빠진 시민들이 환기구로 빠져나왔다. 머리와 어깨를 담요로 꽁꽁 싸맨 수녀들이 그 지옥에서 맨 마지막에 나왔다."[29]

"생비트는 아직도 타고 있다. 융단 폭격이 우리가 주둔한 마을 근처까지 왔다. 내 생전 이런 광경은 처음이다. 온 세상이 큰 구름과 연기와 불길로 뒤덮여 있다."[30] 마을 밖에 있었던 한 독일군 장교가 이렇게 썼다. 그 장교는 저녁에 생비트로 돌아왔다. "거리가 온통 불바다였다. 가축들이 울부짖으며 배회했다. 탄약이 폭발하고 타이어도 폭발했다. 고무 탄내가 진동했다." 이따금씩 시한폭탄이 폭발하기도 했다.

군사적인 측면에서만 보면 폭격은 효과적이었다. 이제 생비트는 "커다란 돌무더기로 전락했다."[31] 모든 도로는 사흘씩이나 막혔고 일주일 이상 막힌 곳도 있었다. 독일 공병들은 마을을 돌아가는 우회도로를 만들어야 했다. 민간인들이 치른 희생은 이루 말할 수조차 없었다. 생비트에서 피란처를 찾은 사람이 몇 명인지 정확히 아는 사람은 아무도 없었다. 민간인 250명가량이 죽은 것으로 추산되었다. 생존자들은 이웃 마을로 피란을 갔다. 이웃 마을에서는 이들을 돌보고 음식을 주었다.[32]

같은 날 밤, 그리고 이튿날, 미 제9공군 소속의 중형 폭격기들이 라로슈 앙아르덴을 공격했다. 라로슈는 강을 따라 길게 뻗어 있었기 때문에 공습하기에 편할 뿐만 아니라 도로를 막는 데도 150톤 정도의 폭탄이면 충분했다.

"오늘은 모든 상황이 개선되는 듯했다."[33] 몽고메리와 호지스 장군의 회담이 끝난 직후 제1군 기록관은 이렇게 썼다. 포로들을 조사한 결과, 독일군의 보급 문제는 심각함이 분명했다. "아직 낙관하긴 이르지만, 반격이 시작된 오늘 밤의 전망은 확실히 다른 날보다 밝았다." 브래들리는 아직도 콜린스의 제7군단의 재배치가 너무 성급했다는 생각을 떨치지 못했다. 그는 호지스에게 "몽고메리가 구닥다리 전략으로 예비 병력까지 다 전투에 투입해버렸다"[34]는 불만 가득한 편지를 보냈다. 몽고메리에 대한 브래들리의 견해에 크게 영향을 받은 패튼이 일기에 이렇게 썼다. "전쟁이란 어차피 모험을 해야 한다. 좀팽이 같은 몽고메리는 그럴 만한 위인이 못 된다."[35]

만토이펠의 전화를 받은 요들은 용기를 냈다. 그리고 치겐베르크에 있는 아들러호르스트에서 움직이지 않으려는 히틀러에게 간언했다. "각하! 이제는 현실을 직시하셔야 합니다. 뫼즈강으로 갈 수 없습니다."[36] 괴링 제국원수도 같은 날 저녁 치겐베르크에 도착해서 단언했다. "이 전쟁은 졌습니다." 그는 평화협상을 시작해야 한다고 건의했다. 히틀러는 분노에 몸을 떨면서 자신의 허락 없이는 절대 그런 협상을 하지 말라고 경고했다. "만약 내 명령을 어기면 총살시켜버리겠어!" 히틀러는 더 이상 안트베르펜을 입에 올리지 않았다. 그 대신 바스토뉴를 점령하는 데 모든 힘을 쏟았다. 1942년 9월 캅카스에서 승리를 놓치고 나서 스탈린그라드에 전력을 다했던 것처럼, 히틀러는 승리의 상징으로 바스토뉴가 필요했다.

히틀러가 공개 석상에서는 현실을 인정하지 않으려고 했지만, 절망적인 상황임을 토로한 경우도 몇 번 있었다. 치겐베르크 벙커에서 어느 늦은 밤에 히틀러는 공군 부관 니콜라우스 폰 벨로 대령에게 자살에 대해서 이야기했다. 그때도 공군의 참패와 육군의 "배신"[37]에 치를 떨고 있었다. "나도 이 전쟁에 졌다는 것을 잘 알고 있네. 적들이 워낙 강하니까. 나는 배신당했어. 절대로 일어나지 않을 것 같던 일들이 7월 20일 이후부터 일어나기 시작했어. 나치로부터 가장 많은 이익을 본 놈들이 나를 배반한 그 놈들이야.

내가 훈장까지 달아주며 아꼈는데, 내가 받은 보답이란 게 고작……. 이제 내가 할 수 있는 일은 총으로 내 머릴 쏘는 것이겠지. 용감한 투사들이 더 있었더라면……. 우린 절대로 항복하지 않아. 우린 패하겠지만, 언젠가는 이 세상을 거머쥘 수 있을 거야."

20

연합군의 반격 준비

미 제4기갑사단이 바스토뉴 포위망을 뚫었지만, 당초 계획된 12월 27일 공중 투하는 예정대로 진행되었다.[1] 이번에는 독일군의 준비도 만만치 않았다. 매콜리프 장군이 항공대에게 독일군의 대공포화가 만만찮으니 수송기들은 다른 경로로 들어오는 것이 좋겠다는 연락을 보냈다. 하지만, 글라이더를 끌고 오는 C-47 수송기들은 같은 항로로 들어왔다. 50대의 글라이더 중에서 18대가 격추되고 나머지는 총알구멍으로 벌집이 되었다. 글라이더 하나는 싣고 있던 탄약에 대공포가 명중하는 바람에 공중에서 폭발했다. 가솔린 통에 맞아 연료가 새기도 했지만 기적적으로 불이 붙지는 않았다.

모두 900여 대에 달하는 항공기(수송기와 호위 전투기 양쪽을 합해)가 작전에 참가해서 그중 23대가 격추되었다. 지상의 낙하산병들은 참호에서 나와 격추된 비행기에서 탈출한 조종사들이 화상이나 골절로 받는 고통을 덜어주려고 달려나가 브랜디를 건네주었다. 대공포에 맞은 C-47 수송기 한 대가 눈밭에 동체 착륙[2]을 시도하다가 도로 위에 서 있던 트럭을 들이받았다. 비행기가 접근하는지 몰랐던 운전병은 자신의 트럭이 갑자기 몇 바퀴나 빙글

빙글 돌자 공포에 질렸다.

밤중에 보급물자를 싣고 온 40여 대의 트럭은 비교적 경미한 부상병, 독일군 포로, 그리고 글라이더 조종사를 태우고 다시 남쪽으로 돌아갔다. 상태가 심각한 부상자 150명을 태운 70대의 앰뷸런스는 경전차의 엄호를 받으며, 좁은 도로를 달렸다. 바스토뉴 남쪽에서는 연합군이 돌파한 좁은 지역을 어떻게든 차단하려는 독일군과 넓히려는 연합군 간에 치열한 교전이 벌어졌다.

12월 28일, 브래들리는 아이젠하워에게 몽고메리를 압박하라고 재촉하는 편지를 보냈다. "아르덴에 있는 적군의 추진력이 떨어지는 중입니다. 독일군은 보급물자도 바닥났고 병사들은 지쳐 있습니다. 독일군이 점령지를 튼튼히 방비하기 전에 강력한 반격을 가하는 일이 매우 중요하다고 생각합니다. 지금 반격 작전을 펼치면, 보다 더 많은 독일군을 포위하여 앞으로의 공세에 우리가 한결 유리한 위치를 점할 것입니다. (…) 그러므로 즉각적인 반격이 필요합니다. 현재 보고에 따르면 독일군은 능선을 따라 참호를 구축하고 있다고 합니다."(독일 제116기갑사단장 발덴부르크 소장의 "연합군의 반격이 너무 조급했기 때문에 독일군은 전멸을 모면했다"[3]는 발언은 주목할 만했다.) 하지만 "더 이상 공격을 늦추면 독일군이 더 많은 물자와 병력을 끌고 올 것"[4]이라는 브래들리의 예상은 틀렸다. 바로 그날, "소련군의 헝가리 진주에 대비하여 독일군이 아르덴의 병력을 발칸 방면으로 이동시킬 것으로 보인다는 제1군의 고위 정보 채널(울트라*의 완곡한 표현)의 보고"[5]가 있었다. 소련군이 동계 대공세를 준비하면서 브래들리가 우려했던 상황과는 정반대 현상이 나타나기 시작했다.

---

* 제2차 세계대전 당시 연합군이 독일군의 암호 해독기 에니그마를 해독하는 작전을 불렀던 코드네임. 영국의 수학자 앨런 튜링은 봄브Bombe라는 초기형 컴퓨터를 제작하여 에니그마를 해독하기 시작했으며 철저한 보안으로 독일군은 전쟁이 끝날 때까지도 에니그마가 해독되는지 몰랐을 정도였다. 나중에 아이젠하워는 봄브가 연합군의 승리에 결정적인 기여를 했다고 칭찬했다. 그러나 실제로는 수집되는 정보가 너무 많다보니 정작 중요한 정보를 놓치는 경우도 많았다. 연합군 수뇌부가 독일군의 아르덴 대공세를 예측하지 못한 것도 이 때문이었다. 2015년에 개봉한 할리우드 영화 「이미테이션 게임」이 앨런 튜링의 봄브 제작 과정을 다뤘다.

그날 저녁, 브래들리는 바스토뉴로 들어가지 못한 릴런드 스토, 마사 겔혼과 같이 룩셈부르크 알파 호텔에서 저녁 식사를 같이했다. 핸슨은 이렇게 썼다. "브래들리는 '마티' 겔혼에게 반한 것 같았다."[6] "마사 겔혼은 붉은빛을 띤 금발에 몸매도 멋졌고 톡톡 튀는 태도와 미리 준비해둔 것 같은 절묘한 위트로 모든 사람으로부터 칭찬이 자자했다." 핸슨은 다음과 같이 덧붙였다. "심지어 패튼도 그 독특한 개성으로 마사에게 추파를 던졌다."

브래들리는 조급하게 굴었지만, 아이젠하워는 이 상황을 몽고메리와 침착하게 의논했다. 독일군을 완전히 분쇄할 수 있을 정도로 병력이 집결하지 못했다는 몽고메리의 판단에 아이젠하워도 어느 정도 찬성했다. 몽고메리가 닷새 전에 예상했던 대로, 남쪽에서 패튼 장군의 진격이 지체되고 있는 일도 좋은 징조는 아니었다. 아이젠하워는 몽고메리가 적의 병력을 압도할 때까지 움직이지 않는 것 또한 그의 오래된 습관이라는 사실도 잘 알았다. 독일 제2기갑사단의 궤멸이 몽고메리에게 큰 용기를 주었다.

'미군들이 가장 심각한 피해를 입었다'[7]고 판단했던 몽고메리는 독일군이 입은 피해에 대해서는 생각이 미치지 못했다. 그는 미 제1군이 그런 대단한 작전을 할 수 있을 정도로 전력을 회복했다는 사실도 인정하지 않았을뿐더러, 패튼의 호언장담도 실현되리라 믿지 않았다. 독일군이 바스토뉴를 포위한 이상, 끝장을 보려고 달려들 것이 뻔했기에 연합군이 더 많은 사상자를 낼 것이라 우려했다. 공격으로 전력을 소모하기보다는 수비를 공고히 하면서 공중 폭격과 포격을 이용하는 것이 적에게 더 큰 피해를 줄 수 있다고 확신했다.

12월 26일, 브래들리는 호지스 장군에게 편지를 보내면서 독일군이 이미 엄청난 타격을 입었기 때문에 자신은 몽고메리처럼 "지금의 상황을 그렇게 심각하게 생각하지 않는다"[8]고 썼다. 또한 상황이 좋을 때 조금이라도 빨리 적의 후방을 공격하라고 제안했다. 호지스 장군은 그런 순간이 브래들리의 주장만큼 빨리 오리라고 생각하지는 않은 듯했다. 실제로 크리스마스 오후에 호지스와 참모들은 방어선을 지킬 증원부대를 간절히 요청했다. 사령부 기록관에 따르면 "호지스 장군의 병력은 측면이 노출된 채 2주 동안이나 그대로 방치되었다."9

패튼은 이와 대조적으로, 룩셈부르크에서 북쪽으로 진격해 당초 주장했던 대로 독일군의 선봉을 고립시키려고 했다. 그러나 미 제1군은 대규모 기갑 병력이 진격하기에는 엘센보른 능선의 동남쪽 도로망이 적합하지 않다는 이유로 그의 제안을 거부했다. 12월 27일 '번개 같은 조' 콜린스는 세 가지 공격 계획을 가지고 제1군 사령부를 찾았다. 콜린스가 제안한 첫 번째 안은 제7군단이 말메디에서 동남쪽 생비트로 진격해서 패튼의 제3군과 합류한 다음 그곳의 독일군을 고립시킨다는 내용이었다. 그러나 호지스 장군은 "세 가지 대안 중에서 가장 보수적인 안"10을 선호했다.

몽고메리는 우팔리즈를 향해 진격하는 안을 채택했다. 그러자 늘 그랬듯이 콜린스가 기탄없이 간언했다. "그렇게 하는 것은 사령관께서 팔레즈에서 하셨던 것처럼 독 안에 들어 있는 독일군을 꺼내놓는 것밖에 안 됩니다."11 하지만 몽고메리의 생각에는 이 작전이 지난여름 노르망디 때와는 달랐다. 이런 지형에서, 또 이런 날씨에 대규모 포위 작전은 너무 위험했다. 그 말에 일리는 있었다. 동계 전투의 준비가 잘 되어 있는 소련군의 T-34 전차는 전차 궤도가 넓어서 빙판길이나 눈 속에서도 얼마든지 기동할 수 있지만, 셔먼 전차 같은 것은 그런 조건에서 기동하기 쉽지 않았다.

독일 공군이 기차를 폭격하는 바람에 브뤼셀에서 만나기로 한 아이젠하워와 몽고메리의 회담은 12월 28일로 연기되었다. 출발하기 전 아이젠하워는 몽고메리가 마침내 총반격을 숙고하는 중이라는 말을 전해 들었다. "모두 신의 축복이다."12 방첩대는 아직도 아이젠하워의 신변 보호에 철저했다. 안개와 빙판을 핑계로 회의 장소를 몽고메리 사령부 근처의 하셀트로 바꾸었다. "어젯밤 눈보라 때문에 도로가 빙판길"13이라고 제9군의 심프슨이 일지에 썼다.

12월 28일 오전 9시 45분, 최고 사령관 아이젠하워와의 회의 직전에 몽고메리는 존호벤에서 북쪽 지역 지휘관 회의를 소집했다.14 호지스, 심프슨, 뎀프시, 캐나다군 제1군 사령관 해리 크레라가 참석했다. 몽고메리는 그 자리에서 자신의 계획을 한 번 더 강조했다. 그의 정보 참모장이자 제1군 G-2

정보 참모이며 연합군 최고 사령부의 소장인 스트롱 장군은 다시 시작된 독일군의 공격을 지적했다. 그리고 독일군이 북쪽 전선을 공략하느라 병력과 물자를 완전히 소진할 때까지 기다리면서 전투폭격기를 동원해 독일군의 후방을 공격해야 한다고 주장했다. 그는 "영국군과 미 제9군 전방에서 가끔 보여주기 위한 전투"나 하고 있으면 될 것이라는 생각을 갖고 있었다. 사실 히틀러는 북쪽에서 독일 제15군의 공격을 이미 취소했다.(핸슨에 따르면 브래들리의 제12집단군 사령부조차 독일군이 "4~5개의 기갑사단으로"[15] 북쪽의 리에주에 대한 공격을 재개했다고 믿고 있는 것처럼 보였다. 사흘 뒤 핸슨은 다음과 같은 예기치 않은 발언을 했다. "미군은 정보력이 너무 부족해서 모든 결정을 영국군의 정보력에 의존해야 한다."[16])

몽고메리는 영국 제30군단에게 오통부터 디낭까지의 수비를 맡김으로써 콜린스의 미 제7군단이 재정비 후 우팔리즈까지의 반격을 주도하도록 만들려고 했다. 독일군 섬멸의 마지막 단계에서 몽고메리는 캐나다군이 라인강 하류 서쪽 제방까지 공격하는 '베리터블 작전'을 시작할 참이었다.

오후 2시 30분, 아이젠하워와 몽고메리가 하셀트 역에서 만났다. 전투가 시작된 후 처음 만나는 자리였다. 몽고메리는 매일 상황 보고를 했음에도, 최고 사령관이 아무런 반응이 없어서 화가 나 있었다. 베르됭 회담 이후, 아이젠하워는 밖에 나가지 않고 베르사유 사무실에서 삼엄한 경비를 받았다. 그리 유쾌하지 않았던 크리스마스 회동 내내, 브래들리 자신조차 아이젠하워의 계획이 무엇인지 모르고 있다는 사실을 인정할 수밖에 없었다. 아이젠하워가 아무런 행동도 하지 않고 있다고 몽고메리가 비웃고 있었는데도 말이다.

아이젠하워는 생비트를 공격하자는 브래들리의 의견보다는 우팔리즈로 진격하자는 몽고메리의 의견에 찬성했다. 그러나 몽고메리는 또 한 번 참지 못하고 기어이 사고를 쳤다. 그는 브래들리가 상황을 망쳐놓았다고 하면서, 만약 자기가 모젤강 북쪽의 모든 병력에 대한 작전 지휘권을 갖지 않으면 라인강으로의 진격은 실패할 것이라고 주장했다. 형식적으로 그는 브래들리 휘하로 들어가겠다고 제안했다. 하지만 그가 여지껏 브래들리에 대해 말했던 일을 보면 진실성은 없었다.

몽고메리는 자신의 고집이 효과가 있어서 아이젠하워가 모든 제안에 동의했다고 생각했다. 런던에서 회담 결과를 들은 앨런 브룩 원수는 혼란스러웠다. "내가 보기엔 몽고메리가 너무 눈치 없이, 예전에 자기 의견을 듣지 않았다고 아이젠하워를 너무 심하게 밀어붙인 것 같다…… '거봐, 내가 뭐랬어'라는 말을 너무 많이 한 것 같단 말이지."[17]

연합군 최고 사령부 내 아이젠하워의 참모들은, 심지어 영국군 출신 참모들까지도, 회담 결과를 듣고는 분노를 감추지 못했다. 하지만 몽고메리는 사태를 더욱 악화시켰다. 아이젠하워가 또 마음을 바꿀지도 모른다고 생각한 몽고메리는 12월 29일 야전사령관은 단일화해야 하며, 자기 의견대로 하지 않으면 연합군은 패배할 것이라는 편지를 썼다. 이튿날, 참모장 드긴간드 소장이 벨기에로 돌아가 아이젠하워에게 편지를 전달했다. 몽고메리의 편지는 아이젠하워가 참을 수 있는 마지막 한계를 건드렸다. 분별력이라고는 조금도 없는 몽고메리의 편지에는 아이젠하워가 몽고메리에게 "전체 작전 지휘권"과 루르를 공격할 때 브래들리 제12집단군에 대한 "통제와 조정"[18]을 할 수 있는 권한을 부여할 명령서에 담겨야 할 내용까지 참견하는 내용이 들어있었다.

몽고메리의 편지는 하필이면 워싱턴에서 마셜 장군이 보낸 전보와 동시에 도착했다. 전보 내용은 몽고메리가 아르덴의 미군들을 구해냈으며, 이제 그가 선체 지상군 사령관으로 임명되어야 한다는 등의 영국 신문 사설에 관한 것이었다. 마셜은 아이젠하워에게 자신의 뜻을 분명하게 전했다. "어떤 경우에라도 그런 양보는 없을 것입니다. 우리는 귀관을 전폭적으로 신뢰합니다. 만약 귀관이 경질된다면 미국 전체가 가만있지 않을 것입니다. 귀관도 양보할 생각이 없을 것으로 확신합니다. 우리의 확고한 의지를 믿어주시길 바랍니다. 지금까지 귀관의 활약은 실로 눈부셨습니다. 독일군을 확실하게 격멸해주시길 바랍니다."[19]

아이젠하워는 논리정연하게 그러나 단호하게 몽고메리에게 최후통첩을 보냈다. "귀관은 브래들리에 대한 지휘권과 관련한 귀관의 제안이 받아들여

지지 않으면 전투에서 '패배'할 것이라는 예측을 하셨습니다. 저로서는 당황하지 않을 수 없는 일입니다. 저로서도 더 이상은 참을 수 없다고 생각합니다. 도저히 어쩔 수 없는 귀관과의 의견 차이를 연합참모본부Combined chiefs of Staff, CCS •에 상정해 검토를 받아보려고 합니다."[20] 연합참모본부에서 누구 손을 들어줄지는 뻔했다.

아이젠하워가 마셜 장군에게 편지를 쓰고 있다는 소식을 들은 드긴간드는 잠시만 기다려달라고 간청한 후, 병석임에도 불구하고 즉시 존호벤으로 날아가 몽고메리에게 상황을 설명했다. "각하는 지금 달걀로 바위를 깨뜨리려고 하십니다." 처음에 몽고메리는 상황이 그렇게까지 나쁘다는 사실을 믿으려 하지 않았다. 그렇다면 몽고메리를 대신할 만한 사람이 있었을까? 해럴드 알렉산더 원수를 생각해볼 수 있다. 상황을 제대로 파악한 몽고메리는 머리끝까지 쭈뼛해졌다. 지난번에 몽고메리는 아이젠하워에게 "영국 언론들은 자신의 교체를 용납할 리가 없다"[21]고 자신 있게 말했다. 드긴간드의 말을 들으면, 이젠 그것도 더 이상 사실이 아닌 것 같았다. 칼자루는 미군의 손에 있었다. 그제야 몽고메리가 풀죽은 목소리로 물었다. "어쩌면 좋을까, 프레디?"[22]

드긴간드가 자신의 전투복 주머니에서 편지 초안을 꺼냈다. "존경하는 아이젠하워 장군님, 이 어려운 시기에 여러 가지 일로 걱정이 많다고 들었습니다. 저는 단지 제가 느낀 것을 솔직히 말씀드리는 쪽이 좋을 듯하여 그랬을 뿐입니다. 각하께서 어떤 결정을 하시든지 100퍼센트 달성되도록 최선을 다할 것입니다. 브래들리도 마찬가지일 것입니다. 두서없는 편지로 각하의 심기를 어지럽혀서 죄송합니다. 읽으시고 찢어버리시길 바랍니다. 각하의 충실

• 제2차 세계대전 중 연합군의 주요 의사결정을 위해 조직한 상설 기구. 미 육군 참모총장 조지 마셜, 해군 참모총장 해럴드 스타크, 육군 항공대 사령관 헨리 아널드, 영국 육군 참모총장 앨런 브룩, 해군 참모총장 루이스 마운트배튼 등 양국 수뇌부들이 참여하여 전쟁 계획과 전략의 우선순위, 전구의 설정, 병력과 자원의 할당 등 전쟁 전반에 걸쳐서 주요 사안을 협의했다. 주축은 영, 미였지만 중국과 소련 또한 대표를 참석시켜 자국의 입장을 전달했다. 이런 모습은 추축 진영이 동맹국들 간의 소통 없이 그저 히틀러가 동맹국들에게 독일의 입장을 일방적으로 강요하여 상호 불신을 초래하고 전략적 방만함과 엄청난 자원 낭비를 초래했던 모습과는 대조적이었다.

한 부하 몽고메리 올림."23 몽고메리가 편지에 서명하자, 즉각 암호화해서 발송되었다. 프랜시스 드긴간드가 또 한 번, 이기심에 빠져 있던 몽고메리를 구해낸 셈이었다. 드긴간드는 곧 기자들에게 이 사실을 알리기 위해서 브뤼셀에 있는 제21집단군 후방 사령부로 갔다. 미군 2개 군에 대한 몽고메리의 지휘는 어디까지나 임시적인 조치이며, 연합군의 이익을 위해서라도 몽고메리를 지상군 사령관으로 만들기 위해 과찬하거나, 아이젠하워에 대한 근거 없는 비방을 하는 행동은 중단되어야 한다는 사실을 강조했다. 기자들은 편집자에게 그 내용을 전하겠노라 약속했다. 드긴간드는 베르사유에 있는 베델 스미스에게 전화를 걸어 몽고메리가 꼬리를 내렸음을 알려주었다.

북쪽 공격에 필요한 만반의 준비가 갖추어지면서 이제 날짜만 정하면 되었다. 아이젠하워는 공격 개시일을 새해 첫날로 생각했지만, 몽고메리는 1월 4일로 마음먹었다가 하루 앞당겨 3일로 정했다. 그러나 몽고메리에 대한 미군 장교들의 적개심은 점점 커졌다. 미국의 고급 장교들은 아이젠하워가 몽고메리를 완전히 박살낼 좋은 기회를 날려버렸다며 애석해했다. 그들은 독일군을 벌지에서 궤멸시킬 전략적인 승리를 원했다. 하지만 몽고메리는 그것이 불가능하다고 생각했다. 미군이 허를 찔린 것을 만회하고 싶어한다는 정도로만 이해했다. 그는 루르강 북쪽의 라인강을 건너기 전에 라이히스발트 삼림 지역을 완전히 장악하는 베리터블 작전을 시작하고 싶어서 안달이 났다. 하지만 브래들리와 패튼은 1월 3일까지 기다릴 생각이 조금도 없었다. 그들은 12월 31일 바스토뉴에서 공격을 개시할 생각이었다.

로렌 전투에서 전력이 많이 약화된 미 제35보병사단이 제4기갑사단과 제26보병사단 사이의 빈틈을 메우려고 바스토뉴 남쪽에 도착했다. 제35보병사단은 마르비와 롱빌리-바스토뉴 도로를 향해 동북쪽을 공격하고 제4기갑사단의 잔여 병력은 아를롱 도로 동쪽 마을을 소탕할 예정이었다. 개울을 건너면서 젖은 군화를 그대로 신고 있어야 하는 보병에게는 동상이나 참호족 환자가 전투 사상자만큼이나 많았다. 제51기계화보병대대의 한 장교는 일기에 이렇게 썼다. "너무 추워서 수통의 물이 그대로 얼어버릴 정도였다. 눈을 먹거나 녹여서 마셔야 했고, 커피도 눈을 녹인 물에 타 마셨다."[24] 불과 3주 만에 그의 대대 병력 600명 중에서 461명이 전투 또는 비전투로 손실을 입었다.

서쪽으로는 미 제9기갑사단 A전투부대가 뇌프샤토에서 미군의 주요 목표 중 하나인 시브레트 인근으로 이어지는 도로를 따라 진격했다. 바스토뉴를 둘러싼 공방이 치열해지면서 독일군도 계속 증원되었다. 12월 28일 총통 경호여단이 서남쪽의 시브레트 지역을 점령했다. 레머 대령은 북쪽 전선에서 내려오는 동안 "모든 차량이 흰색 바탕에 적십자 마크를 달고 있었음에도 불구하고 전투폭격기가 35분간 공격해" 자신의 의무중대가 큰 피해를 입었다고 주장했다.[25] 만토이펠은 레머의 전투대형은 모든 면에서 다르다고 믿었다. 레머의 판터 전차와 4호 전차들은 미 제9기갑사단의 정면으로 돌격하면서 다수의 전차를 격파했다.

하지만 레머는 형편없이 쪼그라든 제3기갑척탄병사단의 휘하로 들어가게 된 것에 분노와 굴욕감까지 느껴야 했다. 총통 경호여단은 비록 규모 면에서는 일반 사단의 절반에 불과했지만 제5강하엽병사단이 포병의 지원을 받지 못하거나 제26국민척탄병사단에 단 한발의 철갑탄도 남아 있지 않을 때에도 총통 경호여단은 여전히 강력한 화력을 갖추었다. 레머는 105밀리 대공포중대 1개를 슈노뉴로 이동시켜서 패튼의 전차에 대비했다. 이미 "화물 글라이더 10대"[26]를 격추시켰다고 자랑하는 88밀리 중대는 5킬로미터 북쪽의 플라미에르주 근처에 배치되었다. 그러나 총통 경호여단이 주요 거점인 시브레트를 구하기에는 너무 늦었다. 무자비한 포격 끝에 미군은 그날 밤 안으로 독일군을 몰아냈다. 격추되어 독일군에게 포로가 되었던 글라이더의 조종사는 독일군이 철수할 때 감자 자루에 숨은 덕분에 살아서 돌아왔다.

시브레트를 잃으면서 바스토뉴를 다시 포위할 수 있는 가능성은 사실상 사라졌다. 만토이펠과 뤼트비츠의 낙망은 이루 말할 수 없었다. 뤼트비츠는 레머에게 제3기갑척탄병사단 전투단의 지원을 받아 이튿날 아침까지 시브레트를 재탈환하라고 명령했다. 뤼트비츠는 "재탈환하지 못하면 군단 전체가 즉각 후퇴할 수밖에 없다"[27]라고 썼다. 히틀러는 아직도 현실을 받아들이지 못하고 소위 '뤼트비츠 집단군'을 창설해서 바스토뉴를 박살내겠다고 발표했다. 제2기갑사단, 기갑교도사단, 제9기갑사단, 제3 및 제15기갑척탄병사단, 제1친위기갑사단 라이프슈탄다르테 아돌프 히틀러, 제5강하엽병사단 그리고 총통 경호여단을 망라하는 집단군이었다. 그러나 히틀러답게 이름만 거창하게 붙였을 뿐 실제로는 패잔병의 무리에 불과했다.

12월 29일 금요일 이른 시각, 총통 경호여단은 시브레트 재탈환을 위하여 슈노뉴 인근의 숲 남쪽에 집결했다.[28] 그러나 레머의 부대는 숲에서 나오자마자, 독일군의 신속한 반격을 예상하고 미리 대비했던 미군 야전포병대대의 집중포화를 뒤집어썼다. 전날인 12월 28일에 치열한 전투 끝에 빌루를 점령했던 미군은 동쪽을 향해 포격을 집중하여 많은 사상자를 내게 했다. 슈노뉴 동남쪽 숲은 주인이 여러 번 바뀌었다. 레머 부대의 105밀리 대공포가 여러 대의 미군 전차를 기동 불능 상태로 만들었다. 포병 또한 백병전을 벌이는 보병처럼 대공포를 방어했지만 결국 포대를 내주어야 했다. 셔먼 전차가 대공포를 깔아뭉개 부숴버렸기 때문이었다. 그날 저녁 레머는 총통 경호여단이 시브레트를 더 이상 공격할 여력이 남아 있지 않다고 보고해야 했다.

스칸디나비아에서 눈과 안개가 밀려오고 있는 중에 날씨가 갠 12월 29일 금요일 밤을 틈 타 독일 공군 폭격기들이 바스토뉴를 폭격했다. 하지만 미군은 이미 포위망을 돌파한 도로를 그대로 장악했기에 수백 대의 트럭이 제101공수사단을 위한 보충병 400명과 엄청난 양의 보급품을 실어 날랐다. 테일러 장군은 전방의 부대원들을 격려하기 위해서 방문했다. 하지만 일부 병사는 그의 행동에 대해 불쾌감을 드러내기도 했다. 제506낙하산보병연대의 딕 윈터스 소령은 이렇게 썼다. "떠날 때 남긴 지시가 '전방 숲을 잘 감시하라'였지? 도대체 워싱턴에 가 있는 동안 우리가 무슨 짓을 할 거라고 생각한 거지?"[29]

언론에서는 낙하산병들의 활약을 대서특필했지만, 병사들은 자신들이 교체되어 무르멜롱르그랑에 돌아갈 수 없다는 소식에 사기가 떨어졌다. 그들은 고향에서 온 우편물이나 크리스마스 선물을 받는 것으로 위안을 삼아야 했다. 보내준 물건들은 소대원들이나 벨기에 시민들과 나누었다. '한 박스에 열 개'씩 든 전투 식량을 맘껏 즐길 수 있었다. 낙하산병들은 제8군단 사령부가 남겨둔 술 창고를 '해방'했다. 이 술 창고는 독일 폭격기가 건물 벽을 무너뜨렸을 때 찾아냈다. 그러나 혹독한 추위가 이어졌고 지겨운 전투와 위험하기 그지없는 야간 정찰도 계속되었다. 지휘관들은 상대편 부대의 정보를 원하기 때문에 포로들을 잡기 위해 체포 전담 분대가 출동할 때는 포로 심문을 위해 '독일어'가 가능한 병사를 데리고 갔다.(독일 장교들은 자기 부대에 대한 너무 많은 정보가 드러날 수 있다며 병사들의 월급대장을 압수했다.) 하지만 눈이 딱딱하게 얼어있어서 밟을 때마다 소리가 났기에 야간에 조용히 움직인다는 것은 불가능했다. 목에 두르는 하얀 망토 역시 딱딱하게 얼어서 움직일 때마다 부스럭거리는 소리를 냈다. 하얀색 작업복은 위장용으로는 적합하지 않았다. 낙하산병들은 하얀색 안감을 대어 뒤집어 입을 수 있도록 만든 독일군의 위장복을 부러워했다.

통상적으로 경계 초소의 정면에는 허수아비를 세워서 적의 정찰대가 놀라 먼저 사격을 하도록 유도했다. 낙하산병들은 허수아비 대신 뻣뻣하게 얼어붙은 독일군 시체를 눈 위에 세워놓았다. 그중 하나는 부대 마스코트 이름을 따서 "오스카"[30]라고 불렸다. 오스카는 기습을 받았을 때, 사격 방향을 지시하는 표지로 쓰이기도 했다. 낙하산병들은 혹독한 추위에 얼어 죽은 사람의 얼굴은 모세혈관이 급격히 얼어버리는 바람에 회색빛이 아니라 진홍색을 띤다는 사실을 알고 놀랐다.

덥수룩한 수염에 지저분한 낙하산병들은 참호족과 동상 말고도 이질을 많이 앓았다. 식기를 청결하게 씻지 못한 탓이 컸다. 영하 20도의 혹한은 중기관총의 냉각 장치 역할을 해주었다. 미군의 중기관총은 총구의 화염 때문에 상당히 먼 거리에서도 눈에 잘 띄는 반면, 독일군의 기관총은 100미터만 떨어져도 거의 보이지 않았다. 노획한 독일 MG-42 기관총을 좋아하는 쪽은 미군 낙하산병들만은 아니었다. 신병들은 기관총을 오래 쏘면 위치가 노출된다는 사실도 배워야 했다.

어떻게 수류탄을 던지는 것이 가장 좋은가에 대한 논란도 그치지 않았다.

야구공을 던지는 식이 나을까, 아니면 포환을 던지는 식으로 던질까, 그것도 아니면 공중으로 높이 던질까. 야구공 던지는 식은 팔과 어깨를 비틀어야 하기 때문에 우선적으로 배제되었다. 독일군이 도로 집어 던지지 않도록 경험이 많은 병사들은 안전핀을 빼고 둘 또는 셋까지 센 다음 던졌다. 종종 수류탄 안전핀 고리를 단추 구멍에 끼워서 달고 다니는 병사들도 있었다. 이 때문에 엎드릴 때마다 수류탄을 잃어버려서 장교들이 기겁을 했다. 더 멍청한 신병 중에는 안전핀 고리를 장비에 연결시킨 병사들도 있었다. 대단히 위험한 짓이었다. 수통 커버가 수류탄을 갖고 다니기에 제일 적합했다.

12월 30일, 패튼 장군은 진주가 박힌 그 유명한 권총을 차고 드디어 바스토뉴에 들어갔다. 그는 특유의 카랑카랑한 목소리로 부하 장병들을 격려하고 훈장을 수여했다. 파괴된 독일 전차를 들여다본다든지, 격전지를 돌아보며 사진도 많이 찍었다. 롤리성에도 들러 잠깐 눈을 붙이고는 시찰을 계속했다. 그때 독일 전차의 포격을 받고 있던 미 제327글라이더보병연대 소속 한 포병 관측 장교는 완전히 모습을 드러낸 채 등 뒤에서 포대 쪽으로 걸어오는 무리를 보고 기겁을 했다. 당장 엎드리라고 욕설을 퍼붓고 보니, 이런 상황에서도 좀처럼 동요하지 않는 패튼 장군의 시찰팀이었다. 대위는 야전 포병대대에 한 발을 먼저 쏴 영점을 잡고 나서 독일 전차에 '효력사'를 하라고 명령했다. 운 좋게도 한 발이 적 포탑에 명중하자 내부의 탄약을 폭발시켜 산산소삭을 냈다. "음…… . 사격술이 좋은걸."[31] 패튼은 의기양양했다. 확실히 그날은 패튼의 날이었다.

총통 경호여단과 제3기갑척탄병사단이 서쪽에서 공격을 하고, 제1친위기갑사단 전투단은 제14공수연대 그리고 헝가리에서 새로 도착한 제167국민척탄병사단과 함께 동쪽인 뤼트르부아 근처에서 공격했다.[32] 빌레르라본오에 주둔했던 미군 제35보병사단 1개 대대가 새벽 안개를 틈탄 독일군의 기습에 크게 당했다. 2개 중대가 전멸했지만 야전포병이 나서면서 그나마 상황은 좀 나아졌다. 사단과 군단의 포병들이 새로운 근접전파신관이 달린 포탄을 써서 지휘관의 말마따나 제167국민척탄병사단을 "섬멸해버렸다."[33]

포성을 들은 미 제4기갑사단의 셔먼 전차와 구축전차가 전투에 가세하자 보병들이 독일 전차가 숲속에 있다고 알려주었다. 제134보병연대는 27대의 전차를 기동 불능으로 만들었다고 하면서 다른 부대가 격파한 것까지 포함하면 50대가 넘는다고 주장했지만 다소 과장이 섞인 듯하다. 제1친위기갑사단 라이프슈탄다르테 아돌프 히틀러는 제5강하엽병사단 때문에 심각한 손실을 보았다면서 비난을 퍼부었다. 제5강하엽병사단장 하일만 장군은 이렇게 말했다. "친위대원들은 빌레르라본오에서 우리 낙하산병들이 미군들과 지하실에 앉아 의형제나 맺는 술자리를 같이하고 있더라는 소문을 퍼뜨렸다."34 라이프슈탄다르테 사단장 빌헬름 몽케 SS소장은 제14공수연대 장교들이 비겁하다는 이유로 군법 회의에 회부해야 한다면서, '국가사회주의 지도 장교(국가사회주의 지도 장교는 히틀러가 소련의 정치 장교 제도를 모방해서 만든 것으로 주로 군 장교들의 충성심이나 투지를 평가하는 역할을 맡았다.•)들을 강하엽병사단의 요직에 배치해야 한다고 강조했다.

무장친위대와 국방군 간의 불화는 새로운 곳에서 한층 깊어졌다. 친위기갑부대들은 모든 도로에서 우선권을 주장하여 혼란을 빚기 일쑤였다. 코코트 소장은 이렇게 썼다. "도로의 혼잡은 친위대가 바스토뉴 전투 지역에 도착했을 때부터 극에 달했다. 우쭐우쭐 건방지기만 하고 규율도 없는 이 부대들은 무자비하기로 소문이 났다. 하지만 막무가내로 굴기 일쑤여서 체계적인 전투 수행에 커다란 걸림돌이 되었다."35 친위대에 대한 증오심은 고급 장교들에만 국한되지 않았다. 코코트 사단의 뢰스너 상사는 친위대원들이 "룩셈부르크의 한 가정집에 들어가 모든 것을 부숴버리는 과정"36을 묘사했다. 이들은 독일 아이펠 지역에서 성화聖畵를 파괴하기도 했다. 이곳은 독실

• 　나치판 정치장교인 "국가사회주의 지도 장교NSFO"는 1943년 12월 22일 히틀러의 명령에 따라 처음 조직되었다. 개전 이전부터 독일 국방군에 대한 깊은 불신감을 품고 있었던 히틀러는 전황이 악화되자 국방군을 더욱 강력하게 장악할 요량으로 나치 이념을 신봉하면서 히틀러에게 절대 충성하는 장교들을 양성하여 군내에 배치했다. 전쟁 말기에 오면 1100명의 지도 장교와 4만7000명의 겸직 장교가 있었고 사상 교육과 전투 독려, 탈영병 즉결처분 등을 수행했다. 그러나 소련 정치 장교와 달리, 지휘관의 지휘권을 제한하거나 작전에 직접 관여하지는 않았다. 지도 장교제는 히틀러의 나치 정권이 이념적으로 대척관계에 있는 소련 볼셰비키 체제와 실제로는 얼마나 유사한지 단적으로 보여주는 것 중의 하나이기도 했다.

한 가톨릭 교인이 많은 지역이었다.

패튼의 제3군단에 가장 고무적인 사건이라면 지친 제4기갑사단을 대체할 제6기갑사단이 도착했다는 사실이었다. 이 부대는 전투 경험도 풍부하고 병력이나 장비도 충분했다. 당시 이런 부대는 드물었다. 그들이 보유한 셔먼 전차 중 일부는 영국 17파운드짜리 포를 개량한 새로운 76밀리 포를 장착하고 있어 6호 전차 티거와도 맞붙어볼 만했다. 전투부대 하나가 오는 중 제11기갑사단과 길이 겹치는 바람에 지체되었지만, 다른 전투부대는 동남쪽 네프 근처에 도착해서 이튿날 와르딘 공격 준비를 끝냈다.

미군에 대한 오인 사격은 선더볼트나 라이트닝 전투폭격기에만 해당되지 않았다. 12월 31일, 제3군의 보고에 따르면 "미 제8공군 폭격기들이 제4기갑사단의 사령부, 베커 마을, 에히터나흐에 있는 제4보병사단의 일부 병력을 폭격했다."[37] 미 육군항공대의 둘리틀 장군•과 스파츠 장군과의 긴급회의가 소집되어 '아군끼리의 폭격이나 대공사격' 문제를 의논했다. '오인 폭격'은 '아군에 대한 신뢰를 흔들어버릴 우려 때문에' 비밀에 부쳐졌다. 잘못은 양쪽 모두에게 있었다. 하지만 몇 차례의 오폭 사건을 겪은 미군 병사들은 "날아다니는 것은 무조건 쏘고 본다"라는 노르망디 시절의 슬로건으로 돌아가서 사정거리 안에 있든 밖에 있든 간에 다가오는 비행기만 보면 덮어놓고 총을 쏘았다. 육군은 항공대가 폭격으로 파괴했다는 전차의 숫자도 부풀려졌다고 공공연하게 의심했다. 제12집단군의 주장에 의하면 "항공대의 주장은 과장이 틀림없다. 그렇지 않다면 독일군에게는 전차가 한 대도 남아 있지 않았어야 했다. 우리 정찰대의 보고에 따르면 아직도 적의 전차는 많이 남았다"[38]고 한다.

독일 공군은 아직도 바스토뉴에 대한 야간 폭격을 실시했다. 1월 1일 바스토뉴 중앙 광장의 파편을 치우는 작업에 동원된 독일군 포로 하나가 그

• 태평양전쟁 초반 도쿄를 폭격한 '둘리틀 폭격대'로 명성을 떨쳤던 제임스 둘리틀은 중국에서 귀환한 후 태평양을 떠나 유럽으로 향했다. 그리고 지중해 방면의 제15공군 사령관을 거쳐서 영국 본토의 제8공군 사령관을 맡아 노르망디와 아르덴 전역, 독일 본토 폭격 등을 지휘했다. 그는 유럽전쟁이 끝난 뒤 다시 태평양으로 돌아와 오키나와에 왔지만 그 직후 일본은 항복했다.

전날 밤 급습 때 떨어진 '나비형' 소형폭탄을 밟았다. 폭탄이 포로의 사타구니 쪽으로 폭발했다. 포로는 비명을 지르며 쓰러졌다. 제9기갑사단 제52기계화보병대대 병사들이 이 광경을 목격했다. 장교 중 한 명은 나중에 "트럭에 있던 우리 미군 병사들이 그 장면을 보고는 낄낄거리며 웃었다"[39]고 썼다.

북쪽 미 제1군 전방에서는 몽고메리가 서쪽의 제2기갑사단과 마르슈 인근의 제84보병사단을 지원하려고 영국 제53웰시사단과 미 제83보병사단을 진격시켰다. 영국 제51하일랜드보병사단은 제1군의 예비 병력이 되었다. 호록스의 영국 제30군단 병력이 도착하면서 콜린스의 미 제7군단 나머지 병력들은 뒤로 물러서서 1월 3일에 예정된 반격을 준비하기 위해 철수했다.(몽고메리는 자신이 가장 아끼는 군단장을 요양차 반강제로 집으로 보냈다. 과로로 인해 판단력이 흐려질까 우려했기 때문이었다. 호록스는 느닷없이 독일군이 뫼즈 강을 건너도록 한 다음에 브뤼셀 남쪽의 워털루에서 이들을 섬멸하자고 주장하기도 했다.[40]) 셀 동쪽으로 이동한 영국 제6공수사단[41]은 참호를 파려고 했지만 땅이 너무 꽁꽁 얼어 있는 바람에 야전삽으로는 어림도 없었다. 해머로 땅에 구멍을 내고 폭약을 채운 다음, 폭발시켜서 참호를 만들어야 했다. 이들은 곧 눈 속에 묻혀 있는 텔러마인 대전차 지뢰를 다루는 작업이 지극히 위험한 일이라는 사실을 알았다.

독일군이 가장 깊이 들어온 모든 지역에서 굶주리고 추위에 떨고 있던 낙오병들이 붙들렸다. 어떤 농부의 아들이 이시프 근처에서 말을 돌보고 있었다. 어느 날 집으로 돌아오자 다리를 절면서 집 쪽으로 오고 있던 독일군 병사가 문을 두드렸다. 독일군은 자신의 다리를 가리키며 말했다. "부러졌소." 그는 헛간에서 잠을 잔 후, 난로 곁에 앉아 권총을 내려놓고 군화를 벗었을 때 미군 정찰대가 들이닥쳐 권총을 집을 새도 없이 포로가 되었다. 가까운 집이나 농가로 숨어든 독일군도 있었다. 한 명은 미군에게 완전히 포위되었음에도 헛간에서 나오길 거부했다. 그는 미군복을 입고 있었고 총살을 당할까 두려워했다. 헛간에 불을 지르겠다고 위협을 하자, 그제야 항복했다. 미군은 그의 옷을 벗긴 다음 지프차에 태워 어디론가 데려갔다. 그 포로가 어떻게 되었는지 마을 사람들은 알 길이 없었다.

콩주 같은 여러 곳에서 주민들은 미군 전차들이 자신들의 과수원이나 울타리를 짓뭉개는 모습을 슬픈 마음으로 지켜보았다. 미군 보병들이 일렬종대로 도로 양옆으로 걸어오는 모습에 대해서는 그다지 아랑곳하지 않았다. 근검절약이 몸에 밴 이 지역 주민들은 낭비하는 것이 하나도 없었다. 버려진 독일군 차량에서 가져올 수 있는 것은 무엇이든지 가져왔다.[42] 주민들에겐 독일군이 징발한 사료, 말, 마차 그리고 망가져버린 농토, 헛간, 집에 대한 보상인 셈이었다. 무한궤도가 달린 오토바이가 최고의 횡재였다. 버려진 차량에서 휘발유를 뽑아내고, 공구, 비상식량, 타이어 등등 분해할 수 있는 것은 모조리 가져갔다. 여름철에 물고기를 잡으려고 수류탄을 가져가는 사람들도 있었다.

마차를 만들기 위해 야포의 바퀴를 가져가려던 사람들도 있었지만, 말이 끌기에는 너무 무겁다는 사실을 깨달았다. 기계를 잘 다루는 농부들은 독일군의 장갑차를 분해해서 트랙터를 만들기도 했다. 엔진은 반무한궤도 차량에서 떼어왔다. 독일군 지프차 퀴벨바겐의 앞좌석을 떼어다가 30년 동안이나 거실 소파로 사용한 집도 있었다. 이시프에서는 한 독일군 장교의 시체가 지프차 퀴벨바겐 앞좌석에 여러 날 방치되어 있었다.[43] 당시 열일곱 살이었던 테오필 솔로는 인간이 죽은 후에도 수염이 자라는 모습을 발견하고는 굉장히 신기하게 여겼다.

여성들은 자식이나 남편의 안부가 무엇보다도 걱정이었다. 뫼즈강을 건너 피란을 간 사람들은 운이 좋았다. 독일군은 남아 있는 남자들을 모조리 끌어가서 도로의 제설 작업을 하거나 물자를 운반하는 강제 노동을 시켰다. 추위를 막아줄 변변한 옷도 입지 못한 경우가 많았다. 이들은 제대로 먹지도 못하면서 변변찮은 장비로 중노동에 시달렸다. 장갑이나 삽도 없이 일을 해야 했다. 마치 포로나 다름없는 대우를 받았으며 밤에는 헛간에 감금되었다. 주민들이 도망치지 못하게 경비병이 수류탄을 문이나 창에 걸어놓기도 했다. 많은 주민이 독일까지 끌려가서 강제노동을 하다가 전쟁이 끝나서야 풀려났다. 연합군의 폭격에 죽은 주민도 많았다. 눈 위에 있으면 하나같이 조그만 까만 점으로만 보였기에 조종사들이 독일군과 벨기에 주민들을 구분할 수가 없었다.

12월 31일, 영국 제30군단은 뫼즈와 오통 사이의 새로운 위치까지 전선을 연장했다. 영국군 민사 장교는 꽤나 낭만적인 글을 남겼다. "아르덴은 '젠다성의 포로Prisoner of Zenda(영국의 대중작가 A. H. 호킨스의 소설—옮긴이)'에나 나옴직한 낭만적인 모험의 분위기를 풍기는 곳이었다. 눈을 잔뜩 뒤집어쓰고 있는 전나무 숲이 성과 어울려 분위기를 한층 높였다."[44]

구름이 많이 끼어서 항공 정찰이 힘들었다. 영국 제53웰시사단이 마르슈앙파멘에서 미군과 교대했을 때 연합군은 독일 기갑교도사단과 제2기갑사단의 잔여 병력이 로슈포르에서 후퇴한 뒤의 재배치 상황에 대한 정보가 필요했다. 영국 제6공수사단 예하 제61정찰연대와 벨기에와 프랑스인으로 구성된 SAS부대● 350명이 로슈포르와 마르슈 남쪽의 넓은 삼림과 늪지로 파견되어 정찰을 했다.

그중 프랑스인 중대 하나는 생위베르로 향했다. 12월 31일, 제5SAS연대 소속 벨기에인 중대가 로슈포르 남쪽 10킬로미터 떨어진 뷔르에서 기갑교도사단의 일부 병력을 찾아냈다. 이들의 지프차에는 트윈 비커스 기관총만 달려 있었기에 기갑척탄병들의 적수가 될 수는 없었다. 적군이 88밀리 포를 직사하자 3명의 유능한 병사를 잃었다. 독일 제2, 제9기갑사단의 패잔병과 기갑교도사단이 로슈포르에서 이 길을 따라서 후퇴하고 있었기에, 독일군은 이 지역을 어떻게든 지켜야 했다. 주민들이 신학교 지하실로 피란을 간 후 독일군은 주민들의 침대 시트를 가져다가 위장용으로 사용했다. 피란민들이 지하실에서 감자를 먹고 있을 때, 기갑척탄병들은 주민들의 닭을 잡아먹었다.

독일군이 로슈포르를 포격하자 주민들은 마을 근처 동굴 속에 숨어 있어야 했다. 포격이 뜸하면 몇 명이 음식을 가져오기 위해 밖으로 나오기도 했다. "베레모를 쓰고 검은 고무장갑을 낀 채"[45] 시신들을 모아 기독교식 장례를 치러주는 프레르 자크에게 모두들 깊이 감사했다.

●　제2차 세계대전 당시 활약했던 영국 육군 소속 특수부대.

독일군은 V-1비행폭탄으로 리에주를 계속해서 때렸다. 12월 31일, 북아프리카와 시칠리아, 노르망디 전투에 참전한 미들섹스연대의 워커 상병[46]은 쉬르르몽 시내 남쪽에 있는 성당으로 미사를 드리러 갔다. V-1비행폭탄이 머리 위를 지나가기에 고개를 들어 쳐다보는 순간, 로켓이 급강하했다. "한 벨기에인 어린이가 위험을 모른 채 낙하지점 근처에 서 있었다." 표창장에는 이렇게 쓰여 있었다. "워커 상병은 뛰어가 어린아이를 땅바닥에 쓰러뜨린 후 자신의 몸으로 그 아이를 보호했다. 로켓이 몇 발자국 떨어지지 않은 곳에서 폭발하면서 워커는 심하게 부상을 입었지만, 아이는 다치지 않았다." 워낙 상태가 심했기에 영국 왕립 육군 의무부대는 포기했지만, 미군이 그를 데려가 최첨단 피부이식 수술을 해서 살려냈다. 그리고 이 수술 전 과정을 촬영해서 다른 야전외과병원에 교육용으로 배포했다.

미군 사령부는 한 해의 마지막 날 파티를 준비했다. 심프슨의 제9군은 하이볼(칵테일의 종류 중 하나—옮긴이)과 칠면조 요리를 준비했다.[47] 호지스 장군의 제1군은 언제나처럼 공식 만찬을 준비했다. 한 장교는 이렇게 썼다. "이렇게 정신없는 밤에 만찬을 위하여 전투화에 재킷을 입고, 넥타이까지 매야 했다."[48] 호지스는 평소 얼음에 비터스(쓴맛을 농축해 만든 향료—옮긴이)를 한두 방울 넣은 버번위스키나 뒤보네 와인을 즐겨 마셨다. 그날은 셰르부르를 점령한 콜린스가 선물한 샴페인을 상자째 열어서 송년 건배를 제안했다. 한밤중에 병사들이 "갑자기 총을 쏘아대는 바람에 큰 혼란이 벌어졌다. 낭상 조사를 해보니 녹일군의 공격 때문이 아니라 송년 기념으로 쏜 것이었다."[49]

브래들리의 제12집단군 사령부에서도 송년 파티가 열렸다. 핸슨에 의하면, 마사 겔혼은 "저녁시간의 거의 절반 내내 스페인 전쟁에 관해 열정적으로 떠들었다. 전 세계의 전장에서 인간의 가장 추악한 모습을 보았음에도 불구하고 인간의 선함을 믿는 독특한 여성 신문 기자였다."[50] 독일군의 대공세를 사전에 알아내지 못한 데 대한 공식적인 조사가 있을지도 모른다는 우려 때문에 파티 분위기는 다소 썰렁했다. 전략정보국oss을 설립한 윌리엄 도너번 장군이 워싱턴에서 날아와서 "왜 미군이 방심했는지" 의회 차원의 조사가 있을 것이라고 통보했기 때문이다. 브래들리는 독일군이 공격하기 전 아르덴 방어를 위해 불과 4개 사단만 남겨둔 결정은 '계산된 위험' 전략이었다며 극도로 신경질적이고 방어적인 태도로 맞섰다.

베를린에서는 7월 반역 음모에 연루된 저술가 우르줄라 폰 카르도르프가 친구들과 함께 새해 전야를 즐겼다. "한밤중이라서 사방이 고요했다. 우리는 술잔을 치켜들었지만, 차마 부딪칠 수는 없었다. 한 해가 간다고 멀리서 종이 울렸다. 총소리와 함께 유리 파편을 밟고 지나가는 소리도 들렸다.(거리엔 깨진 유리들이 널려 있었다.) 유령이 그 검은 날개로 우리를 스치며 지나가는 것처럼 으스스했다."[51] 아르덴에서, 독일에서, 벨기에에서는 연합군의 반격에 맞서 싸울 준비가 한창이었다. 전투의 재개였다. 생비트 근처의 어느 젊은 국민척탄병 장교는 이렇게 썼다. "새해의 문턱에서 나의 기도는 총통과 함께 이 전쟁을 승리로 끝내는 것이다."[52] 불과 몇 시간 후 독일은 하늘에서 그리고 알자스에서 공격을 시작했다.

더블 서프라이즈

새해 전야 자정, 아르덴 근처의 모든 미군 포병대가 일시에 포문을 열었다. 마치 독일 패망의 해가 시작되었음을 알려주려는 메시지 같았다. 독일도 새해 메시지를 준비했다. 해가 바뀌기 직전, 하인리히 힘러 SS제국지도자가 지휘하는 라인강 상류 집단군이 '노르트빈트 작전(북풍 작전)'을 개시해 디버스 장군의 제6집단군 좌익을 공격했다.

크리스마스 이튿날, 미 제7군 정보부는 독일군이 1월 초에 북부 알자스를 공격할 것 같다고 보고했다. 데버스 장군은 아이젠하워를 만나러 베르사유로 날아갔다. 라인강을 건너는 교두보를 장악하자는 그의 계획을 아이젠하워가 퇴짜 놓은 이후 두 사람의 관계는 여전히 좋지 않았다. 아르덴에서의 전투가 막바지에 이르면서 연합군 최고 사령부는 남쪽의 미군이나 프랑스 부대들이 방어에 주력하기를 원했다. 패튼의 제3군이 전선 돌출부 남쪽 측면에 배치된 지금, 아르덴의 전력을 보강하느라 데버스의 병력은 사실상 껍데기만 남은 채 약 300킬로미터에 이르는 전선을 도맡아 지키고 있었다.

아이젠하워는 스트라스부르를 포기하고, 보주산까지 후퇴함으로써 알자스의 전선을 줄이려고 했다. 테더가 강하게 반발했다.(아이러니하게도 이제는 영국이 점령지 포기를 반대했다.) 이 일은 스트라스부르를 아주 중요하게 생각하는 프랑스와 중요한 갈등의 원인이 되었다.●

연합군이 전혀 예상치 못한 또 다른 공격이 있었다. 독일 공군에 대한 비난이 높아지자, 헤르만 괴링 제국원수가 전광석화 같은 작전을 펼치기로 결정했다. 연합군 공군에 대한 기습 계획은, 지난 11월 6일 크리스티안 소장이 히틀러에게 "괴링 제국원수가 '대기 중인 새로운 병력은 하루 안에 배치되어야 한다. 날씨가 좋은 날 모든 병력이 한꺼번에 공격할 수 있도록'이라는 명령을 내렸다"[1]고 말할 때에 이미 언급되었다.

히틀러는 미덥지가 않았다. "나로서는 그날이 닥쳤을 때 두려운 일은 각 부대가 서로 협조하지 않을 것과 적을 찾지 못할 것이라는 점이다. 한꺼번에 출격하여 적을 섬멸할 수 있다는 얘기는 현실적이지 않다." 그는 독일 공군이 주장하는 양측 항공기 비율을 극도로 의심했고 독일 조종사들이 연합군 항공기를 거의 격추시키지 못했다는 사실에 분통을 터뜨렸다. 그는 이렇게 외쳤다. "아직도 수많은 비행기를 생산하고 있지. 인력과 물자 낭비일 뿐이야."

독일 공군은 많은 문제점을 안고 있었지만, 그중에는 자신들이 자초한 요인도 많았다. 베테랑 조종사에게는 충분한 휴식을 주지 않았고, 그들의 풍부한 경험을 훈련생들에게 전할 기회마저 주지 않았기 때문에 숙련된 조종사들은 이제 거의 남아 있지 않았다. 메서슈미트109를 모는 한 조종사가 말했다. "경험 많은 조종사들은 모두 전사하고, 이제는 젊고 경험이 없는 조종사들만 남아 있다."[2] "그럼 풋내기들은 대체 어떻게 훈련을 받는 거지? 불쌍하고 끔찍하다."[3] 연료가 부족해서 풋내기들은 겨우 몇 시간의 단독비행 훈련

● 　프랑스와 독일 국경에 있는 알자스의 항구도시 스트라스부르는 수백 년 동안 양국 사이에서 뺏고 빼앗기는 일을 반복한 첨예한 지역이었다. 프랑스 대혁명 중 음악가이자 공병 대위였던 루제 드 릴이 스트라스부르에서 작곡한 육군 군가는 '라 마르세예즈'라는 이름으로 애창되었으며 나중에 프랑스 국가가 되었다. 프로이센-프랑스 전쟁 중에는 독일에게 빼앗겼다가 제1차 세계대전의 승리로 프랑스에 복속되었으나 1940년 서부전역의 패배로 다시 독일군에게 점령되었다. 미군 입장에서는 별 가치가 없는 일개 도시에 불과했지만 당사자인 프랑스로서는 주권 회복의 상징이었기에 결코 물러날 수 없었다.

만 마치고는 실전에 투입되었다. 미군 조종사들은 독일 베테랑 조종사 한 명보다 풋내기 조종사 네 명을 상대하는 쪽이 더 편하다고 말할 정도였다.

사기 또한 엉망이었다. 포로가 된 한 장교는 조종사들이 어떤 핑계를 대고 비행이나 전투를 거부하는지 자세히 말해주었다. 이유 중에는 "엔진이나 착륙 장치 이상"[4]도 있었다. 출격했다가 총 한 발 안 쏘고 돌아와 체포된 조종사도 있었다. "전에 비행기 조종을 했던 고급 장교들은 더 이상 비행기를 타려고 하지 않습니다. 그들은 아무것도 하지 않죠. 더 이상 영웅적인 죽음을 원하지 않습니다. 그런 시절은 이미 지나갔다면서요."[5] 어느 베테랑 조종사가 고백했다. 계급을 불문하고 냉소주의가 만연했다. "우리 비행대대에서 성병에 걸리지 않은 놈은 이상한 놈이죠. 70퍼센트가 임질에 걸려 있어요."[6] 한 국방군 상사가 이렇게 증언했다.

가장 지독한 비아냥은 제국원수에 대한 것이었다. 공군 총사령부의 한 고급 장교가 불만을 토로했다. "원수님께서는 『이상한 나라의 앨리스』의 '하트 여왕'처럼 독일 공군을 운용하고 있는 것 같습니다. 당연히 그 결과도 똑같겠지요. 그분께는 공군이 마치 장난감처럼 보이나 봅니다."[7] 신년 대공세에 참여했던 몇 안 되는 고급 장교 중 한 명은 상관에게 질문을 던졌다. "장군님, 제국원수님께서는 무엇을 하고 계십니까?"[8] "다이아몬드 흥정을 하고 계신다네. 너무 바쁘셔서 우리에겐 관심을 가질 시간도 없는 모양이야!" 반면에 괴링의 참모장 카를 콜러 항공대장은 누구보다 히틀러에 대해서 반감이 컸다. "총통은 공군의 필요성을 이해하지 못하고 계시지. 지금까지 겪어온 보병의 시각에서 벗어나지 못하고 계신단 말이야."[9]

어쨌든 괴링으로서는 총공격을 시도해보는 것 외에는 달리 방도가 없었다. 어떤 중령은 괴링이 '거의 울먹거리며' 말했다고 떠올렸다 "빠른 시간 내에 제공권을 확보하지 못하면 이 전쟁은 패배할 것이다."[10] 히틀러의 아르덴 대공세가 남긴 망령인, 괴링의 마지막 도박은 '보덴플라테 작전(베이스플레이트 작전)'이라고 불렸다. 날 수 있는 모든 항공기를 총동원해 연합군의 비행기가 이륙하기 전에 활주로에서 모두 파괴한다는 작전이었다.

비록 몇 주 전부터 알고는 있었지만, 새해 전날 오후 작전 회의에서 브리핑을 받은 장교들은 대경실색했다. 그날 조종사들은 일절 음주를 금하고 새해를 맞이한다고 자지 않고 깨어 있는 것도 자제하라는 명령을 받았다. 일본군의 자살 공격인 반자이 돌격을 연상케 하는 이튿날 작전의 성공 가능성에 대해서 모두 회의적이었다. 조종사들에게는 버터, 달걀, 흰 빵으로 구성된 "출격 특식"[11]이 제공되었다. 작전을 마치고 살아서 돌아오면 초콜릿과 진짜 커피 그리고 "작전 특식"을 주겠다는 약속도 있었다.

동이 트자 38개 비행장에서 1000여 대에 달하는 독일 항공기들이 일제히 시동을 걸었다. 제6전투비행단을 맡아 네덜란드 폴컬 비행장 공격 임무를 맡은 요한 코글러 중령이 포케불프190 전투기 조종석에 앉았다. 코글러 중령은 현실적인 사람이었다. "아돌프 갈란트 항공대장이 나에게 고민을 털어놓았다. 섬뜩한 이야기였다."[12] 코글러의 지휘관은 베포 슈미트 항공대장이었다. 1940년 괴링의 정보 참모장으로 있으면서 괴링에게 엉터리 정보를 제공하는 바람에 프란츠 할더 상급대장이 "괴링은 전체 독일 공군 중에서 허위 보고를 가장 많이 받고 있는 사람이다"[13]라고 말할 정도였다. 전투기 지휘관들을 잃을까 두려워한 슈미트는 그들을 지키기 위해 어떻게든 출격시키지 않으려고 했다. 하지만 코글러는 자신의 신념에 따라 그런 결정에 반대했다. "괴링 장군님, 우리가 적군의 총알받이가 되어 그들에게 즐거움을 주는 한이 있어도 무언가를 하기 위해 하늘에 투입되는 거라면 항상 내 조종사들과 동행해야 한다고 강력하게 건의드립니다."[14]

제26전투비행단 포케불프190 비행대대의 한 지휘관은 공격 목표를 확인하고 쓸쓸해 마지않았다. "우리가 주둔했던 비행장이었다. 우리가 있었던 곳을 우리가 직접 폭격해야 한다니."[15] 괴링의 명령은 조종사들을 더욱 기막히게 만들었다. "적 비행장을 확실하게 파괴하지 못하거나 (실패 후 귀환한다거나) 찾지 못하고 돌아온 사람은 즉시 다시 출격해서 임무를 완수해야 한다."[16] 이 발상은 나중에 끔찍한 결과를 초래하고 만다. 각 편대에는 메서슈미트 Me262 제트전투기가 한 대씩 따라붙었다. 이 조종사의 임무는 투지가 부족한 조종사를 찾아내는 일이었다.

개전 초기의 승리를 회상하면서 들뜬 조종사들도 있었다. "전쟁이 시작되었을 때 우리가 놈들을 얼마나 혼내주었던가! 각 비행전대마다 전투기가 60대씩 한꺼번에 출격했었지!"[17] 겐트 근처 비행장 폭격을 담당한 한 조종사가 그 시절을 회고했다. 그는 심지어 보덴플라테 작전이 독일군의 위용을 보여준다며 아주 기뻐했다. "이제 새해 첫날에 출격이라니, 와우! 이것 좀 봐. 하늘을 가득 메웠구나! 내가 봐도 놀라울 정도야. 너무 많아서 내가 어느 편대에 속하는지 알 수도 없어. 온 세상이 우리 비행기로 가득한 것 같아. 민간인들이 쳐다보겠지. 우리는 전방으로 가고 병사들도 우릴 볼 거야. 우린 모두 저공비행을 하고 있다고."

사람들의 눈에 비친 이런 긍정적인 모습 때문에 혼란에 빠진 독일군의 진짜 모습이 드러나지 않았다. 아르덴 대공세를 시작할 때에 히틀러가 그랬던 것처럼, 괴링도 보안 예방 조치를 준수한다는 이유로 일선의 대공포부대에도 보덴플라테 작전을 알려주지 않았다. 이 때문에 대공포대들은 갑자기 나타난 이 거대한 무리를 보자 당연히 적기라고 생각했다. 이들은 포문을 열었고 아군의 대공포 사격으로 16대의 전투기가 격추당했다.

네덜란드 남쪽과 벨기에에 있는 영국군 비행장 12개소, 프랑스에 있는 미군 비행장 4개소를 목표로 오전 9시 20분에 동시 공격하기로 예정되어 있었다. 그러나 항로를 착각하는 바람에 영국군 비행장은 13개소가, 미군 비행장은 3개소가 공격을 받았다. 독일군의 기습은 성공했지만, 실패한 곳도 있었다. 겐트에 있는 신트데네이스베스트럼 비행장을 공격하던 독일 편대는 연료가 부족해 착륙하려던 폴란드군의 스피트파이어 비행대대를 습격하여 9대를 격추시키고 비행장에 있던 6대를 파괴했다. 하지만 돌아오던 길에 제131비행단 소속 2개 폴란드 비행대대의 공격을 받았다. 스피트파이어가 단 한 대 격추되는 동안 독일 공군은 18대가 격추되고 5대가 피해를 입었다. 하지만 포로로 잡힌 포케불프 조종사들 중에는 하늘에 떠 있는 독일 공군기의 숫자를 보고 기뻐하는 사람도 있었다.

미군의 사정은 영국군보다는 나았다. 독일군 편대 중에는 완전히 항로를 잃어서 목표물을 찾지도 못한 편대도 있었고, 메스로 간 한 편대는 순찰 중이던 P-47 선더볼트들에게 기습을 당하기도 했다. 그래도 독일군은 지상에 있던 40대의 전투폭격기 중 20대를 파괴했다. 영국군이 가장 크게 당한 곳은 에인트호번이었다. 독일 편대는 운 좋게도 선두에서 막 이륙 중이던 타이푼 전투기 비행대대를 강타했다. 격파당한 전투기가 활주로를 가로막자 후방의 비행기들이 갇혔다. "파괴된 타이푼의 조종사는 브레이크를 밟고 출력을 높여 비행기의 꼬리를 들었다. 그리고 저공비행하는 독일군 전투기를 지상에서 공격했다."●

에베르에서도 스피트파이어 비행대가 활주로에서 파괴되었다. 한 대가 겨우 날아올라 독일기 한 대를 격추했지만, 그 역시 격추당했다. 미군은 영국 제2전술공군의 항공기들이 서로 "다닥다닥 붙은 채 주기되어 있었기"[18] 때문에 모두 파괴되었을 것이라고 판단했다. 정찰 사진을 보면, 그렇게 당한 곳은 스피트파이어들이 활주로에 줄지어 서 있었던 에인트호번 한 군데만이었다. 에인트호번 비행장에는 활주로 말고는 비행기를 세워둘 만한 공간이 없는 데다 눈을 치우기 좋도록 비행기가 활주로에 밀집되어 있었다. 몽고메리의 개인용 비행기도 지상에서 파괴되었다는 소식을 들은 미군은 고소하게 여겼다. 이튿날 미 제1군 기록관이 이렇게 썼다. "영국군이 바지도 챙겨 입지 못한 채 기습을 당했다고 생각한 몽고메리의 G-2[정보 참모장]가 전술공군 사령부 G-2 정보부에 멜빵 한 벌을 선물로 보냈다."[19] 아이젠하워는 관대하게도 즉시 몽고메리에게 전용기를 보내주었다.

제9군 사령부의 참모 장교들이 공중전 상황을 지켜보려고 밖으로 나갔다. "아침나절, 마스트리흐트 지역에서 공중전이 벌어졌습니다. 낮게 깔린 구름 속에 있는 보이지 않는 적기를 향해 대공포도 불을 뿜었습니다."[20] 연합군 전투기 150대가 파괴되고 111대가 손상을 입었다. 비전투 항공기도 17대나 잃었다. 조종사들의 피해는 다행히도 경미했지만, 100여 명의 지상 요원이 목숨을 잃었다.

다수의 독일 전투기 역시 대공포화에 격추되었다. 코글러 중령의 비행기

● 국방부 항공 역사국의 서배스천 콕스는 2014년 8월 18일에 나에게 이메일을 보내왔다. 나는 정확하고도 엄밀하게 양측에서 잃은 항공기 수를 제시해준 그에게 대단히 감사드린다.

도 격추되어 포로로 잡혔다. 브뤼셀 근처에서는 저공비행을 하던 포케불프의 "냉각기에 자고새 한 마리가 큰 구멍을 내는 바람에, 냉각수가 흘러나와 엔진이 멈추는"[21] 이상한 일도 있었다. 미 제9군단 사령부가 분석해놓은 내용에 따르면 "독일 놈들은 이 기습 작전에서 큰 실수를 해 비싼 대가를 치렀다. 한 자리에 너무 오래 머물렀다는 점이다. 마구 쏘아대는 재미에 시간 가는 줄 모르고 있다가 돌아가려던 참에 후방 기지에서 출격한 연합군의 전투기들에게 덜미를 잡혔다. 그 결과 독일군은 참담한 손실을 입었다."[22]

괴링의 명령대로 연료를 재공급받고 재무장 후 다시 공격에 나선 조종사들은 독일군을 모조리 쓸어버리겠다고 단단히 벼르고 있던 어마어마한 숫자의 연합군 편대와 마주쳤다. 최악의 상황은 독일군 대공포 요원들이 공격이 끝날 때까지도 아무것도 몰랐다는 사실이었다. 히틀러의 부관 니콜라우스 폰 벨로는 이렇게 썼다. "신년 첫날 독일 공군의 대작전에 엄청난 재앙이 덮쳤다. 공격 후 귀환하는 길에, 작전에 대해 아무것도 전달 받지 못한 아군의 엄청나고도 정확한 대공포화 속으로 날아들어 회복 불능의 손실을 입었다. 독일 공군의 최후 노력은 이렇게 끝났다."[23]

하다못해 부분적인 승리도 거두지 못했다. 독일 공군은 전투기 271대가 파괴되었고 65대가 손상을 입었다. 조종사들의 피해는 정말 처참했다. 모두 143명의 조종사가 죽거나 실종되었고 70명이 포로로 잡혔으며, 21명이 부상을 당했다. 이 수치에는 3명의 비행단장, 5명의 비행전대장, 14명의 비행대대장이 포함되어 있었다. 이들을 보충할 인력을 구하기는 사실상 불가능했다.

이제 독일이 할 수 있는 일은 아무것도 없었다. 독일 국민들은 연합군의 폭격으로 철저히 파괴된 철길을 따라서 유리창도 깨지고 전기도 들어오지 않는 공장으로, 사무실로 비틀거리며 무거운 발걸음을 옮겼다. 히틀러는 그날 신년 연설에서 아르덴 대공세에 대해서는 한 마디도 언급하지 않았다. 장광설을 늘어놓고 있는 동안 국민들은 이제 히틀러가 더 이상 내보일 것이 없음을 깨달았다.

히틀러는 노르트빈트 작전에 대해서도 한 마디도 하지 않았다. 12월 21일 생각해낸 작전에 노르트빈트란 이름을 붙인 것은 크리스마스 날이었다. 공식적인 목적은 알자스 북쪽의 미군 제6군단과 콜마르 포켓을 장악하고 있는 제19군 사이의 연결을 끊어놓겠다는 것이었지만, 실질적인 목적은 패튼이 아르덴으로 진격해오는 것을 막고 아직도 독일군이 주도권을 잡고 있음을 과시하기 위함이었다. 12월 28일, 히틀러는 사단장들을 자신의 별장 아들러호르스트로 불러서 아르덴 대공세 때처럼, 개별적으로 지시를 내렸다.

12월 26일, 베르사유에서 아이젠하워를 만난 데버즈는 알자스 북쪽으로 물러나 방어선을 구축할만한 곳을 찾아보라는 명령을 받았다. 독일군이 1월 1일 빗슈의 양쪽을 공격하자, 아이젠하워는 데버즈 장군에게 스트라스부르를 포기하더라도 엄호부대만 남기고 주력 부대를 보주산에 배치하라고 명령했다. 이런 상황은 제6집단군의 사기에 큰 영향을 미칠 수 있었다. 어떤 대령은 "사기가 최악이다"[24]라고 썼다. 라인강 건너에서 독일군이 대형 스피커로 스트라스부르에 다시 간다고 떠들자, 미군 포병이 그 소리만 듣고 신속한 포격으로 스피커를 맞추어 박살내버렸다.

미군이 철수할지 모른다는 소문이 돌면서 시민들은 공포에 떨었다.[25] 도시의 인구는 20만 명이었다. 그중 많은 시민이 독일군의 보복을 두려워했다. 미군 종군 기자는 약 1만 명의 시민이 피란을 갔다고 추산했다. "대개 기차로 피란을 갔다. (…) 여자들은 유아차를 끌고 마차에는 가재도구를 가득 실었다." 그다음 이틀 동안 도로를 이용해서 피란을 간 사람들은 미국 추산 2000명, 프랑스 추산 1만5000명이나 되었다.

파리에서는 임시정부가 무기를 들고 일어섰다. 드골은 즉시 파리 남쪽 프랑스 제1군을 지휘하고 있는 드라트르 드타시니 장군에게 명령을 내렸다. "프랑스 육군은 스트라스부르를 절대로 포기할 수 없소. 이제 연합군이 프랑스 제1군 북쪽으로 이동한다 하니, 나는 이제 귀관에게 스트라스부르의 방어를 명하오. 부디 최선을 다해서 굳게 지켜주기 바라오."[26] 드골은 아이젠하워에게 자신의 입장을 밝히고 처칠과 루스벨트에게는 연합군의 철수를 막아달라고 요청했다. 연합군 최고 사령부는 10만 명의 피란민이 발생하고, 30만 명의 알자스 주민이 독일군의 보복 위험에 처할 것이라는 경고를

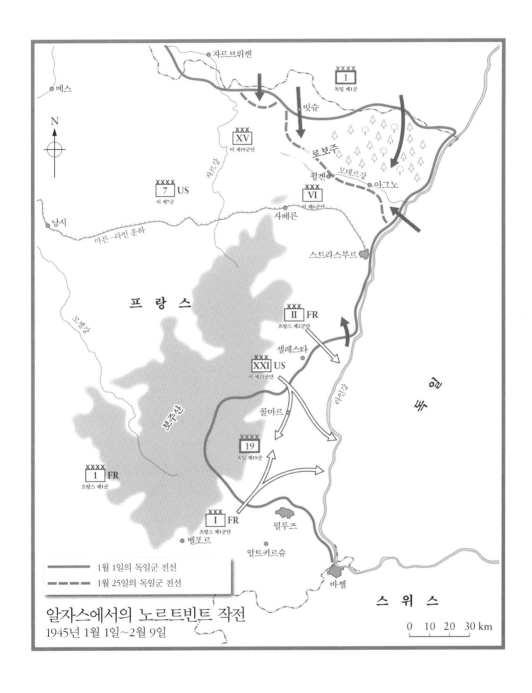

알자스에서의 노르트빈트 작전
1945년 1월 1일~2월 9일

받았다.

이튿날, 드골의 지시를 받은 알퐁스 쥐앵 장군은 프랑스 임시정부의 대통령이 아이젠하워를 만나기 위해 24시간 뒤에 베르사유를 방문할 예정이라는 전갈을 전하려고 베델 스미스를 찾았다. 쥐앵과 베델 스미스는 이미 예전에 사이가 틀어졌기에 험악한 분위기 속에서 대면했다. 드라트르 장군은 프랑스 제1군이 받은 장비와 보급품이 부족하다고 불평을 늘어놓았다. 반면, 미군 측은 콜마르 포켓에 대한 공격에 의문을 보이면서 긴장감이 감돌았다. 프랑스군은 하급 장교들의 희생이 유독 컸다. 새로 보충된 하급 장교들은 휘하 병사들을 제대로 통솔하지 못했다.

쥐앵은 만약 미군이 보주산으로 병력을 빼간다면, 프랑스는 연합군에서 탈퇴하겠다는 드골의 의사를 전했다. 베델 스미스는 쥐앵이 아이젠하워의 지휘력에 대해서 매우 무례하게 굴었다고 말했다. "쥐앵, 그 자식은 이러니저러니 말이 많았습니다. 그놈이 미국인이었으면 턱을 한 대 갈겨줬을 겁니다."[27] 미팅이 끝난 후 베델 스미스는 아이젠하워에게 이렇게 말했다.

1월 3일 아침, 드골이 방문하기 전 아이젠하워는 참모들과 함께 스트라스부르 철수를 의논했다. 그날 오후, 드골이 쥐앵과 함께 나타났다. 이미 프랑스를 방문 중이던 처칠도 드골의 메시지를 받고 나타났다. 아이젠하워는 두 정상에게 연합군이 직면한 현재의 위험한 상황을 보고했다. 그리고 연합군에서 탈퇴하겠다는 프랑스의 최후통첩에 대해서는, "만약 내 명령에 따르지 않겠다면, 앞으로 프랑스에 탄약도, 일체의 군수품도 주지 않고 식량 공급도 중단하겠습니다. 만약 프랑스군이 콜마르 포켓을 장악했더라면 오늘 같은 상황도 벌어지지 않았을 것입니다"라고 분명히 말했다.[28] 드골은 그 말에 화가 치밀었지만 간신히 참았다.

"이것이 모의 전쟁이라면 귀관의 의견에 동의합니다. 그러나 나는 다른 시각에서도 고려해보기를 원합니다. 알자스에서의 철수는 프랑스의 영토를 적에게 넘겨주는 것과 같습니다. 군사적으로 보면 대규모의 병력 이동에 지나지 않지만, 우리 프랑스로서는 국가적 재앙이 아닐 수 없습니다. 왜냐하면 알자스는 우리에게 신성한 땅이기 때문입니다. 어떤 경우에라도, 독일은 그 지역이 자기들의 영토라고 우길 것입니다. 더욱이 현지 주민들이 보여준 프랑스에 대한 애국심에 보복할 좋은 기회를 절대로 놓치지 않을 것입니다."29

처칠의 암묵적인 지원 덕분에 드골이 이겼다. 아이젠하워는 데버즈에게 철수를 중지하라고 지시했다. 아이젠하워는 "계획을 변경하자 드골은 매우 기뻐하면서 돌아갔다"30라고 썼다. 드골은 더 이상 특유의 뚱한 표정을 짓지 않았다. 언젠가 처칠이 드골의 뚱한 표정을 '목욕 중에 놀란 암컷 야마'를 닮았다고 말했다. 드골이 떠나고 나자, 처칠이 아이젠하워에게 나지막이 말했다. "잘했소, 현명하게 결정하셨소."

드골은 크게 기뻐하며 관방장관 가스통 팔레프스키에게 성명서를 준비하도록 했다. 성명서를 발표하기 전 팔레프스키는 영국 대사 더프 쿠퍼에게 보여주었다. 쿠퍼는 성명서가 다소 허황된 면이 있어서 별로 도움이 되지 않을 것 같다는 의견을 피력했다. 그는 일기에 "드골이 군사 회의를 소집하고 처칠과 아이젠하워도 참석할 수 있도록 허용했다"31라고 적혀 있었다고 썼다. 어쨌거나 아이젠하워는 아직도 드골에 대한 좋지 않은 감정이 남아 있는 루스벨트에게 만약 프랑스 임시정부가 무너지게 되면 후방에 큰 혼란이 생길 우려가 있었다는 말로 작전 변경의 핑계거리를 만들어내야 했다.

헤프너 대령은 "보주산 동쪽으로 후퇴한다는 명령이 철회되자 미 제6군단의 사기가 올라갔다"32고 썼다. "우리 미군의 명성에 절대로 회복될 수 없는 큰 흠이 될 뻔했다. 전투에서 져서 땅을 빼앗기는 일과 싸워보지도 않고 물러서는 일은 전혀 다르다."

아이젠하워의 양보로 프랑스 군대가 연합군에 잔류했지만, 프랑스 수뇌부와의 문제는 여전히 골칫거리로 남았다. "날씨 다음으로 골치 아프게 하는 것이 프랑스라니까."33 연합군 최고 사령부는 "프랑스 제1군에 신호 정보를"34 보내지 않기로 결정했다. 통신 보안에 구멍이 뚫렸기 때문이었다. 1월 7일, 데버즈 장군은 알자스에 있는 미 제7군 사령관 패치 장군에게 전화가 도청당하는 것 같다고 얘기했다. "우리가 메시지나 암호화된 내용이라도 울트라에 대한 언급이 도청된다면 울트라 보안에 심각한 위협이 될 것입니다. 우리가 언급하는 것들을 독일군이 짜 맞춘다면 연합군의 중요한 비밀을 알아낼 수 있기 때문이지요."[35]

독일 제1군의 공격으로 빗슈 서부 지역에서 공방이 계속되었다. 노르망디 카랭탕에서 미군 제101공수사단을 상대했던 제17친위기갑척탄병사단의 괴츠 폰 베를리힝겐이 공격을 이끌었다. 미 제15군단은 유리한 위치를 점했고 르클레르의 제2기갑사단의 지원을 받아서 다시 한번 위력을 증명했다.(제6집단군 참모에 따르면 르클레르는 드라트르 장군이 비시정부에서 복무했다는 이유로 "드라트르 장군 밑에서는 일하기를 거부"[36]했다.) 빗슈에서 라인강까지 2개 독일 군단이 짙은 안개를 틈타서 사전 포격 없이 삼림 지역의 미군 진영으로 침투했다. 그리고 사베른 협로로 진격해 내려온 독일 사단들은 '로보주Low Vosges'부터 라인강 평야 건너까지 길게 늘어져 있던 미 제6군단을 밀어붙였다.

후방의 공포, 전방의 태만을 제외한다면, 패치 장군의 제7군은 수적 열세였음에도 불구하고 잘 싸워주었다. "마을을 방어하던 부대들이 야영지에서 기습을 당해서 포로가 되거나 포위되었다"[37]는 소식을 들은 사단장들은 화가 났다. 이런 것들은 경비나 경계를 소홀히 했기 때문에 일어나는 일들이었다. 반스탱에서는 "잠자고 있는 사이에 독일군이 걸어들어와 부대원들을 포로로 잡고 무기와 차량을 가져가 버렸다." 비슷한 일이 세 군데서나 벌어졌다. 그러나 포로로 잡힌 병사들은 미군이 모두 구해낼 수 있었다.

폭설과 구불구불한 빙판 도로 때문에 보주산의 전투 여건은 더욱 나빠졌다. 1월 5일, 제6친위산악사단이 스칸디나비아에서 사베른 협로 20킬로미터 전방 윙겐쉬르모데르에 도착했다. 미 제45보병사단의 완강한 저항 때문에 서쪽으로 그곳까지만 진격할 수 있었던 것이다. 같은 시간 또 다른 3개 미군 보병사단이 로트바흐강의 방어선을 지켰다. 그러나 힘러는 제10친위기갑사단 프룬츠베르크를 포함한 몇 개 사단 병력을 더욱 보강해서 새로운 공격을 준비했다.

아이젠하워가 프랑스를 날씨만큼이나 골칫덩어리라고 했지만, 드골이나 몽고메리 역시 자신을 골치 아프게 만들기는 마찬가지라고 말했다. 그러나 그는 미국과 영국의 갈등이 폭발할 것까지는 예측하지 못했다. 1월 5일, 아이젠하워는 몽고메리가 미 제1군과 제9군의 지휘권을 맡았다는 뉴스가 미국에서 터져나왔다는 소식을 들었다. 연합군 최고 사령부가 어리석게도 이 보도를 막아보려고 애를 썼지만 허사였다. 테더 공군 사령관은 영국 언론들이 이 일을 알게 될까 두려워했다. 드긴간드가 기자들에게 부탁했지만 소용이 없었다. 영국 신문들은 몽고메리가 서유럽 지상군의 총사령관이 되어야 한다고 다시 한번 대서특필했다. 반면, 미국 언론들은 영국, 더군다나 몽고메리가 미국의 2개 군을 통째로 지휘하는 것을 반길 리 없었다. 연합군 최고 사령부는 이미 계획된 내용을 확인하는 성명서를 발표했다. 미국과 영국의 종군 기자들은 양쪽 모두 연합군 최고 사령부가 자신들을 제대로 대접하지 않는다고 분통을 터뜨렸다.

브래들리는 아르덴 대공세를 제대로 대비하지 못한 이유에 대한 의회 차원의 조사를 걱정했다. 또한 몽고메리가 미군 2개 군을 지휘하게 된 것에 대한 보도가 미국에서 터져나온 경위에 대해서도 우려했다. 그는 『타임』이 뽑는 '올해의 인물'에서도 패튼 장군이 아이젠하워에 이어 2위에 오른 반면, 자신의 이름은 아예 언급되지 않은 데 화가 났다. 머리 꼭대기까지 화가 치민 브래들리는 "미군에 대한 불신을 키울 요량으로"[38] 몽고메리가 지휘권 변경에 대한 이야기를 누설했다고 의심했다. 브래들리는 아이젠하워에게 전화를 걸어 불평을 했지만, 아이젠하워는 해당 기사가 제21집단군 사령부가 아닌 미국발이라고 확인해주었다.

핸슨에 따르면, 브래들리는 "몽고메리를 지상군 사령관으로 임명해야 한다고 영국 국민들이 시끄럽게 굴도록 충동질하는 세력이 있다"[39]고 믿었다. 그 세력이 처칠이라는 것이었다. 충분히 그럴 가능성이 있다고 생각한 브래들리는 아이젠하워에게 "몽고메리의 지휘를 받게 된다면 단 하루라도 복무하지 않겠다. 패튼 장군도 마찬가지로 몽고메리 밑에서는 단 하루도 있지 않겠다고 했다. 나는 이 점을 몽고메리에게 말할 작정이다"[40]라고 분명하게 전달했다. 아이젠하워는 브래들리의 우려를 처칠에게 전해주겠다고 대꾸했다. 사실 처칠이나 브룩 누구도 이런 승진을 밀어붙일 생각은 없었다. 두 사람 모두 미국인들의 여론을 잘 알 뿐만 아니라, 개인적으로도 들끓는 영국 여론에 경악했다. 처칠은 루스벨트 대통령에게 영국이 아이젠하워의 리더십에 깊은 신뢰를 갖고 있다는 것을 강조하면서 전투 중에 보여준 미군의 투혼에 경의를 표한다는 편지를 보냈다.

브래들리는 이러한 주장이 "자신의 집단군 지휘 능력을 부정하고, 부하 지휘관들의 신뢰를 떨어뜨려 결국 미군의 사기와 신뢰에 영향을 미칠지 모르며, 둘째로 자신의 지휘 능력에 대한 미국 내 대중의 신뢰를 떨어뜨릴뿐더러, 미 국민들에 보기에 유사시 '불 속에서 군밤을 도로 가져오려' 영국의 명령에 따를 수밖에 없다고 여겨질지도 모른다"[41]는 점을 두려워했다.

핸슨의 기록에 따르면, 몽고메리를 전체 서부 전선의 사령관으로 임명하려는 영국의 노력은 "몽고메리가 그 자리에 진작 앉았더라면 독일군의 대공세를 미연에 방지했을 것이고, 모든 것을 종합해볼 때, 브래들리라는 무능한 미군 사령관 때문에 독일군의 공격이 성공했다는 것"이라는 전제를 바탕에 깔고 있었다. "브래들리의 곤경을 몽고메리 지휘권 강화의 좋은 기회라고 여긴 영국 언론들은 연일 축제 분위기였다. '연합군 부대라고 하면 으레 '몬티의 부대'라는 등의 허튼소리가 난무하는 것은 영국 언론들의 영웅 만들기 놀이에 불과했다. 몽고메리는 성공의 상징으로 과대평가되었고, 우리 전선에서의 왜곡된 영국의 노력이 구현해낸 인물이었다."[42]

브래들리는 모든 상황을 보고한 참모들의 말에 더욱 격앙되었다. 그는 자신의 군 경력과 명성이 걸려 있음을 깨달았다. 그는 마셜 장군에게 편지를 써서, 12월 16일까지 아르덴의 방어가 취약했던 것은 '계산된 위험' 전략이라고 둘러대며 상황에 대한 자신의 견해를 털어놓았다. 그는 이렇게 덧붙였다. "여지껏 일어난 일들에 대해서 제가 사과할 필요는 없다고 생각합니다."[43]

몽고메리가 처칠에게 전화를 걸어서 연합군의 단결과 아이젠하워를 지지하는 기자회견을 하겠다고 제안했다. 처칠은 "정말로 좋은 생각이다"[44]라고 대답했지만 브룩 원수는 찬성하지 않았다. 그는 몽고메리가 잘난 척하는 성격을 고치지 못한다는 사실을 잘 알고 있었다. 몽고메리의 고급 참모들 중에도 똑같은 생각인 사람이 몇 명 있었다.

1월 7일, 몽고메리는 방금 임명된 낙하산연대 지휘관 배지까지 합해서 두 개의 배지를 단 새 적갈색 베레모를 쓰고 기자회견장에 나타났다. 성명서 초안을 읽어본 정보 참모장 빌 윌리엄스 준장은 굉장히 학구적인 사람이었다. 하지만 성명서가 그리 도발적이지는 않아도 사람들에게 어떻게 받아들여질지를 확신할 수 없었다. 만약 내용 중에서 도발적인 문구가 있다면 "가장 재미있는 전투였습니다. 지금까지 치러본 전투 중에서 가장 재미있고 가장 큰 이슈가 걸려 있는 까다로운 전투였습니다"[45] 정도였다. 나머지 문안은 미군의 노고에 대한 치하와 아이젠하워를 향한 충성 맹세, 연합군의 단결을 호소하는 내용이었다.

그런데 성명 마지막에 몽고메리가 즉흥적인 말을 내뱉었다. 자신의 '군사철학'으로 간단하게 훈계하려는 것이었다. "만약 독일이 총공세를 펼친다면 맞받아칠 준비가 되어 있어야 합니다. 이것은 전투에서 굉장히 중요한 일입니다. 저는 이런 걸 아프리카에서 배웠습니다. 힘든 경험을 통해서만 얻어질 수 있습니다. 룬트슈테트가 총공격을 해서 미군을 갈라놓는다면, 자연히 전장이 어지럽게 흐트러질 것입니다. 그래서 제가 지휘권을 넘겨받게 되면 가장 먼저 해야 할 일은 걸러낼 것은 걸러내어 흐트러진 전장을 정리하는 것입니다." 또한 몽고메리는 전투에서 영국군이 결정적인 역할을 한 것처럼 과장을 하는 바람에 전체 작전이 영국군과 미군의 합동 작전인 것처럼 들리게 했다.

런던의 국무조정실도 나중에 "비록 이 문안이 전체적으로는 미군의 노고를 치하했지만 전반적인 어조나 자기과시적인 어투는 분명히 연합군 최고사령부와 제12집단군 미군 장교들의 기분을 매우 불쾌하게 만들었다"[46]고 논평했다.

기자들은 자신의 국적에 따라 잘했느니 못했느니 의견이 분분했지만, 영국이나 미국의 언론 기관들은 대체로 연설 내용의 긍정적인 부분을 집중 보도했다. 이튿날 아침, 독일 라디오 방송국은 BBC 주파수를 통해 몽고메리가 미 제1군의 패배를 수습했다는 내용의 가짜 방송을 흘려보내 미군의 부아를 돋우었다. "아르덴 전투는 몽고메리 원수 덕분에 마무리되었다!" 미군이나 통신사들은 독일의 이런 천재적인 발상에 감탄하지 않을 수 없었다. 시간이 지나서 이것이 나치의 교활한 선전이었음을 알고 난 후에도, 세계무대에서 나날이 위상이 추락하는 영국이 허풍을 떤 것이라고 생각한 미국인이 많았다.

나치가 가짜 방송을 하기 전에, 이미 잔뜩 화가 난 브래들리는 아이젠하워에게 전화를 걸어 성명서에 대한 불만을 토로하면서 미 제9군을 영국인의 지휘 아래 두는 것에 대한 불편한 심기를 숨기지 않았다. 그는 "미군의 체면을 위해서 다만 24시간 동안만이라도 자신이 지휘할 수 있게 해달라"[47]고 간청했다. 브래들리는 핸슨에게 그 이유를 이렇게 설명했다. "이번 사태는 영국 탓이 크기 때문에 지휘권을 돌려받아야 체면이 설 것 아닌가?" 브래들리는 이때에도 제82공수사단을 철수시키라는 몽고메리의 지시에 대한 불만을 드러냈다.

1월 9일, 브래들리는 아이젠하워에게 사전 언질 없이 기자회견을 열었다. 12월 16일 당시 아르덴에서 미군의 방어가 허약했던 이유와 무방비 상태에서 기습을 당한 것에 대한 변명을 늘어놓으면서, 몽고메리가 미군 병력을 지휘하는 것은 일시적인 조치라는 점을 강조했다. 『데일리메일』은 기회를 놓칠세라 몽고메리의 분노를 부추기면서, 몽고메리를 지상군 총사령관으로 임명해야 한다고 또다시 대서특필했다. 영국과 미국 언론 간의 언쟁이 재개되었다.

처칠은 가슴이 철렁했다. 1월 10일, 그는 수석 군사 보좌관 이즈메이 장군에게 편지를 썼다. "몽고메리의 성명서보다는 승리의 공을 모두 몽고메리에게 돌리려는 영국 신문의 논조가 미군 장군들의 자존심을 건드렸다고 생각하네. 개인적으로 나는 몽고메리의 성명서가 적절치 않다고 생각하네. 잘난 체하는 논조도 그렇지만, 8만 명의 미군이 희생된 반면에 우리 희생자는 2000~3000명밖에 안 된다는 것도 간과했더군. 미군 장군들의 분노가 워낙 거세서, 그들에게 몽고메리의 명령을 받으라는 말을 차마 못하겠노라고 아이젠하워가 나에게 말했네."[48] 아이젠하워는 나중에 전쟁 내내 다른 어떤 일보다 이 문제가 가장 골치 아팠다고 털어놓았다.

아이젠하워의 특사, 테더 공군 사령관과 불 장군이 모스크바로 향하는 동안에도 처칠은 스탈린과 소련군의 동계 대공세에 관해 의견을 주고받았다. 1월 6일, 처칠은 스탈린에게 아르덴 대공세가 이미 분쇄되었으며, 주도권은 연합군의 손으로 넘어왔다고 편지를 썼다. 스탈린은 처칠이 도움을 간청했다고 주장했다(러시아 역사학자들도 그렇게 기록했다). 12월 23일에 루스벨트가 '비상사태'라는 단어를 언급한 것이 근거가 되었다. 스탈린은 틈만 나면 서구 연합국들이 소련에게 빚이나 신세를 지고 있다는 느낌을 갖게 만들 요량으로 모든 기회를 이용했다. 2월 얄타회담에서도 마찬가지였다.

스탈린은 본래 1월 20일로 예정된 비스와강 서쪽에 대한 총공격과 동프로이센 북부로의 총공격을 아르덴의 연합군을 돕기 위해 각각 1월 12일과 13일로 앞당긴 것처럼 행세했다. 진짜 이유는 소련군의 전차가 기동하려면 땅이 단단해야 하는데, 기상관측 보고에 따르면 그달 말이 되면 날씨가 따뜻해질 것이라고 했기에 공격을 앞당긴 것이었다. 폴란드 슐레지엔을 점령한 독일군이 '사상누각'처럼 무너지리라는 구데리안의 우려는 현실로 닥쳤다. 아르덴에서 벌인 히틀러의 도박 때문에 동부 전선에 구멍이 뚫렸다.

22

반격

패튼은 바스토뉴 지역을 공격하고 싶어서 조바심을 냈지만 곧 마음을 접었다. 레머는 "12월 31일 총통 경호여단이 30대의 미국 전차를 격파하고 방어에 성공했다"[1]고 주장했다. 하지만 실제로는 그날 밤 독일군은 아무런 공격을 받지 않았다. 이들은 그 사이 '동쪽 전방의 미군을 깜짝 놀라게 할' 새로운 방어선을 구축했다. 레머는 미 제87보병사단이 매우 잘 싸웠다고 인정했다. "그들은 뛰어난 전사들입니다. 독일어를 구사하는 특수부대원들이 후방으로 침투해서 우리 경비병들을 칼로 해치웠습니다." 하지만 미군이 실제로 이러한 비정규적인 전술을 사용했다는 사실을 확인할 수 있는 미군 측 자료는 찾아볼 수 없다. 레머는 전차와 돌격포의 연료가 20킬로미터만 갈 수 있을 분량만 남자 "마지막 전투를 하고 있다는 무전을 보냈다. 무전을 받은 군단 사령부는 지원군을 보내야 했다."

1월 1일 아침, 동쪽 측면에서는 미 제6기갑사단이 바스토뉴를 통과해서 비조리, 네프, 마게레트를 공격했다. 이곳에서는 포위 초반에 많은 전투가 벌어졌다. 제87보병사단만큼이나 경험이 없는 제11기갑사단은 미들턴 장군의 제8군단에 소속되어 바스토뉴 서남쪽에서 제87보병사단과 합동 작전을 수행했다. 이 제11기갑사단은 망드생테티엔으로 진격할 예정이었지만, 운 없게도 제3기갑척탄병사단과 총통 경호여단으로 이루어진 혼성부대와 맞닥뜨렸다. 패튼의 기록에 의하면 "제11기갑사단은 전투경험이 없어서 쓸데없이 많은 사상자만 냈다."[2] 사단 전체가 크게 동요했다. 심지어 사단장까지도 중압감을 이기지 못해 거의 혼이 빠져 있었다. 장교들은 병사들을 전혀 통제하지 못했다. 1월 1일, 폐허가 된 슈노뉴를 점령하기 위한 치열한 전투가 끝난 뒤 60여 명의 독일군 포로가 처형되었다. "포로를 처형하는 불미스런 사고가 몇 건 있었다. 이걸 숨겨야 한다."[3] 패튼은 일기에 이렇게 썼다. 미군 포로들이 학살당한 말메디-보녜즈 사건을 비난했던 미군 역시 똑같은 짓을 저질렀다.

1월 2일 화요일, 하늘은 맑게 개었지만 "몹시 추웠다."[4] 그러나 곧 날씨가 악화되리라는 기상 예보가 있었다. 만토이펠은 모델에게 바스토뉴 공략을 포기해야 한다고 종용했다. 그들은 퇴각해야 했지만 모델은 히틀러가 절대로 허락할 리 없다고 확신했다. 뤼트비츠 역시 독일 제2기갑사단과 기갑교도사단의 잔여 병력이 로슈포르 동쪽과 생위베르에서 위험하게 노출되어 있음을 알고 있었고 우르트강 동쪽으로 후퇴하기를 원했다. 총통 경호여단의 각 대대는 150명 정도밖에 남지 않았다. 대대장들은 모두 부상을 입거나 전사했다. 레머는 연료가 없어서 손상된 전차를 끌고 가는 것조차 어렵다고 애원했지만, 총사령부의 대답은 한결같았다. 히틀러는 제12친위기갑사단 히틀러 유겐트와 새로운 국민척탄병사단을 보내주겠다고 약속하면서 1월 4일 다시 한번 공격에 나설 것을 독려했다. 그는 독일군이 뫼즈강에 도착하지 못했지만 그 대신 미군의 루르 공격을 막을 수 있었다면서 자신의 고집을 정당화했다.

미 제1군과 영국 제30군단은 예정대로 1월 3일 대대적인 반격을 시작했다. 미 제2, 제3기갑사단이 선봉에 선 콜린스의 제7군단은 오통과 만헤이 사이를 공격하고 리지웨이의 제18공수군단은 동쪽 측면을 맡았다. 날씨가

코타의 제28보병사단 소속 바주카포 팀이 빌츠에서 사흘간의 전투 끝에 물러나고 있다. 제28보병사단이 독일군의 진군을 늦춘 덕분에 제101공수사단은 바스토뉴 인근에서 방어선을 구축할 시간을 벌었다.

말메디 부근에서 미군의 포로가 된 어린 무장친위대원. 운 좋게도 보녜즈 근처에서 집단 학살이 일어
난 후였음에도 즉각 사살되지 않았다.

스타벨로에서 파이퍼 전투단원들에게 학살된 민간인들.

바스토뉴 상공의 비행운. 12월 23일 하늘이 갑자기 맑게 개면서 연합군은 안도했고 독일군은 겁에 질렸다. 하늘이 맑아지자 연합군은 자신들의 압도적인 공군력을 마음껏 발휘했다.

마침내 날씨가 바뀌면서 미 육군 항공대는 바스토뉴에 보급품을 공수하기 위해 C-47 다코타 수송기를 보냈다.

바스토뉴에서 부상병을 모두 후송하는 것이 불가능했기 때문에 미군 사령부는 부상병을 바스토뉴의 지하실에 남겨두어야 했다. 남은 병사들은 글라이더를 타고 의료진이 도착하기만을 초조하게 기다렸다.

독일군이 총공격을 개시하기 몇 시간 전 크리스마스이브에 캐럴을 부르는 제101공수대원들.

뫼즈를 공격한 독일 전투단의 최후. 푸아노트르담에 있는 농장에 방치된 독일 제2기갑사단 소속 뵘 전투단의 잔해들.

패튼 장군(오른쪽)이 12월 30일에 바스토뉴에 도착해 제502낙하산보병연대를 이끈 앤서니 매콜 리프 준장(왼쪽)과 스티브 채푸이스 중령(가운데)에게 수훈십자 훈장을 수여했다.

아르덴의 가파른 삼림으로 진격하는 미군 증원병들.

피란 간 마을 주민의 침대 시트로 만든 설상 위장복을 입고 있는 아르덴 주둔 영국 제30군단 정찰
대원.

1945년 1월 연합군의 반격. 미 제1보병사단 제26보병연대 병사들은 12월 17일부터 자신들이 사수한 뷔트겐바흐를 떠나 진격 중이다.

라로슈앙아르덴은 철저하게 파괴되어 이듬해 봄에 집을 짓기 위해 다시 찾아 온 제비들조차 갈피를 잡지 못할 정도였다.

조사관들이 말메디 부근 바우네즈에서 학살당한 미군 병사들의 신원을 조사하고 있다.

말메디에서 미군 포로 학살이 벌어진 후, 몇몇 지휘관의 부추김을 받은 미군도 항복한 무장친위대 대원들을 대부분 살해했다. 그러나 무장친위대원 중 다수는 자신들의 의지와 상관없이 강제 배속되었거나 이 소년처럼 애처로울 정도로 어렸다.

말메디 학살을 포함한 전쟁 범죄로 재판을 받고 있는 요아힘 파이퍼. 사형 판결은 나중에 감형되었지만 결국 프랑스 저항 세력이 그를 살해했다.

악화되면서 눈이 내리고 짙은 안개가 끼었으며 얼음이 얼어붙으면서 진격은 매우 더뎠다. 셔먼 전차들은 계속 미끄러졌다. 시야가 불량하면서 전투폭격기의 지원도 받을 수 없었다. 게다가 많이 약화되었다고는 하지만 독일군들의 악착같은 저항도 여전히 만만치 않았다.

독일 제116기갑사단은 오통에서 쫓겨났다. 하지만, 독일 포병은 후퇴하면서도 "계속 오통을 포격해서"[5] 극장, 학교, 교회, 제재소, 팡파르 로열 카페, 주요 도로에 있는 작은 상점들, 주택 그리고 드라페 호텔까지도 파괴되었다. 우르트강 섬에 있는 음악연주대만이 온전했다. 음악연주대 지붕은 포탄 파편으로 벌집이 되어 있었다.

1월 4일, 만토이펠은 명령받은 대로 바스토뉴에 대한 새로운 공격에 나섰다. 이번에는 2개 국민척탄병사단의 지원을 받은 제9친위기갑사단 호엔슈타우펜과 친위 히틀러 유겐트 사단이 선봉을 맡아 북쪽과 동북쪽에서 공격했다. 북쪽의 롱샹 부근에서 기나긴 싸움을 치르고 있었던 미 제502낙하산보병연대는 행운이 뒤따르는 일이 있었다. 친위 호엔슈타우펜 사단 소속 기갑척탄병 한 명이 눈 속에서 길을 잃고 헤매던 중 우연히 참호 안에 등을 돌린 채 서 있던 병사를 봤다. 당연히 같은 독일군이라고 생각한 그는 상대의 어깨를 툭 치면서 이곳이 어디인지 물었다. 깜짝 놀란 미군 낙하산병은 이 독일 병사를 때려눕혔다. 심문한 결과, 이 병사는 중대 연락병이었다. 수중에는 이튿날 아침에 예정된 공격의 세부 계획서가 있었을 뿐만 아니라 새벽 4시에 독일군이 집결하는 위치까지 정확히 알려주었다. 연대 심문관은 정보가 믿기 어려울 정도로 정확하여 혹시 미군의 혼란을 유도할 목적으로 보낸 첩자가 아닌가 하는 의심도 했다. 하지만, 진짜일지도 모른다는 생각이 들었다. 보고를 받은 제101공수사단 본부는 동원 가능한 모든 야전포병대대와 박격포소대를 준비했다.

이 때문에 북쪽에서 제502낙하산보병연대에 대한 친위 호엔슈타우펜 사단의 공격은 심각한 지장을 받았다. 그 대신 이제 바스토뉴 포켓이라고 불리게 된 지역에 대한 공세는 샹 인근에 주둔한 미 제327글라이더보병연대를 강타했다. 특히 크리스마스 당일 서남쪽에서 가장 처절한 전투가 벌어졌

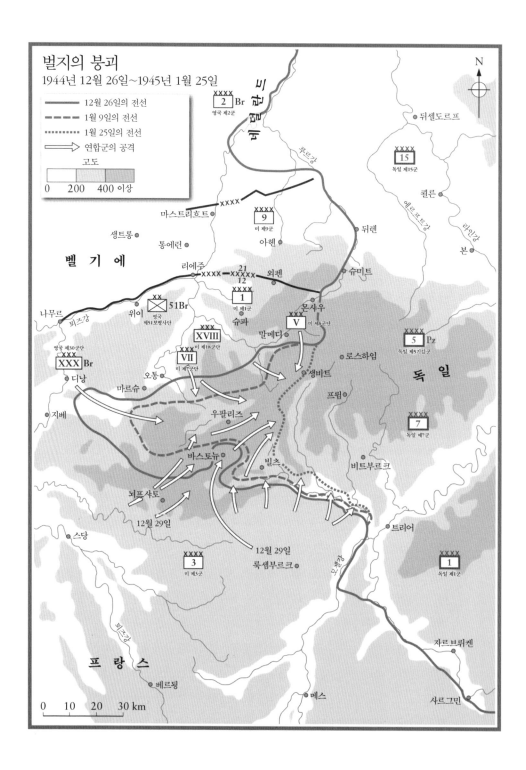

벌지의 붕괴
1944년 12월 26일~1945년 1월 25일

12월 26일의 전선
1월 9일의 전선
1월 25일의 전선
연합군의 공격

고도
0   200   400 이상

N

라인강 하류

XXXX 2 Br
영국 제2군

뒤셀도르프

XXXX 15
독일 제15군

쾰른

마스트리흐트
XXXX

XXXX 9
미 제9군

아헨

뒤렌

에르포트강

라인강

본

생트롱

통에런

벨 기 에

리에주
XXXX 21
XXXX 12

외펜

슈미트

XXXX 1
미 제1군

슈파

몬샤우

나무르

뫼즈강

위이

XX 51Br
영국
제51보병사단

말메디

V
미 제5군단

XXXX 5 Pz
독일 제5기갑군

영국 제30군단
XXX Br

XVIII
미 제18군단

로스하임

독 일

디낭

오통

VII
미 제7군단

우팔리즈

프림

생비트

마르슈

지베

XXXX 7
독일 제7군

바스토뉴

빌츠

비트부르크

뇌프샤토

12월 29일

룩셈부르크

모젤강

트리어

XXXX 1
독일 제1군

스당

XXXX 3
미 제3군

12월 29일

프 랑 스

베르됭

뫼즈강

메스

자르브뤼켄

사르그민

0   10   20   30 km

다. 히틀러 유겐트 사단의 공격을 받아 붕괴 직전까지 몰린 미 제6기갑사단은 1개 대대가 무너지면서 마게레트와 와르딘을 빼앗기고 후퇴했다. 그나마 집중 포격 덕분에 궤멸은 면할 수 있었다.

전투 경험이 풍부한 제6기갑사단도 배워야 할 것은 많았다. 안개 속에서 각급 지휘관들이 자신들의 위치를 정확히 보고하지 않은 일이 화근이었다. 사단 본부의 참모 장교에 따르면 "예하 부대들은 종종 자신들의 현재 위치를 수 킬로미터나 엉터리로 보고하곤 했다."[6] 또한 미군 사단들은 "측면에 너무 신경을 쓰는 경향이 있었다. 스스로 측면을 충분히 보호할 수 있을 때조차 아군의 엄호가 없으면 움직이려고 하지 않았다." "마을에 들어갈 때, 주민들이 한 명도 보이지 않는다면, 그땐 정말 조심해야 한다."[7] 제6기갑사단의 한 장교가 이렇게 조언했다. "주민들이 모두 지하실로 대피했다는 의미였다. 근처에 독일군이 있어서 곧 전투가 벌어질 것을 알고 있기 때문이었다."

많은 병사는 적군과의 전투에만 신경을 쓰기 때문에 벨기에 주민들에 대해서는 배려할 여유가 없었다. 끔찍한 장면을 목격해서 뇌리에 깊이 남아 있는 소수의 병사들만이 주민들을 신경 썼다. 포병의 주요 표적이 된 마을은 철저히 파괴되었다. 농장과 헛간은 불에 탔고, 독일군들에 의해 눈밭으로 강제로 쫓겨난 여인들과 아이들은 지뢰를 밟거나 양쪽의 포격에 맞아 죽거나 불구가 되기 일쑤였다. 눈밭에서 움직이는 적으로 오인받아 전투폭격기의 기총소사에 쓰러지는 경우도 비일비재했다. 다친 가축들이 미처 죽기도 전에 굶주린 개떼들이 물어뜯는 참혹한 광경도 눈에 들어왔다. 식수원은 백린 때문에 오염되었다. 미군은 주민을 안전한 곳으로 대피시키려고 했지만, 전투 중에는 그렇게 할 수 없는 경우도 많았다.

바스토뉴 서쪽에서는 1월 3일 미 제17공수사단이 제11기갑사단과 교대했다. 제11기갑사단은 나흘 동안에 661명의 사상자와 54대의 전차를 상실했지만 겨우 10킬로미터밖에 진격하지 못했다.[8] 새로 도착한 낙하산병들은 처음엔 별로 나을 게 없었다. 1월 4일자 패튼의 일기에는 이렇게 쓰여 있었다. "오늘 아침 공격에 나섰던 제17공수사단은 많은 피해를 입었다. 40퍼센트의 손실을 입은 대대도 있다. 기가 막힐 일이다."[9]

바스토뉴 서쪽 끝에서 플라미에르주와 플라미줄레 쪽으로 향하던 미 제 17공수사단은 노련한 총통 경호여단과 제3기갑척탄병사단을 만났다. "새로 온 보충병들은 적군의 총소리만 들어도 겁에 질린 나머지 납작 엎드린 채 옆의 전우가 돌격할 때 엄호사격조차도 못하는 놈들뿐"[10]이라고 한 장교가 불평을 터뜨렸다.

신병들에 대한 교육이 대대적으로 실시되었다. "독일군은 일정한 원칙에 따라 공격을 한다. 가장 먼저 집중 포격을 하고, 이어서 전차가 진격하고, 그리고 보병이 따라온다. 절대로 도망가지 마라. 도망가면 반드시 죽는다. 참호 속에서 포격이 그칠 때까지 기다려라. 전차가 지나갈 때까지 숨어 있다가 뒤따라오는 보병들을 쓸어버리면 된다. 항복해오는 독일군에게 다가가지 말고, 그들을 아군이 있는 쪽으로 오게 해라. 올 때는 반드시 사격 준비를 해야 한다."[11] 다친 부위에 따라 의무병이 올 때까지 스스로 응급처치를 할 수 있도록 훈련을 시킬 필요가 있다는 사실도 깨달았다. "부상당한 병사들은 의무병이 도착할 때까지 자신의 몸을 돌보았다. 이들을 돕기 위해 전투를 멈추는 병사는 아무도 없었다." 중상을 입은 채 눈 위에 방치된 부상병이 30분 이상 살아 있을 가능성은 거의 없었다.

제17공수사단에는 흑인들로만 구성된 전차 대대가 있었다.● "우리 병사들은 자신감이 넘쳤습니다."[12] 대령이 자랑스레 털어놓았다. "전차들이 전진하는 보병들을 보호했지요. 도보이(미군 병사)를 태운 전차가 앞서 가면 [그 뒤를] 중대 병사들이 줄을 서서 뒤따랐습니다. 그 뒤에는 설상 위장복을 입은 독일군을 잡기 위해서 선발한 병사들을 배치했습니다. 독일군은 설상 위장복을 입고 전차와 보병이 지나갈 때까지 숨어 있다가 뒤에서 우리 병사들을 공격하곤 했으니까요. 그런 독일 놈들을 중대 뒤에 오던 우리 병사들이 끝장을 냈지요."

●　제17공수사단 산하 제761기갑대대 "블랙 팬서"는 미 육군 최초의 흑인 기갑부대였다. 1942년 3월 15일 창설되었으며 1944년 10월 남프랑스에 상륙한 후 아르덴 전역 후반에 미군의 반격작전에 참여하여 바스토뉴 포위망을 돌파했다. 그 후 지크프리트선을 넘어 오스트리아로 진격했고 1945년 5월 소련군과 처음으로 접촉한 미군 부대 중 하나이기도 했다.

부대가 주둔할 곳을 정하고 난 뒤에야 그들은 땅이 너무 꽁꽁 얼어 있어서 참호를 팔 수 없다는 사실을 알았다. 사단 본부는 참호를 파기 위해 155밀리 포를 사용하도록 했다. 덕분에 참호를 신속하게 준비할 수 있었다.[13] 하지만 강한 적군을 상대하는 법을 잘 모르던 제17공수사단이 호되게 당한 것은 어쩌면 당연한 일이었다. 제12집단군의 기록에는 "첫 전투를 치른 제17공수사단은 다른 공수사단에 비해 부족한 면이 많았다. 형편없이 두들겨 맞았다."[14] 어느 전투든 영웅들은 있기 마련이었다. 미국으로 이민 온 베를린 출신의 유대인 이지도레 야흐만 병장[15]은 전사자의 바주카포를 집어들고 독일군 전차를 2대나 격파하여 중대를 구했다. 하지만 그 과정에서 자신도 전사했다. 나중에 명예 훈장이 추서되었다.

서쪽에서 기갑교도사단 전투단과 맞붙은 미 제87보병사단은 별 진전이 없었다. 부대원들은 무모하게 사격을 하여 탄약을 낭비했다. 제87보병사단의 어떤 병장은 이렇게 말했다. "한 병사가 소총으로 독일군을 쏘아 맞혔는데도 계속 탄창을 바꿔가면서 사격을 퍼부었다. 독일군이 숨어 있다고 의심되는 어떤 집을 향해 57밀리 포를 40여 발이나 쏘기도 했다. 거의 모든 철갑탄을 위층에 퍼부었다. 막상 지하실과 아래층에 있던 독일군은 우리가 들어갈 때까지 살아 있었다."[16]

레머는 용감하다고 칭찬했지만, 제87보병사단은 경험이 없는 부대답게 여러 가지 실수를 저질렀다. 박격포의 공격을 받으면 앞으로 뛰어가 사격권에서 벗어나야 했다. 제87보병사단 병사들은 그 자리에 그대로 얼어붙었다. 부상자가 발생하면 뒤에서 오는 의무병이 처리하도록 놔두어야 함에도 여러 명이 달려들어 도와주기도 했다. 동계 전투에 익숙하지 않은 제87보병사단과 제17공수사단에서는 동상 환자도 많이 발생했다. 두 치수 정도 큰 신발을 구한 다음 양말을 두 겹 이상 겹쳐 신도록 지시했지만, 그 전에 전투가 시작되면서 한발 늦었다.

미들턴 장군은 이 신참내기 사단의 능력에 크게 낙담했다. 패튼은 자신의 명성에 흠이 날 위기에 처하자 머리꼭지가 돌 판이었다. 이번 반격은 80킬로미터 떨어진 지점에 있는 돌출한 전선 부근의 독일 거점을 겨냥했어야 했다는 것이 패튼의 생각이었다. 패튼은 몽고메리뿐 아니라 "신규 사단을 모조리 바스토뉴 전투에 투입한"[17] 브래들리까지 싸잡아 원망했다. 크게 실망한 그는 일기에 이렇게 적었다. "이런 식으로 하다가는 이 전쟁에서 질지도 모른다. (…) 우리보다 춥고 굶주린 독일군이 우리보다 더 잘 싸우다니! 바보 같은 신참내기 사단, 이놈들을 어찌할꼬!" 그러나 돌출한 전선 부근의 독일 거점 주변은 도로망이 빈약하고, 지형이 험준했다. 게다가 연합군의 공군력을 무용지물로 만드는 혹독한 겨울 날씨 때문에 자신이 주장하는 전략이 오히려 승리를 늦출 수도 있다는 지적을 패튼은 조금도 인정하지 않았다.

독일군이 병력을 바스토뉴 지역으로 대거 보냈음에도 북쪽의 전황은 그리 나아지지 않았다. 눈이 1미터쯤 쌓인데다, 기온은 영하 20도까지 내려갔다. "빙판길에 자갈을 깔았는데도, 전차들이 자꾸 미끄러지면서 통신 장치들이 고장나고 교통 체증도 심했다."[18] 미끄럼 방지를 위해 용접해서 붙여둔 그립들은 금세 닳아버렸다. 대기 중에 떠 있는 미세한 얼음 결정 때문에 포병의 위치를 파악하는 파이퍼 컵 정찰기들은 하루에 몇 시간만 떠다녔다. 전투폭격기들은 출격조차 할 수 없었다. 미군 제2기갑사단과 독일 제2기갑사단의 잔여 병력은 '제법 격렬한 전투'를 벌였다. "88밀리 포탄으로 트리버스트를 시도했다. 운 좋게도 기갑척탄병 50~60명을 쓸어버렸다. 포탄 한발로 "이처럼 많은 병사를 죽인 일은 처음이다."[19] 미 제1군은 "트루아퐁과 레하르몬트를 장악했고, 그날은 히에를로트, 암코몬트, 다이르몬트, 베르게발 전선까지 밀고 나갔다."[20] 제82공수사단은 500명의 포로를 잡았다.

오후 2시, 호지스 장군을 방문한 몽고메리 원수는 기분이 좋았다. "잘했소! 아주 잘했어."[21] 몽고메리는 이튿날 아침 영국군 제53보병사단의 2개 여단이 미 제2기갑사단과의 간격을 유지하기 위해서 서쪽 끝단을 공격할 계획이라고 귀띔했다. 여태까지는 연합군의 반격 작전이 브래들리 장군의 기대마냥 순조롭지 않았다. 핸슨의 기록에 따르면 심지어 "불독 어니스트 하먼의 제2기갑사단조차 완강한 저항에 부딪치면서 이렇다 할 공격의 실마리를 찾지 못했다."[22]

영국군 제6공수사단은 나흘 전 벨기에인 SAS부대가 정찰한 로슈포르 남쪽 뷔르 지역으로 진출했다.[23] 오후 1시에는 낙하산연대의 제13(랭커서)대대가 공격을 시작했지만 기갑교도사단 기갑척탄병들의 박격포 공격으로 많은 사상자가 발생했다. 그중에도 돌격포 6문과 자동화기의 저지선을 뚫고 1개 중대가 마을로 진입했다. 6호 전차 티거의 지원을 받은 기갑척탄병들이 반격을 했다. '피프 앤드 포파 요먼리 연대' 소속의 셔먼 전차들이 도우러 왔지만, 이 전차들 또한 빙판길 위에서 제대로 기동하지 못했다. 날이 어두워지자 독일군은 물러났지만 밤새도록 반복해서 공격을 거듭했다. 예광탄 때문에 농가나 헛간이 모두 불탔다.

이튿날, 낙하산병들은 엄청난 포화 속에서도 다섯 차례에 걸친 공격을 막아내며 마을을 지켰다. 미군의 바주카포에 비하면 효율성이 훨씬 떨어지는 무기였던 대전차화기 피아트PIAT●에서 발사된 대전차 포탄은 마을 한가운데 홀로 남아 있던 티거 전차를 관통할 수 없었다. 이 티거 전차 한 대가 독일 포병과 함께 피프 앤드 포파 요먼리 연대의 셔먼 전차 16대를 상대했다. 티거 전차가 88밀리 주포를 발사할 때마다 집이 흔들리고 창문이 깨졌다. 티거 전차가 기관총으로 주요 도로를 장악하고 있어 부상자들을 옮길 수 없었다. 화력이 워낙 강해서, 의무병들이 길 건너에 있는 낙하산병들을 응급 처치할 수 있는 유일한 방법은, 필요한 약품을 탄창에 감아서 깨진 창문을 통해 건너편 집으로 던져주는 것이었다. 사상자가 속출했다. 옥스퍼드셔 버킹엄셔 경보병 제2대대 소속의 1개 중대가 낙하산병들을 지원하기 위해 도착했다. 하지만 그날 저녁 늦게 티거 전차 2대의 엄호를 받는 독일군이 공격하자 마을에서 그대로 후퇴했다.

1월 5일, 낙하산병들은 수류탄과 총검을 이용해 집집마다 수색을 하는

● 제2차 세계대전 중 영국군이 사용했던 대표적인 휴대용 대전차 무기. 로켓탄을 사용한 바주카포나 판처파우스트, 판처슈레크와는 달리 PIAT는 스프링을 당겨서 발사했다. 덕분에 제작비가 싸고 사수는 화염과 유독한 연기를 뒤집어쓰지 않았고 위치를 적에게 발각되지 않는 장점이 있었지만 그 대신 반동이 크고 장전하기가 대단히 불편하여 악명을 떨쳤다. 특히 가장 중요한 명중률과 관통력이 낮아 독일 중전차의 전면장갑을 격파하기는 어려웠다.

방법으로 마을 전체를 차근차근 장악해나갔다. 지하실에 숨었던 벨기에 주민들은 미군들이 집으로 수류탄을 던져넣을까봐 자신들이 민간인이라는 사실을 큰 소리로 알려야 했다. 많은 주민이 신학대학으로 피신했다. 이질이 만연하고 겁에 질린 사람이 많아서 기숙사의 환경은 최악이었다. 낮에는 4대의 티거 전차의 지원을 받은 기갑교도사단의 반격이 만만치 않았지만, 밤이 되자 독일군은 퇴각했다. 7명의 장교와 182명의 병사를 잃은 대대는 예비대로 편성되었다. 낙하산연대 제5대대가 그 자리를 대신했다. 제23후사르연대는 피프 앤드 포파 요먼리 연대와 교대했다.

교전 중에 주민들은 어두컴컴한 지하실에 있어야 했다. 열네 살이던 이본 루비오[24]는 엄마가 아이들에게 자기 곁에 바짝 붙어 있으라고 얘기했던 기억을 떠올렸다. 그러면 죽더라도 다 함께 죽을 수 있다는 것이었다. 사과만 먹으면서 사흘이나 갇혀 있어야 했던 주민들이 나와서 본 모습은 부상병의 피로 범벅이 된 소파였다. 마을의 70퍼센트가 파괴되었고 가축들은 대부분 죽어 있었다. 전신주는 부러졌고 전깃줄은 질퍽한 눈밭에 엉켜 있었으며 잘려 나간 팔다리가 도처에 흩어져 있었다. 전투 중에 주민 두 명이 죽고 아기 두 명이 태어나 묘한 균형을 이루었다. 전투가 끝난 후 지뢰를 밟아 죽은 주민이 몇 명 더 있었다.

어떤 가족은 집으로 돌아와 보니 거실 천정에 벌거벗은 시신이 매달려 있었다. 자세히 보니 사람이 아니고 돼지였다. 독일군이 잡아먹으려고 하다가 연합군이 들이닥치는 바람에 놔두고 간 것이었다. 그래도 이 가족은 운이 좋았다. 대부분의 주민은 가축이며 햄, 저장해두었던 식품들을 굶주린 독일군들에게 다 빼앗겼다. 말과 사료까지 모조리 잃었다. 남은 음식이 없어 마을 주민들은 황소를 잡았다. 어린아이들까지 모두 모여 그 광경을 지켜보았다.

브래들리가 제1군과 제3군이 만나기를 손꼽아 기다리고 있어서 그런지 제12집단군 사령부도 학수고대하는 분위기였다. 이 2개 군이 만나는 순간이 브래들리가 제1군 지휘권을 회복하는 순간이었다. "제12집단군의 G-2 정보 참모 시버트 장군이 '독일군의 갑작스러운 붕괴에 대비해야 한다'고 말하자 '사령부에서는 웃기는 얘기'로 치부했다"[25]고 호지스 장군의 기록관이 1월 6일자 전투일지에 적었다. 심지어 '라이트닝 조' 콜린스 장군조차 "엉터리 같은 얘기"라고 말했다. 이튿날, 브래들리는 패튼에게 전화를 걸어서 독일군이 바스토뉴 포켓에서 병력을 철수하고 있다고 말했다. 그러나 패튼의 사단들이나 군단 정보 참모들은 "어디에서도 그런 증거는 찾을 수 없으며, 오히려 제6기갑사단은 이번 작전에서 가장 강력한 저항에 부딪쳤다"[26]고 보고했다.(제12집단군이 그렇게 판단했던 이유는 단순한 추측에 근거했음이 분명했다. 왜냐하면 울트라 감청을 통해서 1월 8일 늦은 오후가 되어서야 독일 제9기갑사단이 처음으로 로슈포르와 마르슈 동쪽으로 후퇴했으며, 1월 9일에 비로소 바스토뉴 포켓에서 물러났음을 알았기 때문이었다.)

영국군의 진격은 독일군이 제멜 근처에서 후퇴하기 좋은 핑계를 만들어주었다. 제멜 마을 바로 옆 온이라는 마을에서 포로가 된 낙하산연대의 G. O. 샌퍼드 병장을 기갑척탄병 두 명이 숲으로 끌고 가서 총으로 사살했다. 포리에르에서는 항복하기 위해서 손을 들고 숲에서 나오는 독일군 병사들을 영국군 장갑차 두 대가 쓸어버렸다. '뷔르에서 워낙 힘든 싸움을 해서 그럴 것이다'[27]라고 생각한 주민도 있었지만 영국군이 그래도 독일군보다는 나으리라 기대했던 벨기에 시민들은 이 광경을 보고 큰 충격에 빠졌다. 독일군 전사자의 손목에서 시계를 벗겨내는 영국 낙하산병을 본 어떤 여인은 "저들이 유명한 영국 신사도를 갖고 있는 것 같지는 않네"[28]라고 한마디 했다.

1월 8일 월요일, 제멜에서 알렉시아 브뤼예르 수녀가 일기에 이렇게 썼다. "오전 9시 30분 독일군이 떠나는 중이다. 백팩을 메고 벽에 바짝 붙은 채 기차역이 있는 다리를 향했다. 맨 뒤에 가는 병사는 하얀색 바지를 입고(눈이 오고 있었다) 침대 시트를 뷔르누(아라비아 사람들이 입는 망토―옮긴이)처럼 둘렀으며 터번처럼 머리에도 감았다. 아랍인으로 착각할 정도였다."[29]

피란민들은 손수레에 가재도구를 싣고 집으로 돌아왔다. 로슈라트의 어떤 가족은 집에 들어서자 가구 뒤에서 작은 소리가 들렸다. 이들은 집을 비운 사이에 쥐가 들어왔다고 생각했다. 그러나 가구를 치우고 보니 겁에 질린 독일군이 잔뜩 웅크리고 있었다. 독일군 병사는 오스트리아인 탈영병이었다. 그는 자신을 고발하지 말라고 애원했다. 독일군들이 모두 후퇴했다고 알려주자 그 병사는 연합군에게 항복했다.

1월 5일 밤부터 6일 새벽 사이, 영국 공군 폭격기 사령부의 랭커스터 폭격기 90대가 독일군의 보급선을 막고 후퇴로를 끊기 위해 우팔리즈 마을을 폭격했다. 그곳은 3일 동안이나 통행을 할 수 없게 되었다.

우팔리즈 폭격만이 아니라 후퇴가 본격화되면서 도로가 더욱 혼잡해져 독일 제116기갑사단은 하루에 겨우 2킬로미터를 움직일 수 있었다. 대부분의 이동은 주간에 했지만, 1월 10일까지는 날씨가 아주 나빴기에 전투폭격기들의 출격은 거의 없었다.

만헤이 동쪽 미 제83보병사단의 한 장교가 일지에 이렇게 썼다. "저항은 여전히 완강했다. 친위대들의 잔학행위를 절감했다. 제331보병연대의 제2대대 보병소대가 허리까지 쌓인 눈밭에서 길을 잃고 헤매다가 꼼짝없이 갇혔다. 집중 포화가 쏟아지자 그들은 눈 속으로 엎드렸다. 결국 대부분은 죽거나 부상을 입었다. 포격이 그친 뒤 소대 선임하사가 고개를 들어 독일군 2명이 다가오는 모습을 보았다. 그들은 엎드린 병사들을 걷어차서 살아 있는 기척을 보이면 머리에 총을 쏘았다. 그리고 희생자들의 주머니를 샅샅이 뒤진 다음 사라졌다. 날이 어두워진 후 선임하사는 꽁꽁 얼고 반쯤 얼이 빠진 채 비틀거리며 안전한 곳으로 돌아왔다. 소대원 27명 중에서 살아서 돌아온 유일한 병사였다. 독일군 병사가 발로 찼을 때, 죽은 척했기 때문이었다."[30]

아래는 재능은 없지만 시를 쓰는 것이 취미였던 패튼 장군이 쓴 시다.

우팔리즈, 조그만 마을이여
조용히도 누워 있구나.
산산이 부서진 가파른 언덕길 위로
비행기가 날고

한 줄기 빛도 없건만

어둠 속 도로가 빛나는구나.
희망과 공포도 모두
어젯밤 폭격에 날아갔구나.[31]

독일군은 차라리 포로가 되었으면 하면서도 싸우기를 멈추지 않았다. 프리들이라는 독일 병사는 이렇게 증언했다. "'기회만 와봐라' 하고 모두 기회를 엿보다가 장교가 오면 임무를 수행하는 척했다. 얼마나 서글픈 현실이었는지."[32] 미군 조사관들은 포로를 심문해, 독일군들은 이미 대공세가 실패로 끝났음을 알면서도 먹을 것도 제대로 못 먹고 추운 날씨에 차량이나 대포를 끌어야 했기에 사기가 엉망이라는 사실을 알게 되었다. 나치들은 노르망디 이후 무장친위대의 표준이 되어버린 다음의 명령에 근거해서 병사들의 희생을 강요했다. "누구든지 부상당하지도 않고 포로가 된 자는 명예를 잃는다. 물론 조국도 더 이상 그 가족을 돌봐주지 않을 것이다."[33]

친위대원들은 최후까지 싸울 뿐만 아니라 간혹 포로가 된다고 하더라도 현장에서 즉시 처형되기 때문에, 친위대 포로 숫자는 매우 적어서 금방 티가 났다. 포로가 된 친위대 장교는 제1군 포로수용소에서 조사관에게 전혀 설득력이 없는 논리로 자신의 처지를 합리화하려고 했다. "나를 겁쟁이라고 생각하지 마라. 나는 내가 원해서 포로가 된 것이다. 나는 조국을 위해 기꺼이 죽을 각오가 되어 있는 사람이다. 단지 내 병사들과 어려움을 나누기 위해서 포로가 되었다."[34]

제3군에 소속된 미군 사단에서는 주변 환경에 따라서 포로를 달리 대우해야 한다는 사실을 알았다. 제6기갑사단에서 지켜본 바에 의하면, "전방에서 승승장구하던 독일군이 포로가 된 경우에는 대부분 자존심을 내세우면서 단지 불운한 휴가를 받았다고 생각한다. 이들을 조사하기 전에 음식, 담배 등 회유하는 듯한 대우는 절대 해서는 안 된다. 반면에 전세가 역전되어 후퇴할 때 포로가 된 병사들은 투지도 없고 여러 가지 환경이나 상관에 대해서 불만이 많았다. 이런 포로들은 잘만 대우해주면 자발적으로 여러 가지 정보를 알려주었다. 심문하는 동안 앉게 하거나 담배를 피게 해주는 등 편안하게만 대해주면 묻지도 않은 말까지 다 털어놓곤 했다."[35] 이러한 현상은 장교나 사병이나 마찬가지였다.

친위대원 포로들은 자신을 우월한 아리안족으로 생각하는지, 아니면 폴란드나 알자스인들 중 몇몇 사람처럼 자신의 의지와 상관없이 억지로 친위대원이 되었는지에 따라 태도가 달랐다. 후자일 경우에는 일반적인 포로처럼 대우하면 되었다. "우월한 아리안족이라 믿는 포로들은 사정없이 대했다. 지금까지 다른 사람에게 혹독하게 행동해왔고 혹독한 대우를 각오한 부류들이다. 그런 포로들은 물리적 폭력으로 위협을 하거나 실제로 폭력을 행사하는 버릇이 있었다. 그래서 그들 스스로도 물리적 폭력의 위협에 쉽게 굴복하는 경향이 있었다. 실제로 폭력을 행사할 필요는 없었다. 말하는 것이 더 좋겠다는 생각만 들게 해도 입을 열었다. 솔직히 말하면 우리가 찾아낸 가장 좋은 시스템은 고분고분하면서 풀이 죽은 포로에게는 먹을 것을 주고 겁을 줄 필요가 없지만, 건방지고 뻣뻣한 포로에게는 먹을 것을 주지 않으면서 겁만 주는 것이다." 반면에 미 제35보병사단에서는 제1친위기갑사단의 포로들이 "보복을 당할까 지레 겁을 먹었는지 국민척탄병보다도 더욱 고분고분했다."[36] 그리고 이들이 "위치를 사수하라고 명령해놓고 장교들만 도망가버렸다"며 불만을 토로했다고 보고했다.

미 제28보병사단 장병들은 포로를 둘로 나누어 대우해야 한다는 사실을 믿으려 하지 않았다. 그들은 후방 지역에서 독일군 포로들에게 사탕이나 담배를 주는 것에 반대했다. 제28보병사단에서는 포로들을 트럭에 태우는 대신 걸어서 이동하게 했고 심문이 끝날 때까지는 물만 주었다. "포로들을 잘 대우해주면 우리 병사들에게 좋지 않은 영향을 미칩니다. 우리가 포로를 대우하는 모습을 보고 우리 병사들이 '포로가 되는 것도 그리 나쁘지는 않겠네'라고 생각할지도 모르기 때문입니다."[37] 조금 더 심한 생각을 하는 사단도 있었다. "우린 절대로 포로들을 잘 대우하려고 하지 않습니다. (⋯) 우린 독일 놈들을 죽이러 온 것이지 돌보러 온 것이 아닙니다."[38] 제30사단에서는 미군 전사자의 전투화를 신고 있는 독일군을 포로로 잡으면 군화를 벗긴 다음 빙판길을 맨발로 걷게 하는 식으로 복수했다.[39]

미 제1군에서는 "포로들은 독일군에게 식량이 부족하고 수송 수단이 없어 직접 중화기를 메고 장시간 걸어야 했다고 증언했다"[40]는 것에 주목했다. 주전선의 북쪽과 남쪽 포로들을 심문한 결과 독일군들이 근접전파신관[41]을 두려워한다는 사실도 확인했다. 제1군 전쟁 포로 심문관들은 "이 새로운 포탄이 물리적으로나 심리적으로 효과가 크다고 밝혀졌습니다"[42]라고 보고했다.

바스토뉴 포켓 주변은 1월 3일과 4일의 전투가 끝난 후 어느 정도 소강상태가 되었다. 독일 제5강하엽병사단은 크뤼거 기갑대장이 지휘하는 제58기갑군단에 배속되었다. 제5강하엽병사단장 하일만 소장이 가망 없는 공격으로 쓸데없이 희생만 늘어난다고 불평하자 크뤼거가 대꾸했다. "전쟁에 이기려면 제5강하엽병사단도 참여해야 하네."[43]

1월 6일, 하일만은 힘러로부터 비밀 명령을 받았다. "탈영으로 전투력을 약화시키는 자가 있다면 가족 중 1명(부인)을 총살할 것이다."[44] 추측컨대, 라이프슈탄다르테 사단의 SS소장 몽케가 SS제국지도자 힘러에게 일러바쳤기 때문인 것 같았다. 며칠 뒤 하일만은 직위해제되었다. 비교적 충성심이 높다는 제26국민척탄병사단에서도 탈영병이 점차 늘어났다. 포로가 된 한 상사가 이렇게 실토했다. "우리 중대에서만 10명에서 12명이 민간인 옷으로 변장하고 숨었습니다."[45]

모든 병사에게 전사만큼이나 불구가 되는 것도 두려운 일이었다. 독일의 야전병원은 절단 공장과도 다름이 없었다. 미군 의사들은 독일군이 서슴없이 부상자의 팔다리를 절단하는 것을 보고 대경실색했다. 제401글라이더 보병연대 소속의 부상당한 미군 포로가 수술실로 옮겨지자 기절초풍했다. "나오는 구역질을 억지로 참았습니다. 피 칠갑이 된 흰색 고무 앞치마를 두른 의사들이 6개의 침대 주위에 둘러서서 있었습니다. 모든 테이블에는 독일 부상병이나 동상환자들이 누워 있었지요. 바닥에 놓인 양동이에는 발가락이며 손가락 등이 담겨 있었습니다. 테이블에 있는 환자들은 부분 마취가 되어 있긴 했지만, 수술 내내 비명을 지르거나 신음을 했습니다."[46] 양동이를 밖에 두거나 양동이에 담긴 것들을 밖에다 버리면 들개들이 뜯어먹었다고 벨기에 주민들이 남긴 글이 증언했다. 수술 도중에 죽은 환자들은 밖에 다 쌓아놓아서 꽁꽁 얼었다. 얼음이 시신 얼굴을 덮어서 마치 유리관처럼 보이기도 했다. 심지어 독일로 후송되는 행운아라고 해도 그들의 운명이 어떻게 될지는 알 수 없었다. "환자들은 타고 있는 병원 기차가 가는 대로 가게 되어 있습니다. 어디로 가는지는 아무도 몰라요."[47] 독일군 의사의 말이다.

미군 야전병원도 끔찍하긴 마찬가지였다. 제3군의 한 선임간호사는 '공포의 병실'[48]이라고 알려진 병동을 이렇게 묘사했다. "피와 땀 그리고 배설물 냄새가 고약하기 짝이 없었다." 그녀는 야간 당번 때 겪었던 이야기도 상세히 말했다. "어제 낮에 죽어가고 있는 두 명의 병사를 간호했다. 밤에도 상태는 여전했다. 한 사람은 보병부대 이등병이었다. 두 다리를 잃었고 한쪽 손도 없었다. 가슴에는 깊은 상처가 있었으며 포탄의 파편이 내장을 뚫고 나갔다. (…) 또 다른 한 명은 전차부대 상병이었다. 척추가 부러져서 하반신이 마비되었고, 복부와 가슴은 열려 있었다." 두 사람 모두 의식없이 거친 숨을 쉬고 있었다. "두 사람이 죽을 때, 그들의 어머니가 보지 못한 것이 차라리 잘된 일이라고 생각했다."

비전투 사상자도 폭발적으로 늘어났다.[49] 11월과 12월에만 2만3000명의 병사를 추위 때문에 잃었다. 대부분 전투보병들이었다. 각 사단마다 전투보병이 약 4000명 정도 된다는 점에서 5.5개 사단에 해당하는 전력을 잃은 셈이었다. 흔히 전투피로증이라고 부르는 신경정신병 환자도 병원 병상의 4분의 1을 차지했다. 물론 독일군은 이러한 증세를 인정하지 않았기에 당연히 환자 숫자도 적었다.

전투피로증은 "구토, 통곡, 신경질, 소화불량 등"[50] 여러 가지 증상으로 나타났다. 일부 장교 환자들은 증상은 있지만 너무 성급하게 부대로 복귀하여 도로 재발하는 경우도 흔했다. 전투피로증은 일종의 전염성이 있어서 "한 병사가 증세를 보이면 다른 병사들이 따라서 증세를 보이기도 했다."[51] 그렇지만 전투피로증의 가장 큰 원인은 혼자 있는 것이었다. 포격이 없을 때는 참호에서 나와 다른 병사들과 어울리는 것이 중요했다. "전차피로증"[52]은 전투활동이 오랫동안 계속되면서 생기는 증세였다. 외면적인 증세는 배탈, 구토,

이질, 손발의 저림, 마치 실성한 것 같은 울음 등 전투피로증과 흡사했지만 보병들과는 다소 달랐다. 미 제2기갑사단에서는 신체적 피로 외에도 비위생적인 식사와 극한 추위에 "장시간 노출"[53] 등이 원인이라고 주장했다. "차가운 C형, K형 전투 식량은 에너지나 면역력을 증진시켜주지 못하고 배탈을 유발했다." 독일군에게서 노획한 토치(소형발열장치)를 사용해서 음식 깡통을 데워보려고도 했지만 그다지 소용은 없었다. 독일군이 스탈린그라드 전투 이후 무엇을 알게 되었는지 미군 의사들이 알 턱이 없었다. 스트레스와 만성 피로, 추위와 영양 부족이 복합적으로 신진대사를 저해하기 때문에 칼로리와 비타민을 흡수하는 신체 능력이 조금씩 줄어들었다.

패튼의 우익을 맡고 있던 미 제5보병사단 장교가 관찰한 바에 따르면 "제아무리 강하고 경험이 많은 부대나 병사라도 그런 전투 능력을 유지하는 것은 일정 시간만 가능했다"[54]는 것이다. "용감무쌍하던 병사들도 결국에는 무너지는 모습을 많이 봐왔다. 피곤한 부대는 잘 싸울 수가 없다. 출동은 하지만 투지가 없고, 투지가 없으니 전투에서 질 것은 뻔하다."

1월 8일 독일 제2, 제9기갑사단의 잔여 병력은 이튿날 철수하라는 명령을 받았다.[55] 영국 민사 장교는 일기에 이렇게 적었다. "내가 겪어본 가장 추운 날이었다. 얼굴에 부딪치는 바람은 칼날 같았다. (…) 도로는 온통 도랑에 빠진 차량과 덜덜 떨면서 도움을 기다리는 운전병들로 가득했다."[56] 어떤 사람들은 도로 조건이 지독하게 나쁜 날일수록 운전병들이 조심스럽게 운전하기 때문에 교통사고가 적게 나고 사망자도 줄어든다는 현상이 아이러니하다고 생각하기도 했다.

1월 10일, 모델 원수는 아들러호르스트에 있는 히틀러의 지시를 전달했다. "제1, 제2기갑군단과 제1, 2, 9, 12친위기갑사단은 즉시 B집단군 뒤로 집결해서 신속히 재정비한 후, 서부 총사령관의 지휘를 받되, 더 이상 전투에 참여하지 말 것을 총통께서 명령하셨다."[57] 무장친위대사단들이 뒤쪽으로 물러나 재정비를 하는 동안 최전선을 지키라는 명령을 받은 육군 부대들은 다시 한번 화가 났다.

아르덴에서의 쓰라린 패배는 영국에 포로로 잡혀 있는 독일 장군들에게도 영향을 미쳤다. 전쟁 초반에만 해도 물질적 우위를 강조했던 장군들이 이제는 그것이 불공평하다고 여기는 것처럼 보였다. 프랑스 알자스에서 프랑스군에게 포로가 된 한스 브룬 사단장이 동료에게 말하는 것이 비밀리에 녹음되었다. "남자 중의 남자들인 우리 젊은이들이 진정한 군인도 아니고 싸울 마음도 없는 군대의 거대한 항공력과 전차에게 무참하게 짓밟힌다는 사실은 역사상 가장 큰 웃음거리이자 가장 슬픈 일이야."[58]

1월 11일, 목요일 독일군이 후퇴한다는 징후가 점차 분명해졌다. 우팔리즈와 바스토뉴 간의 도로는 겨우 폭 13킬로미터 정도의 공간만을 연합군 포병의 힘으로 장악하고 있었다. 미 제30보병사단이 제9군 사령부에, 시야가 불량한 것을 이용해 독일군이 도망치고 있다고 보고했다. "독일 놈들이 질서정연하면서 느긋하게 전차와 중화기를 벌지에서 철수시키고 있습니다."[59] 이날 BBC에서는 방송에 나온 몽고메리의 성명서가 독일군의 가짜 뉴스였다고 해명했다. 하지만 이 뉴스도 몽고메리에 대한 브래들리의 감정을 누그러뜨리지는 못했다.

이튿날 아침, 제12집단군은 독일군이 히틀러의 명령이건, 또는 그들 스스로 절망적인 상황에서 작정하건 화학무기를 쓸지도 모르니 화학전에 대비하여 물품을 준비하라는 지시를 받았다. 닷새 전 연합군 최고 사령부가 워싱턴의 마셜의 정보 참모장을 통해 보낸 보고서에 따른 조치였다. 스트롱 소장과 그의 참모들은 독일군의 암호를 해독하면서 '가스'라는 단어를 다섯 번이나 발견하고 당황했다.("이 문제에 대한 장군의 견해를 알고 있습니다. 그러나 이 공세에서 히틀러는 사용할 수 있는 어떤 무기라도 쓰기 위해 전면적인 노력을 기울이고 있다는 사실을 다시 한번 강조합니다. 독일이 결정적인 결과를 얻기 위해 화학전에 나설지 모른다는 점은 장군께서 항상 강조했던 얘기입니다. 히틀러는 전황이 나빠지고 있는 지금이 기회라고 생각할지도 모릅니다. V-1비행폭탄과 V-2로켓에 화학탄두 장착이 서북 유럽에 거주하는 민간인들에게 가져다줄 혼란을 간과해서는 안 됩니다. 이러한 점에서 다시 검토해보시고 우리에게 가능한 한 빨리 장군의 의견을 알려주시면 감사하겠습니다."[60])

1월 12일, 금요일에는 여러 가지 사건들이 일어났다. 보덴플라테 작전의 실패를 용서받은 괴링이 쉰 두 번째 생일을 축하받기 위해 히틀러에게 불려 갔다. 좋은 징조는 아니었다. 이날은 다른 이유로 무척이나 중요한 날이었다. 모스크바 시간으로 새벽 5시, 이반 코네프 원수가 지휘하고 있는 제1우크라 이나전선군이 엄청난 선제 포격에 뒤이어 비스와강 서쪽의 산도미에서 독일 군 교두보를 공격했다. 소련군의 포격은 기갑척탄병 장교가 "마치 하늘이 무 너져 내리는 것 같았다"[61]고 경악했을 정도였다. 소련의 전차부대는 "가자! 파시스트의 소굴로!"[62] "복수! 그리고 독일 놈들에게 죽음을!"이라는 슬로 건을 전차 포탑에 써놓았다. 이튿날에는 게오르기 주코프의 제1벨로루시전 선군(벨로루시는 벨라루스의 전 이름—옮긴이)이 바르샤바 남쪽에서 공격했다. 또 다른 두 전선군은 동프로이센을 공격했다.

구데리안은 결코 상황을 과장하지 않았다. 하지만 카산드라*처럼 그의 경고는 무시당했다. 소련 붉은 군대는 동부 전선 전역에 걸쳐 670만 명을 동 원했다. 그 와중에 아르덴에서 후퇴하고 있는 디트리히의 제6기갑군이 비스 와강이나 동프로이센이 아니라 유전을 지키기 위해서 헝가리로 이동한다는 소식을 듣고 구데리안은 할 말을 잃었다.**

소련군의 대공세 소식이 전해지자 제12집단군 사령관 브래들리는, 당장 이라도 아르덴에서 미군의 승리가 임박했기 때문에 "소련군이 훨씬 많은 병 력으로 그리고 훨씬 성공적으로 공격할 수 있었다"라는 주장을 퍼뜨리고 싶어했다.[63] 그의 주장은 옳았다. 아르덴에서 독일군의 패배, 특히 기갑사단

● 그리스 신화에 나오는 트로이 공주. 미래를 예견하는 능력으로 트로이의 멸망을 예언했지만 사 람들에게 외면당했고 결국 비운의 운명을 맞이했다.
●● 헝가리-오스트리아 국경에서 가까운 나지카니자 유전은 이때에 오면 추축군에게 남은 마지막 유전지대였다. 히틀러는 연합군의 전략 폭격으로 독일 합성석유 생산이 거의 마비된 상황에서 나지 카니자 유전마저 상실하면 전쟁 자체가 불가능하다는 이유로 주변 참모들의 반대를 무릅쓰고 '봄의 새싹 작전'을 강행했다. 또한 헝가리에서의 공세가 베를린에 대한 소련군의 압박을 분산시킬 것이라고 주장했다. 동원 병력은 독일 제6군과 제6기갑군, 헝가리 제3군 등 25개 사단 30만명 및 전차 1800여 대에 달했다. 아르덴 공세가 실패로 끝난 상황에서 이만한 전력을 동원할 수 있다는 사실 자체가 경 이롭기는 했으나, 소련군의 역량은 히틀러의 예상을 훨씬 뛰어넘었다. 1945년 3월 6일에 시작된 추 축군의 공세는 10일 만에 저지되었으며 반격에 나선 소련군은 추축군을 순식간에 괴멸시키고 3월 31일 오스트리아 국경을 돌파했다. 4월 2일에는 나지카니자 유전을 비롯해 헝가리의 잔여 영토를 모 두 점령했다. 더욱이 소련군은 베를린으로 향하는 병력을 빼낼 필요도 없이 헝가리에 배치된 병력만 으로 독일군의 공세를 막아내어 독일 수뇌부를 경악시켰다.

들이 궤멸되었기 때문에 독일군이 동부 전선을 방어할 여력이 약해졌다는
사실에는 의심의 여지가 없었다. 그러나 영국에 포로로 잡혀 있는 독일군
장군은 "소련에 대한 공포심 때문에 독일은 끝까지 싸울 것이다"[64]라고 예
상했다.

23

벌지 정리

아르덴에서 마지막 전투가 시작되는 동안 독일군은 더 많은 사단을 '노르트빈트 작전'에 투입했다. 1월 5일, 첫 번째 공격이 실패하자 힘러가 지휘하는 라인강 상류 집단군이 마침내 미 제6군단의 남쪽 측면에서 지원 공격에 나섰다. 제14친위군단은 라인강을 건너 스트라스부르의 북쪽을 공격했고, 이틀 후에는 제19군이 론라인 운하 양쪽에 형성된 콜마르 포켓에서 북쪽으로 진격했다. 이 때문에 패치 장군의 제6군단이 풍전등화의 위기에 처했다.

아이젠하워에게 별로 좋은 평가를 받지 못하던 데버스는 스트라스부르의 방어를 드라트르 드타시니가 지휘하는 프랑스 제1군에 맡겼다. 프랑스 제1군은 스트라스부르부터 벨포르 협곡까지 120킬로미터에 이르는 전선을 방어해야 했다. 그러나 가장 큰 위험은 독일군 제14친위군단이 아그노 동남쪽 감스아임과 에를리스아임에 교두보를 확보했다는 사실이었다.

1월 7일, 독일 제25기갑척탄병사단과 제21기갑사단이 공격에 가세했다. 이들은 스트라스부르 북쪽 30킬로미터 지점에 있는 아그노 숲까지 진격했지만, 데버스 장군의 마지막 예비 병력인 미 제14기갑사단에 의해 저지당했다. 북쪽 로 보주산에서는 미 제45보병사단이 독일 제6친위산악사단을 저지했다. 그 와중에 제45보병사단의 1개 대대가 포위되어 일주일간의 사투 끝에 단 2명만 생환했다.

히틀러는 "마지막까지 싸우는 자가 전쟁에서 승리한다"라는 프리드리히 대왕의 위대한 격언을 철석같이 믿었다. 1월 16일, 히틀러는 최후의 예비대인 제7강하엽병사단과 제10친위기갑사단 프룬츠베르크를 투입했다. 이들은 감스아임 교두보를 목표로 라인강을 따라서 공격하다가 에를리스아임에서 신참부대인 미 제12기갑사단을 대파했다. 1월 20일, 아이젠하워는 아침 회의에서 이 문제를 의논했다. 아이젠하워가 탄식했다. "겨우 독일군 2개 사단의 위치를 몰라서 우리가 이렇게 모여서 벌벌 떨어야 하나!"[1] 영국 공군 중장 제임스 로브 경은 이렇게 썼다. "독일군의 공격은 계속 성공하는 반면, 아군의 사단이나 군단이 계속 패퇴하는 이유를 놓고 의논이 분분했다."

예상치 못한 독일군의 진격에, 데버스는 후퇴해서 로트바흐강과 모데르강, 그리고 조른강을 따라 새로운 방어선을 구축했다. 새로운 방어선을 향한 후퇴 작전은 순조로웠다. 드라트르의 프랑스 제1군이 북쪽에 있던 미 제21군단의 지원을 받게 되면서 독일군이 알자스 교두보라고 부르는 콜마르 포켓 지역을 쑥대밭으로 만든 1월 25일 즈음부터 독일군의 공격은 눈에 띄게 약화되었다. 미 제3보병사단은 코타의 제28보병사단의 지원을 받았다. 제28보병사단은 휘르트겐 숲 전투에서 큰 피해를 본 후, 바스토뉴 동쪽에서 거의 전멸했다고 다들 여겼다. 눈으로 덮인 리드위르의 숲속 전투에서 제3보병사단은 완강한 반격을 받았다. 이때 오디 머피 중위(최종 계급, 명예 훈장을 받기 전에는 하사였다)가 놀라운 용맹을 보여 명예 훈장을 받았다. 그는 나중에는 할리우드 스타가 되었다. 퇴각하는 독일군의 저항이 워낙 완강해서, 항공기와 포병의 지원이 압도적으로 우세했음에도 더 많은 증원 부대가 아르덴에서 남쪽으로 향했다. 콜마르 포켓 지역은 2월 9일이 되어서야 완전히 장악했다.

제101공수사단은 알자스 전투를 끝내기 위해 투입된 부대 중 하나였지만 병사들은 자신들이 전투에 참여하기에는 한발 늦었다는 사실에 안도했다. 10일 전, 제101공수사단이 알자스로 이동한다는 소식을 듣고 딕 윈터스 소령은 한숨을 쉬었다. "그 좁은 협곡을 막을 병력이 우리밖에 없단 말인가?"[2] 제101공수사단은 휴식이 필요했다. 바스토뉴 포켓 북쪽 끝단의 마지막 전투에서는 제506낙하산보병연대 소속 이지 중대가 푸아를 점령하라는 명령을 받고 투입되었다. "그 마을에서 신병들이 모두 전사했습니다. 이유는 저도 모르겠어요."[3] 고참 병사가 말했다. 공격은 시작부터 중대장이 바뀔 때까지 엉망이었다. 1월 14일, 기온이 섭씨 영하 23도까지 떨어지고 눈은 점점 깊게 쌓였다. 제506낙하산보병연대의 병사들은 눈밭을 가로질러 노비유로 향했다. 노비유는 공격 초기에 많은 부대원이 데소브리 팀과 함께 전사한 곳이었다.

노비유를 점령하자 곧바로 우팔리즈로 가는 길 바로 동쪽의 라샹 마을을 점령하라는 임무가 떨어졌다.[4] 얼 헤일 병장과 조지프 리브곳 이병이 6명의 친위대 장교를 헛간에 세워놓고는 허튼 짓을 하면 곧바로 사살하겠다는 경고를 했다. 그때 밖에서 포탄이 터지면서 문가에 서 있던 헤일 병장이 부상을 입었다. 기회를 틈타 친위대 장교 한 명이 군화 속에서 칼을 꺼내 헤일의 목을 긋자, 리브곳 이병이 친위대 장교들을 모두 사살했다. 헤일 병장의 식도는 잘렸지만 운 좋게도 기도는 온전했다. 의무병은 응급처치를 한 뒤 지프차에 태워서 바스토뉴로 후송했다.(헤일은 부상에서 회복되긴 했지만, 식도가 굽었다. 의사는 헤일에게 넥타이를 매서는 안 된다는 인증표를 주었다. 나중에 패튼 장군이 넥타이를 매지 않았다고 질책하자 인증표를 보여주었더니, 패튼 장군도 할 말을 잃었다고 했다.)

라샹에서 로버트 레이더 병장에게 포로가 된 독일 병사는 마치 비웃는 표정이었다. 화가 치민 레이더 병장이 총을 들어 쏘려고 하자 또 다른 낙하산병이 총을 잡으면서 외쳤다. "이 녀석은 입술과 눈꺼풀이 없어서 그래!" 이 독일 병사는 동부 전선에서 동상에 걸려 입술과 눈꺼풀을 모두 잃었다. 라샹은 바스토뉴 지역에서 이지 중대의 마지막 활약 무대였다. 1월 17일 제101공수사단은 제17공수사단과 교체되었고 이번에도 비행기 대신 트럭을 타고 알자스로 향했다.

1월 14일, 독일 제5기갑군이 아직도 연합군 공군의 폭격이 계속되는 우팔리즈로 후퇴를 시작했다. 하지만 방어선을 돌파했던 지역에서의 저항은 여전했다. 독일 제2기갑사단과 기갑교도사단이 돌격포와 전차 그리고 포병 연대의 후퇴를 엄호하는 보병들과 함께 독일군의 퇴각로를 엄호했다. 미군이 곡사포로 백린탄을 쏠 때마다 "독일 포병도 격렬하게 응사했다."[5]

남쪽에서는 포병이 마을을 불바다로 만들었다. 포격이 심할 땐 독일군조차 지하실로 들어가 민간인들을 옆으로 밀어내고 숨었다. 돼지, 말, 암소 등이 불타는 헛간에 갇혔다. 속수무책이었다. 민간인 20명이 숨어 있는 마구간에 포탄이 떨어져 11명이 몰살당한 마을도 있었다. 포격을 견디지 못하고 눈밭으로 도망가던 노인과 여인, 어린이들을 적병이라고 오인한 병사들이 총을 쏘아 사살하는 일도 종종 벌어졌다. 운이 좋으면, 미군 앰뷸런스나 트럭으로 후방 병원에 이송되었다. 그러나 이질, 폐렴, 디프테리아, 그밖에 지난 수 주 동안 더럽고 추운 환경에서 생겨난 질병은 어쩔 수 없었다.

벨기에인들을 동정한 미군들이 비상식량, 담배, 사탕, 초콜릿 등을 나누어 주기도 했다. 전쟁으로 난폭해져서 약탈을 하고 여인들을 괴롭히는 병사들이 아주 없지는 않았다. 누가 따뜻한 마음씨를 가지고 있는지, 누가 불한당 같은 놈인지 겉모습만으로 판단할 수는 없었다. 당시에는 세 나라 병사들이 하나같이 더럽고 부스스하고 덥수룩한 것이 산적떼로 보였다. 초반에 미군에게서 선물을 한아름 받았던 주민들은 상대적으로 초라한 영국군에게 충격을 받았다. 그래도 영국군은 자기들의 물품을 주민들에게 나누어주기도 했다. 벨기에 시민들은 소고기 통조림이나 영국 군용 담배를 그다지 좋아하지는 않았지만 원래 점잖은 성품이라서 솔직하게 털어놓지는 못했다.

"독일군과의 전투가 완전히 끝난 마을에 들어가 주민들이 기뻐하고 안도하는 모습을 보면 마음이 즐거워진다"[6]라고 영국군의 한 민사 장교가 썼다. 어떤 곳에서는 미군과 영국군을 접대하던 주민이 가구를 부숴서 장작으로 사용하는 모습을 보고 깜짝 놀라기도 했다. 영국 제53웰시사단의 한 장교는 추위를 이기려고 "벽난로에 불을 너무 많이 지피는 바람에 굴뚝이 과열되어 지붕을 태운 적도 있었다"[7]라고 적었다. 연합군 병사들이 묵었던 집은 대부분 엉망진창이 되었다. 특히 영국 제6공수사단이 가장 많은 불평을 들었다.

영국 제30군단이 콜린스의 제7군단 남쪽 측면의 라로슈앙아르덴 방향에서 독일군을 추격 중이었다. 라우헤르트 소장은 이렇게 썼다. "니스라몬트 지역의 독일 제2기갑사단 우익 부대가 서쪽으로 방향을 틀었다. 이런 재배치 도중에 생긴 틈을 비집고 영국군 대대가 앙그뢰 저편까지 진격했다. 방어선 뒤쪽에서의 영국군 공격은 양동 작전으로 겨우 저지했다. 사단 지휘 본부도 니스라몬트까지 후퇴했다."[8] 미군 보병과 마찬가지로 영국군도 깊은 눈 속에서 혹독한 고생을 경험했다. 축축한 군화가 얼음처럼 얼어붙으면서 전혀 도움이 되지 않았다. 독일 군화는 날씨에 영향을 적게 받았다. 제51하일랜드보병사단 고든 제1대대 지휘관은 병장 한 명이 숲속에서 독일군 시신을 나무에 매달아놓고 그 밑에 불을 지피고 있는 광경을 목격했다. "군화를 벗기려고 뻣뻣하게 언 시신을 녹이고 있었다."[9]

독일 제2기갑사단의 전투단이 공병, 보병, 돌격포 그리고 전차를 동원해서 우팔리즈 전방에 방어선을 구축했다. 어둠 속에 숨어 있던 판터 전차는 400~500미터 떨어진 숲 앞으로 모습을 드러낸 미군 전차를 잡았다. 눈을 뒤로 한 미군 전차들의 실루엣이 선명하게 보였기 때문이었다. "미군 전차 한 대가 불타자 옆의 전차를 밝게 비추면서 사격하기가 한층 쉬웠다. 불과 15분 만에 미군 전차 24대가 화염에 휩싸였다. 10대는 손상 없이 포획했다. 독일군은 24대의 전차 중에서 단 두대만 격파되었다."[10] 여러 전투 중에서 이 전투는 자랑할 만했지만, 독일군이 전투 막바지에 큰 손실을 겪고 있음은 의심의 여지가 없었다.

1월 15일, 티리몬트 지역의 한 마을을 공격하던 미 제30보병사단은 "포탄과 중기관총, 각종 자동화기들로 가득 한 벽돌집을 발견했다."[11] 1개 전차대대, 1개 대전차대대, 제120보병연대의 2개 대대가 "105밀리 포와 155밀리 포를 1만1000발 이상"을 쏘아서 마을을 겨우 점령할 수 있었다. 이 연대는 독일 제3강하엽병사단과 싸워서 450명 이상의 사상자를 냈다. 쌓인 눈과 빙판 때문에 "앰뷸런스가 부상병이 있는 곳까지 도저히 접근할 수 없었다."

그래서 의무병들은 농부에게 말과 썰매를 빌려 부상자들을 후송했다. 포로가 된 독일군은 대부분 발에 동상을 입어 제대로 걸을 수 없었다.

패튼은 지프차를 타고 우팔리즈를 공격하고 있는 부대를 둘러보러 나왔다. "한 곳에 이르렀을 때, 독일 기관총 사수의 시신을 발견했다. 반쯤 앉은 채, 한쪽 팔을 뻗어 탄띠를 잡고 있는 것을 보면 죽은 직후에 곧바로 얼어붙은 것이 틀림없었다. 또한 하얀 눈 위로 까만 것들이 나와있었다. 자세히 보니 죽은 병사의 발가락이었다."[12] 패튼은 갑자기 얼어 죽은 시신들의 얼굴빛이 '적자색'으로 변하는 것을 보고 매우 놀랐다. 자신이 카메라를 갖고 오지 않아 기록에 남기지 못한 것이 애석하다고 생각했다.

1월 15일, 히틀러는 기차를 타고 베를린으로 돌아왔다. 주코프와 코네프의 전차군이 오데르강과 나이세강의 방어선으로 돌진하고 있었다. 슐레지엔 산업 지역은 풍전등화였다. 이후, 총통이 베를린 밖으로 나간 것은 오데르 전투 때가 마지막이었다.

이날 해 질 무렵 야간 전투를 대비해 강화된 미 제2기갑사단의 2개 전투부대가 우팔리즈 전방 1킬로미터 남짓한 곳까지 진격했다. 그 후 적정을 살피려고 정찰대를 내보냈지만 새벽 1시쯤 시내로 들어간 정찰대는 독일군의 낌새를 발견할 수 없었다. 정찰대는 우르트강 동쪽으로도 갔지만 적은 그곳에서도 보이지 않았다. "그날 오전 9시 30분 미 제3군 정찰대와 조우했다. 이로써 아르덴 대공세에서 제1군과 제3군이 연결되었다."[13]

아르덴 대공세는 이제 거의 끝나가고 있었다. 영국의 한 연대가 독일군은 이미 훈장마저 바닥났다는 사실을 알았다. 훈장 대신 룬트슈테트 원수의 서명이 된 사진을 나누어주었다. 그러나 "사단에서는 이런 식의 포상이 병사들의 전의를 끌어올린다고 생각하지는 않는다"[14]고 군단 사령부로 보고하는 내용이 감청되었다.

아이젠하워의 결정대로, 미 제1군과 제3군이 만난 이후, 제1군에 대한 지휘권은 1월 17일 한 밤중에 공식적으로 브래들리의 제12집단군에 되돌아 갔다. 핸슨은 "이제야 제대로 됐다"[15]고 자랑스레 기록했지만 몽고메리는 아직 그렇게 생각하지 않았다. 제9군만큼이라도 계속 지휘하겠다고 작정한 몽고메리는 자부심 가득한 제1군을 제치고 제9군에게 우선권을 주는 방안을 검토했다.

1월 15일, 제9군 사령관 심프슨 장군의 기록관은 이렇게 썼다. "오전 10시 30분 몽고메리 원수가 제9군에게 새로운 임무를 부여하려는 의제를 가지고 사령관 회의에 참석 차 우리 사무실에 왔다. 몽고메리 원수가 폭탄급 발언을 했다. 4개 군단, 즉 16개 사단으로 구성된 제9군이 가능한 한 빨리 쾰른과 라인강으로 진격하는 작전 계획을 만들라고 심프슨 장군에게 요구한 것이다. (…) 이 말은 곧 서부 전선의 주공을 제9군이 책임지고 맡아야 한다는 뜻이었다. 반대로 제1군은 주공이 돌파하는 동안 제9군의 남쪽 측면을 보호한다는 뜻도 포함되어 있었다. (…) 제21집단군은 이 작전 계획을 매우 신중하게 검토한 뒤 연합군 최고 사령부의 승인을 받으려고 했다."16

이것은 분명히 브래들리의 뒤통수를 치는 꼼수였다. 제9군에게 작전 계획을 먼저 세우라고 한 것은 영악한 짓이었다. 심프슨과 참모들은 제1군을 제쳐두고 자신들이 우선권을 얻는다는 제안에 매료되었다. 그렇게 되면 제1군은 사실상 제9군의 보조 역할로 전락하는 셈이었다. "선임부대인 제1군이 '제9군의 측면이나 지킨다'는 것이 과연 가능할까? 여기 장군들이 이 계획서를 보면 얼마나 좋아할까!"17 심프슨은 일기에 이렇게 써놓았다.

몽고메리는 연합군 최고 사령부가 동의해주리라 굳게 믿었다. 계획서는 화이틀리 영국 작전 참모 대리에게만 보여주었다. 독일군이 루르 지역을 보호하기 위해 최정예 부대를 북쪽으로 옮길 것이므로 아이젠하워로서는 브래들리가 남쪽을 돌파할 가능성이 훨씬 높다고 생각하고 있다는 사실을 브래들리는 몰랐다. 무엇보다도 미군 지휘관들이 모두 반대했다. 1월 16일 화요일 파리로 날아온 브래들리가 가장 목청을 높였다. 그는 빌라쿠블레 비행장에 내려 베르사유로 달려갔다. 지난 2주 동안 노심초사하면서 잠을 못 이루어, 피곤한 몸을 무릅쓴 일이었다. 최근의 시끄러운 소동 덕분에 아이젠하워는 몽고메리가 미군 병력을 지휘하여 선봉을 맡는다면 엄청난 항의가 쏟아지리라는 사실을 모를 리 없었다. 연합군의 전략을 정치적인 상황이나 경쟁의식까지 고려해야 한 것은 몽고메리가 자초한 일이었다.

1월 18일 미국과의 관계 개선이 절실하다고 여긴 처칠은 하원에 출석해 이렇게 연설했다. "미군이 거의 모든 전투를 도맡아 치러 희생도 가장 컸습니다. 이번 전쟁에서 미국이 세운 공을 감히 영국의 것인 양 떠드는 일이 없도록 주의해야 합니다. 저는 이 미국의 승리가 역사상 가장 위대한 승리로 기록되리라 굳게 믿습니다."[18]

같은 날 오후 심프슨은 몽고메리에게 전화를 걸었다.[19] "지금 막 브래들리 장군과 이야기를 끝냈습니다. 괜찮으시다면 내일 아침 10시 30분 이곳(마스트리흐트)에서 만나시겠답니다."

"그렇게 합시다. 그런데 브래들리 장군은 지금 어디 있소?" 몽고메리가 물었다.

"호지스 장군과 같이 계십니다."

심프슨은 당장 브래들리에게 전화를 걸었다. 브래들리는 몽고메리가 도착하기 전에 심프슨과 이야기를 나누기 위해 일찍 마스트리흐트로 가겠다고 말했다. 방문 목적은 '미래의 그룹 간 계획'을 의논하기 위함이라고 했다. 아르덴의 대반격 작전은 결국 지크프리트선을 돌파해서 프륌과 본으로 진격하기 위함이었다. 하지만 이 방문을 통해 "제1군이나 제3군의 현재 상태로는"[20] 아르덴에서 계속되는 대반격 작전을 감당할 능력이 없다는 몽고메리의 논리를 깨뜨리겠다는 속셈이었다. 브래들리는 몽고메리와 그의 계획에 대한 심프슨의 긍정적인 태도를 완전히 바꿔놓을 수 있었다.

심프슨은 이렇게 썼다. "지금 영국의 선전 전략을 보면, 앞으로 제9군의 어떠한 움직임도 몽고메리 한 사람의 영광으로 돌려질 것이다. 몽고메리는 자기가 모든 영광을 독차지하는 것이 당연하다고 여기며 또한 미군 지휘관들의 이름이 거론되는 것을 용납하지 않는다. 미국이 피땀 흘려 얻은 업적을 마치 영국의 공인 양 BBC를 통해 유럽 전역에 방송하고 있는 몽고메리 원수와 영국 언론의 태도에 대한 씁쓸함과 분노가 끓어올랐다."[21]

브래들리는 마침내 크리스마스 날 이후 몽고메리에게 당했던 굴욕을 갚았다. 연합군이 라인강을 건너면 이제 몽고메리는 소외될 수밖에 없었다.

12월 초 브래들리는 "몽고메리의 병력이 주력 부대의 뒤처리나 하는 그런 별로 중요하지 않은 임무를 맡게 되었다"[22]라고 말했다. 그때는 어떠했든 이제는 현실이 되고 있었다.

제12집단군과 사이가 안 좋은 쪽은 몽고메리만은 아니었다. 연합군 최고 사령부와도 불편한 관계가 계속되었다. 아이젠하워가 제1군을 몽고메리 휘하로 보낸 결정에 대한 앙금이 남은 탓도 있겠지만, 베델 스미스가 브래들리의 사령부와 호지스 장군에 대한 부정적인 평가를 숨기지 않았기 때문이었다. 1월 24일 점심 식사 후 브래들리 주최로 호지스, 패튼 그리고 7명의 다른 장군들과의 회의가 열렸다. 회의 도중에 연합군 최고 사령부의 화이틀리 장군이 전화를 했다. 그는 곧 있을 공격에서 브래들리 휘하의 몇 개 사단을 빼내서 전략 예비대를 구성해 알자스의 데버즈 장군을 지원하겠다고 말했다.(전화한 사람이 베델 스미스였다는 얘기도 있었다. 하지만 그의 전기 작가는 틀림없이 화이틀리 장군이라고 썼다.[23])

그러자 브래들리는 이성을 잃고 고함을 쳤다. "미 육군 병사들과 지휘관들의 명성과 사기가 달려 있는 문제요. 그런데 당신이 그렇게 생각한다면, 난 모르겠소! 제12집단군의 사단이든 군단이든 다 가져가서 멋대로 하시오! 남은 우리는 엉덩이나 붙이고 앉아서 끝날 때까지 구경이나 할 테니까! 내가 화가 안 난 것 같겠지만 지금 화가 머리끝까지 뻗쳐 있다는 걸 꼭 알길 바라오!"[24] 회의실에 있는 장군들이 모두 일어서서 박수를 쳤다. 패튼도 모두가 들을 수 있는 큰 소리로 외쳤다. "지옥이나 가라지. 우리 셋(브래들리, 패튼, 호지스)은 그만둘 거니까. 내가 앞장서겠소!"

1월 20일, 미군이 생비트로 접근하자 독일 포병 장교는 이렇게 썼다. "마을은 폐허가 되었다. 그래도 우린 이 폐허가 된 마을을 사수할 것이다!"[25] 허리까지 쌓인 눈 때문에 공격은 쉽지 않았다. 이튿날 쓴 내용에는 이렇게 적혀 있었다. "포성이 점점 가까워진다. (…) 아무도 모르게 내 개인 물품을 후방으로 보냈다." 1월 23일, 제7기갑사단 B전투부대가 드디어 생비트를 점령했다.

미 제19전술항공 사령부의 전투기 및 전투폭격기들과 영국 제2전술공군의 타이푼 전투기들이 후퇴 중인 독일군 차량을 거듭 맹폭했다. 1월 22일 제19전술항공 사령부는 최소한 1100대의 독일군 차량을 파괴하고 536대에 손상을 입혔다고 주장했다.[26] 이러한 주장은 확인되지 못했지만, 나중에 영국 측의 공식 보고서에서는 "3개 전술공군이 적 장갑차량 413대를 파괴했다고 주장했다. 그러나 지상에서 확인해본 결과 이런 숫자는 10배 이상 부풀려졌다"[27]고 발표했다. 그런 후 보고서는 공군의 실질적인 업적은 독일군의 보급로를 공격해서 전방에 필수 보급품의 전달을 차단한 것이라고 결론 내렸다. 독일군 자료도 이 결론을 뒷받침해주고 있다. 발덴부르크 장군은 이렇게 증언했다. "전방 전투에서 연합군 공군은 그다지 위력을 발휘하지 못했다. 그러나 후방에서의 위력은 무시무시했다."[28]

1월 23일, 미 제7기갑사단이 생비트를 확실히 장악했다. 생존자들이 모두 달아난 시내는 공동묘지처럼 적막했다. 온전한 건물은 뷔셸탑뿐이었다. 1월 29일이 되어서야 지난해 12월 15일 이전의 전선을 회복했다. 1개월하고 2주 만의 일이었다. 핸슨은 일기에 이렇게 썼다. "제3군은 이 전투가, 실질적으로 독일 대공세의 마지막 전투이자 독일 본토를 향한 첫 번째 전투라고 생각한다."[29]

1월 마지막 주 브래들리는 전술 사령부를 룩셈부르크에서 나무르로 옮겼다. 패튼이 전화를 걸어서 작별 인사를 건넸다. 그의 일기에는 이렇게 쓰여 있었다. "사령관님은 좋은 장교이긴 한데 애석하게도 '그것'이 부족하단 말이야!"[30] 브래들리는 나무르궁에서 주지사를 쫓아내고 지휘 본부를 (총독 스타일로) 호화롭게 꾸몄다. 1월 30일, 사령부를 방문한 심프슨은 입이 떡 벌어졌다. "공단 벽지로 벽을 둘렀고, 벨벳 커튼이며, 왕족의 실물 크기 유화들이 가득했다. 반짝이는 대리석 바닥엔 두꺼운 카펫이 깔린 것이 영락없는 궁전이었다. 사무실로 쓰던 방은 침실로 바꾸었다. 커다란 개인 주택의 한층 전체와 맞먹을 넓이였다."[31]

브래들리는 나무르성을 독차지했다. 성은 황량하게 비어 있었다. 독일군 포로들을 투입해 청소를 시켰다. 브래들리의 참모들은 '부역자들의 집을 살샅이 뒤져'[32] 가구를 징발했다. 핸슨조차 '전술 사령부Eagle Tac'가 이제는 '전술 갈취부Eagle Took'로 불린다는 사실을 인정했다. 심프슨에 따르면, 이 성은 바닥뿐 아니라 벽난로도 대리석이었고, 널찍한 정원에서는 뫼즈 계곡이 내려다 보였다. 브래들리는 아이스크림 기계까지 요구했다.

2월 4일 일요일, 몽고메리가 점심 식사 겸 회의에 초대를 받았다. 그는 영연방기가 휘날리는 롤스로이스를 타고 오토바이의 호위를 받으며 도착했다. 핸슨에 따르면 "몽고메리는 습관처럼 느릿느릿하면서도 절도 있게 입장했다."[33] 당연히 미군 장군들로부터 냉대를 받았을 것이다. "천성적으로 그런 일에 둔감한 몽고메리는 농담도 하고 대화 중 몸동작까지 섞어가면서 이야기했다. 식사 도중에도 혼자만 시끄럽게 떠들었다."

브래들리와 아이젠하워는 몽고메리가 마음껏 떠들게 내버려두어 그에 대한 경멸감을 숨기지 않았다. 두 사람은 패튼을 만나러 빗속을 뚫고 바스토뉴로 달려갔다. 뫼즈강을 건너자마자 "시커멓게 탄 독일 전차와 셔먼 전차의 잔해를 지나쳤다. 추락한 C-47 수송기 잔해와 버려진 전쟁 쓰레기도 많이 있었다. 패튼은 바스토뉴에 있는 제8군단 후방 사령부에서 두 사람을 마중하고는 아이젠하워와 브래들리를 조그만 석탄 난로가 있는 방으로 안내했다. 바스토뉴가 포위되어있던 시절 제101공수사단이 있었던 곳이었다."[34] 세 장군은 폭격이 심했던 마을 복판에서 사진을 찍고 다시 북쪽 우팔리즈로 갔다. "독일군의 포격 흔적이 선명한 수많은 셔먼 전차 곁을 지나갔다." 거기서 지휘 본부를 다시 슈파로 옮긴 호지스 장군을 만났다. 몽고메리만 쏙 빼놓고 연합군의 승리를 기념한 순회 방문이었다.

벨기에가 직면한 위기상황에 대처하는 연합군 최고 사령부의 행동은 굼뜨기 짝이 없었다. 식량 부족으로 광부들이 파업을 하면서 추운 겨울에 석탄 공급량이 부족했다. 정부는 치솟는 가격을 통제하려했지만 별 효과 없이 암시장이 날로 커졌다. 시골에서는 물물교환이 일상적이었다. 주로 신선한 달걀과 전투 식량을 교환했다.

아르덴 대공세의 결과로 벨기에서 약 2500명의 민간인이 목숨을 잃었다. 룩셈부르크 대공국에서도 500명에 달하는 비전투 사망자가 발생했다.

사상자의 3분의 1이 연합국의 공습 때문으로 추정되었다. 10월부터 이듬해 3월까지의 겨울 동안 최소한 5000발의 V로켓 폭격으로 죽은 민간인 사상자까지 포함한다면 사망자와 실종자는 8000명 이상 그리고 부상자는 2만 3584명에 달했다.[35]

건물, 교회, 농장, 도로, 철도 등에서 엄청난 손실을 입었다. 상하수도, 통신, 전기선도 마찬가지였다. 8만 8000명이 집을 잃었다. 피란민들은 수레에 몇 개 안 되는 가재도구를 싣고 돌아왔다. 포탄을 맞지 않은 건물도 문이 다 뜯겨 나가고 없었다. 아군과 적군을 가리지 않고 양측 병사들이 문을 뜯어다가 참호 지붕으로 사용했다. 침대보 역시 추위를 막는 용도거나 위장용으로 가져갔다. 방한복이 부족했기 때문이었다. 영국군의 한 민사 장교가 이렇게 썼다. "벨기에 여성의 대부분이 군인 담요로 만든 코트나, 군인 전투복의 주머니를 없애고 검은색이나 갈색으로 염색해서 만든 스키복을 입었다."[36]

벨기에 사람들이 살고 있는 뤽상부르주와 나무르에서 교회 18개가 완전히 없어지고 69개소가 심하게 파손되었다. 포격으로 뼈가 여기저기 흩어진 공원묘지도 많았다. 양쪽에서 심하게 포격을 당한 라로슈에서는 민간인 114명이 사망하고, 639채의 주택 중 겨우 4채만 온전했다.[37] 시내는 온통 파편투성이라서 불도저를 동원해서 치워야 했다. 봄에 돌아온 제비들도 갈피를 잡지 못하고 헤맸다.

농업과 삼림에 의존하던 아르덴의 경제는 치명타를 입었다. 병아리 몇 마리만 남았을 뿐, 5만 여 마리의 가축들은 모두 죽거나 독일군이 징발했다. 나무에 박힌 파편들은 목재의 가치를 떨어뜨렸을 뿐 아니라, 그 후로도 한참 동안 제재소의 골칫거리가 되었다. 전투 도중에 죽은 가축들은 극히 일부만 식용으로 사용할 수 있었다. 나머지는 모두 묻어야 했다. 살아남은 가축들도 시신 썩은 물이나 백린으로 오염된 물을 먹고 폐사하기 일쑤였다. 독일이 북쪽 농촌 지역을 피폐하게 만들면서 룩셈부르크 대공국에도 기근이 닥쳤다.

가장 큰 골칫거리는 양쪽에서 묻은 10만 개가 넘는 지뢰를 어떻게 처리할 것인가였다. 부비트랩, 불발탄, 방치된 폭발물들도 마찬가지였다. 전투가 끝난 후에 바스토뉴 인근에서 죽은 벨기에 민간인이 40여 명에 이르렀다. 지뢰를 밟는 바람에 10명의 영국군이 크게 다치는 사고도 있었다. 지뢰가 촘촘히 매설되어서 구하러 들어갔던 사람들까지 다치는 지뢰밭은 말 그대로 '악마의 정원'이었다.

해빙기가 되자 지뢰를 밟는 일이 없도록 어린이들을 안전한 다른 지역으로 보내야 했다. 폭발물을 가지고 놀다가 다치는 일이 비일비재했다. 특히 불꽃놀이에 사용하려고 포탄을 분해하다가 사고가 빈번했다. 연합군이 그나마 재배치되기 전 짧은 기간에 처리했지만, 주요 작업은 벨기에군이 맡아야 했다. 자원봉사자도 있었지만 나중에는 징집된 지뢰 제거반을 투입해 처리했다. 불발탄이나 지뢰는 그 자리에서 폭발시켰다. 폭발시키기 전에 주민들에게 창문을 열어놓으라고 미리 경고를 했다. 어떤 집들은 너무 낡아서 창문을 열 수 없는 경우도 있었다.

1월 하순 비가 내려 눈이 녹자 눈 속에 있던 시신들이 빠르게 썩어들어갔다. 악취가 진동했다. 전염병을 우려한 미군 당국이 공병과 불도저를 보내서 처리했다. 독일군 시신을 옮기는 일은 언제나 위험했다. 팔이나 다리에 로프를 걸고 저만치 잡아당겨서 아래에 숨겨져 있을 수 있는 수류탄의 폭발에 대비해야 했다. 연합군의 시신은 개인별로 묘지에 안장되었고 주민들이 꽃다발을 가져다놓기도 했다. 독일군의 시신은 전염병으로 죽은 사람들처럼 큰 구덩이에 넣고 한꺼번에 묻어버렸다. 백린탄에 맞아 숯덩이가 된 시신은 국적을 알아낼 수 없었다. 독일군이든 연합군이든 주민들은 이 시신들이 고통 없이 빨리 죽었기를 바랐다.

24

맺음말

대학살이 일어났던 보녜즈-말메디 교차로가 1월 13일 재탈환되었다. 이튿날 아침, 공병대가 지뢰 탐지기를 가지고 친위기갑척탄병들에게 학살당한 시신들에 부비트랩이 설치되었는지 검사했다. 다음에 시신 등록반이 나섰다. 시신들이 적어도 50센티미터나 되는 눈에 묻힌 채 꽁꽁 얼어 있었기 때문에 작업은 몹시 힘들었다.

대부분의 시신이 이마, 관자놀이, 뒤통수 등 여러 곳에 총상이 있었다. 확인사살을 했다는 흔적이었다. 까마귀가 파먹어서 눈알이 없는 시신도 있었다. 눈알이 없는 곳에는 눈이 대신 차 있었다. 여전히 손을 머리 위로 들고 있는 시신도 있었다. 시신들을 녹이기 위해 말메디 역 건물로 옮겼다. 개인 소지품을 수습하기 위해 면도칼과 칼로 주머니를 찢었다.

전쟁 범죄 재판을 위한 증거를 수집했다. 나중에 다하우 미 군사 재판에서 파이퍼 전투단 43명에게는 사형, 22명은 종신형, 8명은 10년에서 20년까지의 징역을 선고했다.[1] 1948년 7월 리에주의 벨기에 법정은 기소된 11명 중 10명에게 10년부터 15년 사이의 강제 노동형을 선고했다. 뉘른베르크 재판 이후, 냉전시대 초기에 다하우에서 사형 선고를 받은 자들은 모두 감형되어서 1950년대에 석방되었다. 11년 반을 복역한 파이퍼는 가장 마지막에 풀려났다. 이후 프랑스 오트손주 트라브에서 조용히 묻혀 살았다. 1976년 7월 13일, 전 프랑스 레지스탕스 대원들이 트라브에서 그를 처단했다. 파이퍼는 자기를 죽이러 온다는 사실을 짐작했다. 처단되기 직전 자기 동료들이 발할라(북유럽 신화에서, 전사자들이 머무는 궁전—옮긴이)에서 자신을 기다리고 있다고 말했다고 했다.

아르덴 전투는 서부 전선에서 벌어진 어떤 전투보다 더 야만스런 수준으로 전락했던 전투였다. 전쟁 포로 살해는 과거 자국의 군대가 저지른 일을 기록할 때 몇몇 일을 눈감아준 군사 역사학자들조차 차마 눈감아줄 수 없는 일이었다. 파이퍼 전투단이 보네즈-말메디에서 벌인 냉혹한 포로 살육은 말할 것도 없이 치가 떨리는 악행이었고 민간인들에 대한 무차별 학살은 한층 심한 악행이었다. 미군의 보복이 놀랄 일은 아니겠지만, 브래들리는 물론 부하 장성들까지 보복 차원의 포로 살해를 묵인한 행태는 충격적이었다. 훈련도 제대로 받지 못한 채 형편없이 패주했던 미 제11기갑사단이 60여 명의 포로에게 화풀이를 한 슈노뉴 학살에 대해서는 자세한 자료가 남아 있지 않다. 이들의 복수는 보네즈-말메디에서 무장친위대가 자행했던 냉혹한 처형과는 다르다고 할 수 있겠지만 그래도 그 장교들에겐 수치스러운 일이다.

미군들이 벨기에나 룩셈부르크 민간인들을 살해하는 경우도 없지는 않았다. 실수로 그랬거나 아니면 나치 정권을 지지하는 독일어 사용 주민들이 살고 있는 지역에서, 독일군의 첩자로 의심해서 살해했다. 그러나 대부분의 미군은 전투에 휘말린 민간인들에게 동정심을 가지고 대했다. 특히 미군 의료진들은 민간인 부상자들을 치료하는 데 모든 노력을 아끼지 않았다. 반면 무장친위대나 독일 국방군은 자신들이 싸움에 진 화풀이를 무고한 시민들에게 풀었다. 최악의 일은 9월 지크프리트선으로 후퇴하는 독일군을 공격했던 벨기에 레지스탕스에 대한 보복에 집착했던 자들이었다. 노비유와 방드에서 있었던 민간인 학살, 특히 제8특수작전특공대에 의해 자행된 사건을 잊어서는 안 된다.

역사학자들은 20세기 전쟁의 끔찍한 아이러니를 가끔 간과한다. 제1차 세계대전 이후, 서방 민주주의 국가의 군사령관들은 병사들의 희생을 줄여야 한다는 압박을 많이 받고 있었기 때문에 포격이나 폭격에 많이 의존하려는 경향이 있었다. 이로 인해 궁극적으로는 더 많은 민간인들이 희생되는 결과가 초래되었다. 특히 백린탄은 무차별적인 살상을 가져오는 끔찍한 무기다.

볼프샨체에서 슈타우펜베르크가 히틀러 암살을 시도한 지 정확히 1년 뒤인 1945년 7월 20일, 카이텔 원수와 요들 상급대장이 아르덴 대공세와 관련해서 조사를 받았다. 답변 과정을 보면, 카이텔은 허황된 면이 많았던 반면, 요들은 냉정하고 계산적이면서 숙명론적이었다. 두 사람 모두 이제 전쟁범죄로 재판을 받아야 한다는 사실을 잘 알고 있었다.

두 사람은 합동 진술에서 이렇게 말했다. "우리의 예비 병력을 서부 전선이 아닌 동부 전선에 투입했더라면 좋았을 뻔했다는 견해도 있지만, 이것은 후세 역사의 판단에 맡기겠다."[2] "아르덴 대공세로 전쟁을 연장하는 결과가 발생했다고 하더라도, 이것이 전쟁범죄인지는 연합군 법정이 판단하라. 어떻게 판단하든 우리 생각은 변함이 없다." 하지만 두 사람 모두 "제5, 제6기갑군을 아르덴 대공세에 투입한 결정이, 결국 1월 12일 비스와강 교두보에서 소련군의 동계 대공세를 초래했다"는 사실을 인정했다. 러시아 역사학자들은 인정하고 싶지 않겠지만, 비스와강에서 오데르강을 향한 소련군의 진격이 성공적이었던 비결은 히틀러가 아르덴 대공세를 결정했기 때문이라는 점은 분명했다.

아르덴 방어를 약하게 방치해둔, 이른바 브래들리의 '계산된 위험'이 독일군의 돌파에 얼마나 도움을 주었는지는 알 수 없다. 어쨌든 브래들리가 그렇게 방치했다는 사실은 독일군이 전략적인 공격을 할 여력이 없다고 연합군에서 잘못 생각했음을 보여주는 증거였다. 독일군 역시 상황을 크게 오판했다. 히틀러와 국방군 총사령부, 대부분의 야전 사령관들은 모두 미군이 뫼즈강으로 후퇴해서 거기서 방어전을 벌일 것으로 기대했다.[3] 독일군은 미군이 북쪽과 남쪽 능선에서 그렇게 강하게 버티리라고는 예상하지 못했다. 미군의 저항은 악천후에 좁은 도로망에서 벌어진 독일군의 병력 이동이나 보급품 수송을 엉망으로 만들었다. 또한 앞서 언급했듯, 히틀러는 아이젠하워가 동맹국과 의논하느라 신속하게 대응하지 못할 것으로 예상했다.

"연합군의 대응 속도는 우리 예상을 훨씬 뛰어넘었습니다."[4] 요들 장군이 나중에 인정했다. "무엇보다도 우리 이동 속도가 당초 계획보다 상당히 지체되었다는 점이 문제였습니다." 브래들리는 크리스마스이브에 우쭐해서 이렇게 자랑했다. "이 세상 어느 군대도 우리만큼 재빨리 이동할 수는 없을 것이다."[5] 공세 둘째 날, 불과 24시간 만에 제1군은 6만 명을 아르덴으로 이동 배치시켰다. 비웃음을 사고 있었던 병참지대 사령관 리 장군도 기적을 일궈냈다. 독일군의 손에 넘어갈 뻔했던 군수품의 85퍼센트를 후방으로 옮기는 데 성공했다. 12월 17일부터 26일까지 5만 대의 트럭과 24만 8000명의 병참대원들이 280만 갤런의 휘발유를 후송하여 독일 전차들이 사용하지 못하도록 했다.

히틀러는 끝까지 현실을 인정하지 않으려 했지만, 독일 장군들은 아르덴 대공세 개시 1주일 만에 이미 실패했다고 깨달았다. 기습은 일단 성공했지만, 정작 중요한 미군의 전의 상실에는 성공하지 못했기 때문이었다. 오히려 독일군의 사기가 떨어지기 시작했다. 폰 게르스도르프 장군은 이렇게 썼다. "장교들이나 사병들이 총사령부에 대한 불신을 노골적으로 드러냈다. 조국의 안녕과 전방의 급박한 위험을 알기 때문에 적군과 싸울 용기를 냈을 뿐이었다."[6]

기갑교도사단장 바이에를라인은 뫼즈강까지의 진격이 어렵다는 사실이 분명해 진 뒤에도 히틀러가 계속 집착하는 모습에 절망했다. "부대들이 그 자리에 멈춘 채 점령한 지역을 지키는 것은 더 많은 병력과 물자의 손실을 초래한다는 점에서 이번 작전의 취지에 전혀 맞지 않았다."[7] 최대의 실수 중의 하나는 가장 격렬한 저항에 부딪친 제6기갑군을 주력으로 삼았다는 점이다. 뫼즈강에 도달하려면 만토이펠의 제5기갑군에게 그 역할을 맡겼어야 했다. 하지만, 연합군과의 병력 차이를 고려하면 어차피 안트베르펜까지 진격한다는 것은 기대할 수 없었다. 바이에를라인은 아르덴 대공세를 "히틀러와 국방군의 최후의 몸부림"이었다고 말했다. 했다

아르덴 전투는 미군에게는 승리의 영광을 안겨주었지만, 영국에게는 정치적 타격을 주었다. 몽고메리의 기자회견이나 런던 언론들의 몽고메리 띄우기는 미국 내에서 특히 유럽에 주둔하고 있던 미군 장성들 사이에서 영국에 대한 경계심만 한층 부채질했다. 그러한 야단법석은 알렉산더 원수가 테더 공군 사령관의 후임이 되어 연합군 부사령관이 되기를 바랐던 처칠의 희망을 좌절시켰다. 그렇게 되면 영국이 "지상 작전의 통제권을 갖게 되는 것"[8]이었기에 마셜은 단호히 반대했다. 처칠도 깨달았겠지만[9] 사태는 점점 악화되었다. 라인강을 건너 독일로 진격하는 동안 몽고메리는 곁다리로 밀려났다. 영국의 의견은 대부분 묵살되었다. 연합군 위원회에서의 영향력 또한 거의 사라졌다. 11년 뒤에 있을 수에즈 위기에서 영국의 배신에 대한 아이젠하워의 분노는 상당 부분 1945년 1월 그가 겪었던 일에서 비롯되었다고도 할 수 있었다.(그 원한은 그가 죽을 때까지도 잊지 않았다. 전쟁이 끝나고 그리고 수에즈 위기가 끝나고 몇 년이 지나서, 코닐리어스 라이언(아일랜드 저널리스트이자 소설가―옮긴이)이 몽고메리에 대해서 질문을 던졌을 때도, 아이젠하워는 분통을 터뜨렸다. "그 사람은 정신병자입니다. 그걸 잊어서는 안 됩니다. 아주 이기적이죠. 평생 자신이 절대로 실수를 하지 않는다고 자신만만해 하는 사람이었습니다. 몽고메리는 미국 특히, 저 아이젠하워가 이 전쟁과 아무런 상관도 없다고 주장하고 다닙니다. 저는 그 사람과 말도 섞지 않습니다.")[10]

1944년 12월 16일부터 1945년 1월 29일까지 연합군과 독일군의 사상자는 거의 비슷했다.[11] 독일군은 실종자를 포함해서 8만 명 정도의 사상자를 기록했다. 미군은 전사자 8407명을 포함해서 7만5482명의 사상자를, 영국군은 200명의 전사자를 포함하여 1408명의 사상자를 기록했다. 운이 나빴던 제106보병사단이 8568명의 가장 많은 병사를 잃었다. 상당수가 포로로 잡힌 숫자였다. 제101공수사단은 작전 중에 535명이 전사하여 전사자 비율이 가장 높았다.

아르덴 전방에서는 순전히 흑인 병사들로만 편성된 부대들이 처음으로 대거 전투에 참가했다. 제17공수사단이 증명해주듯이, 미군 고급 장교들의 우려와 선입견에도 불구하고 이들은 용감하게 싸웠다. 제8군단에서 적어도 9개 야전포병대가 흑인 부대였으며, 제106보병사단을 지원한 군단포병 7개 중에서 4개가 흑인 부대였다. 그중에 2개 부대가 바스토뉴로 이동해서 현지 방어전에서 크게 기여했다. 제969야전포병대는 제2차 세계대전에서 처음으로 흑인 부대에게 주는 표창장을 받았다. 또한 3개의 대전차대대가 있었으며 흑인으로만 구성된 제761전차대대는 아르덴 전투에 참가했다. 제761전차대대 B중대장 존 롱 대위는 "신이나 조국을 위해 싸운 것이 아니다. 나 자신과 흑인들을 위해서 싸웠다"[12]라는 유명한 말을 남겼다.

아르덴 대공세에서 가장 칭송받지 못한 미군 희생자들은 독일군의 포로가 되어 종전을 앞둔 몇 개월을 끔찍한 독일 포로수용소에서 보낸 병사들일 것이다. 독일에서의 여정은 멀고도 추운 길을 걸어야 했고, 화물차에 빼곡하게 실려서 한도 끝도 없이 가다가 연합군의 폭격이나 기총소사 세례를 받기도 했다. 또한 이질로 쇠약해져 고통을 당하기도 했다.

미 제106보병사단의 존 클라인 병장이 그의 고난을 일기로 적어 두었다. 12월 20일, 그와 그의 동료들은 먹을 것도 마실 것도 없이 하루 종일 걸어야 했다. 눈으로 허기를 달래면서 버텼다. 작은 마을에 들렀을 때 "독일군이 우리의 덧신을 벗겨서 민간인들에게 줘버렸다."[13] 포로들은 원래 자신들이 크리스마스에 먹었어야 할 음식을 독일군이 노획한 지프차에 앉아 먹는 모습을 지켜보았다. 12월 25일, 독일 민간인들이 포로 행렬에 돌을 던졌다. 그는 "크리스마스는 우리 마음속에만 있는가 보다"라고 썼다. 이틀 후, 오후에 코블렌츠에 도착해서야 겨우 수프와 빵을 먹을 수 있었다. 500명씩 무리를 지어 행진하고 있을 때, 신사복을 입은 사내가 느닷없이 뛰어들더니 서류가방으로 머리를 때렸다. 독일군 호송병의 말로는 얼마 전의 폭격으로 화가 단단히 난 모양이라고 했다.

전쟁이 막바지에 이르던 1945년 4월 오스트레일리아 종군 기자 고드프리 블런던이 우연히 굶주린 미군 포로들을 만났다. 제106보병사단 출신이었을 것이다. 블런던은 포로들의 몰골을 "실로폰을 연상시키는 갈비뼈"[14], 움푹 파인 뺨, 가느다란 목과 "흔들거리는 팔"이라고 묘사했다. 포로들은 앵글로색슨

족을 만나서 반가워하면서도 "약간은 신경질적"이었다고 했다. "오늘 아침 만난 미군 포로들은 지금껏 내가 만난 가장 불쌍한 사람들이었다. 이들은 지난 12월 유럽에 도착하자마자 최전방으로 배치되어 그달 아르덴에서 독일군의 맹공을 받고 포로가 된 이후 끊임없이 이동했으며, 동료 중에는 단순히 사탕무를 줍기 위해 대열을 이탈했다는 이유만으로 독일군 호송병에게 몽둥이로 맞아 죽은 병사가 있었다는 이야기도 해주었다. 이들은 좋은 동네의 좋은 집에서 살다가, 유럽에 대해서는 아무것도 모른 채 징집당한 어린 소년들이었다. 오스트레일리아 사람처럼 거칠지도 않고, 프랑스인처럼 약아빠지지도 못하고, 영국인처럼 고집불통도 아닌 소년들이라서 더욱 불쌍하게 여겨졌다. 이 청년들은 정말 아무것도 몰랐다." 하지만 최소한 이들은 살아있기는 했다. 살아보겠다는 의지를 잃고 수용소에서 스러져 간 사람들은 또 얼마나 많은가! 커트 보니것의 소설 주인공 빌리 필그림처럼 이 세상의 모든 것에 의욕을 잃고 먹지도 않고 "5000마일 밖을 보는 것처럼 공허한 눈빛"[15]으로 서서히 스스로 굶어 죽어갔다.

히틀러의 아르덴 대공세는 동부 전선의 잔인한 전투 행태를 서부 전선으로 전달하는 결과를 초래했다. 그러나 1937년 일본의 중국침략이나 1941년 나치 독일의 소련 침략을 보더라도 전면전의 충격이 처음 예상처럼 국가 전체의 공포나 붕괴를 가져오지 않는다는 사실을 알 수 있었다. 오히려 포위된 상태에서 굴복하지 않고 결사적으로 덤비는 처절한 저항을 초래하기 일쑤였다. 독일군이 제아무리 고함을 지르고 호각을 불면서 공격을 해도, 고립된 중대가 압도적인 병력의 열세 속에서도 끝까지 중요한 마을들을 지켜냈다. 이러한 희생이 증원군을 준비할 시간적 여유를 벌어주었다. 나아가서는 히틀러의 야욕을 무너뜨리는 디딤돌이 되었다. 독일 수뇌부가 아르덴 대공세에서 저지른 가장 큰 실수는 연합군 병사들을 너무 얕잡아 본 것이 아닐까 싶다.

사진 목록

사진을 제공해주신 분들

사진은 대부분 The National Archive에서 제공받았다. 1, 13, 16, AKG Images; 5, Documentation Francaise; 11, Tank Museum; 12, Bundesarchiv, Koblenz; 6-7, 18, 20, 25-6, 30-32, 34, 36, 38-9, 41, 46-7, US Army (part of National Archives); 8, 23, 26, 40, Imperial War Museum, London; 10, Heinz Seidler, Bonn Bad Godersberg, reproduced from W. Goolrick and O. Tanner, The Battle of the Bulge.

지도 목록

단위 부대 부호

연합군		독일군	
12AG	제12집단군	B	B집단군
1	미 제1군	5 Pz	제5기갑군
VII	미 제7군단	26VG	제26국민척탄병사단
XXX BR	영국 제30군단	LEHR	기갑교도사단
101	제101공수사단	3FSJ	제3강하엽병사단
B 10	제10기갑사단 예하 B전투부대	115 15Pzg	제15기갑척탄병사단 제115기갑척탄병연대
335 84	제84사단 제335보병연대	Rcn 26VG	제26국민척탄병사단 정찰대대

용어 해설

병참지대
보급품이나 보충병을 담당하던 곳. 리 장군이 책임자로 있었다.

방첩대
영국의 야전 보안대와 같은 성격의 미군 부대

합동심문센터CSDIC
영국의 트렌트 파크 같은 포로수용소 등을 운영하며 독일계 유대인들의 도움으로 독일 포로들의 대화를 비밀리에 녹음하기도 했다.

도그페이스
보병을 이르는 미군 속어

도보이
미군 병사를 의미하는 말. 제1차 세계대전 이후 쓰이기 시작했다.

G-2
고급 정보 참모나 정보 참모

G-3
고급 작전 참모나 작전 참모

야보
독일어 야크트봄버(전투폭격기)의 줄임말

퀴벨바겐

연합군의 지프 차량에 해당하는 독일군 차량. 폭스바겐사에서 만들었으며 약간 크고 무겁다.

미트 초퍼(고기 다지는 기계)

50구경 기관총 4정을 장착한 반₩무한궤도 대공포 차량을 종종 적군 보병을 향해 사용했다. 미군 병사들이 이 대공포 차량을 가리켜 부른 속어다.

뫼즈강

독일과 네덜란드, 플라망어를 사용하는 지역에서 마스라고 부르는 강을 프랑스와 영국에서는 뫼즈강이라고 부른다.

비전투 사상자

질병, 참호족, 동상, 신경쇠약, 전투피로 환자 등을 포함한다.

근접전파신관

아르덴에서 처음 사용되었다. 적군 머리 위에서 폭발하여 엄청난 피해를 입혔다.

피엑스

담배를 포함한 여러 가지 물건을 파는 미군 병사들을 위한 매점.

루르강Roer river

독일어로 루르강Rur river. 이 책에서는 혼동을 주지 않기 위해서 독일 영토 내에 있는 강도 영국식으로 표기했다.

나치 돌격대SA

독일 나치의 '갈색 셔츠' 돌격대

슐로스

독일의 성, 또는 큰 저택

스크리밍 미미

발사음이 특이한 독일 6연발 로켓포인 네벨베르퍼를 이르는 미군의 속어.

연합군 최고 사령부SHAEF

프랑스 베르사유에 있던 아이젠하워의 지휘 본부. 이곳에서 서부 전선에 있는 3개 집단군을 지휘했다.

참호족

미 육군 의사들은 '침족병immersion foot'이라고 하지만, 제1차 세계대전 후 병사들은 '참호족trench foot'으로 부른다. 발이 젖은 채로 마른 양말로 갈아 신지 못하고, 제대로 움직이지 않아 살이 썩어들어가는 병이다.

울트라

영국 블레츨리 파크에서 독일군 암호 통신 내용을 감청해 해독하는 시스템과 그 작전명.

국민척탄병사단

1944년 가을 병력 부족을 메우기 위해 급조한 사단으로 인원(1만 명)과 편제는 1939년형 독일 보병사단(1만7000명)의 약 절반이며 돌격소총과 휴대용 대전차 로켓포 등으로 근거리 화력을 강화한 부대

작전 참모부

요들 상급대장이 지휘하던 독일 국방군 작전 참모부

베스트발

독일군 서부 방어선. 연합군은 지크프리트선이라고 불렀다.

계급 일람표

미군	영국군	독일 국방군	독일 무장친위대(직역)
이병Private	이병Private/Trooper	이병Schütze/Kanonier/Jager	SS이병Schütze(병)
일병Private First Class		일병Oberschütze	SS일병Oberschütze(상급병)
	일병Lance-Corporal (*영국군은 이 계급부터 부사관으로 대우한다.) 하사대우병장	상병Gefreiter	SS상병Sturmmann (돌격병)
상병Corporal	상병Corporal 하사	병장Obergefreiter	SS병장Rottenführer (분대지도자)
병장Sergeant	병장Sergeant 중사	상사Feldwebel/Wachtmeister	SS상사Oberscharführer (상급반지도자)
하사Staff Sergeant	하사Staff/Colour Sergeant 상사	원사/상급상사Oberfeldwebel	SS원사/SS상급상사 Hauptscharführer (본부반지도자)
중사Technical Sergeant	중사Regtl Quartermaster Sgt 원사		
상사Master Sergeant	상사Coy/Sqn Sergeant Major Regimental Sergeant Major 선임원사	본부원사/원사Stabsfeldwebel	SS본부원사/SS원사 Sturmscharführer (돌격반지도자)
소위2nd Lieutenant	소위2nd Lieutenant	소위Leutnant	SS소위Untersturmführer (하급돌격지도자)
중위Lieutenant	중위Lieutenant	중위Oberleutnant	SS중위Obersturmführer (상급돌격지도자)
대위Captain	대위Captain	대위Hauptmann/Rittmeister	SS대위Hauptsturmführer (최상급돌격지도자)
소령Major	소령Major	소령Major	SS소령Sturmbannführer (돌격대지도자)
중령Lieutenant Colonel	중령Lieutenant Colonel	중령Oberstleutnant	SS중령Obersturmbannführer (상급돌격대지도자)
대령Colonel	대령Colonel	대령Oberst	SS대령Standartenführer (연대지도자)
준장Brigadier General	준장Brigadier	소장*Generalmajor	SS준장Oberführer(상급지도자)
			SS소장Brigadeführer (여단지도자)
소장Major General	소장Major General	중장 ** Generalleutnant	SS중장Gruppenführer (집단지도자)

		보병대장/포병대장/기갑대장 *** General der Infanterie/Artillerie/ Panzertruppe	SS대장Obergruppenführer/ General-der Waffen-SS (상급집단지도자)
중장Lieutenant General	중장Lieutenant General	상급대장 ****Generaloberst	SS상급대장Obergruppenführer (최상급집단지도자)
대장General	대장General		
원수General of the Army	원수Field Marshal	원수 *****Generalfeldmarschall	

* 번역에서 독일 국방군과 무장친위대의 부사관 계급은 전문 군사번역가 김홍래의 구분을 따랐다. 단, '원사와 본부원사'의 경우 '상급상사와 원사'로 써야 한다는 주장도 많다.

** 영국군의 경우 계급체계가 다르다. 일병부터 부사관으로 대우하고, 하는 일도 다른 군의 병장 또는 부사관과 같다.

나라마다 편차가 있으므로 이 표는 같은 계급에 대한 대략적인 비교일 뿐이다. 간단하게 만들기 위해 일부 계급을 생략했다. 아래 표는 미군과 영국군에서 각급 부대의 지휘관의 계급을 보여준다.

계급	영국군/캐나다군	미군	대략적인 편제 인원(명)
상병	분대Section	분대Squad	8
소위/중위	소대Platoon	소대Platoon	30
대위/소령	중대Company	중대Company	120
중령	대대 혹은 기갑연대 Battalion or Armoured Regiment	대대Battalion	700
대령		연대Regiment	2,400
준장	여단Brigade	전투부대Combat command	2,400
소장	사단Division	사단Division	10,000
중장	군단Corps	군단Corps	30,000-40,000
대장	군Army	군Army	70,000-150,000
원수	집단군Army Group	집단군Army Group	200,000-350,000

* 미 육군에서는 소장이 군단을 지휘하기도 했고, 중장이 집단군을 이끌기도 했다. 이 당시 미 육군에서 오성 장군은 아이젠하워가 유일했다. 사족을 덧붙이자면 미국인들은 영국군의 계급 인플레이션이 심각하다고 생각했다.

아르덴 전투에서의 전투 서열

연합군

제12집단군
오마 N. 브래들리 중장

미 제1군
코트니 H. 호지스 중장

제5군단
레너드 T. 게로 소장
제102기병대, 제38, 제102기병정찰대대(예속)
제613대전차대대
제186, 제196, 제200, 제955야전포병대대
제187야전포병단(제751, 제997야전포병대대)
제190야전포병단(제62, 제190, 제272, 제268야전포병대대)
제406야전포병단(제76, 제941, 제953, 제987야전포병대대)
제1111전투공병단(제51, 제202, 제291, 제296전투공병대대)
제1121전투공병단(제146, 제254전투공병대대)
제1195전투공병단
제134, 제387, 제445, 제460, 제461, 제531, 제602, 제639, 제863대공포대대

제1보병사단 '빅 레드 원'
클리프트 앤드러스 준장
제16, 제18, 제26보병연대
제5, 제7, 제32, 제33야전포병대대

제745전차대대, 제634, 제703대전차대대
제1전투공병대대, 제103대공포대대

제2보병사단 '인디언헤드'
월터 M. 로버트슨 소장

제9, 제23, 제38보병연대
제12, 제15, 제37, 제38야전포병대대
제741전차대대, 제612, 제644대전차대대
제2전투공병대대, 제462대공포대대

제9보병사단 '올드 릴라이어블스'
루이스 A. 크레이그 소장

제39, 제47, 제60보병연대
제26, 제34, 제60, 제84야전포병대대
제15전투공병대대, 제38기병정찰대대
제746전차대대, 제376, 제413대공포대대

제78보병사단 '라이트닝'
에드윈 P. 파커 주니어 소장

제309, 제310, 제311보병연대
제307, 제308, 제309, 제903야전포병대대
제709전차대대, 제628, 제893대전차대대
제303전투공병대대, 제552대공포대대
제5기갑사단(예속) R전투부대, 제2레인저대대(예속)

제99보병사단 '체커보드'
월터 E. 라워 소장

제393, 제394, 제395보병연대
제370, 제371, 제372, 제924야전포병대대
제324전투공병대대, 제801대전차대대
제535대공포대대

제7군단
조지프 로턴 콜린스 소장

제4기병대(기계화), 제29보병연대, 제740전차대대

제509낙하산보병대대, 제298전투공병대대

제18야전포병단(제188, 제666, 제981야전포병대대)

제142야전포병단(제195, 제266야전포병대대)

제188야전포병단(제172, 제951, 제980야전포병대대)

제18, 제83 제87, 제183, 제193, 제957, 제991야전포병대대

프랑스 경보병대대 2개

제2기갑사단 '헬 온 휠'
어니스트 N. 하먼 소장

A전투부대, B전투부대, R전투부대, 제41기계화보병연대, 제66, 제67기갑연대

제14, 제78, 제92기계화야전포병대대

제17기계화공병대대, 제82기계화정찰대대

제702대전차대대, 제195대공포대대

제738전차대대(특수 지뢰 제거) 예하 부대

제3기갑사단 '스피어헤드'
모리스 로즈 소장

A전투부대, B전투부대, R전투부대, 제36기갑보병연대, 제32, 제33기갑연대

제54, 제67, 제391기계화야전포병대대

제23기계화공병대대, 제83정찰대대

제643, 703대전차대대, 제486대공포대대

제83보병사단 '오하이오'
로버트 C. 메이컨 소장

제329, 제330, 제331보병연대

제322, 제323, 제324, 제908야전포병대대

제308전투공병대대, 제453대공포대대

제774전차대대, 제772대전차대대

제84보병사단 '레일스플리터스'
알렉산더 R. 볼링 준장

제333, 제334, 제335보병연대

제325, 제326, 제327, 제909야전포병대대

제309전투공병대대

제701전차대대(12월 20일 제771전차대대로 교체)
제638대전차대대, 제557대공포대대

제18공수군단
매슈 B. 리지웨이 소장
제14기병대(기계화)
제254, 제275, 제400, 제460야전포대대
제79야전포병단(제153, 제551, 제552야전포대대)
제179야전포병단(제259, 제965야전포대대)
제211야전포병단(제240, 제264야전포대대)
제401야전포병단(제187, 제809야전포대대)

제7기갑사단 '럭키 세븐스'
로버트 W. 해즈브룩 준장
A전투부대, B전투부대, R전투부대, 제23, 제38, 제48기계화보병대대
제17, 제31, 제40전차대대, 제87정찰대대
제434, 제440, 제489기계화야전포대대
제33기계화공병대대, 제814대전차대대
제203대공포대대
제820대전차대대(12월 25일-30일)

제30보병사단 '올드 히커리'
릴런드 S. 홉스 소장
제117, 제119, 제120보병연대
제113, 제118, 제197, 제230야전포대대
제517낙하산보병연대 예속, 제105전투공병대대
제743전차대대, 제823대전차대대
제110, 제431, 제448대공포대대

제75보병사단
페이 B. 프리킷 소장
제289, 제290, 제291보병연대
제730, 제897, 제898, 제899야전포대대
제275전투공병대대, 제440대공포대대
제750전차대대, 제629, 제772대전차대대

제82공수사단 '올 아메리칸'

제임스 M. 개빈 소장

제504, 제505, 제507, 제508낙하산보병연대

제325글라이더보병연대, 제307공수공병대대

제319, 제320글라이더야전포병대대

제376, 제456낙하산야전포병대대, 제80대공포대대

제551낙하산보병대대, 제628대전차대대(1월 2일-11일)

제740전차대대(12월 30일-1월 11일)

제643대전차대대(1월 4일-5일)

제106보병사단 '골든 라이온스'

앨런 W. 존스 소장

제422, 제423, 제424보병연대

제589, 제590, 제591, 제592야전포병대대

제81전투공병대대, 제820대전차대대

제634대공포대대(12월 8일-18일)

제440대공포대대(12월 8일-1월 4일)

제563대공포대대(12월 9일-18일)

제101공수사단 '스크리밍 이글스'

앤서니 C. 매콜리프(소장 맥스웰 D. 테일러) 준장

제501, 제502, 제506낙하산보병연대

제327글라이더보병연대, 제401글라이더보병연대 제1대대

제321, 제907글라이더야전포병대대

제377, 제463낙하산야전포병대대

제326공수공병대대, 제705대전차대대

제81공수대공포대대

미 제3군

조지 S. 패튼 주니어 중장

제109, 제115, 제217, 제777대공포대대

제456, 제465, 제550, 제565대공포대대

제280전투공병대대(이후 제9군으로 예속)

제3군단
존 밀리킨 소장

제6기병대(기계화), 제179, 제274, 제776, 제777야전포병대대

제193야전포병단(제177, 제253, 제696, 제776, 제949야전포병대대)

제203야전포병단(제278, 제742, 제762야전포병대대)

제1137전투공병단(제145, 제188, 제249전투공병대대)

제183, 제243전투공병대대, 제467, 제468대공포대대

제4기갑사단
휴 J. 개피 소장

A전투부대, B전투부대, R전투부대, 제8, 제35, 제37전차대대

제10, 제51, 제53기계화보병대대

제22, 제66, 제94기계화야전포병대대

제24기계화공병대대, 제25기병정찰대대

제489대공포대대, 제704대전차대대

제6기갑사단 '슈퍼 식스스'
로버트 W. 그로 소장

A전투부대, B전투부대, R전투부대, 제15, 제68, 제69전차대대

제9, 제44, 제50기계화보병대대

제128, 제212, 제231기계화야전포병대대

제25기계화공병대대, 제86기병정찰대대

제691대전차대대, 제777대공포대대

제26보병사단 '양키'
윌러드 S. 폴 소장

제101, 제104, 제328보병연대

제101, 제102, 제180, 263야전포병대대

제101전투공병대대, 제735전차대대

제818대전차대대, 제390대공포대대

제35보병사단 '샌타페이'
폴 W. 바데 소장

제134, 제137, 제320보병연대

제127, 제161, 제216, 제219야전포병대대

제60전투공병대대, 제654대전차대대
제448대공포대대

제90보병사단 '터프 옴버스'
제임스 A. 밴 플리트 소장
제357, 제358, 제359보병연대
제343, 제344, 제345, 제915야전포병대대
제315전투공병대대, 제773대전차대대
제774대전차대대(12월 21일-1월 6일)
제537대공포대대

제8군단
트로이 H. 미들턴 소장
제174야전포병단(제965, 제969, 제700야전포병대대)
제333야전포병단(제333, 제771야전포병대대)
제402야전포병단(제559, 제561, 제740야전포병대대)
제422야전포병단(제81, 제174야전포병대대)
제687야전포병대대, 제178, 제249전투공병대대
제1102공병단(제341공병일반지원연대)
제1107전투공병단(제159, 제168전투공병대대)
제1128전투공병단(제35, 제44, 제202전투공병대대)
프랑스 경보병(메스 지역의 6개 경보병대대)
제467, 제635, 제778대공포대대

제9기갑사단 '팬텀'
존 W. 레너드 소장
A전투부대, B전투부대, R전투부대, 제27, 제52, 제60기계화보병대대
제2, 제14, 제19전차대대, 제3, 제16, 제73기계화야전포병대대
제9기계화공병대대, 제89기병대대
제811대전차대대, 제482대공포대대

제11기갑사단 '선더볼트'
찰스 S. 킬번 준장
A전투부대, B전투부대, R전투부대, 제21, 제55, 제63기계화보병대대
제22, 제41, 제42전차대대

제490, 제491, 제492기계화야전포병대대
제56기계화공병대대, 제602대전차대대
제41기병대대, 제575대공포대대

제17공수사단 '골든 탤런'
윌리엄 M. 마일리 소장
제507, 제513낙하산보병연대, 제193, 제194글라이더보병연대
제680, 제681글라이더야전포병대대, 제466낙하산야전포병대대
제139공수공병대대, 제155공수대공포대대

제28보병사단 '키스톤'
노먼 D. 코타 소장
제109, 제110, 제112보병연대
제107, 제108, 제109, 제229야전포병대대
제103전투공병대대, 제447대공포대대
제707전차대대, 제602, 제630대전차대대

제87보병사단 '골든 에이콘'
프랭크 L. 컬린 주니어 준장
제345, 제346, 제347보병연대
제334, 제335, 제336, 제912야전포병대대, 제312전투공병대대
제761전차대대, 제549대공포대대
제610대전차대대(12월 14일-22일)
제691대전차대대(12월 22일-24일, 1월 8일-26일)
제704대전차대대(12월 17일-19일)

제7군단
맨턴 S. 에디 소장
제2기병대(기계화)
제161, 제244, 제277, 제334, 제336, 제736야전포병대대
제177야전포병단(제215, 제255, 제775야전포병대대)
제182야전포병단(제802, 제945, 제974야전포병대대)
제183야전포병단(제695, 제776야전포병대대)
제404야전포병단(제273, 제512, 제752야전포병대대)

제4보병사단 '아이비'

레이먼드 O. 바턴 소장

제8, 제12, 제22보병연대, 제20, 제29, 제42, 제44야전포병대대

제4전투공병대대, 제70전차대대

제802, 제803대전차대대, 제377대공포대대

제5보병사단 '레드 다이아몬드'

스태퍼드 L. 어윈 소장

제2, 제10, 제11보병연대, 제19, 제21, 제46, 제50야전포병대대

제7전투공병대대, 제737전차대대, 제449대공포대대

제654대전차대대(12월 22일-25일), 제803대전차대대(12월 25일부터)

제807대전차대대(12월 17일-21일), 제818대전차대대(7월 13일-12월 20일)

제10기갑사단 '타이거'

윌리엄 H. H. 모리스 주니어 소장

A전투부대, B전투부대, R전투부대, 제20, 제54, 제61기갑보병대대

제3, 제11, 제21전차대대, 제609대전차대대

제419, 제420, 제423기계화야전포병대대

제55기계화공병대대, 제90기병정찰대대

제796대공포대대

제80보병사단 '블루리지'

호러스 L. 맥브라이드 소장

제317, 제318, 제319보병연대

제313, 제314, 제315, 제905야전포병대대, 제702전차대대

제305전투공병대대, 제633대공s포대대

제610대전차대대(11월 23일-12월 6일, 12월 21일-1월 28일)

제808대전차대대(9월 25일-12월 21일)

제30군단

브라이언 호록스 경 중장

제2왕실기병연대, 제11후사르연대

왕립기마포병대 제4, 제5연대, 왕립포병대 제27경대공포연대

왕립포병대 제7, 제64, 제84 미디엄연대

제6공수사단

에릭 볼스 소장

왕립기갑군단 제6공수기계화정찰연대

왕립공병대 제249공수야전중대, 왕립공병대 제3, 제591낙하산대대, 왕립공병대 제3, 제9공수대대, 왕립포병대 제53경연대, 왕립포병대 제3, 제4강하대전차중대

제22독립낙하산중대

제3낙하산여단(제8낙하산대대, 제9낙하산대대, 제1캐나다낙하산대대)

제5낙하산여단(제7낙하산대대, 제12낙하산대대, 제13낙하산대대)

제6강하여단(데번셔연대 제12대대, 옥스퍼드셔버킹엄셔경보병 제2대대, 왕립얼스터소총대 제1대대)

제51(하일랜드)보병사단

G. T. G. 레니 소장

제2더비셔요먼리

왕립포병대 제126, 제127, 제128야전연대, 왕립포병대 제61대전차연대, 왕립포병대 제40경대공포연대

왕립공병대 제274, 제275, 제276야전중대

미들섹스연대 1/7기관총대대

제152보병여단(시포스하일랜더스 제2대대, 시포스하일랜더스 제5대대, 퀸스온캐머런하일랜더스 제5대대)

제153보병여단(블랙워치 제5대대, 고든하일랜더스 제1대대, 고든하일랜더스 5/7대대)

제154보병여단(블랙워치 제1대대, 제7대대, 아가일서덜랜드하일랜더스 제7대대)

제53(웰시)보병사단

R. K. 로스 소장

왕립포병대 제81, 제83, 제133야전연대

왕립기갑군단 제53정찰연대

왕립포병대 제71대전차연대, 왕립포병대 제25경대공포연대

왕립공병대 제244, 제282, 제555야전중대

제71보병여단(옥스퍼드버킹엄셔경보병 제1대대, 하일랜드경보병 제1대대, 왕립웰치퓨질리어 제4대대)

제158보병여단(왕립웰치퓨질리어 제7대대, 웰치연대 1/5대대, 이스트랭커셔연대 제1대대)

제160보병여단(몬머스셔연대 제2대대, 웰치연대 1/5대대, 왕립웰치퓨질리어 제6대대)

제29기갑여단
C. B. 하비 준장

제23후사르연대, 제3왕립전차연대, 제2피프 앤드 포파 요먼리연대, 소총여단 제8대대

제33기갑여단
H. B. 스콧 준장

왕립기갑군단 제144연대, 제1노샘프턴셔요먼리연대, 제1이스트라이딩요먼리연대

제34육군전차여단
W. 클라크 준장

제9왕립전차연대, 왕립기갑군단 제107연대, 왕립기갑군단 제147연대

예비군단

근위기갑사단

제50(노섬브리안)보병사단

독일군

B집단군
발터 모델 원수

제5기갑군
하소 폰 만토이펠 기갑대장

제19대공포여단, 제207, 제600공병대대

제653중대전차대대, 제669오스트(이스트)대대

제638, 제1094, 제1095중포중대

25/975요새포중대, 제1099, 제1119, 제1121중박격포중대

제47기갑군단
하인리히 폰 뤼트비츠 기갑대장

제766국민포병단, 제15국민베르퍼여단, 제182대공포연대

제2기갑사단
마인라트 폰 라우헤르트 대령
제3기갑연대, 제2, 제304기갑척탄병연대
제74포병연대, 제2정찰대대
제38대전차대대, 제38공병대대, 제273대공포대대

제9기갑사단
하랄트 폰 엘버펠트 소장
제33기갑연대, 제10, 제11기갑척탄병연대
제102포병연대, 제9정찰대대
제50대전차대대, 제86공병대대, 제287대공포대대
제301중기갑대대(예속)

기갑교도사단
프리츠 바이에를라인 중장
제130기갑연대, 제901, 제902기갑척탄병연대
제130포병연대, 제130정찰대대
제130대전차대대, 제130공병대대, 제311대공포대대
제559대전차대대(예속), 제243돌격포여단(예속)

제26국민척탄병사단
하인츠 코코트 소장
제39퓨질리어연대, 제77, 제78국민척탄병연대, 제26포병연대
제26정찰대대, 제26대전차대대, 제26공병대대

총통 경호여단
오토 레머 대령
제102기갑대대, 제100기갑척탄병연대, 제120포병연대
제120정찰대대, 제120대전차대대, 제120공병대대
제828척탄병대대, 제673대공포연대

제66군단
발터 루히트 포병대장
제16국민베르퍼여단(제86, 제87베르퍼연대)

제244돌격포여단, 제460중포병대대

제18국민척탄병사단
귄터 호프만쉰보른 대령
제293, 제294, 제295국민척탄병연대, 제1818포병연대
제1818대전차대대, 제1818공병대대

제62국민척탄병사단
프리드리히 키텔 대령
제164, 제190, 제193국민척탄병연대, 제162포병연대
제162대전차대대, 제162공병대대

제58기갑군단
발터 크뤼거 기갑대장
제401국민포병단, 제7국민베르퍼여단(제84, 제85베르퍼연대)
제1대공포연대

제116기갑사단
지크프리트 폰 발덴부르크 소장
제16기갑연대, 제60, 제156기갑척탄병연대
제146포병연대, 제146정찰대, 제226대전차대대
제675공병대대, 제281대공포대대

제560국민척탄병사단
루돌프 랑호이저 대령
제1128, 제1129, 제1130국민척탄병연대, 제1560포병연대
제1560대전차대대, 제1560공병대대

제39기갑군단
카를 데커 중장

제167국민척탄병사단
한스쿠르트 회커 중장
제331, 제339, 제387국민척탄병연대, 제167포병연대
제167대전차대대, 제167공병대대

제6기갑군
요제프 디트리히 SS 상급대장
제506중기갑대대, 제683중대전차대대
제217돌격기갑대대, 제394, 제667, 제902돌격포대대
제741대전차대대, 제1098, 제1110, 제1120중곡사포중대
제428중박격포중대, 제2대공포사단(제41, 제43연대)
하이테 전투단

제1친위기갑군단
헤르만 프리스 SS 중장
제14, 제51, 제53, 제54베르퍼연대, 제501친위포병대대
제388, 제402국민포병단

제1친위기갑사단 '라이프슈탄다르테 아돌프 히틀러'
빌헬름 몽케 SS 소장
제1친위기갑연대, 제1, 제2친위국민척탄병연대
제1친위포병연대, 제1친위정찰대대, 제1친위대전차대대
제1친위공병대대, 제1친위대공포대대, 제501친위중기갑대대(예속), 제84공군대공포대
대(예속)

제3강하엽병사단
발터 바덴 소장
제5, 제8, 제9공수연대, 제3포병연대
제3정찰대대, 제3대전차대대, 제3공병대대

제12친위기갑사단 '히틀러 유겐트'
후고 크라스 SS 대령
제12친위기갑연대, 제25, 제26친위기갑척탄병연대
제12친위포병연대, 제12친위정찰대대
제12친위대전차대대, 제12친위공병대대, 제12친위대공포대대
제560중대전차대대(예속)

제12국민척탄병사단
게르하르트 엥겔 소장
제27퓨질리어연대, 제48, 제89국민척탄병연대, 제12퓨질리어대대

제12포병연대, 제12대전차대대, 제12공병대대

제277국민척탄병사단
빌헬름 피비히 대령

제289, 제990, 제991국민척탄병연대, 제277포병연대

제277대전차대대, 제277공병대대

제150기갑여단
오토 슈코르체니 SS중령

기갑중대 2개, 기갑척탄병중대 2개, 대전차중대 2개

중박격포대대(2개 중대), 제600친위낙하산대대 전투단 병사 200명

제2친위기갑군단
빌리 비트리히 SS대장

제410국민포병단, 제502친위중포대대

제2친위기갑사단 '다스 라이히'
하인츠 라머딩 SS소장

제2친위기갑연대, 제3, 제4친위국민척탄병연대, 제2친위포병연대, 제2친위정찰대대,

제2친위공병대대, 제2친위대공포대대

제9친위기갑사단 '호엔슈타우펜'
실베스터 슈타들러 SS준장

제9친위기갑연대, 제19, 제20친위기갑척탄병연대

제9친위포병연대, 제9친위정찰대대, 제9친위대전차대대

제9친위공병대대, 제9친위대공포대대, 제519중대전차대대(예속)

제67군단
오토 히츠펠트 중장

제17국민베르퍼여단(제88, 제89베르퍼연대)

제405국민포병단, 제1001중돌격포중대

제3기갑척탄병사단
발터 뎅케르트 소장

제8, 제29기갑척탄병연대, 제103기갑대대, 제3포병연대

제103정찰대대, 제3대전차대대, 제3공병대대
제3대공포대대

제246국민척탄병사단
페터 쾨르테 대령

제352, 제404, 제689국민척탄병연대, 제246포병연대
제246대전차대대, 제246공병대대

제272국민척탄병사단
오이겐 쾨니히 소장

제980, 제981, 제982국민척탄병연대, 제272포병연대
제272대전차대대, 제272공병대대

제326국민척탄병사단
제751, 제752, 제753국민척탄병연대, 제326포병연대
제326대전차대대, 제326공병대대

제7군
에리히 브란덴베르거 기갑대장

제657, 제668중대전차대대, 제501요새대전차대대
제47공병대대, 제1092, 제1093, 제1124, 제1125중곡사포중대
제660중포중대, 제1029, 제1039, 제1122중박격포중대
제999집행유예대대, 제44기관총대대, 제15대공포연대

제53군단
에드빈 폰 로트키르히 기병대장

제9국민척탄병사단
베르너 콜브 대령

제36, 제57, 제116국민척탄병연대, 제9포병연대
제9대전차대대, 제9공병대대

제15기갑척탄병사단
한스 요아힘 데케르트 대령

제104, 제115기갑척탄병연대, 제115기갑대대, 제115포병연대

제115정찰대대, 제33대전차대대, 제33공병대대
제33대공포대대

총통 척탄병 여단
한스요아힘 칼러 대령
제99기갑척탄병연대, 제101기갑대대, 제911돌격포여단
제124대전차대대, 제124공병대대, 제124대공포대대
제124포병연대

제80군단
프란츠 바이어 보병대장
제408국민포병단, 제8국민베르퍼여단, 제2, 교도베르퍼연대

제212국민척탄병사단
프란츠 센스푸스 소장
제316, 제320, 제423국민척탄병연대, 제212포병연대
제212대전차대대, 제212공병대대

제276국민척탄병사단
쿠르트 뫼링 소장(쿠르트 뫼링 소장 전사 후, 후고 뎀프볼프 대령)
제986, 제987, 제988국민척탄병연대, 제276포병연대,
제276대전차대대, 제276공병대대

제340국민척탄병사단
테오도어 톨스도르프 대령
제694, 제695, 제696국민척탄병연대, 제340포병연대
제340대전차대대, 제340공병대대

제85군단
밥티스트 크니스 보병대장
제406국민포병단, 제18국민베르퍼여단(제21, 제22베르퍼연대)

제5강하엽병사단
루트비히 하일만 소장

제13, 제14, 제15공수연대, 제5포병연대, 제5정찰대대, 제5공병대대, 제5대공포대대, 제11돌격포여단

제352국민척탄병사단
에리히오토 슈미트 대령

제914, 제915, 제916국민척탄병연대, 제352포병연대, 제352대전차대대, 제352공병대대

제79국민척탄병사단
알로이스 베버 대령

제208, 제212, 제226국민척탄병연대, 제179포병연대, 제179대전차대대, 제179공병대대

BM-FB	Bundesarchiv-Militärarchiv, Freiburg-im-Breisgau
BfZ-SS	Bibliothek für Zeitgeschichte, Sammlung Sterz, Stuttgart
CARL	Combined Arms Research Library, Fort Leavenworth, KS
CBHD	Chester B. Hansen Diaries, Chester B. Hansen Collection, Box 5, USAMHI
CBMP	Charles B. MacDonald Papers, USAMHI
CEOH	US Army Corps of Engineers, Office of History, Fort Belvoir, VA
CMH	Center of Military History, Fort McNair, Washington, DC
CMH Ardennes	Center of Military History, Hugh M. Cole, United States Army in World War II: The European Theater of Operations: The Ardennes: Battle of the Bulge, Washington, DC, 1988
CMH Medical	Center of Military History, Graham A. Cosmas and Albert E. Cowdrey, United States Army in World War II. The European Theater of Operations: Medical Service in the European Theater of Operations, Washington, DC, 1992
CMH SC	Center of Military History, Forrest C. Pogue, United States Army in World War II: The European Theater of Operations: The Supreme Command, Washington, DC, 1954
CSDIC	Combined Services Detailed Interrogation Centre
CSI	Combat Studies Institute, Fort Leavenworth, KS
DCD	Duff Cooper Diaries (private collection)
DDE Lib	Dwight D. Eisenhower Library, Abilene, KS
DRZW	Das Deutsche Reich und der Zweiten Weltkrieg, vols. 6–10, Munich, 2004–8

ETHINT	European Theater Historical Interrogations, 1945, OCMH, USAMHI
FCP SC	Forrest C. Pogue, background interviews for The Supreme Command, USAMHI
FDRL MR	Franklin Delano Roosevelt Library, Hyde Park, NY, Map Room documents
FMS	Foreign Military Studies, USAMHI
GBP	Godfrey Blunden Papers (private collection)
HLB	Hitlers Lagebesprechungen: Die Protokollfragmente seiner militärischen Konferenzen 1942–1945, Munich, 1984 (Helmut Heiber and David M. Glantz (eds.), Hitler and his Generals: Military Conferences, 1942–1945, London, 2002)
IWM	Documents Collection, Imperial War Museum, London
LHC-DP	Liddell Hart Centre – Dempsey Papers
LHCMA	Liddell Hart Centre of Military Archives, King's College London
MFF	MFF Armed Forces Oral Histories, LHCMA
NARA	National Archives and Records Administration, College Park, MD
OCMH	Office of the Chief of Military History, USAMHI
PDDE	The Papers of Dwight David Eisenhower, ed. Alfred D. Chandler, 21 vols., Baltimore, MA, 1970–2001
PP	The Patton Papers, ed. Martin Blumenson, New York, 1974
PWS	Papers of William Sylvan, OCMH, USAMHI
RWHP	Robert W. Hasbrouck Papers, USAMHI
SHD-DAT	Service Historique de la Défense, Département de l'Armée de Terre, Vincennes
SOOHP	Senior Officers Oral History Program, US Army War College, USAMHI
TBJG	Die Tagebücher von Joseph Goebbels, ed. Elke Fröhlich, 29 vols., Munich, 1992–2005
TNA	The National Archives, Kew
USAMHI	The United States Army Military History Institute at US Army Heritage and Education Center, Carlisle, PA

1장

1) Omar N. Bradley, *A Soldier's Story*, New York, 1964, 389 – 90; 또는 Dwight D. Eisenhower, *Crusade in Europe*, New York, 1948, 325

2) NARA 407/427/24235

3) SHD-DAT 11P 218; also NARA 407/427/24235

4) BA-MA RH19 IX/7 40, Joachim Ludewig, *Rückzug: The German Retreat from France*, 1944, Lexington, KY, 2012, 133 인용

5) Forrest C. Pogue, *Pogue's War: Diaries of a WWII Combat Historian*, Lexington, KY, 2001, 214

6) Eisenhower, *Crusade in Europe*, 326; and Bradley, 391

7) Arthur Tedder, *With Prejudice*, London, 1966, 586

8) 파리에서의 제28보병사단은 Uzal W. Ent (ed.), *The First Century: A History of the 28th Infantry Division*, Harrisburg, PA, 1979, 165를 보라.

9) Jean Gatier-Boissière, *Mon journal pendant l'Occupation*, Paris, 1944, 288

10) 1,2,45, CBHD

11) CMH *SC*, 245

12) diary Oberstleutnant Fritz Fullriede, *Hermann Göring* Division, 2 September 1944, Robert Kershaw, *It Never Snows in September*, London, 2008, 63 인용

13) prisoner-of-war interview, CSDIC, TNA WO 208/3616

14) 독일군의 패배에 대해서는 Rüdiger Overmans, *Deutsche militärische Verluste im Zweiten Weltkrieg*, Munich, 2000, 238 and 278를 보라.

15) 프랑스에서 철수하는 독일에 대해서는 Ludewig, 108/ff.; and David Wingeate Pike, 'Oberbefehl West: Armeegruppe G: Les Armées allemandes dans le Midi de la France', *Guerres Mondiales et Conflits Contemporains*, Nos. 152, 164, 174, 181를 보라.

16) Generaloberst Student, CSDIC, TNA WO 208/4177

17) Generaloberst Halder, CSDIC, TNA WO 208/4366 GRGG 332

18) Albert Speer, *Inside the Third Reich*, London, 1971, 525

19) *HLB*, 466 and 468

20) CMH *SC*, 249

21) Kreipe diary, 31.8.44, FMS P-069

22) Traudl Junge, *Until the Final Hour: Hitler's Last Secretary*, London, 2002, 146

23) Generalmajor Otto Ernst Remer, *Führer Begleit* Brigade, FMS B-592

24) Junge, 144

25) 독일 시민들의 사기에 관해서는 Richard J. Evans, *The Third Reich at War*, London, 2008, 650-3를 보라.

26) Chester Wilmot, *The Struggle for Europe*, London, 1952, 496

27) *PP*, 533, 537

28) Brian Horrocks, *Corps Commander*, London, 1977, 79

29) Caroline Moorehead, *Martha Gellhorn*, London, 2003, 269

30) interrogation, General der Artillerie Walter Warlimont, Deputy Chief of the Wehrmachtführungsstab, CSDIC, TNA WO 208/3151

31) VII Corps, NARA RG 498 290/56/2/3, Box 1459

32) 위와 동일

33) VII Corps, 위와 동일

34) Maurice Delvenne, 1.9.44, cited Jean-Michel Delvaux, *La Bataille des Ardennes autour de Rochefort*, 2 vols., Hubaille, 2004-5, ii, 159-60

35) 위와 동일

36) Fullriede diary, 13 September 1944, Kershaw, *It Never Snows in September*, 38 인용

37) BA-MA RH24-89/10, Ludewig, 191 인용

38) Obergefreiter Gogl, Abt. V, Feldjäger Regiment (mot.) 3., OKW Streifendienst, TNA WO 208/3610

39) BA-MA RW4/vol. 494

40) NARA RG 498 290/56/2/3, Box 1466

41) Stephen Roskill, *Churchill and the Admirals*, London, 1977, 245, Rick Atkinson, *The Guns at Last Light*, New York, 2013, 233 인용

42) Horrocks, 81

43) Pogue, *Pogue's War*, 208

2장

1) 몽고메리가 라인강을 건너기 위해 셸드강 어귀에서 치른 희생에 대해서는 LH-CMA, Alanbrooke 6/2/31를 보라.

2) 3.9.44; IWM LMD 62/12, Montgomery diary, 3.9.44; 몽고메리의 사람 존 버클리에 관해서는 *The British Army and the Liberation of Europe*, London, 2013, 206를 보라.

3) *PP*, 538

4) Forrest C. Pogue, *Pogue's War: Diaries of a WWII Combat Historian*, Lexington, KY, 2001, 215–16

5) Patton letter, *PP*, 549

6) Uffz. Alfred Lehmann, 11.9.44, BA-MA RH13/49, 5
Cancelled airborne operations, Headquarters Allied Airborne Army, NARA RG 498 290/56/2/3, Box 1466

7) *PP*, 540

8) 베르사유와 파리, 병참지대에 관해서는 Rick Atkinson, *The Guns at Last Light*, New York, 2013, 236를 보라.

9) CMH *SC*, 293

10) CSDIC, TNA WO 208/4177

11) CMH *SC*, 292

12) Patton diary, *PP*, 550

13) Buckley, 203

14) Forrest C. Pogue, *George C. Marshall: Organizer of Victory*, New York, 1973, 475, Atkinson, 304 인용

15) *PDDE*, iii, 2224

16) XX Corps, NARA RG 498 290/56/2/3, Box 1465

17) Obersturmbannführer Loenholdt, 17 SS PzGr-Div, CSDIC, TNA WO 208/4140 SRM 1254

18) First Army report to the OKW, 1.10.44, BA-MA RH13/49, 9

19) O.Gefr. Ankenbeil, 22.9.44, BA-MA RH13/49, 10

20) O.Gefr. M. Kriebel, 18.9.44, BA-MA RH13/49, 11

21) O.Gefr. Hans Büscher, 20.9.44, BA-MA RH13/49, 11

22) O.Gefr. G. Riegler, 21.9.44, BA-MA RH13/49, 11

23) O.Gefr. Hans Hoes, 15.9.44, BA-MA RH13/49, 12

24) diary of General der Flieger Kreipe, FMS P-069

25) 18.9.44, 위와 동일

26) CSDIC, TNA WO 208/4364 GRGG 208

27) Hauptmann Delica, II Battalion, 19th Fallschirmjäger-Regiment, CSDIC, TNA WO 208/4140 SRM 1227

28) CSDIC, TNA WO 208/4139 SRM 968

3장

1) PFC Richard Lowe Ballou, 117th Infantry, 30th Infantry Division, MFF-7, C1-97(3)

2) V Corps, NARA RG 498 290/56/2/3, Box 1455

3) MFF-7, C1-97(2)

4) 위와 동일

5) Reichsmarschall Hermann Göring, ETHINT 30

6) Generalmajor Rudolf Freiherr von Gersdorff, ETHINT 53

7) Gardner Botsford, *A Life of Privilege, Mostly*, New York, 2003, 47

8) CSDIC, TNA WO 208/4140 SRM 1245

9) CSDIC, TNA WO 208/4139 SRM 983

10) 위와 동일

11) CSDIC, TNA WO 208/4139 SRM 1103

12) CMH *SC*, 357

13) TNA WO 208/3654 PWIS H/LDC/ 631

14) 위와 동일

15) letter of 26.9.44 to Hauptmann Knapp, NARA RG 498 290/56/5/3, Box 1463

16) CSDIC, TNA WO 208/4139 SRM 982

17) NARA RG 498 290/56/2/3, Box 1459

18) NARA RG 407 270/65/7/2 ML 248

19) V Corps, NARA RG 498 290/56/2/3, Box 1455

20) CSDIC, TNA WO 208/4139 SRM 982

21) NARA RG 498 290/56/2/3, Box 1459

22) 위와 동일

23) NARA RG 498 290/56/2, Box 1456

24) VII Corps, NARA RG 498 290/56/2/3, Box 1459

25) Lt Col. Shaffer F. Jarrell, VII Corps, 위와 동일

26) CSDIC, TNA WO 208/4156

27) Victor Klemperer, *To the Bitter End: The Diaries of Victor Klemperer*,

1942 – 45, London, 2000, 462

28) CSDIC, TNA WO 208/4140 SRM 1211

29) Wilck, CSDIC, TNA WO 208/4364 GRGG 216

30) Unterfeldwebel Kunz, 104th Infanterie-Regt, CSDIC, TNA WO 208/4164 SRX 2050

31) NARA RG 407 270/65/7/2, Box 19105 ML 258

32) CSDIC, TNA WO 208/5542 SIR 1548

33) FMS P-069

34) CSDIC, TNA WO 208/4134 SRA 5610

35) FMS P-069

36) 위와 동일

4장

1) Stabartz Köllensperger, 8th Regiment, 3rd Fallschirmjäger-Division, TNA WO 311/54

2) CSDIC, TNA WO 208/3165

3) Luftwaffe Obergefreiter Hlavac, KG 51, TNA WO 208/4164 SRX 2117

4) Obergefreiter Marke, 16th Fallschirmjäger-Regiment, ibid.

5) CSDIC, TNA WO 208/4164 SRX 2084

6) Nicholas Stargardt, *Witnesses of War: Children's Lives under the Nazis*, London, 2005, 262

7) Martin Gilbert, *The Second World War*, London, 1989, 592 인용

8) NARA RG 407 270/65/7/2, Box 19105 ML 258

9) 2.12.44, CBHD

10) CMH *SC*, 342

11) NARA RG 407 270/65/7/2, Box 19105 ML 258

12) 위와 동일

13) TNA WO 171/4184

14) 24.11.44, NARA RG 407 270/65/7/2, Box 19105 ML 285

15) 나치의 부패에 대해서는 CSDIC, TNA WO 208/4139 SRM 902를 보라.

16) NARA RG 407 270/65/7/2, Box 19105 ML 285

17) 위와 동일

18) CSDIC, TNA WO 208/4164 SRX 2074

19) Luftwaffe Unteroffizier Bock 3/JG 27, CSDIC, TNA WO 208/4164 SRX 2126

20) 4.5.44, Victor Klemperer, *To the Bitter End: The Diaries of Victor Klemperer*, 1942-45, London, 2000, 383

21) Marie 'Missie' Vassiltchikov, *The Berlin Diaries, 1940–1945*, London, 1987, 240

22) CSDIC, TNA WO 208/3165 SIR 1573

23) 베를린의 탈영병에 관해서는 CSDIC, TNA WO 208/4135 SRA 5727 13/1/45를 보라.

24) TNA WO 171/4184

25) 처형에 관해서는 *DRZW*, 9/1(Echternkamp), 48-50을 보라.

26) VI Corps, NARA RG 498 290/56/5/3, Box 1463

27) 베를린의 암시장에 관해서는 CSDIC, TNA WO 208/4164 SRX 2074를 보라.

28) 네덜란드에서 온 암시장 커피에 대해서는 CSDIC, TNA WO 208/4140 SRM 1189를 보라.

29) TNA WO 311/54, 32

30) Branden-burgische Landeshauptarchiv, Pr. Br. Rep. 61A/11

31) NARA RG 407 270/65/7/2 ML 2279

32) Louis Simpson, *Selected Prose*, New York, 1989, 98

33) CMH Medical, 541

34) Forrest C. Pogue, *Pogue's War: Diaries of a WWII Combat Historian*, Lexington, KY, 2001, 230

35) NARA 711.51/3-945

36) 젊은 여성의 반응에 대해서는 Antony Beevor and Artemis Cooper, *Paris after the Liberation*, 1944-1949, London, 1994, 129를 보라.

37) Simpson, 143

38) 암시장의 미군들에 관해서는 Allan B. Ecker, 'GI Racketeers in the Paris Black Market', Yank, 4.5.45를 보라.

39) 24.10.44, DCD

40) NARA 851.00/9-745

41) Carlos Baker, *Ernest Hemingway: A Life Story*, New York, 1969, 564

42) 벨기에의 정치 상황에 관해서는 CMH *SC*, 329-31을 보라.

43) V Corps, NARA RG 498 290/56/2/3, Box 1455

44) Arthur S. Couch, 'An American Infantry Soldier in World War II Europe', unpublished memoir, private collection

45) NARA RG 498 290/56/2/3, Box 1465

46) Martha Gellhorn, *Point of No Return*, New York, 1989, 30

47) Hemingway, *Across the River and into the Trees*, New York, 1950, 255

48) Ralph Ingersoll, *Top Secret*, London, 1946, 185-6

49) NARA RG 498 290/56/2/3, Box 1459

50) Tech. Sgt. Edward L. Brule, NARA RG 498 290/56/5/2, Box 3

51) 358th Infantry, NARA RG 498 290/56/2/3, Box 1465

52) V Corps, NARA RG 498 290/56/2/3, Box 1455

53) V Corps, 위와 동일

54) NARA RG 498 290/56/5/2, Box 3

55) 358th Infantry, 90th Division, XX Corps, NARA RG 498 290/56/2/3, Box 1465

56) NARA RG 498 290/56/2/3, Box 1459

57) Lt Col. J. E. Kelly, 3rd Battalion, 378th Infantry, NARA RG 498 290/56/2/3, Box 1465

5장

1) Generalleutnant Hans Schmidt, 275th Infanterie-Division, FMS B-810

2) Major Gen. Kenneth Strong, 02/14/2 3/25 - Intelligence Notes No. 33, IWM Documents 11656

3) Generalleutnant Hans Schmidt, 275th Infanterie-Division, FMS B-810

4) 위와 동일

5) 위와 동일

6) 위와 동일

7) 위와 동일

8) 위와 동일

9) 위와 동일

10) 14.10.44, GBP

11) VII Corps, NARA RG 498 290/56/2/3, Box 1459

12) 위와 동일

13) Charles B. MacDonald, *The Mighty Endeavour: The American War in Europe*, New York, 1992, 385

14) NARA RG 498 290/56/2/3, Box 1459

15) 5.11.44, V Corps, NARA RG 498 290/56/2/3, Box 1455

16) 제297전투공병대대에 관해서는 VII Corps, NARA RG 498 290/56/2/3, Box 1459를 보라.

17) 22nd Infantry, 4th Inf. Div., 위와 동일

18) VII Corps, 위와 동일

19) 위와 동일

20) Colonel Edwin M. Burnett, V Corps, NARA RG 498 290/56/2/3, Box 1455

21) Rick Atkinson, *The Guns at Last Light*, New York, 2013, 317

22) Diary of General der Flieger Kreipe, FMS P-069, 43

23) V Corps, NARA RG 498 290/56/2/3, Box 1455

24) Edward G. Miller, *A Dark and Bloody Ground: The Hürtgen Forest and the Roer River Dams, 1944–1945*, College Station, TX, 2008, 64

25) Generalmajor Rudolf Freiherr von Gersdorff, FMS A-892

26) Gersdorff, FMS A-891

27) Col. Nelson 112th Infantry, NARA RG 498 290/56/2/3, Box 1463

28) 8.11.44, PWS

29) Ralph Ingersoll, *Top Secret*, London, 1946, 185

30) NARA RG 407 270/65/7/2, Box 19105 ML 258

31) Arthur S. Couch, 'An American Infantry Soldier in World War II Europe', unpublished memoir, private collection

32) VII Corps, NARA RG 498 290/56/2/3, Box 1459

33) 4.2인치 박격포탄에 관해서는 NARA RG 407 270/65/7/2 ML 248를 보라.

34) Couch, 'An American Infantry Soldier in World War II Europe'

35) Generalmajor Rudolf Freiherr von Gersdorff, ETHINT 53

36) Couch, 'An American Infantry Soldier in World War II Europe'

37) 제275보병사단에 관해서는 Generalleutnant Hans Schmidt, FMS B-373을 보라.

38) V Corps, NARA RG 498 290/56/2/3, Box 1455

39) NARA RG 498 290/56/2/3, Box 1465

40) NARA RG 498 290/56/2/3, Box 1464

41) John Ellis, *The Sharp End: The Fighting Man in World War II*, London, 1990, 152 인용

42) Robert Sterling Rush, *Hell in Hürtgen Forest: The Ordeal and Triumph of an American Infantry Regiment*, Lawrence, KS, 2001, 139

43) 18th Infantry, 1st Division, NARA RG 498 290/56/2/3, Box 1459

44) Couch, 'An American Infantry Soldier in World War II Europe'

45) 11.11.44, CBHD

46) Omar N. Bradley, *A Soldier's Story*, New York, 1964, 430-1

47) Generalmajor Ullersperger, CSDIC, TNA WO 208/4364 GRGG 237

48) Generalmajor Vaterrodt, CSDIC, TNA WO 208/4177

49) 위와 동일

50) Generalleutnant Straube, FMS A-891

51) FMS A-891

52) Gersdorff, FMS A-892

53) Ernest Hemingway, *Across the River and into the Trees*, New York, 1950, 249

54) Carlos Baker Ernest Hemingway: A Life Story, New York, 1969, 552

55) J. D. Salinger, 'Contributors', Story, No. 25 (November–December 1944), 1

56) Charles Whiting, The Battle of Hürtgen Forest, Stroud, 2007, 71

57) Ingersoll, 184–5

58) V Corps, NARA RG 498 290/56/2/3, Box 1455

59) Ingersoll, 185

60) 제22보병사단의 사상자들에 관해서는 Sterling Rush, 163을 보라.

61) FMS A-891

62) Sgt David Rothbart, 22nd Inf. Rgt, Sterling Rush, 178 인용

63) Paul Fussell, The Boys' Crusade, New York, 2003, 91 인용

64) Captain H. O. Sweet, US 908th Field Artillery, Attached to 331st Infantry, 83rd Division, IWM Documents 3415 95/33/1

65) 8000명의 심리적 붕괴 환자에 대해서는 Peter Schrijvers, The Crash of Ruin: American Combat Soldiers in Europe during World War II, New York, 1998, 8을 보라.

66) Generalarzt Schepukat, ETHINT 60

67) Gersdorff, FMS A-892

68) CSI Battlebook 10-A, May 1984 6 THE GERMANS PREPARE

6장

1) Traudl Junge, Until the Final Hour: Hitler's Last Secretary, London, 2002, 147

2) 위와 동일

3) 위와 동일 148

4) Generaloberst Alfred Jodl, ETHINT 50

5) 위와 동일

6) CMH *Ardennes*, 18

7) General der Kavallerie Siegfried Westphal, ETHINT 79

8) Generalmajor Rudolf Freiherr von Gersdorff, FMS A-892

9) CMH *Ardennes*, 26

10) 작은 해결책과 11월에 있었던 회의에 관해서는 CSDIC, TNA WO 208/4178 GRGG 330 (c)를 보라

11) 히틀러와 아헨 전선의 미군에 대해서는 Generaloberst Alfred Jodl, ETHINT 50 Oberstleutnant Guderian, CSDIC, TNA WO 208/3653를 보라.

12) *DRZW*, 6, 125

13) 만토이펠이 요청한 연료에 관해서는 Manteuffel, Fifth Panzer Army, ETHINT 45를 보라.

14) Generaloberst Alfred Jodl, ETHINT 50

15) 병사들의 친위부대 선호 경향에 대해서는 General der Artillerie Walter Warlimont, CSDIC, TNA WO 208/3151를 보라.

16) Generaloberst Alfred Jodl, ETHINT 51

17) Jodl, TNA WO 231/30

18) CSDIC, TNA WO 208/4178 GRGG 330 (c)

19) TNA WO 231/30, 4

20) CSDIC, TNA WO 208/4178 GRGG 330 (c)

21) CSDIC, TNA WO 208/4178 GRGG 322 Security measures, CSDIC, TNA WO 208/4178 GRGG 330 (c)

22) Hauptmann Gaum, 3rd Bn, *Führer Begleit* Brigade, CSDIC, TNA WO 208/3611

23) TNA WO 231/30

24) 국민척탄병사단의 서류 압수에 대해서는 CSDIC, TNA WO 208/4140 SRM 1140을 보라.

25) Manteuffel, Fifth Panzer Army, ETHINT 46

26) Goebbels diaries, 1.12.44, *TBJG* II/14, 305

27) SS Standartenführer Lingner, CSDIC, TNA WO 208/4140 SRM 1211

28) Generalleutnant Heim, CSDIC, TNA WO 208/4364 GRGG 220

29) CSDIC, TNA WO 208/4140 SRM 1210

30) Warlimont, CSDIC, TNA WO 208/3151

31) 디트리히가 크루제를 받아들이지 않은 것에 관해서는 CSDIC, TNA WO 208/4178 GRGG 330 (c)를 보라.

32) CSDIC, TNA WO 208/4178 GRGG 330 (c)

33) TNA WO 231/30

34) 위와 동일

35) 7월 20일의 조사에 관해서는 CSDIC, TNA WO 208/4140 SRM 1199를 보라.

36) CSDIC, TNA WO 208/5541 SIR 1425

37) FMS B-823

38) CSDIC, TNA WO 208/4140 SRM 1187

39) 위와 동일

40) 위와 동일

41) CSDIC, TNA WO 208/3662

42) Heydte, FMS B-823

43) 위와 동일

44) 위와 동일

45) CSDIC, TNA WO 208/4140 SRM 1167

46) CSDIC, TNA WO 208/5541SIR 1425

47) Skorzeny's account to his officers, NARA RG 407 ML 2279

48) Heydte to Leutnant von Trott zu Solz, CSDIC, TNA WO 208/4140 SRM 1182

49) CSDIC, TNA WO 208/4178 GRGG 301

50) SS-Unterstumführer Schreiber, CSDIC, TNA WO 208/4140 SRM 1259

51) Mobile Field Interrogation Unit No. 1, NARA RG 407 ML 2279

52) 위와 동일

53) CSDIC, TNA WO 208/3619

54) Mobile Field Interrogation Unit No. 1, NARA RG 407 ML 2279

55) 위와 동일

56) Schreiber, CSDIC, TNA WO 208/4140 SRM 1259

57) Hans Post, *One Man in his Time*, Sydney, 2002, 167

58) Leutnant Günther Schultz, captured Liège 19.12.44, Mobile Field Interrogation Unit No. 1, NARA RG 407 ML 2279

59) Oberstumbannführer Otto Skorzeny, ETHINT 12

60) 슈코르체니와 바젤에서의 계획에 관해서는 CSDIC, TNA WO 208/5543 SIR 1673를 보라.

61) 연합군 최고 사령부와 스위스를 통과하는 계획에 관해서는 NARA RG 407 270/65/7/2, Box 19124 ML 754를 보라.

62) 아르덴 대공세에서 기차의 필요성에 대해서는 TNA WO 231/30을 보라.

63) Nicolaus von Below, *Als Hitlers Adjutant*, 1937-1945, Mainz, 1980, 396

64) SS-Oberstgruppenführer Sepp Dietrich, ETHINT 16

65) *HLB*, 535-40

66) Dietrich, ETHINT 16.

67) 사단 마크 제거에 관해서는 116th Panzer-Division, CSDIC, TNA WO

208/3628를 보라.

68) 파이퍼의 명령에 대해서는 14.12.44, Obersturmbannführer Joachim Peiper, ETHINT 10를 보라.

69) Gefreiter Unruh, CSDIC, TNA WO 208/3611SIR 1408

70) SS-Brigadeführer Heinz Harmel, 10th SS Panzer-Division *Frundsberg*, FMS P-109f

71) 2nd Panzer-Division, FMS P-109e

7장

1) 6.12.44, CBHD, Box 5

2) 위와 동일

3) John S. D. Eisenhower, *The Bitter Woods*, New York, 1970, 200

4) 7.12.44, CBHD

5) Notes of Meeting at Maastricht on 7.12.1944', Sidney H. Negrotto Papers, Box 4, USAMHI

6) 위와 동일

7) *PP*, 576

8) James H. O'Neill, former Third Army chaplain, 'The True Story of the Patton Prayer', *Leadership*, No. 25

9) 위와 동일

10) 에버바흐의 대화에 관해서는 CSDIC, TNA WO 208/4364 GRGG 220를 보라.

11) Leutnant von der Goltz (St./Gren-Rgt 1039), CSDIC, TNA WO 208/4139 SRM 1083

12) 독일 탈영병에 관하여는 CMH *SC*, 363를 보라.

13) TNA CAB 106/11 07

14) CMH *SC*, 365

15) Strong, letter of 31.8.51, 위와 동일 인용.

16) CMH *SC*, 370

17) 28.12.44, 'C' to Victor Cavendish-Bentinck, TNA HW 13/45

18) BAY/XL 152, TNA HW 13/45

19) 28.12.44, 'C' to Victor Cavendish-Bentinck, TNA HW 13/45

20) 위와 동일

21) 'The Ardennes', CSI Battlebook 10-A, May 1984

22) Forrest C. Pogue, *Pogue's War: Diaries of a WWII Combat Historian*, Lex-

ington, KY, 2001, 250

23) 벨기에 동쪽 주민들의 피란에 대해서는 Peter Schrijvers, *The Unknown Dead: Civilians in the Battle of the Bulge*, Lexington, KY, 2005, 12를 보라.

24) 선거와 룩삭도이체에 관해서는 Peter Schrijvers, *The Unknown Dead: Civilians in the Battle of the Bulge*, Lexington, KY, 2005, 7-8을 보라.

25) Louis Simpson, *Selected Prose*, New York, 1989, 11 7

26) 8.12.44, CBHD

27) 13.12.44, PWS

28) TNA CAB 106/11 07

29) 제12집단군의 병력 부족에 관해서는 NARA RG 498 UD603, Box 3를 보라.

30) 15.12.44, CBHD

31) Omar N. Bradley, *A Soldier's Story*, New York, 1964, 428

32) John Buckley, *Monty's Men: The British Army and the Liberation of Europe*, London, 2013, 259

33) Charles B. MacDonald, *Company Commander*, New York, 2002, 78

34) Colonel R. Ernest Dupuy, *St. Vith: Lion in the Way: The 106th Infantry Division in World War II*, Washington, DC, 1949, 15-16

35) captured letter translated 19 December, headquarters 1st Infantry Division, CBMP, Box 2

8장

1) 주택을 표적으로 삼은 독일 포병들에 대해서는 V Corps, NARA RG 498 290/56/2/3, Box 1455를 보라.

2) 만데르펠트에 대해서는 Peter Schrijvers, *The Unknown Dead: Civilians in the Battle of the Bulge*, Lexington, KY, 2005, 14를 보라.

3) Manteuffel, Fifth Panzer Army, ETHINT 46

4) 'The Ardennes', CSI Battlebook 10-A, May 1984

5) Generaloberst Alfred Jodl, ETHINT 51

6) Charles P. Roland, 99th Infantry Division, CBMP, Box 4

7) John S. D. Eisenhower, *The Bitter Woods*, New York, 1970, 229

8) 란체라트 전투에 관해서는 letter from Lieutenant Colonel Robert L. Kriz, 394th Infantry; and letter from Lyle J. Bouck, 19 January 1983, CBMP, Box 4를 보라.

9) Eisenhower, *Bitter Woods*, 188

10) Obersturmbannführer Joachim Peiper, 1st SS Panzer-Regiment, ETHINT 10

11) Adolf Schür, Lanzerath, CBMP, Box 6

12) Peiper, ETHINT 10

13) FO, C Battery, 371st FA Bn, 99th Infantry Division, Richard H. Byers Papers, Box 1, USAMHI

14) Standartenführer Lingner, 17th SS Pzg-Div, CSDIC, TNA WO 208/4140 SRM 1205

15) 'Defense of Höfen', *Infantry School Quarterly*, July 1948, CBMP, Box 4

16) CBMP, Box 4

17) Harry S. Arnold, E Company, 393rd Infantry, 99th Infantry Division, CBMP, Box 4

18) 신경쇠약과 자해에 관해서는 Charles P. Roland, 99th Infantry Division, CBMP, Box 4를 보라.

19) Sidney Salins, CBMP, Box 4

20) 국민척탄병사단과 포병에 관해서는 General der Artillerie Kruse, CSDIC, TNA WO 208/4178 GRGG 330 ⓒ를 보라.

21) NARA RG 407 270/65/7/2 ML 2280

22) Matt F. C. Konop, diary, 2nd Infantry Division, CBMP, Box 2

23) 위와 동일

24) NARA RG 498 290/56/2/3, Box 1455

25) 제28보병사단과 포병에 관해서는 NARA RG 498 290/56/2/3, Box 1463를 보라.

26) 28th Infantry Division, 위와 동일

27) 112th Infantry Regiment, NARA RG 498 290/56/5/2, Box 3

28) Generalmajor Siegfried von Waldenburg, 116th Panzer-Division, FMS A-873

29) Generalmajor Heinz Kokott, '26th Volksgrenadier Division in the Ardennes Offensive', FMS B-040

30) Major Frank, battalion commander, III/13th Fallschirmjäger, CSDIC, TNA WO 208/4140 SRM 1148, and WO 208/5540 SIR 1375

31) Heydte, CSDIC, TNA WO 208/5541SIR 1425

32) CSDIC, TNA WO 208/3611

33) 우르강 도하에 관하여는 'Ardennes Offensive of Seventh Army', FMS A-876를 보라.

34) 'The Ardennes', CSI Battlebook 10-A, May 1984

35) 라우터보른에 대해서는 'The Ardennes', CSI Battlebook 10-A, May 1984를 보라.

36) 위와 동일

37) 16.12.44, CBHD

38) 위와 동일

39) Eisenhower, *Bitter Woods*, 266

40) William R. Desobry Papers, USAMHI

41) *PP*, 595

42) *PP*, 596

43) William H. Simpson Papers, Box 11, USAMHI

44) CSDIC, TNA WO 208/5541SIR 1444

45) 위와 동일

46) CSDIC, TNA WO 208/3628

47) CSDIC, TNA WO 208/5541SIR 1444

48) TNA WO 171/4184

49) 위와 동일

50) Arthur S. Couch, 'An American Infantry Soldier in World War II Europe', unpublished memoir, private collection

51) 제2보병사단에게 내린 명령에 관해서는 Major William F. Hancock, 1st Battalion, 9th Infantry, 2nd Infantry Division, CBMP, Box 2를 보라.

52) Peiper, ETHINT 10

9장

1) Matt F. C. Konop, diary, 2nd Infantry Division, CBMP, Box 2

2) Charles B. MacDonald, *Company Commander*, New York, 2002, 82−3

3) 위와 동일

4) General der Waffen-SS H. Priess, I SS Panzer Corps, FMS A-877

5) 혼스펠트에서의 파이퍼 전투단에 관해서는 Peter Schrijvers, *The Unknown Dead: Civilians in the Battle of the Bulge, Lexington*, KY, 2005, 35−6

6) 뷜링겐의 나치 시민에 관해서는 Peter Schrijvers, *The Unknown Dead: Civilians in the Battle of the Bulge*, Lexington, KY, 2005, 35를 보라.

7) 뷜링겐에서 미군 포로 50명의 죽음과 관련해서는 CMH *Ardennes*, 261을 보라.

8) 제254공병대대에 관해서는 V Corps, NARA RG 498 290/56/2/3, Box 1455를

보라.

9) 제26보병연대에 관해서는 CBMP, Box 2를 보라.

10) Gefreiter W.P., 17.12.44, BfZ-SS

11) 17.12.44, CBHD

12) Ralph Ingersoll, *Top Secret*, London, 1946, 194

13) First Army diary, D. K. R. Crosswell, *Beetle: The Life of General Walter Bedell Smith*, Lexington, KY, 2010, 810 인용

14) Gaffey Papers, USAMHI

15) 'everything depends . . .', 17.12.44, GBP

16) 하이테 전투단에 관해서는 Oberstleutnant von der Heydte, ETHINT 75를 보라.

17) 12월 16-17일의 제106보병사단에 관해서는 CMH *Ardennes*, 156-7를 보라.

18) John S. D. Eisenhower, *The Bitter Woods*, New York, 1970, 280

19) Royce L. Thompson, 'Air Resupply to Isolated Units, Ardennes Campaign', OCMH, Feb. 1951, typescript, CMH 2-3.7 AE P

20) 디바인의 전투피로증에 관해서는 'Report of Investigation, Action of 14th Cavalry Group on Occasion of German Attack Commencing on 16 Dec. 1944', 29.1.45, First Army IG NARA RG 338 290/62/05/1-2를 보라.

21) General der Panzertruppe Horst Stumpff, ETHINT 61

22) NARA RG 407 270/65/7/2 ML 2280

23) Major Donald P. Boyer, 38th Armored Infantry Battalion, RWHP, Box 1

24) AAR, 7th AD Artillery, RWHP, Box 1

25) RWHP, Box 1

26) 위와 동일

27) 17.12.44, PWS

28) 18.12.44, CBHD

29) CSDIC, TNA WO 208/5516

30) 9월의 레지스탕스 활동에 대한 베르보몽에서의 보복에 관해서는 Schrijvers, *Unknown Dead*, 40 Kampfgruppe Peiper at Stavelot, Obersturmbannführer Joachim Peiper, 1st SS Panzer-Regiment, ETHINT 10을 보라.

31) 발러샤이트에서의 혼전에 관해서는 3rd Battalion, 38th Infantry, CBMP, Box 2를 보라.

32) 1st Battalion, 9th Infantry, 2nd Infantry Division, CBMP, Box 2

33) 위와 동일

34) 'The Ardennes', CSI Battlebook 10-A, May 1984

35) 3rd Battalion, 38th Infantry, CBMP, Box 2

36) MacDonald, *Company Commander*, 97, 100

37) 1st Battalion, 9th Infantry, 2nd Infantry Division, CBMP, Box 2

38) 위와 동일

39) General der Infanterie Baptist Kniess, LXXXV Corps, ETHINT 40

40) 28th Infantry Division, NARA RG 498 290/56/2/3, Box 1463

41) 독일군의 클레르보 침투에 관해서는 interview Joseph Maertz, Clervaux, 22.8.81, CBMP, Box 6을 보라.

42) 풀러 대령의 보고와 클레르보 방어, 'The Breakthrough to Bastogne', vol. ii, Clervaux, typescript, n.d., CMH, 8-3.1AR

43) Roger Cohen, 'The Lost Soldiers of Stalag IX-B', *New York Times Magazine*, 27.2.2005

44) Clervaux, CBMP, Box 6

45) 'The Ardennes', CSI Battlebook 10-A

46) 17.12.44, PWS

47) 제47기갑군단에 대해서는 Lüttwitz, XLVII Panzer Corps, ETHINT 41를 보라.

48) Kniess, ETHINT 40

49) NARA RG 407 270/65/8/2 ML 130

50) Louis Simpson, *Selected Prose*, New York, 1989, 134

51) Walter Bedell Smith, *Eisenhower's Six Great Decisions*, London, 1956, 103

52) Stanley Weintraub, *Eleven Days in December*, New York, 2006, 54-5

10장

1) NARA RG 498, 290/56/5/2, Box 3

2) NARA RG 498 290/56/2/3, Box 1455

3) V Corps, NARA RG 498 290/56/2/3, Box 1455

4) CBMP, Box 2

5) 1st Battalion, 9th Infantry, 2nd Infantry Division, CBMP, Box 2

6) 대대장 방면에 관해서는 CO, 2nd Bn, 394th Inf., NARA RG 407, E 427-A (270/65/4/7)를 보라.

7) CBMP, Box 2

8) V Corps, NARA RG 498 290/56/2/3, Box 1455

9) 위와 동일

10) Charles B. MacDonald, *Company Commander*, New York, 2002, 103

11) V Corps, NARA RG 498 290/56/2/3, Box 1455

12) 위와 동일

13) 3rd Battalion, 38th Infantry, 2nd Division, CBMP, Box 2

14) FO, C Battery, 371st FA Bn, 99th Infantry Division, Richard Henry Byers, 'Battle of the Bulge', typescript, 1983

15) V Corps, NARA RG 498 290/56/2/3, Box 1455

16) 스타벨로 공격에 관해서는 Peiper, 1st SS Panzer-Regiment, ETHINT 10를 보라.

17) 연료 소개 작전에 대해서는 CMH *Ardennes*, 667를 보라.

18) J. Lawton Collins, SOOHP, USAMHI

19) 18.12.44, PWS

20) William H. Simpson Papers, Box 11 , USAMHI

21) 21.12.44, PWS

22) John S. D. Eisenhower, *The Bitter Woods*, New York, 1970, 303

23) Peiper, ETHINT 10

24) Louis Simpson, *Selected Prose*, New York, 1989, 134

25) NARA RG 407 270/65/8/2 ML 130

26) 제47기갑군단과 교통체증에 관해서는 Kokott, FMS B-040를 보라.

27) Generalmajor Heinz Kokott, 26th Volksgrenadier-Division, FMS B-040

28) Generalleutnant Fritz Bayerlein, Panzer Lehr Division, FMS A-942

29) 빌츠 방어전에 관해서는 'The Breakthrough to Bastogne', typescript, n.d., CMH 8-3.1 AR를 보라.

30) Bayerlein, FMS A-942

31) Bayerlein, FMS A-941

32) NARA RG 407 270/65/8/2 ML 130

33) William R. Desobry Papers, USAMHI

34) RWHP, Box 1

35) Hauptmann Gaum, 3rd Bn, CSDIC, TNA WO 208/3610

36) Generalmajor Otto Remer, ETHINT 80 and FMS B-592

37) 18.12.44, GBP

38) *PP*, 596

39) Omar N. Bradley, *A Soldier's Story*, New York, 1964, 469

40) *PP*, 597

41) 위와 동일

11장

1) 귄터 슐츠 소위에 대해서는 Mobile Field Interrogation Unit No. 1, NARA RG 407 ML 2279를 보라.

2) 21.12.44, CBHD

3) 브래들리의 보안 조치에 관해서는 22.12.44, CBHD를 보라.

4) 344/1/A TNA WO 171/4184

5) 21.12.44, PWS

6) Danny S. Parker (ed.), *Hitler's Ardennes Offensive: The German View of the Battle of the Bulge*, London, 1997, 172에서 인용.

7) David Niven, *The Moon's a Balloon*, London, 1994, 258

8) Lord Tryon, conversation with author, 6.2.2013

9) 게르하르트 웅거와 군터 베르트하임에 대해서는 Ernest Unger, conversation with author, 13.12.2012를 보라.

10) TNA WO 171/4184

11) NARA RG 407 E 427 (270/65/8-9/6-1) ML 7, Box 24201

12) 비시 정권 의용대와 친위 샤를마뉴 사단에 관해서는 TNA WO 171/4184를 보라.

13) 25.12.44, CBHD

14) Brigadier A. W. Brown, IWM Documents 1378173/18/1

15) 25.12.44, CBHD

16) 제150기갑여단에 대해서는 'Ardennes Offensive', Obersturmbannführer Otto Skorzeny, ETHINT 12를 보라.

17) SS-Oberstgruppenführer Sepp Dietrich, ETHINT 15

18) Heydte, FMS B-823

19) 하이테 전투단에 관해서는 CSDIC, TNA WO 208/5541SIR 1444니 TNA WO 208/3628, TNA WO 208/3612를 보라.

20) 도로를 가로지르는 선들에 관해서는 NARA RG 498 290/56/2, Box 1456을 보라.

21) V Corps, NARA RG 498 290/56/2/3, Box 1455

22) 18.12.44, GBP와 V Corps, NARA RG 498 290/56/2/3, Box 1455

23) 낙하산 수색 보고 누락에 관해서는 NARA RG 498 290/56/2/3, Box 1459를 보라.

24) 하이테 전투단의 사상자에 대해서는 NARA RG 498 290/56/2/3, Box 1459를 보라.

12장

1) 스투몽에서의 파이퍼 전투단에 관해서는 Peiper, FMS C-004를 보라.

2) 생테두아르 요양소에 관해서는 Peter Schrijvers, *The Unknown Dead: Civilians in the Battle of the Bulge*, Lexington, KY, 2005, 54-6를 보라.

3) V Corps, NARA RG 498 290/56/2/3, Box 1455

4) TNA WO 311/54

5) conversation with Obergefreiter Pompe of the 18th Volksgrenadier-Division, CSDIC, TNA WO 311/54

6) 제105공병대대에 관해서는 NARA RG 407 290/56/5/1-3, Box 7를 보라.

7) 제3강하엽병사단에 관해서는 Faymonville, Operations of the Sixth Panzer Army, FMS A-924

8) Kurt Vonnegut, C-Span, New Orleans, 30.5.95

9) NARA RG 407 E 427-A (270/65/4/7)

10) CBMP, Box 4

11) Kurt Vonnegut, C-Span, New Orleans, 30.5.95

12) Colonel Walter Stanton, deputy chief of staff VIII Corps, NARA RG 407 270/65/8/2 ML 299

13) Diary of Oberleutnant Behman, Maurice Delaval Collection, Box 7, US-AMHI

14) RWHP, Box 1

15) 위와 동일

16) Hauptmann Gaum, 3rd Battalion *Führer Begleit* Brigade, CSDIC, TNA WO 208/3611

17) Hans Post, *One Man in his Time*, Sydney, 2002, 170

18) Ralph Ingersoll, *Top Secret*, London, 1946, 162

19) 20.12.44, CBHD

20) Charles B. MacDonald, *A Time for Trumpets: The Untold Story of the Battle of the Bulge*, New York, 1984, 420; Dwight D. Eisenhower, *Crusade in Europe*, London, 1948, 371

21) D. K. R. Crosswell, *Beetle: The Life of General Walter Bedell Smith*, Lexington, KY, 2010, 812

22) 패튼의 공격 개시일에 관해서는 *PP*, 599를 보라.

23) *PP*, 600

24) 19.12.44, CBHD

25) VIII Corps, NARA RG 407 270/65/8/2 ML 299

26) 빌츠에서의 전투에 대해서는 'The Breakthrough to Bastogne', typescript, n.d., CMH 8-3.1AR를 보라.

27) 바스토뉴에서의 일들에 대해서는 Lieutenant Ed Shames, in Tim G. W. Holbert, 'Brothers at Bastogne . Easy Company's Toughest Task', *World War II Chronicles*, Winter 2004/5, 22.5를 보라.

28) Louis Simpson, *Selected Prose*, New York, 1989, 121

29) NARA RG 407 270/65/8/2 ML 130

30) Generalmajor Heinz Kokott, 26th Volksgrenadier-Division, FMS B-040

31) 위와 동일

32) 위와 동일

33) 기갑교도사단의 연료 부족 상황에 대해서는 Generalleutnant Fritz Bayerlein, FMS A-941를 보라.

34) 위와 동일

35) 위와 동일

36) Kokott, FMS B-040

37) 제20기계화보병대대에 관해서는 William R. Desobry Papers, USAMHI, and NARA RG 407 270/65/8/2 ML 130를 보라.

38) NARA RG 407 270/65/8/2 ML 130

39) William R. Desobry Papers, USAMHI

40) Holbert, 'Brothers at Bastogne . Easy Company's Toughest Task', 22.5

41) George E. Koskimaki, *The Battered Bastards of Bastogne: The 101st Airborne in the Battle of the Bulge*, New York, 2007, 111 13에서 인용.

42) 제326야전병원의 점령에 관해서는 CMH *Medical*, 409.14를 보라.

43) 데소브리의 운명에 대해서는 William R. Desobry Papers, USAMHI를 보라.

44) CMH *Medical*, 414

45) Carol Mather, *When the Grass Stops Growing*, Barnsley, 1997, 284.7

46) Carol Mather, *When the Grass Stops Growing*, Barnsley, 1997, 286.

47) Carol Mather, *When the Grass Stops Growing*, Barnsley, 1997, 287.

48) 위와 동일

49) Crosswell, 814

50) CMH *SC*, 378

51) Kenneth Strong, *Intelligence at the Top*, London, 1970, 226

52) Coningham, FCP *SC*

53) Bedell Smith, FCP *SC*

54) Ingersoll, 205

55) Chester B. Hansen Collection, Box 42, S-25, USAMHI

13장

1) Carol Mather, *When the Grass Stops Growing*, Barnsley, 1997, 287

2) Sir Carol Mather docs., IWM, 11 /28/1 5

3) 위와 동일

4) Dempsey, FCP *SC*

5) Nigel Hamilton, *Monty: Master of the Battlefield 1942–1944*, London, 1984, 213에서 인용.

6) Mather, 288

7) 23.12.44, PWS

8) Bedell Smith, FCP *SC*

9) 21.12.44, PWS

10) Ralph Ingersoll, *Top Secret*, London, 1946, 200

11) 'The Ardennes', CSI Battlebook 10-A, May 1984

12) 위와 동일

13) Carlos Baker, *Ernest Hemingway: A Life Story*, New York, 1969, 558

14) Generalmajor Siegfried von Waldenburg, 116th Panzer-Division, FMS A-873

15) 이지 중대에 대해서는 Lieutenant Ed Shames, in Tim G. W. Holbert, 'Brothers at Bastogne – Easy Company's Toughest Task', *World War II Chronicles*, Winter 2004/5, 22-5를 보라.

16) 노비유에서의 후퇴에 관해서는 Charles B. MacDonald, *A Time for Trumpets: The Untold Story of the Battle of the Bulge*, New York, 1984, 499-500를 보라.

17) Peter Schrijvers, *Those Who Hold Bastogne*, New Haven, CN, 2014, 63에서 인용.

18) Generalmajor Heinz Kokott, 26th Volksgrenadier-Division, FMS B-040

19) Generalleutnant Fritz Bayerlein, Panzer Lehr Division, FMS A-941

20) Kokott, FMS B-040.

21) 위와 동일

22) 위와 동일

23) 위와 동일

24) Louis Simpson, *Selected Prose*, New York, 1989, 137-8

25) 슈뇌로의 진격에 관해서는 Charles B. MacDonald, *The Battle of the Bulge*,

London, 1984, 448-9를 보라.

26) RWHP, Box 1

27) Maj. Donald P. Boyer Jr, S-3, 'Narrative Account of Action of 38th Armored Infantry Battalion', n.d., RWHP, Box 1

28) 총통 경호여단에 대해서는 Generalmajor Otto Remer, ETHINT 80을 보라.

29) Mack Morriss, 'The Defense of Stavelot', *Yank*, 9.2.45

30) 스타벨로에서의 친위대의 잔혹 행위에 대해서는 NARA RG 407 290/56/5/1-3, Box 7을 보라.

31) 12월 20일에 있었던 스타벨로 전투에 대해서는 NARA RG 407 290/56/5/1-3, Box 7을 보라.

32) Operations of the Sixth Panzer Army, FMS A-924

33) V Corps, NARA RG 498 290/56/2/3, Box 1455

34) 캠프 엘센보른에서 주워온 것들에 관해서는 Richard H. Byers, 'The Battle of the Bulge', Richard H. Byers Papers, Box 1, USAMHI를 보라.

35) 3rd Panzergrenadier-Division, FMS A-978

36) Peter Schrijvers, *The Unknown Dead: Civilians in the Battle of the Bulge*, Lexington, KY, 2005, 30

37) MacDonald, *A Time for Trumpets*, 406

38) Arthur S. Couch, 'An American Infantry Soldier in World War II Europe', unpublished memoir, private collection

39) 독일군의 사상자에 관해서는 MacDonald, *A Time for Trumpets*, 407를 보라.

40) Martin Lindsay, *So Few Got Through*, Barnsley, 2000, 161

41) 제30군단에 내린 이동 명령에 관해서는 TNA WO 231/30를 보라.

42) J. W. Cunningham, IWM Documents 15439 06/126/1

43) Brigadier A. W. Brown, IWM Documents 1378173/18/1

44) Bedell Smith, FCP *SC*

45) *Time*, 1.1.45

46) 21.12.44, Hobart Gay Papers, USAMHI

47) Memo, R. H. C. Drummond-Wolff, chief, Liberated Territories Desk, PWD, 21.12.44, C. D. Jackson Papers, Box 3, DDE Lib

48) Fritz Hockenjos, Kriegstagebuch, BA-MA, MsG2 4038

49) LHC-DP, No. 217, II, 5, Ian Kershaw, *The End: Hitler's Germany 1944-45*, London, 2011, 156에서 인용.

50) Antony Beevor, *Berlin: The Downfall 1945*, London, 2002, 1

51) CSDIC, TNA WO 208/4364 GRGG 235/6

52) 위와 동일

53) 위와 동일

54) 위와 동일

55) 위와 동일

14장

1) Peiper, FMS C-004

2) 드티외성에 대해서는 Wanne and Refat, Peter Schrijvers, *The Unknown Dead: Civilians in the Battle of the Bulge*, Lexington, KY, 2005, 57-8를 보라.

3) NARA RG 407 290/56/5/1-3, Box 7

4) Mack Morriss, 'The Defense of Stavelot', *Yank*, 9.2.45

5) 21.12.44, PWS

6) 24.12.44, CBHD

7) 21.12.44, CBHD

8) 21.12.44, PWS

9) J. Lawton Collins, SOOHP, Box 1, USAMHI

10) 리지웨이에 대한 해즈브룩과 클라크의 생각에 관해서는 Jonathan M. Soffer, *General Matthew B. Ridgway*, Westport, CN, 1998, 71을 보라.

11) Major Donald P. Boyer Jr, RWHP, Box 1

12) 위와 동일

13) 위와 동일

14) RWHP, Box 1

15) 생비트와 생 요제프 클로스터 수도원에 대해서는 Schrijvers, *Unknown Dead*, 169를 보라.

16) 제106보병사단의 제423보병연대 정보정찰소대에 관해서는 Richard D. Sparks, 'A Walk through the Woods', 2003, http://www.ryansdom.com/theryans/sparks/adobe/walk2.pdf를 보라.

17) Generalmajor Siegfried von Waldenburg, 116th Panzer-Division, FMS A-873

18) 4th SS Panzergrenadier-Regiment *Der Führer*, FMS P-109b

19) Waldenburg, FMS A-873

20) NARA RG 407 270/65/8/2 ML 130

21) *PP*, 603

22) 코코트와 패잔병에 대해서는 NARA RG 407 270/65/8/2 ML 130을 보라.

23) Robert Harwick, 'Christmas for Real!', *The Magazine of the Gulf Companies*, November-December 1945, 70-1

24) 위와 동일

25) 위와 동일

26) 바스토뉴에 사자를 보내는 결정에 관하여는 General der Panzertruppe Heinrich von Lüttwitz, XLVII Panzer Corps, FMS A-939를 보라.

27) George E. Koskimaki, *The Battered Bastards of Bastogne: The 101st Airborne in the Battle of the Bulge*, New York, 2007, 148

15장

1) Maurice Delaval Collection, Box 7, USAMHI

2) I&R Platoon, 423rd Infantry, 106th Division, Richard D. Sparks, 'A Walk through the Woods', 2003, http://www.ryansdom.com/theryans/sparks/adobe/walk2.pdf

3) Sam Bordelon, 위와 동일

4) 22.12.44, RWHP, Box 1

5) Misc'l AG Records, NARA RG 407 E 427 2280, Box 2425

6) Sparks, 'A Walk through the Woods'

7) Misc'l AG Records, NARA RG 407 E 427 2280, Box 2425

8) 살름강을 건너 후퇴하는 것에 대해서는 NARA RG 407 E 427 2280, Box 2425를 보라.

9) Maurice Delaval Collection, Box 7, USAMHI

10) 뷔트겐바흐의 시민들에 관해서는 Peter Schrijvers, *The Unknown Dead: Civilians in the Battle of the Bulge*, Lexington, KY, 2005, 26-7를 보라.

11) 스투몽과 부상당한 친위대 병사들에 관하여는 NARA RG 407 290/56/5/1-3, Box 7를 보라.

12) Peiper, ETHINT 10

13) Generalmajor Heinz Kokott, 26th Volksgrenadier-Division, FMS B-040

14) 위와 동일

15) 망드생테티엔 지역의 독일군 병사 2명에 관해서는 André Meurisse, George E. Koskimaki, *The Battered Bastards of Bastogne: The 101st Airborne in the Battle of the Bulge*, New York, 2007, 221-2에서 인용.

16) Bedell Smith interview, FCP *SC*

17) J. Lawton Collins, SOOHP, Box 1, USAMHI

18) John S. D. Eisenhower, *The Bitter Woods*, New York, 1970, 453

19) 마르슈로의 진격에 대해서는 General der Panzertruppe Heinrich von Lüttwitz, XLVII Panzer Corps, FMS A-939를 보라.

20) 제23후사르연대에 관해서는 William H. Simpson Papers, Box 11, USAMHI를 보라.

21) 마르슈의 서남쪽 고지대에 관해서는 Oberstleutnant Rüdiger Weiz, 2nd Panzer-Division, FMS B-456를 보라.

22) 제117기갑사단의 경로 변경에 대해서는 Generalmajor Siegfried von Waldenburg, FMS A-873을 보라.

23) 22.12.44, CBHD

24) 위와 동일

25) Eisenhower, *Bitter Woods*, 422

26) CMH *SC*, 381

27) Ralph Ingersoll, *Top Secret*, London, 1946, 201-4

16장

1) CMH *Ardennes*, 468

2) John S. D. Eisenhower, *The Bitter Woods*, New York, 1970, 424

3) Generalleutnant Karl Thoholte, 'Army Group B Artillery in the Ardennes', FMS B-311

4) 제멜의 중계소에 관해서는 ETO Historical Division, NARA RG 498 290/57/17/6을 보라.

5) 호건의 기동부대에 대한 공중 투하에 관해서는 Royce L. Thompson, 'Air Resupply to Isolated Units, Ardennes Campaign', OCMH, Feb. 1951, typescript, CMH 2-3.7 AE P를 보라.

6) General der Waffen-SS H. Priess, I SS Panzer Corps, FMS A-877

7) William H. Simpson Papers, Box 11, USAMHI

8) 페몽비유의 주민들에 대해서는 Peter Schrijvers, *The Unknown Dead: Civilians in the Battle of the Bulge*, Lexington, KY, 2005, 27-8을 보라.

9) Major Herbert Büchs, ETHINT 34

10) Generalmajor Heinz Kokott, 26th Volksgrenadier-Division, FMS B-040

11) 위와 동일

12) 위와 동일

13) 위와 동일

14) 선도부대의 공중 투하에 관해서는 Thompson, 'Air Resupply to Isolated Units, Ardennes Campaign'을 보라.

15) Martin Wolfe, *Green Light!*, Philadelphia, PA, 1989, 348

16) George E. Koskimaki, *The Battered Bastards of Bastogne: The 101st Airborne in the Battle of the Bulge*, New York, 2007, 257

17) 위와 동일

18) CMH *Medical*, 420

19) Kokott, FMS B-040

20) Koskimaki, 147

21) Louis Simpson, *Selected Prose*, New York, 1989, 138

22) Louis Simpson, *Selected Prose*, New York, 1989, 139

23) 공중 지원에 관해서는 23.12.44, NARA RG 498 290/56/2/3, Box 1455를 보라.

24) 오인 사격과 사격 지침에 관해서는 V Corps, 위와 동일

25) 22.12.44, PWS

26) A. J. Cowdery, Civil Affairs, IWM Documents 17395 10/18/1

27) Derrick Jones, IWM Documents 4309

28) Henry Dubois, cited Jean-Michel Delvaux, *La Bataille des Ardennes autour de Rochefort*, 2 vols., Hubaille, 2004-5, i, 333

29) Jean-Michel Delvaux, *La Bataille des Ardennes autour de Celles*, Hubaille, 2003, 38-9

30) Jean-Michel Delvaux, *La Bataille des Ardennes autour de Celles*, Hubaille, 2003, 81-2

31) CMH *Ardennes*, 437

32) 로슈포르의 시민들에 관해서는 Delvaux, *Rochefort*, i, 238-9 and ii, 236을 보라.

33) 23.12.44, FDRL MR

17장

1) 24.12.44, CBHD

2) 위와 동일

3) 위와 동일

4) 위와 동일

5) 'The Intervention of the Third Army: III Corps in the Attack', typescript, n.d., CMH 8-3.1AR

6) VIII Corps, Third Army, NARA RG 498 290/56/2/3, Box 1463

7) VII Corps, NARA RG 498 290/56/2/3, Box 1459

8) 독일의 저격수에 대해서는 NARA RG 498, 290/56/5/2, Box를 보라.

9) 전투 관찰 보고서에 대하여는 VIII Corps, Third Army, NARA RG 498 290/56/2/3, Box 1463을 보라.

10) 의무병들에 대해서는 VIII Corps, Third Army, NARA RG 498 290/56/2/3, Box 1463을 보라.

11) 위와 동일

12) Generalmajor Ludwig Heilmann, 5th Fallschirmjäger-Division, FMS B-023

13) Robert R. Summers et al., 'Armor at Bastogne', Armored School, Advanced Course, May 1949, CARL N-2146.71-2

14) 24.12.44, Diary of Robert Calvert Jr, Company C, 51st Armored Infantry Battalion, 4th Armored Division, *American Valor Quarterly*, Summer 2008, 22

15) NARA RG 407 290/56/5/1-3, Box 7

16) 24.12.44, PWS

17) 8.1.45, CBHD

18) John S. D. Eisenhower, *The Bitter Woods*, New York, 1970, 449

19) 제82공수사단의 독일군 시신 보관에 관해서는 William A. Carter, typescript, 1983, CEOH, Box V, 14, XII, 22를 보라.

20) CSDIC, TNA WO 208/4140 SRM 1150

21) Generalmajor Siegfried von Waldenburg, 116th Panzer-Division, FMS A-873

22) VII Corps, NARA RG 498 290/56/2/3, Box 1459

23) Waldenburg, FMS A-873

24) 소련에서의 제3전차연대에 대해서는 Brigadier A. W. Brown, IWM Documents 1378173/18/1를 보라.

25) David W. Hogan Jr, *A Command Post at War: First Army Headquarters in Europe*, 1943-1945, Washington, DC, 2000, 223

26) Eisenhower, *Bitter Woods*, 466

27) Oberstleutnant Rüdiger Weiz, 2nd Panzer-Division, FMS B-456

28) 위와 동일

29) A. J. Cowdery, Civil Affairs, IWM Documents 17395 10/18/1

30) TNA WO 171/4184

31) 방드 학살과 레옹 프라일에 관해서는 Jean-Michel Delvaux, *La Bataille des Ardennes autour de Rochefort*, 2 vols., Hubaille, 2004-5, i, 17-41를 보라.

32) Heinz Guderian, *Panzer Leader*, New York, 1996, 310-11

33) 헤밍웨이와 마사 겔혼에 대해서는 Carlos Baker, *Ernest Hemingway: A Life Story*, New York, 1969, 558-9를 보라.

34) 바스토뉴의 부상병에 대해서는 CMH *Medical*, 418를 보라.

35) Stanley Weintraub, *Eleven Days in December*, New York, 2006, 137

36) Simone Hesbois, Delvaux, *Rochefort*, i, 328-9에서 인용.

37) 릴리안 들롬에 관해서는 Rochefort, Delvaux, *Rochefort*, ii, 240을 보라.

38) 얼어붙은 C형 전투 식량에 대해서는 Gerald Astor, *Battling Buzzards: The Odyssey of the 517th Parachute Regimental Combat Team 1943-1945*, New York, 1993, 300을 보라.

39) PFC Warren Wilson, Coy I, 2nd Bn, 395th Inf., Weintraub, 125

40) Frederick A. McDonald, *Remembered Light: Glass Fragments from World War II*, San Francisco, 2007, 29

18장

1) 바스토뉴 공습에 대해서는 Peter Schrijvers, *Those Who Hold Bastogne*, New Haven, CN, 2014, 119-20을 보라.

2) Generalmajor Heinz Kokott, 26th Volksgrenadier-Division, FMS B-040

3) 502nd Parachute Infantry Regiment, VIII Corps, NARA RG 498 290/56/2/3, Box 1463

4) PFC Leonard Schwartz, George E. Koskimaki, *The Battered Bastards of Bastogne: The 101st Airborne in the Battle of the Bulge*, New York, 2007, 325

5) 502nd Parachute Infantry Regiment, VIII Corps, NARA RG 498 290/56/2/3, Box 1463

6) Kokott, FMS B-040

7) Cpl Jackson of the 502nd Parachute Infantry Regiment, VIII Corps, NARA RG 498 290/56/5/2, Box 3

8) Kokott, FMS B-040

9) TNA WO 311/54

10) Kokott, FMS B-040

11) 크리스마스 투하에 관해서는 Royce L. Thompson, 'Air Resupply to Isolated Units, Ardennes Campaign', OCMH, Feb. 1951, typescript, CMH 2-3.7 AE P를 보라.

12) NARA RG 407 270/65/8/2 ML 130

13) NARA RG 498 290/56/5/2, Box 3

14) Denyse de Coune, 'Souvenirs de guerre: Assenois 1944-5', p. 125, Peter Schrijvers, *The Unknown Dead: Civilians in the Battle of the Bulge*, Lexington, KY, 2005, p. xiii에서 인용.

15) General der Panzertruppe Heinrich von Lüttwitz, XLVII Panzer Corps, FMS A-939

16) Jean-Michel Delvaux, *La Bataille des Ardennes autour de Rochefort*, 2 vols., Hubaille, 2004-5, i, 341

17) 소련에서의 진격에 관해서는 Brigadier A. W. Brown, IWM Documents 13781 73/18/1를 보라.

18) 셸에서의 장갑차량에 대해서는 TNA WO 231/30을 보라.

19) Jean-Michel Delvaux, *La Bataille des Ardennes autour de Celles*, Hubaille, 2003, 103

20) Generalmajor Siegfried von Waldenburg, 11 6th Panzer-Division, FMS A-873

21) VIII Corps, NARA RG 498 290/56/2/3, Box 1463

22) VIII Corps, NARA RG 407 270/65/8/2 ML 299

23) *PP*, 606

24) Schrijvers, *Unknown Dead*, 31

25) Richard Henry Byers, 'Battle of the Bulge', typescript, 1983

26) Leutnant Martin Opitz, 295th Volksgrenadier-Division, NARA RG 407 290/56/5/1-3, Box 7

27) Chester B. Hansen Collection, Box 42, S-7, USAMHI

28) *PP*, 606

29) Chester B. Hansen Collection, Box 42, S-7, USAMHI

30) Bedell Smith, FCP *SC*

31) *Daily Express*, Stanley Weintraub, Eleven Days in December, New York, 2006, 7919 TUESDAY 26 DECEMBER

19장

1) 26.12.44, CBHD

2) *PP*, 605

3) *PP*, 607

4) 바스토뉴에서의 폭격에 관해서는 Peter Schrijvers, *Those Who Hold Bastogne*,

New Haven, CN, 2014, 130을 보라.

5) Royce L. Thompson, 'Air Resupply to Isolated Units, Ardennes Campaign', OCMH, Feb. 1951, typescript, CMH 2-3.7 AE P

6) 26.12.44, CBHD

7) CMH *Medical*, 422

8) *American Valor Quarterly*, Summer 2008, 19

9) NARA RG 407 270/65/8/2 ML 130

10) Generalmajor Rudolf Freiherr von Gersdorff and Generalmajor Heinz Kokott, ETHINT 44

11) Major Frank, commander III/13th Fallschirmjäger, CSDIC, TNA WO 208/4140 SRM 1148

12) General der Panzertruppe Heinrich von Lüttwitz, XLVII Panzer Corps, ETHINT 42

13) 마사 겔혼과 릴런드 스토에 관해서는 26.12.44, CBHD를 보라.

14) Brigadier A. W. Brown, IWM Documents 13781 73/18/1

15) 홀트마이어 전투단에 내린 후퇴 명령에 관해서는 General der Panzertruppe Heinrich von Lüttwitz, XLVII Panzer Corps, FMS A-939를 보라.

16) Oberstleutnant Rüdiger Weiz, 2nd Panzer-Division, FMS B-456

17) Jean-Michel Delvaux, La Bataille des Ardennes autour de Rochefort, 2 vols., Hubaille, 2004-5, i, 218

18) 비송비유에 관해서는 Jean-Michel Delvaux, *La Bataille des Ardennes autour de Rochefort*, 2 vols., Hubaille, 2004-5, i, 304와 308을 보라.

19) Colonel Shaffer F. Jarrell, VII Corps, NARA RG 498 290/56/2/3, Box 1459

20) Jean-Michel Delvaux, *La Bataille des Ardennes autour de Celles*, Hubaille, 2003, 94

21) diary of Sister Alexia Bruyère, 26.12.44, Delvaux, *Rochefort*, i, 143에서 인용.

22) 포위된 제116기갑사단의 전투단에 관해서는 Generalmajor Siegfried von Waldenburg, FMS A-873을 보라.

23) Generalmajor Otto Remer, ETHINT 80

24) CCA from 3rd Armored Division, TNA WO 231/30

25) 제3친위기갑척탄병연대와 그랑메닐에 대해서는 FMS P-109를 보라.

26) Alfred Zerbel, 3rd SS Panzergrenadier-Regiment *Deutschland*, FMS P-109

27) NARA RG 498 290/56/2/3, Box 1463

28) Peter Schrijvers, *The Unknown Dead: Civilians in the Battle of the Bulge*,

Lexington, KY, 2005, 183

29) Peter Schrijvers, *The Unknown Dead: Civilians in the Battle of the Bulge*, Lexington, KY, 2005, 184

30) Leutnant Martin Opitz, 295th Volksgrenadier-Division, NARA RG 407 290/56/5/1-3, Box 7

31) 위와 동일

32) 폭격 작전에 대해서는 La Roche, TNA WO 231/30을 보라.

33) 26.12.44, PWS

34) 26.12.44, CBHD

35) 27.12.44, *PP*, 608

36) Samuel W. Mitcham Jr, *Panzers in Winter*, Mechanicsburg, PA, 2008, 153-4

37) Nicolaus von Below, Als Hitlers Adjutant, 1937-1945, Mainz, 1980, 398

20장

1) 바스토뉴에서의 공중 투하에 관해서는 27 December, Royce L. Thompson, 'Air Resupply to Isolated Units, Ardennes Campaign', OCMH, Feb. 1951, type-script, CMH 2-3.7 AE P를 보라.

2) 동체 착륙에 대해서는 George E. Koskimaki, *The Battered Bastards of Bastogne: The 101st Airborne in the Battle of the Bulge*, New York, 2007, 365-6을 보라.

3) Generalmajor Siegfried von Waldenburg, 11 6th Panzer-Division, FMS B-038

4) 12th Army Group, NARA RG 407 270/65/7/2 ML 209

5) 28.12.44, PWS

6) 28.12.44, CBHD

7) Montgomery letter to Mountbatten, 25.12.44, Nigel Hamilton, *Monty: The Field Marshal 1944–1976*, London, 1986, 238

8) CMH *Ardennes*, 610

9) 27.12.44, PWS

10) 위와 동일

11) J. Lawton Collins, SOOHP, USAMHI

12) CMH *Ardennes*, 612

13) William H. Simpson Papers, Box 11 , USAMHI

14) 존호벤에서의 몽고메리의 작전 개요에 대해서는 Crerar diary, TNA CAB

106/1064를 보라.

15) 31.12.44, CBHD

16) 2.1.45, CBHD

17) Alanbrooke Diary, 30.12.44, LHCMA

18) Russell F. Weigley, *Eisenhower's Lieutenants*, Bloomington, IN, 1990, 542-3에서 인용.

19) Hamilton, *Monty: The Field Marshal*, 275에서 인용.

20) DDE Lib, Box 83

21) Eisenhower at SHAEF meeting on 30.12.44, Air Chief Marshal Sir James Robb's notes, NARA RG 319 270/19/5-6/7-1, Boxes 215-16 2-3.7 CB 8

22) F. de Guingand, Hamilton, *Monty: The Field Marshal*, 279에서 인용.

23) DDE Lib, Box 83

24) diary of Robert Calvert Jr, Company C, 51st Armored Infantry Battalion, 4th Armored Division, *American Valor Quarterly*, Summer 2008, 22

25) Generalmajor Otto Remer, ETHINT 80

26) 위와 동일

27) General der Panzertruppe Heinrich von Lüttwitz, XLVII Panzer Corps, FMS A-939

28) 슈노뉴와 시브레트 전투에 대해서는 Remer, ETHINT 80을 보라.

29) Stephen E. Ambrose, *Band of Brothers*, New York, 2001, 194

30) Koskimaki, 393

31) Koskimaki, 391: 35th Division, MFF-7, C1-107

32) 뤼트르부아 근처에서의 전투에 관해서는 III Corps, NARA RG 498 290/56/5/2, Box 3을 보라.

33) CMH *Ardennes*, 626

34) Generalmajor Ludwig Heilmann, 5th Fallschirmjäger-Division, FMS B-023

35) Generalmajor Heinz Kokott, 26th Volksgrenadier-Division, FMS B-040

36) TNA WO 311/54

37) Third Army daily log, 31.12.44, Gaffey Papers, USAMHI

38) 30.12.44, CBHD

39) Letter, Eugene A. Watts, S-3, 52nd Armored Infantry Bn, 9th AD, 28.2.85, CBMP, Box 1

40) 호록스의 병가에 대해서는 Hamilton, *Monty: The Field Marshal*, 255-6을 보라.

41) 제6공수사단에 대해서는 Edward Horrell, IWM Documents 17408 10/4/1을

보라.

42) 벨기에인들과 폐기된 독일군 장비에 관해서는 Jean-Michel Delvaux, La Bataille des Ardennes autour de Celles, Hubaille, 2003, 40을 보라.

43) 죽은 독일군 장교에 관해서는 Jean-Michel Delvaux, *La Bataille des Ardennes autour de Celles*, Hubaille, 2003, 36을 보라.

44) A. J. Cowdery, Civil Affairs, IWM Documents 17395 10/18/1

45) Liliane Delhomme, Jean-Michel Delvaux, *La Bataille des Ardennes autour de Rochefort*, 2 vols., Hubaille, 2004 – 5, ii, 241

46) 워커 상병에 대해서는 Letter to author from his son, Air Marshal Sir David Walker, 27.4.14를 보라.

47) 하이볼과 칠면조 요리에 관해서는 William H. Simpson Papers, Box 11, USAMHI를 보라.

48) G. Patrick Murray, 1973, SOOHP

49) 31.12.44, PWS

50) 31.12.44, CBHD

51) Ursula von Kardorff, *Diary of a Nightmare: Berlin 1942–1945*, London, 1965, 161

52) Leutnant Martin Opitz, 295th Volksgrenadier-Division, NARA RG 407 290/56/ 5/1 – 3, Box 7

21장

1) *HLB*, 514, 517

2) Fähnrich Schmid, CSDIC, TNA WO 208/4134 SRA 5615

3) Oberleutnant Hartigs, 4/JG 26, CSDIC, TNA WO 208/4135 SRA 5767

4) CSDIC, TNA WO 208/4134 SRA 5515

5) Hartigs, CSDIC, TNA WO 208/4135 SRA 5764 20/1/45

6) Feldwebel Halbritter, CSDIC, TNA WO 208/4134 SRA 5569

7) CSDIC, TNA WO 208/4135 SRA 5760 23/1/45

8) CSDIC, TNA WO 208/4177

9) CSDIC, TNA WO 208/4292 USAFE/M.72

10) CSDIC, TNA WO 208/4164 SRX 21091

11) 위와 동일

12) Oberstleutnant Johann Kogler, CSDIC, TNA WO 208/4177

13) CSDIC, TNA WO 208/4178

14) CSDIC, TNA WO 208/4177

15) Oberleutnant Hartigs, FW 190 4/JG 26, CSDIC, TNA WO 208/4164 SRX 2086

16) 위와 동일

17) CSDIC, TNA WO 208/4164 SRX 2086

18) 1.1.45, PWS

19) 2.1.45, PWS

20) William H. Simpson Papers, Box 11, USAMHI

21) Sebastian Cox, e-mail to author, 18.8.14

22) William H. Simpson Papers, Box 11, USAMHI

23) Nicolaus von Below, *Als Hitlers Adjutant, 1937–1945*, Mainz, 1980, 399

24) letter to Colonel Waine Archer from Colonel Pete T. Heffner Jr, 3.1.45, NARA RG 498 290/56/5/3, Box 1463

25) 스트라스부르 시민의 공포에 대해서는 NARA RG 331, SHAEF records (290/715/2) E-240P, Box 38을 보라.

26) Charles de Gaulle, *Mémoires de Guerre: Le Salut, 1944–1946*, Paris, 1959, 145

27) James Robb diary, DDE Lib, Papers, Pre-Pres., Box 98

28) Dwight D. Eisenhower, *Crusade in Europe*, London, 1948, 396

29) De Gaulle, *Mémoires de Guerre: Le Salut, 1944–1946*, 148

30) Eisenhower, *Crusade in Europe*, 396

31) 4.1.45, DCD

32) letter to Colonel Waine Archer from Colonel Pete T. Heffner Jr, 5.1.45, NARA RG 498 290/56/5/3, Box 1463

33) *PDDE*, iv, 2491

34) 3.1.45, TNA HW 14/119

35) 위와 동일

36) Thomas E. Griess, 14.10.70, York County Heritage Trust, York, PA, Box 94

37) VI Corps, NARA RG 498 290/56/5/3, Box 1463

38) Chester B. Hansen Collection, Box 42, S-28, USAMHI

39) 6.1.45, CBHD

40) 8.1.45, CBHD

41) 위와 동일

42) 6.1.45, CBHD

43) 5.1.45, CBHD

44) TNA CAB 106/1107

45) 위와 동일

46) 위와 동일

47) 8.1.45, CBHD

48) TNA CAB 106/1107

22장

1) Generalmajor Otto Remer, ETHINT 80

2) 4.1.45, *PP*, 615

3) 위와 동일

4) CBHD, Box 5

5) Ed Cunningham, 'The Cooks and Clerks', *Yank*, 16.3.45

6) Lt Col. Glavin, G-3 6th Armored Division, VII Corps, NARA RG 498 290/56/2/3, Box 1459

7) 6th Armored Division, NARA RG 498 290/56/5/2, Box 3

8) 제11기갑사단에 관해서는 CMH *Ardennes*, 647을 보라.

9) 4.1.45, *PP*, 615

10) 17th Airborne, NARA RG 498 290/56/5/2, Box 3

11) 위와 동일

12) Colonel J. R. Pierce, NARA RG 498 290/56/5/2, Box 3

13) 참호를 팔 때 포를 이용한 것에 대해서는 VII Corps, NARA RG 498 290/56/2/3, Box 1459를 보라.

14) 8.1.45, CBHD

15) 이지도레 야흐만 병장에 관해서는 Congressional Medal of Honor Library, vol. i, 172-3, Peter Schrijvers, *Those Who Hold Bastogne*, New Haven, CN, 2014, 225를 보라.

16) VIII Corps, NARA RG 498 290/56/2/3, Box 1463

17) *PP*, 615

18) 3.1.45, PWS

19) William H. Simpson Papers, Box 11, USAMHI

20) 3.1.45, PWS

21) 위와 동일

22) 4.1.45, CBHD

23) 뷔르에서의 전투에 관해서는 War Diary, 13th Bn Parachute Regiment, TNA

WO 171/1246를 보라.

24) 이본 루비오에 관해서는 Jean-Michel Delvaux, *La Bataille des Ardennes autour de Rochefort*, 2 vols., Hubaille, 2004–5, ii, 123–4를 보라.

25) 6.1.45, PWS

26) 7.1.45, Hobart Gay Papers, USAMHI

27) José Cugnon, Delvaux, *Rochefort*, ii, 28에서 인용.

28) José Cugnon, Delvaux, *Rochefort*, i, 232

29) diary of Sister Alexia Bruyère, José Cugnon, Delvaux, *Rochefort*, i, 143에서 인용.

30) Captain H. O. Sweet, IWM, 95/33/1

31) *PP*, 632

32) NARA RG 165, Entry 178, Box 146353

33) CSDIC, TNA WO 208/4157 SRN 4772 25/3/45

34) Major Gen. Kenneth Strong 02/14/2 3/25 – Intelligence Notes No. 33, IWM Documents 11656

35) NARA RG 498 290/56/2/3, Box 1459

36) MFF-7, C1-107

37) VIII Corps, NARA RG 498 290/56/2/3, Box 1463

38) NARA RG 498 290/56/2/3, Box 1466

39) 독일군 포로를 강제로 맨발로 걷게 한 것에 대해서는 Gerald Astor, *A Blood-Dimmed Tide*, New York, 1992, 375를 보라.

40) TNA WO 231/30

41) 근접전파신관에 대해서는 V Corps, NARA RG 498 290/56/2/3, Box 1455를 보라.

42) VII Corps, NARA RG 498 290/56/2/3, Box 1459

43) Generalmajor Ludwig Heilmann, 5th Fallschirmjäger-Division, FMS B-023

44) CSDIC, TNA WO 208/3616 SIR 1548

45) Feldwebel Rösner, 7th Battery, 26th Volksgrenadier-Division, TNA WO 311/54

46) Robert M. Bowen, *Fighting with the Screaming Eagles: With the 101st Airborne from Normandy to Bastogne*, London 2001, 204–5

47) Assistant Arzt Dammann, CSDIC, TNA WO 208/3616 SIR 1573

48) Ernest O. Hauser, *Saturday Evening Post*, 10.3.45

49) 비전투 사상자에 관해서는 CMH *Medical*, 385–6을 보라.

50) VII Corps, NARA RG 498 290/56/2/3, Box 1459

51) 위와 동일

52) 위와 동일

53) 위와 동일

54) 5th Infantry Division, XX Corps, NARA RG 498 290/56/2/3, Box 1465

55) 제2, 제9기갑사단에 대해서는 General der Panzertruppe Heinrich von Lüttwitz, XLVII Panzer Corps, FMS A-939를 보라.

56) 8.1.45, A. J. Cowdery, Civil Affairs, IWM Documents 17395 10/18/1

57) *HLB*, 597

58) Generalmajor Hans Bruhn, 533rd Volksgrenadier-Division, CSDIC, TNA WO 208/4364 GRGG 240

59) 1.1.45, William H. Simpson Papers, Box 11, USAMHI

60) to Major General Clayton Bissell, TNA WO 171/4184

61) Colonel Liebisch, *Art of War Symposium*, US Army War College, Carlisle, PA, 1986, 617

62) *Velikaya Otechestvennaya Voina*, Moscow, 1999, iii, 26

63) 15.1.45, CBHD

64) Generalleutnant von Heyking, 6th Fallschirmjäger-Division, TNA WO 171/4184

23장

1) 제임스 로브의 따님 앤 인더니 부인이 제공한 Air Marshal Sir James Robb, 'Higher Direction of War', typescript, 11.46에서 인용.

2) Stephen E. Ambrose, *Band of Brothers*, New York, 2001, 229

3) Tim G. W. Holbert, 'Brothers at Bastogne – Easy Company's Toughest Task', *World War II Chronicles*, Winter 2004/5, 22-5

4) 라샹에서의 제506낙하산보병연대 제2대대에 대해서는 Ambrose, *Band of Brothers*, 223-4를 보라.

5) NARA RG 498 290/56/5/3, Box 1463

6) 14.1.45, A. J. Cowdery, Civil Affairs, IWM Documents 17395 10/18/1

7) A. Fieber, 1st Bn, Manchester Rgt, in 53rd (Welsh) Div., IWM Documents 4050 84/50/1

8) 2nd Panzer-Division, FMS P-109e

9) Martin Lindsay, *So Few Got Through*, Barnsley, 2000, 160

10) 2nd Panzer-Division, FMS P-109e

11) MFF-7, C1-100/101

12) Patton, Gerald Astor, *A Blood-Dimmed Tide*, New York, 1992, 366에서 인용.

13) Armored School, Fort Knox, General Instruction Dept, 16.4.48, CARL N-18000.127

14) H. Essame, *The Battle for Germany*, London, 1970, 117에서 인용.

15) 17.1.45, CBHD

16) William H. Simpson Papers, Box 11, USAMHI

17) 위와 동일

18) TNA CAB 106/1107

19) 전화 녹취록에 대해서는 William H. Simpson Papers, Box 11, USAMHI를 보라.

20) Montgomery to Brooke, 14.1.45, Nigel Hamilton, *Monty: The Field Marshal 1944–1976*, London, 1986, 325

21) William H. Simpson Papers, Box 11, USAMHI

22) 2.12.44, CBHD

23) 베델 스미스가 아닌 휘틀리 장군이라는 설에 대해서는 D. K. R. Crosswell, *Beetle: The Life of General Walter Bedell Smith*, Lexington, KY, 2010, 853을 보라.

24) 24.1.45, Hobart Gay Papers, USAMHI

25) NARA RG 407 E 427 2280, Box 2425

26) 제19전술항공대 사령부의 주장에 대해서는 CMH *SC*, 395 n. 111를 보라.

27) Joint Report No. 1 by Operational Research Section 2nd Tactical Air Force and No. 2 Operational Research Section, 21st Army Group, TNA WO 231/30

28) Generalmajor Siegfried von Waldenburg, 116th Panzer-Division, FMS B-038

29) 29.1.45, CBHD

30) *PP*, 630

31) William H. Simpson Papers, Box 11, USAMHI

32) 16.1.45, CBHD

33) 4.2.45, CBHD

34) 위와 동일

35) 벨기에 시민 사상자 수에 대해서는 CMH *SC*, 332를 보라.

36) 25.1.45, A. J. Cowdery, Civil Affairs, IWM Documents 17395 10/18/1

37) 라로슈의 피해에 대해서는 Peter Schrijvers, *The Unknown Dead: Civilians in*

the Battle of the Bulge, Lexington, KY, 2005, 325를 보라.

24장

1) 파이퍼 전투단원들의 재판에 관해서는 FMS C-004를 보라.

2) Interrogation of Generalfeldmarschall Keitel and Generaloberst Jodl, 20.7.45, TNA WO 231/30

3) 뫼즈강으로의 후퇴에 대해서는 Seventh Army, FMS A-876을 보라.

4) Generaloberst Alfred Jodl, FMS A-928

5) 24.12.44, CBHD

6) Generalmajor Rudolf Freiherr von Gersdorff, FMS A-933

7) Generalleutnant Fritz Bayerlein, Panzer Lehr Division, FMS A-941

8) D. K. R. Crosswell, *Beetle: The Life of General Walter Bedell Smith*, Lexington, KY, 2010, 837에서 인용.

9) 처칠이 깨달은 결과에 대해서는 Churchill to Ismay, 10.1.45, TNA PREM 3 4 31/2를 보라.

10) Cornelius J. Ryan Collection, Ohio University, Box 43, file 7, typescript, n.d.

11) 아르덴에서의 연합군의 사상자 수에 관해서는 CMH *SC*, 396; and Royce L. Thompson, OCMH, typescript, 28.4.52, CMH 2-3.7 AE P-15를 보라.

12) Gerald K. Johnson, 'The Black Soldiers in the Ardennes', *Soldiers*, February 1981, 16ff.

13) 'The Service Diary of German War Prisoner #315136', Sgt John P. Kline, Coy M, 3rd Battalion, 423rd Infantry Regiment, CBMP, Box 2

14) 19.4.45, GBP

15) Vonnegut on C-Span, New Orleans, 30.5.95

참고문헌

Ambrose, Stephen E., *Band of Brothers*, New York, 2001

Arend, Guy Franz, *Bastogne et la Bataille des Ardennes*, Bastogne, 1974

Astor, Gerald, A Blood-Dimmed Tide, New York, 1992

— *Battling Buzzards: The Odyssey of the 517th Parachute Regimental Combat Team 1943–1945*, New York, 1993

Atkinson, Rick, *The Guns at Last Light*, New York, 2013

Baker, Carlos, *Ernest Hemingway: A Life Story*, New York, 1969

Bauer, Eddy, *L'Offensive des Ardennes*, Paris, 1983

Bedell Smith, Walter, *Eisenhower's Six Great Decisions*, London, 1956

Beevor, Antony, *Berlin: The Downfall 1945*, London, 2002

— *The Second World War*, London, 2012

Beevor, Antony, and Cooper, Artemis, *Paris after the Liberation, 1944–1949*, London, 1994

Belchem, David, *All in the Day's March*, London, 1978

Below, Nicolaus von, *Als Hitlers Adjutant, 1937–1945*, Mainz, 1980

Bennet, Ralph, *Ultra in the West*, New York, 1980

Boberach, Heinz (ed.), *Meldungen aus dem Reich: Die geheimen Lageberichte des Sicherheitsdienstes der SS 1938–1945*, 17 vols., Herrsching, 1984

Botsford, Gardner, *A Life of Privilege, Mostly*, New York, 2003

Bowen, Robert M., *Fighting with the Screaming Eagles: With the 101st Airborne from Normandy to Bastogne*, London 2001

Bradley, Omar N., *A Soldier's Story*, New York, 1964

Buckley, John, *Monty's Men: The British Army and the Liberation of Europe*, London, 2013

Cole, Hugh M., *United States Army in World War II: The European Theater of Operations: The Ardennes: Battle of the Bulge*, Washington, DC, 1988

Connell, J. Mark, *Ardennes: The Battle of the Bulge*, London, 2003

Couch, Arthur S., 'An American Infantry Soldier in World War II Europe', unpublished memoir, private collection

Crosswell, D. K. R., *Beetle: The Life of General Walter Bedell Smith*, Lexington, KY, 2010

D'Este, Carlo, *Eisenhower: Allied Supreme Commander*, London, 2002

De Gaulle, Charles, *Mémoires de Guerre: Le Salut, 1944–1946*, Paris, 1959

Delvaux, Jean-Michel, *La Bataille des Ardennes autour de Celles*, Hubaille, 2003

— *La Bataille des Ardennes autour de Rochefort*, 2 vols., Hubaille, 2004–5

Domarus, Max (ed.), *Reden und Proklamationen 1932–1945*, Wiesbaden, 1973

Doubler, Michael D., *Closing with the Enemy: How GIs fought the War in Europe, 1944–1945*, Lawrence, KS, 1994

Dupuy, Colonel R. Ernest, *St. Vith: Lion in the Way: The 106th Infantry Division in World War II*, Washington, DC, 1949

Eisenhower, Dwight D., *Crusade in Europe*, London, 1948

Eisenhower, John S. D., *The Bitter Woods*, New York, 1970

Ellis, John, *The Sharp End: The Fighting Man in World War II*, London, 1990

Elstob, P., *Bastogne: La Bataille des Ardennes*, Paris, 1968

Ent, Uzal W. (ed.), *The First Century: A History of the 28th Infantry Division*, Harrisburg, PA, 1979

Essame, H. *The Battle for Germany*, London, 1970

Evans, Richard J., *The Third Reich at War*, London, 2008

Ferguson, Niall, *The War of the World*, London, 2007

Forty, George, *The Reich's Last Gamble: The Ardennes Offensive, December 1944*, London, 2000

Friedrich, Jörg, *Der Brand: Deutschland im Bombenkrieg 1940–1945*, Berlin, 2002

Fussell, Paul, *The Boys' Crusade*, New York, 2003

Galtier-Boissière, Jean, *Mon journal pendant l'Occupation*, Paris, 1944

Gehlen, Reinhard, *The Gehlen Memoirs*, London, 1972

Gellhorn, Martha, *Point of No Return*, New York, 1989

Gilbert, Martin, *The Second World War*, London, 1989

Guderian, Heinz, *Panzer Leader*, New York, 1996

Hamilton, Nigel, *Monty: Master of the Battlefield 1942–1944*, London, 1984

— *Monty: The Field Marshal 1944–1976*, London, 1986

Hastings, Max, *Armageddon: The Battle for Germany 1944–45*, London, 2004

— *Finest Years: Churchill as Warlord, 1940–45*, London, 2009

Heiber, Helmut, and Glantz, David M. (eds.), *Hitler and his Generals: Military Conferences 1942–1945*, London, 2002; *Hitlers Lagebesprechungen: Die Protokollfragmente seiner militärischen Konferenzen 1942–1945*, Munich, 1984

Hemingway, Ernest, *Across the River and into the Trees*, New York, 1950

Henke, Klaus-Dietmar, *Die amerikanische Besetzung Deutschlands*, Munich, 1995

Hitchcock, William I., *Liberation: The Bitter Road to Freedom: Europe 1944–1945*, London, 2009

Hogan, David W., Jr, *A Command Post at War: First Army Headquarters in Europe, 1943–1945*, Washington, DC, 2000

Horrocks, Brian, *Corps Commander*, London, 1977

Hynes, Samuel, *The Soldiers' Tale: Bearing Witness to Modern War*, London, 1998

Ingersoll, Ralph, *Top Secret*, London, 1946

Isaacson, Walter, *Kissinger: A Biography*, London, 1992

Jordan, David, *The Battle of the Bulge: The First 24 Hours*, London, 2003

Jung, Hermann, *Die Ardennen-Offensive 1944/45: Ein Beispiel für die Kriegführung Hitlers*, Göttingen, 1971

Junge, Traudl, *Until the Final Hour: Hitler's Last Secretary*, London, 2002

Kardorff, Ursula von, *Diary of a Nightmare: Berlin 1942–1945*, London, 1965

Kershaw, Alex, *The Longest Winter*, New York, 2004

Kershaw, Ian, *Hitler 1936–1945: Nemesis*, London 2000

— *The End: Hitler's Germany 1944–45*, London, 2011

Kershaw, Robert, *It Never Snows in September*, London, 2008

Klemperer, Victor, *To the Bitter End: The Diaries of Victor Klemperer, 1942–45*, London, 2000

Koskimaki, George E., *The Battered Bastards of Bastogne: The 101st Airborne in the Battle of the Bulge*, New York, 2007

Lacouture, Jean, *De Gaulle: Le Politique*, Paris, 1985

Lindsay, Martin, *So Few Got Through*, Barnsley, 2000

Ludewig, Joachim, *Rückzug: The German Retreat from France, 1944*, Lexington, KY, 2012

MacDonald, Charles B., *A Time for Trumpets: The Untold Story of the Battle of the Bulge*, New York, 1984; *The Battle of the Bulge*, London, 1984

— *The Mighty Endeavour: The American War in Europe*, New York, 1992

— *Company Commander*, New York, 2002

— *The Battle of the Huertgen Forest*, Philadelphia, PA, 2003

McDonald, Frederick A., *Remembered Light: Glass Fragments from World War II*, San Francisco, 2007

Massu, Jacques, *Sept ans avec Leclerc*, Paris, 1974

Mather, Carol, *When the Grass Stops Growing*, Barnsley, 1997

Merriam, Robert E., *Dark December*, New York, 1947

— *The Battle of the Bulge*, New York, 1991

Meyer, Hubert, *The 12th SS: The History of the Hitler Youth Panzer Division*, vol. ii, Mechanicsburg, PA, 2005

Miller, Edward G., *A Dark and Bloody Ground: The Hürtgen Forest and the Roer River Dams, 1944–1945*, College Station, TX, 2008

Mitcham, Samuel W., Jr, *Panzers in Winter*, Mechanicsburg, PA, 2008

Moorehead, Caroline, *Martha Gellhorn*, London, 2003

Mortimer Moore, William, *Free France's Lion: The Life of Philippe Leclerc*, Havertown, PA, 2011

Neillands, Robin, *The Battle for the Rhine 1944: Arnhem and the Ardennes*, London, 2006

Neitzel, Sönke, and Welzer, Harald, *Soldaten: On Fighting, Killing and Dying*,

New York, 2012

Niven, David, *The Moon's a Balloon*, London, 1994

Nobécourt, Jacques, *Le Dernier Coup de dés de Hitler*, Paris, 1962

Overmans, Rüdiger, *Deutsche militärische Verluste im Zweiten Weltkrieg*, Munich, 2000

Parker, Danny S. (ed.), *Hitler's Ardennes Offensive: The German View of the Battle of the Bulge*, London, 1997

Pogue, Forrest C., *The Supreme Command*, Washington, DC, 1954

— *George C. Marshall: Organizer of Victory*, New York, 1973

— *Pogue's War: Diaries of a WWII Combat Historian*, Lexington, KY, 2001

Post, Hans, *One Man in his Time*, Sydney, 2002

Ritchie, Sebastian, *Arnhem: Myth and Reality: Airborne Warfare, Air Power and the Failure of Operation Market Garden*, London, 2011

Roberts, Andrew, *Masters and Commanders*, London, 2008

Roberts, Mary Louise, *Foreign Affairs: Sex, Power, and American G.I.s in France, 1944–1946*, Chicago, 2013

Schrijvers, Peter, *The Crash of Ruin: American Combat Soldiers in Europe during World War II*, New York, 1998

— *The Unknown Dead: Civilians in the Battle of the Bulge*, Lexington, KY, 2005

— *Liberators: The Allies and Belgian Society, 1944–1945*, Cambridge, 2009

— *Those Who Hold Bastogne*, New Haven, CN, 2014

Sears, Stephen W., *The Battle of the Bulge*, New York, 2004

Simpson, Louis, *Selected Prose*, New York, 1989

Soffer, Jonathan M., *General Matthew B. Ridgway*, Westport, CN, 1998

Speer, Albert, *Inside the Third Reich*, London, 1971

Spoto, Donald, *Blue Angel: The Life of Marlene Dietrich*, New York, 1992

Stargardt, Nicholas, *Witnesses of War: Children's Lives under the Nazis*, London, 2005

Sterling Rush, Robert, *Hell in Hürtgen Forest: The Ordeal and Triumph of an American Infantry Regiment*, Lawrence, KS, 2001

Strawson, John, *The Battle for the Ardennes*, London, 1972

Strong, Kenneth, *Intelligence at the Top*, London, 1970

Tedder, Arthur, *With Prejudice*, London, 1966

Van Creveld, Martin L., *Fighting Power: German and U.S. Army Performance, 1939–1945*, Westport, CN, 1982

Vassiltchikov, Marie 'Missie', *The Berlin Diaries, 1940–1945*, London, 1987

Weigley, Russell F., *Eisenhower's Lieutenants*, Bloomington, IN, 1990

Weinberg, Gerhard L., *A World at Arms: A Global History of World War II*, Cambridge, 1994

Weintraub, Stanley, *Eleven Days in December*, New York, 2006

Welch, David, *Propaganda and the German Cinema 1933–1945*, Oxford, 1983

Whiting, Charles, *The Battle of Hürtgen Forest*, Stroud, 2007

Wijers, Hans J. (ed.), *The Battle of the Bulge: The Losheim Gap, Doorway to the Meuse*, Brummen, 2001

Wilmot, Chester, *The Struggle for Europe*, London, 1952

Wingeate Pike, David, 'Oberbefehl West: Armeegruppe G: Les Armées allemandes dans le Midi de la France', *Guerres Mondiales et conflits contemporains*, Nos. 152, 164, 174, 181

Winton, Harold R., *Corps Commanders of the Bulge: Six American Generals and Victory in the Ardennes*, Lawrence, KS, 2007

Wolfe, Martin, *Green Light!*, Philadelphia, PA, 1989

Zimmermann, John, *Pflicht zum Untergang: Die deutsche Kriegführung im Westen des Reiches, 1944/45*, Paderborn, 2009

감사의 말

이 책은 친지뿐만 아니라 처음 만난 분들까지 나서서 도와주신 덕분에 쓸 수 있었다. 많은 자료를 제공해주신 릭 앳킨슨 씨에게 깊은 감사를 드린다. 이 자료들은 훌륭한 길잡이가 되어서 초기 문헌을 조사할 때 시간을 크게 절약하게 해주었다.

이 외에도 감사를 드리고 싶은 분이 많다. 독일군 제2기갑사단의 선봉대가 섬멸된 셀 지역 근처의 저택으로 초대해서 머물 수 있게 배려해주신 아들랭 드리드케르크 보포르 백작은 전쟁 중 셀과 로슈포르 지역에서 민간인이 겪었던 경험을 연구한 장미셸 델보 씨까지 소개해주셨다. 이 분의 저서역시 많은 도움이 되었다. 독일 제116기갑사단이 전투를 치렀던 지역을 소유하고 있는 드아랑베르그 공작은 친절하게도 집사 폴 고비에 씨를 시켜 그일대를 차를 타고 둘러보게 해주셨다.

공군 작전에 관한 일반적인 설명을 해주신 국방부 공군역사기록보관소장서배스천 콕스 씨는 특히 보덴플라테 작전에 관한 자세한 내용을 파악하는데 큰 도움을 주셨다. 올랜도 피지스 씨는 자신의 삼촌 에르네스트 웅거 씨를 소개해주셨다. 게르하르트 웅거의 일화는 이 분을 통해서 들었다. 오스트레일리아 전쟁 기념관의 론 슈로어 씨는 한스 포스트 씨에게 연락해 아르덴 대공세 기간 중 독일군 무장친위대에서의 경험을 구술한 테이프와 비망록을 받아주셨다. 미 육군 전쟁대학 타미 데이비스 비들 교수, 맥스 헤이스팅스 경, 슈테판 괴벨 박사와 제임스 홀랜드 박사도 여러 가지 조언과 자료, 책자들을 제공해주신 고마운 분들이다.

프랑스 출판사 로널드 블런던 사장은 자신의 선친인 고드프리 블런던 씨의 기록을 제공해주셨다. 연합군 최고 사령부 공군 부참모장 제임스 로브 경이 1946년 11월 벤틀리 수도원에서 쓴 논문 「전쟁의 더 높은 방향」을 따님이신 앤 인더니 부인이 제공해주셨고, 아서 S. 카우치 박사님은 1944년 겨울의 기억을 들려주셨다.

큐에 있는 국립문서보관소의 윌리엄 스펜서와 그 직원들도 많은 도움을 주셨다. 펜실베이니아 칼라일에 있는 미국 육군군사연구소의 콘래드 크레인 박사, 리처드 서머스 박사님 그리고 여러 직원, 메릴랜드 칼리지 파크 미 국립문서보관소의 팀 네닝거 박사와 리처드 퓨저 박사, 런던 킹스칼리지 군사문서보관소 리들 하트 센터 그리고 임페리얼 전쟁 박물관의 직원들께도 감사의 마음을 전한다. 할랜드 에번스 씨는 국립문서보관소, 임페리얼 전쟁박물관, 리들 하트 센터의 자료들을 수집하는 수고를 맡아주셨다.

마지막으로, 대리인의 역할을 해준 친구 앤드루 넌버그, 미국에 있는 로빈 스트라우스, 런던 펭귄출판사의 편집자 엘리오 고든, 뉴욕에 있는 캐스린 코트에 대한 감사도 빼놓을 수 없다. 피터 제임스는 편집자로서의 능력을 입증해 보였지만, 최고의 편집자는 늘 그래왔듯이 아내 아르테미스가 아닐까 한다. 이 책을 아들 애덤에게 바친다. 아들은 내가 가장 복잡한 챕터를 쓰고 있을 때에 현대사 과목에서 수석을 차지해서 분발의 계기를 마련해주었다.

제2차 세계대전에 종지부를 찍다

"나는 지금 중대한 결심을 했다. 공세로 전환할 것이다." 총통은 말했다. 그는 눈앞의 지도를 손가락으로 가리켰다. "바로 여기다. 아르덴 지역을 돌파한다. 목표는 안트베르펜이다!"

_『라이프 제2차 세계대전사』 '벌지 전투' 편

1944년 가을이 되자 나치 독일의 패망은 초읽기였다. 슈투카 급강하 폭격기의 엄호 아래 독일 전차들이 유럽과 북아프리카, 러시아 평원을 질주하며 '전격전의 신화'를 쌓아올렸을 때가 언제였던가 싶을 정도였다. 1944년 6월 6일 이른바 '디데이'에서 노르망디에 상륙한 영·미연합군은 로멜이 건설한 대서양 방벽을 돌파하고 프랑스의 대부분을 해방시킨 다음 9월에는 라인강으로 쇄도했다. 남쪽에서는 마크 클라크 대장이 지휘하는 연합군 제15집단군이 로마를 점령하고 알베르트 케셀링 원수의 독일군 C집단군을 이탈리아 북부의 고딕 라인까지 밀어붙였다.

더 큰 위기는 동쪽에서 닥쳤다. 노르망디 상륙작전 보름 뒤인 6월 22일

스탈린은 독소전쟁 발발 이래 최대의 공세인 '바그라티온 작전'을 발동했다. 그 가공할 규모는 영·미연합군의 야심찬 노르망디 상륙작전조차 초라하게 만들 정도였다. 소련군 230만 명과 전차 및 돌격포 4000문, 야포 2만 4000문, 항공기 5300대에 달하는 거대한 군대가 1000킬로미터에 걸친 전선에서 일제히 공세에 나섰다. 독일 중부 집단군은 단숨에 붕괴되었다. 소련군은 자국 영토 내에서 독일군을 완전히 몰아낸 후 동부 프로이센과 폴란드, 발칸으로 진격했다. 히틀러가 떠들었던 천년제국은 일장춘몽으로 끝나고 이제는 독일 본토가 싸움터가 되는 것도 시간 문제였다. 이 와중에 독일 수뇌부에서는 내분까지 일어났다. 7월 20일 베를린 참모본부 내 일부 장교들이 히틀러를 암살하고 반란을 일으키려고 시도했다. 그러나 반란은 몇 시간만에 실패로 끝났을 뿐더러, 히틀러는 자기반성 대신 군부의 배신에 치를 떨면서 한층 광기와 증오로 가득 찬 인간이 되었다.

독일이 궁지에 몰리면서 추축 동맹국들도 줄줄이 등을 돌렸다. 이탈리아가 제일 먼저 배신했다. 소련군이 발트해와 발칸반도로 밀려오자 핀란드, 루마니아, 불가리아는 어제의 적인 소련군에게 붙어서 독일군에게 총부리를 돌렸다. 헝가리의 섭정 호르티 제독 역시 뒤늦게 소련과의 접촉에 나섰지만 이 사실을 안 히틀러는 헝가리인들이 침몰하는 배에서 자기들만 살자고 뛰어내리는 것을 가만히 놔둘 생각이 없었다. 그는 '유럽에서 가장 위험한 사나이'라고 불리는 오토 슈코르체니 SS소령에게 '판처파우스트 작전'을 발동하여 호르티를 즉각 체포하고 부다페스트를 점령하라고 지시했다. 히틀러의 특명을 빈틈없이 수행하여 헝가리의 배신을 원천봉쇄한 그는 얼마 뒤 시작될 아르덴 대공세에서 또 한 번 중요한 역할을 맡게 될 참이었다.

1944년 9월 16일. 히틀러는 정례 회의가 끝난 뒤 국방군 총사령관 빌헬름 카이텔 원수, 육군 참모총장 하인츠 구데리안 대장, 알베르트 요들 대장, 베르노 크라이페 공군 대장을 불러들여 특별 회의를 열었다. 이 자리에서 그는 누구도 예상하지 못했던 폭탄선언을 했다. 더 이상의 후퇴는 없으며 남은 전력을 총동원하여 서부 전선에서 반격을 하겠다는 것이었다. 새로 편성된 국민척탄병 사단을 포함해 12개 기갑사단 및 18개 보병사단, 항공기 1500대에 달하는 전력으로 연합군의 허를 찌르고 단숨에 방어선을 돌파한 뒤 뫼즈강까지 진격하여 지난 9월 4일에 영국군에게 빼앗긴 벨기에 북부의 항구 안트베르펜을 탈환한다는 것이었다. 이 대담한 돌진으로 미군과 영국 군을 둘로 쪼갠 다음 북쪽의 영국군을 벨기에 북부에 고립시켜 '제2의 됭 케르크 철수'를 재현할 것, 그런 다음 방향을 바꾸어 동부 전선에서 소련군 과 최후의 결전을 벌인다는 거창한 계획이었다. 독일군의 공세 지점은 다름 아닌 4년 전 전격전 신화가 시작되었던 아르덴의 삼림지대였다. 히틀러는 장 군들 앞에서 연합군이 자신의 반격계획을 조금도 예상하지 못할 것이기에 엄청난 혼란에 빠져서 무너져내릴 것이라고 장담했다. 그리고 3개월의 준비 가 끝나고 12월 16일 새벽, 무적을 자랑하는 판터와 티거 전차를 앞세운 히 틀러 최후의 정예부대들이 움직이기 시작했다. '작전명 가을 안개Operation Autumn Mist.' 이른바 '아르덴 대공세' 또는 나중에 '벌지 전투'라고 불리게 될 거대한 싸움이 드디어 그 막을 열었다.

히틀러가 보기에는 상황은 1940년과 놀라우리만큼 판박이였다. 아르덴 은 호지스 장군의 미 제1군이 맡고 있었다. 그러나 예하 4개 사단은 앞서 벌 어진 휘르트겐 숲 전투에서 만신창이가 되었거나 유럽으로 넘어온 지 얼마 되지 않은 신참 부대였다. 아르덴의 방비는 위험하리만큼 허술하기 짝이 없 었지만 아이젠하워와 브래들리는 독일군의 전력은 이미 바닥났기에 이제 앞 서 자살행위나 다름없는 공세에 나설 리 없으며, 하물며 대규모 전차부대 의 기동이 어려운 아르덴의 삼림지대에서 독일군의 공격을 받을 일은 더더 욱 없을 것이라고 굳게 믿었다. 사전 경고는 철저히 무시되었다. 연합군에게 아르덴 인근은 가장 안전한 휴식처였다. 4년 전 가믈랭의 프랑스군 총사령부 가 저질렀던 실수를 또 한 번 반복한 셈이었다. 이러한 판단은 나름의 합리 적 근거가 없지는 않았지만 이들은 자신들의 군사적 상식에서 추측했을 뿐, 가장 중요한 인간적인 부분, 즉 히틀러가 얼마나 상식 밖이며 충동적인 인 간인지를 간과했다.

아르덴 대공세의 주공을 맡은 요제프 디트리히 SS상급대장의 제6기갑군의 전력은 4년 전 마찬가지로 독일군의 주공을 맡아 아르덴을 단숨에 돌파했던 클라이스트 기갑군과는 감히 비교할 수 없을 만큼 강력했다. 특히, 독일이 자랑하는 쾨니히스 티거는 중량 70톤에 700마력 엔진과 71구경 88밀리미터 장포신 주포를 탑재한 세계 최강의 전차이자 연합군에게 공포의 대상이었다. 여기에 비한다면 클라이스트 기갑군이 장비했던 1~4호 전차는 한낱 장난감에 지나지 않았다. 1940년과 비교해서 독일군에게 불리한 점이 있다면 제공권이 완전히 연합군 손에 넘어갔다는 사실이었다. 프랑스군은 무시무시한 굉음을 내며 머리 위에서 내리꽂는 독일군의 슈투카 급강하 폭격기가 나타날 때마다 겁에 질린 채 정신없이 숨었지만 이제는 독일군이 언제 날아올지 모르는 연합군 '야보Jabo'에 떨어야 했다. 연합군 공군력의 위력을 톡톡히 절감했던 히틀러가 악천후로 비행기가 뜨기 어려운 날을 공격 개시일로 정한 이유도 이 때문이었다. 그로서는 부득이한 선택이지만 결과적으로 중대한 실수가 되었다. 히틀러의 도박이 성공하려면 무엇보다도 연합군이 본격적인 대응에 나서기 전에 기습과 속전속결로 단숨에 연합군의 방어선을 돌파할 수 있어야 했다. 하지만 비와 눈으로 모든 도로가 진창이 되면서 가뜩이나 전차 기동이 어려운 아르덴에서 독일군은 4년 전 이상의 극심한 교통 정체를 겪어야 했다.

독일군의 대공세는 이미 전쟁에서 이긴 것이나 다름없다면서 마음 놓고 있었던 연합군 수뇌부의 허를 찔렀다. 대비가 허술했던 최 일선 부대는 손쉽게 무너져 내렸다. 연합군 후방 또한 슈코르체니 부대의 침투와 기만작전으로 혼란에 빠졌다. 기적의 승리는 또 한 번 재현될 것처럼 보였다. 보고를 받은 히틀러는 기뻐서 날뛰었지만 오래가지 못했다. '잠망경 없는 잠수함'이라는 오명을 쓸 만큼 굼뜨기 짝이 없었던 가믈랭의 프랑스군과 달리, 아이젠하워의 연합군 수뇌부는 초반의 실수에도 불구하고 히틀러가 예상했던 것 이상으로 발 빠르게 대응했다. 특히 아이젠하워에게는 가믈랭에게 없었던 저돌적인 맹장 패튼이 있었다. 과감한 결단력과 강력한 추진력, 무엇보다 개인적인 공명심에 있어서 로멜에 비견될 제3군 사령관 패튼은 이전부터 아르덴에서 독일군의 공세를 어느 정도 예측했고 유사시 언제라도 대응할 준비를 하고 있었다. 남쪽에서 라인강을 건널 예정이었던 그는 예하 부대를 재빨리 북쪽으로 돌려서 독일군의 측면을 강타하고 미 제1군의 위기를 구했다. 전광석화와 같은 속도는 히틀러는 물론이고 평소 패튼의 기행과 허세를 탐탁찮게 여기던 아이젠하워조차 놀라게 할 정도였다.

하지만 아르덴의 진짜 영웅들은 일선의 미군 장병들이었다. 1940년의 프랑스군은 겁에 질려서 변변히 싸우지도 않고 달아나거나 투항했다. 심지어 요충지인 스당을 맡은 프랑스군 제55보병사단은 독일군을 보기도 전에 "적 전차가 나타났다"라는 소문이 퍼지자 사방으로 흩어지면서 총 한 발 제대로 쏘아보지도 못하고 붕괴되었다. 프랑스군을 통틀어 저항의 시늉이라도 보여준 부대는 손에 꼽을 정도였다. 반면, 1944년의 미군은 추태가 전혀 없었다고 할 수는 없어도 대부분의 병사가 자신의 자리를 지키면서 끝까지 저항했다. 특히 바스토뉴에서 압도적인 독일군에게 포위된 채 항복을 강요받은 제101공수사단장 대리 앤서니 매콜리프 준장이 "Nuts!(개소리)"라고 써서 보낸 일화는 미군의 꺾이지 않는 전의를 보여주는 것이자 지금까지도 '벌지 전투'의 상징처럼 여겨지고 있다. 1940년 당시 호트 기갑 군단의 선봉에 섰던 로멜의 제7기갑사단은 아르덴을 단숨에 돌파하고 공세를 시작한 지단 사흘 만에 뫼즈강을 건너서 프랑스군을 혼비백산하게 만들었지만, 4년 뒤 제6기갑군의 선봉을 맡아 거의 같은 길을 달렸던 요아힘 파이퍼 전투단은 8일에 걸쳐서 수단과 방법을 가리지 않고 나아가려고 애를 썼지만 연료 부족과 미군의 저항을 극복하지 못한 채 뫼즈강을 눈앞에 두고 물러나야 했다. 히틀러가 기대했던 기적은 없었다.

독일이 최후의 힘을 짜낸 아르덴 대공세는 연합군의 라인강 돌파를 6주 정도 늦추었을 뿐, 오히려 남은 예비 전력을 모조리 소모하면서 종전을 적어도 6개월 이상 앞당겼다는 평가를 받는다. 설령 독일군이 뫼즈강을 건너 안트베르펜에 당도했다고 한들, 전쟁의 결말이 달라지는 일은 없었을 것이다. 오히려 소련군이 더욱 빨리 동진하면서 독일의 대부분은 소련군에게 점령되었거나 어쩌면 미국의 첫 번째 핵이 떨어진 도시는 히로시마가 아닌 베를린이 되었을지도 모른다. 그럼에도 아르덴 대공세는 인류 역사상 가장 치열한 전쟁이었던 제2차 세계대전의 마지막 하이라이트를 장식하는 싸움이었다. 아르덴 대공세는 고전 영화 「벌지 대전투」를 비롯해 비교적 최근에 나온 미국 전쟁 드라마 「밴드 오브 브라더스」, 그리고 「메달 오브 아너」와 「콜 오브 듀티」 등 전쟁사에 관심 있는 사람이라면 알만 한 각종 게임과 미디어에서 수없이 다루어지고 있다. 그만큼 가장 드라마틱하면서 흥미진진한 주제이기 때문이다.

영국을 대표하는 역사학자 중 한 사람이자 가장 명망 있는 전쟁사 저술가인 앤터니 비버의 『아르덴 전투 1944』는 히틀러 최후의 도박이 어떻게 시작되었으며, 또한 실패로 끝나게 되었는지를 다룬 책이다. 또 한 번 기적을 일으키려는 히틀러의 결정과 연합군 수뇌부의 오판, 티거 전차를 앞세운 독일군 병사들의 가공할 공세와 바주카포를 들고 분투하는 미군 병사들의 처절한 대결, 미군의 방어선을 뚫고 조금이라도 더 전진하려는 파이퍼 전투단의 분투, 말메디 학살로 촉발된 양측의 잔혹한 보복과 그 사이에 끼인 채 고통을 당해야 했던 주민들, 독일 공군의 마지막 불꽃을 태웠던 '보덴플라테 작전' 그리고 연합군의 본격적인 반격과 히틀러의 좌절에 이르기까지 약 한 달에 걸친 아르덴의 전황을 이 책은 마치 한편의 전쟁 영화를 보는 것처럼 생생하게 묘사한다. 또한 아이젠하워와 브래들리, 호지스 등 미군 수뇌부가 어떤 실수를 저질렀으며 '사막의 쥐' 몽고메리가 자신의 야심에만 눈이 먼 나머지 연합군의 결속에 얼마나 해악을 끼쳤는지도 주목할 부분이다.

아르덴 대공세는 워낙 유명한 전투인데다, 존 키건의 『제2차 세계대전사』를 비롯해 시중의 다양한 전쟁사 서적에서 개략적이나마 언급하고 있다. 특히 2018년에 두 권으로 나온 『벌지 전투 1944』라는 책에서는 아르덴 대공세 당시 가장 치열한 싸움이 벌어진 생비트와 바스토뉴 전투를 중심으로 기술하고 있다. 하지만 아르덴 대공세의 전모를 관통하는 통사는 국내에서는 앤터니 비버의 『아르덴 대공세 1944』가 처음이 아닐까 한다. 글항아리 출판사와의 인연 덕분에 내가 이 책의 감수를 맡게 되었다는 데 진심으로 영광으로 생각한다.

아르덴 대공세로부터 꼭 6년 뒤 똑같은 상황이 한반도에서 벌어졌다. 평더화이가 이끄는 중국군 30만 명이 압록강을 건너서, 북진 중이던 유엔군을 기습했다. 중국군은 아르덴의 독일군과는 감히 비할 수 없을 만큼 무기와 장비가 빈약한 구식 군대였으며 마오쩌둥의 닦달에 서둘러 참전했기에 동계 준비도 충분했다고 말할 수 없었다. 하지만 대부분 신병인데다 머릿속에는 집에 갈 생각으로 가득했던 미군 병사들은 중국군의 공격을 받자 순식간에 무너져 내렸다. 그 추태는 1940년의 프랑스군의 모습과 다를 바 없었다. 정예로 이름난 미 제1해병사단만이 그럭저럭 용전을 했을 뿐이었다. 미군의 무질서한 붕괴는 서울을 다시 공산군에게 내주고 37도선까지 밀려나서야 비로소 안정을 찾을 수 있었다. 큰 충격을 받은 트루먼 행정부는 화려한 복수로 위신을 회복하는 대신 휴전협상에 매달렸다. 맥아더는 위대한 전쟁 영웅에서 하루아침에 패전 장수가 되어 치욕스럽게 군 생활을 끝내야 한 반면, 마오쩌둥은 서방 사람들에게 자신의 존재를 각인시키고 히틀러가 하지 못했던 새로운 신화를 쌓아올렸다.

어째서 맥아더의 미군은 아르덴에서 미군이 보여주었던 강인한 의지와 불굴의 정신이 없었던가. 물론 패배의 가장 큰 책임은 첫째로 전쟁의 목적이 그저 전쟁 이전으로 상황을 돌리는 것인지, 이참에 한반도 전체를 통일하여 미국의 세력권에 포함할 것인지 명확한 전략 자체가 없었던 트루먼의 애매한 태도, 중국과 마오쩌둥의 호전성에 대한 아무런 이해 없이 미국의 입장에서 막연하게 바라보았던 애치슨을 비롯한 미 국무부의 오판, 그리고 중국 따위가 이 반공성전에 끼어드는 일은 없을 것이며 설령 그런 일이 있다고 해도 막강한 미군의 적수는 될 수 없다고 호언했던 맥아더의 안이함에 있었다. 하지만 제아무리 중국군에게 허를 찔렸다고는 하지만 만약 미군 병사들이 쉽게 물러서지 않고 영웅적으로 싸우는 모습을 보여주었더라면 1944년의 아르덴에서와 마찬가지로 승리의 영광은 결국에는 그들의 차지가 되었을 것은 틀림없다.

똑같은 군대, 똑같은 상황이라도 일선 지휘관의 리더십과 병사들의 투지에 따라서 전혀 다른 결과가 나오는 경우는 전쟁사에서 얼마든지 볼 수 있다. 구 일본군처럼 물질 부족을 정신력으로 극복하라고 요구하는 것도 어불

성설이지만 결국 전쟁의 승패는 인간의 의지에 달려 있다. 첨단무기가 전장을 지배한다는 오늘날에도 결코 잊어서는 안 되는 교훈이다.

2021년 3월
울산에서 권성욱

아르덴 대공세 1944

1판 1쇄	2021년 4월 23일
1판 2쇄	2025년 2월 5일

지은이	앤터니 비버
옮긴이	이광준
감수자	권성욱
펴낸이	강성민
편집장	이은혜
독자모니터링	최재근 황치영
마케팅	정민호 박치우 한민아 이민경 박진희 황승현
브랜딩	함유지 함근아 박민재 김희숙 이송이 김하연 박다솔 조다현 배진성 이준희
제작	강신은 김동욱 이순호

펴낸곳	㈜글항아리	출판등록 2009년 1월 19일 제406-2009-000002호
주소	10881 경기도 파주시 심학산로 10 3층
전자우편	bookpot@hanmail.net
전화번호	031-955-2689(마케팅) 031-941-5161(편집부)
팩스	031-941-5163

ISBN	979-89-6735-890-7 03900

geulhangari.com